普通高等教育国家级规划教材系列
"十一五"规划高等学校法学教材

世界贸易组织

World Trade Organization

| 第三版 |

曹建明 贺小勇 著

法律出版社
始创于1954年

www.lawpress.com.cn
好书，同好老师和好学生分享

作 者 简 介

曹建明 最高人民检察院检察长，首席大检察官。教授，博士生导师。曾任华东政法学院院长、国家法官学院院长、最高人民法院常务副院长、中国国际法学会会长。出版专著或主编教材、辞书40余部：《国际产品责任法概说》、《国际经济法专论》（六卷本）、《世界贸易组织》、《国际公法学》、《欧洲联盟法》、《WTO与中国的司法审判》、《辞海（法学）》等。在《中国法学》、《法学》、《求是》等杂志上发表论文约400篇。1994年12月9日主讲中共中央法制讲座第一讲"国际商贸法律制度与关贸总协定"；1998年5月12日主讲中共中央法制讲座第七讲"金融安全与法制建设"。曾获"中国十大杰出青年"和"中国十大杰出青年法学家"等荣誉称号。

贺小勇 华东政法大学国际经济法教授，博士生导师；英国华威大学发展法硕士；美国旧金山大学法学院客座教授；中国国际法学会理事；上海市优秀青年教师；上海市曙光学者。在《中国法学》、《政法论坛》、《现代法学》、《法学》等期刊发表学术论文80余篇。著作有《论金融全球化趋势下金融监管的法律问题》、《国际贸易争端解决与中国对策研究》、《WTO新议题研究》、《WTO与IMF框架下人民币汇率机制的法律问题》。主持国家哲学社会科学、司法部、教育部、上海市哲学社会科学科研项目多项。

出版说明

法律出版社是中国历史最悠久的法律专业出版社，与国际出版同仁论剑，本社之专业出版品牌亦广受肯定。

本社素来注重法学教材出版。从20世纪50年代中国法学教材建设的起步，到20世纪70年代末中国法学教材的复兴，法律出版社均走在前列。1949年以来，我国第一部法理学、宪法、中国法律思想史、外国法制史、刑法、民法、民事诉讼法、国际法、国际私法、国际经济法教材，均出自法律出版社。

从20世纪80年代到90年代，再到21世纪，本社对于法学教材的出版更投入移山心力。而本社与权威法学家合作，渊源有自。作者中有法学宿耋，有中年英士，有青年才俊，均来自杰出法学学府与研究机构。本社教材，正旨在秉继法学先辈之思想财富，与新一代法律人分享。

自我国建设国家级教材以来，本社延揽名家，于此多有收获。从更早的国家级规划教材，到"九五"、"十五"，再到2006年评定的"十一五"国家级规划教材，法律出版社之法学类国家级教材，积累已多，忝居诸社首列。为整体性展现这批品质教材，本社乃以"普通高等教育国家级规划教材系列"为题，统一推出。

"好书，同好老师和好学生分享"，本社愿与法律共同体诸同仁，与中国法学与法律实践的学习者和建设者一起，分享好书，分享智识，分享法治进程中的点点滴滴。

法律出版社

第三版修订说明

今年恰逢中国入世10周年,在这10年中,中国完成了从WTO的新成员到多边贸易规则的参与者,并逐渐成为推动者的重大转变。与2004年《世界贸易组织》(第二版)修订时相比,明显的变化是中国在全球经济中的地位显著提高、参与WTO争端解决机构的案件显著增多、对多边贸易规则的理解与影响日益深刻。由于WTO多哈回合谈判久拖不决,WTO通过争端解决机构发展其贸易规则的趋向日渐明显。与此同时,全球经济发展存在不平衡、不确定和不和谐因素,以WTO为代表的多边贸易体系面临严峻挑战。因此,2004年《世界贸易组织》(第二版)有重新修订的必要,本次修订主要体现如下特点:

第一,更能适应本科教学的要求。由于WTO规则本身的复杂性,对于本科生而言,理解起来具有一定的难度,因此,本次修订从篇章结构的安排、案例的选择、知识点的归纳与总结等方面都有所提高和改进,内容更加凝练,更加通俗易懂。

第二,增加了一些重要的典型案例。由于WTO规则本身的抽象性,增加典型案例既有利于学生的理解,也有利于教师的讲授与分析。

第三,增加了WTO多哈回合谈判的内容。在农产品贸易、争端解决机制、服务贸易、与贸易有关的知识产权、环境与贸易等相关内容中,都增加了WTO多哈回合谈判的最新进展。

第四,增加了中国参与WTO争端解决的实践。中国在争端解决机构中的申诉与被诉争端,绝大部分都发生在2004年以后。因此,本次修订专门将中国参与WTO争端解决机制的实践作为一节加以讨论。

当然,由于WTO规则及其案例、多哈回合谈判及其进展本身的庞杂性,书中可能存在疏漏乃至差错,希望读者予以批评指正。

作　者

2011年8月

目　　录

第一篇　导　论

第一章　多边贸易体制的形成与发展：从 GATT1947 到 WTO …………（3）
　第一节　国际贸易的基本理论学说 ……………………………………（3）
　第二节　从 GATT1947 到 WTO …………………………………………（7）
　第三节　WTO 的法律体系 ……………………………………………（18）

第二篇　WTO 组织法

第二章　WTO 的宗旨与组织机构 ……………………………………（25）
　第一节　WTO 的宗旨 ……………………………………………………（25）
　第二节　WTO 的职能与组织机构 ………………………………………（30）
　第三节　WTO 的决策机制 ………………………………………………（37）
第三章　WTO 争端解决机制的法律制度 ……………………………（43）
　第一节　WTO 争端解决机构及管辖范围 ………………………………（43）
　第二节　WTO 争端解决机制的磋商与审查程序 ………………………（52）
　第三节　WTO 争端解决机制的执行程序 ………………………………（71）
　第四节　WTO 争端解决机制的评述 ……………………………………（84）
第四章　WTO 的基本原则 ……………………………………………（91）
　第一节　互惠原则 ………………………………………………………（91）
　第二节　最惠国待遇原则 ………………………………………………（93）
　第三节　国民待遇原则 …………………………………………………（102）
　第四节　透明度原则 ……………………………………………………（112）

第三篇　WTO 有关货物贸易的法律制度

第五章　货物贸易市场准入的法律制度 ……………………………（119）
　第一节　与关税有关的法律制度 ………………………………………（119）
　第二节　非关税措施的法律制度 ………………………………………（128）

第三节 农产品贸易的法律制度 …………………………………………… (136)
第六章 货物贸易救济措施的法律制度 ……………………………………… (150)
第一节 反倾销措施的法律制度 …………………………………………… (150)
第二节 补贴与反补贴措施的法律制度 …………………………………… (170)
第三节 保障措施的法律制度 ……………………………………………… (184)
第七章 与保护环境与健康有关的贸易措施的法律制度 ………………… (197)
第一节 GATT1994 第 20 条的适用 ………………………………………… (197)
第二节 卫生与动植物检疫措施的法律制度 ……………………………… (206)
第三节 "碳关税"的法律问题 ……………………………………………… (215)
第四节 环境与贸易关系的演变及其新问题 ……………………………… (220)

第四篇 乌拉圭回合拓展的新贸易领域的法律制度

第八章 WTO 框架下服务贸易的法律制度 ………………………………… (235)
第一节 GATS 的产生 ……………………………………………………… (235)
第二节 GATS 有关普遍义务适用的法律制度 …………………………… (242)
第三节 GATS 有关具体义务适用的法律制度 …………………………… (258)
第四节 GATS 的新发展 …………………………………………………… (274)
第九章 WTO 与贸易有关的知识产权保护的法律制度 ………………… (287)
第一节 知识产权的国际保护与 TRIPS 协定的产生 ……………………… (287)
第二节 TRIPS 协定关于知识产权保护的实体规则 ……………………… (296)
第三节 TRIPS 协定关于知识产权保护的程序规则 ……………………… (309)
第四节 DSB 关于知识产权争端解决的法律问题 ………………………… (313)
第五节 TRIPS 协定的新发展 ……………………………………………… (325)

第五篇 WTO 与中国

第十章 中国与 WTO 的法律关系 ………………………………………… (337)
第一节 中国"复关"与"入世"谈判涉及的法律问题 ……………………… (337)
第二节 中国入世法律文件的主要内容 …………………………………… (342)
第三节 中国入世后涉外经贸法律制度的改革 …………………………… (348)
第四节 中国参与 WTO 争端解决机制的实践 …………………………… (363)
结束语:WTO 多哈回合谈判及其面临的挑战 …………………………… (387)
参考书目 ……………………………………………………………………… (398)

第一篇　导　论

第一章　多边贸易体制的形成与发展：从 GATT1947 到 WTO

国际贸易由来已久，源远流长。在国际贸易发展史上，各国（地区）政府都非常重视通过制定贸易政策来规范本国商人的对外贸易行为，从而形成对国际贸易的干预政策。政府是否拥有对国际贸易进行干预的主权？如果有，干预主权是否应受到限制？这些问题一直广为争议。从政府干预国际贸易的动机而言，大致可以归纳为如下几类：财政收入的需要（如征收关税）；国内产业保护的需要（限制进口）；国内自然资源保护的需要（出口限制）；维护公共健康的需要（限制危害健康产品的进口）；环境保护的需要（限制污染产品的进口），等等。各国（地区）政府基于各种目标，采取多种手段干预国际贸易，形成错综复杂的国际贸易关系。世界贸易组织（World Trade Organization，WTO），其前身为关税与贸易总协定（General Agreement on Tariffs and Trade，GATT1947），[1]是目前唯一协调和管理国际贸易关系的全球性国际经济组织。WTO 一方面承认政府有干预国际贸易的主权，另一方面则通过制定相应的规则和机制性的安排，将政府干预国际贸易的主权尽可能限制在合理范围之内，以建立开放、公平和可预见性的国际贸易关系。

第一节　国际贸易的基本理论学说

WTO/GATT1947 的产生与发展和国际贸易基本理论有着密切的联系，因此在研究 WTO/GATT1947 规则前有必要简要介绍与国际贸易有关的主要理论学说。

一、重商主义学说

重商主义学说（Mercantilism Theory）产生于 15 世纪，盛行于 16 世纪和 17 世纪上半叶，衰弱于 17 世纪下半叶和 18 世纪初。它最早出现在意大利，后来流行到西班牙、葡萄牙、尼德兰、英国和法国。16 世纪晚期，它在英国和法国得到了重大发展，出现了一些重要的重商主义思想家和著作。早期的代表人物有英国的海尔

[1] GATT 从历史发展角度看，可以分为 GATT1947 和GATT 1994。

斯(John Hales)和法国的博丹(Jean Bodin);晚期的代表人物有法国的塞拉(Antonio Serra)和英国的托马斯·孟(Thomas Mun)。

重商主义的共同特点是:(1)绝大多数人把货币看成是财富的唯一标志,认为国内贸易只是一种货币转手活动,并不能增加国家财富,除开采金银矿藏以外,获取财富的唯一途径是发展国际贸易。(2)大力主张国家干预经济活动,要求政府用法律手段保护国内工商业,为其提供各种便利条件,促其加速发展。(3)主张实行少买多卖的原则,力争贸易顺差,以便吸收更多外国货币,增加国家财富和增强国力。(4)以流通领域为研究对象,认为利润或利益来自于流通过程,而不是生产过程。[2]

以重商主义为指导贸易政策主要体现为贸易保护主义政策,即采取限制进口、鼓励出口的贸易政策。这种贸易政策往往以邻为壑,在国际上容易遭到其他国家的贸易报复。随着国际货币非黄金化,货币不是衡量财富的标志。通过贸易保护所获得的贸易顺差,不见得就是国家财富增加和国力增强的标志。

二、绝对优势理论学说

绝对优势理论学说(Absolute Advantage Theory)为古典政治经济学总体系的创立者亚当·斯密(Adam Smith)所倡导,该学说认为,世界各国都应当生产本国最擅长即生产成本绝对低廉的产品,然后用这些产品同其他国家交换,换回自己最不擅长生产即生产成本绝对高昂的产品,这样就会使双方都大大节约劳动,从而增加商品享用量。在回答为什么大家都应该生产成本绝对低的产品的问题时,斯密认为是因为"在某些特定商品生产上,某一国占有那么大的自然优势,以致全世界都认为,跟这种优势做斗争是枉然的。"他在其成名之作《国民财富的性质和原因的研究》(或翻译为《国富论》,The Wealth of Nations, 1776)中指出:"如果外国能比我们自己制造还便宜的商品供应我们,我们最好就用我们有利地使用自己的产业生产出来的一部分向他们购买。……要是把劳动用来生产那些购买比自己制造还便宜的东西,那一定不是用得最为有利。"[3]

斯密极力提倡自由贸易,在他看来,社会的每一个人都受一只看不见的手在指导,这只基于利己的看不见的手指导人们把资本和劳动尽可能地投入符合社会发展需要的产业中去,指导人们加强管理,改进技术,尽量增加社会总收入。这种人人追求私利的行为不但对社会无害,反而使资本和劳动得到最有利和最充分的使用,有效地促进整个社会的利益。国际贸易也是如此,只有让它自由和自然地发展,社会才能得到最大利益。自由国际贸易不仅不会使一国破产,反而会使它变得

〔2〕 姚贤镐、漆长华:《国际贸易学说》,中国对外经济贸易出版社 1990 年版,第 3 页。

〔3〕 [英]亚当·斯密著:《国民财富的性质和原因的研究》(下卷),郭大力、王亚南译,商务印书馆 2004 年版,第 28 页。

更加富裕和强大。

三、比较优势理论学说

亚当·斯密的绝对优势理论学说无法回答一个国际贸易的现实问题:如果一个国家与另一个国家相比,任何产业均无优势,但事实上两者都在做贸易;那么,是两国均能获益,还是没有优势的国家净损失,另一国净受益?

1817 年,英国大卫·李嘉图(David Ricardo)在其《政治经济学原理》(The Principles of Political Economy and Taxation, 1817)一书中提出了比较优势理论学说(Comparative Advantage Theory)回答了这一问题。李嘉图以一个简单的算术假设提出了他的理论观点:

生产一定的布,英国需要 100 个人的劳动,葡萄牙只需要 90 个人的劳动;生产一定的酒,英国需要 120 个人的劳动,葡萄牙只需要 80 个人的劳动。葡萄牙在布和酒的生产上都具有绝对优势,但相对于布,生产酒的优势更大;英国在两种商品的生产上都处于劣势,但相对于葡萄酒,布的劣势更小些。如果英国把生产葡萄酒的劳动和资本用来专门生产布,葡萄牙把生产布的劳动和资本用来专门生产葡萄酒,然后进行贸易对两国都是有利的。因为葡萄牙这时可用 80 个人生产的葡萄酒交换英国 100 个人生产的布,这样对葡萄牙来说,实际上是用 80 个人的劳动获得了原来要花 90 个人才能生产出来的布。英国在这种情况下也是获益的,因为它用 100 个人的劳动交换到原来需要 120 人才能生产出来的葡萄酒。[4]

李嘉图通过简单的假设使人们认识到:参与国际贸易、融入经济全球化,不管是发达国家还是发展中国家,都会从中获益。比较优势理论学说认为,使国际贸易最自由的政策,是最明智最稳妥的政策,加诸国际贸易的任何限制,所限制的不是别的国家的利益,而是自己国家的利益。李嘉图的比较优势理论经过生产要素比例说、产品周期论等理论的不断完善与发展,成为国际自由贸易理论的核心理论。应该说,以比较优势理论学说为基础和核心的自由贸易理论解释了国际贸易的成因和开放市场的积极效果。通过自由贸易,各国通过生产自己具有相对比较优势的产品进行贸易,使资源在世界范围内得到更佳配置,增加各国的财富,并促进经济发展和人民生活水平的提高。

中国加入 WTO 后国际贸易迅速发展的实践是对比较优势理论的有力诠释。加入 WTO 前,由于与发达国家相比,我们相当多产业处于劣势地位,因此,很多人担心加入 WTO 后会对中国经济发展产生较大负面影响。加入 WTO 后的实践证明,中国对外贸易发展非常迅速:2001 年中国进出口贸易总额为 5097 亿美元;2010 年则达到 29,727 亿美元;中国成为世界第一大贸易出口国和第二大贸易进口国。

---

[4] See Ricardo's example, in Andreas F. Lowenfeld, International Economic Law, New York: Oxford, 2002, p. 5.

四、有关国际贸易保护理论学说

既然绝对优势理论与比较优势理论学说所倡导的自由贸易能够使各国受益，那么各国应该是取消各种贸易干预措施，实施完全的贸易自由化。如大卫·李嘉图所宣称"如果将国家在贸易上所加的一切限制一扫而空，让贸易在它自己富有活力的原则下寻找它的道路前进，那就准会使贸易在差不多漫无止境的情况下增长。"但是，现实情况是，没有一个各国(地区)实行绝对的自由贸易，都或多或少采取贸易政策对国际贸易进行干预或管理。国际贸易保护理论学说可以解释这一现象。

有关国际贸易保护理论学说的代表人物为美国开国元勋汉密尔顿(Alexander Hamilton)和德国著名的经济学家李斯特(Friedrich List)。汉密尔顿在1791年向美国国会提交的《关于制造业的报告》(Report on the Subject of Manufactures, 1791)，李斯特在1841年《政治经济学的国民体系》(National System of Political Economy, 1841)提出了国际贸易保护理论。国际贸易保护理论的主要观点是：(1)幼稚产业的保护。处于发展初期的国家，应该通过保护性的措施来保护其国内有关产业，尤其是制造业，直到该产业达到一定的规模和先进程度，能与进口产品竞争或能出口竞争。(2)国际合作的关注。比较优势理论仅仅关注国际分工，没有关注国际合作问题。国际合作缺乏机制性安排，一旦遇到战争或商业恐慌，合作关系往往立即中断，缺乏国际合作，自由贸易就没有基础。(3)国家经济安全的考虑。当今世界，有的国家经济发展已经达到较高程度，有的国家则还比较落后，后者如果不实行保护关税的制度，其国民经济就会在前者的优势竞争下被打垮，从而沦为被奴役的地位。(4)有节制的贸易保护。保护性关税制度不能不分青红皂白到处滥用，对不同工业部门的保护程度要区别对待，保护制度并不能保护一切商品；在国际贸易实施保护措施的基础上，国内市场应当充分竞争。

此外，保罗·克鲁格曼(Paul Krugman)提出了战略贸易理论，其基本观点为，某些产业对国民经济发展具有战略意义，一国可以采取研究和开发补贴、出口补贴、进口限制等办法扶持其企业的成长。[5] 马歇尔·J. 切必克提出基于国家安全的考虑可以对进口或出口实施限制：例如，因钢铁与造船业关系国家安全，因此即便没有国际竞争力，也要通过设立限制进口的办法加以保护；在出口方面，国家安全则被用作限制战略敏感产品或军事物资出口到不友好的国家的理由。[6]

一般而言，政府在制定政策时采纳一种贸易学说与该种贸易学说的产生往往

---

〔5〕 保罗·克鲁格曼著：《国际经济学》，海闻译，中国人民大学出版社1998年版，第264—274页。

〔6〕 Michael J. Trebilcock, The Regulation of International Trade, Routledge, Second edition, 1999, p. 11. 转引自左海聪：《国际经济法的理论与实践》，武汉大学出版社2002年版，第48页。

有时间差。英国的自由贸易运动掀起于亚当·斯密学说出版后的半个世纪;而美国幼稚产业保护政策在汉密尔顿报告出版后25年才采取。[7] 而在国际经贸实践中,国家往往出于政治目的和产业界的压力,比如担心贸易竞争造成某些产业工人失业、为了争取某些产业的政治支持等,没有国家实行完全的自由贸易,往往是自由贸易政策与贸易保护政策并存。比较优势理论学说与国际贸易保护学说在WTO/GATT1947多边贸易体制中同样也得到了清晰的反映。WTO一方面为扩大货物和服务的自由贸易而摇旗呐喊,另一方面又规定了自由贸易的若干例外条款,如幼稚产业保护条款、保障措施条款等。

第二节 从GATT1947到WTO

关税与贸易总协定(General Agreement on Tariff and Trade, GATT1947)是第二次世界大战后国际经济贸易发展的产物。GATT1947对国际贸易的突出贡献在于每隔一定时间,其缔约方都有举行关税减让的多边谈判。乌拉圭回合谈判的最大成果就是达成了《建立世界贸易组织的协定》(《WTO协定》),WTO自1995年1月1日正式成立。

一、GATT1947的产生及其宗旨

(一)GATT1947的产生

在GATT1947产生之前,由于不存在约束各国政府干预国际贸易的国际条约或协定,各政府拥有干预国际贸易的绝对主权。19世纪末20世纪初,资本主义由自由竞争进入垄断阶段。迫于国内垄断资本的压力,各主要资本主义国家逐渐放弃了自由贸易政策,纷纷实行贸易保护主义政策,逐步提高关税税率,抵制其他国家工业品的进口。1929—1933年爆发历史上规模空前的世界性经济危机,各国政府为了转嫁危机、挽救国内产业、提高就业水平,纷纷采取提高关税、限制进口、鼓励出口和实行外汇管制或竞争性货币贬值等一系列以邻为壑的贸易保护主义措施。[8] 这些措施导致国际贸易的严重萎缩,加上国内需求的减少,各国工厂倒闭,工人失业,民族情绪日益高涨。

---

〔7〕 Bernard M. Hoekman, The Political Economy of the World Trading System: The WTO and Beyond, Oxford, 2001, p. 24.

〔8〕 例如,为了保护国内市场,美国国会于1930年通过了《斯穆特—霍利(Smoot – Hawley)关税法》,制定了美国历史上最高的进口税,导致英国等45国不同程度地提高了关税对美国进行报复,国际贸易进一步趋于萎缩,这反过来又加深了危机本身。

深刻的教训促使各国开始认识到建立国际贸易协调与合作机制的必要性。第二次世界大战结束前夕,战胜国已开始探讨设立一个处理和协调国际贸易的专门机构,以推行贸易自由化。当时的主要设想是通过成立三大国际经济组织来建立未来的国际经济贸易体系:建立国际货币基金组织,用它来维持国际间的汇率和国际收支平衡以防止20世纪30年代竞争性货币贬值政策重演;建立国际复兴开发银行(即世界银行),用它来动员资金协助经济复兴与发展;建立国际贸易组织,用它来减少关税壁垒,促进国际贸易自由发展。因为人们认为:如果各国政府干预国际贸易的主权不受任何制约,在全球经济危机期间,各国政府往往借口经济主权采取以邻为壑的贸易措施,将会进一步加深经济危机。20世纪30年代大萧条时期的高关税壁垒及其他限制贸易措施实际上是第二次世界大战的根源之一,人们希望为国际经济贸易关系搭建制度性的架构,增加各国多边贸易合作以减少经济冲突。1944年7月,美、英等44国在美国新罕布什尔州的布雷顿森林(Bretton Woods)集会,建立了国际货币基金组织(International Monetary Found, IMF)和国际复兴开发银行(International Bank of Reconstruction and Development, IBRD)。

IMF和IBRD顺利成立,国际贸易组织(ITO)则由于美国国会的拒绝批准而夭折。所幸的是,在起草ITO宪章的过程中不经意产生了GATT1947。1947年最重要的日内瓦筹备会议由三个部分组成。第一部分继续谈判并起草ITO宪章草案;第二部分则集中于互惠关税减让的谈判,美、英、法、中等23个国家举行的多边关税谈判取得成功,参加国共达成123项有关关税减让双边协议;第三部分则是拟定有关关税减让义务的"一般条款"。后两部分谈判成果结合在一起便构成了著名的关税与贸易总协定。1947年10月30日,23个国家在瑞士日内瓦共同签署了《关税与贸易总协定》(GATT1947)。[9] 由于绝大多数国家最终没有批准ITO宪章,GATT1947一直以临时适用的多边协定形式存在。GATT1947从1948年1月1日开始实施,到1995年1月1日世界贸易组织正式运行,共独自运作了47年。截至1994年12月31日,关贸总协定已有缔约方128个。

（二）GATT1947的宗旨及历次多边贸易谈判

GATT1947的任务是恢复已被20世纪30年代经济危机时的保护主义、双边互惠主义及第二次世界大战窒息了的世界贸易,致力于创立一个旨在实现贸易条件的稳定与透明,并逐步促进贸易自由化的贸易体制。鉴于此,GATT1947的宗旨是:各缔约方"在处理它们的贸易和经济事务的关系方面,应以提高各缔约方人民的生活水平、保证充分就业、保证实际收入和有效需求的大幅持续增长、扩大世界

---

[9] 这些国家按英文字母顺序排列是:澳大利亚、比利时、巴西、缅甸、加拿大、锡兰(今斯里兰卡)、智利共和国、中国、古巴、捷克斯洛伐克、法国、印度、黎巴嫩、卢森堡、荷兰、新西兰、挪威、巴基斯坦、南罗得西亚(今津巴布韦)、叙利亚、南非、英国和美国。

资源的充分利用以及发展商品的生产与交换为目的”。为实现这个宗旨,各缔约国必须达成大幅度地削减关税和其他贸易障碍,取消国际贸易中的歧视待遇的协议。

为了实现这一宗旨,GATT1947 规定,缔约方在关税和贸易方面相互提供无条件的最惠国待遇和关税减让,取消数量限制,取消有违国民待遇的各种贸易障碍。GATT1947 作为一项多边贸易协定,不仅为缔约方之间的贸易关系确定行为规则,而且也对缔约方之间的贸易关系实施调节干预,其协调干预各缔约方贸易关系的主要途径是,在 GATT1947 的主持下进行多边贸易谈判。根据总协定的有关规定,缔约方全体可以不时发起这项谈判。关贸总协定自 1947 年签订以来,共主持过八轮全球性的多边贸易谈判(Multilateral Trade Negotiations),一轮谈判称为一个“回合”(Round)。这八轮谈判分别是:1947 年在日内瓦(Geneva)举行的第一轮多边贸易谈判;1949 年在法国安纳西(Annecy)举行的第二轮谈判;1950 年至 1951 年在英国托尔基(Torquay)举行的第三轮谈判;1956 年在日内瓦举行的第四轮谈判;1960 年至 1962 年在日内瓦举行的被称为“狄龙回合”(Dillon Round)的第五轮谈判;1964 年至 1967 年在日内瓦举行的被称为“肯尼迪回合”(Kennedy Round)的第六轮谈判;1973 年至 1979 年先在东京后在日内瓦举行的被称为“尼克松回合”(Nixon Round)或“东京回合”(Tokyo Round)的第七轮谈判;1986 年至 1993 年先在乌拉圭后在日内瓦举行的被称为“乌拉圭回合”(Uruguay Round)的第八轮谈判。

前四轮多边贸易谈判的议题集中于关税减让。第五轮多边贸易谈判(狄龙回合)因欧洲共同市场(即欧洲经济共同体)的建立而发起,除继续关税减让谈判外,因欧共体加入 GATT1947 而展开了关于 GATT1947 第 24 条第 6 款的谈判。根据这一条款,欧共体的统一关税约束取代了欧共体国别的关税约束,任何缔约方由此而受到的不利影响,欧共体都需予以补偿。第六轮多边贸易谈判(肯尼迪回合)除取得关税减让成果外,还取得了如下成果:(1)第一次包括了非关税壁垒的内容,制定了第一个反倾销协议,即 GATT1947 第 6 条的实施细则。(2)在谈判中新增加了 GATT1947 的第四部分内容——贸易与发展,明确要求发达缔约方对它们在贸易谈判中对发展中缔约方所承诺的减少或撤除关税和其他壁垒的义务,不要希望得到互惠。它第一次正式地,十分明确地提出了“非互惠原则”,这是对传统的“互惠、最惠国、无差别原则”的重大突破,为普惠制的产生奠定了法律基础,标志着国际贸易体制的重大转折。(3)开创了让波兰作为“中央计划经济国家”参加 GATT1947 多边贸易谈判的先例。第七轮多边贸易谈判(东京回合)减让关税谈判的成果引人注目,东京回合达成的关税减让的商品价值涉及 3000 多亿美元贸易额,世界上主要工业国家制成品的加权平均关税率降为 6% 左右,其中欧共体为

5%,美国为4%,日本为3%,下降了34%。[10] 在限制非关税壁垒的措施上,东京回合取得了重大突破,在进口许可证程序、海关估价、补贴与反补贴、政府采购、贸易技术壁垒、反倾销、民用航空器、牛肉和奶制品等方面共计达成9个协议。前6项是关于非关税壁垒具体措施的协议,后3项是非关税壁垒具体部门的协议。东京回合对于非关税壁垒措施的限制是以"点菜单式"(a la carte)的守则(code)方式进行的,即每个守则由GATT1947缔约方自由签署,每个守则均有其单独的争端解决机制条款。[11] 此外,东京回合还达成了"给予发展中国家以差别及更优惠的待遇、互惠和更全面参与的决定"。"决定"认为:发达国家给予发展中国家以及发展中国家之间相互给予优惠待遇是世界贸易制度的一个长期法律特征,可以豁免最惠国待遇义务。可以认为,这一"授权条款"成为了发达国家向发展中国家提供普惠制的法律基础条款。

二、GATT1947的历史成就及其法律缺陷

(一)GATT1947的历史成就

GATT1947在其实施的近50年的历史中,一直为实现其宗旨而不懈努力,它先后组织了八轮多边贸易回合谈判,逐步建立并不断完善其多边贸易规则,同时根据国际经贸关系发展的需要,不断地试图建立和完善其组织机构与贸易争端解决机制。GATT1947的缔约方由1947年的23个发展到1994年底的128个,此外当时还有约19个国家和地区致力于加入GATT1947,GATT1947法律框架下的国际贸易额达到了当时世界贸易总额90%以上,这50年的历史说明了GATT1947在国际贸易中发挥了重大作用,其历史地位可以概括如下:

1. 形成了一套调整缔约方贸易行为的国际准则

关贸总协定规定了缔约方在国际贸易关系中必须遵循的若干基本原则,如无条件最惠国待遇原则、国民待遇原则、关税减让、禁止采用进口数量限制等保护主义措施等。各缔约方在其相互的贸易关系中都应遵守这些原则,否则就会受到谴责甚至会受到报复。此外,各缔约方在历次多边贸易谈判中还达成了许多协议,制定了一些具体守则和规章,如反倾销守则、补贴与反补贴守则、贸易技术壁垒守则、海关估计守则等,所有这些原则和规则成为GATT1947各缔约方或各守则缔约方所共同接受的基本准则,极大地促进了国际贸易的增长和发展。

2. 在互惠互利基础上削减关税,推进了战后贸易自由化

关贸总协定主持的多轮多边贸易谈判,使各缔约方达成了一系列的互惠互利

---

〔10〕 Bernard M. Hoekman, The Political Economy of the World Trading System: the WTO and Beyond, Oxford University Press, 2001, p.104.

〔11〕 John H. Jackson, What's Needed for the GATT After the Uruguay Round, 86 Am. Soc'y Int'l L. 69, 1992, p.71.

协议,导致关税总体水平的大幅度削减。在前七轮谈判中,发达国家的平均关税从40%下降到5%左右,发展中国家和地区的平均关税下降到13%。在乌拉圭回合谈判期间,各缔约方的关税实行维持现状和逐步下降原则。经乌拉圭回合,各缔约方总体关税水平决定再削减1/3。[12] 关税的下降,无疑促进了缔约方之间贸易的自由化。

3. 首次在多边贸易体制中确立了对发展中国家"特殊与差别待遇"原则

关贸总协定认为,那些只能维护低生活水平、处于发展期阶段的缔约方经济逐步增长,将有助于实现本协定的宗旨。因此,关贸总协定规定这样的发展中国家可以享受某些额外的便利,如在关税结构方面保持足够的弹性,从而为某一特定工业的建立提供必要的关税保护,为国际收支目的而实施数量限制等。随着发展中国家在关贸总协定中数量的增多,其贸易地位和利益日益引起总协定缔约方的关注,加上发展中国家的争取和斗争,关贸总协定采取了一些措施,以利于发展中国家对外贸易的发展。在1963年举行的缔约方部长级大会上,专门针对发展中国家的贸易与发展问题,增加了关贸总协定的第四部分"贸易与发展",从而使发展中国家享有更为优惠的待遇。在东京回合谈判中,缔约方全体又通过了"授权条款"(enabling clause)即缔约方无须申请义务豁免即可给予发展中国家缔约方以更优惠的差别与特殊待遇。在乌拉圭回合谈判中,许多国家认为发达国家在谈判中不应为其向发展中国家承诺的义务而期望得到互惠;发达国家还不应要求最不发达国家承诺与它们经济、财政和贸易发展不相符的义务。这一切对于减轻发展中国家经济的负担,促使发展中国家经济贸易的发展是有积极作用的。

4. 为各国提供了进行经济贸易关系谈判和对话的场所

由于关贸总协定原准备成为国际贸易组织的一部分,在起草总协定时,便没有制定有关组织机构的条款。关税与贸易总协定,顾名思义只是一项"协定"而不是一个"组织",国际贸易组织夭折后,关贸总协定中的实体义务就需要由一个组织机构监督执行。这样,关贸总协定在特定的历史阶段就不得不形成事实上的组织机构,它有设在日内瓦的常设秘书处,有由缔约方常驻代表组成的理事会,以及每年举行的缔约方大会。[13] 参加关贸总协定的缔约方单独行动时,就用缔约方的小写字母(Contracting Parties)或成员(Members)来表示;当缔约方集体行动时则用缔约方大写字母(CONTRACTING PARTIES)来表示。因此,关贸总协定在特定条件下成为各缔约方处理贸易关系的法律机制,为协调缔约方之间的贸易关系提供了场所和便利,使各缔约方有机会就贸易等问题进行及时的磋商和调解,使有关贸

---

〔12〕 曹建明:《关税与贸易总协定》,法律出版社1994年版,第6、7页。

〔13〕 Bernard M. Hoekman, The Political Economy of the World Trading System: the WTO and Beyond, Oxford University Press, 2001, p. 38.

易分歧能及时获得解决，以保障缔约方在关贸总协定中的权利与义务的平衡，从而在组织上、程序上为实现关贸总协定的目标奠定了基础。

（二）GATT1947 的法律缺陷

关贸总协定成立以来，促进了许多国家与地区的繁荣与发展，对战后世界经济与贸易的发展起了积极的推动作用。但是，也必须看到，关贸总协定还存在着许多缺陷或局限性，到 20 世纪 80 年代已经远远不适应经济全球化趋势的发展。[14] 这些法律缺陷或局限主要表现在以下几个方面：

1. 由于 GATT1947 先天性不足，即 GATT1947 一开始就没有当成一个国际经济组织，后来发展也没有使 GATT1947 成为一个真正意义上的国际经济组织。此外，根据《临时适用议定书》中"祖父条款"的规定，GATT1947 实质部分即第二部分的法律效力低于各国本国立法，使得 GATT1947 成为名副其实的"弱法"。

2. GATT1947 的适用范围极其有限。GATT1947 主要适应于有形商品的贸易（实际上，农产品、纺织品因为各种原因一直游离在 GATT1947 之外），而对 20 世纪 80 年代以来增长十分迅速的服务贸易，如在发达国家增长较快的电信、金融、旅游、建筑、运输等服务贸易却没有包括在内。此外，对于有形商品贸易中的知识产权，各缔约方保护水平不一致，一些发达国家认为 GATT1947 也应对知识产权进行关注。美国非常不满 GATT1947 有限的适用范围，一再威胁使用单边贸易措施惩罚对其出口商品知识产权保护不力的国家。此外，与 30 年代以高关税壁垒为主要特征的"旧贸易保护主义"不同，70 年代末 80 年代初以来的贸易保护主义不再通过关税而是通过各种各样的非关税壁垒，这种保护措施不像关税那样具有明确性和非歧视性，而是相对隐蔽以图绕开 GATT1947 的规则，而且具有针对特定国家的歧视性，比如对国外进口产品随意发动反倾销以征收反倾销税。因此，这种保护主义被称为"新贸易保护主义"。保护主义的泛滥极大地恶化了国际经济和贸易环境，但由于 GATT1947 主要致力于关税措施，对这些非关税措施缺乏"一揽子"多边解决规则。

3. GATT1947 的争端解决机制存在"一票否则制"的缺陷。在解决国际贸易争端方面，GATT1947 本身并没有规定一套行之有效的争端解决机制。在实践中，GATT1947 解决国际贸易争端的主要手段是磋商，磋商不成虽能诉诸专家组，但是被诉方可以单方面阻止专家组的建立；或者，即使专家组做出裁决报告，败诉方也能够阻止报告为缔约方大会通过而发生法律效力，这是因为，专家组的成立或裁决减报告的通过必须所有缔约方一致同意。即被诉方或败诉方拥有事实上的否决权。

---

〔14〕 John Jackson, The World Trade Organization: Constitution and Jurisprudence, Royal Institute of International Affairs, 1998, p. 24.

4. GATT1947 历届多边谈判被某些大国政策左右的局面长期未能得到根本改变。长期以来,历届谈判一直是以少数大国特别是美国国内政策和法律为主导的,决策权主要操纵在以美国为首的西方国家手中。尽管欧洲共同体的建立以及日本的崛起,使关贸总协定的力量发生一定变化,但由于这些国家都是发达国家,在经济利益方面有着共同的利害关系。因此,从 20 世纪 40 年代到 70 年代,关贸总协定基本上是少数发达国家调整贸易政策的场所。近年来,各发展中国家纷纷要求加入关贸总协定,发展中国家在总协定中的地位明显提高。但是,代表 2/3 以上缔约方的发展中国家在 GATT1947 中依然无法改变大国主导谈判的局面。

三、乌拉圭回合谈判与 WTO 的建立

东京回合以后,世界经济增长缓慢,新兴工业国家的贸易竞争压力及发达国家内部利益集团的政治压力激化了许多国家的贸易保护主义情绪。虽然 GATT1947 自成立以来,为抑制贸易保护主义、推进贸易自由化进行了不懈的努力,并取得了很大的成就;但是,GATT1947 在组织机构、管辖范围、争端解决、规则纪律方面远远不能适应 20 世纪 80 年代复杂的国际经济形势。各国政府充分认识到,以关贸总协定为法律基础的多边贸易体制岌岌可危。与此同时,人们也认识到,GATT1947 在增进经济福利和以前所未有的规模扩大世界贸易方面有着不可替代的作用,并深信 GATT1947 所确立的基本法律原则和理念将在相互依赖的世界经济中长期起作用,因此,各国决心克服以 GATT1947 为代表的多边贸易体制所存在的法律缺陷,建立一个更加开放的、具有生命力和持久的多边贸易体制。1982 年 11 月,GATT1947 缔约方的部长们在日内瓦举行了部长级会议,决心采取联合行动,以重新建立一致支持以 GATT1947 为代表的多边贸易体制、借以恢复和增强对 GATT1947 有能力提供一个稳定的可预见的贸易环境和应付新的挑战的信心。1986 年 9 月 15 日,举世瞩目的 GATT1947 第八轮多边贸易谈判——乌拉圭回合在乌拉圭埃斯特角城正式拉开序幕。

(一)乌拉圭回合谈判的目标

1986 年 9 月,GATT1947 缔约方部长在埃斯特角城召开的特别缔约方大会上,决定发动多边贸易谈判,并通过了《乌拉圭回合部长宣言》。根据该宣言,乌拉圭回合谈判的目标是:决心制止和扭转保护主义,消除贸易扭曲现象;决心维护关贸总协定的基本原则和促进关贸总协定的目标;决心建立一个更加开放的、具有生命力和持久的多边贸易体制。具体而言,表现在下列四个方面:[15]

(1)为了所有缔约方的利益特别是最不发达缔约方的利益,进一步放宽和扩大世界贸易,包括通过减少和取消关税、数量限制和其他非关税措施与壁垒来改善

---

〔15〕 Ministerial Declaration on the Uruguay Round, GATT MIN. DEC, dated 20 September 1986, Part I.

进入市场的条件。

(2)加强关贸总协定的作用,改善建立在关贸总协定规则基础上的多边贸易体制,把更大范围的世界贸易置于统一的、有效的和可实施的多边规则之下。

(3)增加关贸总协定体制对不断演变的国际经济环境的适应能力,特别是促进必要的结构调整,加强关贸总协定同有关国际组织的联系;同时,应考虑到贸易格局和前景的变化情况,包括高级技术产品贸易的日益重要性、初级产品市场的严重困难和改善贸易环境的重要性,特别为债务国提高履行其金融义务的能力。

(4)促进国内和国际合作行动以加强贸易政策与其他影响增长和发展的经济政策之间的内部协调,作出持续、有效和坚决的努力,为改善国际货币体制的职能、促进金融和实际投资资源向发展中国家流动作出贡献。

(二)乌拉圭回合谈判的进程

乌拉圭回合多边贸易谈判自1986年9月开始至1994年4月正式结束,成为GATT1947历史上费时最多的一次多边贸易谈判。

1. 埃斯特角城部长级会议

1986年9月15—20日,关贸总协定缔约方部长级会议在乌拉圭埃斯特角城召开。大会发表了部长宣言,规定了新一轮谈判的主要目标、谈判原则和谈判议题,标志着乌拉圭回合多边贸易谈判的开始。

《乌拉圭回合部长宣言》确定了乌拉圭回合的谈判框架和主要谈判议题,共15个议题,它们是:(1)关税;(2)非关税措施;(3)热带产品;(4)自然资源产品;(5)纺织品和服装;(6)农产品;(7)关贸总协定条款;(8)保障措施;(9)多边贸易谈判协议和安排;(10)补贴与反补贴措施;(11)争端解决;(12)与贸易有关的知识产权问题;(13)与贸易有关的投资措施;(14)关贸总协定体制的作用;(15)服务贸易。其中,与贸易有关的投资措施、与贸易有关的知识产权及服务贸易3个议题,是此轮多边贸易谈判新增加的议题。

部长级会议原预定乌拉圭回合多边贸易谈判在4年内结束。

2. 蒙特利尔部长级会议

1988年12月5—9日,103个国家和地区的代表在加拿大蒙特利尔开会,会议的议题是对这轮谈判的前半期进行审议。因此,这次会议又被称为"中期审评(Mid-Term Review)会议",旨在对乌拉圭回合多边贸易谈判各议题的进展情况进行评审,明确后两年的谈判重点和方向。

经过两年的艰苦谈判,到蒙特利尔中期评审时,乌拉圭回合在热带产品、GATT1947体制的作用、争端解决、服务贸易、关税、非关税措施等11个议题上取得了突出的成果。两谈判组就11项议题正式开会讨论达150多次,提出建议文本600多项。但在农产品、纺织品、知识产权和保障条款4个议题上,各国立场差距较大,特别是美国与欧洲共同体在农产品政策上尖锐对立,此次会议未能就此4个议题达成协议。蒙特利尔会议在结束时决定:(1)贸易谈判委员会于1989年4月在日内瓦举行高级官员会议;(2)此次会议上的成果暂不实施;(3)授权总干事就四个未达成协议的议题举行高级磋商;(4)乌拉圭回合有关议题间的"一揽子"关系及此次会议成果,由日内瓦高级官员会议决定。

3. 布鲁塞尔部长级会议

1990年12月3—7日,GATT1947在比利时首都布鲁塞尔举行部长级会议,拟结束历时4年的乌拉圭回合多边贸易谈判。107个国家和地区的政府部长或代表参加了会议。这次会议的目标是,就本轮多边贸易谈判的15个议题组的主席报告和评估情况达成一个"发达国家和发展中国家都能接受的、平衡的、有实质意义的""一揽子"协议,为执行有关谈判成果作出程序性安排,并就改革和完善现行关贸总协定体制和今后多边贸易体制的方向等问题进行磋商。会议还将对乌拉圭回合的谈判成果进行审议,解决谈判中遗留的问题,并将各方的利益和要求所承担的义务以文字形式落实下来,正式确定最后贸易协定的文本。由于农产品和其他方面的分歧,谈判陷于破裂,乌拉圭回合未能按原计划于1990年底结束。

4. 邓克尔文本(Dunkel Draft)

布鲁塞尔部长级会议之后,乌拉圭回合谈判陷入僵局。贸易谈判委员会经正式磋商,于1991年2月26日决定重新组合各谈判议题,把原来的15项议题调整成7项,即市场准入、农产品、纺织品、规则修订和投资措施、知识产权、服务贸易、组织机构。[16]

1991年12月20日,GATT1947总干事、乌拉圭回合贸易谈判委员会主席邓克尔(Arthur Dunkel)在总结乌拉圭回合谈判已取得成果的基础上,通过剖析各方的分歧,拆中各方观点,向各参加方的政府提出了乌拉圭回合"最终协议草案"(the Draft Final Act),又称邓克尔文本。该草案包括了乌拉圭回合的所有谈判议题的"一揽子"协定,希望谈判各方能以此为基础,力争在1992年4月之前结束谈判。但是,乌拉圭回合主要谈判方在农产品和反倾销方面有重大分歧,使草案无法付诸表决。GATT1947总干事邓克尔不得不于1992年4月15日宣布,"无限期地推迟"乌拉圭回合谈判。

5. 布莱尔大厦协议(the Blair House Agreement)和东京四国会议

为了打开僵持局面,在乌拉圭回合谈判场所之外,美国和欧共体之间围绕农产品贸易问题开始双边谈判。1992年11月20日,美国和欧共体在华盛顿的布莱尔大厦达成初步一致,称为布莱尔大厦协议,主要是对邓克尔文本进行部分修改。但是,由于布莱尔大厦协议中对农业领域的市场准入规定不太明确,美国认为欧共体提出的减让表不符合布莱尔大厦协议,双方的对立再次暴露出来,谈判又陷入僵持

---

〔16〕 曹建明:《关税与贸易总协定》,法律出版社1994年,第141页。

局面。[17]

1993 年 7 月初，美国、欧共体、日本和加拿大四方首脑会议在东京举行，达成了市场准入协议，对工业产品的关税减让、部分产品的零关税达成一致。税率在 15% 以上的关税，目标是降低 50% 或更多。其他产品的关税平均至少要降 1/3。会议宣言表示，决心使搁浅的乌拉圭回合谈判在年底前达成协议，从而使谈判出现转折，乌拉圭谈判立即全面恢复并进入冲刺阶段。

东京会议后，欧共体就布莱尔大厦协议与美国再次进行实质性谈判，除了知识产权和服务市场准入等领域还有一些遗留问题外，就共同体农业政策改革的协调等问题达成了协议。

6. 乌拉圭回合谈判的结束

可以认为，进入 1993 年以后，GATT1947 缔约方为结束乌拉圭回合多边贸易谈判作最后冲刺，美国和欧共体在一系列问题上的谈判不断突破。这是因为，美国和欧共体都不愿承担乌拉圭回合谈判失败的责任，故双方在一些敏感问题上相互做出妥协。尤其是，美国国会对美国代表团参加乌拉圭回合谈判的授权截止期为 1993 年 12 月 15 日。这就意味着，如果乌拉圭回合未能在此之前达成协议，作为 GATT1947 主要缔约方的美国再要参加谈判，就必须重新获得国会的授权，而是否能再得到这一授权，尚难预料。只有在此之前达成的协议，美国总统才可以"一揽子"提交国会，国会根据"快轨程序"(fast track)进行审议与批准。所谓"快轨程序"，是指国会要么批准，要么否决，但不得提出修改方案。"快轨程序"对确保美国国会批准乌拉圭回合协议是十分重要的。在此情况下，美国与欧共体谈判进度加快，为赶在 1993 年 12 月 15 日前结束谈判，双方将视听产品贸易、航空工业补贴等复杂问题搁在一边，在农产品补贴这一最棘手问题上相互让步，为谈判的最终成功扫除了障碍。随着乌拉圭回合谈判接近尾声，根据美国提议，把欧共体提议的名称"多边贸易组织"改名为"世界贸易组织"(WTO)[18]。

1993 年 12 月 15 日，随着总干事萨瑟兰(Peter Satherland)手中木槌落下，宣告乌拉圭回合谈判的结束。第八轮谈判，不仅解决了多边贸易体制中的传统难题，如农产品、纺织品、保障措施等；而且还包括了新议题，如知识产权、与贸易有关的投资措施和服务贸易，扩大了多边贸易体制的管辖范围，有利于世界经济和国际贸易的增长。

(三)《马拉喀什宣言》与 WTO 的成立

1994 年 4 月 12—15 日，贸易谈判委员会在摩洛哥的马拉喀什召开部长会议。

---

〔17〕 尤先迅：《世界贸易组织法》，立信会计出版社 1997 年版，第 55 页。

〔18〕 Peter Van den Bossche, The Law and Policy of the World Trade Organization, Cambridge University Press, 2005, p. 85.

124个参加乌拉圭回合的谈判方于4月15日签署了包括《WTO协定》在内的乌拉圭回合最后文件,并通过了《马拉喀什宣言》(Marrakesh Declaration)。《宣言》强调,WTO的建立开创了全球经济合作的新纪元。随着乌拉圭回合最后文本的通过和签订,GATT1947向WTO的过渡即将开始,乌拉圭回合正式结束。1995年1月1日,WTO正式成立。

乌拉圭回合所取得的历史性成就突出地表现在:

1. 诞生了迄今为止唯一的管理和协调各国(地区)政府贸易政策的全球性国际经济组织,即WTO。WTO是一个具有法律人格的国际经济组织,具有履行其职责所需要的法定资格。《WTO协定》是其成立的明确法律依据。而其前身GATT1947则只是一个多边条约,尽管GATT1947在实践中逐渐演变为事实上的国际经济组织,但在法律上,并不具备法律人格。

2. 为国际贸易提供了更便于操作、更明了的法律框架,其中包括更为有效而又可信的争端解决机制。特别是,新的争端解决机制一改GATT1947时代"一票否决"的缺陷,规定了专家组成立、裁决报告自动通过,除非所有成员方一致反对,通俗而言,即"一票赞同"制。

3. 关税全面降低。发达国家成员方加权平均税率从6.3%降至3.8%。发达成员承诺关税减让的税则号商品占其全部税则号商品的93%,涉及约84%的贸易额。其中,承诺减让到零关税的税则号商品占全部关税税则号商品的比例,由乌拉圭回合前的21%提高到32%,涉及的贸易额从20%上升至44%。发展中国家成员加权平均税率由20.5%降低到14.4%;约束关税税则号比例由21%上升为73%,涉及贸易额由13%提高到61%。[19]

4. 非关税措施得到约束与规范。反倾销、补贴与反补贴措施、卫生与动植物检疫措施、保障措施、海关估价措施、技术贸易壁垒措施、进口许可证程序等一系列非关税壁垒措施受到了多边贸易体制的约束,有关货物贸易市场的开放范围更广,预见性和稳定性提高。GATT1947的东京回合虽然制定了有关非关税壁垒措施的守则,但这些守则并不能统一适用于GATT1947所有缔约方,只能适用于各个守则的参加方。乌拉圭回合达成的非关税措施的协定统一适用于所有WTO成员方。

5. 扩大了多边贸易体制的管辖范围。乌拉圭回合制定了有关服务贸易和与贸易有关的知识产权的多边规则,农产品和纺织品与服装贸易亦回归到多边贸易体制。此外,乌拉圭回合还制定了与投资有关的贸易措施协定。

---

〔19〕 石广生:《中国加入世界贸易组织知识读本:世界贸易组织基本知识》(一),人民出版社2002年版,第11页。

第三节 WTO的法律体系

WTO法律体系的框架，是在GATT1947基础上，经过历次多边贸易谈判，特别是乌拉圭回合所达成的“一揽子协定”的基础上而最终形成的。WTO法律体系框架中根本性的法律文件是《建立世界贸易组织的协定》(Agreement Establishing the World Trade Organization，以下简称《WTO协定》)。WTO法律体系既涵盖国际货物贸易制度，又包括国际服务贸易制度和与贸易有关的知识产权制度；既包括协调国际货物贸易、国际服务贸易和与贸易有关的知识产权的实体性规则，又包括贸易争端解决的程序性规则。

一、WTO的基本法律架构

根据《WTO协定》，WTO法律架构由以下几部分组成：

(一)WTO的基本法

《WTO协定》是世界贸易组织的最基本法律文件，为其基本法，WTO协定列于乌拉圭回合最后文件各项协定之首。规定了WTO的宗旨和原则、活动范围、职能、组织结构、成员资格、法律地位、决策机制等。

(二)WTO关于货物贸易的法律制度

货物贸易是GATT1947长期以来所调整的传统部门，也是WTO法律体系的基础。WTO关于多边货物贸易法律规则体现在《WTO协定》的附件1A中，主要包括：

1. GATT 1994

乌拉圭回合谈判的结束，对GATT1947产生了极其深刻而广泛的影响。其主要表现之一就是1994年关税与贸易总协定(GATT 1994)的产生，并成为与1947年关税与贸易总协定(GATT1947)相对应的概念。1995年1月1日，WTO开始正式运行，GATT1947同新诞生的WTO并行一年；1996年1月1日，GATT 1994取代GATT1947，与《WTO协定》及其附件中的有关协定一起，规定WTO成员方在货物贸易领域中的基本权利与义务。GATT 1994的法律范围主要由以下四方面组成：(1) 1947年日内瓦通过的GATT1947及其在WTO协定生效日前经过修正的相关条款。(2) WTO生效日前已经生效的GATT1947的其他法律文件，包括：有关关税减让的议定书和确认书；加入议定书，但不包括临时适用议定书；根据GATT1947所给予的且仍然有效的豁免；在WTO生效时仍有效的所有GATT1947缔约方全体做出的其他决定。

除此之外，GATT 1994还包括乌拉圭回合达成的对GATT 1994第2.1条(b)

款、第17条、第24条、第28条的解释以及对国际收支平衡、义务豁免等6个条款修订的“谅解”以及GATT 1994马拉喀什议定书(GATT 1994的关税减让表)。

2. 其他有关货物贸易的多边协定(Multilateral Agreements on Trade in Goods)

(1)规范非关税措施的多边协定。《贸易技术壁垒协定》、《卫生与动植物检疫措施协定》、《装运前检验协定》、《原产地规则协定》、《进口许可证程序协定》、《海关估价协定》。

(2)规范贸易救济的多边协定。《关于实施GATT 1994第6条的协定》(即《反倾销协定》)、《补贴与反补贴措施协定》和《保障措施协定》。

(3)规范特殊贸易领域的多边协定。《农产品协定》、《纺织品与服装协定》、《与贸易有关的投资措施协定》。

(三)WTO关于服务贸易的法律制度

乌拉圭回合第一次将国际服务贸易纳入多边贸易体制之下。WTO关于服务贸易领域的原则和规则主要体现在《服务贸易总协定》(General Agreement on Trade in Services, GATS)之中,列入《WTO协定》附件1B。GATS规定了国际服务贸易的模式、政府管理服务贸易应遵循的一般义务和具体义务。各成员方所作出的服务贸易承诺表构成GATS的组成部分,是各成员方开放服务贸易市场的具体法律文件。

(四)WTO关于与贸易有关的知识产权法律制度

乌拉圭回合第一次将与贸易有关的知识产权保护制度纳入多边贸易体制之下。WTO规定了对版权、商标、地理标志、工业设计、专利、集成电路布图设计、未披露的信息等知识产权保护的国际最低标准,制定了保护的基本原则,明确了知识产权的效力、范围等实体规范;并就知识产权保护的民事程序、边境程序、刑事程序等做了详细的规范。这些规定集中体现在《与贸易有关的知识产权协定》(Agreement on Trade Related Aspects of Intellectual Property Rights, TRIPS协定)之中,列在《WTO协定》附件1C。

(五)WTO关于争端解决机制的法律制度

乌拉圭回合所达成的《争端解决规则和程序的谅解协定》(DSU),作为《WTO协定》的附件2成为目前解决多边贸易争端的主要协定。该协定中所规定的规则和程序,就是WTO争端解决机制所应遵循的规则和程序,即通常所称的WTO普通争端解决机制。WTO争端解决程序可分为:磋商程序、专家组程序、上诉程序、执行程序和贸易报复程序。根据DSU的规定,任何成员方未经WTO争端解决机构的授权,不得采取单方面贸易措施。

(六)WTO关于贸易政策评审机制的法律制度

WTO贸易政策审查机制是在乌拉圭回合谈判过程中产生的,并最终形成了贸易政策审议机制的协定,即《贸易政策评审机制协定》列入《WTO协定》附件3。建立贸易政策评审机制的目的是提高各成员方贸易政策和惯例的透明度,监督和改善各方履行 WTO 有关协定的规则、纪律及其承诺的条件,要求各成员方更严格地执行各协定的规定和纪律。该评审机制使对各个成员方贸易政策和惯例的全部领域及其对多边贸易体制的影响进行系统地、集体地评审和估价成为可能。

(七)WTO 关于复边贸易协定的规定

复边贸易协定,英文为 Plurilateral Trade Agreement。目前国内译法不同,有的译为"若干单项贸易协议",有的译为"多方贸易协定",亦有译为"复方贸易协定"和"诸边贸易协定"的。[20] 我们较为赞同赵维田先生所著《最惠国与多边贸易体制》中的译法,即"复边贸易协定"。正如赵维田先生所指出的:在 WTO 协定中使用此词有其固定含义。因为复边(plurilateral)贸易协定的接受者的数目,多于双边(bilateral)而少于多边(multilateral)[21]。换言之,即只有 WTO 部分成员接受。而在 WTO 中,"多边"是指 WTO 全体成员的同义语。列入《WTO 协定》附件 4 的 4 个协定,即《民用航空器贸易协定》、《政府采购协定》、《国际乳制品协定》、《国际牛肉协定》,它们如同"东京回合"制定的"守则",而所有这类守则的签约方大都是 GATT1947 部分缔约方,显然达不到 WTO"多边"的要求。

从法律上讲,复边贸易协定不属于乌拉圭回合"一揽子协定"的范围,其生效与接受从其自身的规定。也就是说,凡是 GATT1947 的缔约方,即使不接受复边贸易协定,也可以成为 WTO 的成员。同样,不是 GATT1947 的缔约方,在申请加入 WTO,也无须以接受复边贸易协定为条件。而对于《WTO 协定》及其前 3 个附件中的多边协定即上述所列的前六类协定,则是"一揽子"协定,即 WTO 成员方必须全部接受,不允许选择接受,并对所有 WTO 成员方有约束力。

二、WTO 法律体系的特点

从以上归纳的 WTO 法律框架可知,乌拉圭回合达成的 WTO 的法律文件几乎涉及了国际贸易法的所有领域,甚至在某些领域已经超出了传统的国际贸易法的范围。例如,乌拉圭回合达成的有关服务贸易、与贸易有关知识产权和与贸易有关的投资措施等新领域的法律制度。

WTO 的法律体系尽管涉及不同部门和领域,但各部门、各领域的法律之间既相互区别,又彼此联系与协调,具有内在的统一性:第一,各领域的基本法律原则具有一致性。虽然 WTO 货物贸易法律制度、服务贸易法律制度和与贸易有关的知

---

[20] 对 Plurilateral Trade Agreement, 汪尧田教授编审:《乌拉圭回合多边贸易谈判成果》译为"若干单项贸易协议",陆效龙:《世界贸易组织文件汇编》译为"多边贸易协定",程宝库:《战后世界贸易法律体系简论》译为"复方贸易协定",曾令良:《世界贸易组织法》译为"诸边贸易协定",赵维田:《最惠国与多边贸易体制》译为"复边贸易协定"。

[21] 赵维田:《最惠国与多边贸易体制》,中国社会科学出版社 1996 年版,第 31 页。

识产权制度调整的领域不同,但均遵循一些基本的法律原则,如最惠国待遇原则、国民待遇原则、透明度原则等。第二,管理机制的协调性。与 GATT1947 相比,WTO 不仅在组织机构上更为完备,而且在管理体制上更注重协调,形成了一整套协调网络。各领域的每一项协定几乎都设立了专门理事会或委员会,这些机构一方面是有关协定的管理机构,另一方面又隶属于 WTO 的总理事会,受后者的领导和监督。第三,争端解决机制的统一性。WTO 的争端解决机制不仅程序更趋完善,争端解决方法中增添了新的司法性特征,更重要的是它具有 GATT1947 无法比拟的统一性。不论是 WTO 协定本身的争端,还是其附件中有关的多边贸易协定范围内的争端,均纳入 WTO 争端解决机制。[22]

但是,WTO 的法律体系内部也会有不协调乃至冲突。根据规定,当《WTO 协定》的某一规定与任何多边贸易协定的某一规定发生冲突时,《WTO 协定》的规定应在冲突的范围内优先;当GATT 1994的某一规定与各项货物贸易的多边协定的某一规定发生冲突时,货物贸易多边协定的某一规定应在冲突的范围内优先;当 WTO 普通争端解决机制与《争端解决规则和程序的谅解协定》附录 2 中所规定的涵盖协定中所含有的特殊或附加规则和程序存在差异时,特殊或附加规则优先。

---

〔22〕 曾令良:《世界贸易组织法》,武汉大学出版社 1996 年版,第 23、24 页。

第二篇　WTO 组织法

第二章　WTO的宗旨与组织机构

第一节　WTO的宗旨

应当指出，WTO是在GATT1947的基础上建立起来的，因此，WTO的宗旨与GATT1947的宗旨从根本上讲基本是一致的，但又对GATT1947的宗旨进行了较大发展，更加适应当代经济全球化的发展趋势。在具体阐述WTO的宗旨之前，先将GATT1947的宗旨和WTO的宗旨作一简单比较：

GATT1947的宗旨是：缔约方"在处理它们的贸易和经济事务的关系方面，应以提高生活水平、保证充分就业、保证实际收入和有效需求的大幅持续增长、扩大世界资源的充分利用以及发展商品的生产与交换为目的"。

WTO的宗旨完整地规定在《WTO协定》的序言中：成员方"在处理它们的贸易和经济事务的关系方面，应力求实现下列目标：(1)提高生活水平、保证充分就业、保证实际收入和有效需求的大幅度持续增长；(2)扩大货物和服务的生产和贸易；(3)同时应按照可持续发展的目标，合理地利用世界资源，寻求对环境的维护；(4)确保发展中国家尤其是最不发达国家能获得与它们经济发展所需要的国际贸易份额的增长；(5)建立一个完整的、更具有活力和永久性的多边贸易体制，以实现包括GATT1947在内乌拉圭回合多边贸易谈判的全部成果"。

归纳起来，WTO的宗旨有五项：

一、提高生活水平、保证充分就业、提高实际收入和有效需求

WTO十分强调在发展贸易和经济的目的在于：提高生活水平，保证充分就业，大幅度稳步提高实际收入和有效需求。不难发现WTO这一宗旨完全是继承了GATT1947的宗旨，也是符合一般经济学和国际贸易原理的。生产的发展固然是扩大流通的基础，但流通的扩大往往成为生产发展的重要因素。因此，GATT1947和WTO都要通过在国际货物流通领域和服务贸易领域削减贸易障碍以促进生产的发展，生产的发展直接带动就业率的提高，从而实现实际收入和有效需求大幅持续增长，达到提高生活水平的目的。据WTO、国际劳工组织(ILO)、世界银行、经济合作与发展组织(OECD)2010年11月向韩国首尔G20峰会提交的题为"把握贸易为就业和增长所带来的益处"的报告称：证据表明，在其他合适政策配合下，

贸易开放政策对一国的经济增长与增加就业具有重要作用;研究进一步表明,贸易政策开放度增加10%,失业率则减少1%。[1]

WTO各成员方关税的下降和服务贸易市场的开放,直接降低了相关产品和服务的费用,刺激有效需求,提高生活水平。例如,为推动信息技术的发展,1997年3月WTO的40个国家和地区达成了《信息技术协定》,其成员方信息技术产品贸易占世界信息技术贸易的92.5%,该协定于1997年7月正式生效。根据协定的要求,发达国家成员方在2000年前,发展中国家成员方在2005年前,将信息技术产品包括计算机、电信设备、半导体集成电路、半导体制成品、软件和科技设备6大项共计800多个税目产品的关税,削减至零关税,涉及的信息技术产品贸易额约达6000亿美元。1997年69个WTO成员方签订了《全球基础电信协定》,这些成员方的基础电信市场包括电报、电话、传真、蜂窝式移动电话、移动数据服务、无线传呼、个人通信系统等市场对外开放,电信市场的开放使人们的通信费用大为降低。

当然,就根本而言,GATT1947乃至WTO所指的"生活水平",不应只指某一国家或某一地区的水平,而应指全世界的生活水平。可以说,WTO的所有活动都是为实现这一根本的宗旨而开展的。

二、扩大商品和服务的生产与贸易

扩大货物生产与货物交换,是GATT1947的宗旨之一。货物的生产是货物贸易的前提,而货物贸易的发展反过来又促进货物生产的扩大。在GATT1947时代,货物贸易是带动全球经济的"引擎"。乌拉圭回合达成的"一揽子"多边协定,不仅大幅度降低了关税,而且将非关税壁垒措施加以约束,并通过多边贸易争端解决机制裁决贸易争端,推进货物贸易的自由化,这些都极大推动了全球国际货物贸易的发展。据统计,2000年到2008年,世界货物贸易年平均增长率保持在10%以上,比同期世界GDP年均增速3.5%要高出两倍左右。[2]

WTO在强调扩大货物生产与货物贸易的基础上,进一步强调扩大服务贸易。根据《服务贸易总协定》(GATS)的规定,服务贸易范围包括商业服务、通信服务、建筑服务、分销服务、教育服务、环境服务、金融服务、健康及社会服务、旅游及相关服务、文化、娱乐及体育服务、交通运输服务和其他服务等12大类。据此,银行、保险、旅游、咨询、广告、邮电、电信、建筑、销售、教育、医疗、运输等100多个服务业都被纳入WTO的法律调整范围,这是WTO相比GATT1947的重大发展之处。

可以认为,服务贸易已经成为世界经济一体化的重要组成部分。随着世界经济全球化进程的迅速发展,服务贸易对于经济推动的作用越来越大。20世纪80

---

〔1〕 Seizing the benefits of trade for the employment and growth, http://www.wto.org/english/news_e/news10_e/oecd_ilo_wb_wto_report_e.pdf.(访问时间:2010年11月29日)

〔2〕 张国庆:"贸易增长与贸易平衡问题",载《国际贸易》2010年第7期,第5页。

年代世界服务贸易的增长速度比货物贸易要快得多，服务贸易增长速度为5%，货物贸易为2.5%；90年代以来，货物贸易年均增长6%，国际服务贸易则年均增长率为8%。世界服务贸易正逐渐由传统的、以自然资源或劳动密集为基础的服务贸易（如旅游、运输、饮食）转向知识、资金型（如电信、金融）为基础的现代服务贸易。WTO成员方认识到服务业的发达与否，标志着一个国家的经济发展水平和文明程度；认识到服务贸易对世界经济增长和发展具有日益增长的重要性。WTO《服务贸易总协定》的制定标志着世界贸易体制正逐步趋于完善，促进全球服务贸易逐步自由化已成为GATS重要的法律原则。在GATS的推动下，21世纪以来，服务贸易发展迅速，出口额从2000年的1.4万亿美元增加到2007年的3.2万亿美元，增长1.3倍。[3]

三、坚持可持续发展，合理地利用世界资源，维护环境

在国际经济和贸易中，把发展问题、资源问题、环境问题作为一个有机整体来看待，是WTO对GATT1947宗旨的重大发展之一。可持续发展是联合国90年代提出的发展新理念。传统的发展论往往简单地把资源开发程度和工业化水平作为衡量一国经济水平的标准。但近年来，人们越来越清醒地认识到，急功近利的发展、过度的资源开发和工业化所带来的破坏和污染，会从根本上动摇国际贸易的基础，并影响人类的生活水平，最终会动摇推进贸易自由化的WTO的合法性。可持续发展的观点引入WTO的宗旨，具有深远的意义。

世界资源是货物贸易和服务贸易的基础，如果不能合理利用，就会造成资源浪费，影响国际贸易的发展；同样，如果过度利用，又会造成资源枯竭，影响人类生存环境。因此，同样应当从可持续发展的角度研究如何利用世界资源的问题。GATT1947序言中对世界资源强调的是“充分利用”（full use），而WTO序言中对世界资源强调的是“合理利用”（optimal use）。可以认为，WTO的这一表述更具有科学性。也就是说，WTO并不一味主张对资源的“充分利用”，而是要求考虑资源利用与持续发展的关系；资源利用与环境保护的关系；资源利用与经济发展水平的关系。

寻求对环境的维护成为WTO的宗旨，是基于可持续发展、着眼于未来的重要考虑。WTO不愿看到由于国际贸易的发展而给人类生存环境带来破坏，专门成立了贸易与环境委员会，专门研究贸易与环境问题。由于国际贸易是跨越国界、遍及全球的行为，因而对整个地球的环境保护负有责任，对严重污染环境、破坏生态平衡的产业和货物贸易的发展理应加以限制。因此，WTO的基本要求是：一方面承认各成员方为了保护各自的公共秩序和防止环境污染，有权制定本国的环保政策

---

〔3〕 周维富：“经济全球化发展新态势对我国产业结构优化升级的影响”，载《国际贸易》2010年第2期，第23页。

并组织实施；另一方面又要求这些政策和措施不能妨碍世界自由贸易体制的正常运行，把环保措施变成非关税壁垒。

随着环境与贸易关系的日益密切，因保护环境而采取的贸易措施往往容易引起贸易争端。在1998年WTO上诉机构对美国海虾案的裁决中，上诉机构运用了WTO宗旨来解释GATT 1994第20条(g)项。就海虾案所适用的GATT 1994第20条(g)项关于保护"可用竭的自然资源"而言，它是有关环境保护的条款。与GATT1947第20条(g)项条文内容相比，GATT 1994第20条(g)项只字未改。但是上诉机构却认为从WTO宗旨可以看出GATT 1994第20条(g)项与GATT1947第20条(g)项含义应有所不同。上诉机构认为，WTO将GATT1947序言中对世界资源强调的"充分利用"改为"合理利用"，并"保护和维护环境"。"序言中这些文字证明了谈判者们承认：合理利用世界自然资源应该按照可持续发展的目标加以实现……我们确信，对GATT 1994第20条(g)项要按照上述序言所含观念恰如其分地去解释。"[4]"忆及《WTO协定》宗旨明确要求可持续发展的目的，我们认为当前仍把GATT 1994第20条(g)项解释为仅指可用竭的矿产或无生命资源，未免太落后于时代的发展了……不论是有生命的还是无生命的，都属于第20条(g)项范围。"[5]

四、保证发展中国家成员贸易、经济的发展

WTO明确提出确保发展中国家尤其是最不发达国家能获得与它们经济发展所需要的国际贸易份额的增长，并将其列为宗旨，体现了发展中国家在GATT1947中几十年的斗争成果，标志着国际经济秩序正在朝着更加公正合理的方向发展。

按照GATT1947原始文件的规定，长期以来，发展中缔约方实际上与发达缔约方处于一种形式上平等而事实上不平等的地位。它们被要求与发达国家一样按照平等互惠的原则参加多边贸易谈判，提出关税减让表，削减非关税措施。但人们越来越意识到，平等不等于公平。虽然公平深深根植于平等之中。不确保平等原则的实现，就不能有公平；但是，如果在国际经济关系中仅仅保持形式上的平等本身并不能保证公平的实现。这是因为在由一个不同经济发展水平的国家组成的国际社会中，公平意味着赋予穷国某些权利，要求富国承担某些义务。

在GATT1947第六轮多边贸易回合谈判即肯尼迪回合谈判成果中的一个重要突破是，在谈判中新增加了GATT1947的第四部分内容——"贸易与发展"，明确规定了有关发展中国家指导本国贸易政策的总目标，要求发达缔约方在贸易谈判中对发展中缔约方所承诺的减少或撤除关税和其他壁垒时，不能希望得到互惠。

---

〔4〕 Appellate Body Report, United States—Import Prohibition of Certain Shrimp Products, WT/DS58/AB/R, paras. 129 - 133.

〔5〕 Id. ,para. 131.

1979 年结束的 GATT1947 第七轮多边贸易回合谈判达成了“给予发展中国家以差别及更优惠的待遇、互惠和更全面参与的决定”认为：发达国家给予发展中国家以及发展中国家之间相互给予优惠待遇是世界贸易制度的一个长期法律特征，可以享受最惠国待遇的豁免。可以认为，这一“授权条款”为发达国家向发展中国家提供普惠制奠定了永久性的法律基础。之所以如此规定，是因为 GATT1947 的基本宗旨是提高所有缔约方的生活水平和不断发展所有缔约方的经济，而这对发展中缔约方而言是特别迫切的；考虑到发展中缔约方的出口收入在其经济发展中的重要作用；特别是，发展中国家和其他发达国家之间的生活水平还有一个很大的差距。但是，授权条款仅授予发达缔约方有向发展中国家提供优惠待遇的权利，却没有将向发展中国家提供优惠待遇规定为发达缔约方的一项义务。因此，给予哪些发展中国家以优惠待遇以及哪些产品给予优惠待遇往往由发达国家通过其国内立法单方面确定标准和依据。

乌拉圭回合达成的《WTO 协定》在其宗旨中提出确保发展中国家尤其是最不发达国家能获得与它们国际贸易额增长需要相适应的经济发展。据统计，WTO 涵盖协定中关于给予发展中成员特殊与差别待遇的条款合计有 140 余项，分别载于不同的多边货物贸易协定、《服务贸易总协定》、《与贸易有关的知识产权协定》、《争端解决的规则和程序的谅解协定》以及部长级会议宣言和决定。根据 WTO 秘书处的分类，WTO 中关于对发展中成员特殊与差别待遇条款主要有 6 种类型：(1)旨在增加发展中成员贸易机会的规定；(2)要求所有 WTO 成员保障发展中成员利益的规定；(3)发展中成员承诺义务履行灵活性的规定；(4)发展中成员履行义务过渡期的规定；(5)对发展中成员参与 WTO 活动如争端解决提供技术援助的规定；(6)对最不发达成员的特殊待遇的规定。[6]

如果说，GATT1947 第四部分将发展中缔约方的经济发展问题纳入了关贸总协定的体系，已突破了 GATT1947 原来的适用范围，而 WTO 则将其列为宗旨之一，则是对 GATT1947 宗旨的重大发展。当然，WTO 中有关确保发展中成员贸易、经济发展的条款尚处于原则性规定的阶段，它可以用来作为处理国际贸易关系的指导性原则，但许多规定还无法在实践中具体实施，必然要求 WTO 分别在相应的领域规定具体的规则和制度以保证实施。在这方面典型例子是 WTO 第四次部长级会议和总理事会分别于 2001 年 11 月、2003 年 8 月通过了《TRIPS 协定与公共健康多哈宣言》和《关于实施多哈宣言第 6 条款的总理事会决议》。宣言和决议对于 TRIPS 协定中有利于发展中成员的原则性条款进行了细化，有利于发展中成员在面临公共健康危机时实施药品专利的强制许可、进口廉价仿制药品等措施。

---

〔6〕 WTO: Committee on Trade and Development: Implementation of Special and Differential Treatment Provisions in WTO Agreements and Decisions, WT/COMTD/W/77, 25 Oct. 2000, paras. 2-3.

五、建立一体化的多边贸易体制

1986年,在发起乌拉圭回合的部长宣言中,GATT1947缔约各方就明确提出将“建立一个更加开放的、具有生命力和持久的多边贸易体制”作为这次谈判的目标之一,尽管当时还没有建立WTO的构想。应当说,GATT1947虽已初步建立多边贸易体制,但还不能被视为真正的国际贸易组织。从法律意义上讲,GATT1947还只是一个临时性的、非永久性的协定。

WTO的建立,标志着一个完整的、更具有活力的和永久性的多边贸易体制和组织机构的诞生,它在监督、协调、管理当前的世界经济秩序和贸易格局中,起着十分重要的作用。这个新的多边贸易体制不仅把长期游离于自由贸易体制之外的农产品和纺织品贸易纳入了体系之内,而且将多边贸易体制的管辖范围扩大到服务贸易、知识产权和国际投资这三个重要经济领域。同时,WTO作为一个正式的、永久的国际组织,在GATT1947原有的基础上为处理和协调成员间的多边贸易关系提供了一个重要的框架机制,包括对各成员方的贸易政策评审机制和新的争端解决机制,从而进一步强化了多边贸易体系。

2008年底爆发的全球金融危机表明,以WTO为代表的多边贸易体制确实取到了遏制贸易保护主义的作用。这场金融危机导致的经济后果堪比1933年大萧条,由于WTO的一体化多边贸易体制的存在,尽管各国颁布了相应的救市措施,但各国都表示要尊重WTO多边规则,使本国的救市措施尽可能与WTO规则相符合,避免了“二战”前的那种以邻为壑的贸易战。

第二节　WTO的职能与组织机构

一、WTO的职能

WTO作为一个专门性国际组织,有其特定的职能。对WTO职能的规定散见于乌拉圭回合的各项协定和决议中。其最主要的条款是《WTO协定》第3条。根据第3条,WTO作为一个正式国际组织为处理和协调成员间的多边贸易关系提供了重要的框架和平台。WTO的职能也是GATT1947机构职能的完善和发展。其主要职能是:

(一)促进WTO协定和多边贸易协定的执行、管理和运作

《WTO协定》第3.1条规定,WTO应为本协定和多边贸易协定的执行、管理、运作和进一步目标的实现提供方便,并对复边贸易协定的执行、管理和运作提供框架。乌拉圭回合通过的《WTO协定》和各项多边贸易协定是由120多个国家和地区经过多年艰苦谈判而达成的,它们构成了国际贸易制度和秩序的基本法律框架

和WTO法律体系的主要内容，是各成员方在进行国际贸易活动中必须遵循的国际贸易法律文件。

必须指出，WTO协定及其多边贸易协定，从法律性质上讲是国际经济法的一个组成部分，它调整的是各成员方政府的贸易政策而不是商人的具体贸易行为，这不仅涉及各成员方贸易政策中有关进出口产品的海关关税、卫生检疫措施、贸易技术壁垒、原产地规则、进口许可证程序等各方面的关系，而且包括服务贸易、投资、知识产权保护等重要领域。WTO对上述关系的调整，是通过执行乌拉圭回合谈判所达成的一系列法律文件来实现的。因此，促进这些法律文件的切实执行、统一的管理和有条不紊的运作，以及不断推动其各项既定目标逐步的实现，就成为WTO首要职能。

（二）为各成员方多边贸易关系的谈判提供场所

《WTO协定》第3.2条规定：WTO应为本协定及其附件有关各成员方的多边贸易关系的谈判提供场所，WTO还应为成员方有关多边经贸关系的进一步谈判提供场所，并在部长级会议决定下，为谈判结果的执行提供便利。

多边贸易关系谈判是由多个国家同时对彼此相关的各种贸易问题所举行的洽商。与双边贸易谈判不同，由于多边贸易谈判同时有许多国家参与，各国意见纷纭，通常要拖延较长的时间。但是一旦达成协议，其成就也较双边谈判更为广泛，更能促进全球贸易的自由化。迄今为止，成员间的多边贸易关系谈判主要有两种模式：一种是为现行协定的具体实施而举行的谈判；另一种是旨在制定新的协定而举行的进一步谈判。

自1947年以来，在GATT1947的发起下，各成员间进行了一系列的有关减让关税，消除贸易障碍及促进贸易发展的多边贸易谈判，这种贸易谈判的优点在于：各成员间有机会就贸易等问题及时地磋商调解，使有关贸易分歧、争议能及时获得解决，以保障缔约方的权利和义务。随着国际贸易的进一步发展，WTO为各成员方的多边贸易关系谈判提供场所或者说发起多边贸易谈判的职能进一步得到确认和强化。这是因为，根据GATT1947及其附件，从严格的法律意义而言，GATT1947不具有举行多边贸易谈判的法律依据。而根据《WTO协定》，WTO作为一个国际组织，在法律意义上具有开展谈判的职能。谈判范围包括所有涉及WTO所管辖的协定和部长级会议决定的其他谈判。总之，WTO的谈判职能将主要为促进多边贸易协定的执行和扩大国际贸易自由化领域这两个核心内容而进行。WTO成立后的新一轮贸易谈判称为“多哈发展议程”的谈判，是2001年11月WTO第四次部长级会议通过的多哈部长级会议宣言所确定的谈判议程。

（三）贸易争端的解决职能

根据《WTO协定》第3.3条规定：WTO应对本协定附录2有关《争端解决规则和程序的谅解协定》进行管理。应当指出，《争端解决规则和程序的谅解协定》

的签订及 WTO 争端解决职能的确立,建立了一个比较合理的多边贸易争端解决制度,对多边贸易体制的深入发展起着提供安全保障和行为预测的重要作用。这是因为,WTO 扭转了原来 GATT1947 争端解决机制的软弱和分散状态,建立了争端解决的统一运作和管理机制。长期以来,除了 GATT1947 第 22 条和第 23 条的争端解决程序外,反倾销协定、补贴和反补贴措施协定等东京回合制定的各项守则也都规定了各自独立的争端解决程序,并相应设置了争端解决机构。WTO 的争端解决机制不仅统一适用于货物贸易领域,同时也统一适用于服务贸易、知识产权等货物贸易以外的新领域。

为更好行使争端解决职能,WTO 还设立了争端解决机构(DSB)来执行 WTO 规定的争端解决规则和程序。该机构有权设立专家组,采纳专家组和上诉机构的报告,监督报告的执行,授权批准胜诉方对败诉方的中止减让义务和其他义务的履行,并应及时向 WTO 有关理事会和委员会报告有关争议的任何进展。可以认为,争端解决职能是多边贸易体制法律框架的最重要职能之一。

(四)贸易政策的评审职能

《WTO 协定》第 3.4 条规定:WTO 根据其附录 3 的规定,应当对贸易政策评审机制(Trade Policy Review Mechanism, TPRM)进行管理。WTO 设立贸易政策评审机构(TPRB)来负责贸易政策评审,所有成员方的贸易政策和惯例均须接受定期的审议。成员方接受贸易政策评审机制评审的频率取决于成员方对多边贸易体制的影响程度,而对多边贸易体制影响的大小又取决于该成员在某一代表性时期内在世界贸易总量中所占份额的大小。成员方占世界贸易的份额越大,接受评审的次数就越多。一般而言,在世界贸易的前四位成员每 2 年审查一次,对位列第 5 到第 20 位的 16 个成员每 4 年审查一次,对第 20 位以外的其他成员则每 6 年审查一次,对于最不发达国家成员可以确定一个更长的审查周期。评审结束后,世贸组织秘书处负责将成员提交的报告、秘书处的报告,以及 TPRB 会议记录概要三份文件合订一起予以公布出版,书名为:Trade Policy Review: ×××(贸易政策评审:某某国家或地区)。

(五)与其他国际组织进行合作

《WTO 协定》第 3.5 条规定:为了在全球性的经济决策方面进行较大程度的协调,WTO 应和国际货币基金组织(IMF)及国际复兴与开发银行(世界银行)及其附属机构进行适当的合作。此外,总理事会有权作出适当的安排,与其他政府间或非政府间组织谋求协商与合作。加强 WTO 的协调合作职能,目的是使这些国际经济组织在全球性的经济决策方面更加协调,避免法律文件和决策发生不必要的冲突,从而使世界经济贸易更加协调发展。

例如,为了与 IMF 在外汇争端管辖方面进行合作,WTO 在 1996 年与 IMF 共同签署了《合作协定》,明确了两大组织之间的合作关系,并对双方信息交流、相互参加会议以及其他日常事务方面的合作做出具体规定。《合作协定》第4节规定："IMF同意参加WTO收支平衡限制委员会所提出的有关WTO成员方为保障收支平衡而采取的磋商，对于此类磋商，IMF参与的现存程序应继续并可以作适当调整……"《合作协定》第8条还规定"……IMF对于其管辖范围内的外汇措施是否符合IMF协定，应以书面形式通知WTO的有关机构（包括争端解决的专家组）。"〔7〕

二、WTO的组织结构

WTO上述职能都是由其各类组织机构实施的，这些机构主要有部长级会议、总理事会、委员会、总干事和秘书处等。

（一）部长级会议（Ministerial Conference）

部长级会议是WTO的最高决策机构。根据《WTO协定》第4.1条规定，部长级会议应当包括所有成员方的代表，应当每两年召开一次会议。部长级会议应当履行WTO的职能，并采取必要的措施以促使其宗旨的实现；部长级会议有权对各多边贸易协定的事项做出决定。

WTO对部长级会议的设置，可以说是参考、借鉴了GATT1947历届多边贸易谈判经验。GATT1947本身对各缔约方参加GATT1947大会的代表级别并没有规定，但在一个国际组织的实践中，会议代表的级别不同、级别低下和授权有限都会直接影响到会议的顺利进行和最终成果。WTO较好地总结、借鉴了GATT1947的经验，设立了部长级会议这一机构。这样，GATT1947必须通过发起多边贸易谈判才能解决的问题，在WTO中通过部长级会议就可解决。

WTO的部长级会议的性质、组成、议事和职权基本上与GATT1947的缔约方全体相似。但部长级会议作为WTO的最高决策机构，其职权要比GATT1947的缔约方全体的职权广泛得多。这是因为，它除了继承缔约方全体的传统职权外，还对一系列新领域的多边贸易协定所规定的事项有最高决策权。它还可通过谈判创立、修改WTO属下的各项法律规则。

迄今为止，WTO一共举行了7次部长级会议。首次部长级会议于1996年12月在新加坡召开，来自128个成员方的2300多名代表参加了会议。这次会议讨论的问题众多，其中主要的问题有：劳工标准、电子商务、农业、投资、竞争、通信、金融、政府采购透明度和贸易便利化等。大会通过了《新加坡部长级会议宣言》和

---

〔7〕 Agreement Between the International Monetary Fund and the World Trade Organization, available at http://www.imf.org/external/pubs/ft/sd/index.asp? decision = 11381 - (96/105)_2.（访问时间：2011年7月8日）

《信息技术协定》。会议决定第二次部长级会议于1998年在日内瓦举行[8]。第三次部长级会议于1999年11月30日在美国西雅图召开,本次会议设置的主要议题有:农产品贸易多边谈判、服务贸易谈判、对已有协定执行情况的审核和关于"千年回合"新议题的设置等。由于成员方对这4个议题特别是新议题即环境保护和制定劳工标准的议题无法达成一致,最后西雅图会议无果而终。第四次部长级会议于2001年11月在卡塔尔多哈举行。多哈会议是一次富有重大成果的部长级会议,会议通过了多哈发展议程,决定启动新一轮贸易谈判;通过了《TRIPS协定与公共健康多哈宣言》;表决通过中国加入WTO。第五次部长级会议于2003年9月在墨西哥坎昆举行,由于谈判各方在核心问题即农业问题与新加坡议题上不能达成一致,坎昆会议无果而终,使多哈发展会议议程谈判进程遭受重大打击。第六次部长级会议于2005年12月在香港召开,发达成员同意在2013年取消农产品出口补贴,而发展中国家接受在非农产品市场准入上采取瑞士公式作为依据。第七次部长级会议于2009年12月在日内瓦召开,会议围绕"世界贸易组织、多边贸易体系和当前全球经济形势"这个主题回顾和审议了世贸组织的工作,未能为推动多哈回合谈判取得明显进展。

(二)总理事会(General Council)

根据《WTO协定》第4.2条,WTO应当设立一个包括所有成员方代表的总理事会,并应在适当时候召开会议。在部长级会议休会期间,总理事会应当执行部长级会议的各项职能;总理事会还应当执行本协定交付的各项职能,制定自己的程序规则,并按规定审批各委员会程序规则。

为充分、有效履行WTO协定赋予的职能,总理事会下设货物贸易理事会、与贸易有关的知识产权理事会和服务贸易理事会。货物贸易理事会(Council for Trade in Goods)是在总理事会的领导下,具体负责监督《WTO协定》附件1A中各多边货物贸易协定的执行情况。服务贸易理事会(Council for Trade in Services)在总理事会的领导下,具体负责《服务贸易总协定》的执行情况。与贸易有关的知识产权理事会(Council for Trade-Related Intellectual Popery Rights)在总理事会的领导下,具体负责监督《与贸易有关的知识产权协定》的执行情况。货物贸易理事会设各分委员会,包括市场准入委员会、保障措施委员会、反倾销委员会、海关估计委员会、原产地规则委员会、进口许可证委员会、与贸易有关的投资措施委员会、卫生与动植物检疫措施委员会、农产品委员会、补贴与反补贴措施委员会、技术贸易壁

〔8〕 薛荣久:"开辟新篇章,任重而道远——评世界贸易组织新加坡首届部长级会议",载《世界经济》1998年第3期,第14页。

垒委员会、信息技术产品委员会等。[9]

具体而言,总理事会在部长级会议休会期间,除执行部长级会议的各项职能外,还应当执行《WTO 协定》规定的下列各项职能:

(1)指导货物贸易理事会、服务贸易理事会和与贸易有关的知识产权理事会的工作,批准各理事会相应的程序规则。

(2)定期或不定期听取贸易与发展委员会、国际收支限制委员会及预算、财务和行政委员会的汇报,促使各委员会更好地履行《WTO 协定》和多边贸易协定赋予的各种职能。

(3)履行争端解决机构的职能。在通常情况下,总理事会在履行争端解决职能时,即视为争端解决机构。争端解决机构可以有自己的主席和建立必要的程序规则来履行有关争端解决的义务。

(4)履行贸易政策评审机构的职能。贸易政策评审机构可以有自己的主席和建立必要的程序规定来履行贸易政策评审的义务。

(三)委员会(Committees)

部长级会议设立贸易与发展委员会(Committees on Trade and Development)、国际收支限制委员会(Committees on Balance-of-Payments Restrictions)与预算、财务和行政委员会(Committees on Budget, Finance and Administration)。它们应当负责履行《WTO 协定》和多边贸易协定赋予的各种职能,如贸易与发展委员会应定期评审有关给予最不发达国家成员优惠待遇的执行情况,并向总理事会提出报告,以便采取适当行动。委员会的委员应当从所有成员方的代表中产生。在必要情况下,WTO 可以为了履行某些职能设立其他委员会,例如贸易与环境委员会、区域贸易协定委员会等。

(四)秘书处与总干事(Secretariat of the WTO and Director-General)

秘书处的职能是为 WTO 的各种机构提供秘书性工作。秘书处为 WTO 的各种会议进行会务安排;应理事会和各委员会要求准备背景资料;出版秘书处各种文件;除此之外,秘书处的经济学家对国际贸易和世界经济增长以及贸易政策进行分析,法律专家则主要是起草文件、协助组织会议、谈判及向代表团提供法律咨询,并协助 WTO 争端解决机制解决贸易争端。尽管秘书处不是 WTO 决策机构,然而鉴于其技术能力、对各种贸易问题的熟悉使其具有广泛影响。一般而言,如各委员会、工作组或成员方代表团的主席缺乏相应的资力,那么秘书处对这些委员会、工作组或成员方代表团影响加大。

总干事(Director-General)是 WTO 秘书处的首脑,其人选由部长级会议任命。

---

[9] Bernard M. Hoekman, The Political Economy of the World Trading System: The WTO and Beyond, Oxford University Press, 2001, p. 52.

总干事的权力、职责、服务条件和任期均由部长级会议确立。总干事应当是每一轮多边贸易谈判的当然主席,但总干事无权设置多边贸易谈判的议题。WTO首任总干事是意大利前外贸部长雷纳托·鲁杰罗。目前总干事是帕斯卡尔·拉米(Pascal Lamy)。总干事和秘书处的职员具有国际性质,在履行其职责时,除接受WTO命令外,不应接受任何成员政府或当局的指示。

三、WTO与GATT1947的法律关系

从理论上说,GATT1947并不是一个国际经济组织。GATT1947起草者并没有将GATT1947看做是一个国际组织,尽管经过不断的演变与实践,使得它具备了一定组织结构,但作为一个国际组织GATT1947却没有明确的法律地位。WTO则显然是一个国际经济组织,它根据条约而成立,具有健全的内部组织机构,并具有国际法人格。此外,与WTO相比,GATT1947具有临时性特点,这是因为GATT1947作为一项协定是根据1947年10月30日八国代表签署的《GATT1947临时适用议定书》而临时适用于GATT1947的缔约方,而WTO则是独立于联合国的永久性国际组织。最后,在管辖范围、宗旨、争端解决机构方面,WTO与GATT1947存在比较大的差别。GATT1947仅仅管辖货物贸易,且农产品、纺织品与服装除外;而WTO管辖范围不仅涵盖所有货物贸易领域,而且还拓展至服务贸易、知识产权保护领域。在宗旨方面,WTO比GATT1947更强调贸易与环境的协调发展和发展中国家成员的特殊待遇。在争端解决机制方面,WTO更强调争端解决机制的司法性。

但是,必须指出的是,WTO与GATT1947这种区别并不是绝对的。从形式上看,WTO的建立,可以说已经取代了GATT1947;但是从实质上看,两者并非简单的替代关系,更多地表现为继承与发展的关系。这点从乌拉圭回合谈判的最后文件特别是WTO的各项多边贸易协定可以得到印证。

第一,在宗旨方面,WTO全面地继承了GATT1947的宗旨,并在此基础上进行与时俱进的发展。

第二,在组织结构与管理职能上均存在继承与发展关系。例如:

(1)在机构设置上,WTO协定第16.2条明确规定原来GATT1947的秘书处转为WTO的秘书处;在WTO部长级会议任命总干事之前,原GATT1947的总干事当然成为WTO的总干事;WTO部长级会议设立的贸易与发展委员会和国际收支限制委员会也是从GATT1947体系转接过来的。

(2)在成员资格和接纳成员方方面,《WTO协定》第11条规定,原GATT1947的缔约方,若接受该协定及其附件,且做出了货物贸易和服务贸易的减让表和承诺表,均可成为WTO的创始成员方。

(3)在管理和职能接替问题上,《WTO协定》第14条第3款、第4款均指出:在该协定生效之前,WTO协定和各项多边贸易协定的文本应交由原GATT1947缔约方全体的总干事保存,直至WTO协定生效方转由WTO总干事保存。在职能接替上,GATT 1994年的注释规定,GATT 1994年第15条第1款、第2款、第8款,第38条及第12条和第18条的注释中,以及第15条第2款、第3款、第6款、第7款和第9款关于特殊外汇协定中所指的采取联合行动的缔约方全体,应视为指WTO。GATT 1994的条款指定采取联合行动的缔约方全体履行的其他职能应由部长级会议进行分配。

(4)在决策机制上,《WTO协定》第9.1条规定,WTO应继续遵循GATT1947以协商一致的决策做法。

第三,在法律规范上更体现了WTO对GATT1947的继承。GATT1947法律体系并不因WTO的生效而被废止,相反,其中绝大部分内容被吸收并成为其重要组成部分。《WTO协定》的序言和最后条款明确了这种继承关系。该序言指出:"建立一个包括GATT1947,包括过去为实现贸易自由化而努力所取得的成果以及乌拉圭回合多边贸易谈判所达成的多边贸易体系。"《WTO协定》最后条款即第16.1条规定:"除本协定或各多边贸易协定另有规定者外,WTO应接受GATT1947缔约方全体和GATT1947框架内各机构所遵循的决议、程序和习惯做法的指导。"此外,GATT1947文本本身就是GATT 1994的重要组成部分。

第四,在争端解决机制上存在继承关系。例如WTO附件2《争端解决规则和程序的谅解协定》第3.1条明确规定:各成员方确认他们恪守GATT1947第22条和第23条关于处理争端所适用的原则,以及其中经诠释与修改的规则和程序。

第三节 WTO的决策机制

WTO的决策机制是指对其组织内有关协定的修改、解释、豁免、争端解决、新成员加入等事项做出决策时所要遵循的程序和表决规则。在正式的国际经济组织中,由于决策机制的安排关系到成员方的权利义务,影响到每个成员方的经济利益和政治影响,因此,显得非常重要。乌拉圭回合达成的《WTO协定》,一方面继承了GATT1947长期采用的协商一致习惯做法,另一方面对此加以修改和补充,使得WTO决策机制在国际组织决策程序方面独树一帜。

一、协商一致规则

《WTO协定》第9.1条规定,"WTO应继续GATT1947所遵循的以协商一致(consensus)方式做出决策的惯例(practice)"。这就是说,在一般情况下WTO各项决定均应以协商一致方式做出,即当有关机构就提交的事项做出决定时,如果出席的成员方代表并未正式提出反对所建议的决定,则视为该机构已协商一致做出决定。协商一致并不等于意见一致,或对一项决定各成员方都表示拥护、支持,不出席会议或出席会议但保持沉默,或弃权,或发言只属于一般的评论,等等,都将不构成正式的反对意见,而应视为决定以协商一致方式获得通过。协商一致规则是成员方对提交表决的建议的一般合意,这种合意是成员方尽各种努力不经投票达成的相互妥协及和解。成员方不正式反对是有原因的:协商一致规则要求在做出决定前进行充分协商,在协商过程中,各方的意见、观点、要求经过折衷、协调、讨价还价已基本达成妥协、合意。[10] 协商一致规则的微妙之处在于有些成员方对某项决定并不十分赞同但又不想得罪某些贸易大国时,可以很体面地避免这种局面;不利之处在于任何一成员方都有否决权。

值得指出的是,以协商一致方式做出决策是 WTO 决策的一项基本规则,但并不是唯一的决策程序,而是作为多数表决原则的前置性程序,和多数表决规则结合在一起使用。这样安排显然是充分利用协商一致规则作为决策程序的优点,同时又限制了该程序的消极效果。投票表决制是对使用协商一致规则的鼓励,又是在用尽了各种努力仍未取得基本一致时的备用手段;起着"安全阀"的作用,从而防止 WTO 决策机制陷入瘫痪。萨莫拉在分析这种协商一致与多数表决机制时说,"由于无条件的协商一致实际上允许任何当事方行使否决权,并且,如果少数国家足够固执、拒不合作,就会使协商一致达不成任何协议。因此,经常有条件地使用协商一致原则,并保留在协商取得基本一致不能奏效时付诸表决,可以阻止任何不合作者滥用否决权挫败大多数国家利用协商一致规则达成一般合意的愿望。"[11] 只有在寻求协商一致不可得的情况下,才能采用投票表决方式,有利于 WTO 决议执行的自觉性。协商一致规则不仅适用于部长级会议、总理事会会议决策,而且也适用于其下属的各分理事会及委员会做出的决定。

(一)简单多数规则

协商一致虽然是对关贸总协定过去实践的一种肯定,但它毕竟为一国否决权提供了可能。为了防止因意见不一,无法达成协商一致而导致 WTO 无法做出决定的情况,《WTO 协定》第 9.1 条还规定,"若某一决定无法取到协商一致时,得由投票决定,在部长级会议和总理事会上,WTO 的每一成员方有一投票权……决定应以多数票决定通过"。值得注意的是,简单多数规则有一项重要的例外,即"除本协定另有规定外",所谓"另有规定"是指《WTO 协定》对某些事项规定了特殊的投票通过规则,而一些重大事项的决定在协定中都规定了特殊投票规则,因此,简单多数规则在实际中作用极其有限。根据规定,对于贸易政策评审机制的修改,由

---

〔10〕 王军敏:"国际会议和国际组织的协商一致原则",载《外国法译评》1998 年第 3 期,第 92 页。

〔11〕 Stephen Zamora, "Voting in International Economic Organizations", 74 Am. J. Int'l. L. 566, 1908, pp. 574 - 575.

部长级会议投票过半数即为通过,且对全体成员方生效。

(二)2/3多数规则

这一规则是指当WTO的决定不能以协商一致方式通过时,应以成员方代表2/3以上多数通过。根据《WTO协定》的规定,下列事项应经2/3以上多数规则:

1. 对多边协定修改建议的通过。WTO任一成员或理事会,可向部长级会议提出对《WTO协定》及其附件一中有关多边货物贸易协定、GATS和TRIPS协定的修改。如果部长级会议在规定的时间内不能以协商一致方式通过修改建议,则可投票表决,根据《WTO协定》第10.1条规定,当修改建议得到全体成员方2/3以上多数同意时即为通过,可以提交成员决定是否接受。

2. 对多边协定修改建议的接受。部长级会议上通过修改建议,并不必然意味着该修改建议生效或对所有成员方均有约束力。根据《WTO协定》第10条第3款、第4款和第5款的规定,对于涉及《WTO协定》及其附件一(A)多边货物贸易协定和附件一(C)与贸易有关知识产权协定条文的修改,如果修改内容不涉及成员方在这些多边协定项下的权利与义务,以及对GATS第4部分(逐步自由化)、第5部分(组织条款)和第6部分(最后条款)的修改,该修改建议经WTO成员2/3以上同意即对全体成员生效;如果修改内容涉及成员方在多边货物贸易协定和TRIPS协定下的权利与义务内容,以及GATS第1部分(范围与定义)、第2部分(普遍义务与纪律)和第3部分(具体承诺)的修改,该修改建议经WTO成员2/3以上同意只对同意的成员生效。此后,其他任何成员方可以随时以表示接受的方式受该修改的约束。在这种情况下,很可能会出现拒不接受修改方案的成员依据最惠国待遇原则从中免费搭车,为了避免这种情况的出现,《WTO协定》规定,经部长级会议全体成员3/4做出决议,在指定期限内未接受修改的成员可以自由退出WTO或以豁免义务方式仍保留其成员资格。

3. 接受申请方加入WTO的表决。根据《WTO协定》第12条规定,能够申请加入WTO的主体资格为:(1)主权国家;(2)单独关税区,但必须证明其在处理对外商业关系和WTO规定的其他事项上都享有充分的自主权。无论是主权国家还是单独关税区,在加入之前必须与WTO达成实质性的加入条件,并且须经部长级会议成员方代表2/3多数同意。

(三)3/4多数规则

这是WTO对某些涉及成员方权利与义务或重大事项做出决策的规则。主要是对涉及WTO涵盖协定的条文解释和义务的豁免。对于这类实质影响成员实体权利与义务的事项在决策时如果不能达成协商一致,为不影响绝大多数成员方的利益或义务,WTO采取了压倒多数通过的办法,以示决策的严格并保持该通过的决定能够最大限度得到遵守。

1. 有关多边贸易协定的解释。根据《WTO协定》的规定,部长级会议与总理事会拥有排他的解释权。凡涉及《WTO 协定》附件一的有关货物贸易、服务贸易、与贸易有关的知识产权保护协定的解释,应由管理各个协定的理事会提出建议,由部长级会议或总理事会以全体成员的 3/4 多数通过。

2. 有关多边协定义务的豁免。《WTO 协定》第 9.3 条规定,对于《WTO 协定》本身义务及其附件一中三类多边贸易协定即货物贸易、服务贸易和与贸易有关的知识产权协定的义务,只有在 3/4 多数票赞成时该成员方才可以豁免其在多边协定项下的有关义务。

(四)全体成员一致接受的规则

所谓全体成员一致接受(acceptance by all members),不仅指 WTO 做出某项决定时没有任何成员方表示正式反对,而且所有成员方都应明确表示同意。根据《WTO 协定》的规定,下列事项的修订必须经全体成员一致接受:

1. 修订《WTO 协定》第 10 条关于修改协定和第 9 条关于决策程序的规定;

2. 修订GATT 1994年第 1 条最惠国待遇和第 2 条关税减让的规定;

3. 修订《服务贸易总协定》(GATS)第 2.1 条最惠国待遇的规定;

4. 修订《与贸易有关的知识产权协定》(TRIPS 协定)第 4 条最惠国待遇的规定。

全体成员一致接受的目的在于限制对 WTO 最为重要、最为基本的规则做出修改。所有成员一致接受规则与协商一致规则在含义上有着实质的区别,后者只要在会议上无正式反对意见,缺席、沉默或弃权甚至一般性的评论都视为达成协商一致通过;而前者则要求每一个成员对决定以明示的方式表示接受。在实践中,依这种百分之百接受规则对协定作出修改的可能性微乎其微,实质上可以确保 WTO 的决策机制、最惠国以及关税减让等重大原则基本稳定。

(五)反向一致规则

“反向一致”又称“否定式协商一致(negative consensus)”,即以协商一致方式做出否定的表示。反向一致规则是乌拉圭回合谈判对过去 GATT1947 决策的一项重大而富有创意的改革,主要是运用于 WTO 争端解决机构的决策。根据《争端解决规则与程序的谅解协定》第 6.1 条之规定“当申诉方提出设立专家组的请求,除在争端解决机构的会议上以协商一致方式不同意成立专家组外,否则应成立专家组”;第 16.4 条规定“争端解决机构在讨论、通过专家组(上诉机构)报告时……除非争端解决机构以协商一致方式不同意通过此报告外,否则该报告应予通过”;此外,第 22 条规定,如果胜诉方向争端解决机构申请授权对败诉方中止减让或其他义务时,除非争端解决机构以协商一致方式不予授权,否则应授权该成员中止减让或其他义务。

反向一致规则与前述部长级会议和总理事会所采用的协商一致规则的最大区别在于:前者是“一票赞同制”,把通过权置于一成员或少数成员之手;后者为“一票否决制”，把否决权置于一成员或少数成员之手。从理论和逻辑上分析，反向一致几乎有自动通过专家组的成立、自动通过专家组或上诉机构的报告、自动授权中止减让或其他义务等方面的决定的效果，这对争端当事方无疑具有相当大的威慑力。这种新的决策程序，不仅使当年GATT1947争端解决活动中所出现的败诉方阻挠争端解决进程的情况几乎不复存在，而且有利于争端的迅速解决。[12] 因此，反向一致规则好处在于维护争端解决机制的权威性和独立性，最大限度地防止对WTO争端解决程序的阻挠或对专家组、上诉机构报告的置之不理。

二、对WTO表决机制的简评

WTO决策程序不仅实现了“投票表决与协商一致规则”的制度化、成文化和法律化，而且还创立了协商一致规则的新的运行程序即“反向一致”规则，这在国际组织决策程序发展史具有创新价值；是WTO对GATT1947和其他国际经济组织在决策实践方面的经验与教训的总结与扬弃，对国际组织决策机制具有重大影响。

谋求成员方的主权平等与国际组织有效运转之间的合理平衡，是国际组织决策程序的基本原则和基本目标。在这一基本原则的指导下，国际组织的决策方法，经历从简单到复杂、从单一方式向多种方式的发展过程。协商一致与投票表决各有所长，各有利弊，为了发挥两者之长，半个世纪以来，国际组织和国际会议都在不懈地探索。WTO决策程序是这种不懈探索的集大成者。合作与妥协、求同存异，在投票表决压力下通过协商达成基本共识，被WTO成员公认为比对抗更加重要；而对于争端解决机构的决策，以反向一致规则使得对争端的裁决几乎是自动通过而具有法律效力，无疑加强了WTO对贸易争端解决的司法性质。

从WTO成立后决策的运作实践来看，WTO表决机制基本上是理论上的，在实践中没有使用过，实际上WTO在1995年成立时就确定对于新成员加入的问题上和义务豁免的问题上都必须协商一致。[13] 原因大抵是发达国家担心通过投票表决的方式不能控制决策的主动权。值得注意的是，尽管一成员一张投票权的机制安排有利于发展中国家整体，但实际上发展中国家缺乏享受权利的财力。因财力有限，WTO的30多个发展中成员无力在WTO总部日内瓦派驻使团；WTO各种会议一年约1200次，一些发展中国家根本无力参加，因而对于谈判议题对其经济贸易的影响无法深入了解。决定成员方在WTO事务中影响力的因素主要包括：该成员方在世界贸易中的份额；外贸依存度及其市场规模（GDP）。目前世界贸易份额前20位的国家和地区除俄罗斯外，均为WTO成员方，它们对WTO影响相对

〔12〕 余敏友：“世界贸易组织的决策程序”，载《法学杂志》1998年第3期，第20页。

〔13〕 Berbard M. Hoekman, The Political Economy of the World Trading System: The WTO and Beyond, Oxford Uninversity Press, 2001, p. 58.

较大,其中以美国与欧盟为甚。[14] 因此,在 WTO 谈判实践中,发展中成员的利益确实有被忽略的可能。WTO 决策机制继承了其前身 GATT1947 基本内容,即首先谋求共识(consensus),共识不成,投票表决,投票中一个成员方一张投票权。在 WTO153 个成员方中,发展中成员方占到 4/5。不管是协商一致还是投票表决,均要求 WTO 各项议题充分考虑发展中成员的立场、观点,要促进发展中成员方充分参与谈判进程,否则,发展中成员方可以凭借决策机制否定任何一项议题。WTO 西雅图第三次部长级会议、坎昆第四次部长级会议的失败,以及多哈回合谈判的久拖不决,已经清楚表明 WTO 谈判实践和决策机制与成员方利益机构的复杂性并不十分适应。

〔14〕 Id., p. 59.

第三章 WTO争端解决机制的法律制度

随着经济全球化趋势的不断加深,国际贸易争端日益增多,采取何种模式有效解决贸易争端,成为国际社会共同探索的重要课题。广义上,可以将和平解决国际贸易争端的手段大致分为两类:一类可称为“势力导向型”(power oriented),另一类可称为“规则导向型”(rule oriented)。[1] 前一种方式中,发生争端的各方以谈判的方式解决争端,谈判结果通常与各方政治和经济势力的强弱有关;而后一种方式中,各方以事先制定的规则作为依据,由独立的第三方对争端进行裁决。“二战”结束后,国际贸易争端解决逐步由“势力导向型”向“规则导向型”过渡,其中GATT1947争端解决机制的发展乃至最终形成的WTO争端解决机制的演变历程见证了这样的发展趋势。乌拉圭回合达成的《争端解决规则和程序的谅解协定》(Understanding on Rules and Procedures Governing the Settlement of Disputes,以下简称《谅解协定》或DSU)使得GATT1947从一个“势力导向型”为主的贸易体系向“规则导向型”为主的机制转变。以乌拉圭回合建立起来的WTO争端解决机制,目前受其约束的成员方为153个,包括美国、欧共体、中国、加拿大、日本等约占世界95%以上的国际贸易均受其管辖。由此可见,WTO争端解决机制是当前国际贸易争端解决中最有影响的机制。

第一节 WTO争端解决机构及管辖范围

一、WTO争端解决机制产生的背景

(一)GATT1947争端解决机制存在的主要法律缺陷

尽管GATT1947作为一个事实上的国际经济组织已被WTO所代替,但其关于争端解决的规定和近半个世纪的实践不仅是后者争端解决机制赖以建立的基础,而且仍是这一机制的重要组成部分。以GATT1947第22条和第23条为核心

---

[1] John H. Jackson, The World Trading System: Law and Policy of International Economic Relations, Second Edition, US: Massachusetts Institute of Technology, 1997, p. 109.

的争端解决条款，在实践中经过不断发展，丰富了国际贸易争端解决机制的内容，为促进国际贸易领域的法治起到了积极作用。从1948年到1994年，GATT1947受理了278起诉讼案，经过专家组裁决程序的共有110件，其他争端或在专家组报告做出之前得到解决或不了了之。在专家组裁决被诉方采取的措施违反GATT1947及有关规则的88起案件中，大部分专家组报告被通过。此外，对于许多没有被通过的报告，争端双方最后找到了满意的解决方案。美国著名教授赫德克教授(Hudec)在1993年评价说，"GATT1947的争端解决程序是一个十分成功的国际法律制度，总成功率为90%以上"。〔2〕尽管如此，GATT1947争端解决机制本身所存在的固有缺陷却严重阻碍了GATT1947作为一个事实上的国际经济组织发挥作用。这些缺陷主要表现在：

1. GATT1947争端解决机制内部缺乏协调性，即GATT1947争端解决一般规则与东京回合达成的各个"守则"中规定的特殊争端解决规则的冲突问题没有解决。

2. GATT1947争端解决程序缺乏明确而又严格的时间限制，使有些争端久拖不决。例如，1992年7月，日本向总协定申诉，要求解决欧共体对其车用录音带征收反倾销税的问题，1992年10月，决定成立专家组，1993年10月25日，专家组才成立，可是到1994年底，专家组仍在工作，连报告都未拿出来。〔3〕

3. GATT1947明显的缺陷在于它为不愿进入争端解决程序或不愿使专家组报告发生法律效力的缔约方提供了否决权，例如对于是否成立专家组断案，GATT1947是否通过专家组报告，如果被诉方或败诉方投否决票，则无法成立专家组或通过专家组报告。例如，1988年美国首次利用特殊301条款对巴西出口至美国的产品进行制裁，其理由是巴西没有给予美国公司的药品适当的专利保护。巴西于1988年8月，试图通过GATT1947争端解决机制解决双方争端，但美国在此后半年中一直阻挠专家组的成立，直至1989年9月在60多个国家的压力之下美国才放弃对专家组成立的阻挠。〔4〕1979年以来因争端当事方阻挠而未通过专家组报告的著名案例有：美国诉欧共体给予某些地中海国家柑橘产品优惠待遇(1982年6月美国投诉，欧共体及其他国家阻挠有利于美国的专家组报告的通过)；美国对欧共体桃子、梨子、水果开胃品等罐头和葡萄干的生产补贴案(1983年投诉，欧共体阻挠有利于美国立场的专家组报告的通过)；1983年美国诉欧共体小麦粉出

---

〔2〕 Robert Hudec, Enforcing International Trade Law: The Evolution of the Modern GATT Legal System, New York: Butterworth, 1993, p. 66.

〔3〕 蒋德恩："原总协定争端解决争端机制的缺陷与世贸组织新机制的特点"，载《国际贸易问题》1996年第7期，第8页。

〔4〕 Andreas F. Lowenfield, Remedies along with Right: Institutional Reform in the New GATT, The American Journal of International Law. (Vol. 88; No. 3.), 1994, p. 480.

口补贴案,由于专家组做出的判决对美国不利,美国拒绝通过专家组的报告;1983年美国又起诉欧共体对空心粉出口提供补贴,专家组做出对欧共体不利的裁决,欧共体阻挠专家组报告的通过。[5]

4. GATT1947只是管辖货物贸易,已经远远不适应国际经济贸易的发展。GATT1947管辖内容仅仅局限于国际货物贸易领域,对于某些领域如国际投资、知识产权保护、服务贸易以及某些重要的敏感性商品如农产品和纺织品等无管辖权。例如,1982年3月26日,美国向总协定申诉,要求解决加拿大外国投资审核法的问题。美国提出申诉后,许多国家对成立专家组发表不同看法,认为关贸总协定对投资问题没有管辖权。为避免这一敏感问题,专家组提出审查的范围只限于发达国家投资法规中与贸易有关的部分,而不涉及发展中国家的投资法规。

(二)DSU的产生

进入20世纪80年代,关贸总协定在争端解决方面出现了令人困惑的现象。一方面,由于缔约方通过了东京回合以及1982年、1984年的几个部长级会议决议,争端解决制度无论是机构还是程序上,都比以前有了明显的改进;然而,另一方面,争端解决的效率却在这一时期呈明显下降趋势,许多争端得不到解决,人们对争端解决中暴露的各种弊端越来越不满。因此,在多边贸易体制内建立一个什么样的争端解决机制才能适应现实和未来的发展需要,成为乌拉圭回合谈判的重要内容之一。

1986年9月GATT1947各缔约方部长级会议宣言确定了关于争端解决谈判的目标,即为建立一个能迅速有效解决争端,对全体缔约方都有利的制度,谈判应朝着改善和加强争端解决规则和程序的方向努力,同时谈判将确认能使总协定的规则更为有效、更具有执行力的提议。谈判方就争端解决机制的下列问题举行了深入讨论:(1)争端解决机制的性质;(2)是否授予自动成立专家组的权利;(3)专家组报告做出的时限;(4)专家组报告是否可以自动通过和生效;(5)专家组报告执行的时限以及不执行时贸易报复的权限;(6)设立对于专家组报告中错误部分的纠正程序,为防止败诉方施加政治影响,成立类似于上诉法院的上诉机构,并予以严格的复审时限。乌拉圭回合最后通过了《争端解决规则和程序的谅解协定》(Understanding on Rules and Procedures Governing the Settlement of Disputes,以下简称DSU或《谅解协定》),决定建立新的贸易争端解决机制。可以说,DSU的达成,使得国际贸易争端解决向"规则导向型"为主的争端解决机制转变。尽管人们依然承认在WTO成立后,政治因素依然在多边贸易体制中发挥极其重要的作用,但是DSU的达成表明各成员方致力于建立一种综合救济的法律体系,希望在该体系

---

〔5〕 转引自余敏友:"关贸总协定争端解决活动的主要成就与问题",载《国际法年刊》(1996),法律出版社1997年版,第272页脚注。

中成员方的权利与义务能够相互平衡。[6]

二、WTO 中参与争端解决的机构

(一)争端解决机构(Dispute-Settlement Body,DSB)

《WTO 协定》第 4.3 条规定,WTO“总理事会应于适当时候召开会议,确定如何履行 DSU 规定的争端解决机构的职能。争端解决机构可以设立自己的主席,并为履行这些职责制定其认为必要的程序规则。”这就是说,在通常情况下,WTO 总理事会在履行争端解决职能时,即视为争端解决机构。DSB 虽与总理事会的组成成员相同,但它设有自己的主席、工作人员、工作程序等。应当指出的是,如果争端解决机构处理的是复边贸易协定的争端,那么 DSB 的成员组成只能由各复边贸易协定的成员方参加,这时 DSB 成员就会与总理事会组成有所不同。DSB 的职能是统一主管贸易争端解决事宜,因此,它有权成立专家组、通过专家组和上诉机构的报告、对建议和裁决的执行进行监督、授权中止减让或其他义务。

(二)专家组(panel)

WTO 成员方政府可以推荐符合条件的政府或非政府人士组成争端解决机构中的指示性“专家名册”,由 WTO 秘书处保存。一旦发生贸易争端,且争端方请求设立专家组,则从该指示性专家名册中推荐三名专家组成审理这一具体案件的专家组。案件审理完毕,该专家组解散。通俗意义上理解,专家组成员与商事仲裁员类似,专家组与仲裁庭类似。

鉴于国际贸易争端涉及国际、国内经济生活的方方面面,因此 DSU 规定的专家资格十分广泛。根据 DSU 第 8.1 条的规定,专家组成员“应由政府和/或非政府资深人士组成,包括曾在专家组办过案件的人员,或当过成员方或 GATT1947 缔约方的代表,或当过某 WTO 涵盖协定委员会的代表、秘书处人员、曾讲授或出版国际贸易法或政策专著的人士,以及曾任成员方高级贸易政策的人员”。

在挑选专家组成员时,应确保这些成员具有独立性和多样性的背景,且经验丰富。除非争端各方均同意,否则争端当事方的公民或在争端中有实质利害关系的第三方的公民都不得作为有关争端的专家组成员。尽管专家组成员可以是政府和国际组织的代表,但他们均应以其个人的能力而不是作为政府或任何组织的代表进行工作;各成员亦不应给他们任何指示或施加任何影响。

为了保证专家组在审理案件中的公正性和独立性,WTO 争端解决机制要求专家组成员应公正、独立,不受任何政府、机构或个人的影响;避免直接或间接的利益冲突;应保守诉讼过程中的秘密。为此,专家组成员必须披露个人“应当知道的、可能影响或可能造成他人合理怀疑会影响各专家独立性和公平性的任何利益、关

---

〔6〕 Andreas F. Lowenfeld, International Economic Law, New York: Oxford University Press, 2002, p. 150.

系或事项”。1996年12月11日WTO通过的《争端解决的规则和程序谅解协定的行为规则》附件二规定了专家组专家应披露的具体内容:(1)财务利益(例如投资、贷款、股份、利息或其他债务)、商业利益(例如董事或其他共同利益)以及与争端有关的财产利益;(2)业务利益(如现在或过去的客户关系或国内、国际诉讼的任何利益,以及涉及争端之相同利益);(3)其他利益(如参与公共利益团体或其他组织,其公开的章程或议程与争端有关);(4)对与争端有关问题的个人意见(如出版物、公开申明);(5)雇佣关系或家庭利益。[7]

(三)上诉机构(Appellate Body)

根据DSU第17条的规定,上诉机构(Appellate Body)是争端解决机制的常设机构,负责受理和审理争端当事方对专家组裁决报告提起的上诉案件。上诉机构由7人组成,均由DSB任命,任期为4年,可以连任一次。但是对于上诉机构的首任成员,其中3人的任期为两年,这样就可以保证上诉机构成员任期不会同时届满,以维系上诉机构运作的连续性和一致性。

为了确保上诉机构的权威性和公正性,上诉机构成员应由在国际贸易、法律和WTO各协定内容方面具有公认权威的专业人士组成,并具有广泛的代表性。广泛代表性是指上诉机构应由代表不同地域、不同经济发展阶段、不同法律传统的成员组成。根据DSU第17.2条的规定,上诉机构成员由DSB以协商一致方式任命,当然,如协商一致不可得,则投票表决。在实践中,上诉机构成员通常由一个选举委员会产生,该委员会由WTO总干事、总理事会主席、DSB主席、货物贸易理事会主席、服务贸易理事会主席和与贸易有关知识产权理事会主席组成。WTO成员方向选举委员会推荐候选人,选举委员会随后与其他成员方就候选人进行磋商。

上诉机构的成员必须确保其公正性和独立性。上诉机构的成员以个人身份接受任命,在任职期间,不得接受与其承担的义务和责任不符的任何雇佣或从事任何这样的专业活动。上诉机构成员不得接受或谋求国际组织、政府组织或非政府组织或私人的指示,只能接受上诉机构的指令。在案件审理期间,不仅负责案件审理的上诉机构成员而且其他上诉机构的成员都不得单独与任何当事人或第三方当事人讨论相关上诉案所涉及的问题。与专家组不同,上诉机构成员审理上诉案件时无须因国籍问题而回避,即上诉成员可以审理涉及本国上诉案件。

(四)WTO秘书处(Secretariat)

DSU第27条分三款规定了WTO秘书处在争端解决中的职责,分别是:

(1)秘书处有责任协助专家组的工作,特别是在处理争端的法律、历史和程序方面,向专家组提供资料和帮助,并为专家组提供文秘和技术支持。

---

〔7〕 WTO Doc. WT/DSB/RC/1(11 Dec. 1996). http://www.wto.org/english/tratop_e/dispu_e/rc_e.htm.(访问时间:2011年7月9日)

(2)秘书处应在发展中国家成员方遇有贸易争端并提出请求时,提供一名来自WTO的合格法律专家,向它们提供额外的法律帮助和法律咨询。

(3)秘书处应为有兴趣之WTO成员方举办争端解决规则和程序的培训班。

在争端解决实践中,秘书处往往承担专家组组成的职责,往往是由秘书处从指示性"专家名册"中向争端各方建议专家组组成成员的提名。

(五)WTO总干事(Director-General)

WTO总干事参与争端解决的法律依据是DSU第5.6条。第5条是关于斡旋、调解与调停程序,其中第6款规定,WTO总干事以其身份当然地可以提供斡旋、调解和调停程序,以期协助成员解决争端。WTO总干事参与斡旋、调解和调停程序,是继承GATT1947总干事参与同类争端解决程序的成功经验。争端各方诉诸这些程序,说明它们都有解决争端之诚意,它们争执的焦点,往往是一些事实上的误会或法律上的分歧,总干事凭借其对事实和法律知识的权威,参与斡旋、调解和调解程序十分有效。[8]

此外,一旦争端方不能就专家组人选达成协议,应一方请求,WTO总干事可以任命专家组成员。

三、WTO争端解决机制的管辖范围

(一)DSU管辖的协定类型

当WTO的成员方之间发生贸易争端时,若一方有意将争端投诉到世贸组织,则须首先认定该项争端是否在世贸组织争端解决机制的管辖范围之内。DSU明确规定,WTO争端解决机制的管辖范围包括涉及源于以下类型的贸易争端:

1.WTO涵盖协定

这些贸易协定包括:(1)《WTO协定》;(2)多边货物贸易协定:《1994年关贸总协定》、《农产品协定》、《卫生与动植物检疫措施协定》、《纺织品与服装协定》、《贸易技术壁垒协定》、《与贸易有关的投资措施协定》、《关于实施GATT 1994第6条的协定》(《反倾销协定》)、《关于实施GATT 1994第7条的协定》(《海关估价协定》)、《装运前检验协定》、《原产地规则协定》、《进口许可证程序协定》、《补贴与反补贴措施协定》、《保障措施协定》;(3)《服务贸易总协定》;(4)《与贸易有关的知识产权协定》;(5)《争端解决规则与程序的谅解协定》;(6)各复边贸易协定(plurilateral Trade Agreement)。

从上列协定可以看出,世贸组织的争端解决机制不仅适用于多边货物贸易协定、服务贸易总协定、与贸易有关的知识产权协定等有关贸易本身的争端,也适用于《WTO协定》和《谅解协定》本身。上述五方面的多边贸易协定可笼统称为"WTO涵盖协定"(covered agreements)。这里需要说明的是,WTO争端解决机制

---

〔8〕 程宝库:《战后世界贸易法律体系简介》,南开大学出版社1996年版,第126—129页。

对复边贸易协定的适用,应以每个复边协定的参加方通过列出适用 DSU 的条件的方式加以适用。由于目前尚存的两个复边贸易协定,即《政府采购协定》和《民用航空器贸易协定》,因其明确规定有关贸易争端解决适用《谅解协定》,因而也是《谅解协定》附件一所列的"WTO 涵盖协定"。

2. DSU 普通程序与其他 WTO 涵盖协定中特别程序的关系

应该指出的是,在乌拉圭回合达成的各项多边贸易协定中,有一些规定了适合其本协定的争端解决的特殊或补充的规则和程序,这些协定中所规定的争端解决的特殊或补充规则和程序可能与《谅解协定》中规定的一般程序与规则不完全一致。这样,在解决有关当事方的争端之前,就存在一个先决问题,即到底应适用哪个协定规定的争端解决规则和程序。为此,《谅解协定》第 1.2 条做出了规定:本谅解的各项规则和程序的适用,应从属于附件二中各有关协定所含的特殊或补充的规则和程序。换言之,当本谅解协定中的各项规则和程序与附件二中列出的各具体协定中的特殊规则和程序之间冲突时,这些特殊的规则和程序应当优先。具体而言,这些特殊或补充的规则和程序主要体现于以下协定:(1)《卫生与动植物检疫措施协定》第 11.2 条规定,在涉及科学或技术问题的卫生与动植物检疫措施争端中,专家组应寻求其与争端各方磋商后的技术专家的帮助。为此,专家组可在争端一方的请求下或其主动设立技术专家咨询小组或咨询有关国际组织。(2)《贸易技术壁垒协定》第 14.2 条至第 14.4 条以及附件二的有关规定,专家组可自行或应争端一方的请求,设立技术专家组,向专家组提供详细的技术性问题咨询;附件二对技术专家组的组成做了详细规定。(3)《反倾销协定》第 17.4 条至第 17.7 条的规定,根据这些规定,向争端解决机制提起设立专家组审理反倾销措施的争议范围被限制为最终反倾销措施、临时反倾销措施或价格承担;换言之,未出现这三种反倾销措施前,不得就反倾销调查程序提请设立专家组审理反倾销贸易争端;此外,WTO 争端解决机构对倾销幅度认定的结论与《反倾销协定》的解释应在一定程度上遵循反倾销当局的事实裁定和法律解释。(4)《海关估价协定》第 19.3 条至第 19.5 条,附件二第 2(f)条、第 3 条、第 9 条和第 21 条。主要是规定海关估价技术委员会作为一个组织机构,可协助专家组和争端各方解决估价方面的争议,在争议的磋商阶段,海关估价技术委员会还可应争端方的要求提供技术帮助和建议。(5)《补贴与反补贴措施协定》第 4.2 条至第 4.12 条、第 6.6 条、第 7.2 条至第 7.10 条、第 8.5 条、脚注 35、24.4 和 27.7、附件 5 等。主要是涉及不同种类补贴措施争端案件审理的时限和执行时限等问题。(6)《服务贸易总协定》第 22.3 条、第 23.3 条及有关附件,凡涉及某个具体服务贸易部门的争端,审理该争端的专家组中至少应有一名专家成员是该服务贸易领域内的专家等。

当某一争端的解决涉及多个协定、且这些协定的争端解决规则和程序存在相互冲突时,则争端各方应在专家组设立后的 20 天内就适用的规则及程序达成一致。如不能达成一致,争端解决机构主席,经与有关争端当事方协商,应在任何一方提出请求后的10天内确定应遵循的规则和程序,而DSU所规定的规则和程序只有在为避免冲突之必要的情况下适用,即应尽可能采用特别规则和程序。

(二)DSU管辖案件的性质

与GATT1947相类似,GATT 1994第23条在WTO争端解决机制中发挥着极其重要作用。DSU第3.1条明确规定:成员方确认根据GATT1947第22条和第23条所确立的管理争端解决机制的原则。实际上,成员方向WTO争端解决机构提起贸易争端时,应证明符合GATT 1994第23条规定的下列条件:(1)其在协定下的任何利益受到丧失或损害(nullified or impaired);或者,(2)协定目标的实现正在受到阻碍。此外,根据第23条,申诉方还必需证明利益的丧失或损害(或者目标实现的阻碍)是由下列原因所造成的:(1)被诉方未能履行其在本协定项下的义务;或(2)被诉方实施的任何措施,无论是否违反协定的规定;或者(3)存在其他情况。由此可见,无论出于什么原因,无论其他成员方的行为是否违反WTO的规定,只要这些原因或行为导致有关成员在WTO各协定下的利益丧失或损害,或者正在阻碍WTO目标的实现,有关成员方就可向争端解决机构提起诉讼。由此,从案件性质上区分,《谅解协定》管辖案件的范围可分为违反之诉、非违反之诉和其他情形之诉。

1. 违反之诉(violation case)

所谓违反之诉,是指一成员方针对另一成员的违反WTO规则的行为向争端解决机制提出的诉讼。违法行为包括两种类型:一是不履行在WTO各协定项下的义务;二是采取了违反WTO涵盖协定的措施。

从GATT 1994第23条的结构看,对违反之诉,申诉方不仅要证明违反措施的存在,还应证明这种该措施产生了一定损害后果。这种损害后果可以是两种情形:一是导致另一成员方在WTO涵盖协定下的直接或间接利益丧失或损害;二是阻碍WTO目标的实现。在早期的GATT1947案例中,专家组往往在裁定被诉方的措施违反GATT1947之后,转而审查利益丧失或损害的问题。例如在意大利对进口农用拖拉机歧视案中,专家组考虑"违法措施是否损害了英国的商业利益,这种商业利益是否意味着英国在GATT1947项下的利益受到损害"。[9] 在1962年乌拉圭诉15国贸易限制案中,专家组引入了"表面证据"(prima facie)的概念,专家组认为:"如果被诉方采取的措施与GATT1947规定相冲突,即对GATT1947规则的明显违反,那么违法行为将构成申诉方利益丧失或损害的初步证据。"该案对违反之诉的解释为WTO《谅解协定》第3.8条所吸收。根据该款规定,如果发生违反

〔9〕 John H. Jackson, International economic Relations: Cases, Materials and Text, U.S.A: West Group, 2002, p.273.

WTO 各项协定规定的行为，那么该行为被视为构成利益丧失或损害的初步证据。这意味着，违反 WTO 涵盖协定的行为被推定为对其他成员方造成不利影响，在这种情况下，应由被诉方举证证明其行为没有对申诉方造成不利影响。据此，提起违反之诉，申诉方只需证明两个条件：(1) 相关 WTO 涵盖协定义务的存在；(2) 被诉方未履行该义务或者被诉方采取了与 WTO 涵盖协定义务相冲突的措施。

2. 非违反之诉(non-violation case)

所谓非违反之诉，是指一成员方所采取的措施虽不违反 WTO 涵盖协定，但若该措施导致其他成员在 WTO 涵盖协定项下利益的丧失或损害，或者阻碍了 WTO 目标的实现，则其他成员方也可以向争端解决机制对实施该措施的成员方提起诉讼。GATT/WTO 之所以规定非违反之诉，专家组在欧共体油菜籽案中做了精辟论述：

“缔约方由关税减让而提高竞争机会的合理期待不仅仅会被 GATT1947 所禁止的措施所破坏，而且也会被符合总协定的措施所破坏。为鼓励缔约方做出关税减让，就必须赋予它们相应诉权，即当互惠减让的优惠被另一缔约方采取的措施所损害时，不管这种措施是否符合总协定，都给它们获得救济的渠道。关税减让的主要价值在于通过提高价格竞争优势而实现更好的市场准入。缔约方在相互做关税减让时，它们能够确信，因关税减让而得到的价格竞争优势在将来不会被减损。如果没有这种确信，缔约方将不愿意在互惠基础上做出关税减让。”[10]

提起非违反之诉，申诉方必需证明：(1) 被诉方采取某种措施；(2) 申诉方利益受到丧失或损害，或者 WTO 目标实现受阻；(3) 被诉方的行为是申诉方不能合理预期的。在美国诉日本胶卷案中，专家组认为，若申诉方证明被诉方采取的措施在双方达成关税减让之后，则可初步推定申诉方在关税谈判减让时不能合理预期被诉方会采取争议措施；这时被诉方必须提供证明反驳这种推定。[11]

根据《谅解协定》第 26 条规定，尽管非违反之诉针对的措施造成了有关成员方利益丧失或损害，或者阻碍了 WTO 目标的实现，但由于此类措施并未违反 WTO 涵盖协定的规定，因此虽然争端解决机构可以建议相关成员做出调整，而采取此类措施的成员并没有义务撤销或修改此类措施。换言之，争端解决机构做出的调整建议并不具有约束力，但这并不意味着对非违约之诉没有救济措施。实际上，有关的救济措施有三种：一是被诉方主动调整其措施；二是 WTO 授权受到损害的成员方对被诉方暂时中止减让义务；三是被诉方主动做出适当的补偿。值得

---

〔10〕 GATT Panel Report, European Economic Community — Payments and Subsidies Paid to Processors and Producers of Oilseeds and Related Animal-Feed Proteins, BISD/37S/86, paras. 144, 148.

〔11〕 Panel Report, Japan—Measures Affecting Consumer Photographic Film and Paper, WT/DS44/R, para. 10.79.

指出的是,尽管非违反之诉是一项非常重要的救济手段,为 GATT/WTO 所采纳,但实际上真正提起非违反之诉并经争端解决机构适用 GATT 第 23 条第 1 款(b)项的案件并不多,成员方一般都将其做出争端解决机制的例外,使用时比较谨慎。[12]

3. 其他情形之诉

除上述两种情形之外的贸易争端,DSU 对此类争端解决程序没有明确的规定,实践中迄今为止也没有出现过其他情形之诉的案件。

第二节　WTO 争端解决机制的磋商与审查程序

WTO 争端解决程序可以分成四个阶段或程序:磋商程序、专家组程序、上诉程序和执行程序。磋商程序是 WTO 争端解决程序的正式开始,大量贸易争端在磋商程序中得以解决。如果争端方在磋商阶段不能解决问题,则申诉方有权请求设立专家组从而进入专家组程序。专家组作出裁决报告后,若争端方认为裁决报告中法律问题或法律解释错误,有权提出上诉,从而启动上诉程序。专家组和上诉机构裁决报告经 DSB 通过后,则进入到裁决报告的执行程序。本节主要讨论磋商程序、专家组程序和上诉程序。

一、磋商程序

磋商(consultation)是 WTO 成员方贸易争端解决的第一个阶段,是指两个或两个以上成员为使争端得到解决或达成谅解在争端解决机构(DSB)中进行交涉的一种方式。磋商是 GATT1947 一开始就已确立并长期奉行的解决成员之间贸易争端的首要原则,DSU 第 4 条依然遵循这一原则,并"决心加强和改进……磋商程序的效力"。磋商开始后,双方的争端就置于 WTO 多边监督之下。因此,这种磋商与两国之间出现贸易问题时所进行的私下磋商或谈判不同。磋商的目的在于使当事方获取有关争端的确切信息,以期相互谅解并达成解决问题的双边协议,或者在不能达成满意解决方案情况下,便于双方向专家组提供准确信息。根据 DSU 第 4 条和第 6 条规定,磋商程序是设立专家组的前置程序,换言之,未经过磋商阶段,成员方一般不得申请成立专家组。

(一)磋商请求的形式与内容

根据 DSU 第 4.2 条的规定,任何成员对其他成员方采取的任何影响 WTO 涵

---

〔12〕 John H. Jackson, International economic Relations: Cases, Materials and Text, U. S. A: West Group, 2002, p. 278.

盖协定运作的措施，均可诉诸 WTO 的争端解决机构，请求与措施实施方进行磋商。

所有磋商请求均应以书面形式通知争端解决机构（DSB）和相关的理事会或委员会。DSB 收到磋商请求的文件后，秘书处给争端编号，从此以后这一争端在 DSB 的日程上统一使用这一编号，编号形式为 WT/DSXX/X。例如，中国对美国钢铁保障措施提出的磋商文件的编号为 WT/DS252/1。编号后的磋商请求会公开发布在 WTO 的网站上，凡对此感兴趣者均可了解磋商涉及何类问题以及磋商在哪些成员之间进行，这在一定程度上增加了磋商的公开性。

磋商书面文件包括如下内容：

1. 指明根据哪些程序性条款而提出的，这些条款通常包括 DSU 第 4 条和其他 WTO 涵盖协定中的相应磋商规定，[13] 此外，还要说明是引用GATT 1994第 22 条还是第 23 条。如果磋商文件中明确是根据GATT 1994第 23 条提起磋商，则其他成员方无权申请加入磋商，只能单独提出磋商的请求。

2. 根据 DSU 第 4.4 条规定："申诉方应说明请求磋商的理由，包括确认所争议的措施，并指出据以要求磋商的法律依据"。"措施"应是被申诉方采取的，且是申诉方认为正在对其根据有关 WTO 涵盖协定项下直接或间接获得的利益造成损害的具体措施。"法律依据"则常常是指引起争议的措施所违反的具体协议条文。

例如，2002 年 3 月 26 日，我国驻 WTO 代表团致函 DSB，要求就美国 3 月 5 日宣布实施的钢铁保障措施举行磋商。中国在磋商文件中明确提出，根据 DSU 第 4 条、GATT 1994第 22.1 条和《保障措施协定》第 14 条，要求与美国进行磋商。磋商的事项，是美国于 2002 年 3 月 5 日宣布的对某些进口钢铁产品提高关税的决定。中国认为，这些决定在 14 个方面违反了美国在《保障措施协定》和GATT 1994项下的义务。[14]

（二）对磋商请求答复的时限

《谅解协定》要求，被请求进行磋商的成员方应对磋商请求给予积极考虑，并提供充分的磋商机会。一般情况下，被请求磋商方应在收到磋商请求之日起的 10 日内作出答复（除非双方另有协定），并应在收到请求之日起不超过 30 天内进行善意磋商，以求达成双方满意的解决办法。在紧急情势下，如案件涉及易变质货物

---

〔13〕 涵盖协定中其他相应的磋商规定如下：《农产品协定》第 19 条；《卫生与动植物检疫措施协定》第 11 条第 1 款；《纺织品与服装协定》第 8 条第 4 款；《与贸易有关的投资措施协定》第 8 条；《海关估价协定》第 19 条第 2 款；《反倾销协定》第 17 条第 2 款；《转运前检验措施协定》第 7 条；《原产地规则协定》第 7 条；《进口许可证程序协定》第 6 条；《补贴与反补贴措施协定》第 30 条；《保障措施协定》第 14 条；《与贸易有关的知识产权协定》第 64 条第 1 款等。

〔14〕 United States—Definitive Safeguard Measures on Import of Certain Steel Products, Request for Consultations by China, WT/DS252/1.

等,被要求磋商方应在收到磋商请求之日起不超过10日内进行磋商。如果在上述期限内没有进行磋商,申诉方即可请求成立专家组。

(三)磋商的时限

磋商程序应本着善意原则进行,磋商的目的在于达成双方满意的解决方法。磋商应秘密进行,并且不得妨碍任何成员在争端解决后续程序中的各种权利。易言之,磋商中任何一方做出的让步不应在以后的诉讼中加以援引;但是对于在磋商阶段获得的实事材料则可以在将来的争端解决程序中加以运用。如果磋商在被请求方收到磋商请求后的60天内未达成满意解决方案,申诉方可以要求成立专家组。如各方均认为已没有磋商解决争端的余地,则申诉方也可以在60天的磋商时限内请求DSB设立专家组。在紧急情势下,磋商的时限为被请求方收到磋商请求后的20天。

应当指出的是,磋商未能如期进行或未能达成满意解决方案,申诉方就可以申请设立专家组,这是给申诉方一种"诉权"。申诉方完全可以在60天过后继续与对方进行磋商,甚至可以不申请设立专家组。由于DSU没有对磋商的最长时限做出规定,从理论上讲,磋商可以持续无限长的时间。事实上,有些磋商会持续相当长的时间。例如美国与韩国之间关于农产品卫生检疫措施的磋商从1995年4月6日提出,至2002年3月仍未宣布结束。另外,即使申诉方不愿在60天结束后继续磋商,也并不意味着60天期限一过,申诉方就立即提出设立专家组的申请。实践中,申诉方常常需要一段时间,根据磋商过程中得到的信息和争执的问题,准备起诉的材料,以准确全面地表述自己的诉讼请求。

(四)磋商的种类

磋商的种类可以分为单独磋商与共同磋商。单独磋商是一方独自提出与另一方进行磋商,即磋商只在两个成员之间进行。共同磋商是多个成员与一成员磋商。一成员采取的某项措施,可能会影响到几个成员的利益,因此几个成员可能都会要求与该成员进行磋商。

共同磋商方式又可以分为两种:一种是几个成员分别就同一措施单独提出磋商请求,但磋商共同举行;另一种是加入其他成员已经提出的磋商。例如,在欧盟2002年3月7日提出和美国就美国钢铁保障措施进行磋商的同时,日本、韩国、中国、瑞士、挪威五方也都相继单独提出磋商请求;另外,委内瑞拉、新西兰、加拿大、墨西哥要求加入欧盟与美国的磋商,在这种情况下,美国接受上述所有的单独磋商和加入磋商的请求,于2002年4月11日~12日在日内瓦与上述十方联合举行了磋商。

一般认为,如果没有单独或与他人联合提出磋商请求,而仅仅是加入磋商,则无权在日后作为申诉方申请设立专家组。事实上,多数只提出加入磋商的成员,后来都成了专家组审理案件时的第三方。原因在于它们只是对案件表示关注,但不愿意单独作为申诉方，在继续进行的审理程序中可作为第三方继续关注。

二、专家组程序

在 GATT40 多年的争端解决实践中，专家组程序一直起着重要的作用，并得到了不断的改进与完善。《谅解协定》对这一程序更是倍加重视，以很大篇幅对专家组的设立、组成、职能和工作程序等作了颇为详细的规定，争端解决的实践不断丰富了专家组审查程序。

（一）专家组的设立与组成

1. 提出设立专家组的请求

在磋商未果或未能磋商的情况，请求成立专家组的成员必须以书面方式向 DSB 递交请求书。根据 DSU 第 6.2 条规定，请求书包括如下内容：

（1）争议事项是否已经过磋商程序。对于已进行的磋商，申诉方通常在请求书中列明磋商的时间和地点。如果磋商系被诉方原因而未能举行，请求书最好也应指明。

（2）争议的具体措施（specific measures at issue）。这是设立专家组请求书的实质性内容之一，"措施"是指申诉方起诉的被诉方采取的任何行为，措施通常包括一成员方的法律、法规，或者是为执行法律法规而采取的行动。既包括积极行为（positive act），例如对进口产品提高关税或实施数量限制；也包括不作为（passive act），例如没有按照 TRIPS 协定规定对药品专利提供保护；还可以是被诉方的法律本身，例如欧共体指控美国《1974 年贸易法》第 301 节违反了 DSU；欧共体指控美国 2000 年《持续倾销与补贴抵消法》违反了《反倾销协定》和《补贴和反补贴措施协定》都是对有关法律本身的指控。

（3）足以明确争议问题的法律依据概要。"法律依据"（legal basis for the complaint）就是 WTO 涵盖协定相关条款。例如，在美国钢铁保障措施案中，中国在申请设立专家组的请求书明确指出，"措施"是美国对部分钢铁产品采取的提高关税和实施关税配额的保障措施，"法律依据"是《保障措施协定》第 2.1 条和第 4.2 条等若干条款。DSU 对提供法律依据概要的要求是必须"足以明确争议问题。"

争端方请求成立专家组申请文件的撰写非常重要，因为它涉及专家组对争端案件的管辖权。实践中，因设立请求文件撰写失误而导致专家组管辖权受阻案件亦有之，例如：

设立请求文件中没有列入的措施，专家组无权进行审查。例如，在美国在不锈钢反补贴税案的专家组审理过程中，欧共体提出美国反补贴法没有给予利害关系方提供证据的充分机会，与 SCM 协定第 12.1 条规定不符，因而要求专家组就此问题进行审理。美国提出关于证据提供的美国法律作为一项争议措施不属于专家组审查范围，因为欧共体在其设立专家组请求书中没有明确指明。专家组裁定对美国有关证据方面的法律是否符合 SCM 协定的规定没有管辖权。[15]

设立请求文件中的措施理解错误导致专家组无权审查。墨西哥诉危地马拉进口水泥反倾销调查案是典型例证。在该案中，墨西哥在申请成立专家组的法律依据是《反倾销协定》第 17.4 条，根据该款，成员方申请成立专家组审查的具体措施为最终反倾销税、接受价格承诺和临时反倾销措施。但是在墨西哥的请求成立专家组的申请书中，墨西哥并没有指明这些具体措施，而是笼统针对危地马拉的“反倾销调查程序”，认为反倾销调查程序包含了相关措施。最后上诉机构裁决专家组对该案没有适当的管辖权。

设立请求文件中诉请不明确导致专家组无权审查。有不少案件因请求书中未列明申诉方希望专家组审查的某某协定或条款，该漏列条款就被排除在专家组审理的职权范围之外。其中比较典型的是印度专利保护案，美国因事先不了解印度未设立“邮箱机制”，[16] 在设立专家组请求书中没有列明 TRIPS 协定第 63 条有关透明度的规定，而是指控“印度措施不符合 TRIPS 协定，包括但不限于第 27 条、第 65 条和第 70 条项下的义务。”在专家组审理阶段，美国要求将印度违反了 TRIPS 协定第 63 条的诉请补加，专家组认为美国要求其审理印度是否违反 TRIPS 协定第 63 条超越了其职权范围，因为美国在设立专家组请求书中没有明确该条款。上诉机构指出：“包括但不限于（协定条文）样式的诉请不符合 DSU 第 6.2 条规定的法律依据概要需足以明确争议问题的要求。”[17] DSU 第 6.2 条对于诉请的要求实际上是正当程序（due process）在争端解决机制中的重要体现，衡量诉请是否明确的一个重要标志就是被诉方是否得到了被指控的充分通知，它的答辩权利是否受到了损害。[18]

2. 专家组的设立

一旦成员方提出成立专家组的请求，则该请求应被列入 DSB 会议议程。DSB 第 6.1 条规定，专家组最迟应在申诉方的请求被首次列为议程的 DSB 会议后的首次会议上予以设立，除非在该次会议上 DSB 以协商一致方式（consensus）决定不设立专家组。DSB 应在申诉方提出请求设立专家组后的 15 日内为设立专家组举行会议，且应至少提前 10 天发出通知。在实践中，设立专家组一般需要经过两次

---

〔15〕 Panel Report, United States—Countervailing Duties on Certain Corrosion-resistant Carbon Steel Flat from German, WT/DS213/ R, paras. 8.142 - 8.145.

〔16〕 根据 TRIPS 协定第 70.8（a）条规定，尽管某成员方可以在过渡期内对药品或农药的专利不予保护，但必须提供受理此类发明专利申请的机制。

〔17〕 Appellate Body Report, India—Patent Protection for Pharmaceutical and Agricultural Chemical Products, WT/DS50/AB/R, paras. 89 - 90.

〔18〕 Appellate Body Report, Thailand—Anti-Dumping Duties on Angles, Shapes and Sections of Iron or Non—Alloy Steel and H—Beams from Poland, WT/DS122/AB/R, para. 88.

DSB会议。在第一次会议上,被诉方往往会不同意成立专家组,以拖延时间。但在第二次会议上,专家组则几乎是自动成立,因为"除非DSB经协商一致不成立专家组",专家组就应当成立。与GATT1947成立专家组需协商一致机制相比,WTO争端解决机制规定的除非协商一致反对成立专家组称之为"反向一致"(negative consensus);换言之,在WTO体制下,GATT1947时代的专家组成立时的一票否决制被变更为一票赞同制。这样,专家组的成立几乎不可能被阻挡,因为申诉方不会赞同不成立专家组的决定。因此,可以认为专家组一般是自动成立。

3. 专家组的组成

DSB同意申诉方的请求设立专家组后,接下来的程序就是确定具体的成员组成审理案件的专家组。专家组应由3位专家组成,如争端各方同意也可由5位专家组成。

遇到具体争端时,尽管理论上争端各方可以通过协商方式指定专家组成员并通报DSB,但实践中争端各方很难达成协议,实际上是由秘书处从专家指示名单中向争端各方建议专家组成员的提名。通常的做法是,法律部负责人(Director of the Legal Affairs Division)和秘书处具体主管争端解决部门的负责人完成提名程序。[19] 实践中,专家组的组成人选需要争端当事方认可,争端当事方可以随意拒绝秘书处提议的专家组人选。如果在专家组设立的20天内争端各方未能就专家人选达成一致,任何争端当事方可请求WTO总干事任命专家组成员。总干事在与DSB主席和有关理事会或委员会的主席磋商后,应在10天内通过指派其认为最合适的专家来组成专家组。显然,这是为了防止在GATT1947时期出现的拖延专家组成立而特别规定的条款。近年来,WTO总干事任命了大部分专家组成员。尽管争端方可以反对秘书处的提名,但实际上秘书处在挑选专家组成员过程中有着极其关键作用。当它向争端方推荐专家成员候选人时,它可以决定提供哪些候选人;当争端各方不同意秘书处提名而请求总干事指定时,通常又是秘书处向总干事推荐专家组成员候选人。

据统计,专家组从设立到组成的平均时间为72.15天,最长专家组组成时间是234天(巴西诉欧共体冷冻无骨鸡关税分类案,DS269)。[20]

(二)专家组的职权范围

根据DSU第7.1条的规定,专家组的职权范围(terms of reference)为:按照(争端各方援引的WTO涵盖协定)的有关规定,审查争端方(申诉方)在……(设

---

〔19〕 David Palmeter, Dispute Settlement in the World Trade Organization: Practice and Procedure, U.K.: Cambridge University Press, 2004, Second Edition, p. 106.

〔20〕 http://www.worldtradelaw.net/dsc/database/paneltiming.asp.(访问时间:2011年1月15日)

立专家组请求书）中提交给 DSB 的事项，并提出调查结果以协助争端解决机构根据相关协定提出建议或做出裁决。这一规定将专家组职权范围与申诉方设立专家组的请求书联系起来，即专家组的职权范围是由申诉方设立专家组的请求书所确定的。职权范围中规定的“事项”实际上就是设立专家组请求书中的需指明的“争议措施”和“诉请的法律依据”。

在实际运用中，形式上只是在标准条款中填写申诉方的名称，以及申诉方设立专家组请求书在 WTO 中的统一编号。例如，在美国羊毛衫和女童衣进口限制案中，专家组职权范围是：“按照印度在文件 WT/DS/33/1 引用的涵盖协定有关规定，审查印度在该文件中提交 DSB 的事项，并提出调查结果以协助 DSB 根据该协定的规定作出建议或裁决。”

专家组的职权范围是重要的，因为它实现了一项重要的正当程序的目标：向当事方和第三方提供了足够的信息，使得他们可以对申诉方的主张做出回应。另外，职权范围明确了申诉方的主张，从而确定了专家组的管辖权。专家组职权范围是专家组审理案件的基础，只有职权范围内的事项，专家组才有权审查。

（三）专家组工作程序

DSU 第 12 条“专家组程序”和附录三“工作程序”规定了专家组审理所有案件的普遍适用程序。在具体案件中，专家组在与各争端方协商后，可制定适用于该案的具体工作程序。通常情况下，专家组组成后一周之内，专家组成员与争端各方举行“组织会议”（organizational meeting），商定具体案件的工作程序和时间表。

1. 第一次书面陈述

所有争端各方在其第一次书面陈述中必须说明案件的事实和论据。通常情况下，申诉方书面陈述应先行提交给专家组，与设立专家组的请求书相比，申诉方书面陈述详细论述了本案的争议事项，包括起诉措施的相关事实和法律依据。两三周后被诉方提交其第一次书面陈述。因此，被诉方的第一次书面陈述可以理解为对申诉方观点的辩驳。专家组也可以在与争端各方磋商后，决定双方同时提交第一次书面陈述。

2. 专家组与争端各方的第一次会议

第一次会议通常被称为“听证会”或“开庭”。按照工作程序的安排，会议开始时先由申诉方发言。然后是被诉方的发言，被诉方当然是对自己所采取的措施进行辩护，并且对申诉方的观点辩驳。双方发言之后，就进入“答问”（questions and answers）阶段。双方可以互相提问，专家组也可以随时提问。专家组第一次会议对争端各方而言是极其重要的。会议结束后，专家组成员通常与秘书处碰头并大致达成裁决报告的基本框架。由于大多数专家组成员住所并不在日内瓦，他们在一起讨论案情的机会不多，因而第一次会议上争端各方对案件陈述表现如何就显得格外重要。尽管反驳陈述、对提问的书面回答以及第二次会议也很重要，但是，第一次会议后,专家组成员一旦对案件形成了自己的看法,要改变他们对案件的判断可能会很难。

3. 第二次书面陈述

争端各方第二次书面陈述必须同时提交给专家组。第二次书面陈述实际上是正式的反驳陈述,它不仅包括对另一方第一次书面陈述的反驳,而且包括对第一次会议上另一方口头陈述的反驳。除两次书面陈述外,争端各方实际上依然有机会向专家组提交书面陈述,特别是对专家组问题的回答。

4. 专家组与争端各方的第二次会议

第二次实质性会议主要是专门为双方进行辩论和专家组希望继续审议的其他问题而准备的。第三方通常不允许参加专家组第二次会议,争端方为第二次会议而准备的书面陈述也不提交给第三方。实践中,在第一次会议上,专家组可能会问非常少的问题,仅仅是咨询聆听;但是在第二次会议上,他们的问题就会提得极为尖锐,试图从当事方的陈述中找到漏洞。[21] 可以说,第二次开庭的特点,是使双方的观点更加明确,对法律理解的分歧更为突出。这样,就更加方便了专家组做出裁决。对于专家组来说,第二次会议通常是要求争端方提交有关信息和要求争端各方对专家组感到棘手的问题进行答复的最后一次机会;对于争端各方而言,第二次会议是他们进行观点陈述的最后机会,因此,第二次会议仍然是当事方特别重视的会议。

5. 散发裁决报告的描述部分

通常情况下,专家组在与当事方举行第二次会议后,将报告初稿的描述部分(descriptive part, 事实与争端各方的理由,但不包括专家组对案件的看法)散发给争端各方。描述部分虽然并非裁决本身,但应当完整、准确地描述案件的事实和各方观点。在专家组规定的时间内,争端各方应提交书面意见。这种做法继承了 GATT1947 惯例,主要是为了让专家组及时发现案件事实经过文字叙述部分的错误。

6. 散发中期报告及评议

收到各方对于描述部分的书面意见后,专家组应在调查、取证的基础上完成一份中期报告(interim report)。中期报告的内容应包括描述性部分、调查结果和结论,并分发给争端各方。对于中期报告,争端各方在专家组设定的期限内可以书面请求专家组在将最终报告分散发给各成员方之前就中期报告的某些精确部分(precise aspects)进行审议。

从 DSU 对中期评审的具体规定来看,专家组主要是针对当事方就中期报告的

〔21〕 Charlas Christopher Parlin:"WTO 争端解决机制的形成、特征与基本原则",载司法部法规教育司编:《WTO 争端解决机制——规则、程序与实践》,法律出版社 2002 年版,第 37 页。

"精确部分"的评审请求进行评审,其主要目的和任务是保证专家组报告的客观准确性和清晰度,通过当事方对专家组报告的介入使得专家组有可能澄清报告中的模糊问题,使得当事方乐于接受报告,从而减少上诉程序的发生。但从实际情况而看,大部分案件都提起了上诉。

7. 散发最终报告

中期报告评审程序的发生以争端当事方提出书面请求为前提,当事方如果没有提出书面请求,则中期报告评审程序不会发生,中期报告即被视为最终报告(final report)。最终报告应包括以下内容:对案件事实部分的客观评估;对相关协定条款适用的审查;对争议措施是否与相关协定相符进行评估;对有助于 DSB 做出建议或裁决的其他问题的评估。

迅速解决贸易争端是乌拉圭回合谈判的一个重要目标,DSU 相应对专家组审理案件程序的各个阶段都规定了时间限制。根据 DSU 第 12.8 条和 12.9 条规定,专家组进行审查的期限,即自专家组组成和职权范围确定之日起至最终裁决报告散发之日止,一般不应超过 6 个月;在紧急情况下,专家组应尽力在 3 个月内向争端当事方提交报告。如专家组认为不能如期提交报告,则应书面通知争端解决机构,说明延长的原因和提交报告的预期时间,但自专家组成立至报告散发各成员方的期限无论如何不应超过 9 个月。尽管 DSU 要求"无论如何,最长期限不得超过 9 个月",但在实践中专家组审理的不少案件的期限超过 9 个月。截至 2010 年底,专家组一共散发了 135 份裁决报告,从专家组组成到裁决报告散发的平均时间为 369.72 天;自专家组成立到裁决报告散发的平均时间为 441.87 天。[22]

(四)专家组程序中特殊性问题

1. 关于多方起诉和第三方问题

一成员方采取的措施,可能会对几个成员方现在或潜在的利益造成影响,因此,DSU 规定了多方申诉(multiple complaints)和第三方参加专家组程序的权利。

(1)多方申诉

一成员采取的措施,可能会对几个成员造成影响,因此几个成员都有可能将该成员方诉诸 WTO 争端解决机构。为了迅速解决争端,节约时间和人力资源,以及避免出现不一致的裁决,DSU 第 9 条对多个申诉方的专家组程序作了规定。如有几个成员就同一事项请求设立专家组,只要可行,就应设立单一专家组。如果不得不设立几个专家组,则应尽可能由相同人员担任专家组成员,并且不同专家组程序的时间表应当进行协调。例如,在欧共体荷尔蒙牛肉案中,美国和加拿大先后针对欧共体对荷尔蒙牛肉采取的措施要求设立专家组。DSB 成立了两个专家组,但专

〔22〕 http://www.worldtradelaw.net/dsc/database/paneltiming.asp.(访问时间:2010 年 1 月 15 日)

家组成员是相同的。

(2)第三方参加专家组程序

如果一个成员认为在其他成员提交专家组的事项中有实质利益，并通知了DSB，就可以申请作为第三方参与案件的审理，并向专家组提交书面陈述。DSU没有对欲参与专家组程序的第三方通报时限做出规定。但是，根据DSU第8.3条规定，具有争端各方和第三方的国籍的人士不得作为专家组的成员，因此，如果某成员在其本国人士被任命为审理案件专家组成员之后才向DSB通报其有实质利益而欲成为第三方，那么这时就会面临更换专家组成员的困境。因此，为了减少这种风险，秘书处采取非正式的惯例，即在DSB决定成立专家组10天内不向争端各方推荐专家组成员候选人。在实践中，谁要想成为第三方，在设立专家组的DSB会议上，就可以举牌示意。如果没有参加这次会议或在这次会议上还没有决定是否作为第三方，则可在会后10天内要求作为第三方。

第三方有权收到争端各方向专家组第一次会议提交的书面陈述，包括各方提交的第一次书面陈述和对第一次会议上口头陈述的书面材料；第三方可参加第一次实质性会议期间专门为第三方召开的会议并发表意见；第三方可以向专家组提交书面陈述，第三方书面陈述的观点在专家组报告中得到反映，实践中，专家组报告一般都有专门部分，概述第三方的观点。第三方无权向专家组提起诉请，也不可以对专家组报告提起上诉；但是，如果争端各方(指申诉方和被诉方)上诉，第三方可以参加该上诉而成为第三参诉方(third participants)。

2. 关于专家组获取信息的权利

(1)专家组获取信息的权利及其限制

专家组在审理争端过程中，一般只有争端当事方或第三方才可以向专家组提交相关材料。但由于贸易争端涉及的问题比较复杂，特别是涉及技术贸易壁垒、动植物检疫措施、特定服务贸易部门等领域的贸易争端，专家组往往需要向有关技术专家、国际机构寻求资料或咨询，以便正确处理争端。因此，DSU第13条规定专家组享有向任何个人或机构索取必要信息和获得技术咨询的权利。专家组获得信息的权利非常广泛：可以向其认为适当的任何个人或机构寻求信息和技术建议；自己决定所寻求信息的来源；自己决定是否寻求相关信息；确认收到的信息和建议的可采用性或相关性。但是专家组寻求信息的权利受如下限制：

第一，采取措施对有关秘密信息进行保密。在加拿大飞机补贴案中，巴西向DSB投诉加拿大向其飞机制造商提供补贴，专家组要求加拿大提供相关资料。加拿大对此予以拒绝，理由是这些资料属于飞机制造公司，是商业秘密，不能提供。除非专家组能以某种程序保证这些秘密不被泄露。专家组提出，加拿大从飞机制造公司获得的资料送达日内瓦后存放在加拿大使馆，巴西代表需要到加拿大使馆查阅这些材料，可以做记录，但不得复印。但加拿大仍以该程序不足以保密为由拒绝提供材料。巴西要求专家组因此得出这些材料对加拿大不利的结论,进而认定加拿大确实存在政府补贴。这便是反向推断。专家组没有进行反向推断,巴西对此进行了上诉,上诉机构维持了专家组的结论。这就意味着尽管 DSB 要求争端各方尽可能地与之进行合作,提供信息,但对以保密措施不足而不合作的一方是否可以反向推断,专家组拥有较大自由裁量权。[23]

第二,专家组寻求信息应当符合程序正当性要求。在欧共体诉美国荷尔蒙牛肉持续中止减让案中,因涉及荷尔蒙激素的技术标准问题,专家组选定了 6 位作为咨询的技术专家。欧共体反对,认为其中 2 位技术专家存有偏见,因为他们的研究结论与欧共体研究结论相反。专家组没有采纳欧共体的建议。欧共体对此提出上诉。上诉机构审理认为:在寻求技术专家意见方面,专家组的权利非常广泛;但应保证公平与公正,保障程序公正。2 名技术专家在 JECFA(Joint FAO/WHO Expert Committee on Food Additives)任职十多年,而且直接领导了对涉案 6 种荷尔蒙的几次风险评估,在对专家组所提及的荷尔蒙技术问题,都引用到了此前做过的研究结论。对于一个长期在 JEFCA 工作的专家,受其先前研究的影响也是难免的。专家组裁决分析中大量引用了这 2 位技术专家的意见。鉴于本案的具体的情况,专家组指定和咨询的技术专家不能保证其独立性和公平公正性,侵犯了欧共体的正当程序权利。[24]

(2)关于"法庭之友"的问题

应专家组提出请求,有关组织或个人提交资料,自然符合 DSU 第 13 条的规定。但有的情况却是,在专家组没有提出要求的情况下,有的组织或个人主动向专家组提供资料或发表对案件的看法。这就涉及"法庭之友"(amicus curiae)提交材料的问题。根据《布莱克法律词典》的解释,法庭之友指在某一案件中的非当事方自愿向法院提交陈述,或在某一具体案件中应法院的要求向法院提交陈述的人。法庭之友通常是对特定案件涉及的有关专业问题或法律问题具有专业特长或独特见解的人士,他们向法院提交报告有助于法院加深对特定案件的理解,并做出公正合理的判断。

"法庭之友"有着悠久的历史,最初产生于罗马法时代,因当时法学书籍极为匮乏,信息渠道有限,对于某些需要特殊知识加以判断的案件,法庭之友显示出其重要作用。在 WTO 争端解决机制中,面对类似法庭之友的非争议当事方主动向专家组提交的资料,专家组是否可以接受,美国海虾案便涉及这一问题。在该案的

---

〔23〕 Appellate Body Report, Canada Measures Affecting the Export of Civilian Aircraft, WT/DS70/AB/R, paras. 197 – 205.

〔24〕 Appellate Body Report, US—Continued Suspension of Obligations in the EC—Hormones Dispute, WT/DS320/AB/R, paras. 459 – 484.

审理期间,专家组收到了海洋保护中心(Center for Marine Conservation)、国际环境法中心(Center for International Environmental Law)和世界自然基金(World Wild Fund for Nature)三个非政府组织自愿提交的案情摘要。印度、马来西亚、巴基斯坦和泰国要求专家组不要考虑这些文件。专家组认为,根据DSU第13条,寻求信息和选择信息来源的主动权掌握于专家组。在未经专家组主动要求的情况下,接受非争端当事方提交的信息违反DSU的规定。在该案的上诉中,是否能接受法庭之友提供的资料再次成为当事方争论的焦点之一。上诉机构认为,DSU第13条赋予了专家组寻求信息的权利,这种权利是全面而不受限制的,专家组有权寻求资料并不代表禁止专家组接受非经其要求的资料,DSU并没有禁止专家组接受未经其请求所提交的材料,专家组有权决定是否接受"法庭之友"提交的材料。[25] 专家组拥有接受"法庭之友"提交的资料的自由裁量权遭到了普遍的反对,在WTO153个成员方中,130多个反对,包括发展中国家和最不发达国家,也包括一些发达国家,如欧盟、日本等。只有美国、加拿大、澳大利亚等少数国家赞同这一决定。尽管如此,对于是否可以接受法庭之友提交的资料或建议,上诉机构和专家组拥有自由裁量权。[26]

3. 关于司法经济原则的适用问题

司法经济原则(principle of judicial economy)指DSB专家组并不一定对申诉方提出的所有诉请一一分析并做出裁决结论,而是只分析为解决争端所必须分析的问题。这里的economy实际上是"节约"的意思,意指最经济地利用DSB的司法资源。

"司法经济原则"最早出现在上诉机构关于美国羊毛衫和女童衣进口限制案的裁决报告中。在该报告中,上诉机构支持了专家组"司法经济"的实践,指出:"专家组只需审理那些为解决该争端所必须处理的诉请。"[27] 在欧共体家禽进口限制案中,上诉机构除再次确认专家组所拥有的司法经济权利外,还进一步指出:"专家组拥有决定哪些诉请是争端解决机构必须处理的诉请的自由裁量权。"[28] 然而,上诉机构这一广泛的授权,导致专家组可能滥用司法经济,对一些必须解决的诉请往往不予裁决,从而引起对这些诉请的上诉。上诉机构由于缺乏案件发回重审权和自身管辖权的限制,一旦专家组滥用司法经济原则,结果往往会导致争端

---

〔25〕 Appellate Body Report, United States—Import Prohibition of Certain Shrimp Products, WT/DS58/AB/R, paras. 108 - 110.

〔26〕 [日]松下满雄:"世界贸易组织上诉程序的主要问题",载司法部法规教育司编:《WTO争端解决机制:规则、程序与实践》,法律出版社2001年版,第51页。

〔27〕 Appellate Body Report, United States—Measure Affecting Imports of Woven Wool Shirts and Blouses from India, WT/DS33/AB/R, p. 18.

〔28〕 Appellate Body Report, European Communities—Measures Affecting the Importation of Certain Poultry Products, WT/DS69/AB/R, para. 135.

实际上处于无法解决的困境。鉴于此，上诉机构在澳大利亚鲑鱼上诉案中提出了"虚假司法经济"(false judicial economy)的概念。上诉机构指出："专家组关于司法经济的自由裁量权并非没有限制，在适用司法经济原则时，应牢记争端解决机制的目的，这一目的是确保争端得到积极的解决。专家组必须做出处理的诉请，是使DSB能够做出足够准确的裁决与建议所必须的诉请，也是使成员方能立即遵守DSB裁决与建议所必须的诉请。否则，仅仅就争端提供部分解决的裁决是虚假的司法经济。"〔29〕在该案中，专家组裁决加拿大采取的措施违反了《卫生与动植物检疫措施协定》(SPS 协定)第5.5条后，运用司法经济原则，对申诉方指控加拿大措施亦违反SPS协定第2.3条的诉请不予裁决。专家组认为，任何违反SPS协定第5.5条规定的措施必定也不符合SPS协定第2.3条。上诉机构指出，专家组没有审查的SPS协定第2.3条可能包含有独立于第5.5条规定的义务，而只有对两个条款诉请进行裁决，才能使DSB做出准确的裁决与建议和促使成员方立即履行裁决与建议。〔30〕

三、上诉程序

上诉程序是指争端方对专家组裁决报告中的法律问题或法律解释不服，而向DSB的上诉机构提出上诉，上诉机构进行审查，并作出维持、推翻或修改专家组裁决报告有关法律问题或法律解释的程序。上诉程序是WTO对国际争端解决机制的创新，目的是强化争端解决机制的司法特点，是WTO争端解决机制的重要组成部分。除DSU规定了上诉程序外，上诉机构1997年制定了《上诉案件审理工作程序》(以下简称《工作程序》，该程序经2005年和2010年修订)亦是上诉程序的组成部分。

1. 上诉主体与第三参诉方

上诉的主体只能为专家组程序阶段的争端当事方——申诉方或被诉方。在专家组程序中的第三方不能提起上诉，但可向上诉机构提交书面陈述，说明它愿意作为第三参诉方参加上诉(a third participant in the appeal)，并在书面陈述中列明支持其立场的理由与论据。该第三参诉方可以出席上诉机构举行的听证会，可以进行口头辩论和陈述。根据《工作程序》的规定，专家组阶段的第三方若要享有上诉阶段第三参诉方的权利，必须在上诉方提交上诉通知的21天内提交书面陈述或通知上诉机构的秘书处其希望参加听证会。

2. 上诉期间

DSU第16.4条规定，专家组裁决报告在其向各成员散发后的60天内，应在

---

〔29〕 Appellate Body Report, Australia—Measures Affecting Importation of Salmon, WT/DS18/AB/R, para. 223.

〔30〕 Id, para. 249 - 251.

DSB会议上予以通过,除非DSB以协商一致的方式决定不予通过,或者争端一方已正式通知DSB其决定上诉。在专家组裁决报告散发后的20天内DSB不得考虑通过专家组裁决报告。因此,如果争端方决定上诉,一般应在专家组散发报告的第21天至第60天内DSB召开会议之前提交上诉通知。据统计,自专家组报告散发至争端方通知上诉的平均时间为45.93天。[31]

不过,实践中有的争端方申请DSB延迟专家组报告的通过期间,则上诉方提出上诉的时间可顺延。例如,在泰国香烟海关措施案中,专家组散发报告的日期为2010年11月15日,按照DSU第16.4条的规定,DSB应当在2011年1月15日前通过该报告,如果争端方不提出上诉。考虑到上诉机构的工作量,本案的争端双方泰国和菲律宾共同向DSB申请(WT/DS371/),要求将专家组报告通过期间由60天延长至100天,即到2011年2月24日。在此期间内,双方可考虑是否上诉。DSB同意双方的请求,这样,本案的上诉期自专家组散发报告的第21天至第100天内。2011年2月22日,泰国通知DSB上诉。[32]

3.上诉程序的开始:提交上诉通知

根据DSU第16.4条和《工作程序》第20条规定,上诉程序自上诉方提交上诉通知(notice of appeal)时开始。上诉通知应包括:(1)上诉所针对的专家组裁决报告的标题;(2)上诉方的名称;(3)争议当事方的送达地址、电话和传真;(4)上诉事项性质的简要陈述:指明专家组裁决报告中在法律问题和法律解释上的错误,列明指控专家组错误适用或错误解释的WTO涵盖协定的条款,含有法律错误的专家组裁决报告段落的指示性清单。

上诉通知的法律地位非常重要,是上诉机构行使管辖权的基础。如果上诉方在上诉通知中没有指明专家组某项裁决的错误,即使上诉状指明了该项错误,该项被指控的错误也将会被排除在上诉机构审查范围之外。[33]

4.上诉状与答辩状的提交

根据《工作程序》第21(1)条规定,上诉方在提交上诉通知的同一天,应向上诉机构秘书处提交书面上诉状(Appellant's Submission),并向争端各方和第三方送达上诉状副本。上诉状应列明:(1)指控专家组裁决报告在法律问题上和法律解释问题上错误的具体理由,以及支持上诉方观点的法律依据;(2)上诉所涉及的协定和其他法律文件;(3)请求上诉机构所做裁定的性质。表面上看,上诉状是对上

---

〔31〕 http://www.worldtradelaw.net/dsc/database/abtiming.asp.(访问时间:2010年1月20日)

〔32〕 Thailand — Customs and Fiscal Measures on Cigarettes from the Philippines: Summary of the dispute to date, http://www.wto.org/english/tratop_e/dispu_e/cases_e/ds371_e.htm.

〔33〕 Appellate Body Report, European Communities—Regime for the Importation, Sale and Distribution of Bananas, WT/DS27/AB/R, para. 152.

诉通知的进一步细化,是对上诉通知中上诉事项性质的简要说明的展开论述。然而,上诉通知和上诉状有着重大的法律差别,上诉通知涉及上诉机构的管辖权问题,是上诉机构行使管辖权的基础;上诉状则与上诉机构的管辖权没有直接联系。

任何一个争端当事方(专家组阶段的申诉方和被诉方)欲对上诉方的上诉状做出回应的,可在上诉方提交上诉通知后的18天内向上诉机构秘书处提交书面答辩状(Appellee's Submission)。答辩状应列明:对上诉状中具体指出的专家组裁决报告法律错误以及论证该法律错误的论点表示反对的准确理由;接受或反对上诉状中列出的理由;关于所依据的涵盖协定的规定或其他法律渊源的准确表述;明确请求上诉机构裁决的性质等。

5. 上诉庭的组成

对于某件具体的上诉案件,上诉机构往往由7人中3人组成上诉庭(division)进行审理。上诉庭成员组成是临时、随机的。上诉庭成员推选本庭的主席成员。尽管上诉庭全权对上诉案件做出决定,但是上诉机构的其他成员都有权收到有关上诉案件的所有文件,并且,负责上诉案件的上诉庭在将最终报告散发给WTO成员之前应与其他上诉机构成员交换意见。上诉机构这种由三人负责审理案件、其他成员参与讨论的方式,我们称为"集体讨论"(collegiality)模式。这样做的目的在于保证上诉机构做出裁决的一致性和连贯性。

6. 口头听证会的举行

根据《工作程序》要求,口头听证会(oral hearing)是上诉程序中必不可少的程序。通常情况下,上诉庭的口头听证会应在收到上诉通知后的30~45天内举行。秘书处在尽可能早的情况下,通知所有参诉方、第三参诉方和第三方。主持听证会的上诉机构成员可以设定口头辩论和陈述的时间。

一般而言,口头听证会上,上诉庭会对参诉方或第三参诉方提出问题或要求它们提供资料,并规定书面回答问题或提供资料的时间。当参诉方缺席口头听证会时,上诉庭可以做出缺席裁决,如果是上诉方缺席听证会,上诉庭则可能驳回上诉。口头听证会的目的在于让争端各方说出其真实想法。有时争端当事方会在口头陈述中改变其书面材料中陈述的观点。对于争端各方来说,口头陈述应与其提交的书面材料一致,以有利于上诉庭做出正确决定。[34]

7. 上诉的撤销

根据《工作程序》第31条规定,上诉方可以在任何时候通知上诉机构其撤诉的要求。在印度影响汽车进口案中,在口头听证会举行的前一天,印度通知上诉机构其要求撤诉。在欧共体鲑鱼案上诉中,欧共体在其提交上诉通知后3天,提出在

---

〔34〕［日］松下满雄:"世界贸易组织上诉程序的主要问题",载司法部法规教育司编:《WTO争端解决机制:规则、程序与实践》,法律出版社2001年版,第48页。

承认其有权提出新的上诉通知的前提下,撤销先前的上诉通知;欧共体在撤诉的同一天提出了新的上诉通知。秘鲁认为欧共体无权有条件撤诉和提出新的上诉通知。上诉机构不同意秘鲁的观点。上诉机构认为,《工作程序》第31条没有禁止上诉方有条件撤诉,除非上诉方附加的条件不是为善意解决争端而设置的。在该案中,欧共体撤诉与新诉并没有违反正当程序,因为厉害关系方实际上在获知原诉的时间内获知了新诉。当然,上诉机构也谨慎指出:"的确可能存在这样一种情形,即撤回原诉再提出新诉构成滥用诉权或违背正当程序。在这种情况下,上诉机构将拒绝上诉方附加的条件,拒绝任何新的上诉通知。"〔35〕

8. 上诉机构的审查范围

(1)上诉机构审查的问题仅限于法律问题,对实事问题不予审查。

根据DSU第17.6条规定:"上诉应限于专家组裁决报告中涉及的法律问题和专家组所做的法律解释问题。"由此可见,上诉机构的审查权也相应地限制在审查法律问题范围之内,排除了上诉机构对事实问题的审查权。上诉机构审查范围之所以限定于法律问题,是因为GATT1947专家组程序在40多年的实践中确立了一套查明事实的体系,基本上能把事实问题在专家组阶段妥善解决。这些体系包括:首先,专家组要举行两次会议进行审理,第一次会议各方有机会讨论问题并确定哪些事实与争议的问题有密切关系。专家组再据此与秘书处一起提出书面问卷,交给争端方回答。第二次会议,双方再进一步提交有关证据,做出更为正式的论辩。两次会议可以较为准确地查明事实。其次,在专家组形成最终报告之前,要将报告中对事实叙述的部分提供给争端各方,使各方对事实部分没有异议。从实践发展来看,这些程序的设置对专家组发现事实问题是十分有利的。在GATT1947历史上,被阻挠或不通过的专家组裁决报告中,各方争论的问题基本上都不是针对事实问题。因此从经济学角度看,如果上诉程序中继续审查事实问题,无疑会造成资源浪费,提高诉讼成本却未必能提高上诉机构裁决的质量。〔36〕

尽管上诉机构审查范围限定于法律问题,但事实问题与法律问题是相对而言的,有时两者之间的界限并不是泾渭分明,对于如何划分事实与法律的界限,上诉机构在欧共体荷尔蒙牛肉案中有一段堪称经典的阐述:

"根据DSU第17.6条,上诉机构审查限于专家组裁决报告中的法律问题和专家组所做出的法律解释。专家组对事实的裁决,不同于法律适用和法律解释,原则上不属于上诉机构审查的范围。认定某事件发生的时间和空间是典型的事实问

---

〔35〕 Appellate Body Report, European Communities—Trade Description of Sardines, WT/DS231/AB/R, para. 146.

〔36〕 李居迁:"WTO争端解决机制的主要内容",载司法部法规教育司编:《WTO争端解决机制:规则、程序与实践》,法律出版社2002年版,第324页。

题。例如,食品法典委员会(CODX)是否对某种荷尔蒙制定国际标准,就是一个事实问题。此外,对于某件证据的可信度和证明力大小的认定,原则上也属于事实问题,由专家组酌情裁定。但是就某件或某组特定的事实是否符合 WTO 某个协定条款的规定,则属于法律定性问题,即法律问题”。[37]

(2)上诉机构复审的法律问题仅限于专家组报告中涉及的事项。

上诉机构审查范围只限于上诉方提出的专家组报告中的法律问题以及专家组做出的法律解释,换言之,对于专家组报告中未涉及的法律问题上诉机构不予考虑;对于未上诉的法律问题也不予审查,即使专家组报告中对这些法律问题的解释是错误的。例如在美国外国销售公司法案中,美国上诉时提出其对外国销售公司的免税措施符合 SCM 协定第 59 条脚注“避免双重征税”的规定,因而不是 SCM 协定第 3.1 条规定的出口补贴。上诉庭指出,根据《谅解协定》第 17.6 条规定,上诉机构仅限于审查专家组报告中涉及的法律问题和法律解释。因为美国没有在专家组审理阶段提出该“避免双重征税”的观点,上诉庭便没有权力审查这一法律问题。[38]

9. 司法经济的上诉审查问题

在多个诉讼请求案件中,专家组适用司法经济原则,裁决争议措施违反某个条款,对于是否违反其他条款不再审查。如果上诉机构推翻了专家组裁决,那么争议措施还有可能违反其他条款,此时,上诉机构面临的问题是,是否对争议措施与其他条款的相符性进行审查?从严格意义上讲,上诉机构有权推翻专家组关于争议措施违反某个条款的裁决,但无权审查争议措施是否符合专家组未予审查的其他条款,因为 DSU 将上诉机构的审查权限定于专家组裁决报告中的法律问题。但问题在于,这对于专家组程序中胜诉方而言可能会产生程序上的不公平。

在 WTO 成立后的第一个上诉案件——美国汽油案中,上诉机构便面临此难题。在专家组阶段,就美国汽油进口限制措施是否符合GATT 1994第 3 条国民待遇,美国争辩认为,即使不符合国民待遇,但是该措施根据GATT 1994第 20 条(g)项是允许实施的,只要该措施符合以下三个法律条件:(1)该措施是“与保护可用竭的自然资源有关的措施”;(2)该措施“与限制国内生产或消费措施同时生效”;(3)该措施的实施方式没有构成第 20 条导言部分规定的“武断、不正当歧视或对国际贸易的变相限制”。专家组裁决认为美国措施不符合GATT 1994规定的国民待遇,也不符合上述三个法律条件的第一项条件,即汽油进口限制措施不是“与保

〔37〕 Appellate Body Report, EC—Measures Concerning Meat and Meat Products (Hormones), WT/DS48/AB/R, para. 132.

〔38〕 Appellate Body Report, United States—Tax Treatment for “Foreign Sales Corporations”, WT/DS108/AB/R, para. 101.

护可用竭的自然资源有关的措施”。至此,专家组认为没有必要继续审查美国进口限制措施是否符合后两个法律条件,即是否“与限制国内生产或消费措施同时生效”,实施方式是否构成“武断、不正当歧视或对国际贸易的变相限制”。美国对专家组关于“不是与保护可用竭的自然资源有关的措施”的法律结论提出上诉。

上诉机构推翻了专家组关于美国进口汽油标准不是“与保护可用竭的自然资源有关”的裁决,换言之,美国汽油进口限制措施符合上述第一项条件,此时,上诉机构就面临一个尴尬的处境:由于专家组未处理上述的第二、第三项条件,即汽油进口限制措施是否符合“与限制国内生产或消费措施同时生效”和是否构成第20条导言部分规定的“武断、不正当歧视或对国际贸易的变相限制”,按照DSU第17.6条,它们均不是“专家组裁决报告中涉及的法律问题”,也不属于“专家组裁决报告中的法律解释问题”。由于上诉机构不能将案件发回专家组重审,上诉机构这时面临的选择只有两种:要么告知被上诉方(该案的申诉方)重新启动专家组程序,这要再花一年左右时间;要么上诉机构自己审查美国进口汽油标准是否符合上述第二、第三项标准。上诉机构选择了后者,最后通过分析认为,美国汽油进口限制措施的实施方式不符合GATT 1994第20条导言部分。这是因为,如果上诉机构仅仅因为专家组没有审查第20条(g)项规定的所有条件,要求上诉方在争端程序进行一年之后再回到争端的起点,这无论如何也是不能接受的。特别是美国汽油案是新WTO争端解决机制成立的第一个案件,各成员方对争端解决机制的效率正拭目以待。但是上诉机构的这种做法,严格地根据DSU第17.6条字面意思,毕竟是一种超越职权的行为。

如果说在美国汽油案中,上诉机构直接分析专家组因司法经济原则未予分析的部分而未给予恰当的理由;那么,在后来的加拿大期刊案中则为此取名为“完善性分析(completing the analysis)”在加拿大期刊案的上诉中,上诉机构同样碰到类似的问题。美国向专家组指控加拿大针对“不同版本期刊”(split—run periodicals)征收不同国内税的做法违反了GATT第3.2条第一句和第二句。GATT第3.2条第一句规定的是“不对进口产品征税超过对本国相同产品所征收的国内税费”;第二句规定的是“在国内产品与进口产品具有直接竞争或可替代关系时,不以保护国内生产的方式对两者不同征税”。专家组在裁决认定加拿大国内税措施违反了GATT第3.2条第一句后,提出关于第3.2条第二句的诉请没有必要裁决。对于专家组司法经济原则的适用问题加拿大没有提出上诉,但对专家组认为加拿大措施违反了GATT第3.2条第一句关于“相同产品”的裁定提出了上诉。上诉机构推翻了专家组的裁定。问题是上诉机构推翻专家组的裁定后,能否继续审查加拿大措施是否符合第二句的规定。加拿大提出上诉机构对上诉方未上诉且专家组未做裁决的法律问题没有管辖权。对此,上诉机构指出:“GATT第3.2条第一句和第二句在决定国内税收是否符合国民待遇问题上具有紧密的联系。在本案中,专家组根据第一句做出了法律裁定,但被推翻,上诉机构需要在专家组裁决报告基础上对是否符合第二句进行分析,否则,将是失职(remiss)。"[39]

经过美国汽油案、加拿大期刊案、加拿大汽车进口案、加拿大奶制品进口限制案等争端的上诉实践,对于专家组因司法经济原则的运用而未处理的诉请,在上诉机构看来又不得不对该诉请进行审查,在此情形下,上诉机构往往以 DSU 第 3.3 条"保障争端的有效迅速解决的目标"优先于 DSU 第 17.6 条关于上诉机构限于审查专家组裁决报告中涉及的法律问题的限制为突破口,进行审查。但是这种完善分析权受到严格的条件限制:(1)上诉机构推翻了专家组关于某一个法律问题的裁决;(2)推翻后如果不对涉及另一法律条款进行完善分析,则案件必须重新回到争端的起点;(3)上诉机构审查的法律问题与其推翻的专家组已审查的法律问题之间存在密切的逻辑关系;(4)上诉机构继续进行的法律分析所依赖的事实必须是在专家组阶段已经查清的事实,上诉机构无须进行事实方面的调查。

10. 上诉机构审理案件的时限

DSU 第 17.5 条规定,在一般情况下,从争端当事方正式通知其上诉决定之日起到上诉机构散发其报告之日止,整个上诉过程不得超过 60 天,特殊情况下,最长不得超过 90 天。此外,DSU 第 4.9 条规定,在紧急案件中,包括有关易腐货物的案件,争端各方、专家组和上诉机构应尽一切努力尽最大可能加快诉讼程序。同样,根据《补贴与反补贴措施协定》第 4.9 条的规定,上诉机构对禁止性补贴案件的审理一般不得超过 30 天,最长不得超过 60 天。《工作程序》第 31 条针对禁止性补贴的上诉案件规定了具体的审理时限表。从上诉机构运作实践来看,上诉机构力图确保严格遵守 DSU 第 17.5 条规定的 90 天内做出裁决的要求。从上诉机构所作的 97 份上诉裁决报告来看,自上诉通知到散发裁决报告的平均时间为 90.57 天,[40]其中 32 份上诉裁决报告超过了 90 天;在这 32 份超期裁决报告中,仅仅只超过一天即第 91 天散发裁决报告的就有 23 份。[41]

11. 上诉机构裁决报告的通过

上诉机构报告应在该报告发送到各成员后的 30 天内由 DSB 通过并对争端各方具有法律效力,除非 DSB 协商一致决定不通过该报告。

从磋商程序到专家组程序、再到上诉机构复审程序,这是 DSU 所规定的贸易争端解决的正式程序。此外,根据 DSU 第 25 条规定,经争端各方当事人的同意,

---

〔39〕 Appellate Body Report, Canada—Certain Measures Concerning Periodicals, WT/DS31/AB/R, pp. 22 – 24.

〔40〕 http://www.worldtradelaw.net/dsc/database/abtiming.asp.(访问时间:2011 年 1 月 25 日)

〔41〕 http://www.worldtradelaw.net/dsc/database/abtiming.asp.(访问时间:2011 年 1 月 25 日)

还可以诉诸仲裁。仲裁可以作为从磋商到上诉程序的一种便利、迅捷的替代手段。求助于仲裁的各方应服从仲裁裁决。仲裁是 DSU 规定的一项新程序,但从程序上来看,它只是一项选择性的辅助方法,不是一项必经程序。

第三节　WTO 争端解决机制的执行程序

专家组或上诉机构裁决报告一经 DSB 通过,报告中所做的裁决与建议就成为 DSB 的裁决与建议,对争端各方正式发生法律效力,标志着 DSB 对某项争端的审查程序已告终结,进入执行阶段。DSU 第 21 条"对执行裁决与建议的监督"规定了败诉方主动执行 DSB 裁决报告的程序,第 22 条"补偿与中止减让"则规定了败诉方不执行时胜诉方在 WTO 框架下的贸易报复程序,这两种程序都属于执行程序范畴。

一、裁决报告执行的含义

DSU 第 19.1 条规定,当专家组或上诉机构裁定某贸易措施与 WTO 涵盖协定不一致,则应建议有关成员方使该措施符合相关协定。由此可见,对于违反 WTO 涵盖协定措施的执行,DSU 要求的是使违反 WTO 规则的措施纠正为相符措施(bring measures into conformity)。应该指出的是,在 WTO 框架下,使违反措施纠正为相符措施并不一定意味着违反措施必须取消。例如,某 WTO 成员方对销售国产品征收 5% 的营业税;而对销售进口产品征收 10% 的营业税,很显然该措施违反了国民待遇。DSB 建议该成员方使违反措施纠正为相符措施。如何纠正呢?该成员方可以采取多种方式:比如取消对销售国产品营业税的优惠,同样征收 10% 的营业税;或者,对销售国产品继续维持征收 5% 的营业税,而将进口产品的营业税降至 5%。在纠正过程中,被裁定为违反国民待遇的 5% 营业税措施不一定非取消不可,还可以保留,只不过将进口产品的营业税降低即可。换言之,被 DSB 裁定为违反措施,并不是绝对的违反措施,可以通过一定的手段或方式加以转变或纠正,使其变为符合 WTO 涵盖协定的规定。至于成员方采取何种手段或方式,则是涉及执行 DSB 裁决与建议的方式问题,成员方有权自行决定。

二、裁决报告执行的期限

根据 DSU 第 21 条规定,在专家组或上诉机构报告通过后 30 日内举行的争端解决机构会议上,有关各成员方应将执行争端解决机构建议和裁决的意愿通知争端解决机构。在 WTO 解决的第一个争端案中(委内瑞拉诉美国汽油案),上诉机构报告于 1996 年 5 月 20 日为 DSB 所通过。委内瑞拉在 DSB 的会议上说,美国是否执行裁决对于增强争端解决机制的可信度和 WTO 的作用负有重大责任。美国于1996年6月19日(符合DSB规定的30日时限)通知WTO其将遵守DSB的建议和裁决,改变其进口的汽油规则。

DSU第21.1条规定:为所有成员方的利益而有效解决争端,关键是立即执行DSB的裁决与建议。因此,对于已经发生法律效力的建议和裁决应该立即执行。但现实情况是,由于败诉方被裁决违反WTO规则的措施涉及法律法规、行政措施的修改、撤销,各国对相关措施的修改或撤销都必须履行相应的法律程序,立即执行可能有困难。据统计,只有5份裁决报告通过后被立即执行。[42]

根据DSU第21.3条规定,如裁决报告不能立即执行,则应确定执行的合理期限(a reasonable period of time)。合理期限有四种确定方式:

(1)DSB确认的合理期限。有关成员方可以提出其履行DSB通过的裁决期限的建议,但应经过DSB的批准,该批准程序采用协商一致的表决方式,这就意味着对于败诉方提出的执行期限,包括胜诉方在内其他WTO成员方均拥有一票否决权。因此,除非败诉方提出的执行期限的确非常合理,否则很难得到DSB的批准。

(2)争端方协商的合理期限。如果DSB未批准有关成员提出的期限,则争端各方应在DSB通过相关裁决后的45日内协商确定合理期限。相对于第一种由DSB批准的合理期限而言,协商期限只要胜诉方同意败诉方拟议的执行期就可以了,不需要得到WTO其他成员方认可。因此,相比较而言易于成功,大部分案件的执行期限是通过协商方式确定的。按照DS编号统计,共有66份裁决报告执行期通过争端方协商确定。[43]

(3)仲裁裁决确定的合理期限。如果双方未能就合理期限达成协定,则争端各方应在DSB通过裁决报告后的90日内提交仲裁(经常超过90日期限),以仲裁裁定为准。一般来说,仲裁程序需要双方的合意,然而,由于合理期限的仲裁虽名为仲裁,实际上是DSU规定的一个有关强制执行期限争端的解决程序。因为若要双方合意,败诉方可以轻而易举地阻止仲裁,合理期限将不可得。从WTO争端解决实践看,既有双方合意提起的仲裁,如加拿大药品专利案执行期限;[44]也有胜诉方单独提起的仲裁,如在阿根廷诉美国管状材料反倾销日落复审案执行期限仲裁

〔42〕 http://www.worldtradelaw.net/dsc/database/implementationperiod.asp? table1 = s:6.(访问日期2011年1月3日)

〔43〕 http://www.worldtradelaw.net/dsc/database/implementationperiod.asp? table1 = s:6.(访问日期2011年1月3日)

〔44〕 加拿大药品专利案执行期限的仲裁:2000年4月7日,DSB通过专家组裁决报告;2000年4月25日加拿大通知DSB其将履行裁决与建议的意愿,但需要一个合理期限。在加拿大与欧共体就合理期限磋商无果的情况下,2000年6月20日,胜诉方欧共体和败诉方加拿大以联名信的方式通知DSB,双方同意以仲裁方式确定合理期限。

中,就是胜诉方阿根廷在与美国磋商合理期限不可得的情况下单独申请仲裁的。至于仲裁确定的合理执行期到底多长? DSU第21.3(c)条仅规定了一个指导性标准(guideline),即从DSB通过裁决之日起一般不超过15个月;欧共体荷尔蒙牛肉案中确立的“合理期限应是败诉方国内法律制度中所允许的最短期限”判断标准得到了普遍遵循,甚至被作为确立合理期限的基本原则之一,[45]长于或短于15个月的均可。按照DS编号统计,共有42份裁决报告的执行期限通过仲裁确定。[46]

(4)特殊程序规定的合理执行期限。根据DSU中特殊程序优先于普通程序的原则,凡其他WTO涵盖协定有关于执行期限特殊规定的,应遵守特殊规定。例如,《补贴与反补贴措施协定》(SCM协定)第4.7条规定,如所涉措施被裁定为禁止性补贴,专家组则应建议进行补贴的成员方立即撤销该补贴。再如,SCM协定第7.9条规定,对于可诉性补贴措施的执行期而言,在DSB通过裁决报告之日起6个月内予以执行。按照DS编号统计,共有13份裁决报告的执行期限根据SCM第4.7条或7.9条所确定。[47]

三、执行审查程序的问题

如前所述,败诉方应在合理期限内将DSB裁决与建议中认定为与WTO涵盖协定不符的措施纠正为与WTO规则相符的措施。但是,就败诉方是否已经采取了执行措施,或其采取的执行措施是否与WTO涵盖协定相符,胜诉方与败诉方有可能再次发生争议。DSU第21.5条规定了解决有关此类执行措施争议的程序(以下简称执行审查程序,compliance review)。由于执行审查程序是DSU规定的一种新程序,且其规定较为简单,在实践中就该程序如何适用引发不少争议。

(一)申诉方的资格问题

DSU第21.5条规定,只要对是否存在为遵守DSB裁决与建议所采取的措施或此类措施是否与WTO涵盖协定相一致的问题上有“分歧”(disagreement),就可以提起该条规定的执行审查程序;而对于提起执行审查程序的主体问题,第21.5条并未明确规定。尽管原争端解决程序的申诉方即胜诉方可以申请提起执行审查程序,那么原争端解决程序的被诉方即败诉方是否可以提起?

在欧共体香蕉案的执行审查程序中,作为原争端解决程序中被诉方的欧共体主动要求设立第21.5条专家组审查欧共体执行措施是否符合WTO涵盖协定。该案的起因在于美国指责欧共体没有全面执行DSB的裁决,但又不愿意根据第

---

〔45〕 Award of the Arbitrator, United States—Sunset Reviews of Anti-dumping Measures on Oil Country Tubular Goods from Argentina—Arbitration under Article 21.3 (c) of the DSU, WT/DS268/12, 7 June 2005, para. 25.

〔46〕 http://www.worldtradelaw.net/dsc/database/rptawards.asp.(访问时间:2011年1月3日)

〔47〕 http://www.worldtradelaw.net/dsc/database/implementationperiod.asp? table1 = s:6.(访问时间:2011年1月3日)

21.5条提起执行审查程序，而是直接根据DSU第22条申请贸易报复。在这种情况下，欧共体在其设立专家组请求书提出，“合理执行期限刚刚开始，原争端程序的申诉方不停地向新闻界和DSB指控欧共体的执行措施与DSB裁决与建议不符，这是胜诉方美国单方面的断言；除非胜诉方对欧共体执行异议正式提起执行审查程序，否则，应推定（presume）欧共体执行措施与WTO涵盖协定相符”。专家组分析了欧共体的观点，即对于执行措施，不能首先推定其与WTO涵盖协定不符；但是，若WTO成员方在某段时间内没有对执行措施提出异议，也不能推定该成员方默认执行措施符合WTO规则。随后，专家组将欧共体请求与厄瓜多尔请求设立第21.5条专家组合并在一起审理，“由于厄瓜多尔已经对欧共体执行措施按照第21.5条提出异议，因此，具体到本案中，专家组不可能裁定欧共体执行措施可推定为与WTO规则相符”。[48]

作为一个程序问题，专家组虽未说明，但实际上允许原被诉方提起第21.5条程序。在没有胜诉方诉诸第22条贸易报复威胁的情况下，如胜诉方不诉诸第21.5条执行审查程序，败诉方通常没有必要主动诉诸执行审查程序。但是，一旦胜诉方不提起第21.5条程序，而直接根据DSU第22条申请贸易报复时（关于第21.5条与第22条之间的关系问题，将在下文讨论），败诉方主动诉诸第21.5条执行审查程序是非常有价值的，因为这至少可以赢得一段宝贵时间以及防止胜诉方对执行措施合法与否做出单方面判断。在欧共体香蕉案中的执行过程中，实际上就是因为作为胜诉方的美国威胁欧共体，它将直接根据DSU第22条谋求贸易报复，而不诉诸第21.5条规定的执行审查程序。在这种情形下，应该允许欧共体提起执行审查程序。

（二）提起执行审查程序的时间问题

DSU第21.5条没有明确究竟是应在执行的合理期限届满之前还是之后提起执行审查程序。在欧共体香蕉案的执行争议中，欧共体提出在合理期限届满之前，申诉方美国不得提起执行审查程序。但是，如果败诉方在合理期限届满之前已经采取了执行措施，且有关国内立法或行政程序均已完成，对此，至少从第21.5条的内容上看，并没有排除胜诉方可立即提起执行审查程序的可能。相反，鉴于DSU“迅速解决”贸易争端的宗旨，似应允许在合理期限届满之前提起执行审查程序。在欧共体香蕉案的执行争议中，胜诉方之一厄瓜多尔就是在合理期限届满之前提起执行审查程序的。[49]

---

〔48〕 Panel Report, European Communities—Regime for the Importation, Sale and Distribution of Bananas—Recourse to Article 21.5 of the DSU by EC, WT/DS27/RW/EEC, paras. 2.1, 4.13-4.15.

〔49〕 欧共体执行裁决的合理期限至1999年1月1日，厄瓜多尔于1998年12月18日启动执行审查程序。

(三)执行审查程序审查的"措施"与"诉请"范围问题

在加拿大飞机补贴案(Canada—Aircraft,第 21.5 条)的上诉中,上诉机构指出:第 21.5 条所进行的争端解决程序不是败诉方采取的任何措施,而是针对其为遵守 DSB 裁决与建议所采取的执行措施。原则上,败诉方为遵循 DSB 裁决与建议而采取的措施与原争议(指原专家组或上诉机构裁决的争议)的措施不同。因此,存在两种性质完全不同的措施:一种措施是引起原争端解决程序的措施,该措施导致 DSB 做出裁决与建议;另一种措施是执行措施,即执行 DSB 裁决与建议而采取的措施。[50]

所谓诉请(claim),又称诉讼的法律依据,指适用于判断执行措施是否符合 WTO 某个涵盖协定或几个涵盖协定的一个或几个条款。若某项诉请不可能在原争端解决程序(专家组或上诉机构)中提出,则第 21.5 条专家组是否有权对该新诉请进行审查?该问题在欧共体香蕉案(EC—Bananas,第 21.5 条)中第一次引起关注。该案中,厄瓜多尔在其申请设立专家组的请求书中要求专家组审查如下诉请:(1)欧共体采取的执行措施即欧共体新香蕉进口政策(第 1637/98 号条例和第 2362/98 号条例)违反了GATT 1994第 1 条和第 13 条;(2)欧共体新香蕉进口政策违反了 GATS 第 2 条和第 17 条,并与专家组和上诉机构做出的裁决与建议不符;(3)厄瓜多尔要求专家组对欧共体如何履行裁决与建议提出意见。欧共体认为,专家组职权限于 DSB 通过的裁决与建议中的事项。换言之,专家组仅能确认欧共体采取的措施是否符合 DSB 通过的裁决与建议,而无权审查厄瓜多尔提出的其他诉请,即要求专家组直接驳回厄瓜多尔对欧共体新香蕉进口政策违反GATT 1994和 GATS 的指控。欧共体提出,对于新诉请,在正常专家组程序中至少可以有 6 个月期限;而根据第 21.5 条规定,专家组程序仅仅为 90 日,因此,若允许第 21.5 条下的专家组审查新诉请,那么这将影响欧共体的抗辩能力和权利。厄瓜多尔则指出,根据 DSU 第 21.5 条的规定,该条款下的专家组不仅可以审查新执行措施是否符合 DSB 裁决与建议;而且还可以审查新执行措施是否符合 WTO 涵盖协定。专家组驳回了欧共体的要求。专家组认为:首先,根据专家组职权范围(DSU 第 7 条),专家组必须审查厄瓜多尔提交给 DSB 的事项(matter),而事项是由厄瓜多尔在其请求设立专家组申请书指明的"措施"与"诉请"所构成。在本案中,"措施"就是欧共体关于香蕉进口的两个新条例;"诉请"则是厄瓜多尔指控违反 GATT 1994和 GATS 的法律依据。DSU 第 7 条关于"专家组职权范围"中看不出欧共体所主张的限制。其次,从第 21.5 条通常含义来看,不仅无法得出欧共体所主张的限制专家组审查权的观点,相反,第 21.5 条明确规定,专家组审理的争端是

〔50〕 Appellate Body Report, Canada—Measures Affecting the Export of Civilian Aircraft—Recourse to Article 21.5 of the DSU, WT/DS70/AB/RW, adopted 4 August 2000, para. 36.

"为遵守 DSB 裁决与建议的措施是否存在或者此类措施是否与 WTO 涵盖协定相符而产生的争议"。从字面上可以看出第 21.5 条专家组可以审理两个方面争议:一是"败诉方是否采取了符合 DSB 裁决与建议的措施";二是"已经采取的执行措施是否符合 WTO 涵盖协定"。在本案中,厄瓜多尔指明了欧共体采取执行 DSB 裁决与建议的两种措施(第 1637/98 号条例和第 2362/98 号条例),该两条例修改了欧共体原香蕉进口政策中被 DSB 裁定为与 WTO 涵盖协定不符的部分。第 21.5 条并没有明示专家组只能审查欧共体修改后的新香蕉进口政策是否与 DSB 通过的裁决与建议相符,而不能审查新香蕉进口政策是否符合原争端解决程序未曾审理过的其他 WTO 涵盖协定。假使专家组接受欧共体的管辖权的观点,那么,这就意味着在许多有关 DSU 第 21.5 条争端中,必须提起两种程序:一是较快的专家组程序,以确认违反措施是否被取消;二是正常专家组程序,以审查新措施与 WTO 涵盖协定整体是否相符。这种程序与迅速解决争端的宗旨是背道而驰的,专家组认为它可以审理厄瓜多尔提出的所有诉请。〔51〕

综上,虽然第 21.5 条执行审查程序与原争端解决程序同样经过专家组和上诉程序,但两程序之间存在明显差异:(1)两程序解决的事项不同,即争议措施与诉请不同。(2)执行审查程序专家组审理案件时间(争端提交到散发裁决报告)不得超过 90 日,〔52〕而原争端解决程序专家组审理案件时间一般为 6 个月。(3)原争端解决程序裁决报告通过后,有一定的执行期;而执行审查程序裁决报告通过后,没有执行期,胜诉方可立即申请 DSB 授权进入贸易报复程序。

四、关于补偿(Compensation)问题

当败诉方不能在合理期限内执行 DSB 做出的裁决与建议,它可以补偿的方式暂时代替执行。补偿是指败诉方在贸易机会、市场准入等方面给予胜诉方相当于其所受损的减让。根据 DSR 第 22.1 条的规定,补偿只是一种临时性措施,这是因为有关成员方采取的措施并未因补偿而变成与 WTO 规则相符。在合理期限届满前,未执行 DSB 裁决与建议的成员方应与相应的成员方协商,以便达成彼此满意的补偿方案,补偿方案应在合理期限届满后 20 日内达成,且该补偿方案应与 WTO 有关协定相一致。

应当指出的是,补偿是通过争议双方谈判协商议定的,败诉方并没有一定要做出补偿的义务。补偿磋商系根据胜诉方的请求而进行的,败诉方有义务进行磋商,

---

〔51〕 Panel Report, European Communities—Regime for the Importation, Sale and Distribution of Bananas—Recourse to Article 21.5 of the DSU by Ecuador, WT/DS27/RW/ECU, paras. 6.3 – 6.12.

〔52〕 执行审查程序专家组裁决往往超时:据统计,在 41 项执行审查争端中,专家组共做出 28 份裁决报告,平均用时为 246.43 天。参见 http://www.worldtradelaw.net/dsc/database/paneltiming1.asp。(访问日期:2011 年 1 月 5 日)

但无义务承诺补偿。因此,败诉方是否同意补偿、以什么方式补偿以及补偿程度均由谈判商定。一旦达成补偿方案,败诉方在贸易机会、市场准入等贸易条件方面给予胜诉方的补偿也应基于最惠国待遇原则给予其他 WTO 成员方。

尽管 DSU 第 22 条所规定的“补偿”一般指在贸易条件方面的补偿,但也有运用金钱方式进行补偿的实践。美国版权法第 110(5)节案的补偿就是例证。DSB 通过的裁决报告支持欧共体的请求,建议美国将其版权法第 110(5)节纠正为与 TRIPS 协定相一致。美国执行 DSB 裁决与建议的合理期限为 2001 年 7 月 27 日前。2001 年 7 月美国和欧共体达成协议,同意按照 DSU 第 25.2 条的规定通过仲裁来确定欧共体由于美国版权法第 110(5)节所遭受到的利益损失。2001 年 11 月 9 日,仲裁庭裁定欧共体的利益损失为每年 121.99 万欧元。同时,根据美国的请求,DSB 将合理期限延长至 2001 年 12 月 31 日,但美国仍未能执行 DSB 的裁决与建议。2002 年 1 月,欧共体请求 DSB 授权其对美国进行贸易报复;对此,美国根据 DSU 第 22.6 条对欧共体报复程度提出仲裁。随着争端的升级,双方同意进行积极磋商,并请求中止仲裁程序,美国同意在美国版权法修改前寻求其他的途径来补偿欧共体的表演者和作曲者。2002 年 3 月,双方达成一项安排,美国同意 2004 年底履行 DSB 裁决与建议;在 2002 ~ 2004 年间,美国同意支付欧共体总计为 330 万欧元作为赔偿。[53] 确定补偿实施的期间,意味着欧共体不愿意让美国认为其可以长期不执行 DSB 的裁决与建议,意味着补偿是暂时性的;而美国则需要时间动员国会议员同意对法案进行修改。[54] 选择金钱补偿模式可以规避补偿的最惠国待遇要求。

五、贸易报复程序的问题

贸易报复(retaliation)是指在败诉方不执行 DSB 裁决,且不能达成补偿协议的情况下,胜诉方可以请求 DSB 授权中止对败诉方承担的减让或其他义务。贸易报复是强制性地使败诉方失去某些贸易利益以维持双方之间的利益平衡,迫使败诉方执行 DSB 的裁决。由于贸易报复从本质上而言,与 WTO 贸易自由化目标是相抵触的,所以贸易报复只是一种临时性措施。

(一)贸易报复实施的条件

根据 DSU 第 22.2 条规定,胜诉方实施贸易报复必须符合如下条件:

(1)败诉方未执行 DSB 的裁决。败诉方应在专家组或上诉机构裁决报告通过后立即或在第 21.3 条规定的合理期限内执行 DSB 的建议和裁决,而败诉方在该

---

〔53〕 Notification of a Mutually Satisfactory Temporary Arrangement, United States —— Section 110 (5) of the US Copyright Act, WT/DS160/23, June 26, 2003.

〔54〕 贝尔纳·欧卡纳(蔡敏丽译):“世界贸易组织争端解决机制的救济——由欧共体香蕉案和牛肉案引发的思考”,载《财经法学译丛》2005 年第 1 期,第 77 页。

期限内未能执行DSB的裁决与建议。在美国对欧共体进口措施案中,专家组和上诉机构明确指出:对于败诉方是否执行DSB的裁决,不应由胜诉方或败诉方单方面判断,而必须经由DSU第21.5条的执行审查程序予以确定。[55]

(2)败诉方未能提供令人满意的补偿。不执行DSB建议和裁决的败诉方不能在合理期限结束后的20日内与胜诉方达成满意的补偿方案。

(3)实施贸易报复需经DSB授权。在出现上述两种情况时,胜诉方可请求DSB授权其对败诉方中止相应的义务或减让,DSB应在合理执行期限结束后30日内给予中止减让或其他义务的授权,除非DSB经协商一致拒绝这种授权。一旦获得DSB授权,该成员方的报复行动就被纳入多边轨道之中,就被视为DSB的行动,而非单边行动。[56]

(二)贸易报复的类型

根据DSU第22.3条规定,贸易报复分为以下两种类型:

1.平行报复(parallel retaliation)

平行贸易报复是指胜诉方中止那些与DSB裁决所认定的存在违反WTO规则而受到损害的同类部门的减让或其他义务。所谓同类部门(same sectors):对于货物贸易领域,指所有的货物贸易领域;例如,A成员方对B成员方香蕉进口设置限制措施,B可中止对A汽车进口关税的减让予以平行报复。对于服务贸易领域,则是指"服务部门分类表"中所指的各主要服务部门。目前"服务部门分类表"中所列的主要部门有:商业服务、通信服务、建筑服务、分销服务、教育服务、环境服务、金融服务、健康与社会服务、旅游及相关服务、娱乐文化与体育服务、交通运输服务、其他服务共12个主要服务部门。哪个服务贸易部门受到损害,平行报复要求胜诉方只能中止该服务部门的减让或义务。例如,A成员方对B成员方银行市场准入设置限制,B如实施平行报复,则只能在金融服务部门对A成员实施报复。对于与贸易有关的知识产权领域的平行报复措施,则是指与违反TRIPS协定中9类知识产权保护中的某个具体类别相对应的知识产权保护予以中止。

2.交叉报复(cross retaliation)

交叉报复包括跨部门和跨协定的贸易报复两种情况:

所谓跨部门报复,是指胜诉方如果认为中止与同类部门有关的减让或其他义务不可行或无效时,则可以中止同一协定下其他部门的减让和其他义务。例如,成员A措施违反了GATS下的通信服务的承诺而影响到成员B,成员B本应针对通

---

[55] Appellate Body Report, United States-Import Measures on Certain Products from the European Communities, WT/DS165/AB/R, paras. 126.

[56] 李居迁:"WTO争端解决机制的主要内容",载司法部法规教育司编:《WTO争端解决机制:规则、程序与实践》,法律出版社2002年版,第324页。

信服务领域进行报复,如这种报复没有作用,则成员B可以针对成员A的金融服务领域进行贸易报复;但无论是通信服务领域还是金融服务领域,都属于GATS同一协定下的服务部门。

所谓跨协定报复,是指胜诉方如果认为中止同一协定下其他部门的减让或其他义务不可行或无效,且情况又非常严重时,可寻求中止另一WTO协定下的减让或其他义务。例如,如果一成员方的措施违反货物贸易协定,结果可能会招致另一成员方在服务贸易领域或知识产权领域的报复措施。

交叉报复是WTO争端解决机制中的新规定,GATT 1947中没有这种措施。在乌拉圭回合谈判中,引入这种"交叉报复"的做法曾受到一些国家的强烈反对,但是,为了加强争端解决机制的效力,最后还是把这一做法写进了DSU。这是因为,平行贸易报复是要以经济实力为后盾的,因此,希望通过报复来抵消败诉方给自己造成的损害,对于经济实力较弱的一方来说其实并不一定有效。例如成员A为发达国家,成员B为发展中国家,成员A在货物贸易领域违反了WTO规则,成员B被WTO授权报复。由于成员A向成员B的货物贸易的出口较少,对成员A在货物贸易领域的报复不足以影响其利益,因此成员A实际上无须担心成员B的报复措施。然而,一旦引入交叉报复,情况就可能不一样。例如成员方B可以在金融领域中止其对成员A开放银行市场的义务,而金融对于成员A来说却是至关重要的。在此情况下,成员A可能因为国内金融界的压力而纠正其违反WTO规则的措施。因此,与平行报复相比,交叉报复的威慑力更为强大,多了一种选择。尽管如此,交叉报复实际上仍以经济实力为后盾,例如在欧共体香蕉案中,尽管DSB于1999年授权厄瓜多尔对欧共体实施交叉贸易报复,但直到2000年底厄瓜多尔一直没有真正实施交叉报复措施。[57]

据统计,共有33个案件的胜诉方根据DSU第22.2条提起了授权贸易报复申请,绝大部分都是申请平行贸易报复,只有3个案件的胜诉方申请授权交叉贸易报复。这3个案件分别是:安提瓜赌博服务案(DS285),美国陆地棉补贴案(DS267)和欧共体香蕉案(DS27,厄瓜多尔申请)。[58]

3. 交叉报复的实施条件

DSU第23条规定了由轻到重、循序渐进的实施贸易报复的原则:胜诉方应首先谋求平行报复;若胜诉方认为平行报复不可行(not practicable)或无效(not effective),可申请跨部门交叉报复;如若跨部门报复尚不可行或无效,且情势又足够严

---

〔57〕 Bernard M. Hoekman, The Political Economy of the World Trading System: The WTO and Beyond, Oxford University, 2001, p. 82.

〔58〕 http://www.worldtradelaw.net/dsc/database/retaliationrequests.asp.(访问日期:2011年1月12日)

重(serious enough),胜诉方可申请跨协定交叉报复。实施交叉贸易报复往往会涉及"不可行"或"无效"、"情势足够严重"等概念。

(1)关于"不可行"或"无效"的认定

在欧共体香蕉案(第22.6条)中,厄瓜多尔要求对欧共体实施交叉贸易报复,即中止其在TRIPS协定中有关版权和外观设计方面对欧共体的减让,这是第一例要求实施交叉贸易报复的案例。欧共体认为厄瓜多尔不具备实施交叉贸易报复的前提条件,即厄瓜多尔的交叉报复申请不符合DSU第23条规定的非交叉报复方案的"不可行"或"无效"。仲裁员对如何衡量报复方案的有效性和可行性问题进行了精辟分析。

关于报复方案有效性问题,一般认为,应以拟采取的报复措施是否具有强有力的影响并能达到预期效果为标准,即是否足以敦促在合理期限内未能履行DSB裁决的败诉方执行裁决。对于厄瓜多尔而言,其从欧共体进口的产品主要是初级产品或投资性产品,而不是消费性产品。厄瓜多尔对这些进口产品具有高度依赖性,因此,在货物贸易领域对欧共体进行贸易报复对自己经济发展造成的不良影响比对欧共体的影响要大得多;相反,欧共体可能对厄瓜多尔在货物贸易方面的中止减让不屑一顾,因此,平行报复对厄瓜多尔而言当然是"无效"的方案。[59] 换言之,如果报复措施对胜诉方具有较大不利影响,该报复方案则"无效"。

关于报复方案是否可行,仲裁员主要考虑实践中是否的确有这样的方案可资采取,以及是否适合争端案件的具体情况和有关成员方的实际。例如,如果胜诉方并未将某一服务部门列入其GATS具体承诺表,该部门本来就不受GATS约束,而要求胜诉方在这个部门内采取贸易报复措施显然是"不可行"的。

(2)关于"情势足够严重"的考虑因素

根据DSU第22.3(c)条规定,胜诉方申请跨协定交叉报复的条件比根据第22.3(b)条跨部门的交叉报复条件要严格,除了适用"可行性"和"有效性"标准之外,还要证明"情势足够严重"。欧共体香蕉案(第22.6条)的仲裁员指出,衡量"情势足够严重"是否存在可参照DSU第22.3(d)条列举的因素。实际上,第22.3(d)条列举的因素是胜诉方申请报复时,一般都应考虑的因素;而作为"情势足够严重"是否存在所要考虑的因素,则对这些因素考虑的权重显然应更大些。

DSU第22.3(d)条规定"胜诉方在适用上述报复措施时,应考虑下列情况:①被DSB裁定存在有违反义务或造成其他利益丧失或减损情形的部门或协定项下的贸易,及此种贸易对胜诉方的重要性。②与利益丧失或减损有关的更广泛的

---

〔59〕 Decision by the Arbitrators, European Communities—Regime for the Importation, Sale and Distribution of Bananas—Recourse to Arbitration by EC under Article 22.6 of the DSU, WT/DS27/ARB/ECU, 24 March 2000, paras. 73 - 101.

经济因素以及中止减让或其他义务的更广泛的经济后果”。该条第①点主要与受到违规措施影响的、申请实施报复的胜诉方有关。就该点提及的“此种贸易对胜诉方的重要性”，欧共体曾在欧共体香蕉案（第 22.6 条）中认为，应指整个相关协定或部门项下的所有贸易，具体到本案，即指GATT 1994项下的所有货物贸易和GATS 项下的所有分销服务或所有服务贸易。仲裁员驳回了欧共体的观点，仲裁员认为，第①点中所指的“此种贸易对胜诉方的重要性”主要是与因违规措施而受到利益丧失或减损的贸易部门，在该案中，应仅指香蕉这个部门的货物贸易和分销服务，而不是整个货物贸易和整个批发服务业的服务贸易；第②点所列的考量因素则与胜诉方和败诉方都有关系。该点上半句所指的“关于与利益丧失或减损有关的更广泛的经济因素”（broader economic elements）当然主要是就受到利益丧失或减损的胜诉方而言的，而后半句关于报复措施的“更广泛经济后果”（broader economic consequences）则并不仅仅针对败诉方而言，而应将这报复措施对胜诉方自身的影响考虑在内。〔60〕

（三）贸易报复的提出与异议

根据 DSU 第 22.6 条规定，若胜诉方提出中止减让或其他义务的请求，DSB 应在合理期限到期后的 30 日内批准请求（除非协商一致决定不批准）。

如果败诉方反对胜诉方提议的中止减让水平，或认为上述的报复形式的程序和条件未得到遵守，则 DSB 不得授权贸易报复，该贸易报复的提议必须提交仲裁。仲裁一般由原来审理该案的专家组来进行，或由 WTO 总干事指定的仲裁员来裁定。仲裁程序应在合理期限结束后 60 日内完成，仲裁期间，不得中止减让或其他义务。仲裁的职权是确定报复水平与胜诉方利益的丧失或损害的程度是否相当；报复措施是否为有关协定所允许；报复措施的各项条件和程序是否得到遵守。仲裁裁定应具有最终效力，当事方不得对该仲裁裁决提起再次仲裁。例如，在对欧共体香蕉案的贸易报复中，美国根据 DSU 第 22.2 条向 DSB 提出申请，要求终止对欧共体及其成员根据GATT 1994所承诺的关税减让，总值达 5.2 亿美元。欧共体对美国报复总额提出异议而付诸仲裁。1999 年 4 月 9 日，DSB 任命的仲裁员裁定美国因欧共体香蕉进口限制措施而遭受的损失约为 1.91 亿美元，据此，DSB 授权美国对欧共体的报复水平为 1.91 亿美元。〔61〕

六、执行审查程序与贸易报复程序的关系问题

DSU 第 21.5 条规定的执行审查程序与第 22 条规定的贸易报复及其审查程序之间的适用顺序问题（sequencing problem），虽从逻辑上而言似应有先后顺序，但

〔60〕 Id. ,paras. 131 – 134.

〔61〕 http://www.wto.org/english/tratop_e/dispu_e/cases_e/ds27_e.htm.（访问时间：2011 年 1 月 4 日）

由于 DSU 本身没有明确规定,在实践中极易引起争议。

合理执行期满后,胜诉方提出败诉方未能执行 DSB 裁决与建议,因而要启动第 22 条的贸易报复程序;而败诉方却坚称其已经执行了 DSB 裁决与建议,要求胜诉方首先启动第 21.5 条执行审查程序。在这种情况下,胜诉方向 DSB 申请授权报复之前,是否一定要通过第 21.5 条执行审查程序先确认败诉方未能执行 DSB 的裁决与建议?还是可仅凭胜诉方单方面判断,就可直接向 DSB 提出报复申请?

如果坚持先由第 21.5 条专家组审查败诉方是否采取了执行措施或执行措施是否符合 WTO 涵盖协定,然后胜诉方才能启动贸易报复程序,则会面临一系列"时限"难题:DSU 第 22.6 条规定,胜诉方申请授权贸易报复的时限应在合理执行期限届满后的 30 天内提出(因为 DSB 应在合理期限后的 30 日做出是否授权报复的决定);若败诉方对胜诉方提出的贸易报复水平有异议而提出仲裁,仲裁员应在合理执行期限届满的 60 日内仲裁完毕。然而,根据 DSU 第 21.5 条规定,执行审查程序中仅仅是专家组程序就可长达 90 日(不包括上诉),超过贸易报复的授权期限和贸易报复水平争议的仲裁期限。因此,若将执行审查程序作为前置程序,待执行审查程序终结再申请报复,则不仅超过 DSU 第 22.6 条规定的 DSB 批准报复的期限,而且也无法满足该条规定的仲裁程序的时限要求。

当双方对败诉方是否采取符合 WTO 涵盖协定的执行措施尚存争议的情况下,若允许胜诉方直接根据 DSU 第 22.2 条申请贸易报复,则意味着败诉方采取的执行措施是否与 WTO 涵盖协定相符的决定权交给了胜诉方。这不仅意味着 DSU 第 21.5 条规定的多边执行审查机制效果会大打折扣,而且似有悖于 DSU 所倡导的"多边体制"精神;因为按照 DSU 第 23 条规定,确定某项措施是否符合 WTO 涵盖协定,均应诉诸多边争端解决机制,而不能由成员方单方面自行决定。此外,若承认 DSU 第 21.5 条规定的执行审查程序不是按照第 22.2 条寻求贸易报复的前置程序,还可能出现以下困境:合理执行期限届满后,胜诉方不满败诉方采取的执行措施,根据第 22.2 条申请 DSB 授权贸易报复;与此同时,败诉方(如前所述,败诉方也可以提起第 21.5 条执行审查程序)为证明自己已适当执行了 DSB 的裁决与建议,要求设立专家组确认其执行措施的合法性。由于 DSB 对是否设立专家组的决定以及是否授权贸易报复的决定都采用"反向一致"(negative consensus)机制,等于自动通过。因此,一旦双方分别诉诸第 21.5 条和第 22.2 条,则两个程序将不可阻挡地同时启动和运作。由于执行审查程序时限长于贸易报复授权程序和贸易报复仲裁程序,因此,就会出现这样的尴尬局面:这边,由败诉方根据第 21.5 条提起的执行审查程序尚未完成,执行措施是否符合 WTO 涵盖协定尚未分清;那边,DSB 可能已经按"反向一致"程序授权胜诉方对败诉方进行贸易报复了。[62]

---

〔62〕 赵维田:《WTO 的司法机制》,上海人民出版社 2004 年版,第 251 页。

欧共体香蕉案的执行争议反映了两种程序在适用上的分歧。DSB 裁决欧共体香蕉进口体制违反了 WTO 涵盖协定，建议欧共体将香蕉进口体制纠正为符合 WTO 涵盖协定；欧共体执行 DSB 裁决与建议的合理期限至 1999 年 1 月 1 日。1998 年 7 月 20 日和 1998 年 10 月 28 日欧共体颁布第 1637/98 号和 2362/98 号条例确立新的香蕉进口体系，以执行上诉机构的裁决。美国认为欧共体新的香蕉分配体系仍然不符合争端解决机构通过的裁决，于 1999 年 1 月 14 日根据 DSU 第 22.6 条向 DSB 提出贸易报复申请。欧共体对美国的贸易报复措施提出异议，欧共体认为：既然美国认为欧共体执行 DSB 裁决的措施不符合 WTO 规则，根据 DSU 第 21.5 条，必须先向原专家组提起执行审查程序，由专家组而不是美国裁决欧共体执行措施是否符合 DSB 的裁决；在这之前不能申请授权贸易报复。美国则提出，第 22.6 条并没有以第 21.5 条作为前提条件，作为一个实际问题，如果美国不能在合理期限结束后的 30 日内提起贸易报复的授权，根据第 22.6 条的规定美国可能丧失中止义务的权利。就时间而言，专家组不可能在合理期限结束后的 30 日内做出裁决。最后 DSB 经过一周的会议和不断的争论，达成如下妥协：欧共体根据第 22.6 条申请成立仲裁庭裁决美国贸易报复水平是否适当；仲裁庭的仲裁员是原专家组成员，该专家组是数周前由厄瓜多尔根据第 21.5 条申请成立以审查欧共体的执行措施是否符合 DSB 裁决。这样，实际上就是将第 21.5 条执行审查程序和第 22.6 条贸易报复异议程序合并，合并的时间为 1999 年 2 月 1 日。最后该仲裁庭（专家组）于 1999 年 4 月 9 日做出裁定：欧共体的执行措施不符合 WTO 规则；美国的贸易报复水平应为 1.91 亿美元而非美国申请的 5.2 亿美元。该案仲裁员指出："在本案的特殊情况下，在成员方对如何解释第 21.5 条和第 22 条无法达成共识时，就必须找到合乎逻辑的解决方案，确保多边争端解决机制有效运作，确保贸易报复处于 DSB 监督之下，将执行审查问题合并到仲裁程序，在我们看来，这就是合乎逻辑的解决方案。"〔63〕此后的类似案件，通常争议双方同意根据 DSU 第 21.5 条规定的执行审查程序和第 22.6 条的仲裁程序在合理期限结束后立即启动，但仲裁程序或裁决应在第 21.5 条执行审查程序结束之后才能开始或公布。〔64〕

在欧共体香蕉案执行审查程序尚未结束之际（执行审查专家组报告散发日期是 1999 年 4 月 19 日），美国于 1999 年 3 月 3 日单方面宣布对欧共体进行 5.2 亿美元的贸易报复。欧共体于 1999 年 3 月 4 日就美国单方面贸易报复措施要求与美

---

〔63〕 Decision by the Arbitrators, European Communities—Regime for the Importation, Sale and Distribution of Bananas—Recourse to Arbitration by EC under Article 22.6 of the DSU, WT/DS27/ARB, 9 April 1999, paras. 4.5 – 4.15.

〔64〕 John H. Jackson, International economic Relations: Cases, Materials and Text, U. S. A: West Group, 2002, p. 306.

国进行磋商,磋商未果后,于1999年5月11日申请成立专家组,专家组裁决后美国提出上诉,上诉机构于2000年12月11日做出裁决报告。专家组和上诉机构均裁定美国在没有经过DSU第21.5条执行审查程序而直接进行贸易报复的措施违背了DSU的规定,包括DSU第22.6条和第23.2条(c)项。[65]

(四)贸易报复措施的终止

贸易报复措施是临时性的措施,一旦出现下列任何一种情况,贸易报复措施必须终止:(1)被裁定违反WTO涵盖协定的措施已经被撤销;(2)败诉方对胜诉方所受到的利益损害提供了解决办法;(3)争端当事各方达成了相互满意的解决办法。

七、DSB对执行裁决的监督

DSB应监督其已通过的建议和裁决的执行情况。在有关裁决报告通过后,任何成员都可随时向DSB指出败诉方在执行此类裁决报告中所存在的问题。此类问题应自合理执行期限确定的6个月后列入DSB会议的议事日程,并一直保持到此类问题被解决为止。在DSB每一次会议召开的10日前,败诉方应向DSB提交一份关于执行裁决的书面报告。从理论上而言,通过这种不断曝光的方式使得败诉方执行情况时时处于多方监督之下,给败诉方以强大的道义上的压力,从而增加败诉方迅速执行裁决的动力;但在实践中,这种在DSB会议上报告执行状况的监督方式效果不明显。

第四节　WTO争端解决机制的评述

WTO争端解决机制运作16年来,为增强多边贸易体制的可预见性和保障多边贸易体制有效运行、遏制贸易保护主义泛滥发挥了积极作用。但是,争端解决机制在运行过程中,也暴露出许多问题,有些甚至是根本性的法律问题,有些则是技术上的问题,WTO争端解决机制仍需不断完善,以适应经济全球化不断深入发展的需要。

一、WTO争端解决机制的成就

(一)WTO争端解决机制的司法化特征更加明显

与GATT 1947争端解决实践及其他争端解决机制相比,WTO争端解决机制司法化特征更加明显,主要表现为:

---

〔65〕 Appellate Body Report, United State—Import Measures on Certain Products from the European Communities, WT/DS165/AB/R, paras. 127 – 128.

(1)审查争端机构的独立性。专家组和上诉机构负责具体审查贸易争端,其作出的裁决报告并不当然具有法律效力,应由 DSB 通过才具有法律效力。但是,由于 DSB 通过裁决时采取的是反向一致的表决机制,实际上使得专家组和上诉机构的报告几乎自动通过而具有法律效力,从而保障了争端审查机构独立作出裁决的权威。

(2)贸易争端管辖的强制性。在国际法层面,一般没有经过主权国家政府的同意,不得对其行使争端审理的管辖权。在 WTO 争端解决机制中,只要申诉方将案件提交 DSB,并请求设立专家组审查案件,被诉方政府几乎没有抵制专家组审查案件的可能性。因为设立专家组的表决是采取反向一致的表决机制。

(3)增加上诉复审程序。借鉴各国(地区)司法经验,WTO 争端解决机制增设了上诉复审程序,并设立了常设的上诉机构。

(4)加大裁决的执行力度。国际法缺少国内法中强制执行的手段。DSU 力图对此问题有所作为,作了一些有利于执行 DSB 裁决与建议的规定,最突出的是第 22 条创设了"交叉报复"程序。

(5)程序时限明确,DSU 对磋商程序、专家组程序、上诉程序、执行程序都规定了明确的时间界限。

(二)WTO 争端解决机制具有很高程度的统一性

虽然乌拉圭回合一些单项多边协定也分别规定了争端解决程序,但它们与 DSU 之间有着内在的有机联系,共同组成 WTO 的争端解决机制整体。这种统一的机制对于提高争端解决的效率和加强争端解决程序之间的协调,具有积极的意义。

(三)WTO 争端解决机制强化了多边贸易体制

在国际贸易争端中,长期以来,美国经常运用其国内法对其他国家采取单方面的贸易制裁措施。在乌拉圭回合谈判中,大多数国家要求通过多边体制来解决争端,阻止美国单方面贸易制裁或报复,并达成一致的意见,最终写进了 DSU 第 23 条"强化多边体制"。也就是说,在贸易争端时,除非按照 DSU 的规则与程序求助于争端解决机制,否则,各成员不应擅自决定采取行动。换言之,任何成员要是违背第 23 条采取单方面措施,那么,这本身就可引起对它援用 DSU 所规定的争端解决程序。[66] 在争端审理实践中,专家组和上诉机构的裁决报告经常提醒争端各方,WTO 争端解决机制坚决反对单方面贸易措施。

(四)从 WTO 争端解决机制运行的情况看,该机制日益赢得尊重

据统计,至 2010 年 12 月底,DSB 共通过需要执行的裁决报告共 130 份,[67] 败

---

〔66〕 王新奎:《世界贸易组织与发展中国家》,上海远东出版社 1998 年版,第 273 页。

〔67〕 其中 42 份专家组报告未上诉而通过,88 份专家组报告上诉后与上诉报告一起通过。不包括 8 个未上诉的执行审查程序专家组报告和 19 个上诉的执行审查程序专家组报告。http://www.worldtradelaw.net/dsc/database/adoptiontiming1.asp.(访问日期:2011 年 2 月 5 日)

诉方未能执行的裁决只有8件,[68]这说明WTO争端解决机制在解决贸易争端方面具有很实际的效用。迄今为止,还没有哪个成员方公然宣称不执行DSB通过的裁决报告。随着WTO在解决全球贸易纠纷的过程中,机制更加完善,信誉不断增强,越来越多的发展中国家在诸多贸易争端中也更多地求助于WTO争端解决机制。据统计,发展中国家利用WTO争端解决程序的次数比它们利用GATT 1947争端解决程序的次数要多得多。WTO成立以来,发展中成员提交的争议案共有177起,其中97起针对发达国家成员。[69] 越来越多的发展中成员或较小成员方将其贸易纠纷向DSB投诉的事实表明,[70]发展中国家日益重视利用WTO争端解决机制维护自身的正当权益。

二、WTO争端解决机制面临的主要法律挑战与改革

(一)关于争端解决机制与国家主权的关系问题

自WTO成立之初,一些成员方就担心WTO会威胁到其国家主权。不少批评者认为WTO对民主主权和代议制政府构成威胁,他们极不满意于这样一个事实,即WTO作为一个与成员方的人民几乎没有联系的遥远机构,却有权取代由全国人民选举的立法机构做出的决定。[71] 批评者还指责WTO持有亲贸易的偏见,他们认为,出于专业背景和所任职务,任职于WTO争端解决机构(主要指专家组和上诉机构)的官员主要是贸易官僚,对于产生许多国内立法的非贸易性价值缺乏理解或兴趣。结果,这些官僚往往对支持限制贸易措施的劳工、环保、卫生和安全等正当理由不给予充分重视。这种亲贸易而轻视民族大众的根深蒂固的信念,会将民族置于严重危险境地。[72] 特别是DSB几乎自动通过裁决报告的机制,使批评者们对于争端解决机制影响国家主权的担心有增无减。

例如,2002年7月,上诉机构关于美国持续倾销与补贴抵消法案(美国抵消法案)违反《反倾销协定》裁决做出后,不仅美国学界对上诉机构提出强烈批评,抨击上诉机构超越有关协定中条文应有之意、为得出符合WTO贸易自由政策取向之

---

〔68〕 根据2010年12月DSB会议上所列出执行状况报告所统计:这8份裁决报告分别是DS176(美国综合拨款案),DS184(美国热轧钢反倾销案);DS217 & DS234(美国抵消法案),DS160[美国版权法第110(5)节案],DS291(欧共体转基因产品案),DS322(美国与“归零法”有关的措施及日落复审案),DS350(美国“归零法”持续适用案)、DS294(美国“归零法”的法律法规案)。

〔69〕 根据http://www.worldtradelaw.net/dsc/database/classificationcount.asp(访问日期:2011年2月6日)提供的数据整理得出。除高收入成员外,其他类型的成员均归入发展中成员。

〔70〕 例如,厄瓜多尔诉欧共体香蕉案(DS16),安提瓜诉美国赌博案(DS285)。厄瓜多尔和安提瓜都胜诉。

〔71〕 John H. Jackson, Legal Problems of International Economic Relations: Cases, Materials and Text, Cambridge: MIT Press 1995, p. 295.

〔72〕 Jeffrey L. Dunoff, Rethinking International Trade, University of Pennsylvania Journal of International Economic Law, Vol. 19, 1998, p. 352.

结果,增加了成员方在《反倾销协定》项下的义务;[73]而且,作为制定《抵消法》的提议者,美国参议员罗伯特·伯德(Robert Byrd)也立即对上诉机构的裁决提出了严厉批评:“WTO的裁决是荒唐可笑的,WTO裁决意味着是WTO而不是美国国会有权决定美国的税款应如何使用。这有悖于美国国会依法征税和使用税款的宪法权利。这是一项极为糟糕的裁决。”[74]同样,WTO争端解决机制与国家主权的关系问题也引起了欧共体的关注。在WTO专家组和上诉机构裁决欧共体禁止荷尔蒙牛肉进口违反了《卫生与动植物检疫措施协定》后,欧共体指责上诉机构侵害了其为保护本国公民而采取适当水平的动植物检疫措施的权利。

(二)关于WTO争端解决机构内部的改革问题

WTO争端解决机构内部改革主要是指审理贸易争端案件的专家组和上诉机构的改革问题,专家组程序和上诉程序是WTO争端解决机制中最重要的基本程序,该两程序的成功设计与运作对于WTO争端解决活动的效力和效率而言是根本性的,如何提高这两个阶段程序运作效率是多哈回合以来谈判的问题之一。

1.关于上诉机构改革的问题

目前绝大多数成员对上诉机构的成绩基本认可。但是对上诉机构日益增加的工作量,有的WTO成员提出增加上诉机构成员的数量。例如泰国提议,第17.1条第3句应改为:“上诉机构应由9人组成,其中三人应担任审理任何案件的成员。上诉机构成员的数量应由争端解决机构视情况进行修改。”[75]

如果从目前的实践来看,增加上诉机构成员似并不迫切,主要理由如下:

第一,从上诉机构受理案件数来看,受理的案件并不是“日益增加”。自1995年WTO成立以来到2010年,上诉机构受理上诉案件如下:[76]

---

〔73〕 美国学者的批评可参阅 John Greenwald, WTO Dispute Settlement: An Exercise in Trade Law Legislation? Journal of International Economic Law, Vol. 6, 2003, pp. 120–123。

〔74〕 Press Release of US Senator Robert C. Byrd, 17 Sept. 2002.

〔75〕 Dispute Settlement Body—Special Session—Proposal to Review Article 17.1 of the Understanding on Rules and Procedures Governing the Settlement of Disputes—Communication from Thailand, TN/DS/W/30 (22 Jan. 2003).

〔76〕 http://www.worldtradelaw.net/dsc/database/appealcount.asp.(访问日期:2011年2月14日)

年度	1995	1996	1997	1998	1999	2000	2001	2002	上诉率
专家组报告数	0	4	10	10	15	22	12	12	专家组报告160份；上诉109份，上诉率为68.13%
专家组报告上诉数	0	4	10	7	10	13	9	7	
	2003	2004	2005	2006	2007	2008	2009	2010	
专家组报告	9	11	18	6	10	11	4	6	
专家组报告上诉数	6	9	10	5	4	10	2	3	

从表格中可以看出，除2000年上诉案件超过10个以外，其余年份均未超过10件。特别是，自2000年起，上诉案件数量呈减少的趋势，至少可以说是向1996年或1997年回归的趋势。上诉率也维持在68%左右，近期并没有特别突然增加。

第二，根据DSU第17.6条的规定，上诉机构审查法律方面的问题，相对于专家组工作量而言，相对较少。从实践来看，虽然上诉机构审理案件的平均期限在不断延迟，但是，从上诉机构所作的97份上诉裁决报告来看，自上诉通知到散发裁决报告的平均时间为90.57天，[77]其中32份上诉裁决报告超过了90天；在这32份超期裁决报告中，仅仅只超过一天即第91天散发裁决报告的就有23份，[78]真正超期的就9份，10%不到。

第三，从改革的现实性方面看，增加上诉机构成员就要增加WTO财政预算和支出。而目前上诉机构成员如果在其休假的时期内安排合理，留出一些机动时间，也不失为一种提高工作效率的方案。这种方案的制定与实施相对于增加上诉机构成员、修改DSU条文则要容易。

当然，一旦贸易争端形势发生变化，大量贸易案件提起上诉，7名上诉成员无法按时完成案件的审理，此时，增加上诉机构成员数量的提议可能更容易接受。

2. 关于专家组程序的改革问题

目前实践中专家组程序存在的问题有：专家组组成时间过长；专家组不能按期审结案件；专家组成员的松散等。

就专家组成员改革问题，WTO一些成员方提出了两种方案：一种是以提高专家组设立效率的技术性改革；另一种则是设立常设性专家组的根本性改革。前者如中国的提议，将DSU第6.1条修改为“如申诉方提出请求，则专家组应在此项请求首次作为一项议题列入DSB议程的会议上设立，除非在DSB会议上经协商一致决定不设立专家组”。[79]这样修改，可以将通常通过两次DSB会议才可设立的

---

〔77〕 http://www.worldtradelaw.net/dsc/database/abtiming.asp.（访问日期：2011年2月14日）

〔78〕 http://www.worldtradelaw.net/dsc/database/abtiming.asp.（访问日期：2011年2月14日）

〔79〕 Specific Amendments to the Dispute Settlement Understanding—Drafting inputs from China, TN/DS/W/51/Rev.1.(13 March 2003)

专家组缩短为一次 DSB 会议即可,至少比目前设立专家组的时间少 15 天。后者如欧共体的提议,欧共体提议设立常设性专家组的主要理由在于:第一,由于专家组国籍的限制,找到合适的专家组成员与争端当事方达成一致意见的难度增大;第二,由于争端日趋复杂化,专家组的工作量增加,而专家组成员由于临时性往往缺乏审理案件所需经验的积累;第三,常设专家组的裁决可能较少被上诉机构推翻,从而可以增强争端解决机构的独立性和信誉;第四,通过增加最不发达国家成员的专家组成员,增强争端解决机制的合法性;第五,通过对相似问题的集体协商而增强专家组裁决的一致性。[80] 设立常设性专家组机构,不仅仅是一个与程序效率有关的实际问题,更是一个有关 WTO 体制内权力分配和制衡的基本框架性问题,恐怕很难取得一致意见。因此,与欧共体的改革提议相比,中国的提议可能更现实些。

(三)关于执行措施的改革问题

DSU 为胜诉方提供了三种执行模式,首先是要求败诉方将贸易措施纠正为与 WTO 涵盖协定相符;其次是自愿性的补偿;最后则是经 DSB 授权后,胜诉方对败诉方中止减让,即贸易报复。如何增强 WTO 执行效果,是 WTO 成员方对 DSU 提出意见比较集中的问题之一。从各成员方提供的建议来看,主要涉及如下几个方面:

第一,增强执行手段的实效。就贸易报复而言,有建议提出发展中成员可以自行选择贸易报复的部门(古巴等 9 国)和方式(牙买加);增加集体报复(赞比亚),在发展中成员或最不发达国家成员胜诉的情况下,作为一项特殊和差别待遇,集体报复应该是自动的;转让报复权利(墨西哥)。就补偿方式而言,增强金钱的补偿(赞比亚);增强补偿期限(牙买加)等。

第二,增加执行的追溯性。例如,墨西哥提议,DSU 第 22.4 条修改为:"DSB 授权中止减让或其他义务的水平应与该措施实施之日或请求磋商之日或专家组成立之日起的丧失或损害水平相当,胜诉方可以任选一个时间点。"[81]

第三,修改或增加执行措施的等级次序。例如,赞比亚建议撤销被诉措施应作为最不发达国家败诉方唯一的执行方式;厄瓜多尔提出以强制性的补偿作为最终手段。

第四,增加预防性措施。例如,墨西哥主张引入一种权利,即在特殊情况下,如争议措施将导致难以弥补的损失时,申诉方可以请求中止争议措施的实施或采取

---

〔80〕 Contribution of the European Communities and its Member States to the Improvement and Clarification of the WTO Dispute Settlement Understanding, TN/DS/W/38. (27 Jan. 2003)

〔81〕 Amendments to the Understanding on Rules and Procedures Governing the Settlement of Disputes, Proposed Text by Mexico, TN/DS/W/40. (23 Jan. 2003)

预防措施。

从这些提案的成员方来看,鲜有发达国家成员方提出改革执行措施的提案,而发展中成员方提出的建议则是全方位的,涉及执行措施的根本性问题,例如增加执行措施的溯及既往的效率、集体报复、强制性补偿等。这说明,现有的 WTO 框架下执行程序和手段的确不能让发展中成员方满意。中国作为发展中成员方,对改革贸易救济措施也提出了自己的建议,概括起来主要有:(1)不主张贸易报复,中国认为“改进现有的 DSU 应当促进争端各方寻求双方接受的解决法案,以充分履行 WTO 框架下的义务,执行专家组或上诉机构的建议,而不应鼓励成员谋求中止减让,那只能加重对国际贸易的伤害”;(2)主张增强关于补偿的方式。中国认为“随着关于报复的规则和程序得到加强,关于自动补偿的规则尚需要发展。由于经济力量的不平衡以及国际贸易流向的现状,当一个发达成员选择不执行或未能充分执行专家组或上诉机构的建议时,尽管一个发展中成员得到授权可以中止减让,但是,该发展中国家往往由于经济实力较弱而处于缺乏必要的报复手段的尴尬境地。因此,应当制定具体的规则来解决这一问题。某些成员提出以现金作为补偿的建议,中国认为这是自愿补偿方面的进步,特别是对较小的发展中成员来说。中国支持发展中成员要求发达国家成员在后者不执行时给予现金补偿的权利。”〔82〕

(四)关于审查贸易救济措施的程序问题

国内贸易救济措施主要是指反倾销措施、反补贴措施和保障措施,这些措施是 WTO 所允许的,但同时也规定了严格的程序和实质条件。一旦采取的贸易救济措施与 WTO 规则不符,就成为滥用国内贸易救济措施。由于 WTO 争端解决机制执行机制的特征在于“既往不咎,展望未来”,因此,国内滥用贸易救济措施在被 DSB 裁决违反 WTO 涵盖协定且在合理期限届满之前,对于滥用方而言,几乎可以不考虑违法成本。因此,对于滥用贸易救济措施的贸易争端应该尽可能在较短时间内解决,以有利于维护 WTO 项下各成员方权利义务的平衡。

提高争端解决机制审理滥用国内贸易救济措施的效率,对中国而言具有重要意义。中国在 DSU 修改建议中明确提出,涉及反倾销、保障措施案件的贸易争端专家组程序和上诉程序应当修改为普通程序的一半。〔83〕 换言之,凡涉及反倾销、保障措施贸易争端,专家组应在 3 个月内做出裁决,最长不超过 4 个半月;上诉机构应在 30 天内做出裁决,最长不超过 45 天。

---

〔82〕 Improving the Special and Differential Provisions in the Dispute Settlement Understanding, Communication from China, TN/DS/W/29. (22 Jan. 2003)

〔83〕 Specific Amendments to the Dispute Settlement Understanding—— Drafting inputs from China, TN/DS/W/51/Rev. 1. (13 March 2003)

第四章 WTO的基本原则

WTO为了实现其扩大商品与服务的生产和贸易的目标，制定了一系列为各成员所普遍接受的基本原则，主要包括互惠原则、最惠国待遇原则、国民待遇原则、透明度原则等，这些基本原则体现于WTO涵盖协定，是各成员制定国际贸易政策的基本准则。

第一节 互惠原则

一、互惠原则的含义

互惠原则(Reciprocity)，也叫对等原则，是WTO最为重要的原则之一。它指两成员在国际贸易关系中相互给予对方以贸易上的优惠待遇。它明确了成员方在有关关税与贸易、非关税壁垒的取消、知识产权、服务贸易、与贸易有关的投资措施等领域的谈判中必须采取的基本立场和相互之间必须建立一种什么样的贸易关系。世贸组织就是试图通过成员方在市场准入方面提供互惠的方式来保护贸易平衡，实现贸易自由化。

尽管从比较优势经济学理论的角度看，互惠并没有多大实质意义，因为一国即使是单方面减让关税，也往往能够获得好处。但是，互惠原则在多边谈判中具有很强的政治效应。〔1〕 贸易自由化的代价往往由国内一些部门或产业承担，而这些部门比较容易组织起来反对削减贸易保护；而贸易自由化带来的利益虽然大于其代价，但由于分享该好处的利益群体分散，缺乏有效的政治激励机制以鼓励贸易自由化。在这种情况下，互惠原则可以帮助那些出口导向型的产业向政府施加贸易自由化的影响。互惠原则另一个作用可以防止"免费搭车"(Free Rider)。〔2〕 在多边

〔1〕 John H. Jackson, The World Trading System: Law and Policy of International Economic Relations, The MIT Press. 1997, p. 147.

〔2〕 Bernard M. Hoekman, The Political Economy of the World Trading System: The World and Beyond, Oxford University Press, 2001, p. 31.

贸易谈判中,由于实行的是无条件最惠国待遇,甲方给乙方的优惠要无条件给予丙方,在这种情况下,甲方就希望丙方给予甲方相应的优惠。

二、互惠原则的适用

互惠原则是GATT 1947的重要原则之一,在其前言中,明确指出关贸总协定缔约方政府"期望达成互惠互利协议,实质性削减关税和其他贸易壁垒,消除国际贸易中的歧视待遇";在 WTO 协定前言中,又重申"本协议各成员……期望通过达成互惠互利的安排,切实降低关税和其他贸易壁垒,在国际贸易关系中消除歧视性待遇"。

GATT 1947把互惠原则首先运用于关税减让。GATT 1947第 28 条规定:"缔约方政府认为,关税时常成为进行贸易的严重障碍,因此,在互惠互利基础上进行谈判,以大幅度降低关税和进出口其他费用的一般水平,特别是降低那些使少量进口都受阻碍的高关税,并在谈判中适当注意本协议的目的与缔约方的不同需要,这对扩大国际贸易是非常重要的。"

在关税减让中,各国如何衡量谈判是否达到了互惠呢?经常使用但有些简单化的方法是将关税减让幅度乘以最近产品进口总值就可以衡量出关税减让的价值。例如,如果去年 A 国进口自行车总值为 1 亿美元,进口税率将从 14% 减让至 7% ,A 国减让的价值为 1 亿美元乘以 7% ,即为 700 万美元。如果 A 国进口的这些自行车中一半来自于 B 国,那么 A 对 B 的关税减让值就是 350 万美元,根据互惠原则,A 国要求 B 国给予相同金额的关税减让。〔3〕

在 WTO 框架下,互惠原则在更广的范围内交叉运用,进行贸易平衡。如发展中成员要求发达成员在纺织品、农产品等方面做出让步,而发达成员要求发展中成员在服务贸易和保护知识产权方面做出让步,最终在综合互惠的基础上达成了协议。对于这种交叉领域的互惠,杰克逊教授举了一个例子进行说明:假设 A 国对进口钢材征收 15% 的关税和设置了相当于 10% 关税的非关税措施,而 B 国对钢材进口只征收 5% 进口关税。此时,B 国如何能够引导 A 国将钢材关税下降到 5%。也许,B 国可以向 A 国承诺在其他高关税领域做相应的关税减让〔4〕。

三、互惠原则的例外

互惠原则在国际贸易中已成为一条重要原则,但在适用时仍有例外。世贸组织成员中的绝大部分成员是发展中国家,他们对传统的互惠原则提出了异议,认为"地位不平等的国家之间的平等本身就是不平等(Equality Among Inequality is In-

---

〔3〕 John H. Jackson, The World Trading System: Law and Policy of International Economic Relations, The MIT Press, 1997, p. 147.

〔4〕 John H. Jackson, The World Trading System: Law and Policy of International Economic Relations, The MIT Press, 1997, p. 149.

equitable)”。经过发展中国家的努力,肯尼迪回合确立了有利于发展中国家的安排:“发达国家对其承担的对发展中国家的贸易减免关税和其他贸易壁垒的义务不能希望得到互惠,即发达国家不要求发展中国家在贸易谈判过程中做出与其本身发展、财政和贸易不相称的贡献。”普惠制就是一种关税减让的差别待遇。所谓普惠制,指的是发达国家单方面对来自于发展中国家的工业品或半制成品给予关税优惠的措施。

GATS 同样也规定了互惠原则的例外。GATS 第 19 条规定在服务贸易逐步自由化的进程中,对发展中国家成员少开放一些部门或放宽较少类型的服务贸易或根据其发展情况逐步扩大市场准入的程度等方面给予了适当的灵活性等。

第二节　最惠国待遇原则

一、最惠国待遇的含义与特征

最惠国待遇萌芽于 11 世纪。当时地中海沿岸的意大利各城邦、法国与西班牙城市的商人到外国做生意,开始总想独占市场挤走别的竞争者;在此点不可得时则退而求其次,要求在该国市场获得同等竞争机会。最惠国待遇的原始形态就是作为市场竞争“机会均等”的一种权利形式出现。[5] 在 18—19 世纪,各种友好通商条约通常包括了有条件或无条件的最惠国待遇条款。在这期间,最惠国待遇往往是双边协定中的一项规定,要求一方保证给予任何其他国家的贸易优惠(如低关税或其他特权)必须给予对方。

GATT 1947最惠国待遇的基本特征是,突破了传统的双边互惠形式,而采用了多边互惠形式,即这种最惠国待遇不是以两国双边互惠为基础,而是以所有成员的多边互惠为基础。GATT 1947最惠国待遇适用于缔约方之间的货物贸易。乌拉圭回合成立的 WTO 则将最惠国待遇原则拓展至服务贸易和知识产权领域。

最惠国待遇(Most Favored Nation Treatment,MFN)是指,WTO 任一成员在货物、服务贸易和知识产权领域给予任何其他国家(无论是否 WTO 成员)的优惠待遇,应立即和无条件地给予其他各成员。

WTO 体系中的最惠国待遇原则具有如下特征:

1. 自动性。这是最惠国待遇的内在机制,体现在“立即和无条件”的要求上。当一成员给予其他国家的优惠超过 WTO 其他成员享有的优惠时,这种机制就启动了,其他成员便自动地享有了这种优惠。例如,A 国和 C 国均为 WTO 成员,当

---

〔5〕 赵维田:《世贸组织的法律制度》,吉林人民出版社 2000 年版,第 52 页。

A 国把从 B 国(不管 B 国是否为 WTO 成员)进口的汽车关税从 20% 降至 10% 时，这个 10% 的税率同样要适合于从 C 国等其他成员进口的汽车。

2. 同一性。当一成员给予其他国家的某种优惠，自动适用于其他成员时，受惠标的必须相同。仍以上述 A 国、B 国和 C 国为例，A 国给予从 B 国进口的汽车的关税优惠，只能自动适用于从 C 国等其他成员进口的汽车，而不是其他产品。

3. 相互性。任何一成员既是给惠方，又是受惠方，即在承担最惠国待遇义务的同时，享有最惠国待遇的权利。

4. 普遍性。指最惠国待遇适用于全部进出口产品、服务贸易的各个部门和所有种类的知识产权所有者和持有者。[6]

最惠国待遇原则是 WTO 主导的多边贸易体制赖以运行的柱石，是 WTO 非歧视贸易法律制度的基础，最惠国待遇原则纳入多边贸易体制有其经济和政治基础：

第一，最惠国待遇原则的适用可营造和谐的国际经贸关系。最惠国待遇原则强调政府间不应以政治好恶、民族情绪的偏向而在贸易上厚此薄彼；而应当在贸易关系上秉承非歧视原则。如果没有最惠国待遇，各国政府则可在经贸关系方面对一些国家或集团实施歧视性的分类，这种分类可能引起憎恨、误解和争端；而最惠国待遇则既有助于减少各国之间的紧张关系，又可以抑止政府采用短期政策的冲动。[7]

第二，最惠国待遇可促进市场在资源配置中的主导作用。当各国政府在干预国际贸易不再考虑产品的原产地时、当政府对一国的优惠措施立即实施于所有相关产品或服务时，不同国家或地区的产品与服务的竞争条件将更加充分和平等，市场对产品和服务的生产和配置功能将更有效率。

第三，多边最惠国待遇原则有利于减少交易成本。WTO 最惠国待遇强调普遍适用于所有参加方，只要是 WTO 成员，就承担给予所有其他 WTO 成员最惠国待遇的义务，这可以使规则形成成本最小化。否则，政府间要一一对应签署最惠国待遇条款。例如，中国在加入 WTO 之前，要想获得其他贸易伙伴的最惠国待遇，必须与这些贸易伙伴进行双边谈判，签署双边最惠国待遇条款；而加入 WTO，则意味着所有 WTO 成员给予中国最惠国待遇。再如，在汽车进口关税既定的情况下，面对从各国进口的汽车，海关无须甄别汽车的“原产地”而一体征税，减少海关管理成本。

二、最惠国待遇原则的适用

在 WTO 体系中，最惠国待遇原则既适用于国际货物贸易领域，也适用于国际

---

〔6〕 石广生：《中国加入世界贸易组织知识读本：世界贸易组织基本知识》(一)，人民出版社 2002 年版，第 18、19 页。

〔7〕 John H. Jackson, The World Trading System: Law and Policy of International Economic Relations, The MIT Press, 1997, p. 159.

服务贸易领域和与贸易有关的知识产权保护领域。本节讲述最惠国待遇在国际货物贸易领域中适用的法律问题。货物贸易领域的最惠国待遇原则主要体现在GATT 1994第1.1条:“……成员对来源于或运往其他国家的产品所给予的任何利益、优惠、特权或豁免,应当立即无条件地给予来源于或运往其他成员的相同产品。”

(一)“利益、优惠、特权或豁免”的适用范围

“利益、优惠、特权或豁免”适用的对象为产品,既包括进口产品,也包括出口产品,适用的范围包括:

1. 进出口产品的关税税率。例如,成员A对从B国进口的汽车减免关税,该关税的减免就属于最惠国待遇所指的范围。

2. 与进出口有关的任何其他费用。例如,成员A海关对从B国进口的汽车报关免征相关手续费,该手续费的减免属于最惠国待遇所指的优惠。

3. 与进出口货物国际收支相关的费用。例如,成员A对A国货币对兑换美元不收任何手续费用,而兑换其他外国货币按照比例收取费用。

4. 征收关税和费用的方式。例如,成员A对从B国进口的棉花按从价税征收关税,对C国进口的棉花就不能按从量税的方式征税。

5. 与进出口有关的规则和程序。例如,成员A对成员B发动反补贴调查程序规定较短,而对其他成员反补贴调查期限较长。

6. 国内税或其他国内费用。例如,成员A对原产于成员B的汽车征收17%的增值税,而对其他国家进口的汽车征收25%的增值税。

7. 有关影响产品的国内销售、许诺销售、购买、运输、分销和使用的法令、条例和规定。

除此之外,涉及进出口货物的数量限制措施、保障措施、货物过境自由、国内数量管理等方面的优惠,亦属于最惠国待遇的范围。实际上,最惠国待遇的范围非常广泛,只要涉及对进出口产品有关销售、使用方面的任何优惠的措施,都是最惠国待遇管辖范畴。最惠国待遇不仅适用于进口措施而且也适用于出口措施。[8]

(二)“相同产品”(the like products)的判断标准

在货物贸易领域中,最惠国待遇原则要求WTO成员有义务将其对任何第三国产品的优惠待遇无条件地授予任何来源于或运往其他成员的“相同产品”。因此,产品之间是否相同则是判断最惠国待遇的重要概念。对于何谓“相同产品”,

---

〔8〕 印度出口退税案:1948年,印度对它出口的烟草、茶叶和糖等出口退还本征收的营业税(excise tax),但唯独对向巴基斯坦出口的产品不退税,致使出口巴基斯坦市场的产品价格增高。巴基斯坦向GATT投诉。GATT缔约方全体会议主席当场裁定,GATT第1条最惠国待遇适用于出口退税的优惠。

GATT 第 1 条最惠国待遇条款并没有明确规定。“相同产品”或相类似的表述在 GATT 其他条款如第 2、3、6、11、13、16、19 条等条文中均有所体现，目前普遍认为，在不同的条文中的“相同产品”的含义并不相同。对于 GATT 第 1.1 条最惠国待遇所涉相同产品的判断，WTO/GATT 争端解决实践可以提供参考：

智利与澳大利亚关于对硫酸铵补贴的纠纷案。智利于 1949 年向 GATT 申诉，认为澳大利亚对硫酸铵提供补贴而取消对硝酸钠的优惠违反了 GATT 第 1.1 条规定的最惠国待遇。本案的关键在于硫酸铵与硝酸钠是否是相同产品。GATT 工作组裁决认为：在澳大利亚的关税减让表中，硫酸铵和硝酸钠分别列入不同类别而享受不同待遇；根据许多他国海关税收实践，硫酸铵和硝酸钠也分别列出。据此，工作组认为它们不是相同产品。[9]

欧共体与美国关于蛋白质饲料的纠纷案。该案要解决的问题是所有基于增加蛋白质的目的而生产的动物饲料是否属于 GATT 第 1.1 条的“相同产品”。在该案中，专家组分析了产品数量；关税税率；蛋白质构成；蛋白质中不同植物、动物及其合成情况。最后专家组得出结论：不同蛋白质饲料应视为不同产品。[10]

巴西与西班牙关于咖啡关税税率的纠纷案。西班牙政府将未烘焙咖啡分为五种关税类别：“哥伦比亚淡味”、“其他淡味”、“非水洗式 Arabica”、“Robusta”和“其他咖啡”，前两类免征进口关税，后三类征收 7% 的进口关税。1980 年，巴西向 GATT 申诉，认为所有未烘焙咖啡均为相同产品，西班牙给予不同关税待遇违反最惠国待遇。1981 年 GATT 专家组裁决认为：西班牙基于地理因素、种植方法、咖啡豆的加工方法对未烘焙咖啡进行分类，而这些因素不足以将非烘焙咖啡分为不同产品。而且，世界没有任何一个其他国家对未烘焙咖啡像西班牙那些进行分类。由此，上述五类未烘焙咖啡应被视为 GATT 第 1.1 条中的相同产品。[11]

在有关最惠国待遇相同产品判断中，关税分类表在认定相同产品标准中具有重要地位。这是因为，WTO 大部分成员决定采用《商品名称及编码协调制度》(Harmonized Commodity Description and Coding System, HS)表示其关税减让表。HS 各条目由 6 位数字表示：前 4 位表示商品所在的种类；后 2 位表示产品的详细构成。例如：8470.10 表示“不需外接电源的电子计算器及具有计算机功能的袖珍式数据记录、重现及显示机器”，而 8470 则表示电子计算器这样一个产品类别。HS 要求所有签字国必须将其关税分类统一到 6 位数。至于 6 位数以后的编码，各

[9] GATT Working Party Report, Australia—Subsidy on Ammonium Sulphate, BISD/II/188, para. 8

[10] GATT Panel Report, EEC—Measures on Animal Feed Proteins, BISD/25S/49, paras. 4.1 -4.2.

[11] GATT Panel Report,, Spain—Tariff Treatment of Unroasted Coffee, BISD/28S/102, paras. 4.6 -4.9.

国有权自主决定。[12] 上诉机构在日本酒类案中亦认为：基于HS而编制的关税分类在判断产品的相同性问题上有着重要的作用。[13]

印度尼西亚汽车案。由于印尼对整车进口的关税是200%，因此整车进口量极少。几乎所有欧美进口车都是CKD（全散件）在印尼装配的。印尼通过对国外生产（韩国）的、但含有特定比例的印尼产零部件的整车（Timor车）进口实施优惠措施，以和欧美在印尼国内市场上的组装车竞争。欧美指控印尼对韩国车进口实施优惠措施，而对欧美进口车造成歧视。欧美向印尼出口的是汽车CKD（零部件），不是整车；而印尼进口优惠针对的是整车，这里的先决问题就是欧美出口的CKD与整车是否构成相同产品？专家组对于CKD组装车与整车是否是相同产品，提出如下指引标准：（1）进口CKD的最终用途与整车相同。（2）CKD组装车的当地含量很低，CKD中绝大部分部件不仅与最终整车相近似而且物理特征方面相似，区别只在于未安装与已安装。（3）未组装的产品这一单纯的事实上本身并不能表明它就不是组装产品的"相同产品"。根据《协调制度（HS）解释通用规则》，任何税目所指物品应理解为包括成品（组装品）和未成品（未组装品），只要未成品（未组装品）具有成品（组装品）实质特征。（4）为避免整车被征收200%的关税，欧盟和美国的汽车生产商将CKD装运到印尼，实质上是"装在箱子里的车"，因此，有理由相信CKD与整车具有最相近似的特征。[14]

综上，WTO/GATT系列案例表明，判断产品是否构成GATT第1.1条中"相同产品"所考虑的主要因素是：产品的特征、产品的最终用途、其他成员有关产品的关税分类。

（三）"立即无条件"（immediately and unconditionally）的适用问题

GATT最惠国待遇要求WTO成员对来源于或运往其他国家的产品所给予优惠，应当"立即无条件地"授予来源于或运往其他成员的相同产品。WTO/GATT的有关案例为理解"立即无条件"的含义提供了参考。

比利时家庭补贴案。比利时对政府机构购买进口商品征收特别税，但如果该商品的生产国实行与比利时相同的家庭补贴计划，则可以免征特别税。由于挪威和丹麦不实行家庭补贴计划，所以不享受免税。1951年，两国向GATT申诉，认为比利时规定与最惠国待遇条款不符。GATT审理后认为，任何优惠（包括国内税和海关关税优惠）不允许附任何条件，如果这种条件与进口产品本身无关。[15]

---

〔12〕 Bernard M. Hoekman, The Political Economy of the World Trading System: The WTO and Beyond, Oxford University Press, 2001, p. 137.

〔13〕 Appellate Body Report, Japan—Taxes on Alcoholic Beverages, WT/DS10/AB/R, p. 22.

〔14〕 Panel Report, Indonesia—Certain Measures Affecting the Automobile Industry, WT/DS59/R, paras. 14.111, 14.141 - 14.197.

〔15〕 GATT Panel Report, Belgium—Family Allowances, BISD/1S/59, para. 3.

加拿大汽车案。加拿大对进口汽车征收7%的关税，但对符合条件的汽车生产商进口的汽车免征关税。根据规定，获得免税资格的汽车生产商应符合以下条件：第一，该汽车生产商在法定的年限内曾在加拿大生产该类汽车；第二，在法定的年限内，在加拿大生产该类汽车的销售值与进口到加拿大的该类汽车的销售总值相比，不得低于一定的比率；第三，该汽车生产商在加拿大生产汽车中本地增值部分必须等于或大于法定年限内在加拿大生产汽车的增值部分。[16] 作为在北美汽车市场拥有重要利益的成员，日本和欧共体认为，加拿大的规定的结果给予原产于美国和墨西哥的汽车进口的待遇明显优于给予其他成员的汽车的进口，原因是只有那些美国或墨西哥在加拿大投资的汽车生产商才有可能满足法律规定的三个条件，而这些汽车生产商总是进口其位于美国或墨西哥关联公司生产的汽车。因此，加拿大的规定不符合GATT第1.1条确立的最惠国待遇原则。在该案的审理中，争议双方均承认免除进口关税系GATT第1.1条所指的"利益、优惠"。同时，双方承认日本、欧共体诉争的标的物，即未享有这一"利益、优惠"的欧日汽车与已享有该"利益、优惠"的美国汽车是相同产品。但是，加拿大提出，它的关税优惠措施并没有针对特定来源国的汽车，无论是从美国、日本还是欧共体进口的汽车，只要是符合上述条件的汽车生产商的进口，都享有免税待遇。因此，加拿大主张其实施的是中立政策，GATT 1994第1.1条最惠国待遇并不禁止中立政策，尽管事实上可能造成歧视效果。[17] 专家组和上诉机构审理认为，由于加拿大对进口免税的汽车生产商设立了三个条件，使得事实上只有美国等极少数国家在加拿大的投资的汽车生产商才能满足，这些汽车生产商当然不会进口其他国家生产的汽车，从而事实上构成了贸易歧视。裁决认为，GATT第1.1条规定的"无条件"并不是指税率的获得不能设置条件，而是指这种条件不能形成事实上的歧视，不管这些条件从形式看起来多么公平与中立（origin-neutral）。[18]

结合比利时家庭补贴法案和加拿大汽车案的分析，我们可以归纳出WTO最惠国待遇中的"无条件"含义：（1）"无条件"并不意味着不可以对进口产品征收税率设置条件，但这种条件必须根据产品本身的特征设置，不得设置除产品本身特征之外的条件作为获取最惠国待遇的条件；（2）最惠国待遇"无条件"不仅仅要求保障法律形式上的平等，而且要保障实施时事实上的非歧视效果。

三、最惠国待遇原则的例外

如同其他法律原则一样，最惠国待遇原则并非绝对，都允许存在一定的例外。

---

〔16〕 Appellate Body Report, Canada—Certain Measures Affecting the Automotive Industry, WT/DS142/AB/R, paras. 9.

〔17〕 Id., para. 66.

〔18〕 Id., paras. 79 – 86.

WTO体系下多边货物贸易协定从不同角度规定了最惠国待遇的例外:明文规定例外的,如GATT 1994第20条(一般例外)和第21条(安全例外)、《保障措施协定》第5.2条(b)项;暗示例外的,例如GATT 1994第12条(为保障国际收支而实施的限制)、第24条(自由贸易区和关税同盟);程序上允许引作例外处理的,如GATT 1994第25.5条(豁免义务)、第33条(按议定条件加入)和第35条(互不适用条款)等。[19] 列其要者如下:

（一）边境贸易、自由贸易区和关税同盟例外

GATT 1994第24条规定,任何成员可为方便边境贸易对毗邻国家给予某种利益。成员可以与一些特定的国家结成关税同盟或自由贸易区。对于边境贸易、关税同盟或自由贸易区成员之间相互给予的优惠,其他成员不能根据最惠国待遇自动获得。

自由贸易区(Free Trade Area,FTA)是指两个或两个以上的关税领土所组成的一个贸易区域,在该区域内,各关税领土之间实质上所有产品贸易已取消关税或其他贸易限制。关税同盟(Customs Union)是指两个或两个以上的关税领土组成一个贸易集团,不仅各关税领土之间实质上所有货物贸易已取消关税和其他贸易限制;而且整个集团保持同一的对外贸易政策。关税同盟和自由贸易区的区别在于:关税同盟是由若干个国家或地区重新组成的一个关税领土,对外设有共同的关税和贸易限制;而自由贸易区中的若干个国家或地区仍然保留其独立的关税领土,独立对外实施关税政策和贸易限制。

研究GATT 1947和GATT 1994可以发现,GATT和WTO并没有把以自由贸易区和关税同盟为代表的区域一体化当作多边贸易体制的对立物,而是肯定其对自由贸易的发展所具有的作用。这是因为,诸如关税同盟、自由贸易区之类的协定往往会将多边贸易协定不易实施的自由贸易政策率先在某一区域内实施,对多边贸易体制而言,取得了先驱者的作用。在实践中,区域一体化对贸易多边化的发展可能利弊交织。它既可能为国际贸易开拓一个更大和更开放的市场,促进国际贸易的发展;也可能成为一些新的和难以跨越的贸易壁垒,不利于国际贸易的增长。但从发展趋势上看,区域一体化与多边贸易体制的关系,应当是互补性竞争的关系。可以认为,区域一体化的发展方向与多边贸易体制并不完全违背。这是因为,一方面,WTO确定的各成员方应当共同实现“关税与其他贸易壁垒的实质性削减”这一总目标,而这也正是区域一体化和区域集团化内部自由化的重要目标。尽管区域一体化所实现的自由化在地域范围上不及GATT或WTO,但在某些方面自由化的深度则有过之。另一方面,区域一体化建立和运行,会给区域内成员国创造良好的经济贸易机会,实现按比较利益原则配置经济资源,改善产业结构和产业水平,

---

[19] 赵维田:《世贸组织的法律制度》,吉林人民出版社2000年版,第81页。

最终带动各成员国经济发展水平的提高。可以认为,只有先在一个区域内消除贸易壁垒,才有可能在全球范围内有效地反对贸易保护主义。从这个意义上讲,区域一体化是迈向经济全球化过渡的一个重要阶段。

根据GATT 1994第24条与《对GATT 1994第24条解释的谅解》之规定,多边贸易体制所允许的区域一体化有三种形式:自由贸易区、关税同盟与建立自由贸易区和关税同盟的临时协定。所谓临时协定是指为将来成立关税同盟或自由贸易区而签订的协定,该协定应包括在合理时限内建立该关税同盟或自由贸易区的计划和进程表。概括而言,建立关税同盟和自由贸易区或者向这方面过渡的临时协定,应符合以下基本条件:

1. 区域内成员间的贸易应自由化。即关税同盟和自由贸易区应对来自区域内成员的实质上的贸易取消关税和其他的贸易限制。

2. 不能增加对第三方的贸易壁垒。新建立的关税同盟或自由贸易区对外所实施的关税和其他贸易限制,大体上不得高于或严于未建立之前各组成领土所实施的关税和其他贸易限制的一般水平。关税水平的对比应基于严格的加权平均税率,而且这种加权平均税率的计算应基于实际适用的税率而非名义税率。

3. 对过渡到关税同盟或自由贸易区的临时协定,应具有一个在合理时间内(一般为10年)成立关税同盟和自由贸易区的计划和进程表。

印度诉土耳其纺织品与服装数量限制案涉及区域一体化问题。印度指控土耳其纺织品与服装数量限制措施违背了GATT第11条、第13条以及《纺织品与服装协定》第2条所应承担的义务。本案的起因是土耳其为加入欧共体而实施的政策调整。1987年土耳其正式申请加入欧共体,1995年3月土欧联合会做出决议,从1996年1月1日起,除了取消关税外,土耳其还要在其他方面与欧共体保持共同对外贸易政策。《WTO协定》生效时,土耳其对进口纺织品已经不再保留任何进口数量限制,但是欧共体对外仍有数量限制。根据1995年双方决议,土耳其应采纳欧共体对纺织品的数量限制措施。为此,土耳其重新建立纺织品进口的贸易限制措施。在争端解决中,土耳其对其实施数量限制措施并不否认,但是土耳其提出它实施的数量限制措施是GATT 1994第24条授予成员方缔结关税同盟的权利,这一权利设定区域一体化协定可以不受WTO其他义务包括取消数量限制措施的约束。该案涉及的主要问题是:(1)除GATT第1条最惠国待遇外,第24条区域一体化协定是否可授权成员方背离GATT/WTO的其他义务?(2)土耳其实施新的数量限制是否是加入欧共体所必需的条件?该案上诉机构对第一个问题做出肯定性结论;在第二个问题上,则认为土耳其在不采取争议措施的情况下依然可满足加入欧共体的条件(比如加强纺织品与服装的原产地监管等)。[20]

(二)"授权条款"的例外

授权条款(enabling clause)指的是根据"给予发展中国家以差别及更优惠的待遇、互惠和更全面参与的决定"的规定:发达成员给予发展成员以及发展成员之间相互给予优惠待遇,给惠成员可豁免最惠国待遇义务的要求。其实质内容集中规定在第2段的四项规定:其(a)项规定发达国家根据普惠制对发展中国家产品提供的关税优惠;(b)项规定发达国家对发展中国家产品提供非关税优惠;(c)项规定发展中国家之间可以安排关税和非关税优惠;(d)项规定在向发展中国家提供优惠的前提下,可以对最不发达国家提供进一步的优惠。授权条款要求发达成员给予优惠,不得在"发展、财政或贸易需要"处于相同境地的发展中成员方之间造成歧视。

欧共体优惠措施案。2002年至2004年期间,欧共体根据其第2501/2001号条例给予发展中国家关税优惠。关税优惠分成5种类型,关税优惠的一般性安排、对最不发达国家的特殊安排、反毒品特别安排、环境保护特别安排和劳工权利特别安排。其中对于"反毒品安排"关税优惠,条例列举了只对12个国家适用,这些国家的产品可以享受比其他发展中国家产品更优惠的关税待遇,甚至零关税。印度就"反毒品安排"优惠措施对欧共体提起申诉,认为该安排中欧共体只对12个国家给予特别优惠,不符合1979年授权条款第2段(a)项脚注3中的"非歧视"要求;[21]印度认为,"非歧视"要求发达国家给予某一发展中国家产品的关税优惠待遇应同样给予所有发展中国家。上诉机构审理后认为:发达成员给予发展中成员更为优惠的待遇目的在于"积极回应"发展中成员"需要",而不同的发展中成员需要不尽相同;因此,授权条款第2段(a)项脚注3中的"非歧视"不能理解为禁止发达成员给予不同发展中成员产品的差别关税待遇,只要这种差异符合授权条款规定的条件。这里所说的条件是:决定是否给予优惠差别是基于不同发展中成员的"发展、财政或贸易需要"的不同;且"发展、财政或贸易需要"根据客观标准进行判断。"反毒品安排"没有规定相应的标准,以便使情况相同的其他发展中国家享有申请成为这一机制受惠国。因此,该安排与授权条款第2段(a)项脚注3中的"非歧视"要求不相等,从而不能免除最惠国待遇义务。[22]

---

〔20〕 Appellate Body Report: Turkey—Restrictions on Imports of Textile and Clothing Products, WT/DS34/AB/R, para. 62,63.

〔21〕 普惠制(Generalized System of Preferences,GSP)指发达国家给予发展中国家的制成品和半制成品(包括某些初级产品)普遍的、非歧视的、非互惠的一种关税优惠制度。

〔22〕 Appellate Body Report, European Communities—Conditions for the Granting of Tariff Preferences to Developing Countries, WT/DS246/AB/R, paras. 162, 173, 187.

（三）GATT 1994第20条“一般例外”

GATT 1994第20条规定：不在条件相同的成员之间构成武断、不正当的歧视或构成对国际贸易的变相限制的前提下，GATT的任何规定（包括最惠国待遇）不得解释为阻止成员方实施以下措施：（1）为维护公共道德所必需的措施；（2）为保护人类、动植物的生命或健康所必需的措施；（3）关于金银进出口的措施；（4）为实施与本协定各项规定无抵触的法律和规章而采取的必要措施，如海关法令等；（5）有关监狱罪犯所制产品的措施；（6）为保护本国具有艺术、历史或考古价值的文物而采取的措施；（7）与保护可用竭的自然资源有关的措施，且与限制国内生产或消费措施同时实施；（8）为履行符合GATT的任何政府间商品协定所承担的义务；（9）政府出于稳定目的，为保证国内工业需要而对某些原料所采取的输出限制措施；（10）对于当地非常紧缺物资的取得和分配而采取的措施。

（四）GATT 1994第21条“国家安全例外”

GATT 1994第21条规定，对关系国家安全资料的公布、对核裂变物质、武器军火贸易、在战时和维持国际和平与安全而采取的行动，均作为例外。1982年，英国和阿根廷就马尔维纳斯群岛问题发生武装冲突后，欧洲共同体成员国就以国家安全为理由，对来自阿根廷产品的进口加以限制。

第三节　国民待遇原则

一、国民待遇原则的含义

WTO中的国民待遇原则是指，对其他成员方的产品、服务或服务提供者及知识产权所有者和持有者所提供的待遇，不低于本国相同产品、服务或服务提供者及知识产权所有者和持有者所享有的待遇。

国民待遇原则与最惠国待遇原则一样，都是非歧视原则在多边贸易体系中的具体表现；都是经过长期历史实践形成的法律规范。两者目标相同，都是为了创建平等竞争的国际贸易平台。最惠国待遇强调的是“外外平等”，即外国产品、服务或服务提供者之间及知识产权持有者的平等竞争；而国民待遇强调的是“内外平等”，即进口产品、服务或服务提供者及知识产权持有者与国内产品、服务或服务提供者及知识产权持有者在国内市场上的平等竞争。国民待遇纳入WTO多边贸易体系有其政治经济的考量：（1）从经济层面而言，保障了各成员在市场准入方面所做的承诺不因国内管理措施而受到减损。例如，成员A承诺将汽车关税由100%降到10%，倘若没有国民待遇的规定，成员A可对进口汽车征收100%国内销售税，而对国产车不予征收，其效果与对进口汽车征收100%的关税并无二致。

(2)从政治层面而言,国民待遇原则有利于成员政府抵御贸易保护主义的政治压力。贸易自由化会遇到国内生产者组成的强大利益集团的政治阻力,以国内管理或国内税收主权等为名,行歧视性的贸易保护之实。国民待遇原则的引入则有效地防止政府在国内利益集团的压力下滑入贸易保护主义的深渊。例如,在因美国次贷危机而引发的全球金融危机与经济危机期间,美国总统签署的《2009年美国复兴与再投资法》在规定"购买美国货"的同时,亦强调该条款的适用应与国际协定项下美国承担的义务一致。

WTO中的国民待遇原则包含以下三个要点:

第一,国民待遇原则适用的对象是既可以是物,也可以是人。前者包括有形物如产品,也包括无形物,如服务、知识产权;后者指服务提供者及知识产权所有者和持有者。但因产品、服务和知识产权领域具体受惠对象不同,国民待遇条款的适用范围、具体规则和重要性有所不同。

第二,国民待遇原则只涉及其他成员方的产品、服务或服务提供者及知识产权所有者和持有者,在进口成员方境内所享有的经济贸易领域的权利和待遇,不涉及政治领域的权利和待遇。

第三,国民待遇强调的是"不低于",即对其他成员的产品、服务或服务提供者及知识产权所有者和持有者,与进口成员相同产品、服务或服务提供者及知识产权所有者和持有者享有待遇相比较,前者不低于后者即可;至于进口成员给予前者更优惠的待遇,并不违背国民待遇。例如,有的成员对外国银行在本国开业给予所得税方面的优惠,这种优于国内银行的待遇不违反国民待遇。

二、国民待遇原则在国际货物贸易领域中的适用

在GATT 1947时代,国民待遇原则只适用于国际货物贸易领域;乌拉圭回合谈判,经国民待遇原则扩展至国际服务贸易领域和知识产权保护领域。本节讲述国际货物贸易领域中的国民待遇。GATT 1994第3.1条规定:"各成员方认识到,国内税和其他国内费用、影响产品的国内销售、许诺销售、购买、运输、分销或使用的法律、条例和规定以及产品的混合、加工或使用的特定数量或比例的国内要求,不得以对国内生产提供保护的方式实施。"WTO要求各成员在对进口货物的国内税费征收、进口货物的销售使用的国内管理法规以及使用国产品的数量要求等方面,遵循国民待遇要求。

(一)对相同进口产品征收国内税费的国民待遇要求

GATT 1994第3.2条第1句规定"一成员方领土的产品输入到另一成员方领土时,不应对它直接或间接征收高于对相同的本国产品所直接或间接征收的国内税或其他国内费用。"简言之,不得对进口相同产品征收高于国产品的国内税费。判断成员某一措施是否违反了第3.2条第1句,需要考察三个条件:(1)该种措施直接或间接规定了对进口产品征收国内税和国内费用;(2)被征收国内税费的进口产品与国内产品必须是相同产品;(3)对进口产品征收的国内税费高于国内相同产品。只要这三个条件得到满足,则可判定成员某种措施违反了第3.2条第1句所规定的国民待遇要求,无须证明争议措施的适用存在保护性目的或效果。〔23〕

1. 国内税费的含义

GATT 1994第3条国民待遇适用于包括国内税费在内的“国内措施”(internal measures),不适用于包括关税在内的“边境措施”(border measures)。对进口产品征收的税费措施是国内措施还是边境措施,成为适用国民待遇的先决条件。

中国影响汽车零部件进口措施案。中国对整车进口关税为25%,零部件进口关税为10%。由于整车进口关税高出零部件进口的15个百分点,且进口汽车零部件在整车中又没有比例限制,不少汽车厂商就从各个口岸进口零部件,然后由中国工厂组装为整车,借以逃避整车关税。因此,中国颁布相关规定,如进口零部件达到“构成整车特征”的标准,将按整车征收25%的费用。欧美将此措施诉诸DSB,认为中国对构成整车特征的进口零部件征收的费用系“国内费用”,高于国内汽车零部件,违反GATT第3.1条第1句;中国则抗辩征收的是符合GATT第2.1条的“普通关税”。本案的专家组和上诉机构审理后认为:WTO对国内税费没有明确定义,一项收费是否构成“国内税或其他国内费用”的一个重要因素是该支付义务是否来源于某项“国内因素”(如产品在国内被转售或在国内被使用),而该“国内因素”发生在一成员产品进口至另一成员领土之后。国内税费征收的时间和地点并不是决定性因素,甚至可在进口的时间或地点征收。系争措施所征收的费用依据的是零部件进口到中国领土后加工成整车之后,而不是根据进口时产品的状况;支付主体不是进口商,而是汽车生产商。因此,中国征收的是“国内税费”。〔24〕

GATT第3条规定的国内税费指的是针对产品所征收的税费,比如增值税、营业税和消费税等;不针对产品所征收的税费,例如针对产品生产者征收的所得税则不属于GATT第3条国民待遇的范畴。

2. 相同产品

与最惠国待遇条款中的相同产品概念类似,GATT第3.1条第1句中亦未对相同产品的概念加以界定。日本酒类税案争端对如何判断第3.1条第1句中的“相同产品”提供了指导标准。

根据日本的《酒类税法》,日本对国产和进口的清酒(shochu)征收相同的国内

---

〔23〕 Appellate Body Report, Canada—Certain Measures Concerning Periodicals, WT/DS31/AB/R, p.20.

〔24〕 Panel Report, China—Measures Affecting Imports of Automobile Parts, WT/DS340/R, 7.204, 7.207, 7.210. 上诉机构维持了专家组对“国内税费”判断。

税,对国产和进口的伏特加(vodka)征收相同的国内税,但清酒税率低于伏特加税率。欧共体提出,进口的伏特加与日本国内的清酒系 GATT 第 3.1 条第 1 句中的相同产品,日本的做法违反了国民待遇。上诉机构审理后认为:

(1)"相同产品"的判断应当具体案件具体分析,没有任何一种判断方法或标准适合于所有的案件;

(2)构成第 3.1 条第 1 句中的"相同产品"的内涵和范围应当比较窄,因为该条将进口产品与国内产品的比较分成两类:即第 1 句的"相同产品"和第 2 句的"直接竞争和替代产品";

(3)产品是否相同的参考因素包括:产品的物理特性(产品的结构、性质和品质)、产品的最终用途、消费者的偏好和习惯;

(4)产品的关税分类可作为确定产品是否相同的有用因素,但要谨慎,因为关税分类有时包括了很广的产品范围。[25]

GATT 1947时代曾以"目标与效果方法"作为区分产品是否相同的标准,即以国内管理者的意图、管理措施对产品的市场效果作为考察因素,美国汽车税案就是例证。美国对超过 30 万美元的汽车征收消费税(奢侈税),问题在于售价低于 30 万美元的汽车与高于 30 万美元的进口车是否构成相同产品?美国抗辩认为判断产品是否相同的关键因素在于相关措施是否为国内生产提供保护。该案的专家组认为,美国对 30 万美元以上的汽车征收的奢侈税,目的在于鼓励购买低价车,从奢侈税的目标与效果来衡量,30 万美元以下和以上的汽车不能被视为相同产品。[26]在 WTO 时代,"目标与效果方法"被明确抛弃,原因在于GATT 1994第 20 条一般例外赋予了政府出于其他合法目标而采取贸易限制措施的权利,如果在相同产品的划分问题上考虑政策措施的目标,就损害第 20 条适用的效果。[27]

3. 国内税费高于相同国内产品

在 WTO/GATT 争端解决实践中,专家组或上诉机构确定了比较严格的税费高低比较标准:(1)只要超过就满足条件,哪怕只超过细微程度,构成税收歧视不以差异的程度或对贸易的影响为条件;[28](2)对国内产品税费与进口产品税费的比较要基于实际的适用税率,而不是名义税率;[29](3)不允许进行"税费平衡",即在某些情况下对进口产品征收较低的国内税费,在某些情况下征收较高的国内税

---

〔25〕 Appellate Body Report, Japan—Taxes on Alcoholic Beverages, WT/DS10/AB/R, pp. 20 – 21.

〔26〕 GATT Panel Report, US—Taxes on Automobiles, DS31/R, paras. 5. 8, 5. 15.

〔27〕 Panel Report, Japan—Taxes on Alcoholic Beverages, WT/DS10/R, para. 6. 17; Appellate Body Report, Japan—Taxes on Alcoholic Beverages, WT/DS10/AB/R, p. 23.

〔28〕 Appellate Body Report, Japan—Taxes on Alcoholic Beverages, WT/DS10/AB/R, p. 27.

〔29〕 Panel Report, Argentina—Measures Affecting the Export of Bovine Hides and the Import of Finished Leather, WT/DS155/R, para. 11. 183.

费,但进行平衡后,计算出对进口产品的国内税费比国产品还要低,这种情况下,依然违反 GATT 第 3.1 条第 1 句。换言之,国民待遇针对的是每项具体的交易。[30]

(二)对直接竞争或可替代进口产品征收国内税费的国民待遇要求

GATT 1994第 3.1 条第 2 句规定:在国内产品与进口产品具有直接竞争或可替代竞争关系时,不以保护国内生产的方式对两者征收不同的国内税或国内费用。判断成员某一措施是否违反了第 3.1 条第 2 句,需要考察三个条件:(1)被征收国内税费的进口产品与国内产品虽不是相同产品,但构成直接竞争或替代产品;(2)对进口产品与国内产品没有相同征税;(3)不相同征税为国内生产提供了保护。

1. 直接竞争或替代产品

当进口产品与国产品不能构成相同产品时,接下来就要分析该两种产品是否构成直接竞争或替代产品。在日本酒类税案中,上诉机构认为,除考虑产品物理特性、最终用途、消费者偏好和习惯、关税分类外,还要考虑两种产品在相关市场中的竞争情况。[31]

在智利酒类税案中,专家组进一步提出了产品是否"直接竞争或可替代"的参考标准:替代性和竞争性,是两种产品虽在某些方面不尽相同,但该两种产品却能满足特定经济主体的相同或类似需求。由此可见,产品的最终用途的替代性是判断该概念的重要指标,下述因素可作为产品的最终用途具有替代性的证据:(1)消费者视产品为满足某一特定需求的替代品的倾向;(2)产品推销策略的性质和内容表明它们为争取某一市场的部分潜在消费者的支出在相互竞争;(3)与其他商品享有共同的经销渠道。[32]

直接竞争或替代产品概念的引入,表明了 WTO 体系国民待遇原则的严密,防止成员政府借口进口产品与国内产品的不同,而对实际上有直接竞争关系的进口产品实施歧视待遇。假设成员 A 生产苹果而不生产香蕉,成员 B 生产香蕉而不生产苹果。成员 A 对香蕉进口关税为零,但对香蕉征收很高的国内消费税,不管香蕉是进口还是国产,苹果则无消费税。A 成员的作法客观上对国内苹果生产提高了保护,但由于苹果与香蕉毕竟不是相同产品,如果没有直接竞争或替代产品概念的引入,A 成员就有可能规避国民待遇的规定。

2. 没有相同征税

对于相同产品,细微的税收差异就能导致对GATT 1994第 3.1 条第 1 句的违反。对于直接竞争或替代产品,"没有相同征税"并不表明两种产品所征税收必须

---

〔30〕 Id., para. 11,260.

〔31〕 Appellate Body Report, Japan—Taxes on Alcoholic Beverages, WT/DS10/AB/R, p. 25.

〔32〕 Panel Report, Chile—Taxes on Alcoholic Beverages, WT/DS110/R, paras. 7.80 – 7.81.

相同,否则与第1句的要求没有任何差异。在日本酒类税案中,上诉机构确立了“没有相同征税”的标准,即进口产品的税负比国产品高,并且超过细微程度。[33]在智利酒类税案中,智利新税制对酒精含量不超过35%的所有蒸馏酒适用27%的从价税,对39%以上的适用47%的最高税率,酒精含量位于35%—39%之间每上升一度,从价税增加4%。专家组和上诉机构比较了智利对其国产皮斯科酒与进口其他酒税收差别后认为,国产酒大部分征收27%以下的税率,而大部分进口酒的税率高达47%。鉴于此,进口酒的税负比国产酒高,而且其差距并不是微小的。[34]

3. 不同征税对国内生产提供了保护

对于没有相同征税是否对国内生产提供保护这一问题,在日本酒类税案中,上诉机构指出,对一税收政策是否对国内生产提供保护的审查,是该争议措施如何适用的问题,应对税收政策的设计、结构标准和总的适用效果进行全面客观的分析。至于管理者或立法者的意图,则不是所要探讨的问题。[35]

在智利酒类案中,上诉机构认为,作为一个事实问题,智利新税制实施的结果是,大约75%的国产酒可以享受27%的低税率,而95%的进口酒被征收47%的高税率;实际上,智利市场上几乎不存在酒精含量在35%—39%的酒。很明显,智利作法对国内生产提供了保护。

(三)对影响产品的销售和使用的国内规章的国民待遇要求

GATT 1994第3.4条具体规定了国内规章方面的国民待遇问题,“一成员领土的产品输入到另一成员领土时,在有关影响产品的国内销售、许诺销售、购买、运输、分销或使用的全部法令、条例和规定方面,所享受的待遇不应低于相同的国内产品所享有的待遇。”该条款的目的是保障进口产品在进口国的经销过程中免遭政府管理措施的歧视待遇。与国内税费相比,国内管理措施对国际贸易的影响更为复杂、更为隐蔽。判断成员某一措施是否违反了第3.4条,需要考察三个条件:(1)该措施系“影响产品国内销售和使用的法律、条例或规定”;(2)进口产品与国内产品是相同产品;(3)给予进口产品的待遇低于给予国内相同产品的待遇。

1. 影响产品国内销售和使用的法规

GATT 1994第3.4条所指的法规范围比较广泛,只要该种法规对产品的销售或使用产生“影响”。不仅包括政府直接管理进口产品销售、运输、使用、购买等的法律、条例和规定,而且包括可能改变进口产品竞争状态或条件的任何法律、条例

---

[33] Appellate Body Report, Japan—Taxes on Alcoholic Beverages, WT/DS10/AB/R, p. 27.

[34] Appellate Body Report, Chile—Taxes on Alcoholic Beverages, WT/DS110/AB/R, paras. 63 - 66.

[35] Appellate Body Report, Japan—Taxes on Alcoholic Beverages, WT/DS10/AB/R, pp. 28 - 29.

和规定；不仅包括影响货物贸易的实体性法规，也包括程序性法规；不仅包括强制性的法规或要求，也包括以某种优惠为条件的选择性法规或要求。WTO/GATT争端中不少是涉及影响进口产品国内销售和使用的法规，例如：

(1)对进口和国产啤酒设置最低价格的规定；

(2)对进口酒销售点设置限制的规定；

(3)要求进口啤酒和红酒通过指定经销商销售的规定；

(4)禁止发布香烟广告；

(5)附加销售要求，如要求注明产品生产者姓名、原产地或产品构成方程式；

(6)与贸易有关的投资措施，如要求投资者必须使用当地一定比例的原材料；

(7)对购买本国产品提高优惠贷款；

(8)加拿大谷物法第57节规定，粮仓未经加拿大粮食委员会批准不得接受外国谷物；

(9)境内销售香烟必须在税务当局监督下粘贴印花税票；

(10)对不符合环境保护标准、健康保护标准的产品禁止进口和国内销售。

2. 相同产品

欧共体石棉进口限制案。法国1997年1月1日生效的有关石棉及石棉制品第96—1133号法令规定，禁止石棉纤维(chrysotile asbestos fibres)及含石棉制品(chrysotile-cement products)的生产、加工、销售、进口和运输。加拿大提出，法国PCG(polyvinyl alcohol, cellulose and glass fibres)及PCG制品，构成石棉及石棉制品的“相同产品”，但法国允许PCG及其制品的国内生产、销售及使用，因此，法令不符合GATT第3.4条国民待遇的规定。该案争议焦点之一就是第3.4条“相同产品”的认定问题。

上诉机构审理认为：GATT 1994第3.4条中的“相同产品”范围要比第3.2条中的“相同产品”范围要宽。这是因为，在第3.2条下，具有竞争关系的产品被区分为“相同产品”与“直接竞争或替代产品”，而在第3.4条下，只有“相同产品”的概念。第3.2条所涉及的国内税费措施与第3.4条所涉及的非税费的管理措施没有实质差别，作用效果可以相互替换。如果第3.4条“相同产品”与第3.2条“相同产品”的范围一致，那么对于进口的“直接竞争或替代产品”，WTO成员可通过不采取国内税费措施而通过采取国内管理措施的方式规避国民待遇要求。以前面假设的苹果、香蕉为例，成员A对进口香蕉不征收消费税，而是规定进口香蕉只能批发销售而不能零售，达到征收消费税的类似保护效果。但因为不是征收国内税费，第3.2条不适用，又因为苹果与香蕉不是相同产品，第3.4条不适用。这样，成员A的歧视措施就无法规制了。因此，GATT第3.4条的“相同产品”比第3.2条第1句的“相同产品”范围宽，但也不能超过第3.2条第1句“相同产品”与第2句“直接竞争或替代产品”范围之和，本质而言，第3.4条“相同产品”的判断就是判断进口产品与国内产品的属性与竞争的程度。[36]

上诉机构认为:产品的物理特性(产品的结构、性质和品质)、产品的最终用途、消费者的偏好和习惯、产品的关税分类应予以整合考虑,不能单凭某个因素或过于强调某个因素而忽视其他因素,比如专家组过于强调石棉与 PCG 的最终用途是不适当的。在审查这些因素时,对那些有可能影响市场上产品之间竞争关系的产品物理特性要予以特别重视。石棉具有致癌性或毒性是石棉纤维物理特性之一,PCG 则不具有毒性。对人体健康有害的物理特性会影响到消费者的选择,从而改变两种产品的竞争关系。[37] 审理该案的一名上诉机构成员甚至特别强调,在本案中,石棉有毒性特征是其区分于 PCG 的关键因素,即使缺乏最终用途与消费者偏好因素。[38] 鉴于此,上诉机构推翻专家组关于石棉及其制品与 PCG 及其制品构成第 3.4 条项下"相同产品"的结论。

3. 进口产品的待遇低于国内相同产品

待遇低于国内产品指的是有关产品销售使用的法规的适用造成了进口产品在竞争条件方面劣于国内产品。竞争条件的改变不能仅仅从国内管理措施表面或形式上进行判断,关键要从相关措施应用所引起的效果方面进行判断。

对进口产品待遇形式上的不同并不必然违反国民待遇。在韩国牛肉进口限制案中,韩国对牛肉零售实行"双重销售体系"(Dual Retail System):小型商店(超市和百货店之外的零售店)可销售除国产牛肉外的进口牛肉;大型商店可销售国产牛肉和进口牛肉,但必须分区域销售。从形式而言,国内牛肉与进口牛肉的销售是分开的。专家组认为:任何依据产品国籍或原产地为标准制定的区别对待的法规都不符合第 3.4 条规定。上诉机构推翻专家组的这一裁定,指出:如果一项管理措施对进口产品规定了不同的待遇,但并没有给进口产品造成低于国内产品的竞争条件,那就不违反第 3.4 条。[39]

对进口产品待遇形式上的相同并不必然符合国民待遇。在多米尼加影响香烟销售措施案中,多米尼加要求在其境内销售的香烟应在税务当局监督下在其境内粘贴印花税票("印花要求"),这项措施对所有国产香烟和进口香烟相同适用。专家组认为尽管"印花要求"对国产和进口香烟形式上相同适用,但实际上对进口香烟竞争时构成了实质性的损害:国产香烟可在其生产厂家的加工过程加以粘贴,外表更为美观;而进口香烟则需要在进口后在指定地点粘贴,需要额外的加工程序和

---

[36] Appellate Body Report, European Communities-Measures Affecting Asbestos and Asbestos-containing Products, WT/DS135/AB/R, paras. 99 – 100.

[37] Id., paras. 114 – 116.

[38] Id., para. 152.

[39] Appellate Body Report, Korea—Measures Affecting Imports of Fresh, Chilled and Frozen Beef, WT/DS169/AB/R, paras. 143 – 144.

费用,影响香烟的外观。多米尼加形式表明同等适用的印花要求,实际上却使进口香烟处于不公平的竞争地位,违反了第3.4条。[40]

4. TRIMs协定中的国民待遇要求

与贸易有关的投资措施(trade-related investment measures)是指可能对国际贸易产生扭曲或限制的投资措施。对国际贸易的扭曲是指改变国际贸易的正常流向;对国际贸易的限制是指阻碍国际贸易活动的进行。在种类繁多的投资措施中,有些投资措施与贸易的发展并无关系,而另一些投资措施则与贸易有直接或间接的关系。例如,在某些投资领域中的投资比例要求是一种限制投资的措施,但它和贸易没有明显的直接关系,这一措施的基点是国家经济主权问题;再如,不予国有化的承诺是一项鼓励投资的措施,它与贸易也没有关系。但是,有些投资措施,如当地成分要求,即要求外资企业尽可能地利用当地的原材料或半制成品,或要求其产品在某一时期逐步提高使用当地的原材料或半制成品的比例,则与国际贸易有关;此外,如贸易平衡要求,即要求外资企业的进口必须与其出口当地产品总量或价值相等,也会对国际贸易起到一定的扭曲作用。

乌拉圭回合达成的《与贸易有关的投资措施协定》(Agreement on Trade-Related Investment Measures,以下简称TRIMs协定)是乌拉圭回合多边贸易谈判的新议题之一(服务贸易、与贸易有关投资措施和与贸易有关的知识产权为乌拉圭回合谈判的三项新议题),是迄今为止国际社会制定和实施的第一个与国际直接投资措施有关的多边货物贸易协定。TRIMs协定通过列举的方式规定了WTO成员不得实施与GATT 1994第3.4条国民待遇不一致的与贸易有关的投资措施:

(1)当地成分要求。强制性要求或鼓励企业购买或使用最低限度的国内产品或任何来源于国内的产品。具体表现是,规定有关国内产品的具体名称;规定企业购买或使用国内产品的数量或金额;规定企业在生产中必须使用的有关国内产品的最低比例。例如,1997年印度尼西亚公布的汽车产业政策对外商投资汽车产业提出了国有化要求,即要求外国投资企业生产的汽车必须达到一定的国内产化比例。美国、欧共体和日本根据TRIMs协定禁止当地成分要求的规定,对此提出异议,并提交DSB,最后DSB裁决印尼汽车产业政策违反了TRIMs协定,印尼不得不于1999年7月取消了国产化要求。[41]

(2)贸易平衡要求。强制要求或鼓励企业购买或使用的进口产品数量或金额,以企业出口当地产品的数量或金额为限。比如,要求外商投资企业的进口额不

---

〔40〕 Panel Report, Dominican Repubilc—Measures Affecting the Importation and Internal Sale of Cigarettes, WT/DS302/R, paras. 7.180 – 7.198.

〔41〕 石广生:《中国加入世界贸易组织知识读本:世界贸易组织基本知识》(一),人民出版社2001年版,第155页。

得大于其出口额，就属于这种情况。

（四）国内数量管理措施

GATT 1994第3.5条规定，成员对产品的混合、加工或使用实施国内数量管理时，不能强制要求生产者必须使用特定数量或比例的国内产品。比如，要求国内香烟制造商必须使用一定比例的国产烟叶，或要求国内生产人造黄油的厂家必须使用一定比例的国产天然黄油。

涉及国民待遇原则的案件需要审查的问题如下表：

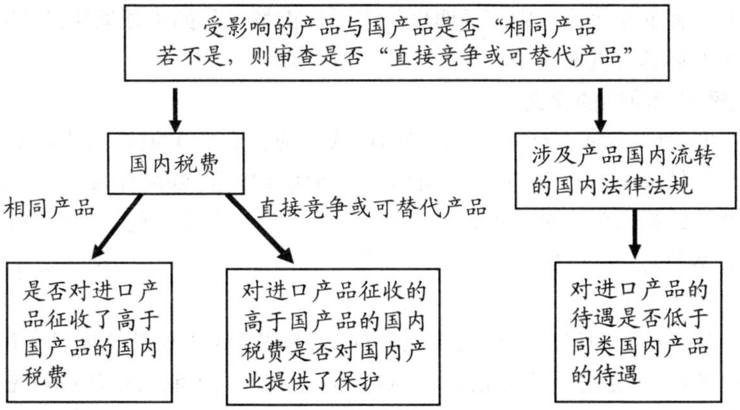

三、国民待遇原则的例外

（一）与最惠国待遇原则的例外类似，GATT 第20条规定的一般例外和第21条规定的安全例外亦构成国民待遇原则的例外。

（二）政府采购的例外

GATT 1994第3.8条(a)项规定：“国民待遇不得适用于政府机构购买供政府机构使用、不以商业转售为目的或不以生产供商业销售为目的之产品采购的法律、条例或规定。”

（三）对生产提供的补贴例外

GATT 1994第3.8条(b)项规定：“国民待遇不得阻止仅给予国内生产者补贴的支付。”不过该项的适用非常严格。加拿大期刊案就是典型例证。加拿大政府向由政府控制的邮政公司提供资金资助，邮政公司向运送公司提供补贴，条件是这些公司对加拿大国内期刊的运送提供较低的邮资服务。美国指控加拿大的这种做法违背国民待遇，加拿大则以第3.8条(b)项作为抗辩。上诉机构推翻了专家组支持加拿大的抗辩，并提出适用该项的条件：(1)补贴需涉及政府财政支出；(2)补贴的方式特定，即政府首先按照符合国民待遇的方式征收国内税费，形成政府收入后，政府再从该收入中通过支付或通过购买产品的方式提供补贴；(3)向国内生产者支付。加拿大对运送公司运送国内期刊实行优惠，这种运费或邮资的减少与直接对国内期刊减税实际上没有区别。[42]

第四节 透明度原则

最惠国待遇原则、国民待遇原则和透明度原则被认为是建立世界统一市场经济体系的三大重要法律原则。透明度对于增加市场竞争的可预见性以及减少政府暗箱操作无疑具有重要作用。

一、透明度原则的含义

透明度原则(transparency)是指,WTO成员应公布有关或影响货物贸易、服务贸易和与贸易有关的知识产权保护的法律、条例或规定,以及普遍适用的措施(以下统称贸易政策),没有公布的措施不得实施;同时还应将这些贸易政策及其修订情况通知WTO。此外,成员所参加的有关影响国际贸易政策的国际协定,也应及时公布和通知WTO。

保持各成员方的经济贸易政策充分透明,是WTO实现其总体目标所必不可少的先决条件,也是各成员方根据WTO所确立的各项机制获得利益的先决条件。这是因为:

第一,WTO的总体目标是实现贸易自由化和维持稳定的国际贸易秩序,而这个目标的实现要取决于各成员方所制定和实施的经济贸易政策。要使各成员方的经济贸易政策与WTO的目标保持一致,就必须使各成员方所制定和实施的经济贸易政策具有充分的透明度。

第二,对于每一个成员方而言,它根据WTO各项协定所能够享受到的利益,也将有赖于所有其他成员方所制定和实施的经济贸易政策;而它对WTO所承担和履行的义务也具体体现在它所制定和实施的经济贸易政策上。因此,要确保每个成员方的利益,首先也就要确保每个成员方的经济贸易政策具有充分的透明度。[43]

第三,贸易政策的透明度可以减少WTO争端解决机制的压力。因为贸易政策透明度,许多贸易措施可以在WTO的合适机构中非正式解决。此外,贸易政策的透明有利于增进WTO作为国际经济组织的合法性,这是因为如果其成员方不能及时了解WTO其他成员方的信息,WTO作为一个机构的合法性将受到挑战。

---

〔42〕 Appellate Body Report, Canada—Certain Measures Concerning Periodicals, WT/DS31/AB/R, p. 24.

〔43〕 江林、王玉平:《关贸总协定法律体系运用指南》,华东师范大学出版社1993年版,第42页。

第四,贸易政策透明度有利于减少贸易政策的不确定性,而贸易政策的不确定性往往与低投资率、低生产率、腐败联系在一起,使得经济资源向非贸易部门流动。[44]

因此,能否确保各成员方的经济贸易政策充分透明,是决定 WTO 法律体系能否有效运行、能否发挥实际作用的一个关键问题,多年来 GATT 与 WTO 一直致力于建立一个完整的、完善的贸易政策透明度约束机制。透明度原则的主要内容包括贸易政策的公布、贸易政策的通知和贸易政策的评审三个方面。

二、关于贸易政策的公布

公布所有的贸易政策和措施,是 WTO 成员方最基本的义务之一。如果不公布有关贸易政策和措施,成员方就很难保证另一成员方是否提供稳定的、可预见的贸易环境,也难以监督另一成员方是否履行了 WTO 规定的义务;这样,WTO 一系列协议也难以得到充分、有效的实施。比如,成员方决定实施新的产品标准,出口方企业就必须了解有关该标准的实施方法和程序、检验标准等信息,否则其生产的产品就无法进入该成员方市场。因此,WTO 要求,成员方应承担公布和公开有关贸易政策及其变化的义务。

公布的具体内容包括以下几个方面:产品的海关关税分类和海关估价等海关事务;对产品征收的关税税率、国内税税率和其他费用;对产品进出口所设立的禁止或限制等措施;对进出口支付转账所设立的禁止或限制等措施;影响进出口产品的销售、分销、运输、保险、仓储、检验、展览、加工、与国产品混合使用或其他用途的要求;有关反倾销、反补贴、保障措施等贸易措施;有关服务贸易的法律、法规和措施;有关知识产权的法律、法规、普遍适用的司法判例和行政裁定等,以及 WTO 成员方签订的其他影响国际贸易政策的协定等。

关于公布的时间,WTO 规定,成员方应迅速公布和公开有关贸易法律、法规、政策和措施,最迟应在生效之时公开或公布,使 WTO 其他成员方和贸易商及时得以知晓。在公布前不得提前采取措施,如提高进口产品的关税,对进口产品的支付转账实施新的限制等。此外,《卫生与动植物检疫措施协定》和《贸易技术壁垒协定》进一步规定,成员方在起草制定有关技术法规和合格评定程序过程中,如果该有关法规和程序与现行国际标准不一致,或没有相应的国际标准,并且该标准将对国际贸易产生重大影响,成员方应留出一段合理时间(45—60 天)以便其他成员方就有关标准和程序发表评论意见。

WTO 除了要求成员方公布有关贸易政策外,还要求成员方承担应其他成员方要求提供相应信息和咨询的义务。

---

〔44〕 Bernard M. Hoekman, The Political Economy of the World Trading System: The World and Beyond, Oxford University Press, 2001, p. 35.

但是,对于公布可能会影响法律执行,或违背公共利益,或损害某些企业合法商业利益的机密信息,比如说一国汇率、利率的调整等信息,WTO 通常不要求这类信息在实施之前予以公开。

三、关于贸易政策的通知

WTO 不仅要求成员方自行公布有关贸易政策和措施,而且,还要求成员方通知 WTO 相应机构以保证其他成员方能够及时获得有关成员在贸易方面的信息。

WTO 关于贸易政策和措施通知的规定是在实践中不断发展完善的。GATT 1947建立时即明确规定,其缔约方应公布有关贸易政策的所有信息,但当时并没有要求把这些信息都通知给关贸总协定,只要求通知由国营贸易经营的进出口产品清单,或者缔约方决定参加某个关税同盟或自由贸易区的决定等少数事项。“东京回合”结束后,GATT 1947的管辖范围有限度地拓展到了非关税领域,缔约方的通知义务变得更加广泛和具体。“东京回合”通过的《关于通知、磋商、争端解决和监督的谅解》,要求缔约方“最大可能将其所采取的影响GATT 1947执行的贸易政策或措施通知缔约方全体。而且,这种通知应如实说明这些措施与总协定项下的权利与义务是否相一致。”GATT 1947还成立了专门委员会进行监督,要求东京回合守则的每个签署方,定期向GATT 1947通知有关措施的制定、实施和变化情况。

乌拉圭回合谈判的结果,进一步强化了 WTO 成员方承担的通知义务,通知的范围从货物贸易扩大到服务贸易和知识产权领域。乌拉圭回合通过的《关于通知程序的部长决定》作为最后文件的一部分,重申了上述谅解中规定的一般性的通知义务,成立由 WTO 秘书处负责的通知登记中心,负责记录收到的所有通知,向成员方提供有关通知内容,并提醒成员方履行通知义务。根据《关于通知程序的部长决定》附件中列出的“需要通报措施的说明性清单”,成员方应通知的贸易措施包括:关税;关税配额和附加税;数量限制;许可证程序和国产化要求等其他非关税措施,以及征收差价税的情况;海关估价;原产地规则;政府采购;贸易技术壁垒;保障措施;反倾销措施;反补贴措施;出口税;出口补贴、免税和出口优惠融资;自由贸易区的情况,包括保税货物的生产情况;出口限制,包括农产品等产品的出口限制,WTO 限期取消的自愿出口限制和有序销售安排等;其他政府援助(包括补贴和免税);国营贸易企业的作用;与进出口有关的外汇管制;政府授权进行的补偿贸易 19 项涉及货物贸易的措施。

应当指出的是,虽然《关于通知程序的部长决定》附件“需要通报措施的说明性清单”所列举的通报措施只限于货物贸易领域,但是该决定所涉及的通知措施还包括其他贸易领域如服务贸易领域和知识产权领域的措施等。例如,《服务贸易总协定》第 3.3 条规定:各成员方对现行法律、法规或行政规定,如有新的规定或有所改变,以致严重影响本协定项下的有关服务贸易的特定义务时,应立即或至少每年向服务贸易理事会提出报告。《与贸易有关的知识产权协定》第36条第1款、第2款规定,任何成员方应将通过的与贸易有关的知识产权法律、法规向知识产权理事会通报。

WTO各协定对通知的期限作了不同规定,有的要求定期通知,有的不要求定期通知。不定期通知主要适用于法律、法规、政策、措施的更新,如《贸易技术壁垒协定》要求,只要成员方国内通过了新的技术法规和合格评定程序,就要立即通知。定期通知包括两种情况:一种是一次性通知,如《装运前检验协定》要求,在WTO协定对有关成员方生效时,一次性通知其国内有关装运前检验的法律和法规。另一种则是多次通知,有的要求每半年通知一次,大部分则要求每年通知一次,如《农产品协定》要求,成员方应每年通知对国内生产者提供的补贴总量。

为了便于成员方履行通知义务,世界贸易组织相继制定了100多项有关通知的具体程序和规则,包括通知的项目、通知的内容、通知的期限、通知的格式等。WTO的通知要求比较复杂,成员方履行这些义务工作量相当大,需要具备健全的信息统计系统。

为了更好地监督各成员方履行有关的通知义务,《关于通知程序的部长决定》要求秘书处成立一个通知中心(central registry of notifications),该登记中心的任务主要是:(1)将各成员方所通报的有关措施的情况,诸如该措施的目的、其适用的贸易范围及其所依据的通知要求等记录在案;(2)对各成员方的通知措施与义务进行参照对比;(3)每年通知各成员方下一年度内应履行的常规通知义务;(4)对尚未履行常规通知义务的成员应提请其注意;(5)在任何有权得到有关通知情况的任何成员索要其他成员方的通知资料时,应使其能够获得该通知的信息内容。

四、关于贸易政策的评审

为提高成员方贸易政策的透明度,WTO建立了独特的贸易政策评审机制(trade policy review mechanism)。根据该机制,WTO所有成员方的贸易政策都要定期接受评审,贸易政策评审的内容,一般为世贸组织成员最新的贸易政策,它可从一个侧面反映出被评审成员方履行世贸组织各协定义务的情况。

第三篇　WTO有关货物贸易的法律制度

第五章　货物贸易市场准入的法律制度

货物贸易领域的市场准入（Market Access），是指 WTO 一成员方允许另一成员方的货物进入本国市场的程度。WTO 协定在其宗旨部分明确指出：在互惠互利基础上通过实质性降低关税和其他贸易壁垒实现发展经济、提高人民生活标准的目标。对货物贸易领域市场准入的限制主要是关税壁垒和非关税壁垒。对于纺织品、农产品和信息技术产品的市场准入与开放，签署了各自领域的特别协定，这些领域的市场准入问题从特别协定。

第一节　与关税有关的法律制度

一、关税的定义及其种类

关税（Tariff）是一国（地区）海关依照本国（地区）海关法、关税税则和有关规章，对货物在进出其关境时所征收的一种捐税。通常情况下，关税的征收与否均以国家划分为准。但有时同一关税区亦包括两个以上的国家，如关税同盟；有时一个国家也可能有一个以上的关税区，相关政府可以对进出不同关税区的商品征收关税。如我国香港特别行政区、澳门特别行政区和台湾地区与内地或大陆形成一个国家内不同关税区。[1]

在国际贸易中通过征收关税，政府一方面可以增加财政收入，另一方面可以通过关税贯彻国家经济发展政策。例如，对于国内急需的短缺性进口产品，国家可以低关税进口，反之则征收高关税。但不适当的高关税会对经济造成消极影响，因为高关税提高了进出口商品的价格，增加了消费者的开支，从而使资源配置不能按照市场规律在世界范围内配置，最终影响国民经济的发展。美国历史对此提供了最有说服力的证据。美国曾有三次关税高峰，但每次关税高峰都因损害经济发展而被迫回落。第一高关税是 19 世纪初，平均关税率到达 60% 左右，到 19 世纪中叶被迫回落到 20% 左右。接着又于 19 世纪末攀升，到威尔逊总统任期（1914—1920

---

〔1〕 王贵国：《世界贸易组织法》，法律出版社 2003 年版，第 93 页。

年)才开始大力削减。20 世纪 30 年代美国的斯姆特——霍利关税法把美国经济引入绝境,第二次世界大战宣告了高关税政策的破产。[2]

根据不同的分类方法,关税可以分为不同的类别:

(一)按照征税标准,关税可以分为从价关税、从量关税、混合关税

1. 从价关税(advaloren duty)是指以货物的价格作为征税标准的关税。假设一种商品的价格(CIF)为 1000 美元,从价计税的关税税率为 10%,则所征关税为 100 美元。从价关税的特点是税负比较合理,同类商品,价格高,税额也高;反之亦然。

2. 从量关税(specific duty)是指以货物的数量征收固定的关税而不管该种产品价格。如对每米棉布征收 0.5 元的关税,而不管棉布的价格如何。征收从量关税的特点是手续简单,可以无须审定货物的价格,便于计算。但是,由于从量关税单位税额固定,对价格低廉的低档商品和高档商品征收同样的进口关税,对低档商品的进口不利。

3. 混合关税(combined duty)通常由两部分组成,一部分按征税对象的价格计算,另一部分按计量单位计算。该种关税可以兼顾从价税和从量税的优点,但比较复杂和繁琐,因而较少使用。

(二)按照征收对象的流向,关税可以分为进口关税,出口关税和过境关税

1. 进口关税(import tariffs)是指对进口的货物征收的入境税负。其特点是征收对象一次进入关境,消费地国为征税国,该税种最基本的特征是产品在征税国消费。进口税的征收,人为地提高了境外产品的价格,使得境外产品在境内市场的竞争力削弱,从而起到保护本国产业的目的。WTO/GATT 提倡的是货物贸易自由体制,减少人为的限制贸易措施,由于进口关税对国际贸易的限制,因此 WTO/GATT 所主持的关税减让谈判,主要指的是进口关税的降低。

2. 出口关税(export tariffs)是指为了限制国内(境内)的货物流通到国外(境外),而对出口货物征收的出口税费。征收出口税的主要目的在于保护国内资源或调节出口。由于出口关税只是控制本国商品的跨国流通,所以,WTO 对此规范较少。

3. 过境关税(transit duties)是指对通过本国国境,然后复运出国的货物征收的关税。过境关税是一种最原始的关税,其征收依据是货物的运输使用了征税国的设施和征税国付出了一定的费用,并以财政为主要目的。随着国际贸易的发展和关税政策的强化,各国均认识到相互征收过境关税会增加出口商品的费用,不利于国际贸易的发展与本国交通运输业的发展;同时,由于过境货物不在本国消费,并不影响本国经济的发展。鉴于此,WTO 各成员同意不征收过境关税。

---

〔2〕 赵维田:《世贸组织的法律制度》,吉林人民出版社 2000 年版,第 101 页。

(三)根据税收待遇不同,可以将关税主要分为普通关税、最惠国关税、普惠制关税和特惠制关税

1. 普通关税(general tariff)又称国内法定关税,是由国家立法机构自行确立的关税税率,不受条约的制约。一般来说,该种关税税率最高。在GATT 1947产生以前,国内法定关税成为发达国家的基本关税。但自从GATT 1947主持下的关税谈判进行之后,这种关税已逐步减少使用,取而代之的是最惠国关税待遇和普惠制关税待遇。

2. 最惠国关税(MFN)又称协定关税,为订有双边或多边贸易协定的国家所采用,是税率较低的一种优惠关税。由于WTO确立了多边最惠国待遇,因此,在关税方面的最惠国待遇是目前国际贸易领域中一项重要的关税制度。

3. 普惠制关税(Generalized System of Preference,GSP)是发达国家给予发展中国家出口的制成品和半制成品一种普遍的非互惠的关税优惠待遇。普惠制的实施不需要有关国家之间存在专门的协定,而是由给予优惠的发达国家的国内法确定可享受此项优惠的国家、优惠产品的范围以及优惠的幅度等。当然,发达国家实施普惠制亦要遵守"授权条款"中规定的"非歧视"要求。

4. 特惠关税(special preference duty)是指一国基于历史或传统的原因,对某些国家的一切商品或部分商品的进口所征收的一种特别优惠的关税。比如欧盟基于《洛美协定》对来自非洲、加勒比海和太平洋地区的发展中国家的全部工业品和大部分农产品进口免征关税,即属于特惠关税。由于特惠关税待遇优于最惠国关税,实施需要WTO授权予以最惠国待遇豁免。

二、WTO/GATT对关税的态度

在市场准入问题上,尽管数量限制与关税同样会起到限制作用,然而,与数量限制相比,关税对市场准入的消极影响要小,这是因为:(1)关税与国内和国际价格之间关系密切,即使征税关税,国际上价格低的产品依然有可能进入东道国市场;而这种价格优势在数量限制中不复存在。(2)关税比较容易保障非歧视地对所有进口产品实施,而数量限制如配额的分配比较难以做到非歧视,实施过程往往具有主观性。(3)关税透明度高,税率一旦公布,每一个贸易商可以知晓特定商品市场准入价格;而在以配额为特征的数量限制中,市场准入依赖于时间(先来先给配额,first-come first-serve)、过去的表现(如配额按照过去的使用率)或贿赂(通过贿赂主管配额的官员而获得配额)等,与市场机制相关性较弱。(4)关税给进口国政府带来财政收入,而配额的受益往往被出口商或中介组织所侵吞,因此配额往往会导致"寻租"(rent seeking)现象。[3]

---

[3] Bernard M. Hoekman, The Political Economy of the World Trading System: The WTO and Beyond, Oxford University Press, 2001, p. 148.

鉴于此，对于同样构成市场准入壁垒的关税与数量限制，WTO/GATT 采取了迥然不同的态度。对于关税，允许存在但要逐步减让；而对于数量限制，一般情况下必须取消，在特殊情况下虽可以使用，但规定了严格的适用条件。

尽管与数量限制相比，关税对国际贸易限制相对较小，但货物贸易的市场准入首先体现在关税上。关税透明度高，易衡量，但对进出口商品价格有着直接影响，特别是高关税，是制约货物市场准入的重要壁垒。因此，WTO/GATT 在允许成员方使用关税手段的同时，要求成员方逐渐降低关税水平并加以约束，以不断推进货物贸易领域的市场准入。

乌拉圭回合谈判的总体目标是在 1986 年各国税率的基础上削减关税 33%。事实上，各参加方所谈妥的关税减让表中承诺的关税减让总体水平已超过了预期的目标。比如，发达国家成员已承诺将其工业品加权平均关税由现在的 6.3% 下降到 3.8%，发展中成员工业品加权平均税率由 20.5% 降至 14.4%。整体关税平均下调了 40%。各方在减让表中都列明了各自承诺的关税减让的商品目录清单，减让幅度以及时间安排，它们作为议定书的一个组成部分对各成员具有法律效力，且各方的关税减让必须遵循“维持原状，逐步回退”的规则，以保证市场准入原则在关税减让中的实施。从 1995 年开始，工业品约束关税税则号占整个税则号的比例，发达成员由 78% 升至 93%，发展中成员由 21% 升至 73%。美国、欧共体、日本、加拿大等发达成员还承诺，在药品、医疗设备、建筑机械、农业机械、家具、啤酒、蒸馏酒、纸和纸制品、钢材、玩具 10 个部门实行零关税。其他发达成员方和少数发展中成员，则有选择地对几个部门实施零关税。[4]

1996 年 12 月，29 个成员方签署了《信息技术协定》，同意在 2000 年 1 月 1 日前全部取消信息技术产品关税，后来又有 27 个成员方签署了该协定，同意逐步取消信息技术产品的关税。签署该协定的发展中国家成员方，在 2005 年 1 月 1 日前全部取消信息技术产品关税和其他税费。

三、WTO 对适用关税的要求

（一）关税减让表

关税减让（concession）是指各成员在 WTO/GATT 的主持下，通过多边谈判，互相让步，承担降低关税的义务。谈判在互惠和最惠国待遇原则下进行。

根据谈判达成的关税减让和非关税壁垒措施的取消的成果，均列入各成员方的“减让表”（schedule of concessions）。各成员方的减让表包括四个部分：第一部分针对农产品和非农产品的最惠国待遇减让，农产品包括关税和关税配额，非农产品的关税；第二部分针对的是特惠关税；第三部分针对的是非关税措施；第四部分

---

〔4〕 石广生：《中国加入世界贸易组织知识读本：世界贸易组织基本知识》（一），人民出版社 2001 年版，第 34 页。

是有关农产品国内支持与出口补贴的义务承诺。减让表中的第一部分通常被称为关税减让表。

所有的关税减让表结构均按《商品名称及编码协调制度》(Harmonized Commodity Description and Coding System, HS)编排,对于具体产品而言,主要包含如下信息:HS税号、商品描述、约束关税、最初谈判权、其他税费等。

(二)关税减让表的修改

根据GATT 1994第28条规定,成员方希望撤回或修改其做出的关税减让,必须符合下来条件:第一,在关税减让后3年内,原则上不允许修改与撤回;前一个3年期满,下一个3年自动延续。该规定主要是为了维护约束关税承诺的稳定性。第二,只有在每个3年有效期结束之后,希望修改或撤回减让的成员方才可以提出要求。第三,与具有最初谈判权的成员方进行谈判并提供补偿。所谓最初谈判权,是指最初谈判取得某些减让的成员方拥有的一种再谈判的特权,即如果与该成员最初谈判并承诺减让的成员方想修改或撤回某项减让,修改方就必须首先与它进行谈判。这是因为,拥有最初谈判权的成员方在最初谈判时往往是某种产品的主要供应者,最初谈判权的目的是保持最初参与谈判的成员方之间权利义务的平衡。但是,由于各成员方之间的国际经济贸易发展的不平衡,随着形势的发展,另外的成员方有可能取代最初谈判权的成员方而成为某项产品的主要供应者,因而与该项产品的减让有着主要厉害关系。对于这种成员方,GATT第28条规定也可以视为对该产品的减让拥有最初谈判权的成员方。此外,《关于解释GATT 1994第28条谅解》规定,如果受减让撤销或修改影响的产品出口占某一成员方出口第一位,那么该成员方也可视为拥有最初谈判权的成员方。

(三)关税约束的义务

按照GATT 1994第2条规定,关税减让表属于GATT 1994的组成部分,构成WTO涵盖协定,对成员方具有法律约束力。对某种产品而言,如果其税率列入了关税减让表,那么我们就称这种产品的关税税率为约束税率。约束税率意味着成员方有义务不超过该税率征收关税,但却可以把实际关税税率定于约束税率之下。对于未列入约束税率的产品,则各成员方可以自行征税。

GATT 1994第2.1条(a)规定,每一成员方对其他成员方的贸易所给予的待遇不得低于本协定所附关税减让表中所规定的待遇。换言之,任何成员方给予源自任何其他成员方的商品的待遇必须符合其所做出的承诺。衡量一个成员方是否遵守了GATT 1994的该项规定主标准就是看该成员方是否严格按照关税减让表征税。第2.1条(b)对关税待遇进行了更为详细的规定,即一成员方的产品如在另一成员方减让表的第一部分列明(最惠国待遇关税),当这种产品进口到该减让表适用的领土时,应在遵守该减让表中所列条款、条件或限制的前提下,对它免征超过减让表所列的关税。

GATT 1994第2.1条(b)除规定关税外,还规定:列入减让表约束关税的产品还应免征超过本协定订立之日对进口或有关进口所征收的任何其他税费。这表明,GATT 1994除了要求成员方必须遵守关税减让表中的约束关税外,还严格限制WTO成员方对其他成员方的商品进口征收其他税费。这些税费包括对外汇交易征收的税费、国内税费、影响进口商的有关服务费用和其他特殊进口费用。这些税费实施比较武断和缺乏透明度。〔5〕按照GATT 1994关于第2.1条(b)的解释,其他税费的约束日期应为1994年4月15日,即其他税费须以该日适用的水平列入关税减让表。列入关税减让表的其他税费水平,不得高于首次并入关税减让表的水平。为了保证WTO成员不随意增加其他税费从而减弱关税减让的效果,任何成员方都可以不存在此类其他税费为理由或者以相关其他税费的水平与先前的约束水平不一致为由,提出异议。当然,GATT 1994限制成员方征收其他税费规则也有例外:首先,如果其他费用的征税不违反国民待遇原则,则该成员对此类其他税费的征收不受限制;其次,收取相当于服务成本的费用不在限制之列;最后,反倾销、反补贴等贸易救济措施所征收的税费不在限制之列。

对于过境物品,GATT 1994明确规定免征过境税。GATT第5条规定:货物、船舶及其他运输工具,经由一成员方的领土上通过,不论有无转船、仓储、卸货或改变运输方式,只要通过的路程是全运程的一部分,而运输的起点和终点又在运输所经过的成员方领土之外,应视为经由这一成员方领土过境。对这样的领土过境运输,成员方应给予自由通行,不过可要求适当的海关报价。除了未遵守应适用的海关法令外,这种来自或前往其他成员方领土的过境运输,不应受到不必要的耽搁或限制,并应对它免征关税、过境税或其他过境费用,但运输费以及相当于因过境而支出的行政费用或与服务成本相当的费用不在限制之列。

上述的关税与其他税费待遇必须遵循最惠国待遇原则适用于所有WTO成员方的产品。

(四)关税的征收

WTO成员在征收关税时,除应遵守最惠国待遇、实际征收关税不得超过关税减让表中所列约束关税外,还应当注意关税的征收方式,即正确对进口货物的关税分类、正确对进口货物进行海关估价以及正确判断货物的原产地。

1.关于货物的关税分类

各国海关对进口货物征收关税,如果没有一种大家接受的货物税则分类规则,无疑加大征收关税的难度和延长通关时间。海关合作理事会(现为世界海关组织)对此作出了巨大贡献。1988年生效的《商品名称及编码协调制度国际公约》

〔5〕 Kostecki, M., Customs Duties versus other Import Charges in the Developing Countries, Journal of World Trade Law, Vol. 19, 1985, p. 269.

(International Convention on the Harmonized Commodity Description and Coding System)为国际社会采纳《商品名称及编码协调制度》(简称 HS 制度)奠定了基础,大部分 WTO 成员方都是国际公约的成员。HS 制度由 21 个部分组成,每一部分代表一类产品;21 类商品分为 99 章,1241 个税则号,税则号按照加工程序排成顺序。[6]

WTO 没有对货物的关税分类作出规定,也没有要求成员有接受 HS 制度的义务。由于大部分 WTO 成员本身就是协调制度国际公约的成员,因此这些成员的国内海关关税分类就是使用 HS 制、HS 解释通用规则(General Rules for the Interpretation of the Harmonized System)以及 HS 解释文件(Explanatory Notes)。尽管 HS 制度不是 WTO 涵盖协定,但在涉及有关产品分类的 WTO 义务的解释和适用中,HS 制度具有非常重要的作用。在欧共体电脑设备案中,上诉机构对专家组在解释欧共体减让表条文时没有考虑世界海关组织制定的 HS 制度及其解释文件感到惊讶,上诉机构认为,正确解释关税减让表应参考 HS 制度及其解释文件。[7]

2. 关于货物的海关估价

海关估价(customs valuation),是指一国海关机构,根据法定的价格标准和程序,为征收关税而对进出口货物确定一种完税价格的行为或过程。

国际上大多数国家按照从价税的方式课征关税,而海关在适用既定的从价税率对某种商品征收关税之前,必须确定以什么样的价格作为计税基础。如果海关不拥有估价的权力,则可能出现进口商与出口商合谋采取低价报关的形式骗税;如果海关拥有估价的权力不受约束,不适当地进行海关估价,例如武断地高估进口商品的价格,或对不同国家的产品实施不同的海关估价标准,都会对国际贸易造成扭曲和阻碍。考虑到海关估价有可能对国际贸易形成不利影响,GATT 1947专门确立了“海关估价条款”,即第 7 条,为海关估价国内立法和海关行为确立了一些基本原则。乌拉圭回合达成的《关于实施 1994 年关贸总协定第 7 条的协定》(Agreement on Implementation of Article VII of the General Agreement on Tariffs and Trade 1994,以下简称海关估价协定)则详细规定了海关估价应遵循的方法与顺序:

(1)进口货物的成交价格

进口货物的成交价格(transaction value)是指有关货物出口到进口方后,海关根据成交情况对进口商实际支付或应付价格进行调整后的价格。

实付或应付价格(actually paid or payable price)指的是进口方为进口货物已支

---

〔6〕 Peter Van Den Bossche, The Law and Policy of the World Trade Organization, Cambridge University Press, 2005. p. 426.

〔7〕 Appellate Body Report, European Communities—Customs Classification of Certain Computer Equipment, WT/DS62/AB/R, para. 89.

付或将支付给出口方的货款总额。根据协定第 8 条的规定,如果买方支付了下列费用,而这些费用未包含在其实付或应付的成交价格中,海关可将这些费用计入成交价格。这些费用包括:佣金和经纪费;包装和货物集装箱的成本费用;进口货物中包含的由买方提供的材料、零部件、设计、工具、模具等费用;应由买方支付的专利费和许可费;转售、处置或使用进口商品后支付给卖方的收益。

(2)相同货物的成交价格

如果某次进出口交易中不存在成交价格或成交价格不真实,进口方海关应依据相同货物的进口成交价格对有关货物进行海关估价。所谓“相同货物的成交价格”(transaction value of identical goods)是指有同一(或大致同一)时间进口的、与待估价货物相同的另一宗已经被海关估价确认的进口货物的成交价格。所谓相同货物是指与进口货物原产国或地区、原生产者生产的货物各方面完全相同的货物。相同指产品的物理特性、质量和声誉等方面的相同。如果该进口货物原生产者不再生产相同货物,可使用同一生产国其他生产者生产的货物作为相同货物,货物外形的细小差别可忽略不计。

(3)类似货物的成交价格

若对某项进口货物既不能适用其成交价格,也不存在可适用的相同货物的成交价格,海关估价便应以“类似货物的成交价格”(transaction value of similar goods)为海关估价的基础。所谓类似货物的成交价格是指在同一或大致同一时间进口的、与待估价货物在各主要方面相同(但不完全相同)的另一项已被海关确认的进口货物的成交价格。如果不存在交易条件和交易数量大体上相同的类似货物的进口交易,则应按不同的交易条件、交易数量的类似货物的进口成交价格的基础上加以合理调整,以形成对待估价货物的海关估价基础。

(4)倒扣价格

倒扣价格(deductive value)是指海关根据与进口货物相同货物或类似货物在进口方的销售价格,扣除该进口及销售时产生的正常利润和正常的商业成本,从而推断出待估进口货物的进口成交价格。

(5)计算价格(computed value)

计算价格(computed value)是指海关将待估价货物的生产成本(包括所有生产要素的投入价值和出口方境内的流通费用)加上出口方向进口方销售同类货物通常所获得的利润,以及为销售货物直接和间接产生的费用等合计形成的价格作为估价的方法。这种海关估价方法通常在进口方与出口方有特殊关系,且生产者愿意向进口方海关提供成本数据和必要审核材料的情况下采用。

(6)其他估价方法

如果无法使用任何一种上述方法进行海关估价,进口方海关可根据其掌握的现有资料使用符合客观事实原则的其他估价方法。但是海关估价不能使用进口方生产相同或类似货物的销售价格、主观估算的生产价格、在几项参考价格中选择较高的价格、设定最低海关估价、武断认定或虚构等。

进口成员方海关应在最大限度内以进口货物的成交价格作为货物完税价格。这是海关估价时应首先使用的方法。上述这6种估价方法应严格按照先后顺序实施,只有在前一种估价方法无法确定完税价格的情况下,才可以采用后一种估价方法。进口成员方海关不得颠倒这6种估价方法的顺序。但是对于扣除价格和计算价格的适用顺序,进口商可以要求优先适用计算价格。

3. 关于货物的原产地

如果从不同国家进口的货物在进口国的关税规定中享受不同的待遇,则进口国首先必须确定进口货物的原产地,从而对不同国家的货物给予不同的关税。例如,在决定对某项产品是以普通税率,还是以最惠国税率或普惠制税率征收进口关税之前,先要确认该产品是否来自某个有权享受最惠国税率待遇的国家,或是否来自某个有权享受普惠制税率待遇的发展中国家,这就要确认产品的原产地身份。否则将无法区别对待,海关也无法按正确的税率征税。

国际贸易货物的原产地(the origin of goods)是指作为商品而进入国际贸易流通的产品的原产国或原产地区,即产品的国籍。原产地规则(rule of origin)是指一个国家或地区为确定货物原产地而实施的普遍适用的法律、法规及行政决定,其核心是判断货物原产地的具体方法和标准。目前判断货物原产地的方法主要有:

当某种货物完全在一国或地区所获得,则该货物的原产地为该国或该地区。对于某种货物的生产、装配工序或其生产原料在一个以上国家或地区时,一般认为产品的最后实质性改变(last substantial transformation)的国家或地区为该产品的原产地。

在判断产品"最后实质性改变"时,一般采取增值百分比标准、特殊加工工序和税目变化标准等方法:(1)增值百分比标准(Value-Added Percentage Test),是指根据构成产品的进口原料或国内原料与产品本身的价值比来确定产品的原产地。(2)特殊加工工序标准(Specified Processes),是指构成货物基本特征的主要制造或加工工序在一国(地区)境内进行,该国或地区则为该产品的原产地。(3)税号改变标准(Change in Tariff Classification),又称税则分类变化标准。指非一国原材料经过该国境内加工生产后,所得货物在《商品名称及编码协调制度》中的税目归类发生了变化,则该国即为该产品的原产地。

乌拉圭回合达成的《原产地规则协定》并没有完成统一各国原产地规则的任务,而是规定从1995年WTO成立起,世界海关组织原产地规则技术委员会负责协调WTO成员方非优惠性原产地规则的工作。迄今为止,原产地规则协调任务尚未完成。从乌拉圭回合结束到原产地规则协调工作计划完成之前,在确定货物原产地时,各成员方应保证:

(1)当各成员发布一般实施原产地标准时,应明确必须遵守的各项标准,特别是:在实施税则分类变化标准的情况下,有关的原产地规则及其例外,都必须在税则目录中的子税目上清楚列明;在实施从价百分比标准的情况下,计算这一百分比的方法也必须在该原产地规则中注明;在使用制造或加工工序标准时,必须准确地说明能赋予有关产品原产地资格的制造或加工工序。

(2)原产地规则本身不得对国际贸易产生限制、扭曲或破坏性的影响。原产地规则不得提出过分严格的要求,或要求满足与制造或加工工序无关的某些条件并以此作为确定原产国的先决条件。各成员方对进出口产品所实施的原产地规则,不应歧视其他成员方,并应以连贯、一致的、公正和合理的方式加以管理。

(3)应出口商/进口商或任何有正当理由的人的要求,只要提交必要材料,有关成员方对产品原产地的确认,应尽快地在不迟于请求后的150日内做出。只要事实和据以做出原产地评定的原产地规则保持基本不变,则此确认三年内有效。

(4)使用肯定性原产地标准。肯定性的原产地标准是指,只要产品符合进口方原产地标准时,就可授予产品的原产地资格。与肯定性标准相对应的是否定性标准,否定性标准是指在何种情况下不能授予产品原产地资格的规定。只有在作为对肯定性标准的部分澄清,或在无须使用肯定性标准确定原产地的个别情况下,才允许使用否定标准。

第二节 非关税措施的法律制度

非关税措施通常是指除关税以外各种限制货物贸易市场准入的措施。非关税措施通常包括数量限制、进出口许可证、技术贸易壁垒、卫生与动植物检疫措施、海关通关程序、贸易政策武断实施等。随着关税水平的不断降低,非关税措施增多且形式不断变化,隐蔽性不断增强,越来越成为国际贸易发展的主要障碍。WTO 就一些可能限制货物贸易的非关税措施制定专门的协定,以尽可能规范成员方的相关行为,减少非关税措施在市场准入中的消极作用,不断推进全球贸易自由化进程。

一、关于数量限制的规则

(一)一般取消数量限制的要求

数量限制(Quantitative Restrictions)是通过限制进出口数量来管制国际货物贸易的一种行政方法。数量限制是一种简单易行、效果明显的行政手段,用以控制进出口货物的水平、来源和去向,这种做法既妨碍贸易的公平竞争,又容易导致对出口方的歧视性待遇,亦与 WTO 倡导的扩大货物贸易的目标相悖。这是因为,当某个成员做出关税减让后,如果又实施进口数量限制,则关税减让承诺便失去意义。此外,数量限制还抑制了国内市场正常需求,使国内市场价格与国际市场价格脱离,从而使国际贸易的数量、成分和流向发生畸形变化。鉴于此,WTO对数量限制基本持否定态度。WTO主张,各成员除通过关税保护本国的生产部门外,应尽量减少其他贸易保护手段。

货物贸易领域中取消数量限制的规定主要体现在GATT 1994第11条,该条第1款规定:"任何成员除征收关税或其他费用以外,不得设立或维持配额、进出口许可证或其他措施以限制或禁止其他成员方领土的产品的输入,或向其他成员方领土输出或销售出口产品。"根据本条规定,WTO原则上一般禁止以禁令、配额、进口许可证或其他数量限制措施来限制进出口。

(1)禁令(Ban),对进出口货物实施全部限制或有条件的全部限制。例如,在美国海虾案中,专家组认为,美国对超过美国有关海龟死亡率规定的捕捞方法捕捞的海虾禁止进口,构成GATT 1994第11条禁止的数量限制措施。

(2)配额(Quotas),指政府在一定时期内,对于某种商品的进出口数量或金额的最高限制。在规定的期限内,配额以内的货物可以进口,超过配额不准进口,或征收较高的关税。前者为数量配额,后者为关税配额。

(2)许可证(License),指贸易商在进出口商品前,必须向政府有关当局提出申请,经审查批准后发给许可证,才能进出口货物。没有许可证,一律不准进出口。

(3)其他数量限制措施,如自动出口约束和禁止。自动出口约束指出口国在进口国的要求和压力下,"自动"规定在某一时期内出口的最高数额。禁止是在特定条件下所用的限制,可以是全面禁止,如禁运;也可根据主管当局的规定而对部分地区出口的禁止。

(二)一般取消数量限制的例外

WTO允许各成员出于一些合法目标,对货物进出口实施数量限制,这些数量限制措施构成GATT 1994第11.1条一般取消数量限制的例外:

1. 对粮食等必需品的出口限制。为缓解出口成员的粮食或其他必需品的严重短缺而临时实施的出口禁止或限制。

2. 为实施国际贸易中的商品归类、分级和销售标准或法规而必须实施的进出口禁止或限制。

3. 为保障国际收支而实施的数量限制,即WTO成员为保障其对外金融地位和国际收支,在符合条件的情况下,可对进口货物实施数量限制。

4. WTO成员在符合《保障措施协定》所规定的条件下,可以数量限制实施保障措施。

5. 在符合GATT 1994第20条一般例外所规定的条件下,可实施进出口数量限制措施。

6. 根据GATT 1994第21条安全例外所采取的进出口数量限制措施。

（三）关于进口许可证程序的规则

进口许可证制度（import licensing）是世界各国普遍实行的一种进口管理制度。按照这种制度，商品的进口事先须由进口商向进口国有关行政机构提出申请，经过审查批准并发给进口许可证以后才能进口，或给予优惠关税进口。

进口许可证一般可分为自动许可证和非自动许可证。自动许可证的具体做法是由政府指定机构公布一定时间内允许自动许可证项下的进口商品清单，凡列入该商品清单里的商品，不论其国别与数量，只要进口商提出申请就会取得许可证。非自动许可证是指须经主管当局个别审批才能获得的许可证。具体做法是按照进口配额的分配办法来审核进口商提出的申请，只有分到配额的进口商才可在配额限度内取得进口许可证，超出配额以外的申请则一般不予允许而无法进口，以此来直接控制进口数量。

为防止许可证程序对市场准入构成贸易障碍，乌拉圭回合达成的《进口许可证程序协定》（Agreement on Import Licensing Procedures，简称协定）对实施许可证程序规定了如下纪律：

1. 协定第1.2条和第3.2条规定，不得不适当实施进口许可证程序，对贸易造成限制或扭曲。

2. 合理与透明度原则。协定第1.3条规定“有关进口许可证程序的规则在适用中应是中性的，并以公平合理的方式进行管理。”进口许可证程序的透明度原则体现于第1.4条，具体而言，各成员方应公布有关申请许可证的各种程序和规则，如申请者（自然人、公司）的资格、行政管理机构以及需领取进口许可证的商品清单，以便各成员政府和贸易经营者熟悉，并应尽可能在有关进口许可证规则生效21日前公布。

3. 简便原则。首先，申请表格应尽可能简便，有关文件和资料要求应严格限于许可证制度合理操作所必需程序的范围内；其次，受理机构应尽可能避免繁琐，一般申请者仅向一个行政管理机构申领进口许可证，在确实必须向一个以上的管理机构申请时，这类管理机构的数目不得超过3个；再次，应给予申请者以合理时限提交申请，这种合理期限至少应为21日，并且，如果在此期限内出现申请书数量不足的情形，应延长该期限。有了这项规定，申请者的申请时间便有了最低限度的保证。

4. 宽大原则。宽大原则体现于协定第1.7条和第1.8款。如果一项申请文件有微小差错（minor error），只要这种差错不改变文件所含的基本数据，进口方主管当局就不得因此拒绝其申请；由于在装船和运输过程中发生的误差，导致被许可进口的货物与许可证书上所载价值、数量或重量有细微出入（minor variations）时，只要这种细微错误符合一般商业惯例，不应拒绝该货物的进口。

5. 对非自动进口许可证程序附加的条件

(1)在进口许可证的申请者间不得歧视。

(2)如未获批准,申请者有权要求告知理由,并有权按国内法律程序上诉或要求复查。

(3)处理申请的时间限制。如果按先来先办(first-come first-served)原则处理申请,则审批期限不应超过 30 天;若是同时处理所有申请,审批期限不应超过 60 天。

(4)许可证的有效期应当合理,不应对货物进口造成障碍。

(5)合理分配许可证。许可证的分配应考虑申请者的进口实绩和过去配额使用情况,以及新的进口者的要求并确保它们的合理份额。

欧共体家禽产品进口限制案涉及非自动进口许可证程序问题。欧共体承诺每年向进口商提供 15500 吨冰冻家禽肉类的配额。欧共体第 1431/94 号条例规定,根据配额进口冰冻家禽须提交进口许可证,但配额以外的进口则不需要提交进口许可证;按配额进口的冰冻家禽可享有关税优惠待遇。在巴西的上诉中,与协定有关的问题主要有三个:(1)在本案中,专家组认为协定第 1.2 条和第 3.2 条的适用范围限于进口配额内的进口,这种解释是否错误;(2)专家组认为欧共体进口许可证程序没有导致贸易扭曲是否错误;(3)专家组认为欧共体遵守了进口许可证透明度的规定是否错误。[8] 上诉机构审理后认为,协定第 1.2 条和第 3.2 条关于进口许可证程序对贸易的限制和扭曲包括所有贸易,而非仅限于相关许可证措施所针对的特定贸易。因为有可能出现这样一种情况,在实施进口许可证程序时,实际上对另一部分贸易产生限制或扭曲的效果,尽管该部分贸易并不适用于该进口许可证程序。但是就本案而言,许可证程序只是针对冰冻家禽肉类的配额内贸易,而不包括配额外贸易。因此,只有配额内的进口适用进口许可证程序协定。[9] 根据 1431/94 号条例,巴西的进口配额冰冻家禽肉为 7100 吨,占整个配额的 45%。这与巴西在配额制度实施前三年巴西向欧共体冰冻家禽肉类进口比例相同。实际上,自配额实施后,巴西向欧共体出口的冰冻家禽肉是增加了而不是减少了。据此,上诉机构认为巴西未能证明欧共体的许可证措施导致贸易扭曲,故不能证明欧共体违反了进口许可证程序协定第 1.2 条和第 3.2 条。[10] 关于透明度问题,上诉机构认为,协定第 3.5 条第 1 项规定成员方提供许可证分配的资料以及相关的数据的义务仅限于在接到要求后提供资料;而巴西没有证明其要求欧共体提供资料

---

〔8〕 Appellate Body Report, European Communities—Measures Affecting the Importation of Certain Poultry Products, WT/DS69/AB/R, para. 117.

〔9〕 Id., para 122.

〔10〕 Id., paras 125, 126.

而遭到拒绝,因此,欧共体没有违反协定规定的透明度要求。[11]

二、关于贸易技术壁垒的规则

(一)贸易技术壁垒的含义

贸易技术壁垒(technical barriers to trade),是指那些强制性或非强制性确定商品某些特征的技术法规或技术标准,以及旨在检验商品是否符合这些技术法规或技术标准的认证、审批和测试程序所形成的不合理的贸易障碍。

产品的技术标准及其认证程序本身并不构成国际贸易的技术壁垒。技术标准化、规范化是现代经济活动必不可少的基础工作,它可以逐步提高生产效率,促进贸易的发展和充分保护消费者的财产和人身安全,又能进一步推动国际贸易的自由化以及全球范围内资源的优化配置,而且,它对保护自然环境,维护国家安全及防止欺骗性行为都有着重要的作用。[12]

然而,如果技术标准方面的法规或认证程序不当,就极易起到贸易壁垒的作用:(1)各国技术法规、标准和合格评定程序各不相同,人为造成国际贸易障碍。(2)各国极其复杂的技术标准和检验方法往往形成潜在或实际的技术壁垒。(3)有的技术标准对国内国外产品采取双重标准,抑制外国产品进口。

为发挥技术法规、标准在国际贸易中的正常作用,限制其对国际贸易的消极影响,乌拉圭回合在东京回合所制定的《贸易技术壁垒守则》基础上达成了《贸易技术壁垒协定》(Agreement on Technical Barriers to Trade, 以下简称 TBT 协定)

(二)关于技术法规、标准和合格评定程序的定义

技术法规、标准和合格评定程序是 TBT 协定的核心内容,也是国际贸易技术壁垒的三要素。因此,TBT 协定在附件一对这三要素下了定义。

1. 技术法规与标准

技术法规(technical regulations)是指强制性执行的有关产品特性或与产品特性有关的生产工艺和生产办法的规定。作为技术法规,应具备三个条件:(1)适用于特定的产品;(2)列出该产品的一个或一个以上的特征;(3)符合产品特征是强制性的要求。

与技术法规相关的另外一个重要概念是"(技术)标准(standards)"。附件一对标准的定义是指由公认的机构核准、供共同使用和反复使用的、没有强制力的关于产品特性或相关生产工艺和生产方法的文件。

由此可见,TBT 协定中技术法规与(技术)标准的重要区别就是,技术法规具有法律的强制执行力,而标准则是由生产厂商或贸易商自愿采纳。

---

〔11〕 Id. ,para. 130.

〔12〕 Bernard M. Hoekman, The Political Economy of the World Trading System: the WTO and Beyond, Oxford University Press, 2001, p. 185.

2. 合格评定程序

合格评定程序(conformity assessment procedures)是指任何用于直接或间接确定产品是否满足技术法规或标准的有关要求的程序,主要包括抽样、测试和检验程序;评估、验证和合格保证;注册、认可和核准程序以及它们的组合运用程序。合格评定程序可以分为认证、认可和相互承认三种形式:认证是指由授权机构出具的证明;认可指权威机构依据程序确认某一机构或个人从事特定任务或工作的能力;相互认证指认证机构或认可机构之间通过签署相互承认协定,彼此承认认证或认可结果。TBT 协定鼓励成员方积极考虑接受其他成员方的合格评定程序,并就此达成相互承认的协定进行谈判。

(三) 实施技术法规的纪律

TBT 协定第 2 条共用 12 款详细规定了成员方中央政府对技术法规的拟订、采纳和实施所应遵守的纪律。

(1)各成员应遵循国民待遇原则与最惠国待遇原则,即所制定的技术法规不应在外国产品之间或本国产品与外国产品之间产生歧视待遇。

(2)各成员在拟订和实施技术法规时,不应对国际贸易造成不必要的限制。所谓"不对国际贸易造成不必要的限制"是指:第一,拟订和采用技术法规应有合法目标(legitimate objectives),如国家安全需要,防止欺诈行为,保护人类健康或安全,保护动植物生命健康,或保护环境之需要等合法目的。第二,拟定和采用的技术法规应对贸易影响最小,即采取的技术措施对贸易的限制不应超过为实现合法目标所必需的限度。

(3)各成员方拟订或采纳新技术法规时,如存在国际标准或国际标准即将完成,就应该采纳国际标准。采纳国际标准并不要求国内标准与国际标准完全相同,欧共体沙丁鱼案上诉机构指出,采纳国际标准要考虑国内标准与国际标准是否有冲突。[13]

(4)如国际标准对成员方实现上述合法目标无效或不适当,成员方可采取国内标准。在此类争端中,申诉方负责举证国际标准对实现被诉方合法目标是有效和适当的。[14]

(5)成员方应确保立即公布已采用的技术法规,并使有关的成员方获得并熟悉这些技术法规。

三、关于贸易法规实施的规则

除成员方不适当的贸易法规本身构成市场准入壁垒外,成员方政府以武断、不

---

〔13〕 Appellate Body Report, European Communities—Trade Description of Sardines, WT/DS231/AB/R, para. 249.

〔14〕 Id. , para. 287.

公平的方式实施贸易法规,同样会对货物贸易的市场准入产生消极影响。为此,GATT 1994第10.3条(a)项要求:每一成员方应以统一、公正和合理的方式实施有关货物贸易的法规。一般而言,该项并不涉及法规本身,而是规范法规实施的方式(manner of administration);但如果法规本身对实施的方式有所规定,且该规定构成了武断和不合理,那么此时法规本身就违反了第10.3条(a)项。

阿根廷皮革案比较典型。1993年2月17日,在阿根廷制革企业的要求下,阿根廷政府通过771/93号决议,授权阿根廷制革业协会(CICA)的代表,可以参与牛皮出口清关程序的全过程。1994年4月,在皮革、皮革制造和相关产品的工业生产者协会(ADICMA)的要求下,这一措施适用范围扩大至皮革成品和毛皮等所有在4104关税分类号下的产品。从那时起,ADICMA成员的代表也被允许参与相关产品的出口清关程序。1996年6月,在ADICMA的要求下,阿根廷海关部门发布了2235号决议。根据决议,ADICMA成员可以见证海关官员检查货物的过程。一旦海关收到出口商或者其代理人的装载通知,它就会通知ADICMA清关事宜,包括地点、日期和时间。在检查现场,ADICMA的代表随同海关检查人员确认出口货物与出口商申报无异。

欧共体指出,让"存在相对利益"的制革企业的代表参与出口清关,会导致相关海关规则适用"不公正";其次,把牛皮出口商的出口信息告知那些希望从出口商那里购买牛皮的企业,这种做法"不合理";最后,阿根廷的这套出口清关程序只适用于一种特定的产品,而没有适用于其他出口产品,因此阿根廷行政部门执行法律"不统一"。

审理该案的专家组指出,考察贸易法规的实施方式是否符合GATT 1994第10.3条(a)项,应考察是否存在对于竞争的潜在影响。本案中,阿根廷政府让ADICMA代表参与清关程序而获取信息是不合理的。即使制革企业参与清关有一定的理由,他们获取与清关无关的价格信息是没有理由的,他们也无须知道出口的目的地、数量等信息。所以,即使实施措施的目的是为了正确的税目分类,但是却可能引起了商业机密资料的泄露,这属于"不合理"地实施法令,违反了第10.3条(a)项。阿根廷政府让没有法律上的利益,却有着相对商业利益的一方参与出口清关,是存在风险的,虽然这种风险可以补救,但是阿根廷政府没有采取任何补救性的措施。所以2235号决议实施海关法令是"不公正"的,违反了第10.3条(a)项。至于阿根廷的2235号决议只针对牛皮一种产品,而不适用于其他产品,"统一执法"要求对不同的经营者以及相同的经营者在不同时间要同等对待,它并没有要求对不同产品必须实行相同的措施。因此,阿根廷没有以"不统一"的方式实施法律。[15]

四、关于装运前检验的规则

装运前检验(Preshipment Inspection,简称PSI)是指经用户成员方(进口方)政府委托的机构,在出口成员方境内对出口到用户成员方的产品质量、数量、价格(包括汇率和金融条件)和关税税则中商品分类等进行核实的制度。这些用户成员方往往因为海关力量薄弱,外汇短缺,为保障本国的财政利益,防止商业欺诈、逃避外汇管制和非法输出资本,它们往往聘请外国专业商检机构,对进口商品进行装运前检验,并以这些商检机构出具的清洁检验报告,作为海关估价和进口以及付汇的依据。[16] 但装运前检验的不必要延迟、歧视性的待遇又往往造成贸易壁垒。

在乌拉圭回合谈判中,装运前检验列为谈判议题之一。谈判的目标是:消除装运前检验执行过程中不必要的延误或歧视性差别待遇;将GATT的原则全面适用于GATT所有成员方所授权的装运前检验活动;在装运前检验方面为发展中国家提供必要的帮助;迅速、有效、公正地解决各成员方因装运前检验而产生的争议;在装运前检验机构的工作程序和有关装运前检验的法规等方面实现高度透明。经过5年的谈判,各参加谈判方终于达成了《装运前检验协定》(Agreement on Preshipment Inspection),标志着国际装运前检验的法律制度的正式诞生。协定规定转运前应遵守的纪律主要有:

1. 非歧视检验的义务

用户成员方应确保装运前的检验活动是以一种非歧视方式进行的,所采用的操作程序和标准都是客观公正的,且平等地适用于所有有关产品的出口商,所有检验人员都应按照相同的标准从事检验。

2. 透明度的义务

协定要求用户成员方应确保装运前检验活动的进行需具有透明度,这一义务主要体现在以下三个方面:(1)用户成员方应确保装运前检验机构在与出口商第一次联系时,应向出口商提供一份为符合检验要求而准备的信息资料。(2)用户成员方应确保出口商能够方便地获得上述信息。(3)用户成员方应尽快公布所有与装运前检验业务有关的适用的法律、法规,以便使其他国家的政府和贸易商能够及时了解这些法律、法规。

---

〔15〕 Panel Report, Argentina—Measures Affecting the Export of Bovine Hides and the Import of Finished Leather, WT/DS155/R, paras. 11.85, 11.94, 11.100-101.

〔16〕 Bernard M. Hoekman, The Political Economy of the World Trading System: The WTO and Beyond, Oxford University Press, 2001, p.162.

3. 保护商业秘密的义务

装运前检验机构在实施检验过程中必然要向出口商索取有关资料，其中有些资料可能是商业秘密，一旦泄露就有可能损害出口商的利益。虽然《装运前检验协定》的成员方是各有关国家和地区政府，并承担履行协定的义务，但在装运前检验过程中的保密行为主要是依靠装运前检验机构承担。因此，用户成员方一旦委托或授权某装运前检验机构实施检验，它就应对该检验机构的保密义务负全部责任。

4. 避免装运前检验延误的义务

用户成员方应确保装运前的检验机构在检验货物过程中避免发生不合理的延误。

五、关于通关手续与程序规则

如果进口国海关手续异常复杂，程序漫长，进口货物通关成本就会增加，构成货物贸易市场准入的壁垒。为此，GATT 1994第 8.1 条(c)项规定：各成员方认识到，有必要最大限度地减少进出口手续的影响范围和复杂程度，并减少和简化进出口的单证要求。第 8.3 条进一步要求成员方海关不得对轻微违反海关法规或程序要求的行为进行实质性处罚。特别是，对于海关单证中任何易于修改和显然不具有欺诈意图或重大过失的遗漏和差错所给予的处罚不得超过警告所必需的限度。

除此之外，WTO 其他协定对于通关手续和程序的实体规则非常少。鉴于通关手续与程序对国际贸易的影响，1996 年 WTO 第一次部长级会议要求货物贸易理事会就贸易便利化问题做出研究，2001 年多哈部长会议同意就简化贸易程序进行谈判，统称贸易便利化谈判(trade facilitation)。

第三节　农产品贸易的法律制度

乌拉圭回合《农产品协定》作为 WTO 的重要协定之一，将农产品贸易纳入 WTO 的货物贸易法律框架下，为未来国际农产品贸易和国内政策的改革确定了思路，对世界各国农业政策将产生重大影响。《农产品协定》主要涉及国际农产品贸易的市场准入、国内支持、出口补贴三大问题(从内容的完整性出发，农产品的国内支持与出口补贴亦放在本节讨论)。

一、国际农产品贸易的复杂性

(一)农产品贸易涉及的利益关系

在国际贸易中，农产品贸易是极为敏感、极其复杂的问题，它涉及一国的粮食安全战略、政治力量对比、地理环境与气候、生产结构、就业、出口国与进口国的利益等诸多方面问题。因此,世界各国或是为了促进经济发展,或是为了保护国内农业,或是为了改善国际收支,或是为了全球战略等经济和政治目标,都在实施名目繁多的农业政策及其措施。

一些发达国家在农产品领域内历来盛行贸易保护主义政策。在这些国家,虽然农业在其国民经济中地位不再占主导地位,但农产品需求价格的敏感性和农民利益在国家政治地位中的重要性决定了国家愿意为其提供干预和保护,消除农产品贸易壁垒的政治空间比较小。农产品的出口国家,包括一些发展中国家,则希望加强农产品贸易自由化的纪律,反对为农产品实施特别保护。另一些发展中国家则对农产品贸易高度警觉,在这些国家,农产品并不被当作为商品,农民耕种粮食不是出于商业目的,而是一种文化传统,农业成为其维持家庭生活的依赖,农业用地以户为单位比较分散,这些国家担心农产品自由贸易会对其自给自足的农户造成致命打击。有的发展中国家由于外汇短缺、世界粮食市场波动而担心开放农产品市场影响国内政治经济安全。[17]

(二)GATT 1947框架下农产品贸易的例外

GATT 1947本来并未区分工业制成品和农产品,也没有对农产品和工业品分别制定约束规则,对GATT 1947缔约方而言,原则上农产品贸易同样应受到总协定规则的约束。但是,GATT 1947一开始就对初级产品(primary products)确立了一些例外规定,而大多数农产品均可被认定为初级产品,因此农产品贸易实际上一直没有被有效地纳入GATT 1947法律框架。这些例外包括:(1)GATT 1947第6.7条关于对农产品国内补贴的例外。(2)GATT 1947第16条B节第3款关于农产品出口补贴的例外。(3)GATT 1947第11.2条关于取消农产品贸易数量限制的例外。(4)GATT 1947第20条一般例外条款(b)规定,“为保护人类、动植物的生命或健康所必需的措施”应排除在GATT 1947各项条款之外。因此,GATT 1947各缔约方将对农产品贸易所采取的限制措施大都解释为保障人类、动植物的生命或健康所必需的措施。(5)GATT 1947第17条允许国营贸易企业对某些产品的进出口进行事实上的垄断,这些国营贸易企业大部分集中于农产品贸易领域。

除上述GATT 1947规定的农产品贸易例外的条款外,发达国家在实践中还会直接要求将农产品贸易排除在GATT 1947之外。1952年挪威、荷兰和丹麦向GATT申诉美国对奶制品实施不必要的数量限制,违反了GATT 1947第11.2条(c)项有关同时实施国内生产限制的要求。挪威等胜诉后被授权对美国进行贸易报复,这是GATT 1947历史上唯一的一次授权的报复措施。然而,美国以退出GATT 1947相威胁,最后迫使挪威等不得不取消报复措施。1955年GATT 1947对

〔17〕 Bhagirath Lal Das, The World Trade Organization: A Guide to the Framework for International Trade, Zed Books Ltd., UK, 2000, p.228.

美国做出了豁免义务授权，允许美国政府为执行国会制订的农业计划而对进口实施数量限制或征收高额关税。1966年瑞士加入GATT 1947时也被允许保留对农产品进口的传统限制，而无须再请示GATT 1947。至此，GATT 1947关于国际农产品贸易规则的公正性和完整性受到巨大挑战。

(三)《农产品协定》的产生

在乌拉圭回合谈判中，各缔约方就农产品问题专门设立了一个议题组，并确定了以"改善市场准入条件"和"改善竞争条件"为主题目标，试图从根本上解决农产品贸易自由化问题。在《乌拉圭回合部长宣言》中，缔约方全体同意，世界农产品贸易急需更严的规则和更大的可预见性，纠正和防止包括那些与结构性过剩有关的限制措施和贸易扭曲现象，以减少世界农产品价格的波动、供应的失衡和不稳定因素。《宣言》提出：第一，通过减少进口壁垒来改善市场准入的条件；第二，改善竞争环境，加强一切直接或间接影响农产品贸易的直接或间接补贴以及其他措施的使用规则，包括在探究其根源的基础上逐步减少它们的消极影响；第三，通过签订国际协定尽量缩小卫生与动植物检疫措施给农产品贸易造成的消极影响。[18]

乌拉圭回合农产品谈判，基本上是以三大利益集团（美国、欧共体和凯恩斯集团 Cairns Group）[19]为主、各利益相关方积极参与的激烈博弈。美国出于其农产品出口增加而要求欧共体取消其出口补贴；而对于国内农业补贴问题，美国则较少涉及。凯恩斯集团从自身利益出发，原则上支持美国的立场。日本和韩国以粮食安全为理由坚决反对开放本国大米市场。欧共体要求对农产品支持问题进行综合谈判，既包括农产品的出口补贴也包括国内支持问题。瑞士和北欧国家则支持或同情欧共体的立场；而一些粮食净进口国则强调取消出口补贴会对其产生不利影响，要求给予补偿。可以说，农产品问题已经成为乌拉圭回合能否顺利启动和进行的症结所在。最后决定在欧共体提出的方案基础上进行谈判——即必须针对所有的农产品补贴措施而不仅仅针对农产品的出口补贴。

从1986年到1990年有关农产品贸易的谈判进展不大。美国做出让步，建议从1991年起，10年内，将农产品的生产补贴削减75%，将出口补贴削减90%。同时，大幅度降低或减少农产品进口关税和非关税壁垒。农产品谈判的焦点主要集中在国内支持、市场准入和出口补贴三个方面。其关键是如何确定减少补贴的幅度（或基础）以及减少补贴所需的时间。由于欧共体的激烈反对，美国数次调整了自己的目标，对当初其坚持10年内削减90%的主张做出大幅度让步；欧共体也向

---

〔18〕 Ministerial Declaration on the Uruguay Round, GATT MIN. DEC, dated 20 September 1986, Part I.

〔19〕 凯恩斯集团由14个中小农产品出口国组成，即澳大利亚、加拿大、阿根廷、巴西、智利、新西兰、哥伦比亚、斐济、匈牙利、印尼、马来西亚、菲律宾、泰国和乌拉圭等。

前迈出一步,提出"5 年内削减 30% 或 6 年内削减 35%"。尽管欧美立场接近,但双方仍存在相当的差距。

在欧共体与美国谈判立场有所接近的情况下,1991 年 12 月 20 日谈判委员会主席邓克尔在其"邓克尔文本"中,对农业补贴提出了折衷建议:(1)关于出口补贴。即以 1986—1990 年为基础,出口农业补贴削减幅度为 36%,享受补贴出口的农产品数量减少 24%;(2)关于国内支持。以 1986—1988 年为基础,直接付给农民的国内补贴应减少 20%,但经济上中立的支持如退休金、环境保护补贴等可以免除削减。谈判方不得实施新的补贴且做出的承诺不得以出口信贷或粮食援助等方式加以规避。(3)关于市场准入。所有的非关税进口壁垒措施诸如数量限制等都需转换成关税;进口量不得低于 1986—1988 年的平均水平;6 年内保证进口最低准入量达到国内消费量的 6%;在粮食价格降低或进口量增加时可援引特殊保障措施。虽然该方案折中了欧美立场,美国与凯恩集团表示接受,但欧共体仍强烈反对,主要原因是欧共体反对将对农民的直接支持纳入到 GATT 体系,因为这涉及欧共体共同农业政策的根本。

1992 年 11 月 20 日,随着美国对欧共体压力的增大,随着欧共体内部共同农业政策的改革,特别是美国油菜籽案件的胜诉后欧共体面临被贸易制裁的威胁,欧共体与美国终于在华盛顿的布莱尔宫对农产品协定进行草签。双方同意对邓克尔文本进行修改:对于国内支持,欧共体赢得了直接支付免除减让的权利,国内支持的削减不是基于产品对产品,而是总体计算。对于出口补贴,双方同意受补贴的农产品数量 6 年内减少 21%,食品援助免予减让。1993 年 12 月 6 日,《农产品协定》(Agreement on Agriculture)终于在比利时的首都布鲁塞尔正式通过,从而使乌拉圭回合谈判因此而胜利结束。[20]

二、关于农产品的市场准入问题

减少市场准入的障碍,开放农产品市场,是《农产品协定》的主要目标之一。鉴于各成员方对农产品进口的限制不但表现为较高的进口关税,而且更多的是通过各种非关税措施,因此,农产品协定便从"贸易措施关税化"和"削减关税"等方面着手,以提高市场准入程度。

(一)非关税措施关税化

关税化(tariffication)就是把所有农产品贸易的非关税措施转化为同等保护程度的关税措施,即贸易措施关税化,然后再逐步降低进口税率。

在市场准入谈判方面最显著的成果就是确立了只用关税措施来控制农产品进出口,取消原有的非关税措施,将边境上的非关税措施转换为等量关税。根据《农

---

〔20〕 Fabian Delcros, The Legal Status of Agriculture in the WTO: State of Play at the Start of Negotiations, Journal of World Trade, Vol. 36, No. 2, 2002, pp. 230 – 231.

产品协定》第 4.2 条,非关税措施是指除关税以外的措施,包括进口数量限制、进口差价税、最低进口价格、歧视性进口许可、通过国营贸易维持的非关税措施、自动出口限制以及除普通关税义务的任何类似边境措施。关税化的结果作为关税减让的基础税率。这些非关税措施以 1986—1988 年为基期转化为等量关税。

非关税措施的关税化有三个例外:(1)为了维护国际收支的平衡而采取的措施;(2)根据 1994 年关贸总协定一般例外措施或世贸组织其他协议而采取的、尤其是与农业无关的非关税措施不受关税化的约束;(3)某一成员可以自愿选择继续暂时维持非关税措施而向其他成员提供一个最低的市场准入机会。

为防止关税化过程中有漏网之鱼以及非关税措施会死灰复燃,《农产品协定》第 4.2 条明确规定:"各成员不得维持、采用和恢复使用已被要求转化为普通关税的任何措施。"对于如何认定某种措施是否是"已被要求转化为关税的任何措施",智利农产品案就此问题发生争议。为确保国内部分农产品价格波动的合理幅度,智利于 1986 年起对部分农产品实施价格波动幅度制度,对于此类产品的进口,海关除征收从价关税外,还将根据具体情况征收价格波动税。对此,智利提出,在乌拉圭回合谈判中,智利并没有将价格波动幅度制度转化为关税,在关税减让表起草和验证过程中,也没有任何成员专门针对价格波动幅度制度提出具体的关税化请求和质疑,因此,价格波动幅度制度并不属于第 4.2 条所指的"已被要求转化为普通关税的措施"。[21] 智利的这一观点遭到专家组和上诉机构的驳斥,上诉机构认为,第 4.2 条"已被要求转化为普通关税的措施"不仅包括乌拉圭回合谈判时实际转化为普通关税的措施,而且也包括所有应当转化而尚未转化为普通关税的措施。[22] 简言之,《农产品协定》生效后,任何在此之前尚未转化为普通关税的措施一概不能再维持适用,不管是否被要求转化。

(二)关税减让

农产品关税减让的基础税率有三种:(1)不属于非关税措施保护的农产品,且有约束税率,则以该约束税率为基础;(2)不属于非关税措施保护的农产品,但无约束关税,则以 1986 年 9 月 1 日税率为基础;(3)非关税措施关税化的税率。《农产品协定》规定,发达国家成员方的农产品进口关税的简单平均水平在6 年内须削减 36%,同时每个税目的减让率不低于 15%;发展中成员方用 10 年的时间削减 24%,每个税目的减让率不低于 10%。每年实施等量减让。最不发达国家成员不要求进行关税减让。

---

〔21〕 Panel Report, Chile—Price System and Safeguard Measures Relating to Certain Agricultural Products, WT/DS207/R, para. 2.2, 7.18.

〔22〕 Appellate Body Report, Chile—Price System and Safeguard Measures Relating to Certain Agricultural Products, WT/DS207/AB/R, para. 208.

（三）市场准入机会

由于主要发达成员方对部分农产品维持较高的非关税措施或约束关税，关税化后，进口保护水平并没有降低。例如，加拿大黄油关税为360%、起始关税为289%、鸡蛋关税为236%；日本小麦关税为300%。这样的高关税，即使到关税减让实施期结束，依然非常高。如此高关税严重阻碍农产品的国际贸易。为缓解此问题，《农产品协定》规定了关税化的产品现行市场准入机会和最低市场准入机会。

现行市场准入机会（current access opportunity），是指对于已实施关税化的农产品，有关成员方应维持已有的市场准入机会，准入机会以1986—1988年为基准期，不得低于基期年的平均进口水平。

最低市场准入机会（minimum access opportunity），是指以1986—1988年为基准期，如进口关税化农产品不足国内消费量的5%，进口成员方则应承诺最低数量的市场准入机会。在关税减让实施期的第一年（1995年），应承诺的最低进口准入数量为基准期国内消费量的3%，在实施期结束时应提高到5%（发达成员方到2000年，发展中成员方到2004年）。

不管是现行市场准入机会还是最低市场准入机会，都是通过关税配额的方式进口，且经过谈判确认配额内的数量。在准入机会数量内（即关税配额额度内）以低关税进口，超出准入机会数量的，以关税化税率进口。

（四）特别保障措施

《农产品协定》一方面要求成员方都必须将进口非关税措施关税化和逐步减让关税，另一方面又允许成员方采取有别于GATT 1994第19条和《保障措施协定》规定的保障措施。《农产品协定》第5条规定，采取特别保障措施应当符合以下条件：（1）特别保障措施针对的是关税化产品，各成员方通过谈判获得使用该特别保障措施的权利，在减让表的该农产品税目中用“SSG”符号表示。（2）特别保障措施加征的关税只适用于关税配额外的进口。（3）达到特别保障措施的触发水平。关税化产品的进口数量超出前三年平均进口量的105%—125%的触发水平时，或其进口的到岸价格低于基期价格时。（4）特别保障措施的方式为征收附加税，附加税的数额不得超过当年普通关税的三分之一，征收的时间仅可适用到当年年底。

三、关于农产品的国内支持（domestic support）

根据《农产品协定》，国内支持是指给予农业生产的资助，不包括出口补贴。协定将国内支持分为不同种类，即“绿箱”支持、“蓝箱”支持和“黄箱”支持。

（一）“绿箱”支持措施

《农产品协定》附件2规定，“绿箱”支持措施是指，由政府提供的、其费用不转让给消费者，且对生产者不具有价格支持作用的财政支持。这些措施对农产品贸易和农业生产不会产生或仅有微小的扭曲影响，成员方无须承担约束和削减义务。

"绿箱"支持措施主要包括如下类型：

1. 政府向农业和农村提供的服务支出。这类支持包括农业科研；病虫害控制；培训、咨询和成果推广服务；检测服务；营销和促销服务；农业基础设施服务，包括电力网络设施、道路交通设施、市场和港口设施、供水设施、堤坝和排水系统以及与环境保护有关的基础设施。

2. 国内粮食援助补贴。指向需要援助的部分人口提供国内粮食的援助计划，该计划的开支由政府承担。此外，有关维护粮食安全公共储备补贴也属于国内粮食援助补贴内容。

3. 对生产者的直接支付。包括以下几种类型：农业资源储备补贴（以农用土地至少3年停止使用为条件的补贴）；农业结构调整投资补贴（协助生产者针对结构性缺陷进行调整的投资补贴）；农业生产者退休或专业补贴（农民退休或转入非农业部门的补贴）；收入保险补贴（对生产者收入减少30%进行援助，但补贴额不得超过损失的70%）；与生产不挂钩的补贴。

4. 对落后地区和农业环境保护的补贴。成员方在其国内立法中对落后地区的界定标准必须中性、客观和清楚；且该补贴与农产品的产量和价格无关。

5. 对于因自然灾害而提供的救济补贴也属于"绿箱"补贴。自然灾害救济补贴不得超过灾害所造成的总损失。

（二）"蓝箱"支持措施

"蓝箱"支持措施是在欧共体的要求下所创设的。根据《农产品协定》第6.5条(a)项规定，限制产量并符合下列条件之一的直接支付可以免予削减义务：(1)按照固定面积和产量给予；(2)按基期生产水平的85%或者85%以下给予（属于美国提出的生产不足补贴，deficiency payments）；(3)按固定牲畜头数给予。由于这些补贴与生产数量限制有关，因而在理论上这种补贴对贸易的扭曲作用有限。

（三）"黄箱"支持措施

根据《农产品协定》规定，"黄箱"支持措施是指除"绿箱"和"蓝箱"补贴措施以外的、政府对农产品进行的直接价格干预和补贴措施，包括对种子、肥料、灌溉等农业投入品的补贴，对农产品营销贷款的补贴等。这类措施对贸易会产生影响，成员方须承担约束和削减义务。

通常用综合支持量来衡量"黄箱"补贴的大小。综合支持量（the total Aggregate Measurement of Support，AMS）是指，为支持某种特定农产品生产而提供补贴的年度支持水平，或为支持农业生产者而提供给非特定产品的年度支持水平，一般用货币单位来表示。

任何成员方对"黄箱"补贴即综合支持量必须承担减让义务，并列入减让表的第四部分。根据协定规定，自1995年开始，以1986—1988年为基准期，发达国家成员在6年内逐步将综合支持量削减20%，发展中国家成员在10年内逐步削减

13%。在此期间内，每年的综合支持量不能超过承诺表中所承诺的约束水平。对于特定农产品或所有农产品的“黄箱”支持，协定规定实行微量允许，即对发展中成员方而言，微量允许为不超过该特定产品生产总值或农业总值的10%；对发达成员方而言，微量允许为不超过该特定产品生产总值或农业总值的5%。

此外，发展中成员的一些属于“黄箱”补贴措施也被列入免予削减的范围，如农业投资补贴、对低收入或资源贫乏地区生产者提供的农业投入品补贴、为鼓励生产者不生产违禁麻醉作物而提供的补贴等。

（四）“黄箱”支持削减承诺的执行情况

在《农产品协定》生效时，共有近30个成员方在其减让表第四部分作出了国内支持削减承诺，其中大部分为发达国家。这表明这些成员方在基准期内对国内生产者提供的“黄箱”支持超过了微量允许水平，需要削减。其他成员方由于基准期综合支持量为零或在微量允许值内，无须作出削减承诺。这些成员方今后使用的黄箱支持不得超过微量允许值。

从WTO秘书处统计数据来看，国内支持削减承诺的执行情况基本令人满意。国内“黄箱”削减承诺之所以进展如此顺利，与国内支持规则不严密有关：(1)由于“绿箱”支持和“蓝箱”支持免予削减，有些“黄箱”支持可以转化为“绿箱”支持和“蓝箱”支持；(2)“黄箱”支持的削减基于总量，并不针对特定农产品，这样成员方在削减总量的前提下仍可对特定农产品的“黄箱”支持进行调整，乃至增加部分农产品的国内支持，以实现国内农业发展目标。[23]

四、关于出口补贴措施（Export Subsidy）

（一）出口补贴的削减义务

由于各国特别是发达成员对农产品出口给予巨额补贴，人为地提高了其出口竞争力，妨碍了自由贸易和公平竞争的实现，并成为扭曲和扰乱国际农产品贸易的主要因素。《农产品协定》所指的出口补贴是指“视出口实绩而给予的补贴”，包括协定第9.1条所指的出口补贴类型：(1)政府或其代理机构视出口实绩而提供的直接补贴，包括实物支付；(2)以低于同类农产品的国内市场价格，将非商业性政府库存出售给出口商；(3)政府财政资助的出口（无论是否涉及公共账户的支出）；(4)为减少农产品出口营销成本的补贴；(5)出口农产品的国内运费补贴；(6)对出口产品中所含的农产品进行补贴。对于第9.1条所列举的六大类出口补贴措施，《农产品协定》并不要求成员方立即取消，而是要求承担削减义务：即以1986—1990年为基期的基础按比例削减；对发达国家成员方来说，出口补贴金额在6年内应削减36%，接受出口补贴的产品总量应减少21%；发展中国家成员方则应在10年内削减出口补贴金额的24%，接受出口补贴的产品总量应减少14%；并将其削减承诺列入

---

〔23〕 龚宇：《WTO农产品贸易法律制度研究》，厦门大学出版社2005年版，第221页。

其减让表的第四部分第2节“出口补贴:预算支出和数量削减承诺”。

WTO成立后,加拿大牛奶制品出口案是第一个涉及《农产品协定》第9.1条有关出口补贴解释的案件。在该案中,美国和新西兰指控加拿大通过某种销售系统对出口奶制品的加工商提供低价的牛奶。这种销售系统由专业机构经营,政府并不干预。在该案中,上诉机构必须回答两个问题:首先,这种使得出口加工商获得低价牛奶的措施是否是出口补贴?其次,如果是,这种补贴是否属于第9.1条规定的出口补贴。

加拿大辩称该种措施不属于补贴因为它不是由政府所提供的而是由私人机构即省级牛奶销售委员会(Provincial Milk Marketing Boards)提供的,而该委员会由农民自己组织经营。上诉机构拒绝了加拿大的辩解,因为省级牛奶销售委员会由政府设立和享有政府的授权,没有政府的干预这种提供低价牛奶的系统根本无法运作,所有,省级牛奶销售委员会实际上是政府的一个机构。对于这种补贴是否属于第9.1条规定的出口补贴,上诉机构认为,第9.1条规定的“支付”并不是仅仅指金钱的支付,而是广义的经济资源转移,提供低价牛奶属于资源转移的一种方式。综上分析,上诉机构认为,从表面上,似乎是生产商对牛奶加工商提供了补贴,但实际上是由加拿大政府提供的补贴。既然补贴是属于第9.1条所指的出口补贴,那么这种出口补贴必须列入加拿大的减让表。当这些被裁定为出口补贴的牛奶数量加上其他出口补贴措施的牛奶数量时,加拿大整个被授予出口补贴的牛奶数量超过了其减让表中的承诺,因而违反了《农产品协定》关于出口补贴的规定。[24]

(二)农产品出口补贴纪律

除出口补贴减让承诺外,成员方农产品出口的纪律主要规定在《农产品协定》第3.3条和第10.1条。《农产品协定》第3.3条规定:成员方可向列入减让表的农产品提供第9.1条所列六类补贴,该补贴不得超过其承诺的预算支出或数量水平,成员方不得向没有列入减让表的农产品提供第9.1条六类补贴。但问题在于,如果对农产品(不管是否列入减让表)提供第9.1条之外的出口补贴,是否受到限制?《农产品协定》第10.1条进一步规定“实施未列入第9.1条的出口补贴,不应以导致或威胁导致规避出口补贴义务的方式实施”。

对于上述条款的理解,上诉机构在美国外国销售公司法案中做了比较好的阐述。在该案中,欧共体指出根据美国国内收入税法(Internal Revenue Code, IRC)对外国销售公司就销售出口美国农产品给予特殊的税收待遇,违反了《农产品协定》中有关出口补贴纪律的规定。审理本案的上诉机构认为,对外国销售公司的特殊税收待遇的确是出口补贴,但不属于《农产品协定》第9.1条所指的六类出口

〔24〕 Appellate Body Report, Canada—Measures Affecting the Importation of Milk and Exportation of Dairy Products, WT/DS103/AB/R, paras. 112, 144.

补贴措施。对于第 10.1 条所涉概念的理解,上诉机构指出:"出口补贴义务"(export subsidy commitments)不同于出口补贴"减让义务"(reduction commitment),前者的范围要宽;减让义务只适用于列入减让表的农产品,而出口补贴义务适用于一切农产品,既包括减让表中的农产品也包括未列入减让表的农产品。[25] 所谓规避,指寻找途径绕开或避开,途径和手段多种;而且第 10.1 条不要求实际上产生了规避效果,只要实施的出口补贴的方式可能造成规避第 9.1 条所列出口补贴义务,就违反了第 10.1 条。[26] 根据美国 IRC,外国销售公司只要达到法定条件,政府就必须对其来源于国外的收入免税,而可以享受免税待遇的外国收入又没有上限限制。因此,对于列入减让表的农产品,美国虽然可以提供补贴,但补贴的上限是减让表中的预算支出,超过这一限度的补贴则是禁止的;美国没有规定可免税的外国收入上限,其实施方式就有可能导致规避第 3.3 条规定的义务。对于未列入减让表的农产品,虽然美国实施的措施没有列入《农产品协定》第 9.1 条,但其实施方式也可能导致规避第 3.3 条规定的义务。[27]

在美国陆地棉补贴案中,就美国出口信贷担保计划是否构成《农产品协定》第 10.1 条规避出口补贴义务的措施,上诉机构秉承美国外国销售公司法案的结论,并明确指出,第 10.1 条的条文表明,只有第 9.1 条规定的六类出口补贴不在其规范范围之内。[28] 由此,对于农产品出口补贴纪律可以这样理解:(1)对于列入减让表第四部分第 2 节(预算支出和数量削减承诺)的农产品,成员方可提供《农产品协定》第 9.1 条所列的六大类出口补贴和其他类型补贴,前提是不得超过削减承诺的水平;(2)对于未列入减让表第四部分第 2 节(预算支出和数量削减承诺)的农产品,成员方不得提供第 9.1 条所列的六大类出口补贴及其他类型的出口补贴。

五、关于农产品贸易的谈判

《农产品协定》第 20 条规定,在实施期结束前一年,WTO 应继续就改善农产品贸易进行谈判。鉴于发达国家成员方的实施期到 2001 年结束,因此,关于继续开放农产品市场的谈判于 2000 年 3 月 23 日开始。2001 年 WTO 第四次部长级会议通过了《多哈部长级会议宣言》,宣言宣布 WTO 成员方将举行新一轮贸易回合的谈判(多哈回合),内容包括农产品贸易议题。自 2000 年农产品开始谈判以来,120 多个成员方提交了数十个谈判议案。由于农业关系到大多数国家的粮食安全、农民收入、环境保护等战略问题,尤其在发达国家,农业更是个敏感的政治问

〔25〕 Appellate Body Report, United States—Tax Treatment for "Foreign Sales Corporations", WT/DS108/AB/R, para. 147.

〔26〕 Id., para. 148.

〔27〕 Id., paras. 150 – 152.

〔28〕 Appellate Body Report, United States—Subsidies on Upland Cotton, WT/DS267/AB/R, para. 615.

题,因此,各国都对农业采取了不同程度的保护,谈判非常复杂。各方在农产品市场准入、国内支持和出口补贴“三大支柱”问题上产生了巨大的分歧。

(一)关于农产品的市场准入问题

农产品市场准入问题实际上是关于《农产品协定》实施期结束后农产品如何继续减让关税的问题。美国和凯恩斯集团成员作为农产品出口国,主张扩大市场准入、大幅削减直至取消农业关税,主张在5年内将发达成员所有农产品关税削减至25%。对这些国家来说,市场准入意味着其农产品能更多地进入迄今仍受保护的成员方市场,扩大出口。而欧盟、日本等进口国则强调农业的非贸易关注,它们把非贸易关注作为其保护农业、延迟农产品贸易自由化的理由,坚决反对美国的关税减让直至取消的提议。

农产品市场准入主要围绕着农产品关税减让的模式展开。以欧盟和日本为代表的成员方主张继续实行乌拉圭回合减让模式,根据对基期选择的不同,乌拉圭回合模式对于农产品关税的减让可以进一步细分:一是与乌拉圭回合基期一致的乌拉圭回合模式,即在乌拉圭回合达成农产品税率的基础上将平均关税进一步削减36%,这样经过乌拉圭回合和多哈回合两个阶段农产品关税削减72%,实现农产品关税水平明显降低;二是以某一新基期条件下的乌拉圭回合模式,例如采用乌拉圭回合《农产品协定》实施期末为基期。对于那些担心不断增加农产品市场准入可能带来的负面政治压力的成员方而言,乌拉圭回合模式无疑具有吸引力。因为该模式是在相对较长的时期内逐步削减平均关税,且在单个税目的处理上具有较大的灵活性,因此对农产品关税的实际降低意义有限。如果新一轮贸易继续该种减让模式,目前许多受到保护的产品,如日本的大米关税降低幅度就非常有限。

正是基于这个原因,以澳大利亚为代表的凯恩斯集团成员对任何包含乌拉圭回合模式的减让方案都高度质疑。对于他们来说,乌拉圭回合《农产品协定》本身就是一个巨大的失望,他们赞同对所有农产品关税减让适用瑞士公式。瑞士公式(Swiss formula)是指在东京回合中由瑞士提出的实现线型关税减让的折中公式,瑞士公式为:$T1 = aTo/(a + To)$,其中To为原来的进口税率,T1为削减后的税率,a是一个参数,可以通过谈判确定,该公式的特点是高税多减。

为了协调各方利益,在2003年WTO第五次部长级会议(坎昆会议)上,美国和欧盟提出了“混合模式”减让农产品关税的倡议。所谓混合模式是指综合乌拉圭回合模式和瑞士公式。然而即使对于混合模式,各成员方依然争论激烈,以澳大利亚和新西兰为代表的成员方提出,混合模式应以高关税多减的瑞士公式为主,大刀阔斧地削减农产品高关税,解决关税高峰问题。以欧盟和日本等为代表的目前仍然对农产品实施高关税保护的成员方则主张,应继续实行乌拉圭回合的减让方式为主,给予有困难的成员方以多种灵活性,农业改革进程应以渐进稳妥的方式进行。美欧之间对混合模式亦有不同认识,美国已经提出建议,发达国家成员方用乌拉圭回合模式减让的比例不得超过全部农产品税目的 2% 至 3%；而欧盟则主张用乌拉圭回合模式减让的税目比例应该至少达到两位数。[29]

（二）关于国内支持问题

美国建议将国内支持由三类简化为两类（即“黄箱”支持和“绿箱”支持），停止使用“蓝箱”支持措施；所有成员方以《农产品协定》最终实施约束期时的综合支持量作为开始削减的基数，削减方式为：在固定期内逐年分期削减，削减额为成员方某固定基期农业生产总值的固定比率；有关环境和可持续发展的支持措施可以不予削减。对于国内农业支持削减幅度，美国主张大幅度削减国内农业支持，要求在 5 年内将所有成员国内支持总量限制在农业总产值的 5% 之内。凯恩斯集团国家要求发达国家成员第一年削减 50% 的农业补贴，在 5 年内取消所有补贴。

欧盟和日本则认为现行“绿箱”、“蓝箱”和“黄箱”支持措施的结构有其合理性，欧盟特别强调，蓝箱支持措施中的直接支付是非常有效的国内农业改革措施。

古巴等 11 个发展中国家提议将所有的国内支持归纳为一类，统一称为一般补贴措施，使补贴结构更趋于合理化；另行制定一系列准则，如规定所有成员以农业产值的 10% 为基准，低于该水平的补贴为不可申诉补贴；发展中国家成员可以拥有更多的灵活性。

（三）关于农产品的出口补贴

在出口补贴方面，凯恩斯集团成员建议在 3—6 年内取消所有出口补贴；削减的方式为：在下一个实施《农产品协定》期间开始时，以类似首期付款的方式一次性削减出口补贴的 50%，并以加速的方式将出口补贴额削减至零；制定更严格的规定，防止各类出口补贴削减与限制的规避行为。美国立场与凯恩斯集团成员接近，建议在为期 5 年内以渐进方式将出口补贴的预算及出口补贴的数量降为零。

欧盟和日本则主张渐进式地削减出口补贴，不同意完全终止或一次性大幅度削减出口补贴。如日本和欧盟只同意出口补贴平均削减 45%，反对全部取消。

印度认为应继续按《农产品协定》逐步削减出口补贴，并在谈判结束后 3 年内取消出口补贴，但应给予发展中成员灵活性。还有成员方建议在不取消出口补贴的情况下，针对不同产品类别规定补贴的不同减让幅度。[30]

对中国而言，在入世谈判时对农产品贸易已经做了很大让步，农产品市场准入、出口补贴（中国无出口补贴）与国内支持方面的承诺居于领先地位，因此，中国目前面临的任务是履行承诺、消化承诺所带来的影响。在该领域的谈判中，中国立场与发展中国家基本一致：支持农产品大幅度削减关税；取消出口补贴；支持给予发展中国家成员的特殊与差别待遇。

---

〔29〕 曹玖梅：“农业市场准入谈判：再叩多哈回合之门”，载《国际商报》2004 年 5 月 17 日。

〔30〕 张幼文：《多哈发展议程：议题与对策》，上海人民出版社 2004 年版，第 44—45 页。

2003 年 9 月,世贸组织坎昆部长级会议因各方在农产品问题上分歧严重而失败,使 2001 年启动的“多哈回合”多边谈判陷入僵局。2004 年 3 月“多哈回合”的多项议题重新启动谈判,其中农业问题依然是最为棘手的议题。农业谈判之所以举步维艰,是因为无论对发达国家还是发展中国家,农业都是特殊而又敏感的问题,而且各方的矛盾相互交织,十分复杂。从发展中成员角度而言,农业占国民经济的比重虽大,但农业劳动生产率低,这使得它们在国际市场竞争中处于不利地位。而以欧盟成员国和美国为代表的发达国家不仅拥有先进的农业技术,还为本国农民提供大量的补贴。高额补贴使发达国家的农产品得以在国际市场上占有价格优势。因此,发展中国家要求发达国家首先取消农产品补贴,然后再谈农产品的市场准入问题。但发达国家希望尽快打开发展中国家市场。美国明确表示,取消农业补贴要以发展中国家降低农产品进口关税、改善市场准入为条件。在农业问题上,不仅发展中国家和发达国家之间有矛盾,发达国家之间也存在分歧。美国一再强调,欧盟的农业补贴是美国的三倍,美国可以取消农业补贴,但前提是其他国家也必须采取同样措施,为此它要求与欧盟就终止出口补贴和大幅度削减国内支持达成协定。欧盟对此表示反对。在代表发展中国家的 21 国集团协调小组、代表农产品出口国的凯恩斯集团以及美国的强大压力下,欧盟已同意考虑为取消出口补贴设定一个最后期限。[31]

(四)坎昆部长级会议后农业谈判的进展

自 2003 年 9 月坎昆会议破裂以来,多哈发展议程谈判便陷入了停滞。正当人们普遍对多哈回合谈判进程失望之际,美国、欧盟、WTO 本身以及包括中国在内的发展中国家在 2004 年上半年展开了一系列的推动多哈回合谈判的努力,这些努力为谈判的顺利进行扫清了一些障碍,使人们看到了重启谈判进程的希望。2004 年 8 月 1 日 WTO147 个成员方终于在日内瓦就多哈回合主要议题以总理事会决议的方式达成框架协定。

框架协定内容涉及农业、棉花、非农产品市场准入、服务贸易、贸易便利化、发展、其他谈判议题如争端解决机制、TRIPS 协定和贸易与环境等领域。在谈判的核心领域——农业的框架协定中,发达国家承诺在限定的年限取消出口补贴以及具有出口补贴作用的出口信贷、国营贸易等措施;大幅度削减国内支持;实质性改进市场准入条件;同时允许发达成员方在谈判基础上确定保护“敏感产品”的清单;框架协定否定了有关发展中成员提出的将棉花议题作为特殊议题对待的要求,但在农业框架协定中给予棉花以特殊重要关注。

2005 年 12 月香港部长级会议宣言提出:所有农产品出口补贴应在 2013 年年底取消;发达成员 2006 年前取消棉花的出口补贴;发达国家给予最不发达成员的

〔31〕 李洁:“多哈回合农业谈判“卡”在何处”,载《国际商报》2004 年 3 月 30 日。

棉花免税和免配额的市场准入。[32] 受香港部长级会议的鼓舞，WTO打算在2006年底完成多哈回合谈判。由于谈判中美国、欧盟、日本、澳大利亚、印度和巴西的僵持，谈判陷入困境，7月28日，总干事拉米不得不宣布包括农业谈判在内的多哈回合谈判无限期搁置。2008年7月21日，美国、欧盟、日本、澳大利亚、中国、印度和巴西七国在日内瓦举行小范围部长级磋商，旨在全球金融危机爆发、贸易保护主义抬头之际使多哈回合谈判取得实质进展。谈判中，印度与美国在农产品特殊保障机制(Special Safeguard Mechanism，SSM)问题上出现僵局。SSM允许发展中成员在进口农产品数量激增或价格锐减的情况下，可提高进口关税。印度坚持进口增加15%即可触发SSM，美国则坚持只有在进口增加40%方可触发SSM。两者都持强硬立场，导致包括农业谈判在内的多哈回合谈判再次搁浅。[33] 2009年以来，随着美国金融危机波及全球，各国忙于应付危机，多哈回合谈判事实中止。2011年初，WTO部分成员方代表在瑞士达沃斯举行小型部长级会议，建议2011年年底完成多哈回合谈判，从目前谈判情况看，年底完成谈判的目标有困难。在WTO总干事拉米提出的将谈判议题分类为“快速通道”、“中速通道”和“慢速通道”进行解决、以拯救多哈回合的提议中，农业谈判被归入慢速通道，这意味着农业谈判难以在2011年有所建树。

---

〔32〕 Ministerial Declaration, Adopted on 18 December 2005, WT/MIN(05)/DEC, paras. 6, 11.

〔33〕 WTO, Days 9: Talks Collapse despite progress on a list of issues, July 29, 2008, http://www.wto.org/english/news_e/news08_e/meet08_summary_29july_e.htm.（访问日期：2011年6月3日）

第六章 货物贸易救济措施的法律制度

WTO在要求各成员方不断降低关税和取消非关税壁垒措施的同时,也为成员方国内产业因市场开放而遭受严重损失,或因其他成员方(或其企业)的不公平贸易行为而遭受损失时,采取贸易救济措施,以缓解国内产业压力。WTO所允许的贸易救济措施包括:反倾销措施、反补贴措施和保障措施。但是,如成员方政府滥用贸易救济措施,则会构成贸易壁垒。因此,WTO通过《反倾销协定》、《补贴与反补贴措施协定》和《保障措施协定》对成员方政府采取的贸易救济措施予以规范,力图在维护产业利益与贸易自由化之间达到平衡。

第一节 反倾销措施的法律制度

一、倾销与反倾销的含义

倾销(dumping)是指一国出口商以低于正常价值的价格,将产品出口到另一国市场的行为。

产品倾销在国际贸易中由来已久。倾销行为一出现,就被一些国家认为是不公平贸易的做法,只要这种倾销行为损害了国内相同产业,就采取反倾销措施予以抵制。之所以对倾销行为采取限制措施,主要原因在于:第一,传统上,人们认为倾销是一种价格歧视,持这种看法的人认为,对不同的人以不同的价格销售是不公平的。第二,人们认为倾销的企业一般均存在不良企图,这类企业以倾销方式掠夺进口国市场;倾销的最终结果必然导致出口国企业的垄断或者是进口国本国企业数量的减少,而任何一种情况都最终导致相关产品价格的提高。因此,消费者价格上的得益是暂时的,从长远看,消费者的利益也会受到损害。

其实,企业进行倾销行为时可能出于各种经济上的合理目的甚至是无意,并非完全出于掠夺进口国市场为目的。一般而言,倾销在如下几种情况下发生:(1)零星倾销(sporadic dumping),是指并非故意的倾销,如汇率的突然变动;(2)价格弹性(price elastic),如果国内外市场对价格需求弹性存在较大差异,企业根据需求弹性制定不同的价格便是理性的经济行为;(3)经济周期效应(cyclical dumping),在需求淡季,企业为维持生产能力,对产品的定价往往只要能抵消可变成本就可以了,与旺季生产的产品的价格相比自然要低;(4)防御性倾销(defensive dumping),为防止竞争对手的进入或因为生产能力过剩而减少损失;(5)规模经济型倾销(scale economies),指生产商开始低于成本价销售,但随着销售扩大而生产规模的扩大可以降低生产成本并盈利;(6)市场开拓型倾销(market - creating),为某种新型产品在市场中占领导者地位而进行的低价销售;(7)掠夺型倾销(predatory),为在进口国市场上形成垄断地位而进行的倾销。在以上各种类型的倾销行为中,如果从倾销的主观和客观效果而言,似乎是最后一种倾销行为违反公平竞争原则,对公平竞争秩序造成损害,且不具有经济上的合理性;其他几种倾销行为均符合经济理性。[1]

根据各国反倾销法的实践以及WTO反倾销规则,对于倾销行为,只要给进口方的相关产业造成损害,就可以采取反倾销措施,至于倾销的目的或原因则在所不问。

二、国际反倾销法的产生与发展

反倾销法(Anti-Dumping Law)是指进口方为了保护本国经济和本国生产者的利益,对倾销行为进行限制和调整的法律规范的总称。

随着国际贸易的发展,为了维护本国产业免遭国外产品倾销的冲击,在20世纪初即出现了反倾销法。世界上最早制定反倾销法的国内立法是1904年加拿大反倾销法。各国起而仿效,相继开始以单方面国内立法方式抵制倾销,保护本国产业。在第一次世界大战前,英联邦的一些国家即制定了类似法规。“一战”后,新西兰、德国、日本、罗马尼亚等国也对外国生产者的不公平竞争进行了国内立法,规定其行政部门可对以此种方式进口的产品征收一种额外的税收。在“二战”前,美国和欧洲大多数国家依照加拿大模式制定了反倾销法。但是,在1948年前,反倾销法一直限于国内法的范畴。至GATT 1947于1948年1月1日临时适用起,反倾销法才发展成为一项影响国际贸易的重要国际法律制度。各国的反倾销法根据GATT 1947有关规定不断得到修改和完善。

1948年1月1日适用的GATT 1947第6条规定,一缔约方为了抵销或防止倾销,可对另一缔约方在该国倾销的商品征收不超过倾销幅度的反倾销税。同时还对倾销的概念、构成倾销的条件等作了概括性的规定。这是国际贸易法史上第一个有关反倾销的规则,但它只是一个原则性的条款,对一些重要的内容例如正常价值和损害的标准、反倾销调查程序等都没有具体规定,各国执行的标准很不一致。随着贸易保护主义的抬头,该条文对各国自行其是的反倾销措施显得束手无策。

---

〔1〕 Davies, S., Dumping at less than Marginal Cost, Journal of International Economics, 1982, Vol. 12, 169 - 182.

为了建立一套切实可行的反倾销守则，关贸总协定第六轮谈判（即1967年的肯尼迪回合）又达成了一个新的协定，即《1967年实施总协定第6条的协定》，发展和充实了GATT 1947第6条的内容，其中有两点意义重大：(1)对倾销的概念重新定义，将其中以低于正常价值“挤入”另一缔约方，改为以低于正常价值“进入”另一缔约方，也就将倾销构成要件中的“掠夺性”即“以排挤竞争对手为目的”的主观构成要件取消了；(2)明确倾销实质损害的标准。此外，对反倾销的发起程序也作了规定。该协定于1968年7月1日生效，但只对该协定的签字国有约束力。

20世纪70年代国际贸易中出现了一些新情况，一方面西方国家贸易保护主义日益加强，阻碍了国际贸易的进一步扩大与发展；另一方面广大发展中国家越来越认识到国际贸易在国家经济发展中的地位和作用，迫切要求扩大和发展国际贸易，振兴本国经济。因此，在东京回合中，又进一步对1967年的反倾销协定作了修改和补充，制定了《1979年反倾销守则》并取代了1967年协定。该守则在1967年反倾销协定基础上作了三点重大修改和补充：(1)取消了倾销应是构成损害的“主要原因”的规定，即只要倾销是构成损害的一个原因即可，进一步放宽了实施反倾销的条件；(2)制定了价格承诺条款，从而赋予出口商及进口商在反倾销诉讼程序的灵活性；(3)要求发达国家在实施反倾销措施时，对发展中国家的特殊情况给予考虑。〔2〕

虽然1979年反倾销守则被认为是比较完善的，具有广泛接受的基础，但由于其签字方仅为23个，约束范围很小。而进入20世纪80年代以来，一些国家频繁运用国内法中的反倾销措施以达到保护本国相应工业的目的。为减少反倾销措施对国际贸易的限制作用，切实加强GATT 1994第6条的实施，乌拉圭回合谈判仍将倾销与反倾销措施作为其重要议题之一，并已达成了新的“反倾销协定”，全称为《关于实施GATT 1994第6条的协定》（Agreement on Implementation of Article VI of the General Agreement on Tariffs and Trade 1994，以下简称《反倾销协定》）。由于该《反倾销协定》是WTO协定中的多边贸易协定，对WTO各成员方均具有约束力，因而是真正具有国际性的反倾销守则。

三、关于实施反倾销措施的法律要件

实施反倾销措施，进口成员方必须证明三个基本要件：倾销、国内产业损害，倾销与损害之间的因果关系。

（一）倾销的确定

根据《反倾销协定》第2.1条“如一成员方出口到另一成员方的产品的出口价格低于正常价值（normal price）或低于向第三国的出口价格，或低于推定价格，则该出口行为即被视为倾销”。由此可见，确定是否存在倾销，必须首先明确正常价

〔2〕 李炼：“关于反倾销对策的法律分析”，载《中国社会科学》1998年第1期，第110页。

值(出口第三国价格、推定价格)、出口价格的确定方式以及它们之间的比较规则。

1. 正常价值的确定

正常价值是指与出口产品相同的产品在出口方正常贸易过程中用于消费时的国内可比的销售价格,使用出口国国内销售价格作为正常价值,必须符合如下条件:

第一,国内销售量须有代表性,即有关产品在国内市场中的销售占该产品出口量的5%以上。这一规定的目的是为了防止出口商通过较小销售量人为地制造较低的正常价值,降低倾销幅度或使倾销不存在。

第二,采用的国内销售价格须是正常贸易过程(the ordinary course of trade)中形成的价格。至于何谓"正常贸易过程",《反倾销协定》并未给予明确规定。一般而言,下列贸易不属于正常贸易过程:

一是低于成本价的销售。对于在出口国低于成本价的销售价格是否具有可比性这一问题,历来有争议。主张低于成本价作为正常价值的观点认为,企业综合考虑各种因素在特定时期进行相对较低价格销售是合理的和普遍的;反对者则认为,企业有可能同时出于掠夺国内市场的目的而在出口国国内亦实施低价战略。《反倾销协定》规定在下列情况下的低于成本价销售不得作为正常价值:(1)持续时间长,通常为1年且最低不得短于6个月;(2)低于成本价的销售量较大,如低价销售量占用于确定正常价值交易量的20%且加权平均售价低于加权平均成本;(3)该项销售的价格不能在一段合理的期间内收回其全部成本。

二是关联公司之间的不正常的过高或过低价格销售。在美国热轧钢反倾销案中,日本就美国使用的99.5%检测标准以确定出口商与其关联企业之间(affiliated party)的交易是否属于正常贸易过程中的交易提出申诉。根据美国的做法,如果出口商与某个关联企业交易的加权平均价格低于该出口商与全体非关联企业交易的加权平均价格的99.5%,则该出口商与这个关联企业低于99.5%的交易价格都不属于在正常贸易过程中形成的交易价格,因而不能用于计算正常价值。上诉机构审理后认为:如果在某个特定市场条件下,就某种特定产品,某项交易的条件或条款与正常的贸易习惯不符,那么这种交易价格就不能作为计算正常价值的基础。比如说,交易主体虽然都是独立法人,但因有控制关系,它们的交易就有可能不遵守正常的交易原则。但是,确定交易是否属于正常贸易过程形成的价格不是简单的价格比较问题,这是因为价格仅仅是一项交易的条款或条件,为了确定价格是高还是低,必须根据该交易的其他条件或条款进行评定。对于关联企业之间的交易,低于或高于"正常贸易过程"中形成的价格都有可能不是在正常贸易过程中形成的价格。根据美国99.5%检测标准,美国反倾销当局自动将大量的低价格排除在计算正常价值之外,而对于大量关联企业之间高价格的交易却不是自动排除,显然存在提高正常价值的可能性。[3]

第三,销售必须是相同产品,且销售的产品必须以出口国国内消费为目的。相同产品(like product)是指那些与被调查产品同样的产品(identical product),即在所有方面都与该倾销产品相同的产品;如不存在这种相同产品,则指那些虽在所有方面与其不同,但在物理性质与功能上与进口倾销产品一样或最接近的其他产品。

如果不存在出口国国内销售价格或不能使用出口国国内销售价格确定正常价值,《反倾销协定》提供了两种价格作为正常价值的替代。这两种替代价格被称为第三国出口价格和推定价格。所谓第三国出口价格是指与反倾销调查相同的产品出口到一个合适的第三国,且其出口产品价格具有代表性的可比价格。所谓推定价格(constructed price)是指产品在原产地的生产成本基础上加上合理的销售费、管理费和其他费用及利润所形成的价格。

推定价格中的生产成本(cost of production)通常包括原材料、能源、劳动力成本等可变成本和固定成本等,其计算通常应根据受调查的出口商或生产商存有的会计记录为基础,该记录应符合出口方普遍接受的会计原则,能合理反映出与生产有关的成本以及产品销售。至于推定价格中的管理费用、销售费用和其他费用(administrative, selling and general costs,SG&A)以及利润的确定,应以受到调查的出口商在正常贸易渠道中生产销售相同产品时实际发生的数据来确定;如果找不到实际数据,则应以下述数据为基础:(1)以该出口商或生产者在原产地国国内市场上生产和销售同一类商品时所发生的实际费用和所实现的实际利润额为准;(2)以受反倾销调查的其他出口商或生产者在原产地国国内市场上生产或销售相同产品时所发生和实现的经加权平均的费用和利润为准;(3)以任何其他合理方法确定的数额为准,但所确定的利润额不得超过其他出口商或生产者在原产地国国内市场生产和销售同一类商品时所发生的利润额。使用上述(1)(2)(3)种方法确定结构价格时,三种价格之间不存在优先顺序,[4]实际发生和实现的费用与利润包括所有的销售,即包括正常贸易过程和非正常贸易过程形成的数据。[5]

值得指出的是,上述确定正常价值或其替代价格的方法仅适用于对市场经济国家产品的正常价值的确认。对所谓非市场经济国家出口产品正常价值的确定,根据GATT 1994附件 1 关于第 6.1 条第 2 项规定,在原则上确认了非市场经济国家产品的国内价格不能作为与出口价格相比较的基础,但对于究竟应当采用什么

---

[3] Appellate Body Report, United States—Anti-dumping Measures on Certain Hot-Rolled Steel Products From Japan, WT/DS184/AB/R. paras. 141 - 144.

[4] Panel Report, European Communities—Anti-dumping Duties on Imports of Cotton-type Bed Linen From India, WT/DS141/R. paras. 6. 57 ,6. 62.

[5] Appellate Body Report, European Communities—Anti-dumping Duties on Imports of Cotton-type Bed Linen From India, WT/DS141/AB/R, paras. 83 - 84.

样的价格来与出口价格相比较,对于什么样的国家为非市场经济国家,GATT 1994没有明确回答这些问题,但言外之意是允许进口成员采用其他方法来确定正常价值。根据欧美国家的实践,一般也有三种方法:

第一,替代国价格。指在确定来自非市场经济国家产品的正常价值时,进口方不使用该产品在出口国国内市场的销售价格,而是选择一个经济发展水平与该国相类似的属于市场经济体制的第三国生产的相似产品的成本或出售价格作为基础,来计算正常价值。选择替代国主要考虑人均国内生产总值水平、基础设施发展情况、生产同类产品行业情况等因素。

第二,推定价格。即根据出口国生产产品的各项投入的数量,如原材料、动力、劳动工时等,按一个市场经济国家的价格计算出该产品的成本,然后再加上企业管理费用和利润。

第三,相似产品在进口方的销售价格。在无法使用上述两种办法确定进口产品的正常价值时,进口方将使用相似产品在进口方的销售价格确定来自非市场经济国家产品的正常价值。在美国,这种价格称之为"美国价格"。

欧美对所谓非市场经济国家产品的正常价值确定时,选择一个属于市场经济体制国家出售或生产相同或相似产品的价格作为基础,其不合理性是显而易见的:(1)关于市场经济国家与非市场经济国家的划分标准弹性较大。例如美国判断市场经济地位的六条标准是:货币的可兑换程度;劳资双方进行工资谈判的自由程度;设立合资企业或外资企业的自由程度;政府对生产方式的所有和控制程度;政府对资源分配、企业的产出和价格决策的控制程度;美国商务部认为合适的其他判断因素。〔6〕这些因素是人们对市场经济的判断一个大体标准,但该标准本身弹性很大,地区或国家间的差异很大。就被公认的一些市场经济国家而言,其经济制度是有差异的,现实中不存在100%的市场经济国家。(2)选择替代国具有相当大的随意性和不可预见性,以替代国的价格作为依据缺乏科学性。例如,2004年欧共体在对我国碳化钨粉反倾销复审中,选择美国作为计算我国涉案产品正常价值的替代国。〔7〕

2. 出口价格的确定

出口价格(export price)是指在正常贸易中一国企业向另一国出口产品的价格,出口价格可以下列情况予以确定:

一是实付或应付价格(the price actually paid or payable)。实付价格,是指进口商按照出口发票的记载已经向出口商支付的货物价格。应付指进口商承诺支付、却未实际支付的货物价款。

---

〔6〕 肖伟:《国际反倾销法律与务实:美国卷》,知识产权出版社2005年版,第99页。

〔7〕 滕飞:"碰壁二十余载 输欧碳化钨噩梦依旧",载《国际商报》2011年4月2日第二版。

二是推定出口价格(constructed export price)。如果不存在出口价格,或者出口价格因进出口商有关联关系等原因不可靠时,可在进口产品首次转售给独立买主的价格基础上推定出口价格。推定出口价格一般为关联进口方销售给独立客户的发票价格,扣除销售费用、合理利润以及其他与出口直接相关的费用。如果扣除不合理,使用推定出口价格往往会降低出口价格,易于增大倾销幅度。

三是如果该产品不是转售给独立买主,或不是以进口时的状态或条件转售,则进口方可以在合理的基础上确定出口价格。

3. 出口价格与正常价值的调整

依据上述规定确定了出口价格和正常价值之后,并不能简单地将两者相比较得出是否倾销的结论,因为国内市场与国际市场销售环境存在较大的不同,必须将一些影响价格的因素予以调整,使两者能够进行公平比较,《反倾销协定》第2.4条规定应予调整的因素包括:(1)出口价格与正常价值应调整到同一贸易环节(通常为出厂价);(2)尽可能在相同时间或相近时间里做出的销售;(3)针对每个案件的具体情况,应适当考虑影响价格可比性的差异因素,如销售条件和条款、税收、贸易水平、销售数量、物理特征等。

在危地马拉水泥案(2)中,危地马拉确定墨西哥水泥是否存在倾销时,依靠两张墨西哥零售商的发票(每张一袋水泥)确定正常价值,依靠两张进口单证(分别为7035袋和4221袋水泥)确定出口价格。专家组审理认为,两种价格的比较不是处于同一贸易水平上的比较,因为发票显示的在墨西哥的价格是商业环节最末端的销售价格,而进口单证显示的是墨西哥水泥在危地马拉商业环节开始端的价格。很明显,它们不是可比价格。[8]

在美国对韩国钢材反倾销案中,韩国生产商通过设在美国的子公司以信用证方式与美国公司作多次交易,后因该公司破产,没有支付该货款。在确定出口价格时,将因买方破产导致的坏账作为"销售条件的差异"(difference in the conditions and terms of sale)予以调整,即在推定出口价格中予以扣除,导致出口价格降低。专家组不同意美国的观点,专家组认为,"销售条件的差异"指的是因销售合同而产生的"一揽子"权利义务的差异,这种差异是销售时能够预见的,而买方的破产不支付相关货款不是正常情况下的销售条件的差异。[9] 换言之,卖方不会考虑到买方可能不支付货款而提高相应的转售价格。

4. 倾销幅度的确定

---

〔8〕 Panel Report, Guatemala—Definitive Anti-Dumping Duties on Portland Cement From Mexico, WT/DS/156/R. paras. 8.36 – 8.39.

〔9〕 Panel Report, United States—Anti-dumping Measures on Stainless Steel Plate in Coils and Stainless Steel Sheet and Strip from Korea, WT/DS179/R, paras. 6.71 – 6.80.

倾销幅度的计算公式为:倾销幅度 =(正常价值 - 出口价格)/出口价格 × 100%。正常价值和出口价格经过必要调整后加以比较,可计算倾销幅度。《反倾销协定》第2.4条第2项规定,可采取如下三种方法比较:

第一,加权平均的正常价值同所有可比出口交易的加权平均价格比较;

第二,正常价值与出口价格以逐笔交易为基础进行比较;

第三,如果因进出口商、进口地域或进口时间差异很大,而且进口方反倾销当局因这些差异不能使用上述两种方法进行比较,并对此做出解释性说明,进口方可以用加权平均正常价值与每笔交易的出口价格进行比较。

值得指出的是,在使用第一种比较方式中,在计算倾销幅度时,必须使用涉案产品的所有交易的整体价格。在欧共体床上用品案中,欧共体将调整后的所有类型棉麻类床上用品的正常价值与出口价格进行比较时,对被调查产品进行分类,对于每一种类型的产品,将加权平均正常价值减去加权平均出口价格,差值为负当作倾销幅度为零处理;差值为正的则以该正值为倾销幅度。最后将所有的正倾销幅度和所有的零相加之后,除以全部出口交易涉及的该产品全部类型的累加总价值,获得反倾销调查产品的倾销幅度。印度认为欧共体这种"归零"处理方法违反了《反倾销协定》第2条第2.4条第2项规定的比较方法。上诉机构审理后认为,该条款所指的倾销幅度是反倾销所调查整个产品的倾销幅度,而不是所调查产品的单个类型或单笔交易的倾销幅度;比较的价格应当是被调查产品整体价格,而不是单个类型产品的价格。将负倾销幅度作为零处理,实际上在这些对比中改变了交易产品的出口价格,因为欧共体"归零"做法等于将某种类型的床上用品的加权平均出口价格当作等于加权平均正常价值,而实际上加权平均出口价格高于加权平均正常价值;这样扩大了产品的总体倾销幅度。[10]

欧共体床上用品案可以归结为产品类型归零法,实践更多的是"交易归零法",即将单笔出口交易价格与单笔交易正常价值或加权平均正常价值进行比较,如果差额为负值,反倾销当局会把负倾销差额归零处理,这也会人为导致倾销幅度的扩大。此后,在欧共体诉美国"归零法"持续适用案(DS305)、日本诉美国与"归零法"有关措施及日落复审案(DS322)和欧共体诉美国"归零法"的法律法规案(DS294)等争端中,"归零法"在WTO的各具体案件中最终都被裁定违法,不管"归零"做法是一种行政或法律抽象规定,还是反倾销初审或复查阶段的具体做法。

(二)国内产业损害的确定

仅仅存在进口产品的价格倾销,并不能采取反倾销措施,倾销产品只有在给进

---

〔10〕 Appellate Body Report, European Communities—Anti-dumping Duties on Imports of Cotton-type Bed Linen From India, WT/DS141/AB/R. paras. 50 – 62.

口方国内产业造成了损害，进口方主管当局才可以采取反倾销措施。为此，反倾销协定对如何确定国内产业损害确立了规则，这些规则主要涉及国内产业的定义、确定损害存在的标准和倾销与损害之间的因果关系等。

1. 国内产业（domestic industry）的定义。

在反倾销领域，国内产业有其专门的含义。《反倾销协定》第4条规定，国内产业是指生产与倾销产品相同产品的国内生产者的总称或其产品的总量构成国内相同产品总产量的主要部分。在关税同盟中，整个关税同盟的产业应被视为是国内产业，例如欧盟。此外，如在某一成员方的领土内，有关产品可能被分成两个或更多的竞争市场，在这种情况下，每一市场内的生产者可被视为一个分立的产业，只要每一市场内的生产者将全部或几乎全部的产品在该市场上销售；且该市场的需求主要不靠位于其他地方的生产者提供的产品。

确定国内产业时，一般排除那些与被诉产品的进口商或出口商有关联的生产商。如果国内生产商与出口商或进口商存在下列关系则可予以排除：相互之间有控制关系；都被第三人直接或间接控制；都直接或间接控制第三人。

2. 损害的确定（determination of injury）

反倾销协定中的损害分为三种情况：一是进口方生产相同产品的产业受到实质损害；二是进口方生产相同产品的产业受到实质性损害威胁；三是进口方建立生产相同产品的产业受到实质阻碍。《反倾销协定》对于前两种损害的确定提供了详细指引，但对于第三种类型的损害的确定则规定甚少。

（1）实质损害（material injury）

《反倾销协定》第3.1条至第3.4条规定了确定倾销产品是否对进口方境内的相同产业造成了实质损害的标准，这些标准构成成员方确定损害的基本的、实质性的义务：[11]

第一，关于倾销产品的数量。反倾销当局应考虑调查期内被控产品的进口绝对数量，或相对于进口方国内生产或消费的相对数量，是否较此前有大幅增长。

第二，关于倾销产品对进口方市场相同产品价格的影响。反倾销当局应审核在调查期内是否存在国内价格因倾销产品的进口而大幅度降价；或是否在很大程度上阻碍国内相同产品价格的提高。

第三，关于倾销进口产品对进口方有关产业的影响。反倾销当局应考虑和评估影响产业状况的所有相关经济因素和指标。《反倾销协定》第3.4条以开放式清单罗列了应考虑的因素，这些因素包括：国内产业状况因素（销售量、利润、产量、市场份额、生产率、投资收益率、设备利用率的实际或潜在的下降）；影响国内

〔11〕 Appellate Body Report, Thailand—Anti-Dumping Duties on—Angles, Shapes and Sections of Iron or Non-Alloy Steel and H-Beams from Poland, WT/DS122/AB/R, para. 106.

价格的因素；倾销幅度的大小；对现金流量、库存、就业、工资、产业增长、资金筹措或投资能力等方面的实际或潜在的消极影响。确定实质损害时，必须对上述因素进行综合考虑，仅凭其中任何一个或几个因素都不一定能导致最终结论。

第四，对损害的确定应依据肯定性证据，并对上述因素进行客观审查。所谓肯定性证据(positive evidence)指证据具有真实性、可证性和客观性。所谓客观审查，指反倾销当局应中立审查证据，秉承善意与公平原则。

对于《反倾销协定》第3.4条所列因素是否都要予以审查，在实践中易产生争议。在欧共体床上用品案中，印度认为在确定进口产品对国内产业造成影响时，欧共体没有逐一考虑第3.4条列举的15项因素。欧共体则认为对第3.4条列举的诸多因素中哪些因素作出评估，反倾销当局有权自由裁量。专家组反驳了欧共体的观点，提出在每一个案件中，在审查进口货物对相关国内产业的影响时，反倾销当局必须评估第3.4第列举的15个因素中的每一个因素。[12] 在泰国对波兰H型钢材反倾销案中，上诉机构明确指出，第3.4条列举因素都必须评估。[13]

(2)实质损害威胁

实质损害威胁(threat of material injury)是指倾销产品虽未对国内产业造成实质损害，但根据各种迹象判断倾销将会对相关产业造成实质性损害。实质损害威胁应当根据事实确定，而不能仅仅根据推测、猜测或遥远的可能性。倾销可能引起的损害情势的变化必须是能够清楚预见并且迫切。《反倾销协定》第3.7条规定，在确定实质性损害威胁时，反倾销当局应当特别考虑下列因素：

第一，倾销产品进入国内市场的显著的增长率，该增长率预示进口大幅度增加的可能性；

第二，出口商具有充分自由处置出口的能力显示将有大幅度增加出口倾销产品的可能性；

第三，进口产品将对国内相同产品的价格起到严重的压制作用并可能增加新的进口需求；

第四，被反倾销调查的产品库存量大。

在墨西哥玉米糖浆案中，墨西哥裁定存在实质损害威胁，美国对此提出异议。美国申称：墨西哥仅审查了第3.7条列举的因素、而没有审查第3.4条列举的因素就做出实质损害威胁的结论，不符合《反倾销协定》。专家组审查认为，在确定实质损害威胁反倾销调查中，反倾销调查当局必须审查的因素包括：(1)第3.7条所

---

〔12〕 Panel Report, European Communities—Anti-dumping Duties on Imports of Cotton-type Bed Linen From India, WT/DS141/R. para. 6.162.

〔13〕 Appellate Body Report, Thailand—Anti-Dumping Duties on—Angles, Shapes and Sections of Iron or Non-Alloy Steel and H-Beams from Poland, WT/DS122/AB/R, para. 128.

列因素;(2)第3.4条所列判断实质损害的因素。这是因为,反倾销当局在考虑第3.7条因素后,必须得出不采取保护措施即会导致实质损害的结论,而得出这种结论,就必须对进口产品将来对国内产业的损害做出预测性评估。[14] 在该案执行审查程序(DSU第21.5条程序)中,上诉机构亦持类似观点。[15]

(3)实质阻碍国内产业的建立

实质阻碍国内产业的建立(material retardation of the establishment of such industry)是指倾销虽未造成实质损害或实质损害威胁,但若严重阻碍了进口方生产相同产品的工业的建立,进口方也可采取反倾销措施。GATT 1994第6.1条与《反倾销协定》对实质阻碍国内产业的建立作了规定,但却没有进一步规定明确的含义。一般认为,阻碍产业的建立不能理解为倾销产品阻碍了建立一个新产业的设想或计划,而是一个新产业的实际建立过程受到阻碍,并必须有充分的证据。

3. 损害的累积评估

所谓累积评估(cumulative assessment),是指对来自一个国家或地区以上的进口产品同时进行反倾销调查时,反倾销当局在一定条件下可以对这些产品对国内产业的损害影响进行综合评估,以确定是否采取反倾销措施。这种累计评估必须符合三个条件:

(1)来自每个国家或地区进口产品的倾销幅度超过2%,即超过了最低倾销幅度。

(2)来自每个国家或地区的进口产品的数量必须是不能被忽略不计的,一般而言是指高于进口方对该类产品进口总量的3%;或者虽低于3%,但它们的进口总和超过进口方产品进口总量的7%。

(3)根据进口产品之间的竞争条件以及进口产品与国内相同产品之间的竞争条件,对进口产品的影响进行累积评估是适当的。

(三)倾销与损害的因果关系(causal relationship)

任何进口方在决定对倾销的进口产品采取反倾销措施时,必须以充分的证据证明倾销的进口产品与进口方的产业损害之间存在客观的因果关系。《反倾销协定》第3.5条规定,反倾销当局除应审查进口倾销产品以外,还应审查其他可能使国内产业受到损害的“已知因素”,这些因素包括:未以倾销价格出售的进口产品的价格和数量;需求萎缩或消费模式的改变;外国与国内生产商之间的竞争与限制

---

〔14〕 Panel Report, Mexico—Anti-Dumping Investigation of High-Fructose Corn Syrup (HFCS) from the United States, WT/DS132/R, para. 7.127.

〔15〕 Appellate Body Report, Mexico—Anti-Dumping Investigation of High Fructose Corn Syrup (HFCS) from the United State—Recourse to Article 21.5 of the DSU by US, WT/DS132/AB/RW, para. 100.

性贸易做法;技术发展、国内产业的出口实绩及生产率等已知因素。换言之,相关国内产业可能因自身的技术、设备、工艺、信誉等原因而造成产品积压或生产下降,这些因素与倾销产品同时对国内产业造成的损害时,这些损害“不可归因于”进口倾销产品。

在泰国对波兰H型钢材反倾销案中,专家组对“已知因素”进行了解释,已知因素包括反倾销调查过程中当事方清楚地提请反倾销当局考虑的造成产业损害的因素,但第3.5条并不要求反倾销调查当局主动寻找和审查除进口倾销产品以外其他可能正在损害国内产业的全部因素。[16]

在美国热轧钢反倾销案中,上诉机构对“不可归因于”(non-attribution)语句进行了解释。日本诉称,美国没有根据第3.5条因果关系的要求对其他已知因素导致的损害进行充分分析。专家组认为:在多因素造成产业损害的情况下,第3.5条并不要求将其他已知因素造成的损害从总损害中剔除,以便证明倾销产品的进口单独造成实质损害。上诉机构推翻了专家组的这一解释,认为,反倾销当局必须适当地把其他已知因素造成的损害与倾销产品造成的损害识别并分离出来,否则反倾销当局就无法判断它们归咎于倾销产品的损害实质上是由倾销造成而不是由其他因素造成的。[17]

由此可见,《反倾销协定》中所规定的确定倾销与损害之间的因果关系归纳如下:不要求倾销是造成损害的唯一或主要因素;倾销是造成损害的一个因素就满足;调查其他已知因素造成的损害;将已知因素造成的损害与倾销造成的损害分开。

四、反倾销的调查程序

反倾销调查是指反倾销当局根据国内受到倾销损害的相关产业的申请或自行立案,在一定的期限内,对被诉方的产品倾销、国内产业损害以及两者之间的因果关系,从事实和法律上予以查证的过程。《反倾销协定》为了防止各成员方滥用反倾销调查,将反倾销调查作为一种贸易保护的手段,对调查程序进行了较为详细的规范。

(一)申请人申请(written application)

反倾销申请是反倾销当局发起调查的依据。反倾销调查的发起必须由进口方境内声称受损害的产业或其代表所提交的书面申请而开始。在通常情况下,进口方政府当局一般不主动开始反倾销调查,但在特殊情况下,有关当局也可以主动开

---

〔16〕 Panel Report, Thailand—Anti-dumping Duties on Angles, Shapes and Sections of Iron or Non-Alloy Steel and H-Beams from Poland, WT/DS122/R, paras. 7.258 – 7.280.

〔17〕 Appellate Body Report, United States—Anti-dumping Measures on Certain Hot-Rolled Steel Products From Japan, WT/DS184/AB/R. paras. 223 – 226.

始反倾销调查。提起反倾销申请的产业必须具有代表性。根据反倾销协定规定,在表明支持或反对立案申请的企业中,若支持者的集体产量占支持者和反对者总产量的50%以上,且支持者的总产量不低于国内相同产品总产量的25%,这些支持者可被视为代表该产业提出申请。

立案申请必须包括如下内容:倾销的指控;损害的事实;因果关系的阐明。这些特定的内容必须有相关证据,简单断言是不够的。在申请人合理获得信息的情况下,还包括如下内容:(1)申请人的姓名、身份以及申请人对国内相同产品生产价值与数量的陈述;(2)被指控倾销产品所属国家名称,出口商名称或身份以及进口该产品当事人名单;(3)被指控产品在出口国国内市场上销售、或向第三国出口、或推定价值的价格资料;(4)被指控进口产品数量发展变化的资料以及对进口方国内产业影响程度的资料等。

在危地马拉水泥案(2)中,申请发起反倾销调查的是危地马拉唯一的公司 Cementos Progreso,在其申请书中包含较少被控倾销产品的进口数量演变的证据;对于被指控倾销产品对国内市场相同产品价格的影响以及由此产生的进口对国内产业的影响,申请书中也没有列出证据。专家组认为这不是一份合格的申请书,理由是:对于包含较少进口产品资料是可以理解的,因为私人公司不容易获得国家海关当局拥有的统计数据;但对于危地马拉国内产业影响的数据,由于 Cementos Progreso 是该国唯一的生产商,获得这些信息是容易的。[18]

(二)调查的发动(Initiation of an investigation)

收到申诉人提交的申请书后,反倾销当局应审查申诉人提供的证据的准确性和充分性,以及申请者的代表性,以便判断是否有足够的证据证明发动反倾销调查是正当的。反倾销当局如果发现无充分证据证明存在倾销或存在产业损害,反倾销调查应立即终止。

在危地马拉水泥案(2)中,专家组对于进口反倾销当局判断是否有足够的证据发起反倾销调查做出了解释。危地马拉反倾销当局在确定墨西哥水泥是否存在倾销时,依靠两张墨西哥零售商的发票(每张一袋水泥)确定正常价值,依靠两张进口单证(分别为7035袋和4221袋水泥)确定出口价格。专家组认为,对于如此贸易水平和销售数量上的巨大区别,以及它们对价格可比性的可能影响,对于一个无偏见和客观的调查机构而言,不可能认为存在足够证据支持发动反倾销调查。[19]

如果发现倾销幅度或倾销产品的进口数量可以忽略不计(即倾销幅度低于

〔18〕 Panel Report, Guatemala—Definitive Anti-Dumping Duties on Portland Cement From Mexico, WT/DS156/R, paras. 8.60 – 8.62.

〔19〕 Id., paras. 8.36 – 8.39.

2%或从某一单独国家进口的倾销产品低于进口方进口相同产品的总量的3%)，则应立即终止反倾销调查。但如从某一单独国家进口的倾销产品数量不足3%，而几个这类国家的总量超过进口总量的7%，则进口方可以不认为是属数量忽略不计的情况。一般情况下，反倾销调查应在1年内结束，最长不得超过从调查开始之日后的18个月。

（三）调查程序中的证据（evidence）

反倾销调查程序中，证据问题非常复杂。这是因为，一方面反倾销调查涉及企业生产、销售商业机密，相关当事方不希望公开其提起或应诉的资料；另一方面，证据对于倾销的认定又至关重要。为了平衡这两方面利益冲突，《反倾销协定》第6条共14个款项对证据问题作了详细规定。

1. 提供证据的主体。反倾销当局有权要求反倾销调查中的各利害关系方（interested parties）提供证据。利害关系方包括：被调查产品的出口商、生产商或进口商，或其主要成员是该产品出口商或进口商的贸易或企业联盟；出口成员方政府；其主要成员是进口成员方同类产品的生产商的贸易或企业联盟。

2. 证据提供的方式。证据必须是以书面形式提供，即使是听证会的口头辩论，事后也必须以书面材料提交反倾销当局和对方当事人，否则不予考虑。

3. 调查表（questionnaires）的答复。在进行反倾销调查质询时，应给予出口商或生产商收到调查表后至少30天的期限回答问题（如交给出口成员的适当外交代表则自交付之日起的7天为送达）。在当事方提出延长申请，并且延长期限实际可行时，反倾销当局应延长时间。

4. 迅速向相关当事方的对方提供资料。除保密资料外，一方提供的书面证据应迅速提供给被调查的各利害关系方；对于保密资料，反倾销当局应要求其提供非机密的材料摘要，该摘要应足够详细，以便能够合理了解以机密形式提交的信息的实质内容。调查一开始，反倾销当局应将有关申请书向已知的出口商和出口成员方的主管机构提供，并在其他利害关系方提出请求时也向其提供。只要可能，反倾销当局应迅速向所有利害关系方提供机会，使其了解与案件有关的且为反倾销当局在调查中使用的所有信息。在危地马拉水泥案（2）中，墨西哥水泥生产商请求危地马拉反倾销当局提供危地马拉水泥生产商在1996年12月19日听证会上提交的文件的复印件。危地马拉直到1997年1月17日才向墨西哥提供该复印件，延迟20余天。专家组认为，20天的延迟原则上违反了《反倾销协定》第6.1第关于“迅速地”（promptly）向墨西哥提供资料的要求。对于危地马拉以资料的机密性为由提出抗辩。专家组反驳了危地马拉的抗辩并认为，即使是机密资料，根据第6.5条规定，必须是在反倾销调查中的当事方（危地马拉水泥生产商）提出了正当理由后才作保密处理；但危地马拉没有证明该国水泥生产商在1996年12月19日提供资料时要求文件作机密处理的事实。[20]

5. 听证会。在调查期间,各利害关系方应有为其利益辩护的充分机会。为此,反倾销当局根据请求应向所有利害关系方提供与那些有相反利益的当事方见面、陈述和辩论的机会。但是当事方并无义务参加听证会。

6. 现场调查(on-the-spot investigation)。为证实出口方或生产商提供的信息或取得进一步的详细情况,反倾销当局可以在其他成员方境内进行现场调查,但这种现场调查应在收到对调查表的答复后才能进行,并应事先请求并得到有关公司的同意,同时还要通知有关成员方政府并得到它的同意。

7. 抽样调查。反倾销当局应依据不同的生产商、出口商提供的信息材料,裁决不同的倾销幅度。但如果生产商和出口商很多,或所涉及的产品种类数量很多,分别给予每一个涉案企业单独的倾销幅度不现实,反倾销当局可以采取抽样的方法审查合理数量的企业及其产品,或者根据涉案成员方出口数量的百分比确定合理的调查范围。

8. 裁决重要事实须披露。终裁前,反倾销当局应将拟实施的最终反倾销措施依据的重要事实通知所有利害关系方,并使各方有充分的时间为其利益进行辩护。

9. 以最佳获得信息(best information available,BIA)方式裁决。《反倾销协定》第6.8条规定,如果有关利害关系方在合理期限内(1)拒绝反倾销当局使用必要信息,(2)拒绝提供必要信息,或(3)严重阻碍调查,则反倾销当局可依最佳获得信息(该信息主要是申诉方发起调查申请中所包含的事实)方式做出裁决。附件2专门对使用BIA提出了具体要求,其中明确指出:(1)反倾销当局应向利害关系方说明所需要得到的信息及提供信息的方式;(2)向利害关系方说明以最佳获得信息作出裁定的后果;(3)如果利害关系方已竭其所能,即使提供的信息并非各方面都满意,反倾销当局也不能忽视该信息;(4)如利害关系方不予合作而使反倾销当局不能获得有关信息,则此情况可导致比该方进行合作时更为不利的后果。反倾销当局以BIA裁决,往往会引起争议,且败诉可能性很大。

在危地马拉水泥案(2)中,墨西哥水泥生产商拒绝在危地马拉现场核实组中包括两名专家,因为他们曾经在美国发起的反倾销诉讼中代表美国水泥生产商反对墨西哥水泥生产商的非政府专家,危地马拉根据BIA作出最终反倾销裁定。专家组基于以下理由认为危地马拉BIA裁决违反了《反倾销协定》第6.8条:(1)墨西哥水泥生产商没有拒绝提供数据;(2)墨西哥提供的数据是可以核实的,危地马拉没有证据表明在调查中使用这些数据有特别困难;(3)墨西哥水泥生产商反对

〔20〕 Id.,paras. 8.140 – 8.143.

危地马拉的现场核实有合理理由,不构成严重妨碍调查。[21]

在美国热轧钢反倾销案,美国商务部认为,由于日本钢材出口商(KSC公司)在调查期间不合作,即没有尽最大努力向其在美国加利福尼亚合资公司(CSI公司)获取有关产品成本与销售价格的数据,从而根据BIA规则对日本KSC做出不利倾销幅度的裁决。日本争辩认为KSC公司已经进行了"合作",如它已经向CSI公司发出数份律师函,索要有关信息,但CSI公司拒绝提供。美国则认为,CSI公司系KSC公司与巴西CVRD公司合资成立的美国公司,双方各占50%的股份。日本既没有向巴西股东寻求获得信息的支持,也没有根据合资合同行使其股东权利以迫使CSI公司提供有关成本与销售价格的信息,因此日本没有与反倾销调查当局"合作"。[22] 上诉机构认为"合作"强调的是"过程"而非"结果",因而,利害关系方有可能尽力合作了,但是最后不一定能获得需要的信息。反倾销当局应当对利害关系方提供信息的特殊困难予以考虑并提供一定的帮助。美国商务部只是一味要求KSC公司提供相关信息,而从未自己主动要求CSI提供相应信息;美国商务部要求KSC公司行使其合资合同项下的股东权利以迫使合资CSI公司提供信息的裁决已经远远偏离了附件2第7段关于"合作"含义的合理义务,因为商务部的这种要求会损害KSC公司与其合资伙伴的商业关系。[23]

在美国热轧钢反倾销案,美国以日本公司提交数据超过合理期限为由,拒绝接受,使用BIA裁决。对于如何理解合理期限问题,上诉机构提出反倾销当局应在个案的基础上考虑如下因素:(1)提交信息的性质和质量;(2)受调查出口商在获取该信息时的困难程度;(3)信息的可核实性以及调查当局在做出决定时利用该信息时的重要程度;(4)如果该信息被采用,其他当事方是否可能受到损害;(5)接受该信息是否损害调查当局迅速完成调查的能力;(6)受调查出口商提交该信息的时间相对于当局的时限延迟的天数。[24]

(四)初裁与终裁

初裁(preliminary determinations)是指在适当调查的基础上,反倾销当局做出肯定或否定的有关倾销或损害的初步裁定。初裁的法律意义在于反倾销当局可以视情况采取临时措施与接受价格承诺措施。终裁(final determinations)是指反倾销当局最终确认进口产品倾销并造成损害而做出对其征收反倾销税的裁决。

---

〔21〕 Panel Report, Guatemala—Anti-Dumping Duties on Grey Portland Cement From Mexico, WT/DS156/R. paras. 8.245 - 8.254.

〔22〕 Appellate Body Report, United States—Anti-dumping Measures on Certain Hot-Rolled Steel Products from Japan, WT/DS184/AB/R, paras. 93 - 94.

〔23〕 Id., paras. 99 - 109.

〔24〕 Id., para. 85.

五、反倾销措施的种类及其实施

(一)临时反倾销措施(provisional measures)

在反倾销调查中初步认定存在倾销、国内产业损害及其因果关系后,反倾销当局可采取临时反倾销措施,以防止在调查期间有关产业受到更为严重的损害。临时反倾销措施可以采取征收临时反倾销税或担保方式,即支付现金和保证金;在一定的情况下,也可以采取预征估计倾销税的措施。不管采取哪一种措施,其数额不能高于临时预计的倾销幅度。为防止进口方滥用临时反倾销措施,一立案就征税,反倾销协定规定临时反倾销措施只能在反倾销案件正式发起调查之日起的60天后才能采取,并且实施期一般不超过4个月,最长不超过9个月。

(二)价格承诺(price undertakings)

《反倾销协定》第8条规定,价格承诺是指在反倾销当局做出初步裁决存在倾销、产业损害及其因果关系后,如果出口商主动承诺提高有关商品的出口价格或停止以倾销价格出口,并且得到反倾销当局的同意,那么反倾销调查程序可以暂时中止或终止,而不采取临时反倾销措施或征收反倾销税。反倾销当局可以向出口商提出价格承诺的建议,但不能强迫出口商达成价格承诺协议。在达成价格承诺协议后,出口商要定期提供执行该协议的资料,如果违反,反倾销当局可立即采取临时反倾销措施,甚至可以对采取临时措施之日前不足90天进口的倾销产品征收追溯性反倾销税。总体而言,价格承诺与征收反倾销税相比,对出口商是利大于弊,因为提价可增加其外汇收入,一旦市场变化撤回其承诺相对较为容易。

(三)反倾销税的征收(imposition and collection of anti-dumping duties)

1. 反倾销税征收的原则。反倾销税必须在反倾销调查最终裁定存在倾销、产业损害及其因果关系后,由反倾销当局决定是否征收;征收的反倾销税不得超过倾销幅度;对倾销产品征税不得存在歧视行为。

2. 未被抽查出口商的反倾销税率。当出口产品生产厂商数目较多时,反倾销当局不可能对每一家都进行调查并审核其倾销幅度,一般采用抽样或按占出口量百分比的办法进行调查。对于未被抽查的出口商或生产商的倾销产品,其反倾销税征收额不得超过对所有被实际抽样审查的出口商或生产商确定倾销幅度的加权平均倾销幅度。

3. 未出口厂商的反倾销税。在反倾销调查期间,有的厂商可能未出口被指控倾销的产品,但在反倾销税裁定有效期内却开始出口相同产品。对这种产品是否要征收反倾销税?《反倾销协定》第9.5条规定,反倾销当局应采取快速审议的办法来分别确定这些厂商的税率,而不能适用过去的税率。但是前提条件是这些新的出口厂商要证明它们与被反倾销调查的出口厂商不存在任何关系,并且反倾销当局可要求进口商提供担保以便在最终确定存在倾销时,反倾销税能追溯到审查开始之日。

4. 反倾销税的纳税义务人是进口倾销产品的进口商，出口商不得直接或间接替进口商承担反倾销税。初裁时的反倾销税率与终裁的税率不同时，其不足部分不再补缴，而多交部分则应退还。

5. 追溯征收的反倾销税（retroactive application of anti-dumping duties）。反倾销税一般不能追溯征收是法不溯既往原则在反倾销税征收问题上的体现。为防止在调查期间，出口商抢在反倾销当局采取最终反倾销措施之前，大量出口倾销产品，从中获利并损害进口方境内相关产业，《反倾销协定》规定了征收反倾销税的临时措施。如终裁为实质损害，且已经采取临时反倾销措施的，则最终征收反倾销税可以追溯至适用临时措施之日。若临时反倾销税高于最终反倾销税，或基于实质损害威胁或实质阻碍国内产业而征收的临时反倾销税，则应予退还。《反倾销协定》还特别规定在符合下列条件时，反倾销当局可以对那些在临时措施适用之前90天内进口的产品追溯既往地征收最终反倾销税：（1）存在倾销造成损害的历史，或者进口商已知道或应知道出口商在实施倾销；（2）损害是由于在相当短的时间内大规模倾销进口造成的。

6. 反倾销税的期限。反倾销税的征收应自决定征收之日起5年结束，5年的反倾销税征收期称为“日落条款”。但是，5年期满时反倾销当局可进行日落复审，以决定是否延迟反倾销措施。例如，欧共体1990年决定对我国碳化钨粉征收33%的最终反倾销税，1995年发动第一次日落复审，并于1998年复审结束，决定反倾销税延长5年；2003年应申诉方要求，欧共体进行第二次日落复审，于2004年决定继续征收反倾销税；2009年12月，欧共体对该案进行第三次日落复审，并于2011年3与24日决定继续维持征收反倾销税措施。〔25〕

（四）反倾销税的行政复审与司法审查

根据《反倾销协定》第11.2条规定，反倾销税仅限于在抵消造成损害的倾销所必须的期限内有效，在征收反倾销税的一段合理时间后，对于是否有必要继续征收反倾销税，反倾销当局可主动亦可应当事方的请求，对是否需要继续征收反倾销税予以行政复审。反倾销当局审查的标准是：继续征收反倾销税对抵消倾销是否必要；如果取消或变更反倾销税，损害是否将重新发生；或对两个问题都复审。实践中，复审形式有年度复审、新出口商复审、情势变更复审、中期复审和日落复审等多种形式。

根据反倾销协定第13条的规定，司法审查（judicial review）是指在反倾销调查中，当事人对反倾销当局的终裁以及行政复审决定的行政行为不服，可要求独立的司法、仲裁、或行政裁判所进行司法审查，目的是确定终裁或行政复审决定的正确

---

〔25〕 滕飞：“碰壁二十余载　输欧碳化钨噩梦依旧”，载《国际商报》2011年4月2日第一、第二版。

性。该款是反倾销协定新增加的条款,对于保障当事人的利益,特别是对被征收反倾销税的当事人的利益,防止反倾销行政当局滥用权力是有利的,这是国际反倾销立法上的一次有意义的突破。

(五)禁止其他的反倾销措施

《反倾销协定》第18.1条明确规定:针对倾销(against dumping),除本协定规定可采取的反倾销措施外(即临时反倾销措施、价格承诺、征收反倾销税),不允许成员方采取任何其他措施。例如,对于倾销行为采取民事赔偿措施、刑事处罚措施、对提起反倾销诉讼企业提供奖励措施等,这些措施都是违背WTO《反倾销协定》的规定。

在美国1916年法案中,根据美国1916年法案规定,如果进口商通过倾销破坏或损害美国的国内产业、阻碍相关产业的建立,相关进口商可能被追究民事、刑事责任和罚款。日本指控美国1916年法案针对倾销采取的措施超过了《反倾销协定》规定的范围,因而违反了《反倾销协定》。上诉机构裁决认为,美国针对倾销采取超出《反倾销协定》所规定的三类措施不符合《反倾销协定》第18.1条的规定。

在美国2000年持续倾销与补贴抵消法案(抵消法案)的争端中,根据持续倾销与补贴抵消法(简称抵消法)的规定,美国海关在收取反倾销税(反补贴税)后,按年度分配给受到倾销影响的国内生产者以抵消其在反倾销税令颁布后的有关生产支出;海关在每一财政年度将税款打进合格生产者的特殊账户。[26] 对于美国抵消法是否符合《反倾销协定》,关键在于该法所规定的反倾销税的分配是否属于《反倾销协定》第18.1条规定的"针对另一国出口倾销采取的特别措施"。如果是,则抵消法违背了《反倾销协定》,因为《反倾销协定》所允许的反倾销措施只有三种:即临时反倾销措施、价格承诺和反倾销税。如果不是,则美国抵消法不属《反倾销协定》的管辖。上诉机构认为,第18.1条中"针对"一词的含义应该从抵消法的结构、效果看是否对倾销造成"不利影响"。上诉机构最后指出,抵消法具有遏制国外生产者向美国倾销的作用,对倾销造成了不利影响,因而属于"针对"倾销的特别措施。[27]

六、在WTO争端解决机制中提起反倾销争端的条件

关于涉及反倾销的争端解决问题,《反倾销协定》规定除了该协定另有规定外,DSU适用于反倾销争端。

1.关于磋商方式解决争端。如果一成员方认为其他进口成员方实施反倾销措施,使其在WTO涵盖协定项下直接或间接获得的利益受损或丧失,或该项措施妨

〔26〕 Appellate Body: United States—Continued Dumping and Subsidy Offset Act of 2000, WT/DS234/AB/R, para. 13.

〔27〕 Id., paras. 255 – 256.

碍了协定任何目标的实现,则该成员方可以书面形式要求与有关的一个或多个成员方进行磋商,以寻求各方满意的解决方案。每一成员方对于其他成员方提出的磋商要求应给予积极考虑,并应提供充分磋商的机会。

2. 关于因反倾销调查程序不当而提起的设立专家组的争端解决。《反倾销协定》第17.4条对成员方提交争端解决机制专家组处理反倾销调查程序的事项进行了限制,即只有当成员方在申请成立专家组的申请书中指明了征收最终反倾销税、价格承诺或临时反倾销措施时,才能启动专家组的多边争端解决程序。在危地马拉水泥案(1)中,上诉机构裁决认为专家组对该案没有管辖权的法律依据就是第17.4条,因为墨西哥在其申请成立专家组的请求书中只是笼统地指出危地马拉反倾销调查程序不符合WTO《反倾销协定》,而没有具体指明争议措施是否涉及最终反倾销税、价格承诺或临时措施中任何一项。

3. 关于国内反倾销法是否符合反倾销协定的争端解决。在美国1916年法案争端中,日本申请设立专家组审查的并非美国征收反倾销税、价格承诺或临时反倾销措施,而是要求审查美国1916年法案本身是否违背了WTO《反倾销协定》。美国提出,其没有依据1916年法案采取反倾销措施,根据第17.4条的规定,专家组没有管辖权。上诉机构审理后认为,第17.4条并不限制成员方对其他成员方的立法是否符合《反倾销协定》提起专家组程序。《反倾销协定》第18.4条明确要求各成员方将其本国法律在WTO实施前符合WTO《反倾销协定》的规定,如果不允许成员方就各国立法是否与WTO《反倾销协定》相符问题提交多边贸易争端解决机制,则《反倾销协定》第18.4条的效力将大打折扣。[28]

4. 关于争端解决机构对反倾销案件的审查范围。在反倾销诉讼中,WTO争端解决机构主要审查相关反倾销当局对事实的评估是否客观和无偏见,如果答案是肯定的,即使依据相同的事实得出的结论与进口成员方反倾销当局不同,专家组或上诉机构也不得推翻反倾销当局的决定。此外,根据《反倾销协定》第17.6条(ii),专家组或上诉机构在审查各成员方的行为是否违背《反倾销协定》时,如果相关条款可以有一种以上的解释,其相关成员方的解释符合其中一种,专家组或上诉机构就不得裁定该成员的解释不当。从条文措辞上看,对DSB的解释权设置了边界限制:即专家组或上诉机构应尊重反倾销当局对协定进行的“可允许性”解释。然而,在争端解决实践中,专家组或上诉机构屡屡以“无可允许的解释”忽略这一限制,自行判断成员方的解释正确与否。

可以认为,《反倾销协定》制定的目的一方面是为了抵制倾销,消除不公正价格的差异,达到保护本国产业的目的;但是另一方面更是为了防止反倾销措施成为

---

〔28〕 Appellate Body Report, United States—Anti-dumping Act of 1916, WT/DS136/AB/R. para. 78.

保护主义的外衣,维护正常的国际贸易秩序。因此,《反倾销协定》对倾销的确定、损害的判断标准、国内产业的定义、反倾销程序都尽可能规定得客观、公正和公平,它是一部完整的国际反倾销法典,是各国反倾销立法和执法的范本。同时,也应该看到,反倾销协定规定的标准仍有一定的伸缩性、主观性,这又为各国滥用反倾销提供了一定的便利,反倾销措施依然是国际贸易争论的热点问题。

第二节　补贴与反补贴措施的法律制度

一般意义上的补贴(subsidies)是指一国或地区政府实现其社会及经济目标而对特定人群或特定产业、特定地区予以支持的重要经济政策。政府所要实现的目标包括发展新兴产业、提升科研技术水平、提高教育水平、对处于不利条件的群体或地区提供帮助、对环保节能技术的支持、对抵消其他政策产生的不利影响的补救或是为了刺激出口等。从国际贸易角度看,有些补贴特别是出口补贴往往会影响国际贸易的正常流向,甚至扭曲国际贸易。WTO认为,特定的补贴与倾销一样,同样是国际贸易中不公平的贸易行为,各成员均有权采取必要的反补贴措施抵制和消除这种行为;但是滥用反补贴措施,又可能成为变相的贸易保护主义并对国际关系造成不良影响。为了规范各成员的反补贴措施,乌拉圭回合制定了《补贴与反补贴措施协定》(Agreement on Subsidies and Countervailing Measures,以下简称SCM协定)。

一、补贴与反补贴问题的由来

国际社会早就注意到,世界各国与各地区的补贴与反补贴措施可能会对国际贸易或对其他国家的利益造成扭曲或损害。在1947年订立GATT时,各缔约方就在其第6条和第16条中对这一问题作了原则规定。GATT 1947第16条最初并未从原则上禁止缔约方使用补贴,只是要求缔约方将补贴的性质、范围和有关情况通知缔约方大会,并就限制对其他缔约方产生不利影响的补贴进行讨论。在第九次缔约方大会上,GATT 1947第16条新增补了4个条款,做出了禁止补贴的规定,但禁止补贴的范围仅涉及初级产品以外的产品的出口补贴。GATT 1947第6条是对有关对进口产品采取反补贴税的规定,但该条并未就反补贴措施进行明确规范。

东京回合谈判将补贴与反补贴措施列为重点议题之一,并最后达成了一项较为详细的协议,即《关于解释和适用关贸总协定第6条、第16条和第23条的协定》,它确立了征收反补贴税的调查程序,对各种不同的补贴进行了一定的分类并区别对待,这是GATT在补贴与反补贴措施方面第一个较为系统的法律文件。但是,这一协定在结构上还不够严密,在文字上也存在许多不确切的地方,而且该协定只有 20 多个缔约方接受，绝大多数缔约方不受其约束，实际效用不大。

GATT 1947以及东京回合都没有对补贴下一个较为明确的法律定义，各国对补贴的内涵与外延予以不同的理解，例如，税收优惠、财政贴息、政府采购行为以及其他所有一切向国内生产商或出口商提供的优于外国厂商的待遇措施是否均属于补贴范畴意见不一，这种法律定义的不确定性，不仅不能有效的制约补贴与反补贴措施的滥用，相反，为不正当的补贴与不合理反补贴措施提供了借口。一方面，鉴于关税水平经 GATT 的多轮贸易谈判大幅度下降，以及采取数量限制、不公平海关估计等非关税措施的减少，许多政府开始采用补贴这种较为隐蔽的方式以实施对本国的贸易保护，致使补贴措施层出不穷，严重阻碍国际贸易的正常发展；另一方面，许多国家出台反补贴税法，由于国际上缺乏明确的规范，反补贴税从一种保证公平贸易的法律手段而蜕化成贸易保护主义的工具。补贴与反补贴措施对国际贸易所产生的消极影响也越来越大，补贴与反补贴措施已经成为国际贸易中非关税壁垒措施中的一种重要形式。例如在乌拉圭回合结束以前，美国是世界上广泛采用反补贴税的国家。仅 1979 年到 1995 年，美国的反补贴税案就多达 440 起。[29]

为切实加强GATT 1947的反补贴机制，乌拉圭回合将补贴与反补贴问题作为谈判的一项内容。在谈判中，美国认为有必要强化东京回合所达成的反补贴守则的补贴纪律，主张拟议中的反补贴协定适用于所有的领域，包括农产品问题；而欧共体在谈判中的基本立场是回避限制补贴权限等问题，特别是有关农产品补贴的问题；发展中国家则认为出口补贴是其发展经济的不可缺少的手段，要求将反补贴限定在一定范围之内。经过努力，乌拉圭回合制定了更为明确、更易操作的《补贴与反补贴措施协定》（SCM 协定）。在巴西飞机补贴案中，专家组明确指出，SCM 协定的目的和宗旨在于对扭曲国际贸易的补贴措施提供多边约束。SCM 协定对补贴的定义、补贴的分类、反补贴措施及其程序等都进行了比较规定，是国际上第一个就补贴与反补贴措施进行规定的多边协定。

二、补贴的概念

SCM 协定首次就补贴的概念作出了明确规定。根据 SCM 协定第 1.1 条，补贴是指一成员政府或任何公共机构提供的财政资助或 GATT 第 16 条意义上的收入或价格支持、并使接受者受益的措施。在巴西飞机补贴案中，上诉机构指出，判断是否存在补贴时应考察两个法律因素：（1）财政资助（financial contribution）；

---

〔29〕 John H. Jackson, The World Trading System: Law and Policy of International Economic Relations, the MIT Press, 1997, p. 281.

(2)授予利益(benefit conferred)。[30]

(一)财政资助

企业的生产和出口条件可能会因各种各样的政府干预行为而受影响,但并不是政府所有对企业有利的干预行为都构成补贴,只有政府的财政资助行为才构成SCM协定所定义的补贴。所谓财政资助指的是经济资源从政府转移到私人机构的行为。SCM协定第1.1(a)(1)条列举了政府财政资助的四种情况:

(1)政府直接提供资金(如赠与、贷款或资本注入);潜在的直接转让资金或债务(如政府为企业提供贷款担保);

(2)放弃或未征收在其他情况下应征收的政府收入;

(3)政府提供除一般基础设施外的货物或服务,或购买货物;

(4)政府向一筹资机构付款,或委托或指示一私营机构履行以上(1)至(3)列举的一种或多种通常应属于政府的职能。

SCM协定条文与争端解决实践表明:上述4种类型财政资助清单是排他性清单,即只有符合这4种类型范围内的措施才构成财政资助。[31] 从争端解决实践来看,对于"财政资助"争议主要有:

1. 关于公共机构认定中的问题

国有企业或国有银行是否属于SCM协定第1.1(a)(1)条的"公共机构"(public body)?根据SCM协定第1.1(a)(1)条规定,提供财政资助的主体是政府或公共机构。在韩国影响商用船舶措施案中,对于由韩国政府控制的进出口银行是否构成"公共机构"的问题,专家组认为:政府控制的企业或银行一般会被认定为公共机构,但在具体认定中,要根据个案的具体情况进行分析;分析的因素应当包括:政府对特定公司的控制程度;政府对公司内部机构的控制、决策程序的控制、日常经营活动的控制等。由于韩国进出口银行的所有权、高级人员的人事任命、日常经营方面都受到政府控制,因此,韩国进出口银行被认定为公共机构。[32] 由此可见,不能仅仅凭企业的所有权为国家所有或占主体就认定国有企业构成公共机构,必须从"政府控制"的角度分析考虑。

---

〔30〕 Appellate Body Report, Brazil—Export Financing Programme for Aircraft, WT/DS46/AB/R, para. 157. 对于"GATT 1994第16条意义上的任何形式的收入或价格支持"的补贴类型,由于缺乏具体规定以及相应的争端实践,因此,其真正的含义尚不明确。本节所指的补贴不包括这种类型的补贴,仅指财政资助型的补贴。

〔31〕 Panel Report, United States—Measures Treating Exports Restraints as Subsidies, WT/DS194/R, para. 8.69.

〔32〕 Panel Report, Korea-Measures Affecting Trade in Commercial Vessels, WT/DS273/R, p. 7.49 – 7.55.

2. 政府放弃本应征收的收入问题

对于SCM协定第1.1(a)(1)条规定第2种财政资助情形,即政府放弃本应征收的收入,其判断的难点在于哪些收入是政府本应征收的。在税收减免中,这个问题往往会与一国的税收主权相联系,被诉方往往会抗辩,被减免的税本来就不会征收,何来"放弃本应征收"?美国外国销售公司法案争端就是例证。美国国内收入税法(Internal Revenue Code, IRC)对与外国销售公司(Foreign Sales Corporation, FSC)有关的所得征税进行了特别规定。所谓外国销售公司,必须符合以下条件:(1)在美国五十个州和哥伦比亚特区之外成立的公司;(2)负责与美国境内生产的货物的出口有关销售活动;(3)必须有最低比例的包括广告、推销等活动费用在内的境外直接发生的费用。凡是符合上述条件的FSC,美国对其相关的收入提供税收优惠:(1)外国销售公司在美国以外国家的收入被视为与在美国进行的贸易或商业没有实质的联系,从而不需缴纳所得税;(2)对于一般的国外公司,持有股权的美国股东,应将其持有的国外公司未分配的利润纳入其总收入,以作税基评估,但外国销售公司的母公司则不需要这样做;(3)一般而言,美国母公司从国外子公司收到的股息需要缴纳所得税,但是,外国销售公司的母公司从外国销售公司收到的股息则不需要缴税。欧共体指控美国FSC规则违反了SCM协定。双方争论的一个重要问题是美国对FSC的税收优惠是否构成SCM协定第1.1(a)(1)条"放弃本应征收的收入"(revenue forgone otherwise due)。

专家组和上诉机构都认为,WTO尊重成员的税收主权,政府有权决定何种情况下征税,何种情况下不征税,但成员亦应遵守其在SCM协定下的义务。"本应征收的"含义指的是在成员适用的税收规则下,收入应当征税;"放弃"指的是因为采取了争议措施,导致这部分收入在其他情况下应征税的没有征税。因此,判断的关键在于确定比较的"规范基准"(normative benchmark),这个基准应当是在成员适用的税收规则的情况下应当征收的税。[33] 按照美国IRC,外国销售公司收入中与美国经济活动有实质联系部分、美国FSC母公司的应税收入和分红所得就必须缴纳所得税(规范基准),因为采用了FSC规则,这部分收入没有征税。因此,美国FSC规则构成第2种情形的财政资助。

3. 关于政府委托或指示私营机构提供财政资助

第4种情形所指财政资助行为包括如下要件:(1)主体是私营机构;(2)政府委托或指示;(3)从事的第1种至第3种情形的财政资行为;(4)财政资助行为属于政府履行其职能。在这四项要件中,争议较大的是政府"委托"或"指示"。在美国对韩国随机存储器反补贴案中,上诉机构认为,如果政府将职能赋予一私营机

---

〔33〕 Appellate Body Report, United States—Tax Treatment for Foreign Sales Corporations, WT/DS108/AB/R, para. 90.

构,则构成“委托”(entrustment);而如果政府对一私营机构行使其职权,则构成“指示”(direction)。政府的哪些行为构成委托或指示,具体案情具体分析。从表现形式上来看,“委托”和“指示”不一定是明示的,也可能是默示的、非正式的;有的情况下甚至是某种威胁或胁迫,而威胁或胁迫恰恰可以作为政府指示的证据。[34] 但是,仅仅是鼓励性的措施、引导性的措施并不能构成委托或指示。不管如何,本条款目的在于防止政府利用私营机构作为其代理人,规避补贴的认定。

(二)授予利益

政府财政资助的结果必须使被补资助方得到某种利益,否则即使政府提供了财政资助、即使政府付出了成本,都不能构成 SCM 协定所规定的补贴。利益是指受补贴方从某项政府财政资助中取得了某些它从市场上不能取得的好处。因此,以市场条件作为基准可以判断财政资助是否使接受方受益。至于如何计算授予的利益,SCM 协定第 14 条提供了指引:

(1)若政府提供股权资金,则与该成员境内私营普通投资者通常投资作法进行比较;

(2)若政府提供贷款,则与获得贷款的公司从市场上获得贷款所支出的成本进行比较;

(3)若政府提供担保,则与获得担保的公司无政府担保情况下获得商业贷款的成本进行比较;

(4)若政府提供货物或服务或购买货物,则与该成员国内市场情况下的私人主体间货物或服务的交易价格进行比较(in-country private price);但如国内市场价格因政府作为主要供应者遭受扭曲,则可拒绝使用国内价格进行比较。[35]

(三)补贴的专项性

与补贴概念密切相关的另一个概念是“专向性”(specific)。根据 SCM 协定第 1.2 条的规定,只有对于专向性补贴,WTO 成员才可以采取行动。专向性补贴是指成员政府有选择或有差别地向某些企业或产业提供的补贴。SCM 协定第 2.1 条将补贴的专向性分为四种类型:

企业专向性(enterprise specificity):政府针对某一个或几个特定公司进行补贴;

产业专向性(industry specificity):政府针对某一个或几个特定产业部门进行补贴;

---

〔34〕 Appellate Body Report, United States—Countervailing Duty Investigation on DRAMS from Korea, WT/DS296/AB/R, para. 116.

〔35〕 Appellate Body Report, United States—definitive anti-dumping and countervailing duties on certain products from China, WT/DS379/AB/R, paras. 489 – 490.

地区专向性(regional specificity):政府对其领土内特定地区的生产者进行补贴;

禁止性补贴(prohibited subsidies):与出口实绩或使用国产品相联系的补贴。

当补贴授予当局确定或根据法律规定其补贴存在上述4种类型中的任何一种,即构成专向性补贴。反之,如果补贴授予当局或法律确立了取得补贴的资格与金额的客观标准或条件(标准或条件中立,不优惠某些企业,且属于经济性质,并水平适用,如雇员的数量或企业的大小),只要符合该标准均可自动获得补贴,则该补贴不具有专向性。

随着补贴方式的隐蔽,有的政府规定的补贴,从表面上看,获取补贴的条件客观中立,不具有专向性;但在实际的运作中,却具有事实上的专向性。SCM协定第2.1(c)条规定,在确定事实上的专向性时需考察的因素:(1)是否只是数量有限的某些特定企业获得补贴;(2)补贴是否主要授予了某些特定的企业;(3)是否有大量不成比例的补贴被授予某些特定的企业;(4)补贴授予当局决定补贴的自由裁量权的行使形式;(5)经济活动多样性的程度以及实施补贴计划的持续时间。

对补贴进行定义,并对专向性补贴的判断标准进行了规定,这是乌拉圭回合谈判的一项重大成果,有利于遏制因补贴含义不清而导致某些成员任意扩大反补贴措施调查范围的贸易保护主义倾向。

三、补贴的基本类型

制定SCM协定的目的并非完全限制政府实施补贴的权利,而是禁止或不鼓励政府使用那些对其他成员的贸易造成不利影响的补贴,为此,SCM协定根据补贴对国际贸易影响的不同将其分为三种类型,即禁止性补贴、可诉补贴和不可诉补贴。

(一)禁止性补贴

禁止性补贴(prohibited subsidies)是指成员不得实施或维持的补贴,又称红灯补贴。SCM协定明确地将出口补贴和进口替代补贴列为禁止性补贴,这是因为,这两种补贴直接对国际贸易产生扭曲作用,出口补贴非正常地提高本国产品国外价格竞争力;进口替代补贴对进口产品的正常竞争产生消极影响。

1.出口补贴

出口补贴(export subsidies)是指法律上或事实上以企业出口实绩为条件而给予的补贴。如果法律上明确规定以出口实绩作为给予补贴的唯一条件或条件之一,该种补贴当然属于出口补贴;如果法律上虽没有明确规定以出口实绩为补贴条件,但补贴的给予事实上与出口或预期的出口联系在一起,则该种补贴也属于出口补贴。

无论是法律上(de jure)还是事实上(de facto)的出口补贴,构成要件相同,即应以出口实绩为条件(contingent upon),但是两者在举证责任方面有较大差异。

对于法律上的出口补贴的判断，只需考察相关立法、规章或其他法律文件内容，从表面上看是否明确或暗示规定了补贴以出口为条件。[36] 对于事实上出口补贴的认定，则比法律上出口补贴的认定要复杂些，必须从构成和围绕补贴的事实综合得出补贴与出口之间存在密切联系的结论，且任何单个事实本身都不可能是决定性的。[37] SCM 协定脚注 4 对事实上出口补贴有明确的规定："虽未在法律上规定视出口实绩而给予补贴，但此种补贴事实上与实际或预期出口或出口收入联系在一起。"对于注脚 4 的适用，上诉机构在加拿大飞机补贴案中列举了三个必须考察的因素：(1)授予了补贴；(2)补贴以出口作为条件；(3)实际或预期的出口。申诉方仅仅提出补贴授予方在给予补贴时知道或预期到出口尚不足以证明该补贴构成事实上的出口补贴，因为缺乏证明第 2 个因素的事实，即没有证明补贴是以出口作为条件。[38] 由此，将补贴授予从事出口的企业这一事实本身不被视为出口补贴。

为便于明确和统一出口补贴措施，SCM 协定在附件 1 以非排他性清单的方式列举了 12 种类型的出口补贴：

(1)政府按出口实绩对企业或产业直接给予补贴。比如以出口额或出口创汇额为条件给予一定金额的奖励。

(2)外汇留成或类似的出口奖励。如在外汇管制的情况下，通常所有企业不得持有外汇资产，但出口额或出口创汇额达到一定数额的企业可以保留一定比例的外汇。

(3)出口装运补贴。政府为出口货物提供优于内销货物的国内运输费用。

(4)政府为用于出口而生产的产品和劳务提供的条件优于对内销产品的生产，且该条件也优于出口商在世界市场上通过商业途径可获得的条件。例如，政府为出口企业提供免费的信息服务，而对内销生产提供同样服务则要收费。

(5)对出口产品的企业免除或减免或缓征直接税或社会福利。直接税是指对工资、利润、利息、租金、专利权使用费和其他形式的收入所征收的税，以及对不动产所有权的征税。

(6)缩小税基。在计算应征收的直接税的基础上，给出口企业以特殊的折扣，减轻出口企业负担，从而达到刺激和鼓励出口的目的。

(7)超额退还或免除出口企业的间接税。对出口产品的生产和分销的间接税的减免，超过对供国内消费同类产品的生产和分销的间接税。间接税是指增值税、

---

〔36〕 Appellate Body Report, Canada—Certain Measures Affecting the Automotive Industry, WT/DS142/AB/R, para. 100.

〔37〕 Appellate Body Report, Canada—Measures Affecting the Export of Civilian Aircraft, WT/DS70/AB/R), paras. 166 - 167.

〔38〕 Id., paras. 169 - 172.

消费税、营业税、特许税、印花税、转让税、存货税、设备税、边境税等。

(8)超额免除或缓征用于出口商品生产之货物或服务的前期累积间接税。即对用于出口产品生产的货物或服务,减免或缓征所征收的前阶段累积间接税,超过对给予国内消费的同类产品生产的待遇。如果前阶段累积间接税是对出口产品生产过程中消耗的投入物所征收的,则即使对供国内消费的同类产品的前阶段累积间接税不予减免或缓征,对出口产品仍可免、减、缓。

(9)超额退还用于生产出口商品的进口投入物的进口税费。

(10)政府或政府控制的特殊机构按不能明显弥补费用和损失的保险费率,长期提供出口信贷担保或保证。

(11)政府提供的出口信贷利率低于使用该资金所实际应支付的利率,或低于国际资本市场获得同样信贷所应支付的利率。但是,一成员如果是一官方出口信贷的国际承诺参加方,或一成员在实践中实施的出口信贷利率与该国际承诺的规定相符,则符合该国际承诺规定的出口信贷做法不得视为出口补贴,即使出口信贷利率低于市场利率。比如,经济合作与发展组织《关于官方支持的出口信贷规则的协定》规定,其成员提供的出口信贷只要不低于规定的利率水平,则不构成出口补贴。按照SCM协定附件一的规定,WTO成员即使不是经合组织成员,但如其在提供出口信贷时遵守经合组织的规定,则该出口信贷同样不应视为出口补贴。

(12)构成出口补贴的其他由政府公共账户开支的项目。

对于产品的出口退税问题,GATT 1994第16条注脚明确规定,对一出口产品免征其同类产品供国内消费时所负担的国内税,不得视为出口补贴。换言之,对出口产品免征间接税或退还已就该产品征收的间接税,不构成出口补贴。

2. 进口替代补贴

进口替代补贴(import substitution subsidies)指以使用国产品为条件而给予的补贴。与出口补贴给予出口产品的生产者或出口商不同,进口替代补贴给予的对象是使用国产品的使用者。这种补贴对国际贸易影响在于:它会使进口产品在与受补贴的国产品的竞争中处于劣势,从而抑制相关产品的进口。鉴于进口替代补贴对进口贸易的抑制和扭曲作用,SCM协定同样将它纳入了禁止范畴。进口替代补贴既可以给予使用国产品的生产商,也可以直接给使用者或消费者。如对进口替代产品的使用者给予物质奖励,允许使用者国产品的生产者对进口替代的国产设备进行加速折旧,或者对此类设备的增值税予以全额抵扣,对购买进口替代设备提供优惠贷款等。

3. 美国境外所得免税法案

在美国外国销售公司法案中,美国被裁定违反了SCM协定。根据WTO争端解决机构的建议,美国应在2000年11月1日前修改FSC的税收待遇使其符合WTO的有关协定。2000年11月15日,美国颁布了"外国销售公司替代及境外所得免税法案”（FSC Replacement and Extraterritorial Income Exclusion Act，ETI Act，以下简称境外所得免税法），根据此法案采取的税收优惠可简称为 ETI 措施）以执行争端解决机构通过的报告。[39]

根据境外所得免税法，对于美国公民或居民，满足下列条件交易的所得可以享受 ETI 税收优惠：（1）收入来自于销售、租赁交易；（2）该交易必须是“合格的外贸货物”（qualifying foreign trade property，QFTP），所谓 QFTP 是指在美国境内或境外制造生产且主要美国境外使用，50% 以上的市场价值或劳工价值发生在美国境内；（3）该交易满足“境外经济活动”要求，所谓境外经济活动是指相关交易如广告、营销、谈判活动等在美国境外进行。[40]

欧共体对美国颁布的 ETI 法提出申诉，认为美国没有有效执行争端解决机构的裁定和建议。2000 年 12 月 20 日欧共体根据 DSU 第 21.5 条将争议提交给原专家组审议。专家组的报告于 2001 年 8 月 20 日散发；同年 10 月 15 日，美国对专家组报告提起上诉。上诉中，双方争议的涉及出口补贴的主要问题为：（1）ETI 措施是否构成以出口实绩为条件的补贴；（2）ETI 措施是否构成 SCM 协定注释 59 所指的为避免双重征税的措施。

（1）关于 ETI 措施是否以出口实绩为条件

根据美国境外所得免税法，对于合格的外贸货物在两种情况下给予税收优惠：一是外贸货物在美国境内生产而在美国境外使用或消费；二是外贸货物在美国以外的地方生产并在美国境外使用或消费。在第一种情况下，美国境内生产的货物享受 ETI 措施的条件必须出口到美国境外使用或消费，从而造成境外所得税法下的税收优惠措施的获得必须以出口实绩为条件。

（2）关于 ETI 措施是否符合 SCM 协定注释 59 规定的例外

SCM 协定注释 59 对第 3.1（1）条规定的出口补贴的例外，即相关成员可采取措施避免双重征税。据此，注释 59 只适用于成员为避免双重征税而对纳税人的境外来源收入所采取的措施。换言之，相关措施必须是针对纳税人在国外的收入，且该收入必须与国外有某种程度的联系，否则就不需向外国政府缴税，也就没有避免双重征税的必要。在本案中，虽然获得 ETI 优惠的交易必须符合“境外经济活动”的要求，包括纳税人在国外进行合同的谈判或签署等活动，但是不能单单基于相关经济活动的某些部分在美国境外进行便认定该经济活动所产生的所有收益符合注释 59 所指的外国来源所得。美国的错误在于没有区分哪些收益是外国来源所得，

---

〔39〕 Appellate Body Report, United States—Tax Treatment for “Foreign Sales Corporations ”, Recourse to Article 21.5 of the DSU by the European Communities, WT/DS108/AB/RW, paras. 1 – 3.

〔40〕 Section 3 of the ETI Act, Section 942(b), 943(a)(1) IRC.

哪些收益是美国来源所得。[41] 上诉机构裁决美国ETI措施不属于避免双重征税的措施。

(二)可诉补贴(actionable subsidies)

可诉补贴又称“黄灯补贴”,指那些不是一律被禁止,但又不能自动免于质疑的补贴。这类补贴在一定范围内允许实施,但如果在实施过程中对其他成员的经济贸易利益产生了不利影响,受到不利影响的成员便可采取反补贴措施或向WTO争端解决机构提起申诉。SCM协定对可诉补贴的规定是利益平衡的结果。可诉补贴的合理性表现为:一国在一定时期为了使国民经济相对均衡发展,总需要扶助某些企业,同时限制某些企业;不合理性则表现为向某些特定企业提供补贴有可能使这些受补贴企业的产品在国际市场上具有非正常的竞争力或在国内市场上具有非正常的进口替代竞争能力,从而对别国的经济贸易利益造成损害。这类补贴的合理性使得SCM协定并不绝对禁止,其不合理的一面又使SCM协定允许对其提起申诉加以限制。因此,对于可诉补贴而言,是否对其他成员的经济贸易产生不利影响是判断是否采取措施的重要依据。所谓不利影响,根据SCM第5条规定,主要是指以下三种情况:一是对另一成员的国内产业造成损害;二是致使其他成员丧失或减损其根据GATT 1994所获得的利益;三是对其他成员的利益造成严重危害。

国内产业的损害(injury to the domestic industry)指一成员政府的补贴对另一成员国内产业所造成的实质性损害或实质损害威胁,或者实质阻碍国内新产业的建立。对于国内产业的定义、国内产业损害因素的评估、因果关系等都与反倾销规则类似,在此不赘述。

利益的丧失或减损(nullification or impairment of benefits)是一个很模糊的概念,对于补贴来说,比较典型的情况是,一成员实施补贴,使另一成员本应获得的市场准入机会受到削弱。

利益的严重危害(serious prejudice to the interests)是一个范围更广泛的概念,SCM协定第6.3条规定,若可诉补贴对其他成员造成如下一种以上影响,则可推定该补贴造成利益的严重危害:

1. 排斥或阻碍另一成员产品进入受补贴成员的市场。排斥指的是其他成员相同产品销售额的下降;而阻碍则是指本来会发生的销售没有发生。[42]

2. 排斥或阻碍另一成员对第三成员市场的出口。对于该种情形,根据SCM协定第6.4条规定,申诉方需证明在一年以上的时间内,相对于未受补贴产品而言,出现了相对市场份额的变化:(1)补贴产品的市场份额增加;(2)补贴产品的市场

---

〔41〕 Appellate Body Report, United States—Tax Treatment for "Foreign Sales Corporations", Recourse to Article 21.5 of the DSU by the European Communities, WT/DS108/AB/RW, paras. 165–166.

〔42〕 Panel Report, Indonesia-Certain Measures Affecting the Automobile Industry, WT/DS54/R,

份额保持不变,但如果不存在该补贴,市场份额则会降低;(3)补贴产品的市场份额降低,但速度低于不存在该补贴的情况。

3. 在同一市场上,补贴导致了另一成员的相同产品的价格大幅降低、或对价格构成了实质性的压制,或使另一成员相同产品的销售量大幅减少。

如何理解"同一市场",在美国陆地棉补贴案中,上诉机构认为,只要两种产品参与实际或潜在的竞争,就是处于"同一市场",对地理范围没有限制。在本案中,指的是接受补贴的美国陆地棉和巴西陆地棉进行实际或潜在竞争的市场,既可是国内市场,也可以是国际市场。[43] 针对价格压制的问题,美国陆地棉补贴案的专家组认为,价格压制是指妨碍或阻止价格上涨,或实际上涨的幅度低于本应上涨的幅度。在本案中,下列三要素对于审查同一市场是否存在价格压制具有相关性:(1)美国生产和出口陆地棉在世界市场上的相对重要程度;(2)陆地棉一般价格趋势;(3)补贴的性质,特别是补贴的性质是否具有明显压低价格的作用。专家组经审查后认为,美国陆地棉补贴的结果、设计和操作具有明显的价格压制作用,尤其是以价格为条件的补贴。对于专家组对价格压制的分析,美国提出上诉,上诉机构支持了专家组的分析理由与观点。[44]

4. 与补贴提供前的3年平均市场份额相比,受补贴产品在世界市场份额在提供补贴期内呈持续上升的趋势。

(三)不可诉补贴(non - actionable subsidies)

不可诉补贴是指各成员在实施这类补贴措施的过程中一般不受其他成员的反对且其他成员不得对该类补贴采取反补贴措施。不可诉补贴又称"绿灯补贴"。SCM协定第8条的规定,不可诉补贴包括两种类型:一种是不属于专向性的补贴,即那些具有普遍性的补贴,不针对特定企业、特定产业和特定地区的补贴,这种补贴不会引起WTO项下的任何反补贴措施;另一类是政府对科研、落后地区以及环保的补贴,即使具有专向性,也属于不可申诉的补贴,但是这种不可诉补贴应符合以下条件:(1)为公司所从事的科研活动或为高等教育(科研)单位与公司签约进行研究和开发活动的援助,但是这种补贴不得超过工业研究开支的75%和竞争前开发活动成本的50%,且仅用于人员开支、科研设备、科研服务、管理方面的费用;(2)为扶持落后地区的发展而在一定的地域范围内对一切企业都适用的补贴,经济落后地区应符合以下标准:第一,该地区是明确界定的地理区域,具有可确定的经济或行政特征;第二,该地区的人均国民生产总值或人均收入或人均家庭收入,低于该成员境内的85%,失业率高出该成员境内的115%。(3)为适应新的环保要

---

〔43〕 Appellate Body Report, United States—Subsidies on Upland Cotton, WT/DS267/AB/R, para. 408.

〔44〕 Id., paras. 419, 473.

求对企业改进现有设备而提供的补贴,这种补贴应是一次性的,并且不得高于采用环保要求所需费用的20%。

根据SCM协定第31条规定,SCM协定关于不可诉补贴的规定临时适用5年,即从1995年1月1日至1999年12月31日。此后,不可诉补贴转变成为可诉补贴。

四、对补贴的救济措施

对于禁止性补贴和可诉补贴,SCM协定规定了双轨制的救济措施,即(1)直接通过WTO争端解决机制得到救济;(2)通过国内反补贴法律程序得到救济。对于一项补贴,SCM协定允许成员可平行引用这两种程序,即成员既可以向WTO争端解决机制提起申诉,同时也可以进行国内的反补贴调查程序,以确定补贴进口产品是否对其国内产业造成损害。但最终的救济措施只能有一个,或通过WTO采取贸易报复措施;或通过国内反补贴法征收反补贴税。

(一)关于国内反补贴程序

反补贴措施指进口方的主管机构应国内相关产业的申请,对受补贴的进口产品进行反补贴调查,在确定存在补贴、损害以及两者存在因果关系后,采取临时反补贴措施、反补贴税或出口成员政府(或出口商)承诺等方式,以消除进口产品所受补贴的影响,恢复公平竞争,保护受到损害的国内产业。

SCM协定规定的反补贴调查与产业损害确定的程序与反倾销协定的有关规则非常相似,因此,对于两者的相似部分不再赘述,对于两种的细微差别,归纳如下:

(1)在反补贴调查程序中规定了邀请磋商的程序。SCM协定要求进口方主管机构在接到国内产业提出的反补贴调查的申请后,最迟应在发起调查前邀请可能被调查的成员进行磋商,以澄清有关被指控的事项,寻求达成双方满意的解决方法。

(2)对幅度微量例外的标准规定不同。在反倾销调查中,倾销幅度不超过2%的被认为是微量允许;在反补贴调查中,若补贴不足从价金额的1%被视为幅度微量。

(3)对忽略不计的数量标准规定不同。在反倾销调查中,如果某一成员倾销产品对特定市场的出口量不足该市场进口总量的3%,则该进口量可忽略不计,除非比例低于3%的几个成员的进口合计比例超过7%。在反补贴调查中,仅对发展中成员规定了忽略不计的数量标准:补贴产品占进口量低于总进口量的4%可忽略不计,除非比例低于4%的几个发展中成员的进口合计比例超过9%。

(4)承诺的方式有所不同。反补贴调查中的承诺有两种形式:一是出口商同意修改其价格以消除补贴影响;二是出口方政府同意取消或限制补贴,或采取其他能消除补贴影响的措施。而在反倾销的价格承诺中,不存在政府承诺的问题。

(5)对于反倾销调查,成员只能在价格承诺、临时反倾销措施和最终反倾销税做出后才能对反倾销当局在调查程序中违反实质性或程序性规定向 WTO 争端解决机制提起申诉;而根据 SCM 协定,如果一成员在采取反补贴调查过程中,未能遵守 SCM 协定第 5 部分的实质性或程序性要求,其他成员可以通过争端解决机制提起申诉。

(二)关于补贴的 WTO 争端解决程序

根据不同类型的补贴,SCM 协定规定了不同的争端解决程序:

1. 禁止性补贴的争端解决程序

根据 SCM 协定第 4 条规定,当 WTO 成员有理由相信另一成员实施或维持属于禁止性补贴,即可向实施补贴方提出磋商的要求,另一成员应尽快进入磋商,双方应自提出磋商请求后 30 天内达成解决方案。

如果双方未达成协议,任何一方可以诉诸 WTO 的争端解决机构(DSB),要求成立专家组,专家组应自成立后的 90 天内散发裁决报告;对于专家组报告,DSB 应于散发之日后的 20 天内通过专家组报告,除非当事人上诉或 DSB 成员协商一致不予通过。对于上诉,上诉机构应自通知上诉之日后的 30 天内做出决定,最长不得超过 60 天。上诉机构的报告是终局的,除非 DSB 在报告撒发给各成员之日起的 20 天内协商一致不同意通过上诉报告。

若专家组认定禁止性补贴成立,则需在裁决报告中建议实施补贴的成员不延迟地取消补贴,并规定取消补贴措施的时间。从争端解决实践看,专家组规定取消出口补贴的时间为 3 个月左右。若 DSB 通过的裁决或建议在规定的时间内未被执行,DSB 应向申诉方授权采取适当的反措施(appropriate countermeasures),即与禁止补贴额相等的贸易报复措施。

SCM 协定还特别规定,除本协定有明确时间期限外,禁止性补贴争端适用 DSU 中所规定的时间期限均应减半。

由此可见,对于禁止性补贴措施,SCM 协定规定的争端解决程序比 WTO 普通争端解决程序所规定的各个阶段的时限要短得多,原因就在于,禁止性补贴对国际贸易的影响最为严重、最为直接,必须尽快消除这种补贴对国际贸易的不利影响。

2. 可诉补贴的争端解决程序

根据 SCM 协定第 7 条的规定,一成员如有理由认为另一成员实施的可诉补贴对其利益造成了不利影响,则可要求与补贴授予方进行磋商,补贴授予方应尽快磋商并应在提出磋商请求后的 60 天内达成双方均可接受的解决方案。如果未能在 60 天内达成解决方案,任何一方可诉诸 DSB,要求成立专家组,专家组的组成与其职权范围应当在设立之日起 15 日内确定。

专家组应自组成后的 120 天内向所有成员散发报告。专家组报告自散发之日起 30 天内由 DSB 通过,除非一方提出上诉或 DSB 协商一致决定不通过该报告。

如果专家组的报告被上诉,上诉机构应自收到上诉通知之日的60天内做出裁决报告,最迟不得超过90天。除非DSB在散发报告后的20天内协商一致决定不通过报告,否则上诉机构的报告应被通过且争端各方应无条件接受。

如上诉机构或专家组的报告被通过之日后的6个月内,实施补贴的成员既未消除不利后果也未撤回补贴,而且也未与相关成员达成任何补偿协议,则DSB应授权申诉成员采取与不利后果的程度与性质相当的反措施。

对于禁止性补贴与可诉补贴,成员在通过WTO争端解决机制获得救济手段上有一定的差异,主要表现为:前者不要求证明存在不利影响,而后者要求申诉方证明不利影响的存在且应证明补贴与损害之间存在因果关系;前者时限规定较短,而后者的时限相对长一些。

五、发展中成员的特殊和差别待遇

对某些产业实行财政补贴是大多数发展中国家的一项基本国策,这对维护社会稳定、增加就业以及促进经济发展起着重要作用,乌拉圭回合注意到这一点,并在SCM协定第8部分具体规定了对发展中成员的特殊与差别待遇。SCM协定将发展中成员分为三类:第一类是联合国指定的48个最不发达国家中的WTO成员;第二类是根据世界银行统计的年人均国内生产总值低于1000美元的20个发展中成员;第三类是其他发展中成员。

1. 关于禁止性补贴规则的特殊与差别待遇

(1)最不发达成员可以无期限使用出口补贴,并在WTO成立后8年内可使用进口替代补贴。

(2)对于年人均国民生产总值达到1000美元以前的20个发展中成员有权使用出口补贴,并在WTO成立后5年内可保留进口替代补贴。

(3)其他发展中成员在WTO成立后8年内可以保留出口补贴,但在此期间应逐步取消并不得提高其出口补贴的水平;在WTO成立后5年内可以保留进口替代补贴。

如果发展中成员受补贴的产品有了"出口竞争力",那么,发展中成员在2年内取消对该产品的出口补贴。所谓产品具有出口竞争力是指某一发展中成员的某项产品连续2年在同类产品的世界市场份额中占到3.25%以上。但是,对于年人均国内生产总值低于1000美元的20个发展中成员和最不发达成员,即使其某一具体产品已经具有出口竞争力,仍可以在8年内逐步取消对该产品的出口补贴。

2. 忽略不计的标准

对于来自发展中成员的补贴产品,一个成员的补贴产品占进口方相同产品进口总量不到4%;且所有低于4%进口量的发展中成员的产品占进口方成员进口总量低于9%,这种补贴产品的数量为忽略不计的数量。对于补贴幅度,即补贴额占货物价格的比例,发展中成员为2%,最不发达国家为3%,发达成员为1%,这种比例的补贴为忽略不计的补贴幅度。

3. 经济转型成员

对于正在实施由计划经济向市场经济过渡的成员,可以有 7 年的过渡期即在 2002 年 1 月 1 日前仍可实施已经向 WTO 通知的禁止性补贴。而发达成员必须在 WTO 协定生效后 3 年内取消所有的禁止性补贴。

时至今日,SCM 协定所规定对发展中成员的特殊与差别待遇绝大部分都已到期,不再有效。

六、监督机构、通知义务和争端解决

SCM 协定要求建立补贴与反补贴措施委员会,其职责是为各成员提供磋商的机会,促进实现协定的目标。委员会由各成员代表组成,设有自己的主席,至少每年召开两次会议。此外,委员会应组建一个由五名中立、在补贴与贸易关系方面资深的人员构成的"常设专家组"(Permanent Group of Experts),负责对禁止性补贴提出建议性结论,同时向委员会对补贴存在及性质提供咨询意见。委员会具有广泛的审议职能:审议成员提交的各项补贴通知;审议协议的适用和执行情况并向 WTO 货物贸易理事会做出报告。

各成员有义务在每年 6 月 30 日前向委员会就各项补贴事项做出通知,其内容包括:补贴的形式、单位补贴额或补贴总额、年度补贴额、政策目标、补贴的期间、统计数据以及必要的说明;并应及时将反补贴调查案件的初裁与最终采取的措施报告委员会。成员应保证其有关反补贴法律、法规与 SCM 协定保持一致,对于上述任何法规的修改应及时通知委员会。

除非 SCM 协定另有规定外,WTO 争端解决机制适用于成员之间的补贴贸易争端。

第三节　保障措施的法律制度

一、保障措施与多边贸易体制

保障措施(safeguard measures),亦称保障条款(safeguard clause),是指 WTO 成员方在进口激增并对其国内相关产业造成严重损害或严重损害威胁时,采取的进口限制措施。保障措施是国际贸易协定中常见的一种条款,其目的在于使缔约方在特殊情况下免除其承诺的义务或协定所规定的行为规则,从而对因履行协定所造成的严重损害进行补救或避免严重损害可能产生的后果。

通常被称为"保障条款"的是GATT 1994第 19 条,该条认为在特定紧急情况下允许任何一个缔约方为保障本国经济利益而解除GATT 1994项下的义务。在

GATT 1994保障机制中，除第19条外，具有某种保障性质的条款还有：为保护人类动植物健康与环境资源和国家安全的第20条、第21条；为保持本国国际收支平衡的第12条；发展中国家为保护本国新兴工业的第18条；以及对"不公平贸易"征收反倾销税或反补贴税的第6条等。然而，人们一般理解的保障措施是指GATT 1994第19条规定的保障措施，因此，本节所称的保障措施即指GATT 1994第19条规定的保障条款。

保障措施在性质上不同于反倾销措施和反补贴措施，反倾销和反补贴措施针对的是不公平贸易行为，而保障措施针对的是公平贸易条件下的进口产品。既然保障措施针对的是公平贸易行为，以推动自由贸易为己任的GATT 1994规定保障措施的原因是什么呢？经济结构调整理论和政治实用主义理论可以作为允许保障措施存在的理由。经济调整理论（economic-adjustment）认为，进口特别是近期进口的增加，对进口方而言会使某些利益集团受到损失，尽管从长期或总体上看，进口有利于进口方的福利。国内进口竞争企业将不得不通过改善其竞争力（生产能力、价格、质量等），或者将进口竞争性企业资源转移到其他产品的生产企业，这个过程称为经济结构调整过程。这个经济结构调整过程通常被认为是暂时的，在短期内减少进口竞争的压力有利于国内竞争性产业采取必要的调整措施。从政治角度看，国内生产者比消费者更容易影响政府；在进口中，有重要利害关系的一方是外国厂商或出口商，然而，它们在进口国并不具有投票权，因而对进口国的决策程序几乎没有什么影响。因此，主张自由贸易的政治家认为，从政治实用角度出发，最好还是在特定的情况下允许实施暂时的和有限度的进口壁垒，不仅有利于减轻经济结构调整的压力，还有利于减轻国内担心参与国际贸易自由化而强烈要求全面禁止进口的压力。[45]

早在1934年美国国内法中就已出现了保障条款，而在双边国际经济条约中订入保障条款的则可追溯到1943年美墨互惠贸易协定。该协定第11条曾规定"如因意外情况的发展和本协定所附减让表中列举的任何货物关税之减让的结果，使某种货物进口的数量大为增加，并在此等情况下对国内相同或类似产品的生产者造成严重损害或严重损害威胁，任何一方的政府在防止此等损害所必需的程度和时间内，应自由地全部或部分地撤回减让，或修改减让"。1947年美国与其他国家就关贸总协定与国际贸易组织进行谈判时，美国贸易代表根据美国总统杜鲁门的行政令，要求写入保障条款，后来GATT 1947的第19条也基本上原文照抄了1943年美墨互惠贸易协定中的有关规定。[46] GATT 1947承认，即使关税减让分阶段实

---

〔45〕 John H. Jackson, The World Trading System: Law and Policy of International Economic Relations, The MIT Press, 1997, p. 177.

〔46〕 Id., p. 179.

施,某些工业和农业部门在短期内也同样会遇到适应新竞争环境的困难,这些困难来自未能使产业结构合理化或未能采用技术创新以提高生产率。为向受影响产业提供适应新竞争的时间,GATT 1947第19条规定了保障条款。GATT 1947规定保障条款是十分必要的,因为任何法律体系如果不做出一些在某种情况下可以放宽约束的规定,都无法使不变的法律规则达到调整千变万化的社会生活的目的,更何况GATT 1947是调整纷繁复杂而又十分敏感的国际贸易法律体系。只有规定必要的例外,才能使各国政府在接受自由贸易政策的同时最大限度地做出关税减让以及市场准入,因此,保障条款作为GATT 1947推进的自由贸易的"安全阀"(safe valve),有助于保持GATT 1947的有效性和多边性。

GATT 1947第19条保障条款的标题全文为"对某种产品进口的紧急措施"。其核心内容——第1款第(1)项与上引的美墨互惠贸易协定第11条的表述基本一致。第19条第2款是实施保障措施前的磋商要求,它要求各缔约方在采取保障措施前应尽可能做出书面通知并要求将这种通知提交给缔约方全体,只有在推延采取紧急保障措施会导致难以补救的损害时,该缔约方才可不经事先磋商而采取保障措施。该条第3款是关于解决保障措施争端的规定。该款指出,如果采取保障措施的缔约方与该行动有利害关系的缔约方不能就实施保障措施达成满意解决方法,前者仍然可以采取或维持这一行动,但后者可以在前者采取行动后的90天内,并在书面通知缔约方全体30天后,在缔约方全体无异议情况下,对前者暂停实施GATT 1947体制下大体对等的减让或其他义务。

GATT 1947最初的有关保障条款的规定,相对模糊,只是大体上为保障机制确定了一个框架,致使这一原本期望发挥"安全阀"作用并使GATT 1947体制稳定运转的条款,却因其固有的宽松性导致缔约方可能滥用,此外,因援引保障措施面临磋商和补偿方面的诸多限制,导致70年代以来出现大量逃避GATT 1947多边纪律约束的"灰色区域措施"(gray area measures),如选择性保障措施(selective safeguard measures)、自愿出口限制(voluntary export restraints)、有秩序地销售安排(orderly marketing arrangements)等严重威胁着GATT 1947基本原则和宗旨的措施。

为了制止缔约方滥用或变相滥用保障条款,防止灰色区域措施的蔓延,国际上有识之士为健全和完善关贸总协定的保障机制大声疾呼。但是在东京回合谈判期间未能就此达成协议,乌拉圭回合一开始就将保障措施问题列为谈判的议题。经过几年的艰苦谈判,终于达成了一项《保障措施协定》(Agreement on Safeguards)。正如该协定序言所指出的,保障措施协定的目的在于:(1)澄清和加强GATT 1994的各项纪律,特别是第19条的各项规定;(2)重新确立对保障措施的多边控制,并取消逃避此等控制的各种灰色区域措施。

二、保障措施的种类与性质

保障措施实施,可以采取提高关税、数量限制和关税配额等形式。与反倾销措施与反补贴措施不同,保障措施的种类没有限制,但保障措施必须限定在防止或补救严重损害和提供产业调整所必需的程度内。《保障措施协定》第5条明确规定,如果使用数量限制为保障措施,则不应将进口数量降低到近期的水平(过去三年内进口的平均水平),除非进口方有正当理由表明有必要采取与此不同的进口水平。在实施配额限制时,如果数量配额是在各供应成员方之间分配,拟采取保障措施的成员应就配额中的份额配置问题与所有供应有关产品的成员方进行协商并达成协议。如果此办法不可行,该成员可根据各供应成员方在前一个代表时期在有关产品进口总量或总值中所占的比例进行分配。

从表面上看,成员方实施保障措施,会导致其暂时中止减让或其他条约义务,中止的减让或条约义务恰恰是 WTO 协定所规定的基本义务,如GATT 1994年第2条"关税减让"和第11条"一般取消数量限制"的规定。[47] 实际上,保障措施的真正目的在于促进经济结构调整和提高国内产业的竞争力,而并非真正限制国际市场的竞争,因而,成员方实施保障措施应该是能促进国内受严重损害的产业采取行动,进行结构调整,以适应保障措施取消后的竞争。从这个意义上而言,保障措施是一种紧急措施;与反倾销措施和反补贴措施属于对不公平贸易救济措施不同,保障措施是以不公平的贸易措施限制外国产品的进口,因此,保障措施被认为是"异常救济措施"(extraordinary remedies)。[48]

三、实施保障措施的条件

根据GATT 1994第19条以及《保障措施协定》第2条、第4条的规定,一成员方实施保障措施必须符合下列条件:

(一)进口产品大幅增加

1. 进口增加的类型

进口产品的大量增加是指进口产品数量的急剧增长(in such increased quantities),不仅包括"绝对增加",而且包括"相对增加"。所谓绝对增加是指进口产品的数量在绝对值上增加;而相对增加是指即使进口产品数量在绝对值上保持不变或略有下降,只要国内相同产品的生产量大幅度下降,就可以认定进口大量增加。由此可见,相对增加是相对进口方国内生产而言,进口产品的市场份额上升。比如某一进口产品进口量始终保持在1000个单位甚至略有下降,而国内同类产品的产

---

〔47〕 Appellate Body Report, Korea-Definitive Safeguard Measure on Imports of Certain Dairy Products, WT/DS98/AB/R, para. 88.

〔48〕 Appellate Body Report, Argentina-Safeguard Measures on Imports of Footwear, WT/DS121/AB/R ,para. 94.

量由原来的4000下降为2000单位，进口所占市场份额则由20%上升至33.3%，这种情况属于相对增长。[49] 正如著名的WTO专家杰克逊教授所指出的，“相对增加”概念在保障条款中似乎不尽合理，因为在这种情况下并没有发生进口的实际增加，而是将国内市场调整的包袱转移到外国产品身上。[50]

2. 进口增加的性质

进口增加应当具有近期性。在阿根廷鞋类产品进口保障措施案中，上诉机构认为，《保障措施协定》第2.1条规定产品进口用的是一般现在式语态（a product is being imported in... increased quantities），这表明这种进口必须是最近的。因此，进口方机构应考察最近的进口是否增加，而不是考察过去5年或几年进口的简单趋势。[51] 换言之，保障措施调查期应当是最近的时期。

进口增加应当具有突发性特点。从保障措施实施的目的而言，其主要是处理不可预见事件的发展，具体而言，未预见到的进口激增导致产业遭受严重损害。由此可见，不可预见的特征就意味着进口是最近突发性的。因此，如果在调查期间，进口产品一直比较稳定增长，增长趋势没有明显变化，这种进口增长不具有突发性和急剧性。

进口增加的幅度应当具有显著性。进口方当局不仅要证明进口产品在增加，而且还要证明数量是如此大量增加（in such increased quantities）。对进口增长的比率和数量都要考虑，换言之，要对整个调查期间的进口增加趋势进行评估，而不是仅仅看调查终点与调查起点进行比较。[52]

一般而言，如果调查前期进口呈增长的趋势，而调查后期进口呈下降趋势，在这种情况下，除非进口方当局有合理解释，否则很难证明进口大量增加。在美国钢材保障措施案中，根据美国国际贸易委员会（International Trade Commission, ITC）提供的数据，碳质平板钢材（CCFRS）自1996年到1998年进口急剧增加，然而，自1998年后，进口开始下降，1999年和2000年，进口量已经回落到近1996年水平；自2000年中期到2001年中期，进口量显著减少（从1.15亿吨减少至0.69亿吨）。因此，1998年进口的增加和此后进口的减少事实并不能充分支持2001年11月ITC做出的“产品进口在增加”的判断。[53]

---

〔49〕 石广生：《世界贸易组织知识读本：世界贸易组织基本知识》（一），人民出版社2001年版，第196页。

〔50〕 John H. Jackson: World Trade and the Law of GATT, 1969, p, 558－559.

〔51〕 Appellate Body Report, Argentina—Safeguard Measures on Imports of Footwear, WT/DS121/AB/R, paras. 126－131.

〔52〕 Id.

〔53〕 Panel Report, United States—Definitive Safeguard Measures on Imports of Certain Steel Products, WT/DS248/R, paras. 10.178－10.185.

由此可见,《保障措施协定》第 2.1 条和第 4.2 条所指的“增加”不是指过去的增加,而是需要有证据证明相关进口的增加是最近发生的(recent enough)、突然的(sudden enough)、急剧的(sharp enough)以及在增长数量和增长比率方面都是显著的(significant enough)。[54]

(二)进口大量增加是因“不可预见的发展”所造成

成员方采取保障措施必须证明进口大量增加是由于不可预见的发展和成员方履行 WTO 义务的结果。

不可预见的发展(unforeseen development)在GATT 1994第 19 条和《保障措施协定》中都没有明确解释。在 1950 年捷克斯洛伐克诉美国的皮帽案中,美国认为鉴于捷克斯洛伐克皮帽的款式有很大变化,如帽子外表采用绒面并加绒毛;皮帽款式的改变使得捷克斯洛伐克的进口急剧增加,占有美国 95% 的市场;而这种款式的改变在美国同意给予优惠关税时是不能预见的。鉴于此,美国引用GATT 1947采取保障措施。GATT 1947工作小组首先要解决的问题之一是皮帽款式的改变是否为“不可预见的发展”,工作小组认为“不可预见的发展应解释为在关税减让时不能合理预见的情况”。工作小组同意捷克斯洛伐克的观点,即商品款式的随时改变是经商的基本常识,因此美国政府在谈判时应该意识到进口皮帽的款式可能改变。但是,工作小组同时指出,虽然款式随时改变为正常商业习惯,但是,款式改变的程度对竞争形势的影响则是美国政府在 1947 年谈判时无法合理预见的。因此,这一点符合GATT 1947第 19 条规定的“不可预见的发展”。[55]

在美国钢材保障措施案中,美国提出亚洲金融危机系不可预见的发展。专家组基于以下理由同意亚洲金融危机符合GATT 1994第 19 条所称的“不可预见的发展”:亚洲金融危机始发于 1997 年,1998 年达到顶峰;乌拉圭回合谈判正式结束于 1994 年,美国在 1994 年谈判结束时没有预见到亚洲金融危机。特别是,亚洲在 20 世纪 90 年代前半期经济增长速度超过 8%,即便到 1997 年秋季,经济学家们仍估计亚洲将保持高速增长。尽管亚洲经济持续高速增长、尽管经济学家们普遍乐观估计,但亚洲金融危机随着泰国泰铢的贬值而爆发了。[56] 专家组的意思是既然经济学家在 1997 年都没有预见到亚洲会爆发金融危机,对于 1994 年的美国政府而言,当然没有合理理由要求其预见到亚洲金融危机的爆发。

保障措施实施方不仅要证明所发生的事件是“不可预见的发展”,还需证明进

---

〔54〕 Appellate Body Report, Argentina—Safeguard Measures on Imports of Footwear, WT/DS121/AB/R, para. 131.

〔55〕 GATT Working Party Report, United States—Fur Felt Hat, para. 9.

〔56〕 Panel Report, United States—Definitive Safeguard Measures On Imports of Certain Steel Products, WT/DS248/R, para. 10.79.

口增加是由此不可预见的发展情势所引起的。

(三)进口大量增加对国内产业造成严重损害或严重损害威胁

《保障措施协定》规定,采取保障措施必须证明进口大量增加对国内生产同类产品或直接竞争产品的产业,造成了严重损害或严重损害威胁。

国内产业(domestic industry)是指在一成员方境内生产与进口产品同类或直接竞争的产品的全体国内生产商,或者其产量之和占该成员方这种同类或直接竞争的产品生产总量主要部分的生产商。对于关税同盟而言,既可以针对该同盟所辖全部区域采取保障措施,也可仅代表该同盟的某一成员方实施保障措施。当同盟针对全部区域实施保障措施时,对严重损害或严重损害威胁的确定,应以同盟内相应的整个产业情况为基础;当同盟代表其某个成员实施保障措施时,对严重损害或严重损害威胁的确定,应仅以该成员方相应的产业情况为基础,保障措施的实施也只能以该成员的地域为限。〔57〕

"严重损害"(serious injury)应理解为对某一成员方国内产业总体上造成重大损害(significant overall impairment);而"严重损害威胁"则是指严重损害是"明显迫近的"(clearly imminent),确定严重损害威胁必须基于事实,不能基于断言、推测或极小的可能性。为更准确把握对损害的判断,《保障措施协定》在第4.2条(a)项中规定进口当局应评估影响该产业状况的客观和可量化的所有相关因素:特别是有关产品进口量的绝对或相对增加的比率和数量、增加的进口产品在国内市场的占有份额以及国内产业的销售水平、总产量、生产能力、设备利用率、利润与亏损、就业等方面的变化。应当指出的是,进口当局评估的是对产业形成损害的所有"相关"因素,这些因素不仅包括第4.2条(a)项所列出的因素,也不仅包括当事方向进口当局提出的评估因素,而且包括所有进口当局调查认为必要的"其他因素"。

(四)进口大量增加与国内产业损害有着因果关系

拟采取保障措施的成员方,必须证明进口大量增加与产业严重损害或严重损害威胁之间存在因果关系。这种证明必须有客观证据的支持。如果在同一时期内产业所受损害由进口增长以外的因素所致,则此类损害不得归因于进口增加。

美国麦面筋进口保障措施案对于如何理解进口增加与产业损害之间的因果关系和"不归因于"(not attributed)的含义有着重要的启示意义。对于因果关系(causation),专家组认为:在多种原因造成产业损害时,采取保障措施的实施方必须证明,进口增加本身能单独导致国内产业的严重损害。〔58〕 上诉机构推翻了专家组关

〔57〕 石广生:《世界贸易组织知识读本:世界贸易组织基本知识》(一),人民出版社2001年版,第197页。

〔58〕 Panel Report United States—Definitive Safeguard Measures on Imports of Wheat Gluten From the European Communites, WT/DS166/R, para 8.139.

于因果关系的解释,上诉机构认为:《保障措施协定》第4.2条(b)项关于因果关系的规定并不表明进口增加是导致严重损害的唯一因素,或者造成损害的其他因素必须排除在严重损害的裁决之外。相反,该款的措辞意味着即使有其他原因同时导致严重损害的发生,进口增加与严重损害也可能有因果关系。因此,在确定因果关系方面,上诉机构认为有必要对于因进口增加所造成损害的事实与其他因素造成损害的实施进行区分;但是,这种区分并不是要证明进口产品增加本身必须能引起严重损害;也不是要求在进行严重损害裁定时排除其他因素造成的损害。[59] 由此可见,主管机构在决定产业损害时,可以将进口产品增加因素与其他因素一起综合考虑决定严重损害是否存在。

如何将其他因素造成的产业损害不归因于进口产品的增加,是确定因果关系后必须回答的另一个问题。在美国对韩国圆焊碳质条形管保障措施案中,上诉机构指出,主管机构除有责任区分进口增加和其他因素造成的损害外,还应充分解释它如何确保其他因素造成的损害没有归因于进口增加。[60]

此外,保障措施实施还必须符合下列程序要求:

1.调查程序

调查是保障措施的必经步骤,有关调查应根据成员方事先规定的程序进行,并且应按照GATT 1994第10条规定的透明度要求予以公布。成员方主管机构在采取保障措施前,应向所有利害关系方做出适当的公告、举行公开听证会,或给进口商、出口商及其他利害关系方提供适当的机会,以陈述证据和意见。调查结束后,主管机构应公布调查报告,列明对一切相关事实和法律问题的调查结果,以及做出的合理结论。

2.通知和磋商

《保障措施协定》第12条规定,成员方应将下列事项立即通知保障措施委员会:(1)发起调查的决定和理由;(2)对进口增长造成严重损害或严重损害威胁的调查结果;(3)就实施或延长保障措施做出的决定。通知时,成员方应提供下列信息:进口增长造成严重损害或严重损害威胁的证据,对调查所涉及产品和拟采取措施的准确描述,保障措施实施的日期、期限及逐步放宽的时间表等。

拟实施或延长保障措施的成员应与各利害关系成员方进行磋商,交换意见,并达成谅解,磋商结果应及时通知货物贸易理事会。

《保障措施协定》规定,在紧急情况下,如果延迟会造成难以弥补的损失,进口成员方可不经过磋商而采取临时保障措施。主管机构只有在初步裁定进口大量增

---

〔59〕 Appellate Body Report, United States—Definitive Safeguard Measures on Imports of Wheat Gluten From the European Communites, WT/DS166/AB/R, para. 70.

〔60〕 朱榄叶:《世界贸易组织国际贸易纠纷案例评析》,法律出版社2004年版,第766页。

加已经或正在造成严重损害或威胁情况下，方可采取临时保障措施。临时保障措施的实施期不得超过200天，并且此期限计入保障措施总的期限。

四、关于保障措施实施的纪律

（一）保障措施的非歧视性

采取保障措施应该对该产品的所有出口方一视同仁，不能有选择地针对其中一两个国家，换言之，保障措施针对的对象应是产品而非特定的出口方，即保障措施应遵循非歧视待遇原则。由于历史的局限，GATT 1947第19条没有明确规定保障措施的实施应遵循非歧视原则或禁止选择性实施保障措施，后来在实践中就有些发达国家以第19条不禁止为由实行歧视性的保障措施，以避免因普遍实施保障措施而可能招致来自所有出口方的报复。其实，对于保障措施的非歧视性，第19条虽无明文规定，但按总协定法律结构和条款安排，这是一条明显暗示的原则。第19条保障措施不外关税、关税配额与数量限制三种。对于前者，要受到关贸总协定第1条最惠国待遇原则制约，不得带有歧视性；对于后两者，关贸总协定第13条第1款已明文规定了不得歧视地实施数量限制。此外，第19条规定的保障措施是对特定“产品”所采取的，而不是针对该产品的出口方。〔61〕

为解决保障措施中的歧视性问题，《保障措施协定》第2.2条明确规定：“对一种产品的保障措施，应不论其进口来源，加以实施”。这显然明确肯定了保障措施实施的非歧视性。但是《保障措施协定》并未彻底禁止选择性实施保障措施。该协定第5.2条（b）项允许以某种歧视性方式分配配额，即进口方通过由保障措施委员会主持下的磋商，证实从某成员方的进口额在代表性时期内与该产品进口总额的增长百分比例不相称（disproportionate percentage），可对该成员方的进口采取歧视性的配额措施。

与保障措施非歧视性相关且易发生争议的问题是如何对待关税同盟或自由贸易区的问题。在阿根廷鞋类产品保障措施案中，欧共体指控阿根廷在进行保障措施调查时，从所有鞋类进口成员方收集有关进口、损害以及两者之间因果关系的数据，但最终却不对来自南美共同市场成员国鞋类实施保障措施，从而违反了《保障措施协定》第2.2条要求的非歧视实施保障措施。上诉机构同意欧共体的意见。在美国麦面筋进口保障措施案中，美国ITC在调查进口增加和产业严重损害时将加拿大进口产品包括在内，但在实施保障措施时却不包括加拿大产品。美国理由是虽然加拿大进口在进口量中占有重要位置，但加拿大产品对美国国内产业造成的损害“不占有重要地位”。上诉机构指出，《保障措施协定》第2.1条和第2.2条中的“进口产品”的含义应该相同。如果在进行保障措施调查时包含了所有进口产品，但在实施保障措施时却将某些进口产品排除在外，这便造成两款中的“进口

---

〔61〕 赵维田：《最惠国与多边贸易体制》，中国社会科学出版社1996年版，第188页。

产品"有不同含义。据此,上诉机构裁定认为美国不对加拿大进口的产品实施保障措施的做法违反了协定第2.2条的非歧视规定。[62]

(二)禁止"灰色区域"措施(gray - area measures)

所谓"灰色区域"措施是指进出口成员之间,在关贸总协定之外,对某些产品达成双边(或多边)的贸易限制协定。由于此类协定是在私下达成的,它们的法律地位介入黑白之间,透明度很低,故形象地称为"灰色区域"措施。它的主要特征是:(1)名义上是出口国自愿承担的单方面出口限制行为,实则是在进口国的压力之下做出的;(2)是政府贸易部门或有关企业在政府的支持、劝导下私自达成的;(3)规避了国内法中反不正当竞争法规,也规避了关贸总协定的非歧视性规定;(4)协定一般包括提高产品价格、限制出口数量或价格承诺等。[63] "灰色区域"措施种类很多,有自愿出口限制(voluntary export restriction),有秩序的销售安排,出口节制,出口价格或进口价格调控机制,出口或进口监督,强制的进口卡特尔等。

"灰色区域"措施之所以盛行的原因在于:对进口方而言,达到了限制出口的目的,且自愿出口限制比实施保障措施简便易行,不用补偿;对出口方而言,这种自愿出口限制协定常常有进口国承诺加价的安排,因此出口量虽然减少了,但赚的钱倒没有减少。[64] 但是"灰色区域"措施具有较大的危害性,对关贸总协定的无歧视原则、透明度原则起到破坏作用,与关贸总协定自由化的宗旨与原则相违背。

鉴于"灰色区域"措施的危害性与违法性,《保障措施协定》明确要求成员方取消此等措施,任何成员方不宜按GATT 1994第19条对某项产品采取任何紧急行动,除非该行动符合《保障措施协定》的规定。各成员方应在WTO协定生效后的180天向保障措施委员会呈交一份取消自愿出口限制、有秩序市场安排或其他类似的进出口灰色区域措施的时间表,并在4年内逐步取消,即到1999年1月1日前消除,但欧盟与日本之间的灰色区域措施的取消时间可延迟到1999年12月31日。《保障措施协定》关于取消"灰色区域"措施的规定对维护国际贸易正常秩序意义重大,它不仅是在关贸总协定历史上第一次明确规定禁止采取"灰色区域"措施,第一次在国际范围内否定了此等措施的合法性,而且也是第一次为消除这些灰色区域措施规定了时限,这无疑是朝着加强多边贸易体制法治化方面迈出了重要的一步。

值得指出的是,国际贸易实践中灰色区域措施多种多样,既有成员方政府间的

---

〔62〕 Appellate Body Report, United States—Definitive Safeguard Measures on Imports of Wheat Gluten from the European Communities, WT/DS166/AB/R, paras. 94 - 96.

〔63〕 胡孝红、金汝善:"论关贸总协定乌拉圭回合对保障措施的改进",载《国际贸易问题》1998年第6期,第46页。

〔64〕 Bernard M. Hoekman, The Political Economy of the World Trading System: The WTO and Beyond, Oxford University Press, 2001, p. 312.

协定,也有企业间的私下协定。《保障措施协定》要求取消的“灰色区域”措施主要是指成员方政府所采取的灰色区域措施,对于各成员方境内的公私企业所采取的类似措施,《保障措施协定》第 11 条第 3 款的要求是,成员方政府负有不得鼓励或支持义务。

(三)保障措施实施的期限

保障措施既然属于紧急措施,就应是暂时性的,并随着补救措施的见效而逐步放宽或减弱限制。但由于GATT 1947第 19 条对保障措施实施的时限没有做出规定,实践中采取保障措施的期限很不统一,为此,《保障措施协定》第 7 条、第 10 条对保障措施实施期限作了如下规定:

(1)一般期限与最长期限。保障措施的实施期限为防止或补救严重损害,或为方便经济结构调整所必需的时间,一般不超过 4 年;在特殊情况下,经有关当局决定,可以延长,但是最长只能延至到第 8 年,延长期间的保障措施不得比最初期限结束时的保障措施更严格。上述期限的起算包括采取临时性措施的时间。

(2)逐步放宽要求。为帮助受影响产业适应在保障措施取消后出现的激烈竞争,《保障措施协定》要求如果预计保障措施会超过 1 年,进口当局在适用期内应按固定的时间间隔逐步放宽限制;若实施期超过 3 年,进口当局须在中期进行评审,并根据审议结果撤销或加快放宽该措施。

(3)时间间隔要求。所谓时间间隔要求是指,对同一产品实施两次保障措施之间应有一段不适用的间隔期。一般情况下,间隔期应不短于第一次保障措施的实施期。例如,某成员对进口汽车实施保障措施,为期 3 年,保障措施期满后的 3 年内,不得再次对汽车实施保障措施。如果第一次保障措施实施的期限较短,则间隔期不得少于 2 年。如果对某一进口产品采取的保障措施实施期少于或等于 180 天,并且在该措施实施之日前的 5 年内,未采取两次以上的保障措施,则自该保障措施实施之日起 1 年后,可对同种进口产品再次适用保障措施,实施期不得超过 180 天。

(4)1995 年 1 月 1 日即 WTO 成立时还存在的有效的保障措施,必须在该措施实施之日起的 8 年内或在 2000 年 1 月 1 日前终止。

(四)实施保障措施的补偿与报复问题

尽管进口产品对进口方境内产业造成了严重损害,致使进口方不得不采取限制进口的保障措施,但是出口国的产品并不是以倾销价格或接受政府补贴而低价出口进行不公平竞争;相反进口增加是由于出口国产品存在竞争优势,生产效率高所致。因此,进口方对这类出口产品采取措施,在某种程度上是违反了 WTO 关税减让或数量限制的基本原则。因此,《保障措施协定》要求采取保障措施或延长保障措施的成员方应努力维护双方之间权利义务的平衡。[65] 为达到此目的,《保障措施协定》第8条规定,保障措施实施方与相关产品的出口方应就保障措施实施对贸易产生的不利影响,磋商任何贸易补偿的有效方式;若30天内达不成满意协定,出口方可以在不迟于保障措施后的90天内且不迟于货物贸易理事会收到其要求中止义务的书面通知之日起30天内,对进口方自行中止GATT 1994项下与保障措施实质性相等的义务或其他义务;但是如进口方是因某产品进口的绝对增加而采取保障措施,且该措施符合本协定的有关规定,则上述出口方的中止义务的权利在保障措施实施的前3年不得行使。

五、发展中国家成员的特殊和差别待遇

由于时代背景的局限,GATT 1947第19条没有对发展中国家做出特别的规定。从GATT 1947秘书处统计的134个保障措施案例来看,保障措施基本上都是由发达国家采取的,其对象主要针对新兴工业国及日本,发展中国家总体上处于被动地位。为了维护发展中国家成员方的利益,《保障措施协定》对给予发展中国家成员方差别与特殊待遇作了较为充分的规定。首先,如果来源于某发展中国家成员方的产品,在进口方的该项进口产品总额中所占比例不超过3%,且所有占该等进口比例的发展中成员方产品进口总额合计不超过进口方相关产品进口总额的9%,则不能对这些发展中成员方的进口产品实施保障措施;其次,发展中成员实施保障措施可在最长期(即8年)满后再延长两年实施期;对于重新实施保障措施方面,发展中成员再次实施保障措施的间隔期为前一措施实施期的一半,但不得少于2年。

六、监督机构、通知和争端解决

为使GATT 1994第19条和《保障措施协定》的各项规定得到切实执行,《保障措施协定》第13条规定应设立一个保障措施委员会。该委员会隶属于货物贸易理事会,对任何愿意参加的成员方开放。委员会主要履行下述职能:(1)监督协定的实施并向货物贸易理事报告年度执行情况;(2)为成员方提供磋商机会;(3)检查成员方是否依照协定规定逐步取消灰色区域措施;(4)审查出口方对采取保障措施进口方的中止减让是否与保障措施造成的损失"实质上相等";(5)行使货物贸易理事会决定的与本协定相关的任何其他职能。

从《保障措施协定》内容来看,它总结了各成员方实施保障措施几十年的实践,对某些分歧问题采取了积极的态度,强化了关贸总协定的保障机制,特别是明确规定了保障措施的非歧视性实施、灰色区域措施的限期取消、保障措施实施条件、对发展中国家成员方的特殊待遇以及实施保障措施程序方面的透明度等,对正确发挥保障条款作为国际贸易中"安全阀"起着积极的作用。从DSB争端解决实

---

〔65〕 丁晓庆:"关贸总协定保障条款与《保障措施协议》",载《国际贸易》1994年第9期,第49页。

践来看，截至2010年底，共有38起涉及《保障措施协定》争端提交DSB，凡是由专家组（上诉机构）审理裁决的，采取保障措施的成员均因不符合《保障措施协定》所规定的采取保障措施的条件而败诉。[66]

〔66〕 http://www.wto.org/english/tratop_e/dispu_e/dispu_agreements_index_e.htm? id = A9#selected_agreement.（访问时间：2011年4月4日）

第七章　与保护环境和健康有关的贸易措施的法律制度

第一节　GATT 1994第20条的适用

一、GATT 1994第20条“一般例外”措施的种类与性质

（一）GATT 1994第20条一般例外的种类

GATT 1994第20条一般例外允许各成员方出于特定目的或原因，采取偏离GATT 1994的措施。GATT第20条导言规定：“在遵守关于此类措施的实施不在条件相同的成员之间构成武断、不正当歧视或构成对国际贸易的变相限制的前提下，本协定的任何规定不得解释为阻止任何成员方采取或实施以下措施”，这些措施包括如下几种类型：

1. 有关保护人类动植物健康与环境资源的贸易措施

这种类型的措施主要体现在第20条(b)项和(g)项。其中(b)项允许成员方采取“为保护人类、动植物的生命或健康所必需的措施”；(g)项允许成员方采取“与保护可用竭的自然资源有关的措施，如此类措施与限制国内生产或消费同时实施”。

2. 有关社会道德、文化方面的措施

这种类型的措施主要体现在第20条(a)、(e)和(f)项，包括为保护公共道德所必需的措施；与监狱囚犯产品有关的措施；为保护具有艺术、历史或考古价值的国宝所采取的措施。

3. 有关义务解除的措施

这类措施主要包括第20条(d)项和(h)项。其中(d)项允许成员方采取“为保证与GATT 1994不相抵触的国内法律、法规得到遵守所必需的措施，包括海关执法、实行有关反垄断、保护专利权、商标、版权以及防止欺诈行为等措施”。(h)项允许成员方采取“为履行任何政府间商品协定项下义务而实施的措施，且其他成员方对该商品协定不持异议”。

4. 有关满足国内需要的措施

第20条(i)项和(j)项允许成员方采取措施为满足国内需要而实施出口限制。

其中(i)项允许成员方“在政府实施稳定计划,将国内原料价格控制在国际价格水平以下时,为保证国内加工业获得基本的原料供应而采取的原料出口限制措施。但此类措施不得用于增加国内加工业的出口或保护,也不得违背非歧视待遇原则”。(j)项允许成员方“在供应短缺的情况下,为获取或分配产品所必须采取的措施。但其他成员方有权在此类产品的供应中获得公平的份额,且实施条件不复存在时应停止此类措施”。

5. 有关金银限制的措施

第20条(c)项允许成员方采取“与黄金或白银进出口有关的措施”。

近年来,因GATT 1994第20条一般例外所引起的争端大多集中于(b)项和(g)项中有关环境保护和卫生检疫方面的贸易措施,故本节集中讨论第20条(b)项和(g)项适用。

(二)GATT 1994第20条所规定措施的性质

一般而言,GATT 1994第20条的适用情况是:实施相关措施的成员被指控实施的措施违反了GATT 1994的相关条款,该成员方引用GATT 1994第20条作为抗辩,辩称其采取的措施符合第20条所规定的条件与限制,从而豁免遵守GATT 1994其他条款的义务。换言之,其他成员方不能在DSB中直接起诉对方违反GATT 1994第20条,只有在确认被诉方的相关措施不符合GATT 1994其他条款、被诉方以该条证明其措施的正当性时,才可予以审查。

GATT 1994第20条冠以“一般例外”,在GATT 1947时期,对其解释秉承例外解释从严的一般解释原则,使得几乎没有成功援引第20条的实践。WTO成立后,在美国海虾案和美国汽油案中,上诉机构明确指出,GATT 1994第20条例外措施政策目标均不直接与贸易或经济相关,然而,这些例外措施所追求的社会价值目标却一点也不逊色于贸易自由化,在解释第20条时应当注意贸易自由化与其他社会政策目标之间的平衡关系,而不能有所偏废。[1]

二、关于第20条(b)项适用的法律问题

(一)关于第20条(b)项适用的地域范围

1991年墨西哥向GATT申诉,认为美国禁止进口墨西哥生产的金枪鱼进口违反了GATT。本案的起因是美国于1990年10月发布命令,禁止从墨西哥进口金枪鱼,原因在于墨西哥没有实行保护海豚的作业规范。在海洋生物中,海豚喜欢在金枪鱼群所在水域的上层游动,捕捞金枪鱼的渔民只要看到海豚活动,就知道附近有金枪鱼群。在捕捞金枪鱼过程中,许多海豚也随之丧命。1972年美国通过《海洋哺乳动物保护法》,1988年进行修订。根据美国修订的海洋哺乳动物保护法,墨

---

〔1〕 Appellate Body Report, United States—Standards for Reformulated and Conventional Gasoline, WT/DS2/AB/R, pp. 29–30.

西哥捕捞的金枪鱼因为造成海豚的死亡率过高而不得进入美国市场。

美国提出其实施的进口禁令可以依据第20条(b)项的规定免责。对于美国和墨西哥关于第20条(b)项中所规定的“保护人类、动植物生命或健康所必需的措施”的适用地域范围的争论问题,专家组认为,第20条(b)项中所规定的“人类、动植物”应是指采取措施国领域内的“人类、动植物”。换言之,美国保护海豚的法令只能适用于美国领域内,而不具有域外效力。专家组认为,从GATT 1947起草历史来看,GATT第20条(b)项的起草者主要是为了处理进口国因保护其境内人类、动植物生命或健康而采取的贸易措施对国际贸易的影响问题。从乌拉圭回合谈判《卫生与动植物检疫措施协定》的过程及其条文来看,也可以推导出GATT第20条(b)项适用范围应是为保护进口国国内的人类、动植物生命健康安全。这是因为,根据《卫生与动植物检疫措施协定》的导言,“期望对适用GATT 1994关于使用卫生与动植物检疫措施的规定,特别是对GATT 1994第20条(b)项的规定制定详细的规则”。由此可见,GATT第20条(b)项本意是为实施卫生与动植物检疫措施而制定的;而卫生与动植物检疫措施恰恰是为了保护进口成员方境内居民、动植物的生命或健康安全的措施。

(二)关于“必需”的含义

根据第20条(b)项,可以偏离GATT 1994其他条款义务的措施应是为保护人类、动植物的生命或健康所“必需”的措施。对于如何评估一项措施是否为“必需”措施,专家组在泰国香烟进口限制案中指出,一项措施只有符合下列情况才能被认为是符合第20条(b)项规定的“必需”措施:(1)没有其他符合GATT的可替代措施;或者,(2)没有其他对GATT违反程度更小的替代措施,且这两种措施都能合理地达到泰国维护公众健康的目标。[2] 在该案中,泰国提出,为防止香烟中的有害物质的进口和减少香烟的消费以维护公共健康,禁止香烟的进口是必需的措施。专家组指出,其他国家采取严格的、非歧视的香烟成分标签、告示措施,辅之以禁止使用危害健康物质,同样可以达到泰国防止香烟中的有害成分的目标;禁止国产与进口香烟广告同样可以达到减少香烟消费的目标。因此,专家组认为,泰国的禁止进口香烟虽然是为维护公众健康,但未能通过“必需”标准的测试。

WTO成立后,在“必需”标准问题上,韩国牛肉进口限制案、欧共体石棉进口限制案和巴西废旧轮胎进口限制案的上诉机构在泰国香烟进口限制案的基础上有了进一步的发展:

1. 成员方有权确立适合其自身的维护人类与动植物生命健康安全的水平。其

---

〔2〕 GATT Panel Report, Thailand—Restrictions on Importation of and Internal Taxes on Cigarettes, BISD/37S/200, para. 75.

他成员方不得对措施实施方的维护生命健康的保护水平提出质疑。[3]

2. 成员方采取措施所维护的共同利益或价值越重要,有关措施就越容易被接受为所必需的;有关措施有助于实现目标的程度越高,越容易被认为是所必需的措施。[4] 在巴西废旧轮胎进口限制案,欧共体质疑巴西进口禁令措施对实现其政策目标程度的证明力问题。欧共体提出巴西不仅应证明其废旧轮胎进口禁令对实现其政策目标(防止国内废旧轮胎数量的增加)有潜在的贡献,而且还需用确凿证据证明有实际的贡献。上诉机构则认为,巴西既可运用定量分析或定性分析(哪怕是建立在推论基础上),表明进口禁令容易对实现其政策目标产生重要贡献,就满足了相关措施有助于实现政策目标的证明;而无须具体的、定量的证据,以证明进口禁令导致废旧轮胎的减少。[5]

3. 成员方措施的目标范围越窄,可替代措施存在的可能性就越小。在巴西废旧轮胎进口限制案中,欧共体提出,通过对废旧轮胎处置的管理措施同样可以达到巴西保护人民生命健康的政策目标,而无须采取进口禁令。专家组审理后认为,巴西的政策目标特定为尽可能阻止废旧轮胎的增加问题,[6] 而不是简单抽象地"保护人民生命健康"。如果将特定巴西政策目标抽象为"保护人民健康",则其他措施如加强对废旧轮胎的处置同样可以达到这个目标,欧共体提出的措施可能是可替代措施;但如果将巴西政策目标特定为"防止废旧轮胎的增加",则欧共体提出的措施就不具有可替代性。因此,政策目标的宽窄是确定是否存在替代措施的重要因素。[7]

4. 有关替代措施对实现目标的可行性和有效性,即有关替代措施能否合理获得。在衡量是否可以合理采用对贸易影响较小的替代措施时,需要考虑的一个重要方面是替代措施在多大程度上可以实现进口方所希望达到的目标。在欧共体石棉进口限制案中,法国对威胁人体健康的石棉制品实施进口禁令,加拿大提出"控制性使用"是禁止进口的一种合理的替代措施,且同样能达到维护健康安全的目标。专家组认为:首先,对于控制性使用的效果尚未得到科学的证实;其次,即使"控制性使用"在实践中具有更大的确定性,科学证据也表明在某些场合下,与石

---

〔3〕 Appellate Body Report, European Communities—Measures Affecting Asbestos and Asbestos-containing Products, WT/DS135/AB/R, para. 168.

〔4〕 Id., para. 172.

〔5〕 Appellate Body Report, Brazil—Measures Affecting Imports of Retreaded Tyres WT/DS332/AB/R, para. 151.

〔6〕 Panel Report, Brazil—Measures Affecting Imports of Retreaded Tyres, WT/DS332/R, paras. 7.166, 7.172 -7.175.

〔7〕 Benn McGrady, Necessity Exceptions in WTO Law: Retreated Tyres, Regulatory Purpose and Cumulative Regulatory Measures, Journal of International Economic Law, Vol. 12, 2009, p. 158.

棉有关的疾病的存在性风险依旧很高。上诉机构在专家组认定的事实基础上认为,“控制性使用”不能使法国达到其希望消除与石棉有关疾病传播的风险的健康保护水平。因此,控制性使用不能成为法国应采用的合理替代措施。[8] 在巴西废旧轮胎进口限制案中,上诉机构进一步指出,对进口成员而言,如果对贸易影响较小的替代措施导致较高的实施成本或需要较高的技术能力,则这种替代措施可能难以合理获得。[9]

5. 上诉机构在巴西废旧轮胎进口限制案中指出,由于保护环境与公共健康问题的复杂性,成员方需要采取包括禁止进口在内的多种措施予以应对,这些措施之间存在一定互补性而不是替代性。因此,欧共体提出的废旧轮胎处置的管理措施与进口禁令之间属于互补性措施而非替代性措施。[10] 由此可见,今后申诉方所提出的替代措施很可能被认为是互补性措施。

三、关于第 20 条(g)项适用的法律问题

1. 关于第 20 条(g)项适用的地域范围

在美国和墨西哥金枪鱼案(1)中,专家组认为第 20 条(g)项规定的措施只能是为了保护国内可用竭的自然资源,即任何进口方不得以保护域外的可用竭的自然资源而采取限制措施。在美国与欧共体金枪鱼案(2)中,专家组修正了金枪鱼案(1)的认定,认为对于以前专家组在涉及保护迁徙性鱼类的政策时,认定一国保护鱼类的政策符合(g)项的规定,而不问捕获这类鱼类的活动是在实施保护措施的域内还是域外。在美国海虾案中,关于美国是否有权对其域外的海龟实施保护时,上诉机构指出海龟是一种迁徙性动物,根据该案的案情,经常迁徙和濒危的海龟与美国保护措施有足够的联系,尽管上诉机构指出其不会对第 20 条(g)项是否有域外管辖权或其限制范围做出裁决。[11] 由此可见,从 GATT 到 WTO 的案件裁决表明,对于迁徙性的自然资源,WTO 含蓄地承认成员方的保护措施具有域外的效力。

2. 关于可用竭自然资源的含义

何谓可用竭自然资源(exhaustible natural resources),在美国海虾案中,对于海龟是否属于可用竭的自然资源这一问题,印度、巴基斯坦和泰国指出,从合理解释词义的角度出发,可用竭自然资源是指类似矿产的有限资源,而不是生物或可再生

---

〔8〕 Appellate Body Report, European Communities—Measures Affecting Asbestos and Asbestos-containing Products, WT/DS135/AB/R, para. 174.

〔9〕 Appellate Body Report, Brazil—Measures Affecting Imports of Retreaded Tyres, WT/DS332/AB/R, para. 171.

〔10〕 Id. ,para. 172.

〔11〕 Appellate Body Report, United States—Import Prohibition of Certain Shrimp and Shrimp Products, WT/DS58/AB/R, para. 133.

资源。矿产资源因为供应有限,随着资源的消费而可用竭。若所有的资源均为可用竭,那么第 20 条(g)项规定的"可用竭"一词即为多余。由于海龟是可再生的生物资源,因而不属于第 20 条(g)项所指的可用竭自然资源。

上诉机构并未接受申诉方的观点。上诉机构指出:(g)项条文本身并没有区分非生命的自然资源和有生命的自然资源。有生命的自然资源尽管可以再生,但"再生"的自然资源与"可用竭"的自然资源并不是相互排斥的。生物科学告诉人们,一种生物尽管是可再生的,但确实因为人类的活动而面临灭绝或耗尽的危险。从这个意义上而言,有生命和无生命的自然资源一样,都是有限的。"可用竭的自然资源"一词是 50 年前起草的,词义的解释应根据国际社会当前对环境资源保护的关注来理解。尽管乌拉圭回合对GATT 1947第 20 条(g)项没有做任何修改,但是 WTO 协定宗旨部分明确提出要维护环境、保持可持续发展的目标,要求对对自然资源实行"合理利用"(optimal use),这是对GATT 1947宗旨强调对自然资源的充分利用(full use)的重大修订。基于 WTO 宗旨的改变,基于所有申诉方都同意海龟是《濒危野生动植物国际贸易公约》(Convention on International Trade in Endangered Species of Wild Fauna and Flora, CITES)附件一中列出的在国际贸易中面临灭绝的物种,上诉机构裁定认为海龟等生命物种与非生命物种共同构成第 20 条(g)项所指的"可用竭的自然资源"〔12〕。由此可见,可用竭的自然资源不仅包括通常意义上的非生命矿产资源,而且还包括面临灭绝的可再生的生物资源。

3. 关于"与保护可用竭的自然资源有关"的措施

根据第 20 条(g)项规定,要求进口成员方采取的措施必需是与保护可用竭自然资源有关的措施。如何判断采取的措施"与保护可用竭的自然资源有关",GATT/WTO 经历了一个发展过程。

在GATT 1947时代,专家组曾在 1988 年加拿大禁止未加工的鲱鱼和鲑鱼出口案中提出:如果将与保护可用竭的自然资源有关联因素的措施都视为第 20 条(g)项"与保护可用竭的自然资源有关"的措施范围,则此类措施的范围将极端扩大,最终会被贸易保护主义所利用。为避免此类情况,专家组认为"与……有关"应解释为"主要目的是"(primarily aimed at)。换言之,一种贸易措施仅仅与保护可用竭的自然资源有关联还不够,还必须证明该措施的首要目的是保护可用竭的自然资源。〔13〕在 1995 年委内瑞拉、巴西诉美国汽油案中,专家组沿袭这种"主要目的"的认定标准,认为美国的汽油规则不符合这一测定标准。上诉机构虽未明确推翻专家组这种解释,但认为"主要目的"本身并非条约用语,并不能作为确认或排除

〔12〕 Id., paras. 128 – 132.

〔13〕 GATT Panel Report, Canada-Measures Affecting Exports of Unprocessed Herring and Salmon, BISD/35S/98, para. 4.6.

一项措施是否与可用竭的自然资源有关的试金石。[14] 在美国虾案中，上诉机构进一步指出，应探求争议措施与保护可用竭的自然资源之间的合法关系，如果目的和措施之间存在密切的真实关系，则这种措施与保护可用竭的自然资源有关。具体到该案中，上诉机构认为应探求美国海龟保护措施的一般结构和设计与保护海龟的政策目标的关系。首先，保护濒危的海龟政策已成为所有涉案当事方的共识，因而美国保护海龟的政策目标具有合理性；其次，根据美国保护海龟的措施设计方案，并不是简单地"一揽子"禁止虾制品进口，而不管使用捕捞海虾方法对海龟死亡率大小的影响。因此，从其政策的设计和结构方面看，美国海龟保护法案中规定的措施与保护海龟存在合理的联系。[15]

4. 关于"采取的措施应与对国内生产或消费的限制同时实施"

为防止资源保护措施变成变相的贸易保护措施，WTO要求成员方对资源产品的进出口实施限制的同时，对国内生产或消费相关资源活动也实施限制。如何理解出口限制措施"与限制国内生产或消费措施同时实施"，WTO相关案例做出了解释。在加拿大禁止未加工的鳕鱼和鲱鱼出口案中，专家组指出，加拿大的出口限制仅仅适用于未加工的鳕鱼和鲱鱼，而在国内并不对所有的鳕鱼和鲱鱼的捕捞实施限制；此外，加拿大限制国外加工者和消费者对未加工鳕鱼和鲱鱼的购买，而不限制国内加工者和消费者对未加工的鳕鱼和鲱鱼的购买。由此可见，加拿大对未加工的鳕鱼和鲱鱼在国内的生产或消费没有实施任何限制。[16] 在美国汽油案中，上诉机构认为，对为保护可用竭的自然资源而实施出口限制时，对该资源的国内生产或消费的限制也应当不偏不倚(even handedness)；此外，"或"是一个反义连接词，在"国内生产限制"和"国内消费限制"措施中，只要有某一项实施即可。上诉机构进一步指出："同时实施"并不要求待遇完全相同(no textual basis for requiring identical treatment of domestic and imported products)；但是，如果对国内消费或生产根本不实施任何限制措施，而仅仅对进口产品实施限制措施，那就有问题了。[17]

在美国海虾案中，上诉机构在审查美国对未装海龟驱逐装置TED(turtle exclude device)捕捞的海虾的禁止销售措施是否实施于国内时认为，美国在1987年就根据濒危物种法发布规章，要求所有的美国捕虾拖网在影响海龟的区域均须使

〔14〕 Appellate Body Report, United States—Standards for Reformulated and Conventional Gasoline, WT/DS2/AB/R, pp. 18 – 19.

〔15〕 Appellate Body Report, United States—Import Prohibition of Certain Shrimp and Shrimp Products, WT/DS58/AB/R, paras. 137, 141.

〔16〕 GATT Panel Report, Canada-Measures Affecting Exports of Unprocessed Herring and Salmon, BISD/35S/98, para. 4.7.

〔17〕 Appellate Body Report, United States—Standards for Reformulated and Conventional Gasoline, WT/DS2/AB/R, p. 21.

用TED装置,这些要求于1990年全部生效,违反要求的惩罚包括民事和刑事制裁。鉴于此,可以认为美国采取的进口限制措施与国内的限制措施同时实施。[18]

四、关于第20条导言适用的法律问题

关于第20条的适用,一般应分两步走:第一步确定具体措施是否符合(b)项或(g)项;如果是符合该两项规定,再进行第二步分析,即确定该措施的实施方式(manner)是否符合第20条导言规定的条件。第20条的导言部分对措施的实施方式规定了三个条件:第一,不得对条件相同的成员间构成武断歧视;第二,不得对条件相同的成员间构成不正当歧视;第三,不得对国际贸易构成变相限制。换言之,第20条并不反对一定程度的歧视措施的存在,但这种歧视必须不是"武断的、不正当的歧视"或"对贸易造成变相的限制"。美国海虾案对此进行了较好的解释。

鉴于海龟是一种十分古老而又珍稀的迁徙性海洋生物,为了防止其被误杀,1973年美国国会通过《濒危物种法》,将在美国海域内出没的海龟列为法案保护对象之一,并将一切为捕虾虾网所误捕或误杀海龟的行为均视为非法。同时,美国科学家研制开发一种名为TED的海龟驱逐装置,将这种装置缝合于拖网的颈部能有效防止因捕捞对虾而误伤海龟。1989年继在国内初步推广TED成功以后,美国国会通过修正《濒危物种法》增加第609节推动其他国家采用TED以相应提升海龟保护力度。该条款授权美国国务院负责制定具体实施措施,禁止所有未符合TED装备使用要求、未达到相应美国海龟保护标准的国家或地区捕捞的虾和虾类制品进入美国市场。鉴于在美国海域内出没的海龟最远栖息地不超过大加勒比及西大西洋地区,因此美国国务院1991年颁布的实施细则中仅将第609节规定适用于上述两地区内的14个虾及虾制品的出口国,并且授予这些国家3年的过渡期。随后由于美国民间组织认为国务院的实施细则保护领域过窄而提起诉讼,美国国务院于1996年4月19日颁布了新版第609节的实施指导细则,新版实施细则将第609节的禁令适用于所有未符合TED装备使用要求、未达到相应美国海龟保护标准的国家或地区捕捞的虾和虾类制品。此法案引起了印度、马来西亚、巴基斯坦和泰国四国的异议而导致纠纷。

四国认为不能因为产品的生产或加工方法不同而对来源于不同成员境内实质相同或类似的进口产品实施差别待遇;也不能因为生产或加工方法不同而对相同的进口产品与国内产品实施差别待遇。TED的使用与否并不影响相关虾及虾制品的实质构成,而美国仅仅依据捕捞方式的不同而对未使用TED的出口国实行禁止进口措施,显然违反了GATT国民待遇原则和最惠国待遇原则的要求。

针对四国的指控,美国援引GATT第20条(g)项作为其实施第609节的主要

---

〔18〕 Appellate Body Report, United States—Import Prohibition of Certain Shrimp and Shrimp Products, WT/DS58/AB/R, para. 144.

依据。WTO 争端解决机构首先分析了美国措施是否符合(g)项的规定,在得出肯定结论后,再分析美国实施方式是否符合第 20 条的导言部分。上诉机构分析后认为美国至少在以下几个方面与第 20 条导言规定不符:

第一,在美国实施第 609 节时,不分具体情况地要求各出口国均通过论证,证明其采取了与美国相同的保护海龟的法规体系,论证的条件单一、严格而没有针对各地特殊情况的灵活性。这说明美国实质上关心的是逼迫其他出口国采用其所规定的管理体系,而不是确保进入美国市场的虾及虾制品实质上并不对海龟造成威胁。

第二,美国政府在论证过程中,无论接受或是拒绝均无书面的正式文件,并且也不向被拒绝的国家提供辩解、寻求司法救济的正式渠道,整套认证程序是非透明的和单方面的。

第三,上诉机构认为美国成功推动了《美洲间海龟保护公约》的签订,这证明多边合作是可以实现的和可行的,但美国同争端四国之间却从未试图通过签署多边协定寻求争议解决的类似努力。美国只需证明其本着善意之精神努力进行谈判即可,美国并无义务一定要与争端方达成协定。〔19〕

第四,在实施第 609 节过程中,美国给予大加勒比及西大西洋地区的 14 个出口国 3 年的过渡期,但对上述出口成员方仅仅给予 4 个月左右的过渡期,这实际上构成了对相同情况成员方之间的歧视。

上诉机构认为上述第一和第二点构成了美国在第 609 节实施过程中存在“武断歧视”(arbitrary discrimination),〔20〕第三和第四点构成美国在实施过程中存在“不正当歧视”(unjustifiable discrimination),因而裁决美国第 609 节虽然属于第 20 条(g)项的例外,但由于其在具体实施过程中无法满足第 20 条导言中的要求,因此,裁决美国败诉。

如何判断相关措施“不得对国际贸易构成变相限制”问题,综合美国汽油案、日本酒类税案、欧共体石棉进口限制案与美国海虾案(第 21.5 条执行审查程序),可以得出如下结论:

第一,若一项措施构成“武断歧视或不正当歧视”,则可考虑该措施构成对国际贸易的变相限制。〔21〕

第二,该问题的考察关键在于是否具有掩盖“限制贸易”的非法目的。尽管日本酒类税案的上诉机构承认“一项措施的目的不容易被评估”,然而,通过对一项

〔19〕 Id., paras. 169 – 172.

〔20〕 Id., paras. 177, 180.

〔21〕 Appellate Body Report, United States—Standards for Reformulated and Conventional Gasoline, WT/DS2/AB/R, p. 25.

措施的设计、结构或构建等方面还是可以评估。[22]

第三，有关措施对国内产业影响的事实。在美国海虾案（第21.5条执行审查程序）中，专家组认为，尽管美国为执行DSB裁决的新措施可能对美国国内渔民有利，但美国渔民获利很少。同时，由于美国允许出口国实施TED之外的保护计划，并向第三国使用TED提供技术援助，因此，美国的执行措施不构成“对国际贸易的变相限制”。[23]

五、关于非政府机构参与环境贸易争端的问题

在美国海虾案中，不少国际性动物及环境保护组织向世贸组织提交书面报告，表明其保护海龟、支持美国的态度和立场。它们认为：(1)GATT 1994第20条“一般例外”实际上已经授权成员方为保护动植物和可用竭的自然资源，可采取一定形式的单方面措施；(2)美国第609节已经受到各方的普遍重视，许多国家和地区的渔业工会为此通过行业规则，敦促使用海龟驱逐装置，粮农组织也将此纳入《渔业行为守则》，在捕虾行业中使用这一工具逐渐形成一种惯例；(3)配置海龟驱逐装置平均花费不到75美元/艘，而申诉方每年向美国市场的海虾销售额达1000万美元，故申诉方实际有能力安装海龟驱逐装置，美国的要求并不构成“绿色壁垒”。对于环境与动物保护组织提交的报告，专家组以这些组织非本案的当事方为由拒绝接受它们提交的书面材料。上诉机构推翻了专家组的裁定，认为争端解决机构可以接受非政府组织提交的书面建议。随着环境保护意识的提高，国际上有愈来愈多的政府组织或非政府组织关注环境问题，允许非当事方的政府或非政府组织向WTO争端解决机构提交材料，实际上为环保组织向WTO施加影响提供了方便。

第二节　卫生与动植物检疫措施的法律制度

一、国际贸易中的卫生与动植物检疫措施问题

卫生与动植物检疫措施（sanitary and phytosanitary measures）中检疫一词，是指为了防止人类或动物流行病传染所采取的管理措施。检疫措施起源于14世纪中叶的欧洲。当时，在威尼斯，每当有大量外来船舶抵达口岸，为了防范船上人员和货物感染有危险性的传染菌，口岸当局将船员隔离滞留船上，经过40天的观察和

---

〔22〕 Appellate Body Report, Japan-Taxes on Alcoholic Beverages, WT/DS10/AB/R, p. 29.

〔23〕 Panel Report, United State—Import Prohibition of Certain Shrimp and Shrimp Products—Recourse to Article 21.5 of the DSU by Malaysia, WT/DS58/RW, para. 5.143.

检查,如果没有发现疫病,才允许船员登陆。这种原始的隔离方式,原是针对人而采取的卫生检疫措施,后来扩展到动植物及其产品,便产生了动植物检疫。动植物检疫与卫生检疫不同,卫生检疫是针对人类的传染病进行检疫,保护人类健康;而动植物检疫保护的是家禽、家畜、农作物以及所有有关的动植物。当然,动植物检疫也同人类健康有关。一些危害动植物的病虫害也会危害人类健康,如狂犬病、口蹄疫、禽流感等。因此,保护人类健康也是动植物检疫目的之一。

卫生与动植物检疫措施在国际贸易中出现已有较长的历史,它是随着人类活动范围的扩大和对外贸易的发展而逐步建立了在国际贸易中应有的地位。15 世纪中叶以后,特别是近几十年,各国之间的经济贸易迅速增长,加快了动植物病虫害的传播速度,给农业生产和人类的生活造成了极大的危害,酿成了许多悲剧:1950 年意大利因地中海实蝇的侵害,桃园损失 80%;80 年代初美国爆发了一场地中海实蝇之战,使加利福尼亚州直接经济损失达 12.5 亿美元,导致 34 个国家和地区与其中断了水果、蔬菜贸易。1978 年非洲猪瘟席卷了马其他,政府不得不下令扑杀了全国所有的猪,开创了一个国家由于一种疫病的传入,使一种家禽绝种的先例。1996 年英国“疯牛病”使全世界牛肉销量急剧下降,欧共体立即做出禁止英国牛肉出口的反应。1997 年 3 月中国台湾地区爆发的猪口蹄疫,造成了 1.8 亿新台币的损失,更为严重的是,中国台湾地区成为猪口蹄疫疫区后,猪肉及其制成品在今后很长一段时间内不得出口,这使台湾养猪业受到严重损失。此外,西班牙发生的猪瘟、香港、越南等国家和地区发生的禽流感都对其经济与贸易造成较大影响。国际社会从这些严重事件中悟出这样的道理:必须运用科学和法律手段,重视和加强卫生与动植物检疫措施,以保护本国农牧业的安全生产,促进国际贸易的健康发展。

世界上第一个防止植物危险性病虫害的国际条约是 1881 年在瑞士签订的《葡萄根瘤芽公约》,到 1929 年在罗马修改为《国际植物保护公约》;在动物检疫方面,国际兽医局于 1961 年通过了《国际动物卫生法典》,成为国际惯例;在关贸总协定中,卫生与动植物检疫措施是作为一般性例外规定于第 20 条(b)项“为保护人类、动植物的生命或健康所必需的措施”,初步形成了国际卫生与动植物检疫措施框架。然而,由于这些条约或惯例对卫生与动植物检疫措施对国际贸易影响方面规定并不详细,而随着新贸易保护主义的兴起,一些国家或地区利用卫生检疫措施之名,行国际贸易保护主义之实,对国际贸易特别是动植物产品与农产品贸易形成不合理障碍。

20 世纪 80 年代两起历时较长的贸易争端促使GATT 1947的缔约方在乌拉圭回合中讨论卫生与动植物检疫措施问题。这两起纠纷分别是:日本对进口苹果实施的检疫措施和欧共体对荷尔蒙牛肉实施的进口禁令措施。日本自 1971 年开始对外开放其国内苹果市场,但这种开放仅仅是形式上的,日本实际上实施非常苛刻的卫生与动植物检疫标准将国外的苹果拒于国门之外。美国政府与日本政府进行多次谈判和磋商,日本同意美国经过有效检疫的水果可以进入日本市场(WTO成立后,美日为此重启争端)。1988年1月,欧共体宣布使用荷尔蒙催生的动物的制品对人体有害而下令禁止进口此类产品。欧共体的禁令直接影响到美国肉类产品的出口,美国提出欧共体的禁令没有科学依据,因为美国使用的荷尔蒙在安全范围之内。根据美国统计,禁令每年会使美国的出口减少1.15亿美元,美国向GATT 1947提出申诉。申诉的法律依据是TBT协定,当时TBT协定是有关该案的唯一有关协定。欧共体提出禁令旨在保护人类健康和涉及有关产品的制造方法和制造程序,TBT协定不能适用该案。美国威胁对欧共体进口产品实施惩罚性关税,而欧共体随后向GATT 1947提出对美国报复措施的申诉。在乌拉圭回合谈判中,卫生与动植物检疫措施谈判一直与农产品谈判联系在一起,并以一项决议的形式作为《农产品协定》的组成部分。当时许多谈判方担心,在农产品非关税措施被转化为关税后,某些谈判方可能会更多地、不合理地使用卫生与动植物检疫措施,阻碍国际贸易发展。为消除这种威胁,乌拉圭回合达成了《卫生与动植物检疫措施协定》(Agreement on the Application of Sanitary and Phytosanitary Measures, 以下简称SPS协定)并以单独的法律文件形式成为WTO协定的附件之一。

二、卫生与动植物检疫措施的定义及相关概念

(一)SPS措施的含义

根据SPS协定附件1的定义,卫生与动植物检疫措施(以下简称SPS措施)是指成员方为保护人类、动植物的生命或健康,为实现下列具体目的而采取的措施:(1)保护境内居民和动物的生命或健康免受食品、饮料或饲料中的添加剂、污染物、毒素或致病有机体传入所产生的风险;(2)保护境内动物和植物的生命或健康免受虫害、病害、带病有机体、致病有机体的侵入、定居或传播所产生的风险;(3)保护境内居民的生命或健康免受动植物或其产品等携带的病害所产生的风险;(4)防止或限制因病虫害的侵入、传播而产生的其他损害。

SPS协定规定的SPS措施包括:所有相关的法规、条例、规程和程序,特别包括最终产品标准、生产工序和加工方法;测试、检验、认证和批准程序;动植物运输、或对运输途中动植物生存所需物质在内的检疫措施的处理;有关统计方法、取样程序和风险评估方法的规定;与食品安全直接相关的包装和标签要求等。

SPS协定与TBT协定有一定联系,前者吸收了后者的文本结构。两者的根本区别在于适用范围不同。SPS协定适用范围主要涉及食品安全、动物卫生和植物卫生三大领域,主要是防范病虫害、污染物、添加剂等产生的影响。此外,根据SPS协定规定,凡是适用SPS协定的措施不适用TBT协定。例如,进口瓶装饮用水是否有污染,属于SPS协定管辖;而瓶子的体积大小、形状的规定等则属于TBT协定管辖。

SPS措施的主体是国家或者是以国家名义依法实施检疫措施的机关;检疫措

施的对象是指进出本国国境的动植物、动植物产品、食品、添加剂、其他检疫物、装载上述货物的装载容器和包装物,以及来自疫区的运输工具。

(二)非疫区和病虫害低度流行区的概念

根据 SPS 协定附件 1 的定义,非疫区(pest or disease free areas)是指主管机关认定的、不存在某些特定有害生物或疾病的地区。病虫害低度流行区(areas of low pest or disease prevalence)是指主管机关认定的某种有害生物或疾病存在程度低且具备有效的监测、防止或根除措施的地区。以上两区均可以是一个或几个国家的全部或部分。

在评定以上两类地区时,成员方应首先考虑到某些疾病或有害生物的流行程度、有无根治或根除措施,以及有无国际组织制定的合适标准。若出口成员方声称其境内是非疫区或病虫害低度流行地区,应提供相关证明,并给进口方以证实的合理机会。

非疫区和病虫害低度流行区的概念十分重要。动植物病虫害因受地理环境、气候条件以及其他因素的制约,不仅不同的国家动植物及其产品的病虫害不同,而且即使是同一个国家不同地区疫情也可能不同。正是鉴于病虫害与地理环境等相关因素联系密切,因此,在 SPS 协定中并没有要求在最惠国待遇基础上实施卫生检疫措施,而只要不在条件相同或类似的成员之间构成武断或不正当的歧视就允许使用不同检疫措施标准。这种规定的合理性在于,由于不同的气候、病虫害滋生环境和食品安全条件,对来自不同成员的动植物产品执行相同的卫生检疫标准并不是合适的。

三、采取卫生与动植物检疫措施的条件

SPS 协定第 2.1 条规定,成员方有权采取为保护人类、动植物的生命或健康所必需的 SPS 措施,只要此类措施与本协定规定不相抵触。该条规定实际上是 GATT 1994第 20 条(b)项的翻版,对于 SPS 协定与GATT 1994第 20 条(b)项的关系,SPS 协定第 2.4 条规定,凡符合本协定规定的 SPS 措施视为符合GATT 1994第 20 条(b)项的规定。由此可见,成员方在采取 SPS 措施之前,必须分析 SPS 协定对采取措施所规定的条件。截至 2010 年底,在 DSB 中提出涉及 SPS 协定的磋商共 37 起,其中欧共体荷尔蒙牛肉案(DS48)、澳大利亚鲑鱼案(DS18)、日本农产品案(DS76)、日本苹果进口限制案(DS245)、欧共体影响生物技术产品(GMO)进口案(DS291)、澳大利亚苹果进口限制案(DS367)、美国禽肉进口限制案(DS392)等争端进入专家组(上诉机构)的审查程序,这些案例丰富和发展了 SPS 协定中有关实施 SPS 措施应遵循的条件。

(一)采取的 SPS 措施与国际标准的关系问题

关于国际标准、指南和建议的制订主体,SPS 协定附件一做了相应规定:对于涉及食品安全的,指食品法典委员会(Codex Alimentarius Commission)制定的与食品添加剂、兽药和除虫剂残留量、污染物、分析和抽样方法有关的标准、指南和建议。对于涉及动物健康和寄生虫病的，指国际兽医局（International Office of Epizootics）主持制定的标准、指南和建议。对于涉及植物健康，是指在国际植物保护公约秘书处制定的标准、指南和建议。

SPS 协定鼓励成员方在实施卫生与动植物检疫措施时采用国际标准，SPS 协定第 3 条规定了成员可以有三种选择：

1. 成员方实施的卫生与动植物检疫措施符合国际标准（conform to international standards）。SPS 协定第 3.2 条规定，凡是符合国际标准卫生与动植物检疫的措施应被视为保护人类、动植物的生命或健康所必需的措施，并被视为与本协定和 GATT 1994相符合的措施。

2. 成员方实施的卫生与动植物检疫措施是基于国际标准（based on international standards）。对于如何理解 SPS 协定第 3.1 条中"基于国际标准"中"基于"（based on）的含义，在欧共体荷尔蒙牛肉进口限制案中，专家组认为"基于"与"符合"（conform to）是同样的意思。对于本案而言，专家组认为各成员方采取的 SPS 措施需要与食品法典委员会制定的标准、指南和建议保持一致。上诉机构推翻了专家组对"基于"的解释，认为"基于"含义是"建立在"或"由……支持"，并不要求各成员方采用与国际标准完全相同的 SPS 措施，而只要各成员方采取其中一些国际标准或指南的规定即可符合"基于"标准。[24] 对于"基于国际标准"的卫生与动植物检疫措施，并不能自动被推定为符合 SPS 协定，需要满足 SPS 协定中所规定的条件。

3. SPS 协定第 3.3 条规定，成员方可以采用或维持比现行国际标准、指南或建议所规定标准更高的卫生与动植物检疫措施，条件是符合第 2.2 条规定的科学依据，并符合第 5 条第 1 款至第 8 款规定的条件。

（二）采取的 SPS 措施必须有充分的科学依据

SPS 协定第 2.2 条规定，没有充分的科学依据，不得实施 SPS 措施。对于有关食品添加剂是否有害？对于有关检测手段是否科学？这些问题可能在科学家之间认识并不一致。是否一定需要有主流科学家或大多数科学家的意见一致才能达到"充分科学依据"？各国政府在采取 SPS 措施时，倾向于考虑主流或多数科学家的意见，但在具体案件中，成员方政府也可能谨慎地将其措施建立在当时非主流的科学意见基础上。上诉机构在荷尔蒙牛肉进口限制案中提出，成员方没有义务必须将其 SPS 措施建立在主流科学家意见基础上。充分科学依据不需要达成一致的科学结论，也不完全要求多数科学家意见或主流科学家意见，可同时列出主流科学

---

〔24〕 Appellate Body Report, European Communities—Measures Concerning Meat and Meat Products (Hormones), WT/DS26/AB/R, paras. 161 – 163.

观点和持反对意见的科学观点。对立观点的存在恰恰证明在该问题上存在某种科学的不确定性。一个负责任的政府可以根据主流或少数专家的意见采取SPS措施,采纳少数科学家意见本身并不必然表明SPS措施与科学证据之间缺乏合理的联系。判断基于科学依据的风险评估与SPS措施之间是否存在合理客观联系必须具体情况具体分析。[25]

根据SPS协定第5.7条规定,即使没有充分的科学依据,成员方也可以临时实施卫生与动植物检疫措施,但必须符合以下条件:(1)该措施是基于现有的可获得的科学信息基础上实施的;(2)成员方负有寻求获取必要的额外信息的义务,以便更加客观地进行风险评估;(3)在合理期限内对临时SPS措施进行审议。

(三)采取的SPS措施应建立在风险评估基础上

SPS协定第5.1条是关于风险评估的原则性规定,即各成员方应保证其采取的SPS措施是基于对人类、动物或植物的生命或健康所进行的风险评估,而不是凭猜测采取的措施。

1. 关于风险评估的定义。根据SPS协定附件1规定,风险评估(risks assessment)是指某一进口成员方根据可能适用的SPS措施评价虫害或疾病在进口成员方领土内传入、定居或传播的可能性,以及评价相关潜在的生物学后果和经济后果;或评价食品、饮料或饲料中存在的添加剂、污染物、毒素或致病有机体对人类或动物生命或健康所产生的潜在不利影响。

2. 关于风险评估的因素。SPS协定第5.2条对成员方进行风险评估时应参考的因素进行了规定,这些因素包括:可获得的科学依据;有关加工工序和生产方法;有关检验、抽样和检测方法;特定病虫害的流行;病虫害非疫区的存在;有关生态和环境条件;检疫或其他检疫处理方法。上诉机构在荷尔蒙牛肉进口限制案中指出,第5.2条所列出的清单并非封闭性清单。使用这些因素进行风险评估时必须注意,第5.1条所指的风险并不限于在科学实验室所测得的不利影响,还包括在现实社会中对人类健康造成的潜在不利影响。[26]

3. 关于风险评估与SPS措施的法律关系

风险评估与相应的SPS措施之间应存在"实质上"和"程序上"的关系。根据第5.1条规定,SPS措施应"基于"(based on)风险评估,这里的"基于"表明SPS措施和风险评估结果之间应存在一种客观的、合理的联系。成员方采取某种SPS措施之前是否必须应证明其实施了风险评估。在荷尔蒙牛肉进口限制案中,上诉机构推翻了专家组肯定性的结论,认为SPS协定第5.1条并没有设置这种程序上的

---

〔25〕 Id., para. 194.

〔26〕 Id., para. 187.

要求。[27]

（四）SPS 措施应是必需的措施

SPS 协定第 2.2 条规定，各成员应保证任何 SPS 措施仅在为保护人类、动物或植物的生命或健康所必需限度内实施。第 5.6 条规定，此类 SPS 措施对贸易限制不超过为达到适当的保护水平所要求的限度。根据 SPS 协定附件 1 的定义，适当的卫生检疫保护水平是指成员方认定的对维护其境内人类、动植物的生命或健康所必需的保护水平，一些成员称为“可接受的危险性水平”。这里要注意的是，适当的保护水平是由采取 SPS 措施的成员方自行决定。

SPS 措施实施的目的就是达到适当的保护水平，在制订适当保护水平的卫生检疫措施时，应尽量使该措施对贸易的影响降低到最小程度。根据 SPS 协定第 5.6 条的注释，除非存在以下可能，否则 SPS 措施对国际贸易的限制不能被认为超过必要限度：（1）从经济和技术可行性方面考虑，可合理获得另一可替代措施；（2）该替代措施对国际贸易限制大大减少；（3）该替代措施可实现进口方认为适当的保护水平。由此可见，对于该替代措施是否适当，应由已经采取 SPS 措施的成员方自行决定。日本农产品案充分体现了这一点。在该案中，美国提出应以产品而非同一产品中的每一品种作检疫测试。对于这一提议，专家组认为从技术和经济可行性方面考虑，这种测试方法更快、更简单；此外，以产品作测试对贸易的限制性远远低于日本的检疫措施，因为只要产品通过测试，同一产品的各种品种都不需要测试而可进入日本市场，满足上述的第（1）和（2）两项条件；但是，专家组认为美国提出的以产品作测试的建议不能达到日本认为的适当保护水平，即不满足上述的第（3）项条件。[28] 在澳大利亚苹果进口限制案中，新西兰提出，从每箱进口苹果挑选出 600 个样品进行检疫是澳大利亚现有检疫措施的合理替代措施，专家组同意这种看法。上诉机构推翻专家组的观点，指出专家组就替代措施能够达到澳大利亚的适当保护水平缺乏足够的法律基础。[29] 从争端解决实践看，SPS 措施比较容易通过必需标准的测试。

（五）SPS 措施不应构成对国际贸易的歧视或变相限制

SPS 协定第 5.5 条要求成员方采取的 SPS 措施和相应的风险评估保持一致性（consistency），即不应构成对国际贸易的歧视或变相限制。具体而言，同时符合下列三个条件可以认为 SPS 措施对国际贸易构成对国际贸易的歧视或变相限制：

---

〔27〕 Id., para. 189.

〔28〕 Panel Report, Japan—Measures Affecting Agricultural Products, WT/DS76/R, paras. 8. 81 – 8. 84.

〔29〕 Appellate Body Report, Australia—Measures Affecting the Importation of Apples from New Zealand, WT/DS367/AB/R, para. 358.

(1)各成员方在不同情况下实施了不同水平的SPS措施;(2)不同措施之间保护水平的差异是任意的或不合理的;(3)该差异对国际贸易造成歧视或变相限制。例如,在荷尔蒙牛肉进口限制案中,欧共体有关对牛使用促进生长的人工荷尔蒙的法规、欧共体有关使用自然产生的荷尔蒙的法规以及欧共体有关在生猪饲养中使用非荷尔蒙的抗菌类生长促进素的法规,这些法规就构成"不同情况"。虽然欧共体在处理饲养牛和生猪过程中的催生素的方式上存在任意的或武断的差异,但由于不存在歧视,也不存在对国内生产的保护意图,因而没有违反SPS协定第5.5条所规定的义务。[30]

(六)SPS实施的程序要求

SPS措施的实施程序也会对国际贸易造成障碍。为此,SPS协定第8条和附件3规定,各成员在实施控制、检验和批准程序(control, inspection and approval procedures)的过程中,包括批准使用添加剂或确立食物、饮料或饲料中污染物的允许量的国内制度时,应遵守如下纪律:

(1)这种程序应在没有不适当延误的情况下完成和进行,且应在进口产品与国内相同产品之间平等实施。

(2)应公布每一程序运作的期限,或应申请者请求,通知预计办理这些程序的期限;应将检疫结果准确、完整通知申请者,以便其采取必要的改正措施。

(3)资料要求应限于合理的控制、检验和批准的程序所必需范围。

(4)应与国内相同产品同样保护国外产品在此程序中所披露的商业秘密。

(5)对产品的样品检测以及收费标准应限于合理和必需的程度,且与国内产品和来自其他成员的相同产品相同。

(6)应建立关于对这些程序的实施提出不服的复议程序。

在欧共体转基因农产品案中,欧共体第90/220、第2001/18指令和第258/97条例规定,有关转基因农产品(GMOs)进口和销售必须经过审批,含有GMOs成分的食品亦须要审批。美国和加拿大没有对欧共体对GMO进口和销售前必须经过审批程序的权利提出质疑,但美加指出,自1998年10月至2003年8月,欧共体实际上暂停了GMOs的批准程序,违反了SPS协定的有关规定。该案经过复杂审理,专家组发布了长达1000多页、63.9万字的裁决报告,裁决认为,欧共体对GMOs的批准程序属于SPS措施,对批准程序的暂停本身并非SPS协定中所规定的SPS措施;但是,暂停批准程序会影响相关SPS措施的运行与实施。最后专家组裁决认为,欧共体事实上暂停批准GMOs的进口措施构成"不适当延误",违反

---

[30] Appellate Body Report, European Communities—Measures Concerning Meat and Meat Products (Hormones), WT/DS26/AB/R, paras. 240 – 246.

了 SPS 协定第 8 条和附件 3(1)(a)的规定。[31]

(七)透明度的要求

由于 SPS 措施可以偏离国际标准,并背离最惠国待遇,具有较大的灵活性,因此,对其透明度要求更高。SPS 协定要求各成员应确保其已采纳的所有卫生检疫措施如普遍使用的法律、法规等,以各成员熟悉的方式公布,并且除紧急情况外应在公布与生效之间保留一段合理的时间间隔,使出口方有所准备。同时每一成员方应设立一个咨询点,负责解答有关成员方提出的合理问题以及提供相关文件。当成员方使用国内更高标准的检疫措施时,应履行一定的通知、公告程序。

四、关于对发展中成员的特殊和差别待遇

SPS 协定对发展中成员规定的特殊与差别待遇,比较原则和抽象,实际效果不大:

1. 成员方在制定和实施卫生与动植物检疫措施时,应考虑发展中国家成员方的特殊需要。如果分阶段实施新的卫生与动植物检疫措施,应给予发展中国家成员以更长的时间,使其有利害关系的出口产品符合进口方卫生与动植物检疫措施的要求,从而维持其出口机会。

2. 成员方同意以双边的形式,或通过适当的国际组织,向发展中国家成员提供技术援助。援助包括加工技术、科研和基础设施、建立国家管理机构等方面的援助;也可以采取咨询、信贷、捐赠、补贴、培训和提供设备等方式。

3. 发展中国家成员方可推迟 2 年开始执行 SPS 协定。此后,如有发展中国家成员提出请求,可以在一定时限内免除其在 SPS 协定项下的全部或部分义务。

五、机构与争端解决

为了给各成员实施 SPS 协定提供一个磋商和协调的机构和场所,SPS 协定第 12 条规定建立一个卫生与动植物检疫措施委员会(Committee on Sanitary and Phytosanitary Measures)。该委员会以协商一致的方式做出决定。委员会的主要职责是:(1)鼓励成员方之间就具体的卫生和动植物检疫措施问题进行临时磋商或谈判;鼓励各成员使用国际标准、指导原则或建议,并在这一方面进行技术协商和研究。(2)与相关的国际组织保持密切的联系,尤其是保持与食品法典委员会、国际兽医局和国际植物保护公约秘书局的紧密联系。(3)在 WTO 协定生效后的 3 年内审查本协定的运作情况,并在适当情况下就本协定的修订向货物贸易理事会提出议案。

因本协议所发生的争端适用于 WTO 争端解决规则和程序。

SPS 协定是世界贸易法历史上第一部调整和协调国际贸易与动植物检疫措施

---

〔31〕 Panel Report, European Communities—Measures Affecting the Approval and Marketing of Biotech Products, WT/DS292/R, paras. 8.4 – 8.6.

关系的多边公约,对保护人类或动植物生命与健康,促进各国农业生产和发展以及国际贸易的发展都将起到重要作用。SPS协定明确有关实施卫生与动植物检疫措施的概念和标准,比如对风险性评估以及适度的动植物卫生检疫保护水平的确认、非疫区、病虫害低度流行区等概念的界定;再比如鼓励实行国际标准、规定检验和批准程序以及实施统一的争端解决程序,使国际贸易中的动植物检疫措施向着公正、科学、规范化的方向迈进了一大步。

第三节 "碳关税"的法律问题

面对全球气候变化的严峻现实,为减少温室气体排放,缓解气候变化,国际社会为此作出不懈努力,先后通过了《联合国气候变化框架公约》和《京都议定书》。《京都议定书》明确规定的发达国家和发展中国家之间"共同但有区别的责任"原则是国际合作应对气候变化的核心和基石,即发达国家承担温室气体量化减排指标,发展中国家暂不承担减排限额。然而,美欧发达国家不愿实际贯彻"共同但有区别的责任"原则,却试图通过对进口产品征收"碳关税"的形式,将气候变化与国际贸易措施相连,单方面采取措施,改变《京都议定书》确立的"共同但有区别的责任"原则。本节将对"碳关税"的实质以及"碳关税"在WTO框架下的合法性问题进行讨论。

一、"碳关税"问题的由来及其实质

根据《京都议定书》附件一,发达国家在2008年到2012年期间须将温室气体排放总量削减至1990年水平的95%以上,并将这一目标分解到每一个国家。为落实承诺的CO_2减排国际义务,一些国家在其国内采取了碳排量总额限制与交易机制(cap-and-trade)或征收碳税(carbon taxes)措施。所谓碳排量总额限制与交易机制,指的是一国在确定给定年份CO_2的排放总量,然后通过一定的机制将排放总量分配给受该机制约束的市场主体,该主体获得CO_2排放额度后可以在市场上有偿转让。对于未用完排放额度的公司,可将该排放额度卖给超过排放额度的其他公司,从而通过经济手段达到排放总额平衡。所谓碳税,指的是对生产过程中所消耗的煤、石油和天然气等化石燃料,根据其排放的CO_2的高低程度,所征收的一种能源消费税。

采取碳排量总额限制与交易机制或征收碳税的国家担心,如果其他国家或地区未承担相应的CO_2减排义务,则会产生降低本国企业的竞争力问题和"碳排放泄漏"(leakage of carbon emission)。采取严格碳排放措施国家的企业与未参与减排国家的企业相比,其在碳排放方面的成本显然要高,影响这些企业在国际市场上

的竞争力。碳排放泄漏指一国采取严格的减排措施后,高碳企业可能转移到未采取相应措施的国家,使这些国家碳排放增加,从而使全球碳排放控制失效。

为解决"竞争力"和"碳排放泄漏"的问题,美欧提出采取"碳关税"的方式予以弥补。2006 年 11 月,法国在联合国气候变化大会上提出对没有加入《京都议定书》的国家进口产品征收额外关税,这主要是针对没有批准《京都议定书》的美国。为了改变美国在全球减排方面的消极做法和国际形象、压制发展中国家出口产品的竞争力,美国众议院 2009 年 6 月以微弱优势(219 - 212)通过了《清洁能源安全法案》,该法案第 4 部分第 768 节规定了"国际储备配额项目"(international reserve allowance program)。该法案规定,基于美国自 2012 年实施碳排量总额限制与交易机制后可能出现对本国产业不公平竞争状况,美国有必要对没有设定碳排放量总额限制国家或没有可比性的碳排放减少标准的国家出口到美国的高耗能产品,需要提交与该产品制造相关的专门的碳排放配额,进口商在进口没有配额的外国产品时必须经由碳交易机制购买相应的国际储备配额。[32]

虽然美国法案通篇没有"碳关税"这一提法,但"碳关税"这一词不胫而走,成为大众媒体的热门词汇。从法律意义上讲,"碳关税"(carbon tariff)不是一种关税。关税是专门针对产品的进口而征收但不对国内产品征收的税种,关注重点不在于国内外产品的税负公平、竞争公平,而在于保护产业的发展、增加政府财政收入。"碳关税"则不同,关注的重点在于国内外产品的公平竞争问题。"碳税"和碳排量总额限制与交易机制是一种对国内企业征收的国内税费,"碳关税"是对没有实施与本国相应减排国家的碳排放强度高的产品征收的税费,以达到平衡国内外产品税费公平。因此,从本质上而言,"碳关税"是一种对进口产品征收的国内税费,是一种边境税费的调整措施。[33]

二、"碳关税"与 WTO 所允许的边境税调整的关系问题

欧美声称,其征收"碳关税"的目的,并非让进口产品承担额外负担,而是使国内和国外生产商承担相同的减排成本,即对于产品生产过程中排放的 CO_2,国内外生产厂商支付相同费用。因此,在进口时征收的碳关税,构成GATT 1994所许可的边境税调整。[34]

边境税调整(border tax adjustment)的初始法律渊源是GATT 1994第 2. 2 条(a)项:"缔约方有权在任何时候以与第 3. 2 条相符的方式对进口产品征收与对国内相同产品或用于制造或生产进口产品的全部或部分物品所征收的国内税费相当

---

〔32〕 The American Clean Energy and Security Act(2009), H. R. 2454, Sec. 401.

〔33〕 Paul-Erik Veel, Carbon Tariffs and the WTO: An Evaluation of Feasible Policies, Journal of International Economic Law, Vol. 12, No. 3, 2009, p. 771.

〔34〕 Id.

的税费。”1970 年 12 月GATT 1947缔约方通过了《关于边境税调整的工作组报告》(以下简称《工作组报告》),对边境税调整的内涵与税种类型进行了澄清。报告第 4 段规定,边境税调整指的是在本国征收某一税种后,为使本国企业和外国企业在国内或国外两个市场中保持公平竞争环境,对本国出口产品实施退税,对国外进口的产品征收与国内相同的税收。在 20 世纪 60 年代,关于欧共体实施增值税后是否需要进行边境税调整,曾引起广泛争议。理论研究发现,边境税调整是中性的,相当于征税原则由生产者原则转向消费者原则,对生产与贸易没有实质性影响。

《工作组报告》第 14 段规定:“能够进行边境税调整的税种指的是间接税,比如消费税、营业税和增值税;”对于直接税,比如社会保障费用、所得税,则不可进行边境税调整。对于消耗税(taxes occultes),例如对在生产或运输过程中厂商的资本设备消耗税、服务税是否可进行边境税调整,《报告》第 15 段意识到 GATT 缔约方之间的分歧,并明确指出,边境税调整不适用于消耗税;第 15 段亦明确指出:对广告、能源、机器与交通所征收的税不适用于边境税调整。

针对产品生产过程中 CO_2 排放而征收的税费与GATT 1994第 2.2 条以及《工作组报告》所允许的进行边境税调整的国内税费相比,存在以下明显主要差别:[35]

第一,WTO 所允许的边境税调整的是对最终产品所征收的税费,或者对生产过程中投入物征税,但这种投入物必须在最终产品以物理方式体现出来。“碳关税”却是针对生产过程中的 CO_2 排放量,而 CO_2 排放量既不是最终产品亦不构成最终产品的部分。

第二,WTO 所允许的边境税调整对贸易影响具有中立性特点,因此,边境税调整具有双向调整功能,既对进口产品可以征税,亦可对出口产品给予免税。“碳关税”偏重于对进口产品征收,而未提及对相应出口产品的免税。

第三,WTO 所允许的边境税调整是基于竞争的考虑,而“碳关税”除基于公平竞争的考虑外,还有基于防止“碳排放泄漏”方面的考虑。

鉴于此,很难得出“碳关税”是符合 WTO 所允许的边境税调整措施。

三、“碳关税”与 WTO 非歧视原则的关系问题

WTO 中有关货物贸易的非歧视原则主要体现在GATT 1994第 1 条“最惠国待遇原则”与第 3 条“国民待遇原则”。

---

〔35〕 有关边境税问题的讨论,可参见以下文章:Goain God, The World Trade Organization, Kyoto, and Energy Tax Adjustments at the Border, Journal of World Trade, Vol. 38, 2004; Frank Biermann and Rainer Brohm, Border Taxes Adjustments on Energy Taxes: A Possible Tool for European Policymakers in Implementing the Kyoto Protocol?, Vietelsjahrsheft zur Wirtschaftsforschung, Vol. 74, 2005; Paul-Erik Veel, Carbon Tariffs and the WTO: An Evaluation of Feasible Policies, Journal of International Economic Law, Vol. 12, No. 3, 2009;东艳:“全球气候变化博弈中的碳边境调节措施研究”,载《世界经济与政治》2010 年第 7 期。

(一)"碳关税"与国民待遇原则的关系问题

判断成员国内税费是否违反国民待遇,需要考察三个条件:(1)该种措施直接或间接规定了对进口产品征收国内税和国内费用;(2)被征收国内税费的进口产品与国内产品必须是相同产品;(3)对进口产品征收的国内税费高于国内相同产品。

对进口产品征收"碳关税"意味着,生产过程中CO_2排放量高的进口高碳钢铁(high CO_2 steel)与生产过程中CO_2排放量低的国内低碳钢铁(low CO_2 steel)相比,对进口高碳钢铁征收的国内税费高于国内低碳钢铁。判断碳关税是否违反国民待遇的关键在于进口高碳钢铁与国内低碳钢铁是否是相同产品。

关于国民待遇中相同产品的判断问题,上诉机构在日本酒类税案中指出,产品是否相同的参考因素包括:(1)产品的物理特性(产品的结构、性质和品质);(2)产品的最终用途;(3)消费者的偏好和习惯;(4)产品的关税分类。[36] 在减少温室气体排放有利于缓解全球气候变化深入人心的今天,若仅仅从消费者的偏好和习惯看,低碳钢铁和高碳钢铁或许可以区分为不同产品,但从综合因素看,很难将高碳钢铁与低碳钢铁视为不同产品。

(二)"碳关税"与最惠国待遇原则的关系问题

货物贸易领域的最惠国待遇原则主要体现在GATT 1994第1.1条。GATT 1994第1.1条:"……成员对来源于或运往其他国家的产品所给予的任何利益、优惠、特权或豁免,应当立即无条件地给予来源于或运往其他成员的相同产品。"

在征收碳关税的政策中,对于采取不同碳排放限制的国家的进口产品,其碳关税的高低有所不同。换言之,以碳排放限制作为获得进口免征或较少征收碳关税的条件。因此,判断碳关税是否符合最惠国待遇原则的问题就在于以碳排放政策作为获得优惠的条件是否符合最惠国待遇中的"无条件"?比利时家庭补贴法案、印度尼西亚汽车案和加拿大汽车案可以归纳出WTO最惠国待遇中的"无条件"含义:(1)"无条件"并不意味着不可以对进口产品征收税率设置条件,但这种条件必须根据产品本身的特征设置,不得设置除产品本身特征之外的条件作为获取最惠国待遇的条件;(2)最惠国待遇"无条件"不仅仅要求保障法律形式上的平等,而且要保障实施时事实上的非歧视效果。[37] 由于碳关税不是根据产品本身特质设置的条件,不符合最惠国待遇原则。

---

〔36〕 Appellate Body Report, Japan-Taxes on Alcoholic Beverages, WT/DS10/AB/R, pp. 20 – 22.

〔37〕 Panel Report, Indonesia—Certain Measures Affecting the Automotive Industry, WT/DS54/R, para. 14.143; Panel Report, Canada—Certain Measures Affecting the Automotive Industry, WT/DS142/R, para. 10.23.

四、"碳关税"与GATT 1994第20条的关系问题

在证明碳关税违反了GATT 1994国民待遇原则和最惠国待遇原则后，支持碳关税者往往援引GATT 1994第20条"一般例外"中的(b)项和(g)项作为抗辩。根据DSB关于第20条适用的实践，抗辩方必须首先证明碳关税符合(b)项"为保护人类、动植物的生命或健康所必需的措施"或(g)项"与保护可用竭的自然资源有关的措施，如此类措施与限制国内生产或消费同时实施"；然后证明碳关税实施方式(manner)符合第20条导言规定的条件，即"不在条件相同的国家之间构成武断或不正当歧视或构成对国际贸易的变相限制"。

"碳关税"因为存在以下几个方面的缺陷，难以满足GATT 1994第20条规定的条件：

第一，尽管实施"碳关税"的目的有二：一是出于公平竞争的考虑，二是出于碳排放泄漏的考虑。但从其设计的方案及其结构可以看出，碳关税所关注的是各国碳排放措施成本差异导致的竞争失衡问题，与碳排放泄漏关系不大。因此，碳关税是否与减少温室气体排放、保护可用竭的自然资源之间有着真实和密切的联系，值得质疑。

第二，征收碳关税的贸易限制政策是否是解决气候变化、保护人类与动植物生命健康的必需措施，值得深入研究。影响碳排放的主要原因是经济增长及产业结构而非国际贸易。假定高排放国家本身并不出口，或者其出口的贸易结构中高碳产品的出口很少，那么碳关税政策可能适得其反，既不能达到促进碳排放量的减少，反而打击了低排放相关产业。[38]

第三，碳关税措施没有考虑到发展中成员方在碳排放方面的特殊情况，也没有为发展中成员方提供特殊与差别待遇。虽然GATT 1994第20条导言部分没有明确要求在采取环境保护方面给予发展中成员更为宽松的义务，但对不管各国具体情况而采取环境贸易措施很容易被视为违反GATT 1994第20条。在美国海虾案中，上诉机构就明确指出："在援引GATT 1994第20条导言论证环境措施合法化时，必须考虑其他国家的不同条件与情况。"[39]在碳排放问题上，发达国家与发展中国家因为经济发展阶段、碳排放总量、累积碳排放总量、人均碳排放量等方面各不相同；在减排义务方面亦不相同，根据《联合国气候变化框架公约》和《京都议定书》的规定，发达国家承担强制性的减排义务，发展中国家不承担强制性减排义务。碳关税抛开国际社会普遍认可的"共同但有区别的责任"原则，不考虑其他国

---

〔38〕 东艳："全球气候变化博弈中的碳边境调节措施研究"，载《世界经济与政治》2010年第7期，第76页。

〔39〕 Appellate Body Report, United States-Import Prohibition of Certain Shrimp and Shrimp Products, , WT/DS58/AB/R, para. 164.

家的具体情况、以经济制裁为威胁迫使其他国家采取与其一致的经济发展政策,会被视为违反了GATT 1994第20条导言义务。

第四,在目前碳关税机制安排下,例如美国“国际储备配额项目”,国内企业是否需要购买CO_2排放配额基于该企业实际的CO_2排放量测算(单独基准),而对进口商是否需要购买国际排放配额的测算,不是基于进口产品在生产过程中实际CO_2排放量,而是基于该出口国生产同种类型产品企业的平均CO_2排放量(平均基准)。在美国汽油案中,美国对进口汽油厂商污染值设置平均基准,而对国产汽油厂商设置单独基准,美国认为,衡量基准不同是因为对进口汽油的生产商进行单独测试是不可行的。专家组和上诉机构拒绝美国观点并认为:执行的困难不是对国内生产者设置单独基准和对国外生产者设置平均基准的理由,美国的做法违反了GATT 1994第20条导言义务。[40]

实际上,“碳关税”问题不是简单的环境保护、国际贸易问题,而是一些成员方出于政治、经济战略的考虑,试图以单边措施强制其他发展中国家承担减排义务,从而规避《联合国气候变化框架公约》和《京都议定书》所设定的“共同但有区别的原则”,对其他国家的经济发展设置障碍,并获取宣传舆论的制高点,对此,我们要保持高度警惕。

第四节　环境与贸易关系的演变及其新问题

关贸总协定乌拉圭回合多边贸易谈判,除增列了服务贸易、知识产权以及与贸易有关的投资措施外,还涉及和探讨了有关环境与贸易的问题,虽然没有达成任何协定,但最终还是形成《关于环境与贸易的决议》,对贸易与环境的问题进行进一步讨论。2001年11月14日召开的多哈WTO第四次部长级会议中,虽然各方对贸易与环境问题认识不一,但各方最终同意将环境与贸易问题纳入谈判议程。

一、乌拉圭回合关于环境与贸易的谈判

(一)自由贸易与环境保护

环境与贸易一直有着密切的联系,但环境保护政策与措施对贸易影响在过去并未构成多大问题。近30多年来,世界经济在高速发展的同时,也导致了一系列严重的资源和环境问题的产生,如酸雨现象、温室效应、森林破坏、物种灭绝、土地资源退化、臭氧层耗损、越境大气污染、有害危险废弃物跨国大转移以及全球发生

〔40〕 Appellate Body Report, United States—Standards for Reformulated and Conventional Gasoline, WT/DS2/AB/R, pp. 25—26.

的多起重大环境灾难,不断激发人们对资源、环境和自身健康状况的关注,促使人们环保意识的迅速觉醒和提高。人们要求改善生存环境质量的呼声不断高涨,价值观念在世界各国尤其是在发达国家中发生了很大变化,由重视物质价值观转向以强调非物质价值为特点的绿色价值观。因此,人们将 20 世纪 90 年代看成是"环保年代",各种环保法规层出不穷。人们认识到,环境问题单靠一个国家或几个国家单独行动无济于事,环境问题与贸易问题紧密相连,环保运动的深入发展不可避免涉及国际贸易政策。

各国为保护环境而采取的贸易政策包括:(1)征收环保进口附加税,即对入境后可能造成环境污染的产品、设备加征额外的环保关税,以达到限制进口之目的;(2)颁布保护特定物种的法律规章,限制或禁止与之有关的进出口贸易,如美国根据其《海洋哺乳动物保护法》禁止从墨西哥进口金枪鱼,理由是墨西哥船队使用超过美国标准的大型渔网在捕获金枪鱼的同时,捕杀了应保护的海豚;(3)为进口产品确定硬性环保指标,对达不到该标准者限制进口或禁止进口;(4)实行环境标志认证制度,使本国具有环保意识的消费者自动抵制那些从生产到消费环节中存在污染的产品;(5)实行环保补贴措施。

由于环境与贸易之间有着内在的联系,发达国家政府越来越意识到为保护环境而采取的贸易措施可作为解决环境问题的首选对象。正如一位资深的贸易学家所指出的"贸易措施虽不是保护环境最理想工具,但是在许多情况下却只能是唯一可供选择的手段"。[41]

(二)乌拉圭回合关于环境与贸易问题的谈判

早在 1971 年关贸总协定就设立了"环境措施与国际贸易小组"(Group on Environmental Measures and International Trade,以下简称环境小组),但尚未开始活动,就进入休眠状态。1979 年东京回合所达成的《贸易技术壁垒协定》,虽然首次在 GATT 法律体系中明确提出环境保护问题,但并未深入。即使 1986 年埃斯特角城部长宣言在陈述多边贸易谈判的内容和目标时,环境与贸易问题也未作为一个单独议题列入谈判议程。乌拉圭回合多边贸易谈判最后作出《关于环境与贸易的决议》的主要原因有二:一是由于总协定缔约方内部一再发生与环境有关的贸易争端,迫使总协定理事会不得不把环境问题提到议事日程上来。最著名的案例是美国根据《海洋哺乳动物保护法》,限制金枪鱼及其加工品的输入,引起墨西哥等国的不满,在 1991 年 2 月总协定理事会上,墨西哥等国指责美国违反总协定。会上奥地利代表欧洲自由贸易联盟 7 国(EFTA)提议恢复前述的"环境小组",获得其他一些国家赞同。产生"决议"的另一个重要原因是由于近年来环境保护已日

〔41〕 Ralf Buckley, International Trade, Investment and Environmental Regulation, Journal of World Trade, Vol. 27, Aug. 1993, p. 103.

益成为国际社会关注的热点,联合国和其他组织通过了一系列环保公约和协定,特别是1992年6月3日至14日在巴西里约热内卢召开的联合国环境与发展大会(UNCED),有183个国家和地区的代表参加,其中包括102个国家的元首或政府首脑。环发大会强调国际贸易在消除贫困和保护环境方面的作用,大会通过的21世纪议程更是强调国际贸易在促进可持续发展方面的重要性。[42] 在环发大会的推动下,GATT秘书处在1992年的一份关于环境与贸易的报告也指出,"GATT体系对一国为保护环境免受国内生产、消费或进口产品的影响而采取的措施不加限制……"

1992年11月,关贸总协定理事会任命日本大使小川秀为重新恢复的"环境小组"主席,该小组随后曾多次研讨环保问题;同时,总协定理事会本身也多次予以讨论,并在自1991年至1994年初召开的第47、48、49届三次缔约方大会上,对"环境小组"有关环保问题的工作报告都予以肯定。在这一基础上,终于在结束乌拉圭回合的"最后文本"中产生了《关于环境与贸易的决议》。

乌拉圭回合谈判的新议题中,其他三个新议题如服务贸易、知识产权、与贸易有关的投资措施都达成了协定,唯独没有针对环境与贸易问题的专门协定。这主要是因为环境与贸易问题相当复杂,各利益方之间分歧很难在短时间内达成一致:

自由贸易主义者和环境主义者之间存在两种对立的观点:环境主义者(environmentalists)指责作为多边贸易体制基础的GATT正日益成为环境保护的障碍,因为自由贸易的结果是增加需求,扩大生产,从而增加了对可开发性自然资源及整个环境的压力。从这个角度来看,自由贸易本质上与资源和环境的保护相抵触。因此,环境主义者要求改革GATT,使其机制能服务于环境保护的目的。然而,主张自由贸易的经济学家则认为,自由贸易并非是造成全球环境恶化的原因。以贸易壁垒为基础的解决环境的方法只会造成资源分配上的浪费,而国际专业分工却能使全球的环境保护更有效率。例如,为防止热带森林的减少而对林木及其产品实施进口限制,这种环境贸易措施有可能迫使该地居民改变土地用途,比如说发展农业或畜牧业,最终导致热带雨林面积以更快速度的消失。[43] 可持续发展要求有效地利用资源,而这正是自由贸易所促进的。因此,寻求开放的多边贸易体制可以作为保护全球环境的一个重要的经济手段。[44]

发展中国家与发达国家之间存在难以调和的分歧。发达国家认为,由于发展

---

〔42〕 WTO Secretariat, Trade and Environment at the WTO, (Apr. 2004), http://www.wto.org/english/tratop_e/envir_e/envir_wto2004_e.pdf(访问日期:2011年4月15日).

〔43〕 John H. Jackson, Legal Problems of International Economic Relations: Cases, Materials and Text, Forth Edition, U.S.A: West Group, 2002, p.1000.

〔44〕 张若思:"世界贸易组织内涉及环境问题的争端",载《国际贸易问题》1997年第6期,第31页。

中国家维持很低的环境标准,对某些产业省去了应有的污染处理装置,从而取得了不公平的竞争优势,扭曲了贸易条件,对发达国家构成"生态倾销",要求讨论有关贸易与环境问题的专项协定,从中规定成员方必须达到的最低环境标准,并将有关对贸易产品的环境标准从产品本身扩大到生产过程,对未达到标准的产品或未达到标准地区的产品可采取加税直至禁止等补救和惩罚措施。发展中国家则认为,世界各国对全球环境保护是"共同但有区别的责任",而发达国家采取"一刀切"的做法,不仅显然忽视了发展中国家在贫困和人口的巨大压力下,只能在发展中解决环境问题的现状;而且没有将一国由于污染程度较低或迫于经济原因而实施较低环境标准的行为与人为降低环境标准、以牺牲环境为代价换取竞争优势的行为区别开来。此外,实证研究表明,对于环境保护方面的先驱企业而言,相对于其获得的市场利益而言,其高标准的环境保护措施并没有降低其盈利能力。〔45〕因此,一些发展中国家认为,发达国家对发展中国家实施压力迫使它们接受不必要或难以实施的高标准,实质上是发达国家对发展中国家国际贸易设置新的贸易壁垒。

二、WTO体系中有关环境与贸易问题的规则

(一)WTO涵盖协定中有关环境与贸易问题的规则

虽然乌拉圭回合没有达成专门的贸易与环境问题协定,但是在一系列协定中体现了环境与贸易之间的关系,具体表现在:

1. 关于WTO宗旨

《WTO协定》开门见山便指出:各成员方在处理它们的贸易与经济事务的关系方面,应基于提高生活水平、保证充分就业、保证实际收入和有效需求的大幅持续增长;扩大货物与服务的生产与贸易;同时按照可持续发展目标,合理利用世界资源,寻求对环境的维护;确保发展中成员尤其是最不发达成员获得与它们经济发展所需要的国际贸易份额的增长。从WTO的宗旨中可以看出,它对GATT 1947宗旨的最大修改之一就在于它体现了"可持续发展"的精神,规定了贸易自由化与环境保护的双重目标。具体而言,世界贸易组织涉及环境保护的宗旨有如下三层含义:

第一,各成员在实现其扩大贸易、发展生产、提高福利水平的同时,应该以"可持续发展"为目的来进行资源的开发利用,并要求保护与维护环境。这说明世贸组织在促进世界经济全球化和自由化,建立世界贸易规则的努力过程中,不会为了盲目扩大目前的经济利益而破坏世界经济进一步发展的能力。WTO协定将原GATT 1947宗旨表述对世界资源的充分利用(full use)修改为合理利用(optimal use),反映出世贸组织寻求的人类对资源利用能力的扩大主要表现在对资源利用

〔45〕 John H. Jackson, Legal Problems of International Economic Relations: Cases, Materials and Text, Forth Edition, U. S. A: West Group, 2002, p. 1002.

质的提高,而非对资源利用量的扩大。

第二,以“可持续发展”为目的不是以停止生活水平的提高为保护环境的代价,WTO 不认为经济增长同环境与资源的保护之间存在必然的矛盾,也不认为为了环境保护必须实行“零增长”。

第三,WTO 认为在实现环境保护和合理利用资源的时候,应该顾及“不同经济发展水平”的国家和地区,不应该采取完全一致的措施与标准。保护环境与资源也不应以牺牲发展中国家成员的发展为代价,满足发展中成员的发展需要是“可持续发展”的重要内容之一。[46]

2. 关于货物贸易中环境例外条款

GATT 1994第 20 条“一般例外”中的(b)项和(g)项在实践中被用作采取环境贸易措施的基本条款,根据该条规定,只要“不对条件相同的成员方构成武断或不正当歧视”,或“不对国际贸易构成变相的限制”,任何成员方都有权采取“保护人类、动植物的生命或健康所必需的措施”(b 项),或“与保护可用竭的自然资源有关的措施,如此类措施与限制国内生产或消费同时实施”(g 项)。

3. 关于与环境有关的技术壁垒条款

乌拉圭回合达成的《贸易技术壁垒协定》规定了各成员有权在其认为适当的程度内采取必要措施,以“保护人类、动植物的生命或健康以及保护环境”,只要其对贸易的限制不超过为实现这一合法目标所必需的程度。当环境问题出现紧急情况时,成员可采取较为简便的程序以公布或通知其技术规章和标准。此外,《卫生与动植物检疫措施协定》一开头就申明:“不得阻止任何成员方采取或加强为保护人类、动植物的生命或健康所必需的措施。”但这些措施的实施不应该违反非歧视原则,也不应构成变相的贸易限制。各成员采取的措施应“以科学原理为依据,如无充分的科学依据则不得实施”,但成员方在一时找不到足够的“科学依据”时,可“在可得到的有关资料的基础上临时性地采取卫生或动植物检疫措施”。

4. 关于环境保护方面的补贴条款

WTO 允许各成员方为保护环境而提供相应的补贴。《补贴与反补贴措施协定》第 8.2 条(c)项将与环保有关的补贴列为“不可申诉”的补贴,即任何成员方都可以采用而其他成员方无权采取反补贴措施的所谓“绿色补贴”,它规定:各成员方为促使现存的企业设施适应新的环保要求(这类要求会对企业的发展造成较大的制约或较重的经济负担)而给予的补贴即为不可申诉补贴。此外,《农产品协定》附件二对那些可以免除削减义务的国内农业支持措施进行了规定,即通常所说的“绿箱补贴”,其中之一便是与环境规划项目有关的国内支持措施,包括政府对环境规划项目有关的研究和基础工程建设所给予的服务和支持,以及按照环境

〔46〕 崔凡、李舒:“世贸组织可持续发展问题”,载《国际贸易问题》1997 年第 2 期,第 63 页。

规划给予农业生产者的直接支付。

5. 关于在服务贸易领域中的环境保护条款

《服务贸易总协定》第14条明确规定,各成员方对服务贸易的开放不得采用或实施限制性的措施,但是为了保护人类、动植物的生命和健康或保护公共道德或维持公共秩序的需要,则可以例外,即可以为保护环境目的而采取必要的限制措施。此外,值得注意的是,GATS同意成立"服务贸易与环境工作组"(Working Party on Trade in service and Environment),其职责是研究服务贸易、环境与持续发展三者的关系,并提出报告和建议。

6. 关于在知识产权领域中的环境保护条款

《与贸易有关的知识产权协定》规定各成员方对发明创造如涉及环境方面,在下列情况下,可以不授予专利权:(1)对人类或动物的医学诊断、治疗和外科方法;(2)生产植物和动物(不包括微生物)的生物学方法。同时该协定还明确指出:成员方为了保护国家的公共秩序或维护公共道德,包括保护人类、动植物的生命或健康,或防止对环境造成严重污染,可以拒绝授予发明的专利权,以阻止其商业应用。

7. WTO争端解决机制中有关环境问题的规定

《争端解决规则和程序的谅解协定》赋予专家组获得信息资料和技术建议的权利,将有助于涉及环境问题贸易争端的解决。该谅解协定规定"专家组有权向它认为合适的任何人、任何机构要求信息和技术建议","专家组有权要求它认为合适的任何来源的信息,有权就问题的某些方面咨询专家们的意见"。争端解决专家组通常是由国际贸易方面的专家组成,而与环境问题有关的争端常常涉及复杂的科学技术知识,正确判断一项贸易措施是否为"保护人类、动植物生命或健康所必需的措施",必须要有科学依据。有了这些规定,争端解决机构可以在审理为保护环境而采取的贸易措施争端解决方面向有关环境方面的专家和组织寻求帮助,从而增加WTO裁决复杂案件的能力。

从上述各项协定中涉及环境问题的内容来看,WTO总的原则是一方面承认各成员方为了保护各自的居民动植物生命健康和防止环境污染,有权制定本国的环保政策并组织实施,另一方面则要求这些政策和措施不能妨碍世界自由贸易体制的正常运行,使环保措施成为变相的贸易保护主义手段。

(二)《关于环境与贸易的决议》的基本内容

乌拉圭回合多边贸易谈判在马拉喀什签署最后文本的前夕,关贸总协定基于内外形势的双重要求,终于做出了《关于环境与贸易的决议》(decision on trade and environment)。这一决议,与上述各个协定中有关环境的规定,总的精神是一致的,但比较系统和完整。它的主要内容是:

1. 强调贸易与环境保护政策之间的相互协调。各成员认为建立和维护一个公开、无歧视和公正的多边贸易体制与维护环境和促进可持续发展政策之间不应有、也不需有任何抵触;并希望在多边贸易体制的权限下协调与贸易有关的环境措施,使贸易与环境两个领域的各项政策能够相互协调。

2. 成立专门机构研究环境与贸易问题。在世界贸易组织内成立一个对所有成员方开放的“贸易与环境委员会”(Committee on Trade and Environment,CTE),在《WTO协定》开始生效后即开展工作。

3. 规定了CTE应研究的7个主要问题:

(1)多边贸易体系条款与多边环境协定中的贸易措施条款之间的法律关系;

(2)与贸易有关的环境政策和产生重大贸易影响的环境措施与多边贸易体系条款的关系;

(3)多边贸易体制条款与下列问题的关系,包括为达到环境目的的收费和税收;为达到环境目的而与产品有关的要求,包括标准与技术规定、包装、标签和循环使用要求等;

(4)多边贸易体系条款在透明度问题上与那些用于环保目的和对贸易产生重大影响的环境措施之间的关系;

(5)WTO多边贸易争端解决机制与多边环境协定中的争端解决机制的关系;

(6)环境措施对市场准入,特别是对发展中国家成员,尤其是那些最不发达国家成员的影响,以及消除贸易限制和扭曲措施所带来的环境利益;

(7)国内禁止产品的出口问题。

乌拉圭回合的“最后文本”在最后时刻补上了《关于环境与贸易的决议》,仅从这一事件的本身,就足以说明当前环境问题对世界贸易的重要意义,也充分说明了取代关贸总协定的世界贸易组织对环境问题的重视程度将有进一步的加强。虽然决议的内容十分笼统,但是它已经明确地指出了环境与贸易之间的关系,并突出了为实现环保、贸易与持续增长三者之间的相互促进的宗旨。[47]

(三)WTO争端解决机制关于环境与贸易问题的发展

在GATT/WTO体制下,涉及环境与贸易的主要案例有:泰国香烟进口限制案、美国与墨西哥关于金枪鱼进口限制案、美国汽油案、欧共体荷尔蒙牛肉进口限制案、美国海虾案、欧共体石棉进口限制案、巴西废旧轮胎进口限制案等。从这些案例中我们可以分析出,WTO对贸易与环境方面的争端,逐步由GATT 1947体制下强调自由贸易转向试图协调两者的平衡,比较强调各成员方保护环境,特别是保护人类、动植物健康安全的权利,这些案例体现了WTO对于环境贸易争端的如下发展趋势。

第一,争端解决中强调运用WTO保护环境、坚持可持续发展的宗旨。例如在美国海虾案中,上诉机构在分析海龟是否为可用竭的自然资源时,明确指出“鉴于

---

〔47〕 汪尧田、周汉民:《世界贸易组织总论》,上海远东出版社1996年版,第378页。

WTO 成员方在 WTO 协定中对可持续发展目标的明确重视，如果至今仍然认为 GATT 1994第 20 条(g)项仅仅指非生命资源，那就太过时了。无论是有生命的还是无生命的资源都可能属于第 20 条(g)项所指的可用竭的自然资源。"[48]

第二，争端解决机制拓宽了第 20 条(b)项中"必需"的内涵。从泰国香烟进口限制案起到美国汽油案，对于"必需"措施均解释为包括两层含义：(1)没有其他符合 GATT 条款的可替代措施；或者，(2)没有其他对贸易限制更少的替代措施。这种解释的落脚点是从贸易的角度上而言的。在欧共体石棉进口限制案中，针对"控制使用石棉"是否是法国禁止使用石棉的可替代措施时，上诉机构认为，法国对居民生命健康保护水平高，石棉的禁令符合法国高水平保护；而控制使用石棉并不能到达法国所确立的健康保护水平。[49] 由此可见，WTO 上诉机构考察"必需"措施的参照标准是能否达到采取措施成员方的保护目标，而不仅仅是考虑到对贸易的影响程度。

第三，争端解决机构放宽了采取卫生与动植物检疫措施的条件。在欧共体荷尔蒙牛肉进口限制案中，上诉机构放宽了成员方基于维护居民或动植物生命健康安全而采取的动植物卫生与检疫措施的条件：修改了该案专家组提出的"基于国际标准"必须是与国际标准相符或一致的观点，认为只要吸收了某些国际标准的卫生动植物检疫措施就满足了"基于国际标准"；修改了专家组提出的采取卫生与动植物检疫措施之前必须进行风险评估的程序性观点，认为只要在争端解决诉讼时实施方能证明其卫生检疫措施程度与风险评估结果具有合理的、客观联系即可；修改了专家组提出的"充足科学依据"需有一定数量的科学报告的结论，认为任何负责任的成员方政府也可能根据少数科学家报告做出卫生检疫措施，数量不是衡量科学依据的标准。[50]

三、多哈回合谈判中的环境与贸易问题

(一)WTO 新一轮谈判中环境与贸易问题的背景

WTO 成立后，各成员方在环境与贸易问题上依然存在激烈的争论，具体涉及是否应该在 WTO 新一轮谈判中讨论环境与贸易问题。1996 年 12 月，WTO 第一届部长级会议在新加坡召开，发达国家提出了贸易与环境、多边投资协定、劳工标准以及信息技术市场开放的问题。1999 年 3 月在日内瓦举行的 WTO 环境与贸易发展研讨会上以及 1999 年 11 月在美国西雅图召开的 WTO 第三次部长级会议上，

---

〔48〕 Appellate Body Report, United States—Import Prohibition of Certain Shrimp and Shrimp Products, WT/DS58/AB/R, paras. 129 – 130.

〔49〕 Appellate Body Report, European Communities—Measures Affecting Asbestos and Asbestos-Containing Products, WT/DS135/AB/R, paras. 173 – 174.

〔50〕 Appellate Body Report, European Communities—Measures Concerning Meat and Meat Products (Hormones), WT/DS26/AB/R, para. 194.

各成员方对此议题分歧严重。以美国和欧盟为主的发达国家成员方是环境与贸易议题的积极倡导者，而发展中国家成员方则普遍反对在新一轮谈判中讨论环境与贸易问题。2001年11月14日WTO第四次部长级会议发表的《多哈宣言》规定，在WTO新一轮贸易谈判中，各成员方同意就环境与贸易进行谈判。发展中国家成员方之所以最终同意就环境与贸易问题进行谈判，主要是基于如下几点考虑：

第一，环境壁垒已经成为国际贸易中非常突出的问题。环境污染和破坏已经威胁到人类的生存和发展，不论是发展中国家还是发达国家，都意识到环境保护的重要性，都积极采取各种措施进行环境治理，采取可持续发展战略。随着世界各国对环境保护的重视程度越来越高，近年来环境与贸易方面的争端越来越多，已经影响到国际贸易的正常发展。随着关税水平的大幅度降低，对于发达国家而言，关税基本上失去了贸易保护作用；而且，传统非关税壁垒的活动余地也明显地减少，“自愿出口限制”等灰色区域措施将被限制使用。因此，国际贸易保护主义者更多地运用环境保护的名义，采取更加隐蔽的环境管制措施，设置种种障碍抵制外国商品的进口。而且，贸易保护主义者利用环境保护作为抵制外国产品的手段，打着全人类关心的环保大旗，具有极大的隐蔽性，能赢得公众的同情，在很长一段时间内，绿色贸易壁垒不大可能像其他贸易措施那样轻易地从国际贸易领域中撤除。绿色贸易壁垒的复杂性还在于，保护环境是目前发展的大趋势，将环保措施纳入国际贸易的规则和目标，日趋得到广大消费者的支持和认同，环保市场的兴起和发展已成为不可阻挡的历史潮流。相反，任何污染环境，破坏生态环境平衡，浪费自然资源的行为，都将遭到国际社会的谴责。在这种情况下，发达国家的“绿色贸易壁垒”被披上保护环境的外衣，其附带或主要体现的贸易保护主义目的反而被掩盖起来。发展中国家的自由贸易却被指责为继续污染和破坏环境的代表，其值得被同情的不利贸易地位往往被人遗忘。这决定了发达国家在环境与贸易问题上处于主动地位，而发展中国家只能被动应付。由此可见，发达国家与发展中国家在“绿色贸易壁垒”问题上的争论是一个矛盾的复合体，应该受到谴责的反而被同情，应该同情的却受到谴责。〔51〕 因此，鉴于环境与贸易相联系已成为一个客观现实，WTO作为一个推进贸易自由化的国际经济组织，不能不在协调环境与贸易方面做出贡献，以期实现可持续发展目标。

第二，WTO现有的与环境有关的内容存在一定的法律缺陷。乌拉圭回合没有就环境与贸易问题达成专门的协定，一方面说明发展中国家通过积极努力，有力地抵制了发达国家提出某些不切实际的环保要求和利用环境措施来限制发展中国家商品出口的企图，维护了自身利益；另一方面也为发达国家不受WTO的有效约

---

〔51〕 张宝珍：“‘绿色壁垒’：国际贸易保护主义的新动向”，载《世界经济》1996年第12期，第24页。

束、借口保护环境之名行贸易保护主义之实留下了空隙。WTO涵盖涉及环境问题的条款突出强调了各成员方“环保例外权”，却对行使这种权利缺乏有效的和明确的约束性规范。其结果很可能被滥用，尤其是对发展中国家的贸易潜藏着巨大的威胁。无论是GATT 1994第20条(b)项与(g)项、《服务贸易总协定》第14条的规定，还是《贸易技术壁垒协定》及《卫生与动植物检疫措施协定》中的有关表述；无论是环境补贴被列为“绿色补贴”，还是环境支持措施被归于“绿箱政策”而获得豁免，这些规定均表明环保权是成员方的一项当然权利，这就为各成员方以环境保护为由采取贸易措施提供了多边的合法性。而另一方面，对成员方行使这种“环保权”却缺乏明确和有效的约束性规范，现有的一些附加条件，如“不对条件相同的成员方造成武断的或不正当的歧视”或“不对国际贸易构成变相限制”等，又过于笼统和含糊，因为对什么是“条件相同”，什么叫“武断的和不正当的歧视或变相限制”等，均没有做出具体的衡量标准，主要依靠WTO争端解决机制个案裁决。在这种情况下，难以遏制“环保权”在贸易领域被滥用。这样越来越多的发展中国家意识到，为了防止有些成员方滥用单边环境贸易措施进行贸易保护，在WTO体制下规范环境贸易措施有利于防止环境权利的滥用。

第三，美国、欧盟等可能绕过WTO，通过其他途径实施环境贸易措施。目前，环境与贸易问题已成为国际政治、经济社会的焦点问题之一。在发达国家，环境保护与政治之间的联系越来越紧密，绿党异军突起，环保组织的影响力越来越大。在西方国家选举中，对环境问题的关注程度及解决办法已成为一个重要的影响因素。在这种情况下，如果不在WTO新一轮贸易谈判中开始环境与贸易议题，环保组织的压力会使发达国家成员方通过其他途径解决。在经济实力对比严重不平衡的情况下，发达国家成员方将制定的规则和标准强加于发展中国家成员，反而对发展中国家不利。而在WTO新一轮谈判中讨论环境与贸易议题，发展中国家可以积极参与谈判，利用WTO较为公平的决策机制，使谈判结果尽可能反映发展中国家成员方的利益和要求。[52]

(二)多哈回合关于环境与贸易的谈判议题

在2001年WTO第四次部长级会议(多哈会议)上，各成员方部长就WTO新一轮谈判的议题进行了艰苦的磋商，最终同意把环境与贸易问题作为新一轮多边贸易谈判的正式议题列入议程，并发表了《多哈宣言》，宣言明确指出：“WTO各成员方再次坚定重申促进可持续发展目标的义务；坚持和维护一个开放的和非歧视的多边贸易体制与保护环境和促进可持续发展的目标能够而且应当相互支持。WTO规则并不阻止任何成员为保护人类、动植物的生命或健康而采取措施，或采取它认为适当的措施来保护环境，但对条件相同的各国，实施的措施不得构成武断

〔52〕 张幼文：《多哈发展议程：议题与对策》，上海人民出版社2004年版，第107页。

的或不正当的歧视,或构成对国际贸易的变相限制,并且在其他方面要符合 WTO 有关协定的规定。WTO 应继续与联合国环境规划署和其他政府间环境组织进行合作。”具体而言,对于新一轮贸易谈判中涉及的环境与贸易议题,《多哈宣言》要求就下列议题进行谈判:[53]

1. WTO 现行规则与多边环境协定(MEA)中所规定的有关贸易条款之间的关系。由于 WTO 不是一个环境组织,因此加强与 MEA 的协调与合作将有助于贸易与环境问题的解决。根据联合国环境规划署的统计,目前全球有大大小小 200 多个有关环境问题的协定,这些协定中的某些原则和条款涉及贸易领域,比如《控制危险物品跨国界转移的巴塞尔公约》规定的进口国同意进口的措施;再如一些多边环境协定中提出的“污染者付费”原则与贸易领域中的“成本内在化”问题有联系。

2. 减少或在适当时取消对环境保护有利的货物和服务的关税和非关税壁垒。对于用于环境保护目的的产品,应当允许其自由贸易。例如,风力发电设备等环保产品。关于与环境有关的服务,目前 W/120 号文件将环境服务列入第 6 大类,主要包括排污服务、固体废物处理服务、废气清理服务、降低噪声服务等,这些服务关注的“末端治理”。随着人们对环境污染从“末端治理”转向了污染“源头防范治理”模式,环境服务应不仅仅包括污染的治理服务,还应该包括防治环境污染的新型服务贸易。[54] 这样,对于同样的环境服务,有的成员方可能仅仅包括“末端治理”的服务内容,而有的成员方则包括末端治理与前期污染防治服务等内容。

3. MEA 秘书处和相关 WTO 委员会之间定期交流信息的程序以及授予观察员地位的标准。大部分成员方认为,加强 WTO 与 MEA 之间的合作和信息交流有利于减少 WTO 与 MEA 之间的潜在冲突,MEA 秘书处在 WTO 中获得观察员身份有利于双方信息的交换,目前在贸易与环境委员会(CTE)中已获得观察员资格的 MEA 有:《生物多样性公约》、《濒危野生动植物种国际贸易公约》、《联合国气候变化框架公约》等。

此外,CTE 要求对下列问题予以特别关注,这些问题包括:环境措施对市场准入的影响,尤其是对发展中国家和最不发达国家产品市场准入的影响;以及减少及消除贸易限制和扭曲措施对环境和发展的影响;《与贸易有关的知识产权协定》的相关条款;为环保目而要求提出的标准或标志要求等。[55] 最后,谈判应考虑对发展中国家尤其是对最不发达国家技术援助和能力建设的重要性。

---

〔53〕 Ministerial Declaration, WT/MIN(01)/DEC/W/1 (Nov. 14, 2001), Article 31.

〔54〕 Communication from Switzerland, GATS 2000: Environmental Services, S/CSS/W/76, para. 5 (May 4, 2001).

〔55〕 Ministerial Declaration, WT/MIN(01)/DEC/W/1 (Nov. 14, 2001), Article 32.

(三)发展中国家成员方关于环境与贸易问题的立场

多哈部长级会议后,发展中国家成员方面临的主要矛盾发生了变化,摆在发展中成员方面前的已经不是贸易政策与环境政策是否挂钩的问题,而是二者应该怎样挂钩和在何种程度上挂钩的问题。目前,发展中国家成员方比较现实的选择是合理确定与环境有关的贸易措施范围,坚决反对将严重削弱发展中国家比较优势的环境措施纳入到多边贸易体系。具体而言,包括如下几点:

首先,保护本国环境的、基于产品本身特性标准的贸易措施可以纳入多边贸易体系。产品的进口可对进口方境内的环境造成直接损害时,进口方可以对这类进口产品采取贸易限制措施,以达到保护本国环境的目的。这类措施在现有的WTO规则中已有所规范,谈判应在原有基础上进一步予以完善。

其次,保护境外环境的、基于生产工艺标准的贸易措施,应该严格限定其适用的条件。保护境外环境、基于产品生产工艺标准的贸易措施,有着相当大的不合理性:第一,这种贸易措施有相当强的单边性;第二,这种措施有可能没有或较少考虑产品生产国环境的实际情况,而仅把进口国本国的环境标准强加于产品生产国。因此,对于实施这种贸易措施,谈判中应明确其实施条件:(1)这种措施必须建立在充足的科学依据基础之上,而不能仅以进口方的技术标准,以及文化、价值观等偏好实施进口限制措施;(2)进口成员方在实施这类环境贸易措施之前,必须经过贸易与环境委员会的批准,且可以向WTO争端解决机制提起诉讼;(3)该种措施应当充分考虑出口国的不同情况,特别是要适用在环境保护方面"共同但有区别原则",给予发展中成员特殊与差别待遇。反对发达国家目前酝酿征收碳关税措施。

再次,反对把以解决竞争力为主要目标的、基于生产工艺标准的贸易限制措施(边境税调整例外)纳入多边贸易体系。这种贸易措施的目的已经不是保护环境,而是要提高本国产品的竞争力。[56]

最后,《多哈宣言》要求对环境产品减免关税,但对于环境产品的范围存在分歧。在确定环境产品范围问题上,发展中成员可基于如下立场:第一,环境产品的主要目的必须是解决环境问题;第二,为真正的环境产品制定肯定式清单,根据现有研究,只有很少的产品能真正算得上环境产品,大部分产品都具有多种功能,既可以起到保护环境的目的,同时其上游或下游产品也可能污染环境,这种类型的产品就不符合环境产品的标准;第三,环境产品的谈判结果应该有利于发展中成员自己生产环境产品的能力。[57]

---

〔56〕 张幼文:《多哈发展议程:议题与对策》,上海人民出版社2004年版,第121页。

〔57〕 张向晨:"碳关税是否符合WTO规则",载《WTO经济导刊》2009年第12期,第88页。

第四篇　乌拉圭回合拓展的新贸易领域的法律制度

第八章　WTO框架下服务贸易的法律制度

第一节　GATS的产生

长期以来,国际服务贸易一直是各国国内法管辖的范畴,国际服务贸易真正纳入多边贸易体制始于WTO的成立。乌拉圭回合达成的《服务贸易总协定》(General Agreement On Trade in Services,GATS)和《与贸易有关的知识产权协定》(Agreement on Trade-Related Aspects of Intellectual Property Rights, TRIPS协定)第一次将服务贸易和知识产权保护纳入多边贸易体制,与GATT 1994一起构成协调国际服务贸易和国际货物贸易、知识产权保护的多边规则。自此,国际社会以GATS为框架,开始了国际服务贸易法律制度的统一化进程。可以预见,随着WTO多哈回合中有关服务贸易谈判进程的深入,以及WTO争端解决机构对GATS条文含义的澄清,国际服务贸易法律规范统一化进程将更加深入。

一、国际服务贸易的概念与特征

在20世纪70年代之前,服务贸易一直从属于货物贸易。但是随着国际分工的日益深化,服务贸易迅速发展,据估计在WTO成立前,服务贸易已经在国际贸易中占30%左右的份额,经过近年的发展,服务贸易在国际贸易中的比重也越来越高。将服务贸易纳入多边体制以促进其稳步发展,已成为大势所趋。《服务贸易总协定》的签订,无疑是谈判各方顺应这一国际经贸发展趋势的现实选择。

1.关于国际服务的概念与特征

对于什么是服务,一直是众说纷纭。在乌拉圭回合谈判中,谈判各方对"服务"难以形成一个统一的、公认的定义。乌拉圭回合谈判进程中,谈判代表们并没有苛求给服务下一个完整准确的定义,而是根据当时存在的服务活动的客观现实,将除空运服务以外的其他服务活动分为12个部门:[1](1)商业服务:包括专业服务(如法律服务、会计服务、税务服务、工程设计服务等)、计算机及其相关服务、研

〔1〕 Note by the Secretariat, Services Sectoral Classification List, MTN. GNS/W/120, July 10 1991.

究与开发服务、房地产服务、设备租赁服务、其他商业服务;(2)通信服务:包括邮政服务、快递服务、电信服务(包括基础电信、增值电信服务)、视听服务等;(3)建筑及相关工程服务:主要包括建筑物的一般建筑工程服务、民用工程的一般建筑工程服务、安装与装配工程服务、建筑物的完工与装修服务等;(4)分销服务:指产品销售过程中的服务,包括批发零售服务、特许经营服务、佣金代理销售服务和其他销售服务;(5)教育服务:包括高等教育、中等教育、初等教育、学前教育、继续教育、特殊教育和其他教育服务;(6)环境服务:包括污水处理服务、废物处理服务、卫生及其相关服务、其他环境服务;(7)金融服务:主要指银行和保险业及相关的金融服务活动,包括银行及相关服务、保险及与保险相关的服务;(8)健康与社会服务;(9)旅游及相关服务:主要指宾馆与饭店服务(包括饭菜供应服务)、旅行社及旅游经营者提供的服务、导游服务;(10)娱乐、文化与体育服务:这类服务是指不包括广播、电影、电视等视听服务在内的文化娱乐服务、新闻机构提供的服务、图书馆、档案馆、博物馆提供的文化服务、体育服务等;(11)交通运输服务,包括空运服务、海运服务、太空运输服务、管道运输服务、交通运输配套服务、其他运输服务;(12)其他服务。

值得指出的是,上述对服务的分类并未穷尽所有的服务门类,也并不意味着有关的分类固定不变。随着科学技术和社会经济的不断发展,社会分工将会不断扩大和深入,肯定会产生越来越多新的服务贸易部门,有关的服务分类可能要适时加以调整。例如,对于网络远程教育服务,有的成员方将其分类为电信服务,有的则将其分类为教育服务。再如对于金融服务,随着金融混业经营趋势的发展,人们对银行业务提出了更高要求包括金融、保险、证券等各种服务要求,这样关于银行业的分类必须重新考虑以适用当前形势的发展。[2]

"国际服务贸易"一词较早出现在经济合作组织的一份报告中,这份报告对即将进行的"东京回合"所要讨论的问题进行了探讨。美国在《1974 年贸易法》第 301 节中首次使用了世界服务贸易概念。在东京回合谈判中,美国政府根据《1974 年贸易法》的授权要求就服务贸易问题进行谈判,但没有取得进展。早期的友好通商航海条约、自由贸易协定如《罗马条约》都涉及服务贸易,但都没有给服务贸易界定一个确切的概念。联合国贸易与发展会议将国际服务贸易定义为:通过货物的加工、装配、维修以及货币、人员、信息等生产要素为非本国居民提供服务并取得收入的活动,是一国居民与另一国居民进行的服务交换的活动。[3] 这种定义是

---

〔2〕 Steve Orava, Commercial Reality in the Classification and Definition of Services in the WTO GATS Negotiations, International Trade Law & Regulation, 2002, p. 5.

〔3〕 Bernard M. Hoekman, The Political Economy of the World Trading System: The WTO and Beyond, Oxford University Press, 2002, p. 238.

从国际收支统计学意义上而言的，既包括一国的消费者从其所在国到服务生产者所在国接受服务，也包括一国的服务生产者通过短期进入消费者境内提供服务或者服务的内容跨越国境。这种服务贸易结果最终能在一国的国际收支平衡表中反映出来。根据乌拉圭回合达成的《服务贸易总协定》的定义，服务贸易是指服务提供者从一成员方境内或通过商业实体方式或自然人在消费者境内向消费者提供服务的交易方式。

与国际货物贸易相比，国际服务贸易具有以下特征：

(1)服务贸易主要是无形贸易。与国际货物贸易的有形性相比，国际服务贸易所提供的服务如金融、保险、运输、广告、律师、会计师等服务，则是无形交易。

(2)国际货物贸易中的商品一般可以存储、运输，并通过进出口商批发、零售最后到消费，因而具有泾渭分明的生产领域、流通领域和消费领域；而国际服务贸易所提供的服务是一种特殊商品，往往是生产、销售与消费同时进行，因此，服务贸易具有生产、销售与消费的同时性、非储存性和非转移性等特征。

(3)服务贸易的统计数字无法在国家海关的进出口统计表中显示出来，一般显示于各国的国际收支平衡表上；根据乌拉圭回合达成的《服务贸易总协定》所规定的服务贸易的定义，服务贸易的统计数字也很难全部反映在一国的国际收支平衡表上。目前还没有关于服务贸易精确的统计数字，也没有统一的统计方法。

(4)国际服务贸易与国际货物贸易在监管方式上大不相同。对于货物贸易，一国政府总是以进出口关税、进出口许可证、配额等非关税措施作为保护贸易或贸易自由化的手段；而服务贸易不通过海关，用以上管理货物的手段无法进行监督，一般只能通过国内相关立法规则来做出规定，如对提供服务的主体资格的限制、股权的限制、经营范围的限制、税收歧视或补贴歧视等。[4]

(5)对于国际货物贸易而言，只有跨境提供一种模式，而对于国际服务贸易而言，则有跨境提供、境外消费、商业存在和自然人流动四种模式；国际服务贸易通常涉及资本和人员的流动，对一国经济乃至政治文化方面影响的规模和深度远远超过单纯的货物贸易，因此，国家对国际服务贸易的管制或干预程度要远远大于国际货物贸易。[5]

值得指出的是，随着科学技术及服务业向更高层次的发展，服务贸易的上述特点正在发生变化。首先，在许多情况下很难将服务与货物截然分开。许多服务包含在货物之中，并构成了货物总价值的绝大部分。这就是“无形”的“有形”化，服

---

〔4〕 Bhagwati. J, Trade in Services and the Multilateral Trade Negotiations, World Bank Economy, vol. 7, 1987, pp. 133 – 134.

〔5〕 Gary P. Sampson & Richard H. Snape, Identifying the Issues in Trade in Services, World Economy, vol. 8, 1985, pp. 172 – 175.

务的物质化。例如激光唱片用于提供播放音乐的服务,但是要得到这种服务首先必须有货物即唱片。其次,作为无形的服务,同时又是可以储存的,是否可以储存实际上就是服务在购买时消费还是在购买以后某个时间消费。例如,购买保险就可以在一段时期内消费。[6]

2. 国际服务贸易的分类

(1)以服务的实际效果进行分类

服务贸易就其实际效用而言,可以划分为追加服务与核心服务两大类。追加服务(complementary service)通常是指伴随商品生产和交易所提供的补充服务,这种服务对消费者来说,其中有形商品的实体本身才是核心效用,而服务只是提供了某种追加效用,服务贸易与货物贸易有着密切的联系。[7] 实际上随着科技的迅速发展,这种追加服务已成为商品在国际市场上进行非价格竞争的重要因素。核心服务(individuality service)通常是指与商品的生产和交易无关的、作为消费者单独购买的、能为消费者提供核心效用的服务。从服务贸易的核心效用上看,服务贸易与货物贸易有着明显的差别,上述的服务贸易与货物贸易五个方面的区别就是从核心服务贸易角度而言的。

(2)以服务提供的形式进行分类

服务产品生产、交换和消费的同时性和不可储存性意味着服务产品的使用价值不可能从产地转移到销地。正是这种生产者和消费者空间上不一致的矛盾,决定了服务贸易的几种基本类型:①消费者定位,即服务的生产者向消费者移动,从而实现服务。这在国际服务贸易中表现为一国自然人或经济组织到另一国境内提供服务。若是其以自然人的形式直接提供,则称为"自然人流动";若以在东道国境内建立实体的形式提供,则称为"商业存在",如开办零售商店等。②生产者定位服务,这是服务行业普遍采用的模式,即服务产品的消费者向生产者流动。例如医院、学校等,旨在提高规模经济效益。不过上述两种类型实际上经常相互转换,在国际服务贸易中,有许多服务产品的生产者,在移动到服务产品消费者的所在国后,一般都通过建立商业实体来提供其服务产品,于是就由原来国际间的消费者定位服务,转为现在消费者所在国国内生产者定位服务。③生产者与消费者定位服务,即供需双方无须移动,而借助某种先进的技术手段来扩大服务产品使用价值的作用范围,使其能直接覆盖到消费者所处的地域,从而实现生产者为消费者提供远距离的服务。最为典型的应属当前迅速发展的信息技术,这类服务在国际服务贸

[6] 许心礼、陈宪:"国际服务贸易的概念及其分类形式和特点",载《国际商报》1997年11月22日。

[7] Thomas M. Kerr, Supplying Water Infrastructure to Developing Countries via Private Sector Project Financing, 8 Geo. Int'l Envtl. L. Rev. 91, (1995), p. 99.

易中的地位不断上升，通常称之为“跨境提供”。

二、GATS 产生经济基础与法律原因

GATS 的产生反映了国际经济贸易从货物贸易向服务贸易发展的一个新阶段，适应了国际经济贸易发展的需要。它产生的主要原因如下：

1. 服务贸易在国际贸易和经济发展中的重要作用

服务贸易是产业进步的标志，“二战”后的半个世纪中，特别是20世纪70年代以来，由于国际分工深化、产业结构不断调整、科技革命加剧以及跨国公司的崛起，促进国际服务贸易以高于货物贸易的速度迅速发展。1970年国际服务贸易总额为640亿美元，1982年增至4050亿美元，1993年增至10500亿美元，24年间增长了16倍多。[8]

发达国家在世界服务贸易中占主导地位，世界服务贸易一直是以发达国家为中心而发展的。1996年全球近200个国家和地区的服务贸易额占世界服务贸易总额的80%，而处于前25名的国家主要是发达国家和地区。1994年，发达国家服务贸易出口额占世界服务出口额总值的75%，比其在货物贸易中的比重高5.5个百分点。发展中国家和地区在世界服务贸易中的地位趋于上升，1990年至1994年，发展中国家和地区服务贸易出口年平均增长12%，高出发达国家年增长速度1倍以上，在世界服务贸易出口的比重由1990年的20.7%上升到1994年的25%。

国际服务贸易的迅猛发展不仅反映了世界经济结构的演变，更重要的是关系到经济发展的总体战略问题。它虽然不是经济增长的自然结果，但却常常是经济增长的先决条件。技术革命的到来，特别是信息传输的高速发展及服务的国际化，正在改变着经济活动模式。由于自动化程度的提高，未来的国际竞争不仅取决于劳动力和原材料成本的高低，更重要的是取决于取得信息的先后。高科技的发展及其应用可以带来一系列新的经济活动。如航天技术的商业化可以带动信贷、保险、通信业务的发展，改善国民经济结构。因此，发展服务业是世界各国经济发展战略的重要组成部分。从发展经济学角度而言，经济发展总是由第一产业（农业和矿业）、第二产业（主要是工业）向第三产业（主要是服务业）梯度推进。可见，服务业的发达与否，标志着一个国家的经济发展水平和文明程度，而且发展服务业是经济发展的必然趋势。服务业的发展，尤其是服务贸易中比较利益的获取，对于经济处于初级阶段的发展中国家来说，具有特殊意义，它构成发展中国家经济发展战略的重要组成部分。[9] 即使在最不发达国家，服务业在其GDP中也占到1/3；在中等收入国家，服务业占其GDP的50%以上；在如美国等经济发达国家，服务业占GDP的70%以上。服务成为各国产业发展的关键投入部分，因而服务贸易政

---

〔8〕《国际贸易》2004年4月7日第4版。

〔9〕 江林、王玉平：《关贸总协定法律体系运用指南》，华东师范大学出版社1993年版，第322页。

策对经济发展有着重要的影响。[10] 各国政府越来越认识到服务业在发展进程中所起的战略作用,这使得建立一个全球性的关于服务领域开放的国际协定不仅成为可能并且成为必要。

2. 各国服务贸易壁垒种类繁多,严重制约服务贸易的发展

由于国际服务贸易的壁垒并非海关措施或关税,而是各成员方的国内法规(政策、法令、行规)对服务要素(机构、资金、人员)作跨国流动的限制。与货物贸易相比,国际服务贸易壁垒种类繁多,归纳起来主要有以下几种:(1)严格限制开业权。如禁止外国服务提供商进入某些行业或地区设立机构和提供服务,或对某些行业实行政府垄断。(2)数量限制。限制外国服务提供者的数量、限制服务交易量的数量、限制雇佣自然人的数量、限制外商投资的股权比例和提供服务的实体形式等。(3)对外国服务提供者实施差别待遇。如给本国投资者补贴、对外国服务提供者征收歧视性的国内税费、限制外国服务提供者的经营范围、要求外国服务提供者履行比本国服务商更繁杂的义务或手续,以此达到削弱或抵消外国服务提供者竞争优势的目的。(4)对国外颁发的教育证书、技术资格证书、执业许可证等不予承认。此类规定的目的在于禁止或限制外国服务人员提供服务。(5)制定各种国内规章,限制人员、资金、技术、信息的国际流动。如限制本国居民出境旅游以此节省外汇支出;规定只有具备最低资格或条件的人员才能入境;资金汇出达一定标准必须经国家特定批准等。(6)实行外汇管制。外汇管制的结果使得本国居民无法购买境外的服务,也使得外国的服务提供者的服务在本金或利润汇出时受到限制,从而限制国际服务贸易。(7)政府采购。政府或其代表机构只购买本国服务提供商提供的服务,这在数据处理、保险和工程建筑等领域表现得尤为明显。[11]

3. 发达国家与发展中国家的相互妥协

最先提出要把服务贸易纳入关贸总协定谈判议程的是美国,[12] 美国的国民生产总值中约 70% 来自服务业,服务业就业人数约占其总就业人数的 76%。由于它在许多服务行业上诸如金融、保险、数据处理、电信、广告、电影等方面都具有明显的优势,为了促进国际社会在服务贸易方面达成有利于美国的协定,以弥补长期以来它在货物贸易上的巨额贸易逆差,美国在关贸总协定内竭力主张建立服务贸易自由化的国际规则,并强调服务贸易与货物贸易一样,都涉及生产要素的流动,货

〔10〕 Bernard M. Hoekman, The Political Economy of the World Trading System: The WTO and Beyond, Oxford University Press, 2002, p. 237.

〔11〕 汪尧田等:《国际规则发展契机——加入 WTO 后的中国》,上海财经大学出版社 2002 年版,第 174 页。

〔12〕 美国贸易政策向服务业延生的倾向主要来源于三个方面:一是来源于美国服务行业;第二方面的压力来源于政府官员和商业领导;第三方面的压力来源于贸易政策专家。具体可参见 Wendy Dobson 著:《WTO 中的金融服务自由化》,彭龙译,北京大学出版社 2000 年版,第 77—79 页。

物贸易离不开服务贸易。因此,早在东京回合谈判时,它就积极提倡进行服务贸易谈判,但终因各国的反应冷淡而作罢。乌拉圭回合谈判一开始,美国又提出将服务贸易、知识产权和与贸易有关的投资措施问题作为三个新议题进行谈判。由于服务贸易的快速发展和对各国经济生活的重要性,促使其他发达国家主要是欧共体国家也积极赞成开展服务贸易的谈判。欧共体的服务业虽在整体上略逊于美国,但它每年的服务贸易输出额却是美国的2倍,是日本的4倍,1994年占世界服务贸易出口总额的45.7%。虽然欧共体并不完全赞同美国提出的"服务贸易全面自由化",但与美国的观点一样,即认为它们具有比较优势的服务贸易业受到发展中国家服务贸易壁垒的严重阻碍,致使它们的优势未能充分发挥。美国和欧共体积极要求将服务贸易纳入乌拉圭回合谈判是推动乌拉圭回合服务贸易新议题谈判的直接原因。

发展中国家最初反对在关贸总协定的多边框架内讨论服务贸易问题,认为服务贸易的比较优势基本上都为发达国家所有,它们不会从自由的服务贸易中获得好处。发展中国家的金融、信息、通信、数据处理等行业大都属于需要保护的"幼稚行业",缺乏国际竞争力;而且认为有些服务业的对外开放,将会涉及国家机密和限制主权进而有损于国家利益。在1986年乌拉圭回合谈判之际,以10国集团为代表的发展中国家谈判方极力反对将服务贸易纳入多边贸易体制,10国集团包括当时许多在国际经贸中具有影响力的国家,如阿根廷、巴西、埃及、印度、尼日利亚和南斯拉夫等。然而,随着世界经济结构的调整,随着发展中国家服务贸易业的发展,尤其是随着谈判的进展,发达国家承诺对发展中国家在服务贸易自由化进程和补贴方面采取的灵活性,终于使发展中国家由最初的反对转为同意将服务贸易纳入乌拉圭回合谈判。实际上,服务贸易的自由化不仅使发达国家得益,发展中国家也会得益。有研究表明,如果服务部门的竞争进一步开放,埃及GDP可能会增加4个百分点;印度GDP可能会增加0.7到1.7个百分点。[13]

1994年4月中旬参加乌拉圭回合谈判的各个国家和地区的贸易部长们在摩洛哥马拉喀什举行的会议上正式宣布,历时近8年的关贸总协定第八轮多边贸易谈判结束。但是在服务贸易领域,有四个部门即自然人流动、金融、基础电信和海运的谈判尚未达成令人满意的协定,因此,在这次会议上,部长们决定,这些部门将在会议后继续进行,并规定应在世贸组织(WTO)正式开始运行后的一定时间内结束这些谈判。随着WTO协定的生效,乌拉圭回合达成第一个管理国际服务贸易的协定——《服务贸易总协定》(General Agreement On Trade in Services, GATS)正式生效,标志着协调和管理国际服务贸易的多边框架正式确立。

---

〔13〕 Konan. D. Rents, Red Tape and Regionalism: Economic Effects of Deeper Integration, Ann Arbor: University of Michigan Press, 2000, p. 121.

第二节 GATS 有关普遍义务适用的法律制度

与管理国际货物贸易基本框架GATT 1994不同的是，GATS 将各成员方应遵守的义务分为普遍性义务和具体义务。所谓普遍性义务是指适用于成员方所有服务贸易部门的义务，不管这些服务部门或服务贸易模式是否对外开放；而具体义务则是指各成员方通过谈判，在具体服务贸易领域中关于市场准入和国民待遇方面所承诺的义务，该义务会因成员不同、服务领域不同、服务贸易模式不同而有所差异。本节讨论 GATS 中关于普遍性义务适用的法律问题，这些问题主要集中于服务贸易模式问题、最惠国待遇适用问题与服务贸易领域的竞争规则问题。

一、GATS 适用的服务贸易模式问题

GATS 并没有给服务贸易下一个明确的定义，相反，根据服务提供模式，将服务贸易（trade in services）界定为四种类型：

（一）跨境提供（cross – border supply）

跨境提供是指服务提供者在一成员的领土内向另一成员领土内的消费者提供服务。如在美国的律师为在英国的客户通过电信、邮件、计算机网络等提供法律咨询服务。这是典型的跨国界服务贸易，其特点是服务提供者和消费者分别处于不同的成员方，跨越国境或边界的只是服务本身。这类服务贸易充分体现了国际贸易的一般特征，是国际服务贸易的基本方式。

一般认为，对于跨境提供这种服务贸易模式不会存在太大的争议，墨西哥影响电信服务措施案却对跨境提供模式发生争议。在基础电信尚未开放情况下，按照传统的国际电话模式，由于两国电信服务商均没有在对方国家设立商业实体，因此，单独一国电信服务商无法提供“终端至终端”的国际交换式电话业务。就整段国际电信服务而言，两国电信服务商分别提供一半设施，共同完成电话传输。美国用户打国际电话给墨西哥用户，由美国境内的电信服务商将电信服务从美国用户处提供至墨西哥边界，然后由墨西哥电信服务商将该服务传送到墨西哥用户。由此可见，作为服务客体的电话，从美国传送到墨西哥境内，并不是美国的电信服务商单独完成的，而是需要借助墨西哥电信服务商的配合。对于该项服务提供方式是否属于“跨境提供”，双方发生争议。墨西哥认为，GATS 第 1.2 条（a）项所规定的“跨境提供”是指服务由同一服务商提供全程（full circuit）或“终端到终端”（end-to-end）服务。具体到本案，墨西哥主张，争议服务的基本特征是用户的数据传输，为了将用户的数据从一个成员境内跨境提供到另一成员境内，美国的电信服务提供商必须亲自在墨西哥境内传输用户的数据，否则就不是“跨境提供”。美国则认为,这些服务是从美国境内提供到墨西哥境内的,正符合 GATS 第 2.1 条(a)项“跨境提供”。双方争议的核心就是,对于所争议的电信服务,是否只有当该服务提供者亲自在对方成员方境内运营才符合“跨境提供”,还是该服务提供者只需要在边境将通信“换手”也能视为“跨境提供”?

本案专家组基于如下理由驳回了墨西哥的抗辩:第一,“跨境提供”的模式关注的是服务是否从一个成员方境内向另一成员方境内提供,它并没有提及“服务者”。申言之,GATS 第 1.2 条(a)项既没有提及服务提供者,也没有具体规定服务提供者应在何处运营或以何种方式存在,更没有表明服务提供者在提供服务或消费服务的成员方境内应有商业存在,这表明,服务提供者的位置与如何界定跨境提供没有任何直接联系。[14] 第二,如果墨西哥的抗辩理由成立,那么意味着“跨境提供”的服务贸易模式必须依赖于“商业存在”的服务贸易提供模式,而在 GATS 框架中,服务的“跨境提供”与服务提供者通过“商业存在”方式提供服务是不同的两种独立的服务提供模式。第三,GATS《关于电信服务的附件》明确界定了基础电信服务的定义,该服务特点“在两点或多点间”提供的服务,认为电信服务的定义只适合于电信服务提供者自己拥有或控制一个完整的全球性基础设施,允许其到达用户所要求的每一个可能的“点”,这是不合理的,如果真是这样要求,GATS 应当会明确规定的。[15] 第四,如果在边界上与另一个服务商连接就意味着信号源服务商不再“提供”服务,将会导致一个非常荒谬的结果:此类电信服务就无法归入到 GATS 对服务贸易进行分类的四种方式中任何一种模式,那么,几乎所有的、当前正在跨境提供的电信服务将不属于 GATS 调整范围。[16]

(二)境外消费(consumption abroad)

境外消费是指服务提供者在一成员方境内向另一成员的服务消费者提供服务,这类服务提供方式的主要特点是服务的交付和使用是在消费国领域之外完成。由于大部分服务具有生产与消费的同步性,境外消费一般可以理解为是消费者到境外去享用境外服务提供者提供的服务,如一成员方的居民到另一成员方境内旅游、求学、求医等。由此,“境外消费”与“跨境提供”区别比较明显,前者涉及消费者移动,而后者消费者不移动。但是,随着电子科技的发展,通过电子手段跨境提供的服务究竟是属于“跨境提供”还是“境外消费”,容易发生争议。例如,美国与欧盟曾提议电子服务中的顾客实质上是在另一个国家营业网站与网站服务提供者

〔14〕 Panel Report, Mexico—Measures Affecting Telecommunications Services, WT/DS204/R, para. 7.30.

〔15〕 Id., paras. 7.31 –7.34.

〔16〕 Id., para. 7.41.

进行交易(与出国接受该服务实质无异)。[17] 美国等发达国家之所以倾向于将电子服务定性为“境外消费”,是因为各成员方对这种模式的服务贸易管制较少,自由度高。在境外消费模式下,服务消费国只能借助于对本国服务消费者施加限制方可影响这种形式的服务贸易,无法对于境外服务和服务提供者进行监管,而本国消费者一旦到境外消费,即使要进行管理亦鞭长莫及。

在美国与安提瓜赌博服务案中,涉及美国禁止设在安提瓜境内的赌博网站向美国提供赌博服务,安提瓜则认为这种提供互联网的赌博服务应属于“跨境提供”。[18] 美国对此没有提出异议。专家组在其裁决报告中亦明确指出:该争议是GATS服务提供的四种模式之一的跨境提供下有关赌博服务方面的争议……跨境提供服务的手段可采取不同的技术模式,包括信件、电话、网络等方式。[19] 上诉机构在审理该案时,亦遵循此种专家组的见解,以美国在GATS“跨境提供”模式下的承诺作为复审该案的主要理由之一。[20] 由此可见,美国与安提瓜赌博服务案以WTO争端解决机构(DSB)裁决方式将以电子手段跨境提供的服务定性为“跨境提供”模式下的服务,尽管DSB裁决报告仅仅对特定当事方以及特定争端具有拘束力,在法律上没有先例的作用,但是在实践中往往具有非常强的先例效力。

(三)商业存在(commercial presence)

商业存在是指一成员的服务提供者在另一成员方境内设立商业机构或专业机构,为后者领土内的消费者提供服务。这种服务提供方式既可是在一成员方领土内组建、收购或维持一个法人实体,也可以是创建、维持一个分支机构或办事处。例如外国公司到中国开设银行、保险公司、律师事务所等。这种服务提供方式有两个主要特点,一是服务提供者和消费者在同一成员方境内;二是境外服务提供者到消费者所在国的境内采取了设立商业实体的方式提供服务。

这种服务贸易模式往往与对外直接投资联系在一起。例如,如一成员方允许外国出版物分销服务提供者在国内以商业存在的方式提供服务,那么,该成员方相应的外资产业政策就不能将出版物分销领域列为外商投资禁止的领域。正是由于商业存在与外商投资紧密联系在一起,在乌拉圭回合谈判中发展中国家对此一度心存疑虑。将商业存在引入到GATS之中,对WTO成员方的影响不仅仅体现在外资政策方面,而且体现在该国管理服务贸易诸多法律法规方面。例如,一成员方

---

〔17〕 Bernard M. Hoekman, The Political Economy of the World Trading System: the WTO and Beyond, Oxford New York, 2001, p. 265.

〔18〕 Panel Report, United States—Measures Affecting the Cross—Border Supply of Gambling and Betting Services, WT/DS285/R, para. 3. 29.

〔19〕 Id, paras. 6. 29, 6. 31.

〔20〕 Appellate Body Report, United States—Measures Affecting the Cross—Border Supply of Gambling and Betting Services, WT/DS285/AB/R, para. 215.

允许外国银行在本国设立“商业存在”（可以是独资或合资等多种形式），从理论上讲，凡是会对本国银行的设立和运营行为产生影响的国内法，例如银行法、公司法、税法等，都会对该“商业存在”产生影响，自然要受到 GATS 纪律的约束。此外，其他一些表面上与该“商业存在”行为无直接联系的国内法同样会对其产生影响，例如土地管理法、广告法等，如果涉及该商业存在向政府购买土地以及在国内发布广告等商业行为，亦会受到 GATS 多边服务贸易规范的纪律约束。[21]

（四）自然人流动（movement of natural persons）

自然人流动是指一成员方的服务提供者以自然人的身份进入另一成员方境内提供服务。《关于本协定项下提供服务的自然人流动的附件》明确指出两种方式的服务属于自然人流动：一种是一成员方的自然人就是服务提供者，即由服务消费者直接支付报酬的个体服务提供者；另一种是被一成员方的服务提供者雇用的自然人而进入另一成员方境内提供服务。

当前，自然人流动服务贸易模式具有以下几个特点：(1) 自然人流动的服务具有个体性，提供服务的自然人必须是另一成员方的国民，或者具有另一成员方的永久居留权，并且提供服务的方式是以自然人个体的形式。商业存在和自然人流动有着本质差别，商业存在是指允许外国企业和经济实体到一国境内开业，提供服务，包括设立合资、合作和独资企业。自然人流动则是允许外国单独的个人入境来提供服务，以自然人流动方式提供的服务具有个体性。[22] (2) 自然人流动的服务具有暂时性，自然人流动中的自然人在另一成员方境内的存在是暂时的，且不能据此取得该成员方永久公民的资格，不能永久居留和就业，各成员方在服务贸易承诺表中都对自然人流动提供的时间做出了限定。(3) 自然人流动的限制性。自然人流动通常与一国签证和移民政策有着密切联系，传统上一国的签证和移民政策都属于各国自主管理范畴，具有一定的排他性，加上多数国家倾向于限制外国自然人在本国提供服务。因此，许多国家往往要求来本国的外国提供服务者具备一定的专业资格、证书等，或服务于具有一定规模、类型的企业；有的国家还要求提供的服务必须是本国经济发展所需要的、本国劳动市场不能提供的等诸多条件。(4) 自然人流动模式的依附性。从各成员方做出的承诺来看，主要是针对高级管理人员和专业人士的入境做出承诺。在乌拉圭回合结束时，对自然人流动所做出的承诺有 94% 是关于商务人员、高级管理人员、经理和专业技术人员，只有 6% 的承诺是关于普通劳务人员。据 2002 年 WTO 发布的成员方水平承诺回顾显示，有 280 项承诺是关于管理人员、经理和专业人士的入境问题的，其中 170 项承诺明确规定是针对公司内部调任人员流动的。由此可见，大多数自然人流动的承诺只有在成员

---

〔21〕 房东：《WTO〈服务贸易总协定〉法律约束力研究》，北京大学出版社 2006 年版，第 50 页。

〔22〕 蒋振毅、赵齐：“乌拉圭回合〈服务贸易总协定〉简释”，载《国际商报》1996 年 8 月 13 日。

方承诺了商业存在模式才有价值(才会有公司内部人员的流动),且仅限于一小部分高级经理、管理人员和专家等高级人才,而对大量劳工的临时入境基本排除在自然人流动之外。这就使自然人流动这种服务形式演变成了商业存在的辅助形式,这与 GATS 规定的自然人流动和商业存在是两个独立的国际服务贸易模式的初衷不符。[23]

二、GATS 适用的影响服务贸易的措施

GATS 第 1.1 条明确规定:"本协定适用于各成员方影响服务贸易的措施"。

对于在实践中如何理解"影响"所包含的范围,不无争议。在欧共体香蕉案中,欧共体主张,其采取的措施诸如香蕉经销商的分类规则、根据不同类别经销商适用不同许可证程序规则以及不同关税配额等措施,并非"影响服务贸易的措施",因为这些措施只是调整香蕉这种货物的进口,因此,这些措施属于货物贸易多边规则调整的问题。GATS 管辖范围既不包括货物贸易,也不涵盖有关间接影响服务贸易的货物贸易措施。欧共体进一步主张,GATS 第 28 条(c)项所指的"影响"一词,由"关于"(in respect of)进行了限定,因此范围较为狭义,表明争议措施应具有管理服务贸易的宗旨与意图,至少也要对服务产生了直接影响,不能因为调整货物贸易的措施对服务贸易产生了偶然和附带的影响,就将其纳入到 GATS 的管辖范围。专家组则认为,"影响"一词意味着"效果"的意思,可以包含任何类型、任何领域的措施,并不能因为 GATS 第 28 条(c)项使用了"关于"的表述而缩小"影响"一词的范围。[24] 上诉机构也认为,"影响"一词的普通含义意味着,一项措施对某事物产生影响(an effect on),其适用范围是很广泛的。因此,上诉机构同意专家组的意见,即成员方采取的任何措施,只要影响到了服务贸易,都属于 GATS 的适用范围,无论这项措施是直接规范服务贸易还是因直接规范其他事项而影响到服务贸易。欧共体的香蕉进口体制虽是直接规范货物进口的,但事实上已对香蕉的分销服务产生了影响,所以 GATS 应当适用该案的争议。欧共体香蕉案对"影响"一词的解释,实际上涉及有关货物贸易体系(GATT)与服务贸易体系(GATS)的适用范围问题。

关于"措施"的范围, GATS 第 28 条(a)项规定:"措施指一成员方的任何措施,无论是以法律、法规、规则、程序、决定、行政行为的形式还是以其任何其他形式。"GATS 第 1.3 条(a)项进一步规定:"成员的措施指(1)中央、地区或地方政府和主管机关所采取的措施;(2)由中央、地区或地方政府或主管机关所授权行使权

---

〔23〕 刘恩媛:"论 GATS 下自然人流动的承诺与发展",载《上海财经大学学报》2003 年第 6 期,第 55—56 页。

〔24〕 Panel Report, European Communities-Regime for the Importation, Sale and Distribution of Bananas, WT/DS27/R/ECU, paras. 7. 277 – 7. 280.

力的非政府机关所采取的措施。”由此可见,GATS 规范的措施形式包含了成员方的立法、司法和行政行为,这些涉及服务贸易的所有行为均不得违反 GATS 项下的国际义务。

三、GATS 最惠国待遇原则的适用问题

GATS 第 2.1 条规定:“在本协定所涉及的任何措施方面,每一成员对于任何其他成员方的服务和服务提供者,应立即和无条件地给予其不低于该成员方给与任何其他国家相同服务和服务提供者的待遇”。政府采取的影响服务贸易的措施必须遵循 GATS 中最惠国待遇的规定,如同多边货物贸易的基本原则一样,无条件最惠国待遇也是 GATS 的基本原则中最重要的一条,它代表了 GATS 作为多边贸易协定倡导自由化和开放的特征,是整个协定得以实施的必要条件。GATS 规定的最惠国待遇有着丰富的内容:(1)最惠国待遇不仅适用于服务产品,而且还包括服务的提供者,这与以代表国际货物贸易多边规则的 GATT 所规定的最惠国待遇不同,GATT 的最惠国待遇只及于其他成员方的产品,而不及于产品的提供者。GATS 将最惠国待遇的适用扩展到服务提供者是由服务贸易自身的特点所决定的,在通常情况下,服务与服务贸易提供者不可分离,如果不向其他成员方的服务提供者提供最惠国待遇,服务产品的最惠国待遇问题也就无从谈起。(2)GATS 关于最惠国待遇的规定属于“普遍义务”(General Obligation),也就是说,最惠国待遇原则是适用于服务贸易的各个部门,不论成员方是否开放这些服务贸易部门,在采取有关的管理措施时,都必须遵循最惠国待遇原则。任何成员方在是否开放某一服务贸易部门、何种程度上开放以及对来自国外的服务和服务提供者实行何种限制等问题,都不能使其他成员方处于低于第三国的地位。(3)参照标准是以成员方对“任何其他国家”(any other country)的服务和服务提供者的待遇,这里任何其他国家应理解包括非 GATS 成员,这样最惠国待遇实际上不允许对来自不同国家的服务和服务提供者予以区别对待,以造成“歧视性”的待遇。

(一)最惠国待遇待遇原则中“不低于”的范围

在加拿大汽车案中,加拿大对符合条件的有关汽车生产商进口汽车实行免税。[25] 从加拿大所采取的关税免除措施看,它不是依据与进口产品本身有关的标准而制定的,而是表面上给予了所有的汽车制造商,似乎是很中立的政策;但由于加拿大对汽车制造商设立了三个条件,使得事实上只有美国等极少数国家的汽车制造商才能满足这三个条件。这就使其他国家的汽车制造商所生产的汽车受到低

---

〔25〕 加拿大规定汽车生产商获得免税资格的三个条件:第一,该汽车生产商在法定的年限内曾在加拿大生产该类汽车;第二,在法定的年限内,在加拿大生产该类汽车的销售值与进口到加拿大的该类汽车的销售总值相比,不得低于一定的比率;第三,该汽车生产商在加拿大生产汽车中本地增值部分必须等于或大于法定年限内在加拿大生产汽车的增值部分。

于美国的贸易待遇,因而事实上构成了贸易歧视。专家组和上诉机构裁决认为,GATT 1994第1.1条规定的"不低于"并不是指税率的获得不能设置条件,而是指这种条件不能形成事实上的歧视。[26] 由此可见,在实践中,歧视可能表现为两种形态:一种是法律上(de jure)的歧视,即通过相关法规以国别作为区别待遇的依据;另一种是事实上(de facto)的歧视,即相关法规从表面上看很中立,但事实上构成对另一成员方歧视。WTO通过多边贸易争端解决实践,确立了两种类型的歧视均违反最惠国待遇的认识。

多边货物贸易体制下对最惠国待遇"不低于"的要求是否可以适用于国际服务贸易?在欧共体香蕉案中,欧共体对从非传统ACP(Africa, the Caribbean and Pacific, ACP)国家和第三国进口香蕉实行关税进口配额管理。欧共体通过香蕉经销商类别规则将香蕉经销商分为A类、B类与C类三个类别,具体分法为:在过去三年内从事从非传统非洲、加勒比海和太平洋地区国家和其他国家香蕉进口的经销商,为A类经销商,同时规定"A类许可证"经销商占来自非传统的ACP国家和其他国家香蕉进口许可证总量配额的66.5%;在过去三年内从事来自欧共体和传统ACP国家香蕉进口的经销商被归入B类经销商,其中"B类许可证"经销商占来自非传统的ACP国家和其他国家香蕉进口许可证总量的30%,并且此类许可证可有偿转让;C类经销商是指刚刚开始经营销售来自非传统ACP国家和其他国家香蕉的新经销商,"C类许可证"占剩余的3.5%配额。[27] 通过三类经销商,将非ACP国家的香蕉配额在不同类别经销商中进行了分配。通过这种分类,B类经销商被保留了按照配额内的优惠税率从第三国或非传统的ACP国家进口香蕉的配额中的30%,而不考虑它们以前是否从事过此类香蕉的贸易活动。与此相反,A类经销商在过去几年一直主要从事来自非传统ACP国家或拉美国家的香蕉进口业务,但现在仅有资格获得按照配额内优惠税率从这些国家进口香蕉的许可证中66.5%的数额。这种分类导致的一个明显的后果就是,来自A类经销商为了保持市场份额,只能被迫从B类经销商那里购买进口许可证。这样,B类经销商比A类经销商获得更多的利益。[28] 一个明显的事实,申诉方(美国、洪都拉斯等国)的大多数服务提供者被归于A类,欧共体和ACP国家的服务提供者则被归于B类。这是因为,欧共体经销商类别规则颁布以前,来自申诉方的服务提供者在欧共体市场上占有经营拉美香蕉95%以上的份额,而欧共体和ACP国家的服务提供者在该

---

〔26〕 Panel Report, Canada—Certain Measures Affecting the Automotive Industry, WT/DS142/R, paras. 10.30., Appellate Body Report, Canada——Certain Measures Affecting the Automotive Industry, WT/DS142/AB/R, paras. 79 - 86.

〔27〕 Panel Report, European Communities-Regime for the Importation, Sale and Distribution of Bananas, WT/DS27/R/ECU, paras. 3.20 - 3.21.

〔28〕 Id., paras. 7.346 - 7.350.

类市场只占5%左右的份额。而在经营来自欧共体和ACP国家的香蕉市场份额方面,申诉国的服务提供者只占约6%的份额。

从表面看,经销商类别规则适用于所有服务提供者,不管该经销商自身的来源地、国籍、所有权或控制权,公司归入哪类经销商取决于其前三年期间的行为。因此,从欧共体规则本身看,形式上并没有对申诉方的服务提供者给与低于来自ACP国家的服务提供者的待遇。欧共体提出,GATS第2.1条要求成员方给与其他成员方的服务和服务提供者的待遇,不低于其给与任何其他国家同类服务和服务提供者的待遇,但并未对这种"不低于"应如何适用做出说明。而在GATS第17条国民待遇中,则不仅要求待遇"不低于",而且还对如何适用进行了限定:国民待遇中的"不低于"关键看待遇是否实质不低于,形式上的相同未必符合要求。[29]欧共体言下之意,GATS第2.1条仅规范法律上的歧视措施,不包括事实上的歧视措施。因此,欧共体香蕉经营者类别规则在法律上没有在各成员方香蕉经营者之间造成歧视,是否是A或B类香蕉经销商取决于该经销商过去三年的经营行为;欧共体的分类法属于"来源地中立"的规则,尽管事实上造成了歧视。专家组和上诉机构对此问题的裁决理由尽管不尽相同,但结论相同:GATS第2.1条中的"不低于"应当解释为既包括法律上的歧视、也包括事实上的歧视。[30]

(二)关于"相同"服务和服务提供者的辨别问题

在以GAT1994T为代表的多边货物贸易规则的最惠国待遇原则的运用中,判断产品是否"相同"关系重大;与此相类似,GATS中最惠国待遇原则涉及的一个重要概念也是"相同服务"(like services)和"相同服务提供者"(like services suppliers)的辨别问题。

1.对"相同"服务的辨别

与GATT 1994类似,在GATS中并没有对如何判断"相同"服务提供明确的指引,欧共体香蕉案和加拿大汽车案虽对此问题有所涉及,但并未深入。从多边货物贸易争端实践看,GATT 1994中认定产品是否"相同"的基本因素包括:产品的物理特性、关税分类表、产品的最终用途和消费者的偏好。虽然服务贸易与货物贸易存在较大差别,但依然可以借鉴"相同"产品的判断方法来辨析服务是否"相同"。

(1)服务贸易的分类表在确定"相同"服务中的作用

相对于判定"相同产品"时所适用的产品国际关税分类表,即《商品名称及编码协调制度》(Harmonized Commodity Description and Coding System, HCS),服务贸易中也有相对使用较为普遍适用的分类制度。

---

〔29〕 Id., paras. 7.300 - 7.301.

〔30〕 Appellate Body Report, European Communities-Regime for the Importation, Sale and Distribution of Bananas, WT/DS27/AB/R, paras. 232—234.

1991年服务谈判小组(GNS)编制了"服务部门分类表"(Services Sectoral Classification List,W/120),该文件由两个栏目的表格组成,左边栏目题为"部门与分部门",将服务贸易分为商业服务;通信服务;建筑及相关工程服务;分销服务;教育服务;环境服务;金融服务;健康与社会服务;旅游及相关服务;娱乐、文化与体育服务;交通运输服务以及其他服务共12个门类,每个门类又分为若干个分部门(总分部门数量超过150个)。右边的栏目题为"相应的核心产品分类",参考的核心产品分类为"联合国核心产品临时分类表"(UN's Provisional Central Product Classification, CPC)。如果两种服务归于同一部门与分部门项下,且对应的CPC亦相同,那么,这两种服务可视为"相同"服务。这当然有一定的道理,但问题在于W/120和CPC分类并不是每个成员方都采用;而且,即使是相同部门的服务也有可能不"相同",比如"医疗和牙医服务"属于"商业服务"部门中的"专业服务",已经是一个最小的、没有再分的项目,但是内科与外科医疗服务就很难说是"相同"服务。[31] 因此,分类表可以作为判断服务是否"相同"的参考因素,但作用不能过分扩大。

(2)"最终用途"在确定"相同"服务中的作用

在服务贸易中,产品的"最终用途"体现在服务对象或服务所涉及的货物上,由此,通过对有形的服务对象或所涉及的货物进行比较,可以有效辨别无形的服务贸易是否为"相同"。由于GATS中的最惠国待遇原则强调"竞争条件"的平等性,因此,如果两种服务的对象是相同的,那么这就表明两种服务争取的潜在消费者是相同的,存在非常强的竞争关系,彼此之间存在较强的可替代性。鉴于此,"最终用途"可以作为判断服务是否同类的重要因素。

2."相同"服务提供者

对于如何判断相同服务提供者,GATS也未规定明确的标准。在欧共体香蕉案中,关于欧共体的各香蕉经营者是否是相同服务提供者的问题,专家组认为,根据"联合国核心产品临时分类表"(CPC)所规定的批发服务的性质和特点表明,无论香蕉经营者是从事欧共体当地香蕉的批发还是进口香蕉的批发,也无论香蕉经营者是从哪里进口香蕉,其作为批发商所提供的服务是相同的服务。专家组认为:"如果将每一项服务活动加以比较,其区别主要是香蕉的原产地不同,其他方面基本上相同。据此,我们认为,就提供香蕉经营服务的实体而言,既然其所提供的服务是相同服务,各该实体便为相同服务提供者。"[32] 由此可见,专家组认为提供相同服务产品的服务提供者即为相同服务提供者。然而,影响服务提供者是否相同

---

〔31〕 房东:《WTO〈服务贸易总协定〉法律约束力研究》,北京大学出版社2006年,第120页。

〔32〕 Panel Report, European Communities—Regime for the Importation, Sale and Distribution of Bananas, WT/DS27/R/ECU, paras. 7.322.

的因素除了是否提供相同类别的服务产品之外,还包括许多其他因素,例如,相关实体的历史、规模、雇用人数、人员素质、交易数额、设备、技术力量、业务范围等方面,这些因素往往影响服务提供者的实际业务能力。此外,在“欧共体香蕉案”中,还引入了一个“潜在服务提供者”(potential services supplier)的概念。对于那些大型的具有纵向或一条龙服务能力的经营实体,香蕉的包装、分类、冷藏和促熟等过程可以在该实体内部全部完成。该实体是否是其他批发服务提供者的“相同”服务提供者?专家组认为这取决于该实体是否具有进入批发贸易市场的能力:“那些进口或通过其他方式获取香蕉然后再清关、促熟以便销售的经营者是真正的批发服务提供者,还有一些经营者是纵向经营集团公司的组成部分,它们有能力也有机会进入批发服务市场。这些经营者可能在任何时候决定将其进口的或从其他欧共体生产商处获得的、或是已经清关的、或是已经促熟的香蕉在市场上转售。”[33]

(三)关于最惠国待遇原则的例外与豁免

尽管适用最惠国待遇是各成员方的一般义务,但这一义务的适用仍有例外与豁免。所谓例外是指 GATS 认可成员方在国际服务贸易管理方面的某些差别性安排不在最惠国待遇原则的适用范围之内;而所谓豁免则是允许成员方在特定条件下维持某些与最惠国待遇原则不一致的管理措施。

对于最惠国待遇例外,GATS 主要规定了两种情况,一是边境服务贸易,并限于当地生产和消费的服务贸易。二是经济一体化成员方相互提供的优惠。GATS 允许任何成员和其他国家达成仅在参加方之间适用的、进一步实现服务贸易自由化的区域经济一体化协定。达成这种协定必须满足如下条件:一体化协定必须涵盖众多的服务部门和四种服务提供形式;取消对协定参加方服务提供者的歧视性措施;禁止新的或更多的歧视性措施;协定应以促进成员间的服务贸易为目的,且不能使非成员与该协定成员在开展有关的服务贸易时遭受更多障碍。

关于最惠国待遇的豁免,GATS 第 2.2 条允许各成员根据附件规定的条件自行做出选择,实际上,附件并没有规定可以实行豁免的实质性要件,而只是作了程序方面的规定:任何成员方关于最惠国待遇的例外,可以在谈判确定本国第一份服务贸易承诺表的同时列出最惠国待遇例外清单,从而有权继续在特定服务部门给予特定国家以更优惠的待遇。这些例外只能一次确定,且例外清单中的内容不得增加。在 GATS 生效后,任何新的最惠国待遇的例外,只能通过 WTO 协定规定的豁免程序获得。凡是超过 5 年的最惠国待遇例外,都必须由服务贸易理事会审议。原则上,这种豁免不得超过 10 年,而且在任何情况下可由将来举行的多边贸易谈判予以变更。一方面,最惠国待遇例外和豁免的存在使得一些国家可以逃避能够履行而且应该履行的义务;另一方面,在特殊的时期和条件下承认某些例外和豁免

〔33〕 Id. , 7.320.

又是最惠国待遇在服务贸易领域得以遵守的重要基础和前提。[34]

大多数 WTO 成员都宣布保留最惠国待遇豁免，在 1994 年 4 月 GATS 达成的 95 份服务贸易承诺表中，共有超过 60 个成员方提交了最惠国待遇例外清单。这些例外主要涉及 3 大服务领域：视听服务、金融服务和交通运输服务。视听服务领域最惠国待遇例外主要是出于保护传统文化的目的，保证某些国家和地域间以更优惠方式从事文化艺术交流。金融服务领域最惠国待遇例外主要是考虑金融市场开放的互惠原则，从而防止金融领域开放度较低国家利用最惠国待遇"免费搭车"。交通运输方面，政府可以根据双边协定，给予毗邻国家的客货承运人以优惠待遇。[35]

四、关于透明度原则的适用

对法律、法规、规章和措施的透明度如果说针对关税管理的货物贸易十分重要，那么对于没有任何边境措施只能依靠国内规则实施管理的服务贸易而言就更为重要了。为此，GATS 第 3 条从以下几个方面规定了成员方透明度的基本义务。

(1)立即公布相关法规。除非情况紧急，每一成员方应迅速并最迟于其生效之时，公布所有普遍适用的涉及或影响 GATS 实施的法律、法规和措施，包括涉及或影响服务贸易的国际协定。

(2)每年向服务贸易理事会报告新的或更改的措施。每个成员方应将新的立法或对现行法律、法规或行政命令的任何修改，及时并每年向服务贸易理事会报告，前提是这些新法规或修改对该成员方依本协定所作具体承诺的服务贸易构成重大影响。

(3)设立咨询点(inquiry points)。如果其他成员方就上述(1)中的措施请求某一成员方提供详细情况，该成员方应及时予以答复，并设立咨询点。咨询点应在 WTO 协定生效后的两年内建成。对发展中成员方而言，这一期限经同意可以适当放宽。

此外，任何成员方如认为某一成员所采取的措施影响服务贸易总协定的实施，可通知服务贸易理事会。

五、关于国内管理的要求

GATS 序言提出全体成员"认识到服务贸易对世界经济的增长和发展日趋重要"，并"认识到所有成员方为了符合国内政策的目标，有权对其境内所提供的服务制定和实施新的规定，并考虑在制定服务贸易法规时，不同国家存在不同的发展程度，发展中成员可以根据其特殊需要实施该项权力。"由 GATS 序言可以看出，

---

〔34〕 张瑞萍："《服务贸易总协定》基本原则评析"，载《当代法学》1998 年第 3 期，第 12 页。

〔35〕 Mary E. Footer, The International Regulation of Trade in Services Following Completion of the Uruguay Round, 29 Int'l Law. 453, 1995, pp. 465 – 466.

一方面 GATS 推进世界服务贸易自由化进程，但是另一方面又尊重各国国内的政策目标，在这两者之间谋求平衡，并在互利和权利义务平衡的原则下分别就各服务行业进行谈判。根据 GATS，为了维护本国的服务贸易秩序，每个国家都会根据自己的国情和政策目标，制定各种管理其境内服务贸易的法律和规章，为了使这些法律和规章不至于妨碍 GATS 服务贸易自由化目标的实现，第 6 条为成员方管理国际服务贸易的国内规章规定了一般纪律。

1. 各成员方在其做出具体承诺的领域，应保证有关服务贸易的一般适用法律、法规及措施以合理、客观和公正的方式实施。

2. 在不违背一国宪法和法律制度的前提下，每一成员应尽快维持或建立切实可行的司法、仲裁、行政法庭或程序，对有关提供服务的行政决定做出迅速的审查并给予公正的裁决，如果这种审查机关不能独立于有关行政决定的主管机构，该成员应保证此等程序实际上是客观和公正的。

3. 当一项具体承诺中的服务提供需经授权时，成员方的主管机关应在合理期间内，将有关申请是否批准的决定通知申请者。应申请者的要求，成员方主管机关应就有关审查申请的状况及时通知申请者而不应有不适当的延误。

4. 为确保成员方有关资格要件与程序、技术标准与执照要求等不对服务贸易构成不必要的障碍，服务贸易理事会应制定必要的纪律。这些纪律要求成员方的各种资格、标准应：(1)基于客观和透明的标准；(2)以保证服务质量所必需为限；(3)在发放执照程序的情况下，不使这种程序本身成为一种服务贸易的限制。在判断某一成员是否遵守上述纪律时，应考虑该成员方所适用的有关国际组织的国际标准。

5. 各成员在涉及专业性服务贸易方面已做出具体承诺的领域，应制定核实任何其他成员方服务人员能力的适当程序。

由此可见，GATS 一方面赋予成员方行使制定各种管理服务的法规以符合其国内政策目标的权利，事实上这种法规业已成为规范和管理境内服务贸易活动最为通行的有效手段，而另一方面，则要求其成员方承担相应的义务，这就是避免这种法规对正常的国际服务贸易构成不必要的贸易壁垒和障碍，尤其是申请许可和资格认定程序。[36]

六、关于对境外服务提供者资格的承认

由于服务贸易涉及领域非常广泛，且服务质量往往取决于服务提供者的学历、职称和从事专业的经历、经验及能力、语言水平等，因此各国对服务提供者的资格设置了严格的审核条件。对于服务贸易领域的开放，一个直接相关的问题是对境外服务提供者资格的认可，实践中如何承认服务提供者的资格是一个非常复杂的

---

〔36〕 王新奎：《世界贸易组织与发展中国家》，上海远东出版社 1998 年版，第 165 页。

问题。比如，对于律师、会计师、工程咨询人员等资格的承认，除了技术性要求外，还可能涉及文化和语言问题。为使某一成员方有关服务提供者的批准、许可或资格所规定的标准不构成对国际服务贸易不合理的阻碍，GATS 第 7 条规定了对境外服务提供者资格的承认纪律。

1. WTO 各成员方可以承认服务提供者在另一特定国家取得的学历、履历、执照和证明。换言之，各成员方没有强制义务去承认境外服务提供者所获得的资格。这种承认可通过双边或多边安排进行，亦可自动取得。但是，无论以何种方式承认学历或履历，均不得作为一种歧视手段或成为服务贸易的一种隐蔽性限制。

2. 资格承认的双边或多边安排应该具有开放性。即不论这种协定或安排是现行的还是将来缔结的，都应给予其他感兴趣的成员有足够的机会来谈判加入此种协定或安排。

3. 资格的自动承认应以非歧视方式实施。如果一成员方规定对服务提供者在境外所获得的资格自动承认，则这种承认应对任何其他成员方服务提供者以同样的待遇，只要这些服务提供者在它们所属国家取得的学历、履历、执照或证书符合承认国确定的自动承认标准。

4. 资格认可标准应通知服务贸易理事会。各成员方应在 WTO 协定生效之日起 12 个月内将其现行的各种承认措施和状况向服务贸易理事会报告，并应说明这些承认措施是否建立在双边或多边协定基础上；并应尽可能提前将准备有关承认的谈判或安排通知服务贸易理事会，以便使其他成员方有充分机会在谈判进入实质阶段之前表示其参与此类谈判的兴趣；而且，任何成员方应将其采取的新的承认措施或对现行措施的重大修改及时通知服务贸易理事会。

5. 为促进服务贸易进一步自由化，GATS 要求承认应尽可能建立在多边同意的准则基础上。在适当情况下，各成员方应与有关政府间和非政府间国际组织合作，建立和采用有关承认的共同国际标准。

七、关于服务贸易领域中反竞争行为的限制

GATS 序言明确提出建立多边服务贸易体制的原因在于“认识到服务贸易对促进世界经济增长和发展日趋重要”，因此，GATS 的目的在于促进服务贸易的自由竞，而促进服务贸易的自由就必须限制在服务贸易领域中形形色色的反竞争行为。这些行为包括垄断和限制性的商业惯例、补贴、政府采购等。

1. 垄断与专营服务提供者（monopolies and exclusive service suppliers）

服务贸易的垄断或专营是指一成员政府授权有关国有企业或其他企业在其境内就某种服务的提供方面享有独占权或者特权，限制其他企业均在其境内提供此种服务的能力。在服务领域，经常会在国内市场上出现垄断或专营提供者，垄断无疑是服务贸易自由化的重要障碍，但要国际社会完全禁止服务贸易的垄断显然不切合实际。因此，GATS 并不反对创建和维持服务的垄断，但是规定服务贸易的垄

断和专营必须遵循 GATS 第 8 条所规定的准则:

(1)各成员应确保其境内的垄断服务提供者在提供垄断服务时,不违背该成员方承担的最惠国待遇义务和其他具体承诺义务。

(2)如果一成员方的垄断商直接或通过其子公司在其垄断权力范围以外的服务领域竞争,且该领域又是该成员方具体承诺开放的领域,则该成员方应保证这些垄断服务提供者不滥用其垄断地位从而削减该成员方所作的具体承诺。例如,成员方某公司在电信部门享用垄断权或专营权,同时该公司还兼营金融业务,而该公司在金融服务部门并没有垄断权或专营权,同时,该成员方已经就金融服务部门做出了市场准入的具体承诺,那么,该成员方就有义务保证该公司不得利用其在通信部门的垄断地位或专营权将金融服务与其电信服务挂钩。[37]

(3)一成员方如有理由认为另一成员方的垄断服务提供者违反了上述义务,可请求服务贸易理事会干预。该理事会可要求维持或授权此种服务垄断者或专营者的成员方提供有关垄断或专营服务提供者的运作具体情况和详细资料,以确定是否存在滥用垄断地位和破坏公平竞争的行为。

(4)在 WTO 协定生效后,如果一成员方在其具体承诺的开放服务领域内给予垄断的权利,则此种行为视为其对服务承诺表的修改,该成员方应在计划实施这种授权的 3 个月前通知服务贸易理事会,并应遵循 GATS 第 21 条关于服务贸易承诺表修改的有关规定。

2. 关于限制性商业惯例

与上述成员方政府赋予的垄断和专营权不同,限制性商业惯例往往是指由服务提供者通过某些习惯做法而形成的限制新的或外来服务提供者参与竞争的行为。鉴于有关限制性商业惯例的形成有其历史原因,且多属民间自发形成,因此 GATS 第 9 条并未对此进行强制取消或限制的规定,而只是要求:各成员方应其他成员方的请求,应就消除限制性商业惯例问题进行充分的磋商,对成员方的请求给予积极和充分的考虑,并提供有关资料。

3. 政府采购与补贴

GATS 第 13 条规定,本协定规定的最惠国待遇、国民待遇和市场准入条款不适用于涉及政府采购的法律、规章和要求;但这种政府采购只能是为了政府目的,用于商业转卖或服务供应中的商业销售的政府采购不在其内。此外,该条还规定,成员方应在 WTO 协定生效之日起两年内就 GATS 中政府采购问题举行多边谈判。

如同政府采购一样,各国特别是发展中国家都有服务补贴的做法。正如 GATS 第 15 条所指出的,“各成员承认,在一定情况下,补贴会对服务贸易产生扭

---

〔37〕 臧立:《世界贸易组织法》,法律出版社 2003 年版,第 238 页。

曲效果。”但是,GATS对补贴问题尚未形成一个完整的多边纪律框架,只是提出了一个基本思路:首先,制定一个完整的多边协定框架;其次,应强调反补贴程序的适当性问题;再次,应承认补贴对发展中成员方发展服务业的作用,应灵活考虑成员方特别是发展中成员方的需要。为使谈判顺利进行,成员方应交换有关各自为其国内服务提供者提供补贴的情况。当一成员方认为它受到另一成员方所采取的补贴的不利影响时,可请求后者就此事项进行协商,后者应对此请求给予同情的考虑。

4. 墨西哥影响电信服务措施案与反竞争行为的规制

墨西哥影响电信服务措施案是WTO争端解决机构受理的第一个纯粹关于服务贸易争端的案例,也是第一起有关竞争政策在电信领域中如何适用的案例。各成员方在基础电信领域承诺开放时,往往会做一个附加承诺,即承诺接受《电信服务:参考文件》,通过成员方接受《参考文件》,WTO在电信这一特定服务贸易部门形成了与GATS第8条相配套的限制反竞争行为的具体规范。墨西哥承诺接受《参考文件》,该文件第1条标题为“竞争性保障措施”,第1.1条更是明确规定“防止电信业的限制竞争做法”,要求接受《参考文件》的成员方“应维持适当措施以防止单独或联合作为主要服务商的电信服务提供者从事或继续实行限制竞争的做法”。“主要服务商”强调的是影响电信价格或电信提供的垄断或市场支配地位的电信提供商,“限制竞争做法”包括:从事限制竞争性质的交叉补贴;使用从竞争者处获得信息导致限制竞争性结果;不能及时使其他服务提供者获得关于基本设施的技术信息和提供服务所必需的相关商业信息;限定价格和市场分配协议的横向限制竞争做法等。

在墨西哥影响电信服务措施案,美国指控墨西哥《国际长途电话规则》(The International Long Distance Rules)所规定的“统一结算费率(uniform settlement Rate)”和“按比例分配制度(proportionate return)”是限制竞争的做法。所谓“统一结算费率”,是指由墨西哥政府排他性授权在墨西哥电信市场上占垄断地位的Telmex公司与其他国家的电信服务提供商谈判达成清算费率,[38]经墨西哥联邦电信委员会批准后对墨西哥国内其他经营者统一适用,在本起争端中,即统一适用于来自美国的呼入电话的互连。而根据“按比例分配制度”,则是指按照电信服务商的呼入电话份额与呼出电话所占比例进行收入分配。专家组审理后认为,对于

---

〔38〕 由于国际长途电话一般需要话音输出国与话音输入国电信服务商共同提供服务才能完成,自然涉及利润分享机制。对于国际长途电话所产生的互连费用,长期以来按照“国际会计结算费率”和“清算率”的机制运作。为解决共同提供国际长途电话服务所产生的成本和费用的分配问题,必须由电信服务商协商“国际会计结算费率”,约定每分钟付对方多少“完成后半段传输”的费用,实际给付对方国家的金额费率,则被称为“结算费率”。

“统一清算费率”，墨西哥授予 Telmex 公司在确定清算费率方面的专属权力，具有垄断性质；而该费率适用于所有其他电信服务商等于取消了价格竞争，具有横向限定价格的特点，相当于“限定价格卡特尔（price—fixing cartel）”，属于墨西哥接受《参考文件》第 1.1 条意义上的“限制竞争做法”。[39] 对于“按比例分配制度”，专家组认为，根据《长途电话规则》，Telmex 或其他电信商应根据其呼入与呼出比例分配收入，但墨西哥允许电信服务商之间订立“资金补充协议”（financial compensation），而不是它们之间的呼入呼出盈余的实际转移，这种做法所产生的效果，相当于在电信提供者之间进行“市场分配协议”（market sharing arrangement）。市场分配协议如同价格卡特尔一样，属于墨西哥《参考文件》第 1.1 条意义上的“限制竞争做法”。[40]

GATS 第 8.1 条要求成员方保证其领域内垄断服务提供者在有关市场提供方面，不得以与其在最惠国待遇和具体承诺下的义务不一致的方式行事。《参考文件》则构成接受其约束的成员方具体承诺项下保障竞争的义务。“墨西哥影响电信服务措施案”则从实践层面明确了具有垄断地位的电信服务提供商所实施的价格卡特尔、分割市场的做法属于限制竞争的做法，成员方不采取适当措施予以规制，则构成对 WTO 义务的违反。

八、关于服务贸易例外的规定

GATS 对服务贸易的开放规定了三种例外：国际收支平衡例外；一般例外和国家安全例外。

1. 关于国际收支平衡例外

在一般情况下，成员方不得对其承诺开放的服务贸易部门的国际支付及汇兑设置限制，这对服务贸易自由化起着十分重要的作用。但是如果出现 GATS 第 12 条规定的情况，即出现国际收支困难时，则可以采取例外措施。

根据 GATS 第 12 条的规定，一成员方在发生严重国际收支不平衡和对外财政困难及其威胁的情况下，可对已做出具体承诺的服务贸易采取或维持限制措施，包括限制与此类承诺有关的货币支付和汇兑。不过，这类限制应符合以下条件：(1)应坚持非歧视原则；(2)与国际货币基金组织协定条款相一致；(3)应避免对其他成员方的商业、经济和金融利益造成不必要的损害；(4)不应超过应付困难情势所必要的范围；(5)应是临时性的措施，并随情势的好转而逐渐取消；(6)在采取限制措施时，成员方可优先考虑对其经济或发展计划更为必要的服务，但所采取的限制不应出于保护特定服务部门的目的；(7)各种限制措施应及时向服务贸易理事

---

〔39〕 Panel Report, Mexico—Measures Affecting Telecommunications Services, WT/DS204/R, para. 7.262.

〔40〕 Id., para. 7.263.

会报告。

2. 一般例外与安全例外(general exceptions and security exceptions)

GATS 关于一般例外与GATT 1994第20条的规定最为类似。GATS 第14条规定,只要不在条件相似的国家间造成武断的、不正当的歧视,或构成对服务贸易的变相限制,成员方在下列情势下,可以援引一般例外条款采取相应措施:

(1)为维护公共道德或公共秩序所必需的措施;

(2)为保护人类、动物或植物的生命或健康所必需的措施;

(3)为确保与本协定相符的国内法律或规章得以遵守的措施,包括为防止服务欺诈或处理服务合同违约而产生影响的措施;为保护与个人数据的处理和传播有关的隐私以及个人记录和账户秘密而采取的措施等;

(4)与国民待遇不符的措施,但该措施是为保证对其他成员的服务提供者享受公平或有效的直接税待遇;

(5)与最惠国待遇不符的措施,但该措施是为避免双重征税而缔结的国际协定。

此外,对于涉及军事、国家安全方面的服务贸易不适用于GATS。这些因安全而采取的措施可以是与军事机构的给养有关的服务措施,也可以是与核聚变和裂变材料有关的服务措施;可以在战时或其他国际关系紧张时采取的措施,也可以是根据《联合国宪章》为维护和平和安全而采取的措施。

第三节 GATS 有关具体义务适用的法律制度

GATS 中具体义务(specific commitments)是相对于一般义务而言的,具体义务仅适用于各成员列入服务贸易承诺表(schedules of specific commitments)中所承诺开放的服务贸易领域,适用于服务贸易承诺表中所列出的各种服务贸易模式及市场准入与国民待遇中的条件、限制和资格等。因此,研究服务贸易的具体义务集中于服务贸易承诺表中有关市场准入和国民待遇内容的讨论。

一、关于服务贸易承诺表的问题

(一)服务贸易承诺表的含义

在服务贸易谈判中,由于各成员方对服务领域的开放承诺是按照服务部门以列表形式逐项具体做出的,因此各个成员方在服务贸易领域所作的承诺就被称为“服务贸易承诺表”。因此,所谓的服务贸易承诺表,实际上就是WTO成员方对其服务贸易领域开放进行有法律约束力的承诺的记录表,主要包括做出开放承诺的服务部门或分部门,对市场准入和国民待遇的限制以及其他附加承诺。服务贸易承诺表与货物贸易领域的关税减让表类似,构成了各成员方在具体服务部门的减让,构成 GATS 或者说国际服务贸易法的实质部分。

各成员方的服务贸易承诺表分为两部分:

第一部分是总承诺,又称“水平承诺”(horizontal commitments),该部分的承诺适用于有关成员方承诺开放的所有服务部门。例如,中国有关水平承诺部分内容为:

部门或分部门	市场准入限制	国民待遇限制	附加承诺
一、水平承诺			
本承诺表中包括的所有部门	(3)在中国,外商投资企业包括外资企业(也称外商投资企业)和合资企业,合资企业有两种类型:股权式合资企业和契约式合资企业。 对于外国企业在中国设立分支机构不作承诺,除非在具体承诺中另有列明。		

这种水平承诺表明,在服务贸易市场准入方面,希望设立商业存在提供中国所列开放服务部门的外国服务提供者,必须通过外商投资企业方式在中国设立商业存在,分支机构方式一般不开放,除非在具体承诺中另有列明。

第二部分是具体承诺,该部分的承诺是针对具体服务部门或具体的服务贸易模式。以金融服务领域中银行服务承诺表为例进行说明:

服务提供方式:(1)跨境交付(2)境外消费(3)商业存在(4)自然人流动

部门或分部门	市场准入	国民待遇	附加承诺
银行	(1) (2) (3) (4)	(1) (2) (3) (4)	

服务贸易承诺表由四个竖栏组成:第一栏为具体承诺开放的服务部门或分部门,如银行业;第二栏为市场准入;第三栏为国民待遇;第四栏为附加承诺。其中在第二栏市场准入和第三栏国民待遇中,根据各服务贸易(如银行)的四种形式即(1)跨境交付(2)境外消费(3)商业存在(4)自然人流动进行具体承诺。如果对银行业的商业存在市场准入中没有限制,则在第二栏中(3)后注明“没有限制”(none);如果对银行业的商业存在的市场准入方面不作任何承诺,则在第二栏中(3)后注明“不作承诺”(unbound);如果对银行业的商业存在的市场准入方面做出承诺但附加限制条件,则在第二栏中(3)后注明所有的限制条件;如果与水平承诺

交叉,而交叉之外不作承诺,则在第二栏中(3)后注明“不作承诺,除水平承诺之外”(Unbound except as indicated in Horizontal Commitments)。

(二)关于服务贸易承诺表中服务部门的分类

1.“清单”模式争论

对于服务贸易承诺表的第一栏中具体服务贸易部门的开放承诺是采取“肯定式清单”(positive list)还是“否定式清单”(negative list),在乌拉圭回合谈判中,谈判各方展开了激烈争论。[41] 大多数发达国家主张用否定式清单界定哪些服务部门不开放,即在提交初步承诺表时,将本国不愿在市场准入方面做出减让的服务部门或分部门列入清单,把这些部门和分部门作为例外处理,并承诺在一定时期内逐步减少清单所列例外部门的数量。而发展中国家却持反对态度,他们主张肯定式清单模式,即各成员方将能开放的服务部门列出清单,以后随着自由化谈判逐步增加开放市场的服务门类。鉴于发展中国家的管理经验和水平有限,很难预料未来应对哪些服务门类或部门不予开放,肯定清单使他们拥有灵活处置的主动权和回旋余地;而且发展中国家服务贸易开放门类有限,这也避免了否定清单列出一大串不开放服务贸易部门的尴尬。经过发展中国家的努力,最终服务贸易承诺表在服务贸易部门开放的问题上采用了肯定式清单。

肯定式清单模式的确立对发展中国家有着极其重要的意义,这是因为:第一,如前所述,迄今为止服务并未有一个明确定义,也没有确切的内涵与外延,因此WTO对服务的定义采取的是通过列举部门的方式,对于尚不能概括的服务用“其他服务”来概括。这样一旦采用否定式清单,对于一些新兴的且发展中国家暂时无法概括的服务贸易部门将会自动开放;而采取肯定式清单,发展中国家可以将那些自己尚不清楚的新兴服务贸易部门排除在开放之外。第二,通过肯定式清单,发展中国家可以根据其经济发展水平逐步选择开放服务贸易部门,这种选择开放部门的谈判可以不断增加发展中国家与发达国家谈判的筹码;如果是否定式清单,谈判筹码一次性用完。

2.120/W 号文件

在乌拉圭回合谈判中,为给各谈判方服务贸易承诺表中的服务部门划分提供必要指引,1991年7月GATT秘书处发布了“服务部门分类表”(Services Sectoral Classification List,W/120),主要由两栏构成,左边一栏名为“部门和分部门”(Sectors and Sub-sectors),共计12个服务部门,每一部门又分为若干个分部门,共计150多个;右边一栏名为“对应的核心产品分类”,对于左边栏目罗列的几乎每一个分部门,都有相对应的核心产品分类编码。在W/120文件中参考的核心产品分类是指“联合国核心产品临时分类表”(the United Nations' Provisional Central Product

[41] 黄胜强:《国际服务贸易多边规则利弊分析》,中国社会科学出版社2000年版,第58页。

Classification, CPC)。以下是 W/120 号文件有关娱乐、文化与体育服务分类示例。[42]

部门和分部门	相应的 CPC
10. 娱乐、文化与体育服务	
A. 娱乐服务(包括剧院、现场乐队表演和马戏团表演)	9619
B. 新闻代理服务	962
C. 图书馆、档案馆、博物馆和其他文化服务	963
D. 体育和其他休闲服务	
E. 其他	964

"体育和其他休闲服务"对应的是 CPC 的第 964 组,在 CPC 中,"体育和其他休闲服务"又被进一步划分为下列的类别和子类别:[43]

964 体育和其他休闲服务
9641 体育服务
96411 体育活动推广服务
96412 体育活动组织服务
96413 体育设施经营服务
96419 其他体育服务
9649 其他休闲活动
96419 娱乐公园和海滩服务
96492 赌博服务
96499 其他休闲服务

一般而言,在没有相反规定的情况下,W/120 号文件中参照一个三位数的 CPC 编码应被理解为参照该组中所有的四位数编码和五位数编码的子类别,而参照一个四位数的 CPC 编码应当被理解为参照该组中所有的五位数编码的子类别。1993 年 9 月,GATT 秘书处应谈判各方要求散发了"1993 年承诺表指南"(the Guidelines for the Scheduling of Specific Commitments),强调各谈判方在谈判服务贸易具体承诺表中使用通用格式和术语的重要性,并且鼓励谈判方在其具体承诺表中使用第 120/W 号文件和 CPC 分类。当然,也允许各谈判方使用自己的服务贸易部门分类和描述。

对于服务贸易部门的分类,由于标准不一,对于同样名称的服务部门,可能贸易内涵不尽相同。例如,一些成员方如欧盟、瑞士认为 WTO 的 W/120 和 CPC 关于服务贸易的分类没有与时俱进,不适合当前经济科技的发展。例如,随着人们对

〔42〕 Panel Report, United States—Measures Affecting the Cross—Border Supply of Gambling and Betting Services, WT/DS/285/R, para. 6.88.

〔43〕 Id., para. 6.89.

环境污染从末端治理转向了污染防范治理,因而环境服务应不仅仅包括污染的治理服务,而且应该包括防治环境污染的新型服务贸易。[44] 这样对于同样是环境服务,有的成员方可能仅仅包括末端治理的服务内容,而有的成员方则包括末端与前期污染防治服务内容。再如,比利时提出,在W/120服务分类中,建筑服务与城市规划服务、工程服务、建筑设计服务是分开的,而在实践中,建筑公司往往集上述服务业务于一身,显然根据这种分类开放服务贸易市场与现实脱节了。[45] 在欧共体香蕉案中,涉及服务分类问题。欧共体签署GATS协定时,承诺在批发服务(wholesale trade services)和分销服务(distributive trade services)部门开放市场,给予来自其他成员的服务和服务提供者以完全的国民待遇和最惠国待遇。但是按照CPC分类,批发服务属于分销服务的范畴,而分销服务则包括向零售商、工商机构和专营团体等最终使用者、批发商销售商品,或者以代理人、中间人的身份从事销售业务,或者从事包括向个人和家庭销售商品的业务。批发服务主要是指转售商品,同时也包括与之相关的仓储货物、组装商品、商品分类、商品分级、分包、送货服务、冷藏服务和商品促销服务等。欧共体香蕉案开始审理时,当事方对于专家组的审理范围是应该限于较窄的批发服务还是较宽的分销服务颇有争议。最后,专家组选择了各方均无争议的批发服务作为审理香蕉案的范围。[46]

2001年3月23日,服务贸易理事会通过了"2001承诺表指南",该指南继续鼓励成员方采用W/120号文件和CPC对服务贸易部门进行分类和定义,以期为多哈回合服务贸易谈判提供更加明确和可预期的服务贸易分类。该指南继续承认,成员方在服务贸易部门分类权限方面依然拥有自主权,但是成员方对服务部门的分类或定义应当保持与CPC相协调,并尽可能将所分类部门界定详细,以免对其承诺部门产生任何歧义;要求各成员方依照服务本身性质对服务贸易部门进行分类,而不能从服务提供者名称进行服务分类,比如会计事务所可能不仅提供会计服务,也可能提供金融、管理咨询等服务,不能仅仅依据该事务所名称为"会计师事务所"就将其简单划归为会计服务。

(三)关于解释服务贸易承诺表的实践问题

在美国与安提瓜赌博服务案中,申诉方安提瓜和被诉方美国争议的一个焦点问题就是美国的服务贸易承诺表是否包含了对赌博服务的承诺。美国在其承诺表中以10. D"体育和其他休闲服务(体育除外,except sporting)"的方式进行了承诺,

---

〔44〕 Communication from Switzerland, GATS 2000: Environmental Services, S/CSS/W/76, para. 5 (May 4, 2001).

〔45〕 Communication from Brazil, Construction and Related Services, S/CSS/W/113, paras 4 and 5 (October 5, 2001).

〔46〕 王贵国:《世界贸易组织法》,法律出版社2003年版,第175页。

其中对于跨境提供方面没有限制。安提瓜认为美国该项承诺包括了对跨境提供的赌博服务,美国则提出两点反驳:一是美国承诺中"体育除外"包含了赌博服务除外的意思;二是美国根本就没有对赌博服务进行过承诺。由此可见,双方争议的焦点取决于如何解释美国的服务贸易承诺表。

在专家组认为不能判断美国"体育除外"是否包含赌博服务除外后,美国指出,其承诺表根本没有对赌博服务进行过承诺。的确,通观美国的服务贸易承诺表,通篇都没有出现"赌博服务"的字眼。服务贸易承诺表中没有出现"赌博服务",是否就意味着成员方对该项服务没有进行承诺呢?对该问题的解释,就必然涉及各成员方进行服务贸易承诺时所涉及的两个文件:《1993 年承诺表指南》和 W/120 号文件。

《1993 年承诺表指南》第 16 段明确指出:服务贸易承诺表的法律属性和评估承诺开放程度的需要都要求在描述每个部门和分部门时具有最大限度的明确性。一般而言,部门与分部门的划分应当以 W/120 号文件为基础,该文件中的每个部门和相对应的 CPC 编码相对应。如果成员方不能使用上述分类,必须给出足够详细的定义,以避免其承诺的范围有含糊之处。[47] W/120 号文件中 10. D 为"体育和其他休闲服务",与之相对应的 CPC 编码为 CPC964,在 CPC964 项下,又分为 CPC9641 体育服务和 CPC9649 其他休闲服务,CPC9649 项下又包括 CPC96492 赌博服务。因此,根据 W/120 号文件,赌博服务归类于其他休闲服务部门,而非体育服务部门。问题在于,美国主张其在服务贸易承诺表中没有援引 CPC,因此,在解释美国服务贸易承诺表时不能援引 W/120 号文件或 CPC 的约束。对此,专家组认为,根据《维也纳条约法公约》第 31 条"条约应按其词语在文本上下文中所具有的通常含义"之规定,由于 W/120 号文件和《1993 年承诺表指南》构成"上下文(context)",尽管并不构成 GATS 文本的组成部分,但是可以作为解释各成员方服务贸易承诺表的依据。据此,专家组认为,根据 W/120 号文件以及《1993 年承诺表指南》作为上下文解释美国服务贸易承诺的用语,可以认定美国的服务贸易承诺表依据了 W/120 号文件的分类,在并没有明确表示将偏离该分类以及另外给出具体定义的情况下,其他成员方有理由相信美国承诺表中的服务部门 10. D 的范围和 W/120 以及相对应的 CPC 编码所体现的范围是一致的。因此,美国的服务贸易承诺包括了赌博服务的承诺,尽管美国没有使用 CPC 编码。[48]

上诉机构则认为专家组裁定 W/120 号文件与《1993 年承诺表指南》构成"文

---

〔47〕 Appellate Body Report, United States—Measures affecting the Cross—Border Supply of Gambling and Betting Services, WT/DS/285/AB/R, para. 202。

〔48〕 Panel Report, United States—Measures affecting the Cross—Border Supply of Gambling and Betting Services, WT/DS/285/R, para. 6. 110.

本上下文”是错误的，不能仅仅因为乌拉圭回合谈判方要求准备和散发这些文件，并在准备服务贸易承诺提议中使用这些文件，就把这些文件作为解释服务贸易承诺表的“上下文”。这两份文件之所以能够作为解释各成员方服务贸易承诺表的文件，不是因为其具备《维也纳条约法公约》第31条所规定的“上下文”地位，[49]而是因为其具备《维也纳条约法公约》第32条规定“解释的辅助手段”的地位。道殊同归，上诉机构结论与专家组相同，即美国服务贸易承诺表中的分部门10. D“体育和其他休闲服务”的范围和W/120号文件以及相对应的CPC编码所体现的范围一致，应当包括了赌博服务的承诺。[50]

(四)关于服务贸易减让表的修改

GATS第21条对服务贸易减让表的修改程序做了具体规定：

1. 提前通知。任何成员方可以在其具体承诺生效3年后的任何时候进行修改或撤销；但是，该成员方应至少在实施修改或撤销前3个月通知服务贸易理事会。

2. 进行补偿。补偿问题通常是改变承诺通知发出后，受此等修改或撤销影响的成员方可与拟修改或撤销的成员方进行补偿谈判。谈判达成的新的承诺如弥补了撤回承诺所造成的影响，则有关成员间的服务贸易承诺的整体水平不会降低。达成的补偿协定应按最惠国待遇原则实施。

3. 仲裁与贸易报复。如果修改承诺的成员方与受影响的成员方在谈判规定的期限结束之前未能达成协议，受影响的成员方可申请仲裁；除非修改成员方做出与仲裁裁决相符的补偿性调整，否则，不得修改或撤销其具体承诺；但是如果受影响之成员方未提交仲裁，修改成员方则可自主实施其修改和撤销措施。如果成员方实施其修改承诺表的措施与仲裁裁决不一致，任何参与仲裁的受影响成员方可以采取相应的贸易报复措施，即修改或撤销相应程度的减让义务，而且此等修改或撤销可单独针对修改的成员方，即无须顾及第2条的最惠国待遇义务。

欧共体和美国运用GATS第21条规定，对其服务贸易承诺表进行了修改。1994年欧共体及其成员国作出的承诺表仅涵盖当时的12个成员国，到2004年先后13个国家加入了欧共体，为确保这些新成员国各自承诺不违背共同体总体承诺，欧共体不得不启动第21条，与中国、美国等多个受影响成员方进行了艰苦的补偿性调整谈判，达成对其服务贸易承诺表的修改。美国则是因为需要执行“安提瓜赌博服务案”的裁决而启动GATS第21条的修改程序。美国认为其败诉的主

〔49〕 上诉机构之所以认为W/120和《1993年承诺表指南》不能构成“上下文”，主要理由是这些文件尚不足以构成当事国间“与条约有关之任何协定”或者“经其他当事国接受为条约有关文书之任何文件”。

〔50〕 Appellate Body Report, United States—Measures affecting the Cross—Border Supply of Gambling and Betting Services, WT/DS/285/AB/R, paras. 195, 213.

要原因在于其服务贸易承诺表中“体育除外”的内涵存在一定的错误需要澄清，符合 GATS 第 21 条“承诺表中拟议修改或者撤销的相应承诺生效时间业已届满 3 年”的要求。

二、关于市场准入的问题

市场准入(Market Access)是 GATS 中一个非常重要的概念。在美国与安提瓜赌博服务案中，专家组引用《贸易政策术语词典》中对市场准入所下定义，即“是国际贸易领域最为基本的概念，它是指一国货物或服务在另一国市场中与当地产品或服务相竞争的程度。在 WTO 框架下，市场准入是指在非歧视的前提下，一成员方政府针对其他成员方产品或服务进入其市场时所施加条件的法律术语。”[51] 在服务贸易中，市场准入的实施对各成员方而言不是一般性义务，而是具体承诺的义务。这些义务必须通过多边贸易谈判达成协议后才成为各方应承担的义务，且只适用于各成员方所承诺开放的服务部门和分部门，而不适用于未予承诺开放的其余部门。

(一)GATS 关于市场准入的具体规定

GATS 关于市场准入的规定主要体现在第 16 条，该条分为两款。GATS 第 16.1 条规定，当一成员方承诺对某个服务部门的市场准入义务时，它给予其他成员方的服务和服务提供者的待遇，应不低于其在服务贸易承诺表中所列明的条款、限制和条件。由此可见，GATS 市场准入义务的承诺采取的是“否定式清单”(negative list)列明模式，即凡是在服务贸易承诺表市场准入部分没有列明相应条款、限制和条件的，则该成员方今后不得采取相应的条款或条件限制外国服务或服务贸易提供者的进入。

GATS 第 16.2 条特别规定，任何一个成员方，对做出承诺开放义务的服务部门或分部门，不得维持或采取以下六种市场准入的限制措施，除非在市场准入栏中明确列出这些限制措施：(1)无论是以数量配额、垄断、专营服务提供者的形式，还是以经济需求测试要求的形式，限制服务提供者的数量；(2)以数量配额或经济需求测试要求的形式，限制服务交易或资产的总值；(3)以数量配额或经济需求测试要求的形式，限制服务网点总数或服务产出总量；(4)以数量配额或经济需求测试要求的形式，限定特定服务部门或服务提供者可雇佣的、提供具体服务所必须且直接有关的自然人总数；(5)限制或要求服务提供者的法律实体，如规定外国服务提供者必须通过特定法人实体或合营企业在东道国提供服务；(6)限制外国资本参与比例，如对外国资本限定其最高股份额，或对单项的或累计的外国资本投资额进

[51] Dictionary of Trade Policy Terms (2nd ed.), Walter Goode, 1998, p. 176. See Panel Report, United States—Measures Affecting the Cross—Border Supply of Gambling and Betting Services, WT/DS/285/R, para. 6.274.

行限制。

值得指出的是,从 GATS 第 16.2 条看,市场准入部分所禁止使用的措施就是上述提及的六种措施,对于这六种措施以外的同样具有市场准入限制作用的措施并未禁止。因此,从理论上讲,即便有关成员不能继续维持或采取上述六种措施,还是可以在其他方面想办法设置市场准入的限制。但在实际中,成员方往往很难实施超出市场准入栏目中所列条件、限制的其他限制措施。这是因为:第一,成员方关于服务贸易的谈判关注点在于市场准入部分,特别是对商业存在的服务贸易模式,因此各成员方在市场准入栏目中,承诺的内容远远超过了上述六种限制措施。第二,根据 GATS 第 20.2 条的规定,与市场准入和国民待遇不一致的措施应列入市场准入栏目,这就意味着,与国民待遇不一致的市场准入限制措施,除非在市场准入栏目中列出,否则也不得实施。因此,市场准入栏目中的限制条件往往超过上述的六种形式。

(二)GATS 市场准入实践的法律问题

1. GATS 第 16.1 条与第 16.2 条之间的法律关系

GATS 第 16.1 条要求成员方承担的市场准入义务不得低于其承诺表中所列明的条款、限制和条件;第 16.2 条规定各成员方不得采取上述六种市场准入限制措施,除非另有列明。第 16 条第 1 款与第 2 款之间存在什么样的逻辑关系显得非常重要。如果说第 1 款具有独立的法律意义,是一个总括性的规定,而第 2 款则是一种具体的规定,那么,第 1 款所规制的市场准入限制措施的范围要大于第 2 款所列明的六种措施总和。换言之,即使一项限制或条件不属于第 2 款所规定的六种措施之一,各成员方也应当将其列入具体承诺表中,否则不得实施。如果说第 2 款所列的六种措施是对第 1 款的全部列举,第 1 款并不具有独立的法律意义,那么,第 2 款所列的六种限制措施就穷尽第 1 款所指的限制措施,也就意味着在第 2 款所列六种措施之外不存在其他应当被禁止的市场准入措施。

在美国与安提瓜赌博服务案中,争端双方对该两款法律关系问题展开激烈争论。专家组和上诉机构都认定美国服务贸易承诺表中包含赌博服务,且对于该项服务的模式一(跨境提供)市场准入限制部门写明"没有限制(None)"。申诉方安提瓜对此主张,美国在其承诺表中对赌博服务的跨境提供市场准入做出了充分承诺,但美国又以法律禁令方式禁止赌博服务的网络跨境提供,违反了 GATS 第 16.1 条所规定的义务,因为美国提供的市场准入待遇低于其列明的限制(美国没有限制)。美国则认为,GATS 第 16.2 条所列六种市场准入的限制措施实际上穷尽了第 16 条所禁止的限制措施,换言之,市场准入部分"没有限制",指的是没有

第16.2条所列六种措施的限制。[52] 申言之,美国主张GATS第16.1条属于引言性质的规定,本身并不具有独立的法律意义和效果,第1款所指的对市场准入所列明的“条款、限制和条件”实际上就是第2款所指的六种限制。

审理本案的专家组在审查第16条的措辞、GATS宗旨,特别是“1993年承诺表指南”后,对于该条第1款与第2款的法律关系,支持美国的观点。专家组明确指出:“1993年承诺表指南”第4段规定,GATS第16.2条穷尽列举了第1款所指的“条款、限制和条件”,因此,第2款的作用在于补充说明第1款的内涵。[53] 由此可见,如果一项措施不属于第2款所列六种限制措施,即使该措施在实际上限制了市场准入,也不能根据第1款提出质疑。

2. GATS第16.2条(a)项限制的形式问题

解决第16条第1款与第2款之间的逻辑关系后,接下来的问题是一成员方采取的限制市场准入的措施,是否必须满足第2款所规定的形式(form),才能为GATS禁止?例如对服务数量的限制,第2款(a)项列举了四种限制形式,即数量配额、垄断、专营服务提供者和经济需求测试要求;再如(c)项对服务业总数的限制列举了两种形式,即数量配额和经济需求测试。

在美国与安提瓜赌博服务案中,争端双方对于美国禁止网络赌博服务是否属于第2款规定的市场准入限制形式产生争议。美国认为,其联邦与州法律禁止通过网络方式提供远程赌博活动,是对赌博服务提供行为的管制,而不是对数量的管制,不属于第16.2条(a)和(c)项所规定的限制的形式。安提瓜则认为,美国对网络跨境提供的赌博服务完全禁止相当于以“零配额”的方式对服务提供者和服务产出总量的限制,属于第2款(a)项和(c)项所禁止的市场准入措施。[54]

专家组认为第16.2条(a)项规定六种限制措施以及这些限制措施所表现的形式都是穷尽的,理由在于,该款的列举不像GATT第11条取消数量限制那样有一个兜底条款,即“或其他措施”的规定。据此,只有当成员方采用了诸如数量配额、垄断、专营服务提供者或经济需求测试要求等形式的市场准入措施才属于第2款(a)项禁止之列。[55] 本案的复杂性在于,美国的相关措施从形式上看毕竟没有采取第16.2条(a)项所规定的数量配额、垄断、专营与市场需求测试,而是对网络赌博服务跨境提供的禁止。专家组和上诉机构通过复杂的解释,指出第16.2条(a)项的核心不仅涉及限制的形式,而且还具有数字或数量的性质,认为“以数量

---

〔52〕 Panel Report, United States—Measures Affecting the Cross—Border Supply of Gambling and Betting Services, WT/DS/285/R, para. 6.262.

〔53〕 Id., para. 6.298.

〔54〕 Id., para. 6.256.

〔55〕 Id., paras. 6.324 – 325.

配额形式"应当不仅包括数字本身,而且包括具有数字特征的那些限制。那些对一种、几种或所有跨境提供方式的禁止的措施,相当于"零"配额,属于第2款(a)项所指的市场准入限制措施。[56] 专家组和上诉机构最终裁决实际上扩大了GATS第16.2条所列禁止采取措施的适用范围,将效果上具有数量限制的措施都解释为第16.2条(a)项所指的"以数量配额的形式"的市场准入措施。

(三)GATS第16条"市场准入"与第6条"国内管理"的关系问题

美国与安提瓜赌博服务案裁决后,有学者提出,专家组和上诉机构对GATS第16.2条适用的扩大解释一方面有利于防止成员方规避第2款限定的形式而采取限制服务贸易开放的措施,另一方面却有可能侵害一国依据GATS第6条而进行的国内管理主权,因为有些国内管理措施同样可能造成"零配额"的效果,从而可能会落入GATS第16条规制的范畴。[57]

GATS第16条与第6条国内管理[58]之间的关系如何?目前学者们观点不尽一致。有学者主张,一旦某项措施属于第16条的范围,就不再受第6条的约束。[59] 有学者主张,尽管国内管理与市场准入之间存在基本区别,但GATS似乎并不能排除受第6条管辖的"资格要求和程序、技术标准和许可要求"可以被第16条所禁止的市场准入限制所涵盖,同时,由于第6.1条适用于"所有影响服务贸易的普遍适用的措施",似乎也应当包括第16条所涵盖的"普遍适用的市场准入限制"。[60]

在美国与安提瓜赌博服务案中,申诉方安提瓜主张美国的做法既违背了第16条的市场准入限制,也违反了第6.1条和第6.3条的要求,即美国不是以"合理、客观的和公正的方式实施"。专家组则认为,市场准入和国内管理的两条规定是相互排斥的。[61] 我们较为同意专家组的观点。例如某成员方在其服务贸易承诺表

---

〔56〕 Appellate Body Report, United States—Measures affecting the Cross—Border Supply of Gambling and Betting Services, WT/DS/285/AB/R, paras. 234 – 238.

〔57〕 类似观点参见:石静霞:《WTO服务贸易法专论》,法律出版社2006年4月版,第171页;刘晴:"论在GATS下对电子手段跨境提供服务的适当监管",载《甘肃社会科学》2006年第5期,第196页。

〔58〕 国内管理主要指对服务或服务提供者所采取的"有关资格的要求和程序、技术标准和许可要求的各项措施。"以及"以合理、客观的和公正的方式实施"国内管理措施。

〔59〕 Laurel Terry, But What Will the WTO Disciplines Apply to? Distinguishing Among Market Access, National Treatment and Article VI:4 Measures When Appling the GATS to Legal Services, The Professional Lawyer, vol. 83, 2004, p. 98.

〔60〕 石静霞、胡国荣:"试从GATS第6条与第16条的关系角度评'美国博彩案'",载《法学》2005年第8期,第101页。

〔61〕 Panel Report, United States—Measures Affecting the Cross—Border Supply of Gambling and Betting Services, WT/DS/285/R, para. 6.305.

中对某服务部门的市场准入中列明“只能以合资的商业存在提供服务,且外资所占比例不得超过50%”。很显然这是GATS第16.2条规定的市场准入中法律实体与投资比例的限制措施,只要在承诺表中予以列明,则可以实施。但如果这种措施除受GATS第16条规制外,还要受GATS第6条的审查,这显然不合适,因为大多数市场准入的限制措施都是针对外国服务提供者或服务,从实施效果上看,显然低于给与本国服务提供者或服务的待遇,很难符合GATS第6条规定的以“合理、客观的和公正的方式实施”。这样,大多数在承诺表中列明的、根据第16条可以实施的市场准入限制措施就可能被认定违反GATS第6条。

与此相关的问题是,根据GATS第6条规定所采取的国内管理措施,在实际上起到“数量限制”的效果,是否如同美国与安提瓜赌博服务案中的相关措施应当受到GATS第16条的审查?专家组认为这种国内管理措施不应再受GATS第16条市场准入条款的审查。[62] 原因在于,GATS第6条管制的是服务提供的质量与服务提供者的能力,而第16条关注的是对服务提供者或服务提供数量的管制,两者有着本质的差别。固然,一项管制服务提供者能力的措施客观上会影响到外国服务提供者的数量,例如,要求担任律师必须通过东道国律师资格考试,这种考试属于一种对法律服务提供者能力的资格要求,属于第6条的管辖范畴;其客观效果自然起到限制外国法律服务者进入东道国提供服务的数量。但是,不能因为要求律师必须通过东道国律师资格考试有市场准入数量限制效果,就要求这类措施必须受到GATS第16条审查。否则,绝大多数关于服务提供者能力或资格的国内管理措施都因为没有在GATS第16.2条项下列明而构成了市场准入限制措施。这里顺便指出,美国出于保护公共道德、健康或者国家安全等方面的考虑,对网络方式跨境提供的赌博服务进行限制,这并不属于GATS第6条规定的“资格要求和程序、技术标准和许可要求”的各项措施,因为这类措施应当是基于提供服务的能力和资格,即保证服务的质量;美国相关措施应属于GATS第14条所规定的一般例外和安全例外措施。因此,美国与安提瓜赌博服务案裁决是否引起GATS第16条市场准入与第6条国内管理条款之间的冲突或混淆有待进一步观察。

三、GATS有关国民待遇原则的适用

(一)国民待遇原则的含义

国民待遇原则是一项传统的自由贸易原则。在以GATT为代表的国际货物贸易法律体系中,国民待遇原则指的是禁止缔约方对已经支付关税和其他海关费用之后的进口产品征收比国内相同产品更高的国内税或适用更严厉的国内法规、其目的在于确保减免关税的效果得到切实的保障,避免本国产品在事实上受到超关税的保护。由于各国不能对包括金融在内的服务贸易的进口征收关税,而各国

---

〔62〕 Id., para. 6.306.

服务业的发展水平又相当悬殊,如果像 GATT 货物贸易中那样适用国民待遇,对进入本国市场的外国服务提供者和服务从一开始就一律同等适用国内法规,会对本国处于劣势的服务企业产生巨大冲击。实际上,不经过多轮谈判,从一开始就把国民待遇原则在服务贸易中当作普遍义务(一般义务)适用,就相当于在货物贸易中从一开始就实行零关税,这显然是不现实的。[63] 即便金融服务强国美国,在乌拉圭谈判期间,其国内的银行、保险业对全面开放本国市场也忧心忡忡,一度反对声四起。许多发展中国家如印度、巴西、阿根廷、埃及等,对外国金融投资均根据本国经济金融状况设有硬性限制。乌拉圭回合关于服务贸易适用国民待遇的谈判非常艰难,各谈判方的意见分歧很大,主要集中在:国民待遇原则是否适用于服务贸易领域、国民待遇和市场准入的性质与关系、国民待遇的适用标准和范围等问题。[64] 发展中国家由于服务业发展水平的限制,它们担心将国民待遇原则适用于服务贸易,允许一切外国服务业与本国服务业在同等条件下竞争,不仅会影响它们的对外贸易机制,甚至还会影响到整个国民经济的发展,所以主张将服务领域的国民待遇原则作为一种长远的目标。

GATS 的规定反映了发达国家与发展中国家两种意见的调和与折中,将国民待遇原则规定为一项具体承诺的义务,允许各成员方在谈判的基础上确定其承担国民待遇义务的程度和条件。GATS 第 17.1 条是关于国民待遇涵义总体性规定:"在列入服务贸易承诺表的服务门类中,在遵守其中所列条件与限制的情况下,每个成员方给予任何其他成员方服务和服务提供者的待遇,在影响服务提供的所有措施方面,在优惠上不得低于它给予本国相同服务和服务提供者的待遇。"第 17 条第 2 款和第 3 款进一步规定,成员方可以在形式上给与任何其他成员方服务或服务提供者与本国相同服务或服务提供者相同或不同的待遇,只要这种形式相同或不同的待遇不对外国服务或服务提供者形成不利竞争条件。由该条规定可以看出,GATS 的国民待遇具有以下几个特点:

第一,GATS 中的国民待遇属于具体承诺的义务。换言之,GATS 对于国民待遇的适用义务是相对宽容的,允许成员方在其服务贸易承诺表中就国民待遇适用的条件和限制进行具体谈判和规定,除谈判同意的条件和限制外,任一成员须给予其他成员方的服务和服务贸易提供者不低于给予本国相同服务和服务提供者的待遇。

第二,GATS 中的国民待遇不仅仅适用于服务,而且还适用于服务提供者,这

〔63〕 张若思:"WTO 金融服务贸易法律制度",载《法学研究》2000 年第 6 期,第 99 页。

〔64〕 有关争议具体内容可参见:Deepak Nayyar, Some Reflections on the Uruguay Round and Trade in Services, Journal of World Trade, Vol. 22, 1988, p. 39。石静遐:"中国发展国际服务贸易的法律问题——结合 GATS 的若干分析",载《中国法学》1997 年第 5 期,第 75—76 页。

是由服务贸易本身的特性决定的。在许多情况下,服务的生产过程是由服务提供者在交易现场即时完成和交付的。相当一部分服务业不同于货物制造业可以制成有形的物体,通过各种运输工具传递交付,服务提供者在许多情况下不在现场就无法提供服务(如医疗手术),即消费者与生产者存在着互动关系。外国服务提供者若没有得到国民待遇的保障,就无法在同等条件下进行公平竞争。

第三,GATS 国民待遇标准是事实上的而非形式上的,即成员方给予外国服务或服务提供者的待遇可以在形式上不同于本国相同服务或服务提供者享受的待遇,但只要实际执行效果能够达到"竞争条件"平等就可以了。这是因为服务贸易不同于货物贸易,有时虽然形式相同,竞争却不平等;有时形式不同,而实质上反而符合市场竞争、机会均等的原则。例如在银行管理方面,对于在美国开业的外国银行分行的偿付能力,若完全按照与美国国内银行分行同样的标准审核,就会有问题,因为外国银行分行的偿付能力在其母国总行,美国进行监管事实上比较困难。因此,就偿付能力而言,给予外国银行在美分行以不同于美国银行分行的待遇就成了完全无可非议的事情了。[65]

由此可见,在 GATS 国民待遇规则下,不论外国服务商和服务与国内相同服务商和服务是否享有形式相同或形式不同的待遇,只要能使二者的竞争条件平等,就符合国民待遇规则;反之,如果某项措施在形式上是相同的,但却实际上改变了竞争条件,从而使本国的服务或服务提供者与任何其他成员方的同类服务或服务提供者相比处于有利地位,则该形式相同的措施就要被认为违反了 GATS 的国民待遇。

(二)国民待遇与市场准入的法律关系问题

在货物贸易领域,国民待遇的适用范围非常明确,即进口货物在海关缴纳关税、完成海关手续之后,进入进口国国内市场才有权享有国民待遇。因此,对于货物贸易而言,市场准入与国民待遇之间的界限较为清楚。但在服务贸易领域,由于像货物贸易领域的边境不复存在,对外国服务或服务提供者的准入限制措施对国内服务或服务提供者常常一体适用,因此,市场准入和国民待遇在有些情况下甚至合二为一。例如,限制外国服务提供者进入本国市场的数量而对本国服务提供者并无限制,这种既属于市场准入也属于国民待遇的限制措施,究竟是应受到 GATS 第 16 条市场准入还是第 17 条国民待遇的约束,抑或同受两条的约束?这个问题实际上涉及国民待遇的适用范围问题,即国民待遇到底适用于外国服务或服务提供者进入之前抑或只能适用于进入之后?有学者以例为证:A 成员在建筑服务部门做出了国民待遇的承诺,但对市场准入列明了这样的限制:只允许 10 家建筑公

〔65〕 Joel P. Trachman, Trade in Financial Services under GATS, NAFTA and the EC: A Regulatory Jurisdiction Analysis, 34 Colum. J. Transnat'l L. 37, 1995, p. 65.

司(包括国内和国外)缔结100个建筑合同。A国在完全无歧视的基础上通过拍卖的形式向国内外建筑公司发放了10个许可证,并在无歧视基础上批准了100个建筑合同。A国政府接下来决定:(1)以后的新颁许可证只给本国公司;(2)所有新建筑合同只能与本国公司而不能与外国公司(包括已取得许可证的外国公司)缔结。

在此情况下,A国并未违反其市场准入承诺,但是否违反了国民待遇承诺呢?这就涉及对国民待遇条款适用范围的三种不同理解:(1)全面的国民待遇,即国民待遇涵盖了外国服务提供者的市场准入和准入后的经营活动,因此,A国的两种行为都违反了国民待遇义务。(2)市场准入后的国民待遇,即国民待遇与市场准入分开,不涉及开业权问题,但对所有获得准入的外国服务提供者的运营都适用。换言之,关系到开业权的歧视性数量限制措施不属第17条调整,该条只调整涉及服务提供者运营的歧视性数量限制措施。因此,A成员方第一种行为没有违反国民待遇,第二种行为则违反了国民待遇。(3)限制性国民待遇,即凡属于GATS第16条调整的措施,包括歧视性的数量限制措施,都应排除在第17条国民待遇之外。由于A成员方在其市场准入承诺中,既对开业权又对经营权歧视性数量限制进行了列明,因此,A成员方两种行为都不属第17条调整,都没有违反国民待遇。对这三种理解,学者们看法亦不尽相同。[66] 我们倾向于第三种理解。其实,在乌拉圭回合谈判中,有的谈判方就提出过这种问题,当时乌拉圭回合谈判委员会确认,对于二者兼有的措施,在服务贸易承诺表中,只列入"市场准入"的栏目即可,而不必在"国民待遇"栏目中重复列入。GATS第20条明确规定,"与第16条(市场准入)和第17条(国民待遇)都不一致的措施应列入与第16条有关的栏目,在这种情况下,所列内容将被视为也对第17条规定了条件或资格"。因此,当国民待遇栏目中未列入限制措施时,在市场准入栏目中却可能存在着与国民待遇不符的歧视性措施;在市场准入栏目中列入的任何歧视性措施,也将被视为列入了第17条款下的国民待遇并遵守了该条款的规定。

(三)服务提供模式对辨别服务"相同性"的影响问题

与最惠国待遇适用情况相似,GATS国民待遇中涉及的一个重要概念也是"相同服务"(like services)和"相同服务提供者"(like services suppliers)的辨别问题。

---

〔66〕 相关观点请参见:张瑞萍:"服务贸易总协定基本原则评析",载《当代法学》1998年第3期,第12页;房东:《WTO〈服务贸易总协定〉法律约束力研究》,北京大学出版社2006年版,第139页;刘笋:"对GATS主要缺陷的剖析",载《法学评论》2001年第1期,第95页;王毅:"WTO国民待遇在服务贸易和知识产权",载《法学研究》2004年第3期,第119页;Aaditya Mattoo, National Treatment in the GATS: Corner—Stone or Pandora's Box?, Journal of World Trade, Vol. 31, 1997, pp. 114–117;Geza Feketekuty, Assessing and Improving the Architecture of GATS, in Pierre Sauve and Robert M. Stern ed., GATS 2000: New Directions in Services Trade Liberalization, Brookings Institution Press, 2000, pp. 95–97.

从相关争端解决实践看,争议较大问题在于服务提供模式是否会影响服务贸易同类性的识别问题。

在加拿大汽车案中,日本和欧共体两个申诉方均主张,根据加拿大的规定,为获得进口汽车免税措施的进口商必须符合“加拿大增值”(Canadian Value-added, CVA)条件,CVA 要求对汽车生产商产生一种激励,促使他们从加拿大境内服务提供者那里采购服务(例如有关汽车维修的咨询建议),而不是采购从其他成员方境内提供或自这些成员方出口至加拿大的服务,即加拿大的措施直接使通过跨境提供和境外消费方式提供服务的境外服务提供者处于不利竞争地位,从而违反了 GATS 第 17 条的国民待遇。加拿大则主张,通过模式三(商业存在)和模式四(自然人流动)提供的服务并没有受到 CVA 措施的影响,因为所有的模式三和模式四的服务提供者,无论是加拿大的服务提供者还是非加拿大的服务提供者都可能从 CVA 要求中获益,因而没有违反国民待遇。[67] 双方争议的焦点在于,一种服务如果通过不同的方式提供(四种模式),是否可以构成不同类型服务的理由?换言之,在 GATS 规定的四种服务提供方式与国民待遇义务的关系方面,国民待遇原则是否可以在不同方式下割裂适用?一种观点认为,不同提供方式下的服务应视作不同类服务,即服务的提供方式可作为区分服务是否相同的一种方法;另一种观点则认为,服务同类性的认定应打破服务提供方式的界限,因为 GATS 第 17 条的规定并不强调服务提供方式的差异,这种差异对于判断服务是否同类的重要性不应超越服务本身的内在特征。[68] 审理本案的专家组认为,加拿大的 CVA 要求尽管对通过模式三(商业存在)和模式四(自然人流动)在加拿大经营的国内外服务提供者没有造成歧视,但在本案中,将那些通过模式三和模式四在加拿大境内提供的服务和那些从其他成员方境内通过模式一(跨境提供)和模式二(境外消费)提供的服务视为“同类”服务是合理,因此,CVA 要求尽管并不区分是加拿大服务提供者还是外国服务提供者在加拿大境内提供的服务,但它针对通过模式一和模式二的外国服务提供者而言,则明显有歧视性的影响。[69] 具体而言,加拿大服务提供者通过商业存在(模式三)提供的服务与境外服务提供者通过跨境提供(模式一)和境外消费(模式二)提供的服务相比,境外服务提供者处于不利的竞争地位,从而违反了国民待遇的规定。由此可见,关于服务提供方式的区分并不影响服务是否具有同类性的判别。

---

〔67〕 Panel Report, Canada-Certain Measures Affecting the Automotive Industry, WT/DS142/R, para. 10. 306.

〔68〕 相关争议请参见石静霞:《WTO 服务贸易法专论》,法律出版社 2006 年版,第 116—117 页。

〔69〕 Panel Report, Canada-Certain Measures Affecting the Automotive Industry, WT/DS142/R, para. 10. 307.

但上述结论并非绝对。在美国与安提瓜赌博服务案中,美国禁止安提瓜境内通过国际互联网向美国境内提供赌博服务,但美国却允许美国国民在境内开设“面对面”的现实赌场提供赌博服务。安提瓜主张通过国际互联网向美国提供的赌博服务和在美国通过商业存在提供赌博服务是“同类”服务,因而美国违反了国民待遇原则。美国则认为,安提瓜提供的赌博服务是通过网络远程服务提供的(跨境提供),而美国国内的赌博是“面对面”提供的(商业存在),这两种服务不是“同类”服务。对此争议,专家组以“司法经济”原则为由没有加以讨论。但专家组和上诉机构在讨论对 GATS 第 14 条一般例外适用时,又间接地涉及这一问题。美国主张其《有线通讯法》、《旅游法》和《非法赌博交易法》是 GATS 第 14 条项下“为了保护公共道德”或“维持公共秩序”所必需的措施;安提瓜则认为美国应当对所有赌博情况下出现的社会问题采取相同措施,而不应单独对网络赌博采取特别的措施,因此美国的措施存在不合理的歧视。对此,专家组的结论是:在美国,与面对面赌博方式相比,网络赌博服务的情况下出现的洗钱、欺诈、健康和未成年人赌博等社会问题更为严重和特殊(例如洗钱的速度、规模、国际性等方面),因此,美国用来处理赌博服务的远程提供情况下出现的特殊社会问题的措施与处理在赌博服务的非远程提供的情况下出现的社会问题的措施不能相比较。”〔70〕上诉机构同意专家组看法:“专家组为了分析三部联邦法规的适用中是否存在歧视而进行这样的区分(区分管理网络赌博与非网络赌博的措施,笔者注),并没有错误。这种方法只是反映了这样的观点,网络提供的赌博服务的独有特征要求采取特殊的管理措施,这就意味着将远程提供的与非远程提供的赌博服务这两者的待遇加以比较是不恰当的。”〔71〕由此,通过专家组和上诉机构这些表述暗含这样的观点:通过不同模式提供的服务,且由于这种不同服务提供模式产生了不同的社会问题,该两种服务即使列入同一服务部门,亦可能因其特殊性而采取不同的管理措施。

第四节　GATS 的新发展

乌拉圭回合结束时,各谈判方同意在服务贸易领域继续就自然人流动、海运服务、基础电信、金融服务四个领域进行谈判,以期在这四个服务部门实现更高水平

〔70〕 Panel Report, United States—Measures affecting the Cross—Border Supply of Gambling and Betting Services, WT/DS/285/R, paras 6.499—6.521.

〔71〕 Appellate Body Report, United States—Measures Affecting the Cross—Border Supply of Gambling and Betting Services, WT/DS/285/AB/R, para 347.

的市场开放。为此,在1993年12月15日贸易谈判委员会通过了《关于自然人流动问题谈判的决定》、《关于海运服务贸易谈判的决定》、《关于基础电信谈判的决定》和《关于金融服务谈判的决定》四个决定,提出WTO成立后成员方应继续就这四个问题进行谈判。此外,根据GATS第19条关于服务贸易逐步自由化的规定:"各成员方应不迟于《WTO协定》生效之日起5年开始并在此后定期进行连续回合的谈判,以期实现服务领域更高的自由化水平。"与多哈回合于2001年11月启动WTO新一轮谈判的时间不同,服务贸易的新一轮谈判实际上自2000年1月1日就已经开始。由此,服务贸易的谈判可以分为两个阶段,第一阶段是自乌拉圭回合结束到2000年1月服务贸易新一轮谈判;第二阶段主要则是多哈回合有关服务贸易的谈判。从目前进展来看,第一阶段谈判有明显成果,第二阶段谈判集中在服务贸易市场的进一步开放、GATS规则(国内管理、服务贸易紧急保障措施、政府采购和政府服务补贴)等问题,但进展乏善可陈。

一、关于自然人流动问题的谈判

旨在使各国(地区)就"自然人跨国流动"提高开放承诺的谈判在1995年7月28日告一段落,参加方达成了《GATS第三议定书》,但这一谈判取得成果有限,各方改进承诺的幅度不大。仅仅是极少数发达国家谈判方(澳大利亚、加拿大、欧盟、挪威和瑞士)对自己的服务承诺表中自然人流动服务模式作了极为有限的改动。该议定书于1995年7月21日在服务贸易理事会上获得通过,1996年1月30日生效,各成员方关于自然人流动的具体承诺附在《GATS第三议定书》之后。

大多数的有关自然人跨国流动承诺都受限于"经济需求认定",即有关自然人进入的前提是东道国认定本国居民不能提供相应的服务、有关服务的需求必须公告、在劳动力录用和工资水平及劳动条件方面必须与有关各国的情况相一致、服务提供者的业务资格要获得承认等。"经济需求认定"与入境签证配合使用,往往具有配额限制的作用。

各参加方关于自然人流动的具体承诺各异。欧盟对于以下服务行业做出了市场准入和国民待遇的承诺:法律服务、会计服务、税收咨询服务、建筑服务、计算机及相关服务、研究与发展服务、广告、管理咨询服务、与管理咨询相关的服务、技术测试与分析服务、翻译服务、高等教育服务、旅游服务、与设备销售或专利转让相关的服务;同时,亦对上述服务部门的自然人的市场准入设置下述条件:(1)自然人应作为在欧盟成员国未设机构的法人之雇员提供临时服务;(2)该法人从成员国消费者通过公开招标或其他方式善意地获得不超过3个月的服务合同;(3)该自然人应在进入前作为法人的雇员提供该类服务至少一年;(4)在东道国的服务合同期间不得超过三个月;(5)该自然人必须具备服务提供国所需的学历和技术资格。在瑞士,外国服务提供者的进入与居留需经授权(居留证和工作证);一般人员通常居留限于1年中的3个月,其中高级管理人员或专家可居留三年,最长可为四年。[72]

2000年2月7日,WTO服务贸易理事会决定服务贸易新一轮谈判正式启动。各成员方对自然人流动议题各抒己见,其中印度提出了比较完整的提案:对于水平承诺,应制定统一的、包括更广泛的服务人员类型的自然人定义,专家应包括中低层的专业人员,取消发展中成员方自然人缴纳社会安全税的规定。在具体承诺方面,应明确每个部门适用的措施,必须在具体承诺中记载所有的限制;建立经济需求测试的多边纪律;签证和工作许可制度应更加透明;一般移民政策不应阻碍短期流动的承诺;严格规定签证申请的期限(最多2到4个星期);实行透明和有效率的申请程序,简化更新签证延期程序,采取适当的保障机制,防止自然人流动进入永久劳动力市场。[73] 在服务贸易的新一轮谈判中,自然人流动是发展中国家与发达国家可以作为贸易利益交换的重要议题,实际上在OECD国家对自然人流动持反对态度也并非铁板一块,他们中有许多工业得益于自然人短暂流动的自由,因此,发展中国家与这些国家的结盟有可能突破目前在自然人流动问题上的僵局。[74] 在自然人流动问题上,成员方承认:通过自然人流动提供的服务应具有暂时性;不得以自然人流动作为进入其他成员方永久劳动力市场的跳板。发达成员担心的是,自然人流动模式可能发展成为其移民政策的替代,而发展中成员方则要求充分落实自然人流动的服务提供模式。[75]

二、关于海运服务贸易的谈判

GATS《关于海运服务贸易谈判的决定》规定海运服务(国际海运、辅助海运服务和港口设施的建设和使用)的谈判进行到1996年6月,届时WTO将实施谈判结果和谈判组最后报告所建议的其他行动。在此之前,GATS不适用于该部门,也不必列明最惠国待遇例外清单。在谈判结果生效之前,成员方可在不提供任何补偿的情况下进行修改或撤销其具体承诺。在结束乌拉圭回合的马拉喀什部长会议上成立海运服务谈判小组,并在世贸组织成立后即开始紧张的谈判。到1996年6月28日海运谈判小组共进行了16次谈判会议,最终因利益分歧太大而不得不中止。海运服务谈判举步维艰的原因在于:其一,海运业涉及的经济利益巨大,各谈判方难免斤斤计较。根据联合国贸发会统计,海运服务收入占世界进口总值的5%以上。其二,美国在谈判者出尔反尔。美国提出在考察其他成员方出价的基础

---

〔72〕 方健:“服务贸易部门谈判的主要内容”,载《国际商报》1998年5月2日。

〔73〕 张幼文:《多哈发展议程:议题与对策》,上海人民出版社2004年版,第64页。

〔74〕 Bernard M. Hoekman, “Towards a More Balanced and Comprehensive Services Agreement”, in J. Schott (eds.), The Uruguay Round and Developing Economies, Cambridge, Mass: Cambridge University Press. 2000.

〔75〕 Rafael Leal-Arcas, The Resumption of the Doha Round and the Future of Services Trade, 29 Loy. L. A. Int't & Comp. L. Rev. 339, 2009, p. 373.

上再提出自己的出价，在临近谈判结束的前一个月，美国借口其他成员方经过改进的出价仍不能使其满意，撤回自己减让承诺。其三，海运业是迅速发展中的产业，如集装箱装卸的发展使谈判的内容与在乌拉圭回合期间有很大不同。此外，海运业及其国际开放由于方便旗的使用更加复杂化（船舶所有权为一国国民，登记注册却在另一国）；在GATS谈判中，只考虑船舶所有权人的国籍，而在实际管理中，大多数情况是根据船籍，即船只注册国进行管理。[76]

1996年6月28日服务贸易理事会通过《关于海运服务的决定》，规定海运服务贸易谈判将在新一轮服务贸易谈判时开始恢复。2000年1月，作为乌拉圭回合既定议程的服务贸易谈判如期启动，将海运服务纳入了此轮服务贸易谈判的范畴。绝大多数成员建议，谈判的范围除了海运服务、海运辅助服务和港口服务外，还应考虑涵盖多式联运服务。欧盟提出，为了控制整个物流链，应考虑海运多式联运门至门服务，但这并不意味着陆地或内河运输的完全自由化。澳大利亚则提出，用“集中”方式将与海运服务有关的重要经济部门包括进来，克服以往谈判遇到的困难；消除抑制海运服务的非关税壁垒和反竞争的商业惯例；建议讨论海运竞争政策问题，保证政府适当的竞争立法和执法。[77]

三、关于基础电信服务贸易的谈判

乌拉圭回合谈判时，将电信服务贸易谈判分为两大部分，一是基础电信，二是增值电信。对于基础电信和增值电信的具体含义，WTO并未作具体规定，而只是依照美国对电信服务的分类，对增值电信和基础电信的业务门类进行了划分。基础电信主要包括八类服务：声频电话服务、分组交换数据传输业务、线路交换数据传输业务、电传服务、电报服务、传真服务、私人租用线路服务、卫星服务。增值电信服务主要包括七类服务：电子邮件服务、语音信箱、电子数据交换服务、在线数据的加工与信息处理、在线数据库储存与检索、增值传真、代码规程转换等服务。

在乌拉圭回合结束时，成员方仅仅对增值电信做出了具体承诺，而基础电信的谈判从1994年5月开始，根据《关于基础电信谈判的决定》的规定，谈判结束日期为1996年4月30日。与金融服务贸易谈判相类似，由于美国认为其他成员方的出价不够，4月美国撤回其在电信服务领域的承诺，从而导致谈判破裂。WTO前总干事鲁杰罗出面斡旋，建议先维持已有的谈判成果，并将谈判期限延长至1997年2月。1997年2月15日，经过近3年的艰苦谈判，WTO终于成功结束了关于基础电信市场准入谈判，69个国家（地区）提交了55份服务贸易承诺表，附于GATS

---

〔76〕 汪尧田等：《国际规则发展契机——加入WTO后的中国》，上海财经大学出版社2002年版，第204页。

〔77〕 张幼文：《多哈发展议程：议题与对策》，上海人民出版社2004年版，第64页。

项下,这些国家的电信收入占了1995年世界电信市场的91%。[78] 1997年4月15日《GATS第四议定书》在服务贸易理事会获得通过,在1997年剩余的时间里,各方履行国内批准程序,为接受议定书和履行所作的承诺做准备。该议定书于1998年2月5日正式生效。[79]

《GATS第四议定书》及其附件构成了《全球基础电信协定》,该议定书只是规定了生效时间等程序性问题,其附件包括基础电信服务具体承诺表和GATS第2条最惠国待遇例外清单两部分,是《全球基础电信协定》的主体。参加方在各自的承诺表和例外清单中,就移动语音和数据服务、国内和国际的语音服务、传真服务、分组交换数据传输业务、电路交换数据传输业务等,承诺了不同程度的市场开放。《全球基础电信协定》的通过意味着垄断和封闭了60多年的世界电信市场终将开放。

《基础电信协定》所涵盖的区域非常广阔,美国、欧盟和日本都承诺在1998年前开放市场,取消本国公司对市场的垄断。做出类似承诺的还有墨西哥、韩国等国家。然而从各方的承诺看,除了美国、挪威等少数成员在市场开放上维持相对较少的限制措施外,大多数成员只是承诺逐步地、有限度地开放。首先,限制外资比例在各方承诺表中较为常见,如日本虽然允许外资在其他电信公司100%参股,但是对于其国内两家最大的电信公司,则规定了外资比例不能超过20%;墨西哥对外国公司在其本国公司中的投资股份限制在49%;加拿大限制在46.7%。其次,各方在市场开放的具体步骤上,多采用时间表形式,许多成员对于不同的服务内容都承诺在今后的适当时间再开放,例如,爱尔兰承诺于2000年、葡萄牙和希腊承诺于2003年开放。再次,对具体的某一类业务,有些成员是有选择地开放,比如移动通信,有些成员就选择特定的无线电频率开放。

四、关于金融服务贸易的谈判

(一)《全球金融服务贸易协定》的产生

金融服务是服务贸易的重要组成部分,在GATS中被定义为包括所有保险及与保险相关的服务和所有银行及其他金融服务(保险除外)。金融服务业不仅是一个创造经济效益的普通产业部门,它还是国家执行货币政策、调控宏观经济的一个重要中介工具,在国民经济中发挥重要作用。由于金融在一国经济中居于核心地位,因此在乌拉圭回合谈判中争论最为激烈。各谈判方受其发展水平、金融实力和监管能力的限制,在金融服务贸易开放方面存在着较大差距。发展中国家由于

---

〔78〕 张汉林 张海平:“伟大的推进器—世贸组织基础电信服务自由化谈判协定及减让表分析”,载《国际贸易》1997年第8期,第25页。

〔79〕 Michael H. Ryan, Trade in Telecommunications Services: A Guide to the GATS, Computer and Telecommunications Law Review, Vol. 7. 1997, p. 95.

该行业是弱势行业，在谈判时不愿承担过度的开放义务，发达国家则因为有较大的行业优势则要求较高的开放度。这一差距使得金融大国美国在乌拉圭回合谈判中拒绝在金融服务领域提供无条件的最惠国待遇。这个问题的关键就是美国提出的"免费搭车"(free-rider)观点：由于适用最惠国待遇原则，许多国家不需要在开放金融市场方面做出承诺却可以享受其他国家给予的优惠。因此，美国主张适用对等原则，以迫使其他国家开放金融市场，这实际上是以"有条件的最惠国待遇"取代了 GATS 中的无条件最惠国待遇，在不同国家之间实行差别待遇。[80] 受美国影响，一些国家撤回了其承诺。虽然乌拉圭回合最终达成 GATS，但在金融服务方面承担义务的谈判却没有达成满意的结果，也并未真正解决金融服务的市场准入等问题。乌拉圭回合虽然没有达成永久性金融服务贸易协定，但是制定了两个有关金融服务的附件(《金融服务附件》与《金融服务的第二附件》)和《金融服务承诺谅解》，为 WTO 成立后继续就金融领域进行谈判创造了条件。

《金融服务附件》是 GATS 的组成部分，其重要意义首先在于将金融服务贸易纳入 GATS 规则框架，并对 GATS 在金融服务领域适用涉及的重要概念、规则做出符合该部门特点的解释；其次是确定了 GATS 所调整的金融服务范围，将银行、证券、保险服务都纳入了多边贸易规则管辖；最后是允许各成员为维护金融安全而采取审慎措施(prudential measures)。《金融服务的第二附件》主要是为促使谈判各方在 WTO 成立后继续进行金融服务谈判，内容包括授予谈判各方在 WTO 协定生效后的 4 个月后的 60 天内，修改和做出最惠国待遇豁免；允许各成员在这一期间继续谈判、修改、完善或撤销原来做出的金融服务具体承诺。这为 WTO 成立后继续进行金融服务的专项谈判奠定了基调。与此同时，作为一种妥协，由美国、欧盟、日本等主要发达国家提出建议并在乌拉圭回合谈判结束时而产生了一个名为《金融服务承诺谅解》的文件。

尽管乌拉圭回合没有结束金融服务业开放问题上的具体谈判，但是 GATS 关于《金融服务的第二附件》和部长级会议关于金融服务的决议为其后的谈判铺平了道路。根据有关决议，开放金融服务业的谈判应当在 WTO 成立后的半年内进行，也就是 1995 年 1 月 1 日到 6 月 30 日之间进行，谈判的目的是使所有成员同意在无条件最惠国待遇基础上缔结永久性的金融服务协定，促进金融服务自由化。在谈判期间，29 个成员[81](欧盟 15 国为一成员)进一步修改了具体承诺表，但是

---

〔80〕 Wendey Dobson and Pierre Jacquet：《WTO 下的金融自由化》，北京出版社 2000 年版，第 91 页。

〔81〕 这 29 个成员是：澳大利亚、巴西、加拿大、智利、捷克、多米尼加、埃及、欧盟、香港、匈牙利、印度、印尼、日本、韩国、科威特、马来西亚、墨西哥、摩洛哥、挪威、巴基斯坦、菲律宾、波兰、新加坡、斯洛伐克、南非、瑞士、泰国、土耳其和委内瑞拉。

在规定的谈判期限结束前夕(1995年6月29日),美国突然宣布降低其已经做出的承诺水平,即美国撤销其做出的无条件最惠国待遇承诺。为了不失去已经取得的谈判成果,经过欧盟和WTO原总干事鲁杰罗的努力,除美国外其他成员将改善后的金融服务承诺表和最惠国待遇豁免清单作为GATS第二议定书正式生效,宣布其临时生效到1997年12月31日。[82]

1997年4月至1997年12月13日,WTO成员就金融服务贸易进行第二轮谈判,并最终达成了新的金融服务协定即GATS第五个议定书。美国撤销了它在金融领域的最惠国待遇豁免清单,WTO的70个成员方改善或首次做出金融服务开放承诺。这些金融领域开放承诺成为GATS第五议定书的实质部分,也就是所谓的《全球金融服务贸易协定》。可见,我们通常所说的《全球金融服务贸易协定》实际上是各成员方承诺的并被其他成员方认可了的金融开放承诺表。按照规定,达成协定的这些成员方应当在1999年2月29日完成国内的审批手续。实际上只有52个成员方按时完成了国内的审批程序。即使这样,《全球金融服务贸易协定》仍于1999年3月1日正式启动。其余18个成员方应在1999年6月15日前完成国内的审批程序。[83] 与此同时,随着新的成员方加入WTO,不断有新的成员方参加《全球金融服务贸易协定》,《全球金融服务贸易协定》启动时提出承诺的国家数量是104个。

(二)关于金融服务贸易的规则

GATS作为服务贸易总体法律安排自然适用于金融服务贸易领域;GATS关于金融服务的两个附件与《全球金融服务贸易协定》是关于金融服务贸易领域的具体法律制度。此外,《金融服务承诺谅解》中的内容在一定条件下也成为WTO金融服务贸易法律制度的重要组成部分。根据这些规定,GATS体制下全球金融服务贸易规则除GATS中规定的一般义务、具体义务外,还包括如下主要内容。

1. 关于金融服务贸易的种类

根据GATS《金融服务的附件》,金融服务指一成员金融服务提供者提供的任何金融性质的服务。金融服务包括所有保险及其相关服务;所有银行和其他金融服务(保险除外)。保险和保险有关的服务可以进一步细分为:(1)直接保险(人寿险和非人寿险);(2)再保险和再再保险;(3)保险中介,如经纪业务;(4)辅助性保险业务,如咨询、保险统计、风险评估和理赔清算服务。银行和其他金融服务可以进一步细分为:(1)接受公众储蓄和其他应偿付的资金;(2)各类借贷,包括消费信贷、抵押贷款、保理和资金融通;(3)融资租赁;(4)各种支付和货币兑换服务,包括

---

〔82〕 赵艳霞:"WTO金融服务谈判简介",载《国际经贸消息》1996年8月19日。

〔83〕 WTO, The WTO'S Financial Services Commitments Will Enter into Force as Scheduled, http://www.wto.org/english/news_e/pres99_e/pr120_e.htm.(访问日期:2011年4月21日)

信用卡、赊账卡和贷计卡、旅行支票和银行汇票；(5)担保和委托业务；(6)自有账户和代客账户的下列交易：货币市场工具(包括支票、汇票和存单)的买卖，外汇买卖，衍生产品买卖，汇率和利率工具的买卖(包括互换、远期交易)，可转换债券买卖，其他各种可转让的票据和金融资产的交易；(7)参与公募和私募的各种证券的发行、认购和代理，以及提供有关的发行服务；(8)货币经纪；(9)各种形式的资产管理、保管、监督和信托服务；(10)金融资产的结算和清算服务；(11)提供和传送其他金融服务提供者提供的金融信息、金融数据处理程序和相关软件；(12)各种金融活动和金融辅助活动的顾问、中介和咨询等。

对于金融服务范畴有两点值得注意：

第一，上述银行和其他金融活动范围十分广泛，概括起来包括商业银行的服务和投资银行的服务两大内容。

第二，上述金融服务的提供者指的是希望提供或正在提供金融服务的一成员的自然人或法人，但不包括行使政府职能时提供的金融服务，即一般不包括一成员方中央银行、政策银行、货币发行机构、公共团体按货币或汇率政策进行带有政府宏观管理职能的金融活动。

2. 关于金融监管的审慎措施

GATS 第 19 条第 2 款规定：“在自由化进程中，应给各成员方的国家政策目标以及各个成员方在总的和各个(服务)门类的发展水平以应有的尊重。对发展中成员，允许他们开放较少的服务门类、较少自由化交易类型，按其情况逐步扩大市场准入。”这是 GATS 中一个极其重要的条款，也就是我们所称的“逐步自由化”(Progressive Liberalization)条款，它表述了 GATS 两条关系全局的指导思想：尊重各国服务贸易上的政策目标；尊重各国不同发展水平，允许发展中成员渐进式开放。

如果说允许发展中国家渐进式开放金融尚无具体落实措施、在实践中还主要取决于双边或多边谈判的话；那么尊重各国政策目标的规定则具有很强的现实意义。GATS《金融服务的附件》第 2 条第 1 款规定，GATS 任何条款均“不得妨碍一成员方以审慎理由(prudential reasons)而采取的措施，包括为保护投资人、存款人、投保人或者金融服务提供者对之负有托管责任的人，或者保证金融系统的完善和稳定而采取的措施。这些措施凡不符合 GATS 者，则不得用作逃避 GATS 项下成员方承诺的义务”。审慎性措施不必列在成员方具体承诺表中，因为它们没有被当作市场准入与国民待遇的限制。这是金融服务贸易规则中一条非常重要的规定，它实际上确立了如何处理金融服务贸易开放与保持足以防范金融危机和金融风险的措施这一对主要矛盾的指导原则。这是因为人们认识到，金融全球化既是一种历史必然趋势，同时也带来或增加了金融风险。近年来国际上频频发生的金融危机，再三对此敲响警钟。要防止发生国际间金融危机，防范由金融自由化和国际化带来的巨大风险,就要求各国建立起对金融的有效监管法律制度。换言之,金融审慎政策目标虽有与自由化进程相冲突的一面,但是 GATS 承认各成员方拥有为维护金融稳定与安全而采取必要的防范措施的权利,只要这些措施不造成歧视性影响。

一般而言,各国政府可以从以下四个方面干预金融活动:一是通过制定宏观经济政策来影响金融服务,如规定货币供应量、利率、汇率等;二是金融服务的固有风险性使各国都在其金融制度中规定了严格的防范性规则,主要是对金融机构的资本充足率、破产清算、信贷规模、资产质量、资金流动性以及经营范围等做出明确规定;三是各国还通过制定非防范性法规来规范金融服务,主要包括对金融机构的资格要求、注册登记程序、技术和服务质量标准等;四是一些国家尤其是发展中国家保护国内金融机构的规定,许多国家的国内法明确规定禁止或限制外国金融机构在本国设立分支机构或者对外国金融机构在本国的经营活动予以限制使之不能与本国金融机构进行竞争。客观地说,这四种干预措施都可能构成金融服务贸易的壁垒或障碍。例如采取分业经营的国家对从事混业经营的外国金融机构而言无疑是一种限制;一个国家对资本自由流动的限制无疑会直接阻碍国际金融服务贸易。

对于这些措施,GATS 和其《金融服务的附件》没有明确定义哪些属于审慎措施范围,即哪些措施是出于审慎目的而无须列入承诺表的国民待遇限制中;哪些措施不是出于审慎目的从而需要作为国民待遇和市场准入的限制措施列入承诺表中,没有规定普遍接受的规则。一般认为,保证金融市场公平竞争的纪律、有利于市场竞争的规则、保证金融体系完整和稳定的措施都属于必要的审慎监管活动;相反则构成金融服务活动不必要壁垒,如果这些措施使得外国金融服务或金融服务提供者难以准入或不能准入或准入后不能享受国民待遇。审慎措施包括但不限于下列措施:资本充足率要求;母国有效监管水平的要求;对风险集中度的限制;流动性要求;禁止内幕交易;对不良资产的界定与管理;对高级管理人员素质、能力的要求;透明度与信息披露的要求;特殊情况下的保障措施等。[84] 可以说,这些审慎性的措施既包括外国金融机构市场准入方面的监管措施,也包括准入后的功能监管方面的措施。而市场准入方面的审慎措施无须列入承诺表,这无疑为各成员方特别是发展中成员方在金融开放进程中增加维护金融安全的法律措施提供了回旋余地。

五、多哈回合关于服务贸易谈判

2001 年 11 月 WTO 第四次部长级会议通过的《多哈部长级会议宣言》,明确提出将服务贸易的谈判纳入多哈回合,并要求谈判应在促进各成员经济增长以及促

---

〔84〕 Kristin Leigh Case, The Daiwan Wake-up Call: The Need for International Standard for Banking Supervision, 26 Ga. J. Int'l & Comp. L. 215, 1996, p. 220.

进最不发达成员发展的基础上进行；部长级会议认可自2000年1月按照GATS第19条规定所开始的新一轮谈判，以及各成员提交的有关服务部门、水平承诺和自然人流动的提案；将2001年3月28日服务贸易理事会通过的《服务贸易谈判的指南和程序》作为继续谈判的基础。[85]

（一）关于市场准入的谈判

多哈回合关于服务贸易谈判分为两大部分，一是关于国内管理规则、GATS规则本身（贸易紧急保障措施、政府采购和服务补贴），以及有关对最不发达成员的特殊待遇的议题的谈判；二是关于服务贸易市场进一步开放的谈判，主要是关于市场准入和国民待遇以及最惠国待遇的谈判。前者采用多边谈判的方式，即在GATS规则工作组主持下在所有成员间进行；后者以双边或复边谈判的方式、采用要价—出价（request—offer）程序进行。所谓要价，是指成员方根据其服务贸易出口需要，直接向其他成员方提出其希望开放的服务部门与服务提供者市场准入的要求，成员可根据不同成员方提出不同的要价。所谓出价，是指成员方根据自己开放服务贸易市场的意愿，并参考其他成员方的要价，表示其原意怎样以及如何开放相应服务部门的初步承诺。每个成员方只有一份出价，对所有其他WTO成员在最惠国待遇基础上予以适用。成员方的要价无须提交WTO秘书处，而出价则作为WTO的正式文件散发给所有成员方。在多哈回合谈判结束前，每个成员方都有修改和撤回出价的权利；谈判结束后，最后的出价就作为该成员方在GATS中的服务贸易承诺表，对其产生法律效力。

为推动服务贸易的谈判，《多哈部长级会议宣言》要求成员方应当在2002年6月30日前提交服务贸易的最初要价；2003年3月31日前提交服务贸易的最初出价，服务贸易谈判定于2005年1月1日结束。

2003年9月坎昆部长级会议无果而终，2004年8月总理事会通过的框架协议要求各成员方在2005年5月之前提交修改后的出价。2005年12月的香港部长级会议要求成员方在2006年7月31日前提交第二次修改后的出价。由于受多哈回合谈判其他议程的影响，多哈回合谈判久拖不决。经过多年的出价与要价谈判，截至2011年4月底，WTO成员方提交了71份初步出价和31份修改后的出价。[86]

（二）关于国内管理规则的谈判

GATS第6.4条规定，为确保成员方有关资格要件与程序、技术标准与许可要求等国内管理措施不对服务贸易构成不必要的障碍，服务贸易理事会应制定必要的纪律。在有关GATS第6.4条国内管理的具体规则方面，早在多哈回合谈判启

---

〔85〕 Ministerial Declaration, WT/MIN(01)/DEC/W/1 (Nov. 14, 2001), Article 15.

〔86〕 http://www.wto.org/english/tratop_e/serv_e/market_access_negs_e.htm.（访问日期：2011年4月30日）

动之前,服务贸易理事会就开始了这个领域的谈判。开始时采取类似试点的方法于1995年成立专业服务工作组(Working Party on Professional Services,WPPS),选取会计业领域制定详细的国内管理规则。1998年年底WPPS完成了"会计行业国内管理的多边规则",并经服务贸易理事会通过。该规则包括目标、一般规定、透明度、许可要求、许可程序、资格要求、资格获得程序、技术标准八个部分。"会计行业国内管理的多边规则"只对那些在会计部门作出具体承诺的成员方有约束力,在谈判结束后并入GATS,作为其组成部分。

1999年专业服务工作组被国内管理规则工作组(Working Party on Domestic Regulation,WPDR)所取代,这表明,将来有关国内管理规则的谈判将由具体服务贸易部门的适用规则转向水平适用规则("horizontal" disciplines)的谈判。WPDR采用的谈判方式是对成员方所提交的建议进行讨论,然后形成建议草案文本。2003年以来,美国、日本、澳大利亚、墨西哥、中国台湾地区等成员单独或联合提案,就GATS第6.4条国内管理规则提出自己的看法。2005年成员方围绕这些提案或建议提出的主要文本进行了集中讨论,包括许可要求、许可程序、资格要求、资格获得程序、技术标准和透明度等。成员方的建议及其在这些问题上的集中讨论为WPDR提出关于国内管理规则的建议文本草案奠定了基础。自2005年以来,WPDR主席文本草案几易其稿。2011年4月WPDR发布了谈判进程报告(S/WPDR/W/45)。谈判进程报告指出,尽管在基本和重要问题上有所分歧,但谈判进程取得了显著进步。

(三)关于GATS规则本身的谈判

1. 关于ESM的谈判

为维护本国服务业的稳定与发展,为消除因服务输入给本国经济带来的不利冲击,各国根据主权原则享有采取各种紧急保障措施(Emergency Safeguard Measures,ESM)的权利,即允许成员方为维护本国经济安全而暂时解除或偏离GATS下的某些义务。但是,由于各方对服务贸易中保障措施问题争议很大,乌拉圭回合最终未能就服务贸易领域中的保障措施达成实质性协定,而是约定在WTO协定生效后3年内完成谈判,即1998年1月1日前结束谈判。然而,关于紧急保障措施的谈判非常艰难,以美国为代表的发达国家一直对紧急保障措施谈判的必要性提出质疑,认为由于服务贸易提供方式的复杂性和保障措施本身的贸易限制性,无法有效证明在服务贸易框架内确实需要建立一个保障机制。而以东盟为首的一些发展中国家则对紧急保障措施谈判非常积极,他们认为发展中成员由于国内服务业相对落后,有必要利用一套保障机制对此进行适当的保护,同时也确保他们在今后服务贸易谈判中,由于有保障机制可资补救,将可更加放心地做出新的减让。在谈判初期,成员方主要围绕构建ESM的一些基本问题展开讨论:ESM的必要性问题、可行性问题、采取措施的种类问题等;随着谈判的深入,所涉问题日益广泛,例如国内产业在服务贸易领域的定义问题，确定损害的数据统计方式等问题。2002年3月15日，GATS规则工作组（Working Party on GATS Rules）召开正式会议，通过了将GATS第10条紧急保障措施谈判延期两年的决议，即延期到2004年3月15日，[87]由于谈判分歧巨大，ESM谈判并未如期结束。2011年4月GATS规则工作组发布的谈判进程报告（S/WPGR/21）指出，由于谈判各方分歧巨大，无法形成供进一步谈判的议案草案。

2. 关于政府采购与补贴规则的谈判

GATS第13条规定，本协定规定的最惠国待遇、国民待遇和市场准入条款不适用于涉及政府采购的法律、规章和要求；但这种政府采购只能是为了政府目的，用于商业转卖或服务供应中的商业销售的政府采购不在其内。此外，该条还规定，成员方应在WTO协定生效之日起两年内就GATS中政府采购问题举行多边谈判。

如同政府采购一样，各成员都有服务补贴的做法。正如GATS第15条所指出的，"各成员承认，在一定情况下，补贴会对服务贸易产生扭曲效果"。但是，GATS对补贴问题尚未形成一个完整的多边纪律框架，只是提出了一个基本思路：首先，制定一个完整的多边协定框架；其次，应强调反补贴程序的适当性问题；最后，应承认补贴对发展中成员方发展服务业的作用，应灵活考虑成员方特别是发展中成员方的需要。为使谈判顺利进行，成员方应交换有关各自为其国内服务提供者提供补贴的情况。当一成员方认为它受到另一成员方所采取的补贴的不利影响时，可请求后者就此事项进行协商，后者应对此请求给予同情的考虑。

尽管自1995年以来，GATS规则工作组就政府采购、政府补贴展开了谈判；尽管2001年3月通过的《服务贸易谈判的指南和程序》中规定，政府采购、政府补贴和紧急保障措施谈判抓紧进行。但迄今为止，如同ESM谈判一样，进展微小。在政府补贴问题上，就制定服务贸易补贴规则的必要性、服务补贴以及扭曲服务贸易的补贴的确定等问题，各谈判方意见不一。在政府采购问题上，就政府采购制定规范的必要性、政府采购服务的主体、透明度包括的交易类型等，各成员方分歧较大。2011年4月GATS规则工作组发布的谈判进程报告（S/WPGR/21）指出，由于谈判各方分歧巨大，在这两个问题上无法形成供进一步谈判的议案草案。

（四）关于对最不发达成员的特殊待遇的谈判

GATS承认发达成员与发展中成员之间服务业发展的不平衡性，第4.1条规定发达成员应采取具体措施，加强发展中成员服务部门的竞争力，使发展中成员的服务能有效地进入发达成员市场。发达成员应在以下三个具体方面加强发展中成员的参与能力：通过获得商业性技术提高发展中成员方国内服务业能力、效益和竞

---

〔87〕 张幼文：《多哈发展议程：议题与对策》，上海人民出版社2004年版，第58页。

争力;发展中成员销售渠道与信息网络的改善;在其具有出口利益的部门及提供方式上实现市场准入的自由化。此外,第19.2条进一步规定,发展中成员方在较少开放一些部门、开放较少的服务种类、根据其发展情况逐步扩大市场准入程度等方面具有灵活性;并可在向外国服务提供者作出市场准入时提出附加条件。

GATS第4.3条进一步规定,对于最不发达成员方,在落实上述条款时应给予特别优先权。这些成员在作出具体开放承诺时,要特别考虑它们的经济情况,即它们在贸易、金融以及发展需要方面的严重困难。

2003年9月,服务贸易理事会通过了《最不发达成员在服务贸易谈判中的特殊待遇模式》(LDC Modalities),要求谈判成员方用实际行动增加最不发达成员在服务贸易领域中的参与,这些要求包括:各成员对于最不发达成员存在出口利益的领域提供有效的市场准入并给予特别优先权,尤其对模式4自然人流动进行实质性的开放;在市场准入方面不要求取消对其经济社会发展影响较大的条件和限制。[88]。

在2011年4月15日召开的服务贸易理事会特别会议上,挪威向大会汇报了对最不发达成员方有关特殊待遇模式的草案。该草案涉及的主要问题有:有些成员提出对最不发达成员特殊待遇优先权应当不限于服务贸易领域中的市场准入;有的成员则强调指出特殊待遇仅限于市场准入部分。与此同时,有的成员方强调制定确定享有优先权的服务及服务提供者的原产地的清晰规则。最不发达成员集体强调特别优先权机制的重要性,表达了需要广泛优先权的愿望。[89]

---

〔88〕"Modalities for the Special Treatment for Least—Developed Country Members in the Negotiations on Trade in Services", adopted by the Special Session of the Council for Trade in Services on September 2003, TN/S/13.

〔89〕"Negotiations on Trade in Services", Council for Trade in Services Special Session, TN/S/36, 21 April 2011, para. 83.

第九章　WTO 与贸易有关的知识产权保护的法律制度

进入 21 世纪后，我们不仅面临经济全球化进一步深入的发展趋势，而且同时迎来了愈来愈深刻的全球科学技术革命。随着现代科学技术的发展，智力成果越来越成为经济发展、社会进步的主要推动力。与智力成果保护密切相关的知识产权引起了国际社会的广泛关注，并作为乌拉圭回合谈判的新议题，最终达成了《与贸易有关的知识产权协定》（Agreement on Trade-Related Aspects of Intellectual Property Rights，以下简称 TRIPS 协定）。TRIPS 协定为国际知识产权保护确立了新的统一的国际标准和准则，不仅对国际货物贸易、技术贸易、投资与各国相关国内立法产生重大而深远的影响，而且也改变了不同国家和产业在全球化经济中的地位和利益。

第一节　知识产权的国际保护与 TRIPS 协定的产生

将知识产权保护与贸易问题相联系，并达成 TPIPS 协定，有其深刻的历史背景，乌拉圭回合将与贸易有关的知识产权列入谈判的议题，被认为是对传统多边贸易体制的重大突破。对 TRIPS 协定形成的历史背景进行总结，有利于理解 TRIPS 协定形成的推动力与 TRIPS 协定的性质。

一、知识产权保护的国内化向国际化的演变

（一）知识产权的概念与特点

知识产权是指公民或法人对其在科学、技术、文化、艺术等领域的发明成果和作品依法享用的专有权，即人们对其通过脑力活动创造出来的智力成果依法享有的权利。知识产权本质上是一种特定主体依法专有的财产权，而且因其客体是人类在科学、技术、文化、艺术等知识形态领域所创造的精神产品这一特点而成为一种特殊的无形财产权。有的西方学者将知识产权定义为一种投放到市场即可产生

经济效益的信息。[1]

保护知识产权的目的,是为了鼓励人们从事发明创造,并公开发明创造的成果,从而推动整个社会的知识传播与科技进步。通过知识产权立法促进科技进步是世界上最流行的做法。这是因为,一方面知识产权的保护有利于刺激对技术研究和发展的投资,例如,一种新药从研制到上市一般需要 10 年左右时间,需要从4000 至 10000 个配方中挑选一个,平均成本为 5 亿美元,这种巨额投资如果没有相应知识产权的保护,医药公司是无法收回其投资的;[2]另一方面,知识产权保护有利于技术的传播和扩散,例如授予专利权的前提是应对所涉及技术进行详细的披露,如果不对该专利进行保护,技术拥有人就会对技术进行无期限的保密。尽管知识产权保护具如此重要的积极作用,但任何一个国家都不会无限制地对各种知识的发明创造人进行保护或对取得知识产权的发明创造进行永久性保护,原因在于知识产权保护会增加知识传播的成本,而政府希望知识以尽可能低的成本向社会传播,从而提高人们的整体素质。因此,知识产权保护立法是对知识产权人私权与社会公共利益平衡的结果,具体如何平衡取决于各国经济发展水平、发展目标与国际经济贸易环境。

传统的知识产权包括专利权、商标权和版权。专利权、商标权又称工业产权,版权又称著作权。随着科学技术的进步和知识产权观念的变化,许多国家相继将计算机软件、集成电路布图设计、商业秘密和地理标志等纳入了知识产权的保护范围。

一般而言,知识产权具有以下三大典型特征:

(1)专有性。知识产权是法律赋予并加以保护的一种独占权,具有排他性,任何人未经权利人许可都不得利用,否则构成侵权。

(2)地域性。知识产权具有国内法的特征,它只在授予权利的国家或地区受到法律保护,至于其他国家是否授予这种专有权,完全按该国法律而定。除本国加入的国际条约另有规定外,任何国家都不承认他国或国际性机构所授予的知识产权。

(3)时间性。知识产权都有法定的保护期,权利随期限届满自行终止。当然,像商标权等知识产权可以在期限届满时无限地续展。但若不履行法定的手续,也可被终止或提前终止。

此外,知识产权还有其他一些特征,如无形性、双重性(即有人身权和财产权

---

〔1〕 Keith Maskus, Intellectual Property Rights in the Global Economy, Washington DC: Institute for International Economics, 2000, p. 23.

〔2〕 Jacques J. Gorlin, An Analysis of the Pharmaceutical—Related Provisions of the WTO TRIPS Agreement, Intellectual Property Institute, 1999, p. 2.

的特性)、法定性(即必须依法定条件产生)和可复制性等。[3]

(二)知识产权的国际保护

国际贸易之所以能为各参与方带来利益,是由于国际间自然资源的不同分布和生产成本的相对差异性。然而,赋予自然资源以经济价值和使生产成本呈现相对优势的正是科学技术和新思维。科学技术和新思维是决定各国(地区)在世界市场上比较优势和竞争能力最重要的因素之一。任何一项体现新技术的产品的开发研制都要付出一定的代价,而仿造这样一件产品则相对比较方便。随着世界经济的形成与发展,对知识产权加以国际保护已成为客观需要。自19世纪末以来,国际间先后达成了一系列保护知识产权的协定和公约,并逐步在世界范围内形成了一个国际知识产权保护体系。TRIPS协定前有关知识产权的国际条约主要有:

1. 属于专利保护的世界性公约有:(1)1883年《保护工业产权的巴黎公约》(以下简称《巴黎公约》1967年文本);(2)1925年《保护工艺品外观设计的海牙协定》;(3)1961年签署的《保护植物新品种公约》;(4) 1970年在华盛顿签署的《专利合作公约》;(5)1971年《关于建立国际专利分类法条约》;(6)1977年《为专利申请程序的微生物备案取得国际承认条约》。

2. 属于商标权保护的世界性公约有:(1)1891年《商标国际注册马德里协定》;(2)1973年维也纳《商标注册条约》;(3)1973年《商标图形国际分类的维也纳协定》;(4)1981年《保护奥林匹克会徽的内罗毕协定》;(5)1957年在法国尼斯签署的《供商标注册的商品和服务的国际分类协定》。

3. 属于版权的世界性公约有:(1)1886年保护文学艺术作品的《伯尔尼公约》(1971年巴黎文本);(2)1952年在日内瓦签署的《世界版权公约》;(3)1961年保护表演者、录音制品制作者和广播组织的《罗马条约》;(4)1971年《保护录音制品制作者禁止未经许可复制唱片的日内瓦公约》;(5)1974年的《发送卫星传输节目信号布鲁塞尔公约》;(6)1989年的《视听作品国际登记条约》;(7)1979年《避免对版权使用费双重征税的马德里公约》;(8)1989年《关于集成电路的知识产权条约》。

1967年7月,一些国家的代表在瑞典的斯德哥尔摩签署《世界知识产权组织公约》,于1970年生效,同时成立了世界知识产权组织(World Intellectual Property Organization, WIPO)。这个总部设在日内瓦的政府间组织于1974年正式成为联合国的一个专门机构。该组织的宗旨是通过国际间的合作和制定国际公约来协调各国知识产权立法,收集和传播科技情报,建立服务部门以促进创造性智力活动的开展,为向发展中国家转让与工业有关的技术提供方便。

---

[3] 王新奎:《世界贸易组织与发展中国家》,上海远东出版社1998年版,第201页。

二、乌拉圭回合关于知识产权谈判的原因

传统上,世界知识产权组织在知识产权的国际保护中起着主导作用,而作为主管世界货物贸易的关贸总协定,在其成立以来的近半个世纪很少涉及知识产权方面的问题。长期以来,GATT 1947对知识产权问题所采取的态度是,只要缔约方政府采取的有关知识产权方面的措施不违反总协定现有规则,而且是在非歧视基础上加以适用,它就不会加以干涉(GATT 1947第 20 条(d)项)。那么,既然世界上已经形成了一个以世界知识产权组织为中心的知识产权保护体系,为什么乌拉圭回合还要确立一套知识产权保护机制呢？主要有以下三方面的原因:

第一,随着科技的发展和世界产业结构的调整,技术知识在国际经济贸易中的地位迅速上升,不仅技术和知识密集型产品以及高科技产品在国际贸易中的比重不断上升,而且在国际技术贸易和国际投资领域都得到空前发展,知识产权及其保护与国际贸易之间的关系日趋紧密,发达国家在其对外贸易交往中密切关注知识产权的保护。在某些发达国家中已直接将知识产权保护与贸易甚至与对发展中国家的特惠贸易待遇挂钩。例如,美国认为世界上许多国家大量仿制其出口产品,从而极大地损害了美国的经济利益,它声称每年在知识产权方面蒙受着 430 亿到 600 亿美元的损失,受影响的领域主要为药品、化学品、电影、软件、出版物和录音制品。于是,美国在其 1988 年《贸易与竞争法》(Omnibus Trade and Competitiveness Act of 1988)中,将 1974 年《贸易与关税法》中的第 301 节扩大到知识产权领域,制定了所谓的专门保护美国知识产权的“特殊 301”条款,授权美国贸易代表列出没有很好地保护美国知识产权的国家的“黑名单”,并限期改正,否则就以贸易制裁相威胁;欧共体在知识产权保护方面也对发展中国家制定了类似的政策,即为了充分有效地保护知识产权,欧共体保留采取单边行动的权利。这说明,发达国家已经将知识产权保护和国际贸易问题联系在一起了。

第二,尽管世界知识产权组织在保护知识产权方面发挥着积极的作用,但其固有的缺点或弱点也是十分明显的。首先,虽然世界知识产权组织所管辖的多边国际知识产权公约十分庞大,但是其中不少条约的签字国甚少,约束力有限;其次,这些国际公约大多都未制定行之有效的争端解决规则与机制,更没有统一的争端解决规则与机制,从而使这些公约的执行效果大打折扣;再次,对于高科技之类的知识产权缺乏规定,如对计算机程序是否要作为文学作品加以保护,《伯尔尼公约》就没有规定;此外,对于差异颇大的各国知识产权立法与政策,缺乏有效的机制加以协调与监督,例如,有些国家不授予医药、化工产品、动植物新品种专利。这种国际立法软弱、各国立法不一的知识产权保护,已经导致了一系列国际贸易冲突。这表明乌拉圭回合之前的世界知识产权国际法律体系已经不适应国际经济贸易的发展。

第三,之所以要在乌拉圭回合而不在世界知识产权组织内讨论和制定新的知

识产权公约,一方面在于知识产权与国际贸易的密切联系,发达国家认为通过关贸总协定的多边贸易谈判制定新公约是非常合适的;另一方面《巴黎公约》改革谈判的破裂加速了发达国家在乌拉圭回合中谈判知识产权的愿望。GATT 体制经过几十年的发展,规则不断完善,乌拉圭回合一揽子协定突破了传统货物贸易范围,扩展到服务贸易、投资等领域,更为重要的是,乌拉圭回合谈判中有一个重要的议题是争端解决机制,而国际知识产权保护领域亟需这样一个强有力的机制来解决日益增多的纠纷。此外,乌拉圭回合谈判方为数众多,前后共有 124 个国家和单独关税区进入了谈判,新的知识产权协定的参加者将非常广泛。在这样一个大框架下,知识产权国际保护才能有效发挥作用。[4] 此外,1980 年到 1984 年,发展中国家与发达国家在知识产权保护外交会议上开始了修改巴黎公约的谈判,由于双方在专利的强制许可、加强知识产权保护的执法、知识产权保护中的互惠原则等问题上存在较大分歧,导致巴黎公约的系列修改会议无果而终,这种结果使得发达国家改变策略,开始更多地运用贸易保护措施和双边协定,并寻求通过 GATT 推进其在全球建立统一的知识产权保护标准的计划。

三、发达国家与发展中国家关于与贸易有关的知识产权谈判的法律争议

(一)发达国家与发展中国家在国际知识产权保护方面的不同需求

概括而言,对于是否要保护知识产权,发展中国家与发达国家并无本质差别。知识产权制度应当体现对知识产权的保护与维护公共利益的平衡,争议之处在于平衡点的选择。在知识产权保护的立法和政策制定方面,发达国家和发展中国家往往存在分歧,前者更多强调对知识产权的保护,而后者更注重知识的传播和利用。这是因为,发展中国家意识到:过高的知识产权保护标准对其技术进步和经济发展可能产生负面影响。先进技术主要掌握在发达国家的知识产权人手中,如对外国知识产权人提供保护后,却难以得到相应的回报,如技术转让,技术培训和投资等。以医药专利为例,有调查表明:在发展中国家 85%—90% 的专利为跨国公司享有,其中只有 5%—10% 的专利产品能在本地实施,其余则通过进口垄断权给权利人带来高额利润。[5]

基于此,自 20 世纪 60 年代开始,发展中国家开始探索建立适合自身发展需求的知识产权保护标准。其中,安第斯共同体国家,包括智利、玻利维亚、哥伦比亚、厄瓜多尔和秘鲁,开始主张《巴黎公约》应更多地引入为落后国家的经济发展服务的政策。巴西 1969 年《专利法》废除了对医药产品的专利保护。印度 1970 年《专利法》亦改变了其沿袭英国的专利制度,排除了对药品、食品、农业化学品的保护,对于这些产品的生产方法专利也只给予 7 年的保护。该法还规定医药方法专利被

---

[4] 薛荣久:《世贸组织与中国大经贸发展》,对外经济贸易出版社 1997 年版,第 204 页。

[5] Anil Agarwall, Drugs and the Third World, London: Earthscan, 1978, p. 21.

授权3年后,就可以对其颁发强制许可,许可使用费的比例也被限定在4%。[6]

另一方面,发达国家对于知识产权的保护需求却呈现出相反的趋势,经过"二战"后30多年的发展,美国、欧共体、日本发展成为技术密集型产品的主要生产和供应者,并在相关领域,例如制药、信息技术、音像电影等领域,形成了一批重量级跨国公司。知识产权成为这些发达国家财富的重要来源,发达国家GNP增长中科技进步因素的贡献空前提高,发达国家越来越依赖专利、版权和商标保护来维护自身在国际市场上的竞争力。

(二)乌拉圭回合谈判发达国家与发展中国家的法律争议

其实,早在发动东京回合之时,美国和欧共体就十分积极地试图把知识产权保护问题作为议题纳入谈判,当时美国与欧共体联合提出了关于假冒商品贸易的草案,该草案要求GATT签字方将假冒商品拒于国境之外,但是遭到发展中国家和一些发达国家的反对而未能达成协定。东京回合结束不久,主要发达国家就开始筹划发动新一轮多边贸易谈判,并竭力将知识产权问题列入谈判议程。1982年11月,GATT 1947将假冒商品贸易的议题列入了议程,讨论在GATT 1947框架下讨论对假冒商品采取联合行动是否合适。1985年,GATT 1947理事会设立的专家组得出结论:假冒商品贸易越来越严重,应当采取多边行动。但对GATT 1947是否为解决这一问题的适当场所,各方分歧很大,形成了发达国家与发展中国家之间意见截然相反的两个阵营。

以美国、瑞士等为代表的发达国家主张,应将知识产权列入多边谈判的议题,应制定保护知识产权的国际标准,并且必须纳入争端解决机制。以印度、巴西、埃及、阿根廷和南斯拉夫为代表的发展中国家认为,保护知识产权是WIPO的任务,应当把制止假冒商品贸易与广泛的知识产权保护区别开来。虽然遭到发展中国家的强烈反对,在1986年9月的埃斯特角城部长级会议上谈判方还是确认了美国的提议,将知识产权问题作为三项新议题之一列入乌拉圭回合的谈判议程。部长级会议宣言确定,为了减少对国际贸易的扭曲和障碍,促进充分有效地保护知识产权的必要性,并保证所实施的知识产权措施和程序本身不对合法贸易构成障碍的目的,谈判目标应"澄清关贸总协定的有关规定","视情况制订新的规则和纪律",并"制订处理国际冒牌货物贸易的多边原则、规则和纪律的框架。"[7]这对发达国家来说,无疑是一个突破,作为对发展中国家的让步,它们也同意了发展中国家的要求,即谈判要限制在"与贸易有关的知识产权"的范围内(最后谈判的结果已经超

〔6〕 转引自杨红菊、何蓉:"从TRIPS的谈判历程看知识产权国际规则的制定",载《知识产权》2008年第2期,第61页。

〔7〕 Ministerial Declaration on the Uruguay Round, GATT MIN. DEC, dated 20 September 1986, Part I.

出了该范围),并且这些谈判"不得有碍于世界知识产权组织和其他机构在处理这些问题时可能采取的其他补充行动"。

谈判开始后,发达国家与发展中国家成员之间的争议主要有三点:(1)是否要在关贸总协定范围内谈判知识产权保护的规则和标准;(2)是否要在各国的国内法之外谈判知识产权实施措施方面的国际规则;(3)是否要将知识产权问题纳入将建立的多边争端解决机制。对于上述三个争议点,发展中国家持否定态度,而发达国家则强调,它们经济利益如食品、医药和化工等产品在发展中国家没有得到充分的保护;绝大多数发展中国家没有版权和计算机软件立法;产生争端没有地方解决。因此,发达国家基于它们的利益,竭力推动在关贸总协定乌拉圭回合多边贸易谈判中加进知识产权保护标准、实施措施和争端解决程序。

在1988年12月乌拉圭回合蒙特利尔评审会上,由于各方看法差距甚大,未就知识产权谈判框架达成协定。发展中国家依然反对建立任何知识产权保护的最低标准。面对发展中国家的抵制,美国更加频繁地利用"特殊301条款"的威胁推动TRIPS协定谈判进程,韩国、巴西、印度、墨西哥、沙特阿拉伯、泰国和中国等先后被列入"特殊301条款"所规定的"观察名单"。这些国家和地区对美国市场和经济的依赖性造成它们在美国贸易制裁威胁下的选择极其有限:要么接受贸易制裁,要么按照美国的期望改变自己的知识产权保护标准。同时美国根据1974年的《贸易与关税法》把对知识产权保护水平作为是否给予在美国市场继续享受优惠待遇的判断依据之一。这种贸易制裁与市场准入相结合、威胁与激励并用的策略使美国有效地在目标国和乌拉圭回合推进其知识产权意识和标准,其中最突出的例子是:1987年到1990年间美国对巴西贸易制裁威胁不仅迫使巴西承诺修订其相关知识产权保护的法律,而且在乌拉圭回合谈判中,原来最为强硬的巴西—印度抵制联盟就变成只有印度孤军奋战了。[8] 巴西代表曾坚定反对乌拉圭回合讨论知识产权保护问题:如果把知识产权等问题放到GATT谈判中去,就如同把病毒输入计算机一样,其结果只会进一步加剧国际贸易中已经存在的不平衡。[9]

1989年4月,在日内瓦召开的中期评审续会上,各方经过激烈的争论,终于就知识产权保护谈判的框架达成了谅解。根据这个框架,各谈判方承认了GATT与世界知识产权组织的相互支持关系,主要内容包括:(1)协调关贸总协定和有关国际知识产权协定基本原则的适用性;(2)规定保护知识产权的最低标准;(3)规定知识产权的有效实施措施,同时考虑各国国内法律制度之间的差异;(4)规定迅速

[8] Peter Drahos, Negotiating Intellectual Property Rights: Between Coercion and Dialogue, in Peter Drahos and Ruth Mayne (eds.), Global Intellectual Property Rights: Knowledge, Access and Development, Hamphshire: Palgrave Macmillan, 2002, p. 121.

[9] 郑成思:《与贸易有关的知识产权》,中国人民大学出版社1996年版,第24页。

而有效的争端解决程序;(5)谈判发展中国家成员实施谈判结果的过渡期安排,充分考虑它们的公共政策和技术发展目标。此外,谈判还应包括处理冒牌货贸易的多边规则和纪律。

进入实质性谈判后,发达国家提出了具体的协定方案,发展中国家提出了修改意见,这些方案和意见最后由谈判组长归纳成组长方案,1990 年 12 月提交布鲁塞尔部长级会议。但是由于受到农业谈判的影响,整个谈判不能正常进行,布鲁塞尔会议在知识产权领域同样没有能够获得实质性进展。布鲁塞尔部长级会议后恢复谈判,谈判主要围绕知识产权保护标准问题进行,1991 年 12 月,由总干事邓克尔提出了知识产权协定的最后文本。1993 年 12 月 25 日,邓克尔文本在没有作大的修改的情况下,同其他协定一起获得通过。这样,以美国为首的发达国家与发展中国家成员经过艰苦谈判终于达成的《与贸易有关的知识产权协定》(TRIPS 协定),列入世贸组织协定附录一的 C 部分。

乌拉圭回合中,发展中国家之所以最后接受 TRIPS 协定的主要原因在于:

第一,乌拉圭回合采取的是"一揽子"解决问题的方式。尽管对发展中国家而言,TRIPS 协定从短期看是净支出,但是发展中国家从其他的议题比如说《农产品协定》、《纺织品与服装协定》中获得收益。从这个意义上而言,TRIPS 协定的产生实际上是一种利益的交换。

第二,发展中国家希望乌拉圭回合取得成功,建立多边争端解决机制以遏制美国采取的单边贸易措施,在知识产权领域,主要是"特殊 301 条款"措施。

第三,发展中国家从其经济发展的现实战略上考虑,需要进一步加强知识产权的保护。例如吸引外资、鼓励国内技术革新等。[10]

四、关于 TRIPS 协定的性质

乌拉圭回合谈判前的国际经济环境决定了 TRIPS 协定谈判和签署的基础性因素,经济全球化、市场化和知识经济的发展内在地要求知识产权国际保护规则的进一步统一和知识产权保护的加强,因而 TRIPS 协定的形成具有一定的历史必然性。从历史上看,国际知识产权保护制度从萌芽到产生与发展无一不反映了经济发展尤其是跨国知识交流的客观要求。知识产权国际保护制度之所以萌芽于 19 世纪初是因为当时技术和经济发展的客观要求。19 世纪初,运输和通信已取得实质性进步,工业革命也已大大加快了知识产品的生产,跨国知识产权市场的发展和扩张使得国家开始关注知识产权的国际保护。于是,双边条约形式的知识产权国

〔10〕 Bernard M. Hoekman, The Political Economy of the World Trading System: the WTO and Beyond, Oxford University Press, 2002, p. 285.

际保护萌芽。[11] 随着跨国知识交流的进一步发展,保护更为稳定和充分的《巴黎公约》和《伯尔尼公约》应运而生。20 世纪末,随着经济市场化、全球化和知识经济的发展,不仅世界各国国内的知识产权保护制度日趋完善,而且提出了统一全球知识产权规则和加强知识产权保护的客观要求。

尽管 TRIPS 协定的产生有国际经济贸易发展的客观要求,但不可否认的是,TRIPS 协定的形成在很大程度上是美国推动的结果,而美国政府推动很大程度上是受美国知识产权私人部门的影响。在 GATT 东京回合谈判接近尾声时,列维·斯特劳斯公司发动了反对外国假冒其牛仔裤商标的运动,经游说,斯特劳斯公司获得了美国贸易代表在东京回合中提议反冒牌货谈判的建议,但最终因发展中国家的抵制才无果而终。与此同时,孟山都农业公司(Monsanto)、辉瑞制药公司(Pflizer)、IBM 和杜邦(Dupont)等公司也开始寻找改变外国知识产权保护的方法,许多公司参与到美国与被指控侵犯了美国公司知识产权的贸易伙伴之间的双边磋商中。1982 年,在许多美国公司的要求下,美国贸易代表与匈牙利、新加坡、墨西哥、韩国和我国台湾地区进行了一系列磋商,磋商导致这些国家和地区保证提高知识产权保护水平。1984 年,美国贸易代表要求私人部门探讨在即将到来的 GATT 乌拉圭回合进程中包括知识产权的问题。IBM 首席执行官 John. Opel 委托经济学家 Jacques Gorlin 为美国贸易代表起草"GATT 知识产权条款基本框架"。1986 年美国贸易代表 Clayton Yeutter 要求辉瑞制药公司首席执行官 Edmund Pratt 就把知识产权纳入乌拉圭回合谈判议程提供帮助。Yeutter 指出:欧洲、日本和加拿大政府没有受到其本国内知识产权产业的压力,而没有美国、加拿大、欧洲和日本的共同联合,在乌拉圭回合中就不可能有谈判知识产权问题的机会。美国 10 多家大公司成立知识产权委员会,与英国产业联盟、德国工业联邦协会、法国雇主协会联系,并通过这几个组织联系了欧洲雇主集团;随后美国知识产权委员会又会晤了实质上代表着日本经济活动所有分支的日本经济组织联盟。经过协调,欧洲雇主集团和日本经济组织联盟成功将其主张提交各自政府,至 1986 年乌拉圭回合正式开始谈判时止,美国、日本和欧洲已经就在乌拉圭回合中包含知识产权保护制度联合起来。1988 年 6 月,美国、日本和欧洲的私人部门"三方集团"发表了类似于 Gorlin 的"GATT 知识产权条款基本框架"文件,该文件覆盖了知识产权保护的最低标准、知识产权保护执行程序和争端解决机制等,成为最终 TRIPS 协定的基础。[12]

之所以不厌其烦地描述 TRIPS 协定形成的推动力量,主要就是要说明以

---

〔11〕 Peter K. Yu, Currents and Crosscurrents in the International Intellectual Property Regime, Loyola of Los Angeles Law Review, Vol. 38, 2004, p. 333.

〔12〕 Michael P. Ryan, The Function-specific and Linkage—Bargain Diplomacy of International Intellectual Property Lawmaking, 19 U. Pa. J. Int'l Econ. L. 535, 1998, p. 564 –565.

TRIPS 协定为代表的国际知识产权保护体系的价值不可能是代表国际社会全体利益的，它是为在国际关系中处于主导地位的发达国家的利益而制定的，而发达国家国家利益恰恰又主要是体现知识产权强势的私人部门的利益。世界银行发布的《2002 年世界经济纵览和发展中国家》报告估计，TRIPS 协定的全面执行会导致 200 亿美元的财富从技术进口国（大部分是发展中国家）转移到技术出口国（主要是欧美发达国家）。发展中国家还得为 TRIPS 协定实施付出在法律制定、修改、执法和行政管理方面的巨大成本。更为深远的是，TRIPS 协定更多强化对权利的保护，而对知识的传播限制得较为严格，这一政策趋向对发展中国家选择“后发累进式”创新模式发展民族技术战略有所不利。[13] 对此，我们应当有着深刻的认识，对 TRIPS 协定不能神圣化，也不能将其作为评价我国知识产权制度是否合理的唯一准绳。TRIPS 协定的缔结历史警示发展中国家应建立多元化的对外经济关系，避免过度的单边贸易关系和经济依赖关系。TRIPS 协定谈判中，美国贸易威胁的威力很大程度上取决于主要谈判对手对美国市场和投资的依赖。目前，在 TRIPS 协定已经成为国际知识产权保护体系代表的既定事实情况下，发达国家仍还在通过缔结双边条约或自由贸易协定寻求比 TRIPS 协定更高的知识产权保护标准，即超 TRIPS 协定标准（TRIPS plus）。[14] 发展中国家对此要保持警惕，不宜在知识产权领域上轻易让步；不但如此，发展中国家应当积极参与 TRIPS 协定的完善与改革，争取在 TRIPS 协定既有框架内，最大限度体现发展中国家的利益。例如，经过四年多发展中国家政府和国际非政府组织的呼吁以及 WTO 成员间艰苦谈判，WTO 成员最终达成协议，修改了 TRIPS 协定第 31 条，以解决药品专利和公共健康权之间的矛盾和冲突。此外，发展中国家还提出了传统知识、遗传资源等议题，这些议题有利于维护发展中国家的利益，也显示出在知识产权国际规则制定方面，发展中国家的参与性和影响力在逐步增强。

第二节　TRIPS 协定关于知识产权保护的实体规则

在 1995 年 1 月 1 日 TRIPS 协定生效前，世界知识产权组织（WIPO）可以说是唯一一个在知识产权国际保护方面对各国影响较大的国际组织，它所管理的国际

〔13〕 杨红菊、何蓉：“从 TRIPS 的谈判历程看知识产权国际规则的制定”，载《知识产权》2008 年第 2 期，第 65 页。

〔14〕 Frederick M. Abbott, Intellectual Property Rights in Global Trade Framework: IP Trends in Developing Countries, American Society of International Law Proceedings, Vol. 98. 2004, p. 95.

条约，构成了知识产权国际保护的主要内容。《巴黎公约》、《伯尔尼公约》、《罗马公约》和《集成电路知识产权条约》则是 WIPO 管辖的有关保护工业产业、版权和集成电路布图设计权利方面的代表性国际条约。TRIPS 协定的目的是对知识产权的国际保护进行全面性的规定，而不是取代以往有关知识产权保护的国际公约，因此，TRIPS 协定第 2 条规定，成员方实施 TRIPS 协定不得有损于依照《巴黎公约》(1967)、《伯尔尼公约》(1971)、《罗马条约》和《集成电路知识产权条约》所承担的义务。所有 WTO 成员方，均视为上述知识产权条约的缔约方。结合 TRIPS 协定具体条文，可以看出：TRIPS 协定并不要求其成员加入这些国际知识产权公约，但是它要求成员在专利、商标、工业品外观设计、地理标志、商业秘密保护方面适用《巴黎公约》(1967 年文本)的大部分实质性条款；在版权方面适用《伯尔尼公约》(1971 年文本)的有关规定；有关表演者、录音制品制作者与广播组织(邻接权)的保护方面适用《罗马条约》的规定；在集成电路布图设计权保护方面适用《集成电路知识产权条约》的有关规定。此外，《巴黎公约》第 19 条允许《巴黎公约》的成员国制定保护工业产权的专门国际公约，比如《专利合作公约》、《商标国际注册马德里协定》等，这些条约的成员国必须首先是《巴黎公约》的成员国，构成《巴黎公约》的子公约。根据 TRIPS 协定第 2.1 条的规定，这些《巴黎公约》的子公约亦被并入 TRIPS 协定之中。因此，在保护知识产权的实体规则方面，除 TRIPS 协定有规定的内容外，还包括上述国际知识产权保护条约的相关内容。

一、TRIPS 协定有关知识产权保护的基本原则

(一)关于最低保护标准原则

各成员方应实施 TRIPS 协定中关于知识产权保护的规定，并可在各自的法律制度和实践中确定实施该协定的适当方式。TRIPS 协定所规定的知识产权保护水平是个“最低标准”，各成员的国内立法不得低于协定的保护水平。当然，各成员可以通过其国内立法提供高于协定的保护水平，但没有义务一定要高于这个水平。例如，有些国家对版权保护期规定为作者有生之年再加 70 年，这就高于 TRIPS 协定规定的 50 年的保护水平；而中国给予版权的保护期是作者有生之年再加 50 年，这与 TRIPS 协定的要求相同，中国就没有义务规定 70 年的保护期。最低保护标准原则实际上继承了 WIPO 管辖下国际知识产权保护公约中的原则，例如在《伯尔尼公约》公约第 19 条规定：“本公约的规定不得妨碍作者请求得到本联盟成员国的法律所给予作者的、高于公约规定的保护。”

(二)关于国民待遇原则

知识产权领域的国民待遇原则，是一项传统的法律原则。《巴黎公约》规定的国民待遇有两层含义：一是在工业产权方面，任何其他成员国的国民在所有成员国内应享有各该成员国法律目前或今后可能授予该国国民的各种利益；二是对于非成员国的国民，只要他在某一个成员国内有住所，或实际从事工商业活动的营业

所,则应享有与成员国本国民同样的待遇。《伯尔尼公约》规定的国民待遇则较为复杂:一是"作者国籍标准",凡《伯尔尼公约》成员国国民,其作品不论是否出版,在其他成员国享有该成员国法律目前授予或今后可能授予其国民的权利;二是"作品国籍",即非《伯尔尼公约》成员国的国民,其作品只要首先在某个成员国出版,或在某成员国及非成员方同时出版,该作品作者亦应在成员国享有国民待遇。《罗马公约》规定的国民待遇原则主要内容为:一是表演者享有国民待遇为下列条件之一者:(1)表演活动发生在《罗马公约》的成员国内;(2)表演活动已被录制在依照《罗马公约》受到保护的录制品上;(3)表演活动虽未录制,但在公约所保护的广播节目中播放了。二是录音制品录制者享有国民待遇为下列条件之一者:(1)该录音录制者系《罗马公约》成员国国民;(2)录音制品系首次在《罗马公约》成员国中录制;(3)录音制品系首先在《罗马公约》成员国中出版发行。三是广播组织者享有国民待遇为下列条件之一者:(1)该广播组织的总部设在《罗马公约》的成员国内;(2)有关广播节目是从《罗马公约》成员国内的发射台首先播出的。《集成电路知识产权条约》国民待遇原则较为简单,即各成员国对于其他成员国的国民或居民,只要其如本国国民一样履行了注册手续,其布图设计权保护如同本国国民。

TRIPS 协定第 3 条规定,在知识产权保护方面,一成员方对其他成员方国民提高的待遇,不得低于提供给本国国民的待遇。所谓"其他成员方国民"不仅是指在 WTO 各成员方有住所的自然人或法人,还包括符合《巴黎公约》、《伯尔尼公约》、《罗马条约》和《集成电路知识产权条约》规定的国民标准。TRIPS 协定的注释特别指出,本协定所说的"国民",在世贸组织的成员是"单独关税区"的情况下,系指居住于该区内或在该区内有实际有效的营业场所的自然人或法人。由此可见,关于国民待遇标准,TRIPS 协定以并入的方式继承上述四个条约有关国民待遇原则的规定,这样实际上扩大了享受国民待遇的国民范围。[15]

TRIPS 协定在规定国民待遇的同时,也规定了国民待遇的例外情形:(1)《巴黎公约》、《伯尔尼公约》、《罗马条约》以及《集成电路知识产权条约》中各自有关国民待遇例外规定构成 TRIPS 协定国民待遇的例外。(2)对于表演者、录音制品制作者以及广播组织者权利保护的国民待遇的权利范围,仅限于 TRIPS 协定中已规定的有关表演者、录音制品制作者及广播组织者的各项权利。(3)任何可能适用《伯尔尼公约》第 6 条和《罗马条约》第 16.1 条(b)项而构成国民待遇例外的成员方必须事先通知与贸易有关的知识产权理事会。《伯尔尼公约》第 6 条是对非《伯尔尼公约》缔约国国民但其作品在缔约国境内首次发表的作者以"有限国民待

〔15〕 王毅:"WTO 国民待遇在服务贸易和知识产权领域的适用",载《法学研究》2004 年第 3 期,第 122 页。

遇”取代国民待遇。这是因为根据“作品国籍”而享有国民待遇的规定可能出现这样一种情况，即非缔约国国民或在缔约国没有居所的作者，仅仅因其作品首先在成员国出版而在《伯尔尼公约》成员国受到国民待遇标准的版权保护；而该作者所属国不仅没有参加《伯尔尼公约》，而且版权保护水平很低，公约成员国作品在这些国家得到的保护水平很低。这样不公平，于是《伯尔尼公约》第6条允许首次出版的成员国可依据“互惠”待遇提供保护，而不必提供国民待遇。至于《罗马条约》第16.1条(b)项，与《伯尔尼公约》第6条类似，只不过限制享有国民待遇的主体不是作者而是广播组织者，权利仅限于“转播权”。(4)在司法和行政程序上，各成员方可以对其他成员方的国民免除国民待遇义务，但是这种例外不得违反TRIPS协定的各项规定。例如，在司法程序中，大多数国家(包括中国)都规定，外国人在本国诉讼，只能请本国律师代理而不能请外国律师；在行政程序方面，对于专利、商标的申请代理要求，做出外国人与本国人不同的规定等。

(三)关于最惠国待遇原则

最惠国待遇原则是国际贸易领域的一种政策，将之直接引入到国际知识产权保护制度，并不多见，[16]这是TRIPS协定对WIPO管理的国际知识产权条约的发展。TRIPS协定第4条是关于最惠国待遇及其例外的规定。TRIPS协定中最惠国待遇原则是指，在知识产权保护方面，任何成员对第三国国民所给予的优惠、特权以及豁免，应立即、无条件地给予其他成员方的国民。但是在下列四种情况下，可不实施最惠国待遇：(1)基于国际司法协助协定而产生的任何优惠、特权以及豁免，且这种协定并非专对知识产权保护而签订；(2)按《伯尔尼公约》或《罗马条约》规定不具有国民待遇性质而只对另一国的优惠、特权或豁免待遇；(3) TRIPS协定未列入的有关表演者、录音制品制作者以及广播组织者的权利，即使承认这些权利的成员之间互相给予保护，也可以不延伸到未加保护的其他成员；(4) TRIPS协定对某成员方生效之前，该成员与其他成员特别签订的协定中给予的优惠或特权，不过这些协定应通知与贸易有关知识产权理事会。由此可见，与关贸总协定的最惠国待遇相比，TRIPS协定最惠国待遇义务的适用范围要小。

此外，协定中规定的国民待遇以及最惠国待遇还有一个例外，这就是TRIPS协定第5条所指出的：凡参加了WIPO主持的、含有获得及维持知识产权的程序公约的成员，没有义务向未参加此类公约的成员提供这些公约所规定的程序上的优惠待遇。例如，一个微生物备案的布达佩斯条约的参加国，可以强制性要求一个非参加国国民在申请时必须提交活微生物标本，而对于布达佩斯条约的参加国，则仅仅要求提交某个国际交存标本机构已交存活标本的证明书，尽管该两国都是WTO

〔16〕 吴汉东：“知识产权协议与中国知识产权保护”，见唐安邦主编：《中国知识产权保护前沿问题与WTO知识产权协议》，法律出版社2004年版。

的成员方。

(四)关于透明度原则

TRIPS协定第63条要求,WTO成员方关于知识产权的效力、范围、获得、实施和防止知识产权滥用方面的法律和法规、普遍适用的司法终局裁决或行政裁定都应公布。此外,成员方还必须将其有关知识产权保护的法律、法规通知TRIPS协定理事会;对于其他成员方书面要求提供相关法律、法规和具有普遍适用的司法终局或行政裁定,WTO每一个成员方应及时提供;若一成员认为属于知识产权领域的某一特定司法裁决或行政裁定,或者双边协定影响其在TRIPS协定项下的权利的,可以书面请求为其提供或向其告知此类具体司法裁决、行政裁定或双边协定的足够细节。

(五)关于知识产权保护与公共利益平衡的原则

TRIPS协定第8条以"原则"(principles)为题专门规定:各成员在制定或修改其法律或规章的过程中,可采取必要措施保护公共健康,促进对其社会经济及技术发展具有极其重要性之部门的公共利益;此外,成员方还可采取措施以防止权利拥有者滥用知识产权。这就暗示了知识产权的权利拥有者的利益应与社会公众利益相平衡。TRIPS协定对于版权、商标权、专利权的行使均规定了有限的例外,然而,从TRIPS协定具体条文来看,TRIPS协定所规定的利益平衡目标并没有得到完全公平的体现,而是过分偏重于对知识产权的保护。对知识产权拥有者应尽的社会责任没有很好地考虑,对发达国家在国际技术贸易中滥用其技术垄断地位及知识产权,几乎没有做出有效的约束规定,如对强制许可的限制过多和对许可证合同中的限制性竞争条款规定过于空泛,这实际上不利于知识的传播与全球社会整体发展;此外,TRIPS协定对发展中国家所作的优惠规定或优惠安排极其有限,主要体现在实施协定的过渡期安排上有限的优惠待遇,而对如何促进发达国家成员向发展中国家成员转让技术以及提供技术援助则只字不提。

二、关于版权及其邻接权

(一)版权权利(copy rights)与客体范围

根据TRIPS协定第9.1条的规定,各成员应保护《伯尔尼公约》第1条至第21条实体条文中所明文规定的一切权利,但《伯尔尼公约》第6.2条除外,而这一款正好是规定作者的精神权利的(即包括发表权、修改权、作品完整权等)。换言之,TRIPS协定要求成员保护《伯尔尼公约》中所规定的一切权利是指一切经济权利。《伯尔尼公约》所列出的、TRIPS协定成员须予以保护的经济权利有八项:(1)翻译权;(2)复制权;(3)公开表演权;(4)广播权;(5)朗诵权;(6)改编权;(7)录制权;(8)制片权。

值得指出的是TRIPS协定增加了《伯尔尼公约》八项经济权利之外的出租权(rental rights)。为协调完全不承认出租权与承认一切作品的版权人均有出租权这两种差异很大的立法,TRIPS 协定第 11 条要求成员至少对两种在出租时利润可能很高的作品赋予出租权,这就是计算机程序与电影作品。根据该条的规定,出租权的主体为作者或作者的合法继承人;出租对象包括作品原件与复印件;成员方对电影作品出租权的保护条件是有关的出租行为已导致对作品的广泛复制,并严重损害了成员方授予作者或作者之合法继承人的复制专有权;对于有关计算机程序出租,如果有关程序本身并非出租的主要标的,则不适用本条关于出租权的规定。

受版权保护的客体是指在文学、科学、艺术领域中具有独创性的思想表达形式,而不是思想、工艺、操作方法本身。值得注意的是,随着科学技术的发展,TRIPS 协定对版权保护的客体范围拓展到《伯尔尼公约》没有涉及的计算机程序,根据 TRIPS 协定第 10.1 条的规定,成员方都必须把计算机程序(computer programs),不论是原始代码还是目标代码,作为《伯尔尼公约》中所指的文字作品予以保护。此外,对数据编排(compilations of data)和其他资料汇编也应进行保护,只要其内容的选择或安排构成知识产权所要求的具有创造性,但是这种保护并不涉及数据或资料本身。至于何种编排才是具有"创造性",很难有一套既定标准,一般认为,从版权法的原理上讲,如果对某种数据或资料的汇编方式极为有限,则不会被视为"创造性"。

(二)邻接权的保护

邻接权又称为与版权有关的权利,是指对作品的表演者权、录音制品制作者权与广播组织者权的保护,主要规定在 TRIPS 协定的第 14 条。该条的第 1 款、第 2 款和第 3 款规定,对于将表演者的表演固定(fixation)于录音制品的情况,表演者有权禁止下列未经他们许可的行为:对其尚未固定的表演加以固定,以及将已经固定的内容加以复制;表演者还应有权制止未经其许可而为的下列行为:以无线电方式向公众广播其现场表演,或向公众直播其现场表演。录音制品制作者享有准许或禁止他们唱片被直接或间接翻录的权利。广播组织者应有权禁止未经其许可而为的下列行为:将其广播内容以无线电方式重播;将其广播内容固定;将已固定的内容复制以及通过同样方式或其他方式将其电视广播向公众广播。

应当指出的是,TRIPS 协定第 14.6 条对邻接权保护作出了限制,任何成员方均可在《罗马条约》许可的范围内,对本条第1 款至第3 款提供的权利规定条件、限制、例外和保留;而且,根据第 14.3 条规定,允许某些成员方不授予广播组织者所享有的邻接权。对于表演者与录音制品制作者权利保护应在原则上适用《伯尔尼公约》第 18 条,从而使这种保护具有"追溯力",这就意味着即使某成员原先没有对其他成员方的录音制品制作者和表演者的邻接权加以保护,但是一旦加入 WTO 之后,则必须对这些录制品的制作者或表演者的邻接权加以保护,只要这种录制品制作者和表演者的邻接权在其来源国尚处于专有领域。

(三)版权与邻接权的保护期

如一项作品(摄影作品和应用艺术品除外)的保护期限如不是基于自然人生命计算的,该保护期不得少于自授权出版的日历年年底起50年,如果作品自完成起50年未授权出版,则保护期不少于自作品完成的日历年年底起50年。但是如果作品保护期限是以自然人生命期限计算,则在作者的有生之年再加50年。至于对邻接权的保护期限,应至少自录音制品被固定或表演发生之日历年年底起50年,而对有关广播组织者权利的保护则应自有关广播被播出之日历年年底起至少20年。

三、关于商标权的保护

(一)关于商标保护的客体(protect subject matter)与条件

TRIPS协定所规定的商标(trademarks),是指生产经营者的货物或服务上的、能够明显区别于其他生产经营者的任何标记或标记组合,成员方应对商品商标与服务商标均提供保护。商标以注册为保护前提,其注册的条件是,第一,能够注册的商标必须具有"识别性"(eligible),即该标记能够把一个企业的商品或服务区别于其他企业的商品或服务。标记是否具有识别性,要视该标记本身所采取的文字、图形等能否与它所表示的商品或服务的通用名称、主要功能、主要原材料等相区别而定。但是,即使有些标记本身似乎不具有识别性,成员方也可根据该标记在使用中已经取得了识别性而予以注册,如我国著名的"五粮液"商标,它反映的是酒的主要原料,而消费者对此想到的不是原料而是我国白酒特有的商标,因而该商标实际已取得了与同类商品相区别的识别性;第二,成员方可以要求商标具有"视觉可感知性"(visually perceptible),即商标的标记是视觉能够辨别的才可注册。

(二)商标权保护范围

注册商标的权利人享有专有权以防止任何第三方未经其许可而在贸易活动中使用与注册商标相同或近似的标记于相同或类似的商品或服务,以免造成混淆。如果在相同商品或服务上使用与注册商标相同的标记,则应推定造成混淆。该款同时规定,注册商标权利人上述权利的行使不得损害他人的在先权,也不能影响成员方依使用而确认商标专有权的可能性。在先权系指他人在待注册商标申请注册之前依法享有的民事权利,由于各国对在先权范围的界定差异较大,故TRIPS协定未作具体的规范而由各成员自行制定。一般而言,在先权利包括:已经受保护的厂商名称权;已经受保护的工业品外观设计权;版权;已受到保护的地理标志;姓名权;肖像权等。

(三)关于驰名商标

《巴黎公约》第6.2条规定对商品的驰名商标的特殊保护,并没有指服务商标。TRIPS协定第16.2条要求将《巴黎公约》第6.2条规定的原则也适用于服务商标,这是将驰名商标的特殊保护首次延伸到服务领域,这与乌拉圭回合将全球贸易体制的范围扩展到服务贸易领域是分不开的；该款还对如何认定驰名商标确定了简单的规则，“确认某商标是否系驰名商标，应考虑有关公众对其知晓程度，包括在该成员地域内因宣传该商标而使公众知晓的程度”。这里的“有关公众”应理解与该驰名商标所标示的商品或服务有联系的公众，而不是泛指全体公众；而后半句特别强调在一成员方领域内已驰名的商标对在其他国家也被确认为“驰名”具有重要的参考价值。

TRIPS 协定第 16.3 条规定，对驰名商标不仅保护它所核定使用的商品或服务，更把与驰名商标所核定使用的商品或服务不相类似的商品和服务也纳入保护之列，因而具有防御商标的作用。

（四）商标保护期限

TRIPS 协定第 18 条规定，商标的首期注册及各次续展注册的保护期均不得少于 7 年，商标的续展次数无限制。所谓商标续展，是指注册商标保护期届满后，商标权人要求继续给予商标以注册保护，延长商标的保护期限。

（五）商标的使用

成员方可将商标使用作为维持注册的前提，这里的“使用”包括商标所有人自己使用，也包括许可他人使用等。根据 TRIPS 协定第 19 条的规定，如果商标权利人无正当理由至少连续 3 年未使用其注册商标的，有关机构可撤销其注册。

商标在使用过程中不得被不合理的特殊要求所干扰，所谓特殊要求，第 20 条列举了三种形式的特殊使用：（1）要求与其他商标共同使用，如中外合资企业要求将外方的商标与我方的商标一起共同使用；（2）以特殊形式使用，如要求商标必须采用与包装相分离的加贴形式；（3）以不利于商标将一个企业的商品或服务与其他企业的商品或服务区别开来的方式使用。[17]

此外，TRIPS 协定第 21 条规定，成员可以自行确定商标许可与转让的条件，但自行确定条件时，对商标不允许进行强制许可；注册商标所有人有权连同或不连同商标所属的经营权一起转让其商标。

四、关于地理标志的保护问题

（一）地理标志（geographical indications）的含义

“地理标志”是 TRIPS 协定提出的应予保护的除商标之外的又一商业标记，是指识别货物来源于一成员方领土或该领土某一区域或地方的标志，并且该货物的特定品质、声誉或其他特征主要取决于该产地。给予包含地理标志在内的货源标识以国际保护可追溯至 1883 年的《巴黎公约》，但《巴黎公约》保护非常有限，且对地理标志的概念没有明确规定。TRIPS 协定则对地理标志作了明确的规定。

---

〔17〕 姚新超：“从 TRIPS 协定看工业产权的国际保护”，载《国际贸易问题》1996 年第 11 期，第 47 页。

地理标志与商品的原产地标记(marks of origin)有所不同,首先,在标志方式上的不同,原产地标记仅以制造国落款,而地理标志却包含三种标记方式:(1)一成员方的领土,例如“法国香水”;(2)某领土的一个地区,如“中国东北大米”;(3)某领土的某地区内的一个地方,如“庐山云雾茶”。其次,标志意义上的不同,原产地标记的意义在于它对商品来源的标注,因此,原产地标记是从商品身份与商品在国际贸易中所应享有的待遇以及国际贸易统计角度而言的,一般与商品特性无关;而地理标志则是从它所含有的无形产权的意义上讲的,如“通化葡萄酒”这个典型的地理标志不仅标注了葡萄酒的产地是通化,而更重要的是它无形中对该葡萄酒的特殊质量和品位提供了保障。中国的服装在内地剪裁、在香港缝制,则可以标注为“Made in HongKong”,但这一标注本身并不对该服装的本质构成什么特殊的保证,因此,这一标注就不是地理标志。地理标志有时可以涵盖原产地标记,例如法国产葡萄酒,既可以是地理标志又可以是原产地标记。

(二)地理标志的保护

TRIPS 协定对地理标志的保护主要是禁止对地理标志的不正当使用。所谓不正当使用是指:(1)使用任何方式在商品的名称或表现形式上,明示或暗示商品来源于并非其真正来源地并足以使公众对该商品来源产生误解的标志。(2)以违反《巴黎公约》第 10 条第 2 款的不正当竞争方式使用地理标志,包括对地理标志合法持有人的营业所、商品或工商业活动造成混乱的一切行为;在经营活动中,具有损害地理标志合法持有人的营业所、商品或工商业活动商誉的虚伪表示;在商业经营活动中使用会使公众对商品的性质、制造方法、特点、用途或数量易于产生误解的表示或说法。(3)以商品并非来源于所标示的地理标志的地域,作为该商品的商标,从而误导公众对商品真正来源地的辨认,该成员方当局应依职权或依当事人的请求驳回或撤销该商标的注册。(4)使用某种地理标志,尽管该地理标志真正表明了商品的来源地,但仍然误导公众认为该商品来源于另一地域。

(三)对酒类商品地理标志的特殊保护

酒类商品在许多国家都是利润较高的商品,而酒类商品的特征、质量等又往往和它的产地关系密切,如法国干邑白兰地、波尔多葡萄酒、苏格兰威士忌、俄罗斯伏特加等,所以 TRIPS 协定第 23 条专门就葡萄酒和烈性酒的地理标志确立了更为严格的保护。除了上述对地理标志一般性的保护外,TRIPS 协定第 23 条还特别指出,即使表明了葡萄酒和烈性酒的真实原产地但运用了“类似于”的一些词,如“同一种类”、“同一类型”、“同一风味”、“模仿”等,也构成对利益方的侵权,如在包装上表明“波尔多风格的葡萄酒”就会使公众联想到真正的波尔多酒,因此侵犯了波尔多葡萄酒厂商的利益;此外,该条第 3 款还针对有些葡萄酒产地重名的情况,规定应对这些产地分别予以保护,并应采取措施,防止由于重名致使消费者对酒的真实产地发生误解。最后,该条第 4 款还规定,为建立有关葡萄酒地理标志通知和注册的多边制度,知识产权理事会应进行多边谈判。

（四）地理标志保护的例外

TRIPS 协定第 24 条着重规定了成员方免除上述保护地理标志义务的范围：

1. 善意或在先使用例外

所谓的“善意使用”是指在 1994 年 4 月 15 日之前,非恶意地使用了某个其他成员的地理标志;所谓“在先使用”指的是在 1994 年 4 月 15 日之前,已经使用了某成员方的地理标志,并且使用至少 10 年以上。凡符合善意或在先使用两个条件中任何一个,就可以继续使用。但这个例外的适用范围极窄,只适用于葡萄酒或白酒的商品或服务。

2. 善意注册例外

发达国家成员、发展中国家成员和最不发达国家成员在适用 TRIPS 协定的过渡期满之前,或者在某个地理标志的来源国开始保护该地理标志之前,就已经善意获得某个商标的注册,而该商标与上述的地理标志相同或近似,对于此,TRIPS 协定不应妨碍注册商标人行使其权利。

3. 通常用语例外

通常用语是指在一个国家公用领域中的用语。如果通常用语与某个受保护的地理标志相同,就禁止一般人使用它,会显得不合理。例如,China 在小写时,在许多英语国家是称呼“瓷器”的通常用语。不能因为它同时又是“中国”的意思,就不允许一般人用在瓷器商品上。还有一些商品,其原有的地理标志可能是专有的,但用久了,也会进入通常用语领域,例如“北京鸭”,现在许多国家都用来称“肥鸭”,即使是产地在当地而不在北京。

4. 名称权例外

名称权属于在先权的一种,它是指人们有权在贸易活动中使用自己的姓名或自己继承下来的企业名称,即使它们与某个受保护的地理标志相冲突,仍可以继续使用。但如果某地理标志保护在前,而某人或某企业起名或更名在后,则将不适用这一例外。此外,即使是行使自己的名称权,也必须以“不致误导公众”为限。

5. 来源国不保护或已停止保护的例外

某个成员方对它原先保护的某个地理标志停止保护,说明该成员方将它从专有领域释放到公有领域之中;如果某成员方对在其领土内的某个地理名称从来就不当成地理标志进行保护,则说明自始至终处于公有领域;如果某成员原有的地理标志,后来本国都不再使用了(例如前苏联 1960 年前的“斯大林格勒”、1992 年前的“列宁格勒”),再要求其他人不使用这些名称,就不合理了。

6. 葡萄品种的例外

协定对原有的葡萄品种的惯用名称,给予特别的优惠待遇,这就是,只要在 1995 年 1 月 1 日前,已经作为某个或某些成员的葡萄品种的“惯用名称”使用的文字,如果与其他成员的葡萄酒产品来源地的地理标志相同,则该"惯用名称"仍可以照常使用。[18]

五、关于工业品外观设计权的保护

工业品外观设计(industrial designs)主要是指工业品的装饰特征,如外形、线条、图案、花边和颜色。受工业品外观设计权保护的产品主要集中在纺织品、皮革制品和汽车等产品。工业品外观设计是《巴黎公约》保护对象之一,但公约没有任何实体性的规定,TRIPS 协定第 25 条和第 26 条对工业品外观设计的保护作了四个方面的实体性规定:

(1)授予工业品外观设计权的前提条件是独立创作的、具有新颖性或原始性的外观设计。对于什么是"新颖性或原始性",成员方可以规定为与已知的外观设计或已知外观设计特征的结合有重大区别。此外,协定还允许成员方不保护主要从技术或功能角度所作的设计。

(2)TRIPS 协定特别强调了对纺织品设计的保护,允许成员方自行选用外观设计法或版权法对纺织品外观设计进行保护。

(3)工业品外观设计所有人享有如下权利:禁止他人未经许可,为生产经营目的制造、销售或进口使用该外观设计的产品或者主要体现了该外观设计精神的产品。

(4)工业品外观设计的有效保护期为 10 年。

六、关于专利权的保护

(一)专利权的范围与条件

专利(patents)是指对任何产品或方法领域具有新颖性、创造性和实用性的发明创造授予专有权的法律制度。专利权的授予应是非歧视性的,即不论发明地点、技术领域以及产品是进口的还是在当地生产的,符合条件的都应授予专利权。各成员方可出于保护公共秩序或社会道德的目的,包括保护人类、动物或植物的生命或健康,以及防止对环境造成严重污染,拒绝授予发明创造的专利权,以阻止该发明创造的商业利用,但禁止授予专利权的理由不能仅仅因为此种商业利用为其法律所禁止。

此外,成员对以下发明可不授予专利:(1)对人或动物的医学诊断方法、治疗方法以及外科手术方法;(2)除微生物之外的动、植物,以及生产动、植物的主要生物的方法,但是生产动、植物的非生物方法及微生物方法除外。值得注意的是,成员方如果不授予植物新品种以专利权,那么须以其他专门制度对植物新品种给予保护。

---

〔18〕 郑成思:"关贸总协定中的《地理标志》保护",载《国际贸易》1994 年第 7 期,第 51 页。

(二)专利权的内容

专利所有人享有下列专有权:(1)当一项专利是一种产品时,专利权人有权防止未经其同意的第三方制造、使用、许诺销售、销售或为上述目的而进口该产品;(2)当一项专利是一种方法发明时,专利权人有权防止未经其同意的第三方使用这一方法以及使用、销售、许诺销售或为上述目的进口至少是依照该方法而直接获得的产品。此外,专利权人还有权转让或由继承人转让专利和签订许可合同。

专利权的保护期,应不少于自提交申请之日起的20年。

七、关于集成电路布图设计(拓扑图)的专有权

(一)TRIPS协定与《集成电路知识产权条约》的关系

集成电路布图设计(layout-designs of integrated circuits)又称"拓扑图"(topographies),是知识产权的一项新内容。除有关国家(如美国)通过国内法提供保护外,1989年《集成电路知识产权条约》专门就"半导体芯片上的电路设计"保护作了规定。TRIPS协定第35条第1款规定了其与《集成电路知识产权条约》的关系,全体成员同意依照《集成电路知识产权条约》第2条至第7条(其中第6条第3款除外)、第12条及第16.3条,为集成电路布图设计提供保护。根据这些规定,对TRIPS协定与集成电路知识产权条约的关系可以作如下理解:首先,TRIPS协定排除了《集成电路知识产权条约》第6.3条,原因在于这一款允许该条约的参加国采取强制许可等非自愿许可。这一条款的排除就表明TRIPS协定禁止对集成电路布图设计专有权的强制许可。其次,在各成员之间发生争端时,TRIPS协定显然不能采用《集成电路知识产权条约》规定的解决途径,所以该条约中这一类程序性条款统统被排除。此外,TRIPS协定特别提出应遵守《集成电路知识产权条约》中的第12条与第16.3条,第12条规定的是集成电路条约的缔结不得影响缔约国履行《伯尔尼公约》与《巴黎公约》规定的义务;第16.3条等于一个"无追溯力"条款,它允许成员不保护在其加入条约前已经出现的集成电路布图设计。[19]

(二)保护范围与限制

未经集成电路布图设计权利人许可而进行的下列活动为非法:为商业目的而进行的进口、销售或以其他方式发行受保护的布图设计、含有受保护布图设计的集成电路或含有上述集成电路的物品。

但是,因不知所销售的物品中包含了非法复制的集成电路布图设计,不应视为侵权。上述行为人一旦被告知其所经营的物品含有非法复制的集成电路布图设计,该行为人仍可继续经营其库存或预购的物品,但须向权利人支付报酬。

---

〔19〕 郑成思:《世界贸易组织与贸易有关的知识产权》,中国人民大学出版社1996年版,第212页。

(三)保护期

TRIPS 协定第 38 条规定了集成电路布图设计的保护期,可以归纳为以下三种计算法:

(1)无论是否要求注册,保护期均应不少于付诸商业使用起的 10 年;

(2)如要求注册,也可定为注册之日起10年;

(3)如果从创作完成之日起算,则保护期为15 年。

八、关于未披露信息的保护

TRIPS 协定中规定了对未披露信息的权利保护(protection of undisclosed information),根据第 39.2 条的规定,赋予保护的未披露信息应符合以下条件:(1)它们必须是秘密的、没有被公开过的;(2)它们必须因为被保密而具有商业上的价值;(3)合法控制它们的主体已经为保密而采取了措施。TRIPS 协定规定的"未披露信息"就是我们通常认为的"商业秘密"。

从国内法角度看,商业秘密事实上是"反不正当竞争权"的一部分,多数有法律保护它的国家,都是纳入反不正当竞争法的轨道进行保护。从国际条约角度看,亦是如此。《巴黎公约》第 10.2 条以"不正当竞争"为标题进行了如下规定:"本联盟国家有义务对各该国国民保证给予制止不正当竞争的有效保护;凡在工商业活动中违反诚实的习惯做法的竞争行为构成不正当竞争行为。"它虽没有明确使用商业秘密或类似概念,但窃取竞争对手的商业秘密显然是不正当竞争行为。TRIPS 协定则是第一次以国际条约的形式明确将商业秘密列入知识产权范畴之中。

拥有商业秘密的权利人有权制止其他人未经其许可而披露、获得或使用有关的信息。TRIPS 协定还特别指出,各成员应保护提交其政府或政府机关的数据不得泄露。如一成员的法律规定在批准新的药剂或农用化学产品进入市场前需要提交未公开的试验或其他数据,该成员方应保护此等数据以防其被非公正的商业使用。除非为了保护公共利益所必需,否则应保护此等数据不被泄露。

九、关于限制性竞争行为的控制

为防止知识产权权利人在缔结合同的谈判中滥用其专有权,而这种滥用会限制竞争,会给贸易产生扭曲效果和阻碍技术转让与传播。TRIPS 协定第 40 条特为此作了如下规定:

1. 各成员有权在其国内立法中具体规定哪些许可条件可能构成知识产权的滥用,特别要通过国内相关立法防止或控制诸如排他性的授回条件(exclusive grant-back conditions)、强制性一揽子许可(coercive package licensing)和禁止对知识产权有效性提出疑问(conditions preventing challenge to validity)之类的行为。

2. 如果一成员确信另一成员拥有某项知识产权的自然人或有居所的人正在从事限制竞争许可的做法,则前一成员可以请求后一成员就此事进行磋商。后者对此应给予同情的考虑，并为磋商提供充分机会，并提供有关的非秘密信息进行合作。

3. 若一成员的国民在另一成员境内涉嫌违反后者根据第40条内容制定的法律和规章而受到起诉，则前一成员应根据请求，为后一成员方进行磋商的机会。

第三节 TRIPS协定关于知识产权保护的程序规则

知识产权执法是TRIPS协定的主要内容之一，TRIPS协定规定各成员方应提供保护知识产权的法律程序和救济措施，而且要求这些程序和措施具有有效性，以使知识产权人有效行使权利。TRIPS协定对知识产权的执法作了较为详细的规定，它以第三部分总共21条（即从第41条到第61条）规定了知识产权的执法，包括民事程序、行政程序、临时措施、边境措施和刑事措施等。

一、关于知识产权执法的一般规则

根据TRIPS协定第41条规定，履行知识产权保护的司法与行政程序应遵守这样一些基本规则：(1)各成员应保证其国内法中含有TRIPS协定规定的执法程序，以便对任何侵犯受协定保护的知识产权的行动采取有效行动。但是，在实施对知识产权保护的程序时，不能阻碍合法贸易，并防止有关程序被滥用。(2)实施知识产权保护必须公平、公正，不应使当事人承担不必要的繁琐要求或费用，不应规定不合理的期限或拖延。(3)有关知识产权的行政或司法裁决必须建立在有关各方都有机会了解和提供证据的基础上。(4)无论是对一项行政最终裁决还是司法最初裁决，都应提供司法复审的机会。(5) TRIPS协定并不要求各成员建立一套不同于其国内一般执法体系的知识产权执法体系，也不影响各成员执行其国内法的能力。在知识产权执法资源分配方面，TRIPS协定并未设定具体义务。尽管如此，要真正履行TRIPS协定规定的程序，不增加执法方面的资源配置是不可能真正履行TRIPS协定所规定的执法义务。

二、关于知识产权保护的民事程序

对于民事程序，TRIPS协定从程序一般要求、证据、禁令、救济措施等方面进行了较为详细的规定。

1. 关于民事程序的一般要求

各成员方应向权利人提供相关的民事司法程序，以保证有效实施TRIPS协定所保护的知识产权。TRIPS协定第42条要求民事程序必须是公平和公正的。例如：被告应有权及时收到有关该诉讼的书面通知；诉讼双方都可以委派代理人出庭；所有当事人有权陈述其权利要求，并出示所有相关证据；在不违反现行法规的前提下,应保护诉讼当事人的商业秘密等。

2. 关于证据的规定

(1)关于专利方法侵权诉讼举证责任。TRIPS 协定第 34 条规定,在侵犯专利权利人的方法专利的民事诉讼中,如果专利权的保护内容是获得产品的生产方法,司法当局应有权责令被告提供证据证明其获得相同产品的方法,不同于该专利方法。所以,成员方的法律应规定,至少存在下列情况之一,未经专利权人同意而制造的任何相同产品,除非被告提出相反证据,否则均应被视为是侵犯该专利方法所获得的:如果使用该专利方法而获得的产品系新产品;如果该相同产品极似使用该专利方法制造,而专利权人经过合理努力仍未能确定被告确实使用了该方法。

(2)关于出示不利证据的问题。一般而言,诉讼当事人可以不出示对己不利的证据,但是 TRIPS 协定第 43 条则规定,如果一方已提供足够支持其权利主张的、并能合理取得的证据,同时指出能证明其权利主张的实质证据被另一方当事人所控制,则成员方的司法当局应有权责令另一方当事人提供证据。

(3)关于拒绝提供证据的后果。如果诉讼一方没有正当理由而自行拒绝提供或不提供必要的信息,或者明显阻碍与执法行动有关的程序,成员方可授权其司法机构根据自己收到的信息,做出初步或终局裁决,但应向当事方提供就指控或证据进行陈述的机会。

3. 关于民事救济措施

对于知识产权当事人的民事救济,TRIPS 协定规定了 4 种主要方法:

(1)关于禁令(injunctions),各成员方司法当局应有权禁止涉及侵权的商品进入商业渠道,这一禁令应在海关清关后立即进行,以防止侵权活动进一步扩大。

(2)关于赔偿金(damages),被告如果被裁决侵犯了原告知识产权,则应根据司法当局的裁决向原告进行赔偿,赔偿金的数额应足以抵消因被告侵权所造成的损失;除此之外,司法当局还应将被侵权人的有关开支(expenses)计算在赔偿金内,这些开支可以包括律师费。

应当指出的是,上述赔偿金范围是针对侵权人主观上有过错而言的;而对于侵权人主观无过错,是否应负赔偿之责,第 45 条第 2 款明确指出:在适当场合下,即使侵权人不知、也无充分理由应知其所从事的活动系侵权,成员方仍可以授权司法当局责令其返还所得利润或令其支付法定赔偿额,或两者并处。因此,在知识产权领域,无过错不仅可能被定为侵权,而且可判其负赔偿之责;同时,“在适当场合下”一语,又排除了“一刀切”地适用无过错责任原则,如它排除了有关集成电路布图设计产品再销售人的无过错赔偿责任。[20]

(3)关于销毁侵权产品或工具。对于已经生产出来的侵权商品进行有效处置

〔20〕 郑成思:“侵害知识产权的无过错责任”,载《中国法学》1998 年第 1 期,第 89 页。

也是保护知识产权的重要方面。一场诉讼下来，可能有为数不少的侵权商品仍有可能进入商业渠道的机会，为防止权利人蒙受这种不应有的损害，司法当局有权命令在商业渠道之外处置侵权商品或对其加以销毁；对生产侵权商品的材料和工具也应在商业渠道外加以处置，防止其卷土重来；这种处置或销毁的商品不得要求补偿。TRIPS 协定还明确强调反对仅仅去除非法粘贴的商标就允许此种商品进入商业渠道，因为这种做法对于被侵权人是极不公平的。

（4）关于侵权信息的获得。当原告在诉讼中获胜，取得对被告侵权行为的禁令，并依法处置和销毁了被告所掌握的侵权商品后，仍有可能处于被继续侵权的危险之中。这是因为，被告可能已将其侵权商品的大部分转卖给第三方，或在被告生产侵权商品的过程中存在一个与侵权商品生产密切相关的第三方。针对该第三方的情况以及销售渠道，成员方可规定其司法当局应要求被告提出通报，以有利于原告对第三方侵权行为的追诉。除非这种要求与第三方在侵权行为中的危害不成比例，即第三方在侵权行为中的作用几乎可以忽略不计时，原告没有必要一定要知道第三方的上述情况。

4. 关于知识产权民事诉讼中的临时措施（provisional measures）

为了防止知识产权权利人在民事程序开始前可能受到的无可挽回的损害或证据极有可能灭失，TRIPS 协定第 50 条规定司法机关可以采取两种临时措施：（1）为防止任何侵权行为发生的措施，尤其是阻止侵权货物进入商业渠道的措施；（2）侵权证据保全措施，尤其是防止侵权人销毁其侵权证据的措施。

司法当局采取的临时措施必须依当事人的申请而做出，且可不预先通知被告。申请人应提供证明自己是知识产权权利人的证据，提供相应的保证金或担保，并提供使司法当局认证侵权产品的必要信息。司法当局采取临时措施后，应毫不延迟通知被告与所有诉讼有关方，并应被告的请求，对采取临时措施的决定进行复审。

如果在上述两种临时措施采纳后一段合理的时间内，原告拖延或不打算对被告提出侵权诉讼，那么，被告可以提出撤销临时措施或临时措施自动失效。这个合理期限是指如果国内法允许，司法当局可以自行确定，如果司法当局没有确定，则不得超过 20 个工作日或 31 个日历日，以其中较长者为准。

此外，TRIPS 协定在维护知识产权人的诉权的同时，为了防止原告滥用或不当利用执法程序，要求成员方的司法当局应命令原告向因其滥用诉权而遭受损失的被告予以赔偿。

三、关于知识产权保护的行政程序

TRIPS 协定对行政程序的规定非常简单，专门规定只有一条，即第 49 条。不过，从这一条中可以看出，TRIPS 协定允许成员方通过行政程序来确认案件的是非，并发出民事救济命令。但这种以行政程序发布民事救济命令时，应当大致符合协定中为民事程序规定的原则。

四、关于知识产权保护的边境措施

在民事和行政程序中的禁令一般应在海关清关之后立即进行，然而，在国际贸易中，一种侵权商品进入一国的商业流通渠道必然要经过关境，因此，国际贸易中知识产权的执法措施大部分落到海关当局的职责范围内。下面所论及的就是海关当局对侵权商品进出关境的控制措施。

1. 边境措施的对象

根据 TRIPS 协定第 51 条规定，成员方应规定有关程序，对依进口方法律为假冒商标的商品或盗版作品者，应权利人的要求，命令海关中止放行该商品进入境内自由流通；对于其他侵犯知识产权的商品，成员方也可以规定同样的有关程序，但不强制要求成员方规定同样的中止措施；对于出口侵权商品，成员方也可以提供相应的程序，由海关中止放行。可见，TRIPS 协定规定的边境措施的最低标准是要求成员方必须打击假冒商标商品和盗版作品。此外，对于旅行者私人行李所携带或托运的数量较少的非商业性货物则不适用边境措施。

2. 采取边境措施的程序

对于边境措施，TRIPS 协定明确规定了“依请求”和“依职权”两种程序，而前述的临时措施只能依照当事人申请才能采取。

按照“依请求”而采取边境措施，申请人必须提交书面申请，请求海关中止放行侵权的进口商品。申请人必须有证据证明“依照进口国的法律”有关商品的进口已构成侵权。此外，申请人还应提供使海关能够识别侵权产品的有关信息，提交保证金或担保。主管当局则应在一定期限内通知申请人其申请是否被接受，如接受申请，则应通知海关何时采取“中止放行”措施。海关在采取“中止放行措施”后，应通知申请人和进口商。

对于“依职权”而采取行动，则无须权利人的书面申请，但是主管当局必须有初步证据表明有关商品侵犯知识产权，而且可以要求权利人提供有关信息等。在行政当局依职权主动采取行动的情况下，如果因行动而给当事人另一方造成了不应有的损失，则一般应由该行政部门给予补偿；但如果该部门是善意采取应有的措施，而有关损失仍没有能够避免，则可以不要求该部门给予补偿。

3. 中止放行期限的限制

根据第 55 条规定，海关采取中止放行的边境措施的持续时限应受以下限制，即在中止通知送达申请人后的 10 个工作日内，如申请人仍未提起诉讼，或未有任何主管当局通知海关延长扣压商品的措施，该商品就应被放行；在特殊情况下，上述期限可以再延长 10 日。此外，如果海关当局依照非司法当局或其他独立当局的决定，中止了含有工业品外观设计、专利、布图设计或商业秘密的商品的放行，而经正式授权当局又不能在上述第 55 条规定期限内做出暂时放行的许可，则在有关进口人、商品所有人或收货人提交保证金的前提下，应放行该商品。

至于因申请人的过错造成中止放行措施错误的赔偿、销毁与处置侵权商品的规定与上述临时措施和民事程序相类似。

五、关于知识产权保护的刑事程序

在有关的知识产权保护的国际公约中，TRIPS 协定是第一个引入“刑事程序”以解决知识产权侵权的国际协定，TRIPS 协定的刑事程序对成员方国内知识产权保护的刑事立法提出了最低要求。根据第 61 条规定，各成员至少应对于具有“商业规模”（commercial scale）的假冒商标或盗版行为采取刑事措施，刑事措施包括：监禁、罚金、没收和销毁侵权货物以及制造该货物的原材料和工具等。此外，成员方也可以规定对具有故意侵犯其他知识产权并具有商业规模的行为予以刑事打击。

第四节　DSB 关于知识产权争端解决的法律问题

WTO 成立以来，涉及知识产权的贸易争端引起了各成员方的密切关注，通过 DSB 的实践澄清了 TRIPS 协定有关条款，对各成员方知识产权保护起着十分重要的引导作用。

一、关于与贸易有关的知识产权争端的“非违反之诉”问题

从贸易争端性质上区分，DSB 管辖案件的范围可以分为违反之诉和非违反之诉。TRIPS 协定第 64.1 条规定“由 DSU 和GATT 1994第 22 条和第 23 条规定适用于本协定项下产生的磋商和争端解决，除非本协定中另有具体规定”；第 2 款规定“自《WTO 协定》生效之日起 5 年内，GATT 1994第 23 条第 1 款（b）项和（c）项不得适用于本协定项下的争端解决”。根据该款的规定，在 2000 年 1 月 1 日前，WTO 争端解决机制不受理有关非违反之诉（包括情势之诉）的知识产权贸易争端。但是，TRIPS 协定第 64.3 条却使非违反之诉的适用问题充满变数，该款规定：“在第 2 款规定的期限内，TRIPS 理事会应审查根据本协定提出的、属于GATT 1994第 23 条第 1 款第（b）项和（c）项规定争端类型的起诉范围和模式，并将其建议提交部长级会议供批准。部长级会议关于批准此类建议或延长第 2 款中时限的任何决定只能经协商一致做出，且经批准的建议应对所有成员生效，无须进一步的正式接受程序。”根据该款规定，自 WTO 协定生效之日起 5 年，如部长级会议就非违反之诉的范围和模式达成一致，非违反之诉将适用于 TRIPS 协定（实际在此 5 年期间没有达成一致）。至于 2000 年后有关非违反之诉的知识产权贸易争端是否暂停适用问题，存在两种对立的观点：一种观点认为，5 年期限后，即使部长级会议没有就此问题达成一致，从 2000 年 1 月 1 日始，也应允许非违反之诉适用于 TRIPS 协定，该观点以美国为代表；另一种观点认为，应当继续延长暂停适用非违反之诉的规定。实践表明，继续延长暂停适用非违反之诉的观点得到了实行。根据 2001 年 WTO 多哈部长级会议决定，将暂停期延长至第五次部长级会议（2003 年坎昆会议）之前，在坎昆会议失败后，总理事会于 2004 年 8 月决定将暂停期再度延长至第六次部长级会议（2005 年香港会议）。在香港会议上，成员方再次被要求在 TRIPS 协定下不得适用非违反之诉和情势之诉，暂停期又被延长至下一次部长级会议。此外，在有关 TRIPS 协定的非违反之诉的范围和模式上，以美国为首的国家认为，DSU 第 26 条已经解决了非违反之诉的范围和模式问题，无须 TRIPS 理事会的审查和部长级会议的批准，而大多数国家则对 TRIPS 协定的非违反之诉的可适用性及必要性提出质疑，坚持认为如果要适用非违反之诉，必须对非违反之诉的范围和模式达成一致。[21]

在非违反之诉的制度下，任何成员都可以就其他成员方做出的任何行为或措施提出质疑，理由是相关行为或措施损害了知识产权保护的价值，尽管这些相关行为或措施并未违反 TRIPS 协定的规定。此外，成员方还可通过对现有 TRIPS 协定规定进行扩大解释以及就相关成员方的执法方式和效果提出指控从而要求相关成员方提高知识产权的保护水平。例如，成员方对医药品价格的管理、专利的强制许可、涉及知识产权的税法、包装和标签要求、对版权进口产品的审查措施、成员方的文化政策、平行进口的法律与政策等，这些传统上由成员方政府行使且不违反 TRIPS 协定的权力可能受到挑战。此外，尽管 TRIPS 协定包括许多例外规定，援引例外规定的成员方很有可能受到非违反之诉的挑战。实际上，在乌拉圭回合谈判中连欧共体都不愿意将非违反之诉引入到 TRIPS 协定中，因为欧共体主要担心美国对欧共体在音像制品市场准入方面的限制提出挑战；发展中国家也反对将非违反之诉纳入 TRIPS 协定中，它们担心发达国家会将这一规定作为迫使发展中国家提高知识产权保护的手段。

由于知识产权保护的目标在于“应有助于技术革新及技术转让和传播，有助于技术知识的创造者和使用者的相互利益，并有助于社会与经济福利及权利与义务的平衡”（TRIPS 协定第 7 条），因此，非违反之诉不能仅仅考虑一项符合 TRIPS 协定的措施是否在效果上保护知识产权这一单一目标。特别是，TRIPS 协定第 8 条以“原则”（principles）为题专门规定：“各成员在制定或修改其法律或规章的过程中，可采取必需措施保护公共健康，促进对其社会经济及技术发展具有极其重要性之部门的公共利益；条件是这些措施符合本协定的规定。”显然，基于这一条，WTO 成员方可在广泛领域采取各种必需的旨在保护公共健康和社会经济及技术

[21] 王海峰：“WTO 非违约之诉制度研究——兼论我国对非违法之诉机制的利用”，载《国际贸易》2006 年第 8 期，第 62 页。

发展的措施,只要这些措施符合 TRIPS 协定的规定,其他成员方不得就此提出非违反之诉。这是因为, DSB 的实践证明,非违反之诉提起的前提条件之一是被诉方的行为是申诉方不能合理预期的;而各成员方依据 TRIPS 协定第 8 条采取措施的权利则是乌拉圭回合谈判时可以合理预见的。由此可见,在知识产权领域提出非违反之诉的贸易争端,应当受到第 8 条的限制。

二、关于发展中成员方过渡期的法律问题

TRIPS 协定第 27 条规定,对于任何发明,不论是产品或是方法,不论是何技术领域,不论是何地点,只要符合专利的新颖性、创造性和实用性,都应当获得专利。建立一体化、高标准的专利保护体系,是在技术领域中占主导地位的美国等发达国家梦寐以求的目标。为消除发展中国家对 TRIPS 协定第 27 条可获得专利性涵盖范围广的担忧,TRIPS 协定第 65 条第 2 款和第 4 款规定,发展中成员方享有 5 年(最长为 10 年)过渡期,即有权从 2000 年 1 月 1 日(最迟到 2005 年 1 月 1 日)起实施 TRIPS 协定。但如果结合 TRIPS 协定第 70 条的规定,则不难看出在药品和农业化学品方面的过渡期名存实亡。TRIPS 协定第 70. 8 条要求发展中成员方自 1995 年 1 月 1 日起提供就药品和农业化学品的发明提出专利申请的方法。换言之,尽管发展中成员方可延迟实施 TRIPS 协定,但须于该协定生效时允许就药品和农业化学品发明申请专利,以承认相关发明的专利申请权和优先权。第 70. 9 条进一步规定,若前述发明已经在其他成员方取得专利和专利产品的销售权,则发展中成员方必须授予相关产品 5 年的专有销售权。这些规定事实上使关于发展中成员的过渡期安排大打折扣,法律争议由此而起,印度专利案就是例证。

1970 年印度专利法禁止对食品及药品授予专利,1994 年 12 月 31 日,印度总统颁布了专利(修正)法案以修订 1970 年专利法。该修正法案规定了申请和受理药品及农业化学品专利申请的方法,并规定相关专有销售权,以符合 TRIPS 协定第 70 条第 8 款和第 9 款所规定的义务。该修正法案系印度总统行使宪法授予的特权,在国会休会期间所为,有效期只有 6 个星期。1995 年 3 月,印度提出 1995 年专利法修改草案,但因国会于 1996 年 5 月 10 日解散而未通过。印度行政当局在 1995 年 4 月决定指示印度专利局继续接受药品和农业化学品发明的专利申请,并单独储存,以便于在 2005 年后处理这些专利申请。此外,印度法律当时没有授予专有销售权的规定。美国指控印度没有建立一套保障药品及农业化学品专利申请的制度,没有建立授予专有销售权的制度,因而违反了 TRIPS 协定第 70 条第 8 款和第 9 款。印度则认为其“行政命令”(administrative instructions)已经建立了受理药品及农业化学品专利申请的方法,符合 TRIPS 协定。[22]

---

〔22〕 Appellate Body Report, India-Patent Protection for Pharmaceutical and Agricultural Chemical Products, WT/DS50/AB, paras. 62 – 63.

争端方均认为，根据 TRIPS 协定第 70.8 条的规定，成员方应提供一种受理药品与农业化学品的专利申请的方法；争端方争议焦点在于这一条所指“方法”(means)究竟是什么？上诉机构综合考虑了 TRIPS 协定第 70.8 条各项规定后认为，“方法”要求印度给予当事方专利申请的权利并提供一种“可靠的法律基础”(sound legal basis)以保障相关发明的新颖性和优先权。那么，何谓“可靠的法律基础”呢？TRIPS 协定第 1.1 条规定，“各成员方有权在它们自己的法律制度和实践中制定实施本协定规定的适当方法”。换言之，各成员方可以自行决定其符合 TRIPS 协定义务的法律制度。印度指出其所实施的行政命令符合 TRIPS 协定第 70.8 条第 1 项下的“方法”，因为根据该行政命令，专利局须将药品专利及农业化学品的专利申请分别储存；并且，印度政府原本是以修订专利法来实施 TRIPS 协定第 70 条第 8 款的义务，但该修正案在 1995 年 3 月 26 日到期失效；并因国会解散而没有完成专利法的正式修改，故当时有效的专利法没有给予医药及农业化学品专利保护。对此，上诉机构认为，由于印度的行政命令与印度的专利法不授予药品和农业化学品专利规定有冲突，且专利法的效力优先于行政命令，因此，印度的行政命令不能为专利的申请权和优先权提供“可靠的法律基础”。印度违反了 TRIPS 协定第 70.8 条的规定；由于印度没有相关专有销售权的规定，也违反了 TRIPS 协定第 70.9 条的规定。[23]

印度专利案反映了 TRIPS 协定不仅从条款安排上强化对知识产权的保护，而且通过争端解决机构对相关条款的解释强化这一趋势。以美国和欧共体为首的发达国家成员方希望通过 TRIPS 协定的实施，加大其出口贸易中知识产权保护的力度，以保障其在国际市场中的主导地位。在整个 TRIPS 协定实体性条款中，有关专利保护的第 27 条极为关键。通过印度专利案，人们更加清楚地看到，当年美国和欧共体等发达国家为日后切实落实第 27 条煞费苦心，先是通过第 75 条过渡期的规定减轻发展中成员方的担忧；后再通过第 70 条第 8 款和第 9 款实际上剥夺了发展中成员方在药品和农业化学品专利方面的过渡期安排。通过这些看似没有关联的条款，实质上形成一个专利保护的严密体系。[24] 尤其是第 70.9 条开创了一个特例，即在特殊场合下，应当保护在外国取得了专利、而在本国未获得专利的发明，实际上部分否定了专利的地域性原则。

三、关于知识产权例外规定的适用问题

知识产权保护目的是授予权利所有人以排他性的权利，如果这种保护没有任何例外则可能使知识产权保护制度本身影响市场竞争与妨碍知识技术的传播与利用。基于此，世界各国的知识产权法都在承认权利人专有权的同时规定一些例外。

---

〔23〕 Id., paras. 62 – 71, 83.

〔24〕 张乃根：《TRIPS 协定：理论与实践》，上海人民出版社 2005 年版，第 155 页。

TRIPS 协定在对版权、专利、商标等知识产权做出最低保护标准的同时,第 13 条、第 17 条、第 30 条和第 31 条允许各成员方对版权、商标、专利等专有权利加以某些限制,但每项限制都必须满足相应的特定条件。WTO 争端解决机构审理的加拿大药品专利案和美国版权法案就是涉及如何适用这些例外条款的争议。

(一)加拿大药品专利案的法律问题

TRIPS 协定第 28 条规定,专利权人享有专利产品制造、使用、许诺销售、销售和进口的专有权。加拿大专利法第 55 条规定了药品专利的两项例外:一项是“法规审查例外”(regulatory review exception),即第 55.2(1)条规定:“任何人仅为开发和提交加拿大各级政府或外国政府法律要求的信息而制造、使用或销售专利发明不构成侵权。”这一例外的目的在于让专利药品的潜在竞争者在专利保护期内就可获得政府生产许可,这样在专利到期日时,他们就可以将获得许可证的药品上市。另一项是“存储例外”(stockpiling exception),即专利法第 55.2(2)条规定“任何依第(1)款使用专利者,在专利到期日前 6 个月,为专利到期日后的销售而制造、使用该发明专利,不构成侵权”。对于加拿大专利法的这两项规定,加拿大承认其规定不符合 TRIPS 协定第 28 条有关专利权人应享有的包括制造、使用、销售专有权的规定,但强调符合 TRIPS 协定第 30 条的例外规定。

TRIPS 协定第 30 条规定了对专利权的“有限限制”,即成员方可对专利权人所享有的专利权能包括生产、使用、许诺销售、销售、进口等专有权中某项或几项权能在特定的情况下实施限制。专家组在分析 TRIPS 协定第 30 条时认为该条例外包含以下三项条件:(1)这种例外必须是“有限的例外”。(2)这种限制不能不合理地与专利权的正常实施形成冲突。(3)这种限制不会给专利持有人及第三方的正当利益造成不合理的损害。

关于第一项条件,专家组认为“有限的例外”表示例外的范围相当小,即剥夺专利权人很少的权利。在确定相关例外规定是否属于“有限的例外”,应考虑其可能剥夺权利的程度。加拿大提出只要专利权人在专利有效期内保有销售专有权,“存储例外”就是有限的。专家组认为,加拿大的这一观点意味着只有销售权是专利 5 项权能中最为关键的,而制造和使用权无关紧要,加拿大的这种观点没有任何依据。相反,专利权人的制造和使用权使其在整个专利保护期内可以从源头上阻挡竞争产品,并且可以禁止使用而不管其来源如何。根据加拿大专利法第 55.2(2)条的规定,专利权人的竞争者在相关专利到期前 6 个月可以无限量地生产专利产品,从而完全剥夺了专利权人在这一时期所应享有的制造和使用专有权。专利权人在专利到期后的数个月内事实上所享有的销售优势实际上是其在专利有效期内制造和使用专有权的一部分,而存储例外允许专利人的竞争对手在专利到期时立即进入市场,这便完全剥夺了专利权人这方面的权利。据此,专家组认为加拿大的"存储例外"不符合 TRIPS 协定第 30 条例外规定的条件。[25] 对于"法规审查例外",专家组认为,由于该例外的目的完全是为了向有关审批机构提交信息而制造、使用有关专利产品,其适用范围狭窄,其生产与使用数量不会无所限制。[26] 由此可见,所谓"有限的例外",不是考虑专利权中哪一项具体权利是否受到限制,而是考虑某一项具体权利受到限制的程度,这种程度往往又要考虑是否有数量方面的限制,至于可能产生的经济影响则不是所要考虑的问题。

关于第二项条件,即"有限例外"不能不合理地与专利权的正常实施形成冲突。专家组认为,实施专利是指专利权人利用专利权从专利产品中获取经济利益的商业行为;专利权的正常实施是指排除所有会导致专利权经济利益减少的所有形式的竞争。对照"法规审查例外"的规定,专利权人若有权阻止其他竞争对手向政府申请药品销售许可则享有药品专利到期后事实上的市场独占,[27] 尽管这是专利权人的实施专利权的结果,但是这种独占并非"正常实施"的结果,而是专利法与药品审查法相结合的结果。对于大多数其他专利产品而言,不存在上市前要审查的问题,也就不存在因审查而延长的市场独占期问题。因此,专家组裁定,加拿大专利法第 55.2(1)条"法规审查例外"与专利的正常实施不相冲突。[28]

关于第三项条件,即"有限例外"不会给专利持有人及第三方的正当利益(legitimate interests)造成不合理的损害。"正当利益"是指保护的利益是合理的,即有相关的公共正常或社会规范所支持和认同,其内涵外延比合法利益(legal interests)要宽。关于正当利益问题,欧共体指出,通常情况下政府审批药品专利权人销售许可申请的时间可能长达 8 到 12 年,因此专利权人实际上享有的专利权只有 8 到 12 年,即 20 年专利权期间减去申请销售专有权后所剩的期间。欧共体认为对专利权人的竞争者的销售申请规定同样长的申请期限,以推迟竞争对手将专利产品推向市场的时间,进而使专利权人在专利权到期后享有一段时间的独占销售,这是专利权人的"正当利益"。专家组指出,考虑某项利益是否为"正当利益"的关键在于相关利益是否基于广为承认的政策法规。在这方面,专家组在考察了许多国家的政策后发现,虽然不少国家(如美国、瑞士、欧共体、以色列、日本)通过立法或司法判例方式承认这种利益的存在,但迄今为止国际社会仍未就此达成共识。据

---

〔25〕 Panel Report, Canada—patent protection of pharmaceutical products, WT/DS/114/R, paras. 7.33 – 7.36.

〔26〕 Id. ,para. 7.45.

〔27〕 如果没有"法规审查例外",潜在竞争者必须等到药品专利期满后才可为提交审批需要的信息而开发与生产,而这种开发与批准过程要 3 至 6 年时间,这等于潜在竞争者要在专利到期后 3 到 6 年方能上市药品竞争,这等于延长了专利的实际保护期。

〔28〕 Panel Report, Canada—Patent Protection of Pharmaceutical Products, WT/DS/114/R, para. 7.57.

此,专家组裁定欧共体所指的利益并非“正当利益”,加拿大“法规审查例外”并未损害专利权人或第三人的正当利益。[29]

(二)美国版权法案的法律问题

TRIPS 协定第 13 条对版权例外进行了规定:“各成员方对专有权做出任何限制或例外规定应限于某些特殊情况,且与对作品版权的正常实施不相冲突,也不会不合理地损害权利持有人的正当利益。”如何理解这一版权例外在实践中的运用,美国版权法第 110(5)节案(美国版权法案)就涉及对该条款的解释与适用问题。

美国版权法第 110(5)节包含了两项例外:一项是“家庭式例外”(homestyle exception),即任何人在公共场所利用仅适用于家庭常用的接收器播放电台和电视广播的戏剧音乐节目不构成侵犯版权,条件是相关播放为免费服务且不会再次向公众转播。另一项是“商业例外”(business exception),即符合一定条件的营业场所[30]可播放或转播由联邦通讯委员会授权的电台或电视向公众播放的非戏剧音乐节目,而不必取得相关版权人的授权。针对这两项例外,欧共体指控美国违反了并入 TRIPS 协定的《伯尔尼公约》第 11.1 条第 2 项“戏剧作品、戏剧音乐作品或音乐作品的作者享有许可各种手段公开传播其作品的表演”和第 11 条之二的第 1 款第 3 项“文学艺术作品的作者应享有许可通过扬声器向公众传播或以同类传播信号、声音或图像等类似工具向公众传播其作品的专有权。”美国对此并不否认,但辩解其版权法第 110(5)节符合 TRIPS 协定第 13 条的例外规定。TRIPS 协定第 13 条适用必须符合以下三项条件:(1)任何限制或例外规定应限于某些特殊的情况;(2)与作品版权的正常实施不相冲突;(3)不会不合理地损害权利持有人的正当利益。

关于第一项条件的适用,应当考虑两个因素:一是相关例外或限制是否有明确的定义;二是例外规定的适用范围是否狭窄。对于“家庭式例外”,专家组分别从接收设备、受益人数量和例外作品的范围等方面认定符合 TRIPS 协定第一项条件。“家庭式例外”中所指的“家庭常用的接收器”,虽然各国的理解不尽相同,但这一规定的界定已经足够清楚。根据统计,美国 16% 的餐馆、13.5% 的酒吧和 18% 的零售商店由于其规模小而可以享受“家庭式例外”。因此,从数量上看,可

---

〔29〕 Id. ,paras. 7.74 - 7.79, 7.82.

〔30〕 所谓符合一定条件的营业场所,如果系非餐饮业,则其提供服务的毛面积不得超过 2000 平方英尺;如果提供服务的面积超过了 2000 平方英尺,则须满足:(1)如播放的是电台节目,播放的喇叭总数不超过 6 个且没有任何一间安装了 4 个以上喇叭;(2)如播放的是电视节目,电视的接收器总数不超过 4 个,且没有任何一间安装一以上的接收器,任何接收器的屏幕不超过 55 英寸;(3)如播放电视节目时涉及播放电台节目的器具,则第(1)(2)项同时适用。如果相关实体系提供餐饮服务,则提供服务的毛面积不得超过 3750 平方英尺;如果超过 3750 平方英尺,则相关实体必须满足前述用于超过 2000 平方英尺面积非餐饮服务提供者的条件。

以享受"家庭式例外"的只占餐饮和零售业的一小部分。从例外作品范围看,其适用范围很窄,仅限于戏剧音乐作品,如歌剧、轻歌剧和其他类似戏剧,即音乐包含在戏剧表演之中,而其他音乐作品,包括在戏剧表演之外对戏剧中所含音乐的个人演唱等则是非戏剧音乐作品(nondramatic musical works),不属于"家庭式例外"的作品范畴。[31] 对于"商业例外",尽管欧共体对该例外所适用的企业类型和范围是否明确并未质疑,但从受益人的数量上看该例外的适用范围较宽。据数据统计,美国70%以上的餐馆、73%左右的酒吧和45%以上的零售店符合"商业例外"。[32]

关于第二项条件,"与作品版权的正常实施不相冲突"是指援引相关例外规定时,不会与版权作品的正常使用相冲突,从而剥夺版权人的重大经济利益。这里的使用不一定是实际存在的使用,也不一定是已经造成实际影响。专家组注意到,美国政府估计有74%超过家庭规模的餐饮场所使用背景音乐,但只有29.5%的餐饮场所获得了版权许可;换言之,同样是非家庭型餐饮场所,有的获得版权许可,有的则没有获得许可。版权人明知可以从餐饮业的一部分获得报酬而不能从另外一部分获得报酬,美国没有提供任何证据表明这种情况是正常的。由此可见,由于"商业例外"的规定,美国大部分餐饮企业和将近一半的零售企业可以免费使用背景音乐,这使得音乐作品的权利人根据《伯尔尼公约》第11条所享有专有权而获得的重大经济利益的潜在机会被剥夺了。[33] 至于"家庭式例外",由于其作品范围极其有限,仅限于包含音乐作品的戏剧,这类作品表演有其特定市场,与非戏剧音乐作品之市场不同。"家庭式"餐饮店既无获得戏剧作品权利人的许可惯例,也无碍此类作品的公演市场,因此与此类作品的正常利用没有冲突。

关于第三项条件,即"不会不合理地损害权利持有人的正当利益"。专家组认为,该条件的判断实际上是权利人的利益受侵害到什么程度才算是不合理的侵害。虽然正当利益不仅是经济利益,但考察经济利益显然是一个方面。如果一项例外造成或可能造成权利人收入不合理地减少,这项例外就是不合理地侵害了版权人的正当利益。"家庭式例外"的受益人本来就不属于戏剧音乐作品的许可市场,因为没有证据显示版权所有人会为了这样微薄的收入而授权使用其戏剧作品,因此该项例外不会对权利人的正当利益造成不合理的侵害。[34] 至于"商业例外",则基于相关实体可自由选择播放录音作品、现场直播音乐会、电台和电视台播放的音乐,而播放录音作品和现场直播音乐会都需要交付版税。在这种情况下,大多会选

---

〔31〕 Report of the Panel: United States—Section 110(5) of the US Copyright Act, WT/DS160/R, paras. 6.142 – 6.146.

〔32〕 Id., para. 6.122.

〔33〕 Id., paras. 6.195, 6.206.

〔34〕 Id., paras. 6.270 – 6.272.

择免费播放的节目，从而剥夺了需收费节目版权人潜在的合法收益。因此，该项例外对权利人的正当利益造成了不合理侵害。

四、关于海关（边境）措施的争端问题

根据中国《知识产权海关保护条例》第27条及其《实施办法》第30条，海关对罚没的侵犯知识产权的物品处理的顺序是：如果被没收的侵犯知识产权货物可以直接用于社会公益事业，则物品就直接交给公益机构用于社会公益事业；如果知识产权权利人有收购意愿的，海关可将货物有偿转让给知识产权权利人。如果有关货物不能按照上述办法处置且侵权特征能够消除的，在消除侵权特征后依法拍卖，拍卖货物所得款项上交国库。只有在有关货物不能按照上述两项规定处置时，应当将货物予以销毁。2007年4月美国针对中国海关对查获的侵犯知识产权物品的处置措施提交DSB，认为违反了TRIPS协定第46条和第59条。[35]

（一）关于转交公益机构或转卖给权利人的问题

1. 将货物转交给公益机构带来的信誉问题

美国依据TRIPS协定第46条[36]认为，中国海关措施中规定，将侵权货物转交给公益机构会带来两个方面的影响，首先，如果货物存在瑕疵，那么会对真正权利人的声誉带来影响，同时，公益机构也可能向真正权利人索赔，这样就影响到了真正权利人的利益。其次，即使产品不存在质量瑕疵，侵权货物也可能因为质量较低而影响到了原权利人的商业信誉。

对于这两个观点，专家组认为都是站不住脚的。关于货物的瑕疵问题，《中华人民共和国公益事业捐赠法》第6条规定，“捐赠应当遵守法律、法规，不得违背社会公德，不得损害公共利益和其他公民的合法权益”。因此，瑕疵货物如果捐助给公益机构，是违反法律的。中国在防止瑕疵货物流入公益事业方面已经履行了自身的义务。而对于货物质量较低，可能会影响知识产权权利人商业信誉的问题，专家组从整个侵权货物的捐助流程上来分析。当中国的红十字会收到海关查处的侵权货物后，红十字会就会在侵权货物上贴上自己的印戳，在货物的分发过程中，也是由红十字会全程控制，因此，不会使这些侵权货物流入商业领域。同时，对于这些侵权货物的使用者，专家组也把他和普通的消费者区分，他们并不是在挑选商品而是在接受捐助，所以，没有任何证据表明，移交给红十字会的侵权货物会导致知

---

〔35〕 美国具体指出的法规和相关规定有：《中华人民共和国知识产权海关保护条例》，特别是其中的第4章；《中华人民共和国海关关于〈中华人民共和国知识产权海关保护条例〉的实施办法》，特别是其中的第5章。

〔36〕 TRIPS协定第46条规定：“为有效制止侵权，司法机构有权在不做任何补偿的情况下，责令将已被发现侵权的货物清除出商业渠道，以避免对权利持有人造成任何损失，或下令将其销毁……对于冒牌货，仅除去非法加贴的商标并不足以允许该货物进入商业渠道。”

识产权权利人的利益受到损害。[37]

2. 关于公益机构是否转卖侵权货物的问题

美国认为中国没有采取相关措施，防止公益机构转卖货物，这样会导致这些货物再次进入商业流通领域。专家组分析认为：《知识产权海关保护条例的实施办法》第33条（原《实施办法》第30条）规定了海关的监督权。《海关总署中国红十字会总会关于将没收的侵权货物用于社会公益事业的合作备忘录》第4条规定，（海关）对转交货物的去向和用途进行监督。发现乙方（红十字会）有违反本备忘录规定的行为的，要求乙方（红十字会）予以纠正。第5条规定，（红十字会）根据甲方（海关）的要求及时通报货物的发放和使用情况。第7条规定，甲方（海关）向乙方（红十字会）转交的货物应当只限用于被救助人生活用途。乙方（红十字会）应当采取有效措施，防止货物被用于其他用途或者以任何形式进入流通渠道。依据这些条款，专家组认为，中国对移交公益机构（红十字会）侵权货物的用途有明确的限制，同时海关也有义务去监督公益机构（红十字会）处理这些货物。[38]美国没有证据证明，中国对移交给公益机构的侵权货物有控制不力的情况存在，加之红十字会是中国海关唯一认可与合作的公益机构，因此，中国海关措施的相关规定完全符合TRIPS协定的要求。

至于将侵权货物转卖给知识产权人的问题，专家组认为：依据TRIPS协定第59条规定，“主管当局应有权根据第46条规定的原则命令销毁或处理侵权货物”，这并没有排除海关可以采取其他措施来处理侵权货物，而且将侵权货物有偿转让给知识产权人的前提是知识产权人已经同意，且这种做法只是多个处理方式中的一种，没有排他性，因此，显然没有违反TRIPS协定的规定。

（二）关于侵权产品的拍卖问题

美国认为，中国海关对侵权货物的拍卖将导致侵权货物进入商业渠道，进而违反了TRIPS协定第46条的规定。拍卖的行为构成让侵权货物流入商业渠道自无异议。TRIPS协定第46条后半段特别规定：“对于冒牌货，除例外情况外，仅除去非法加贴的商标并不足以允许该货物放行进入商业渠道。”第59条规定：“对于冒牌货，主管机关不得允许侵权货物在未做改变的状态下再出口”。由此可见，无论是TRIPS协定第46条还是第59条，都没有完全禁止海关查获的冒牌货进入商业渠道，只是不允许仅除去非法加贴的商标后就让侵权货物进入商业渠道；或者对侵权货物在未作改变的状态下再出口。

从字面上看，中国海关对侵犯知识产权货物是“在消除侵权特征后依法拍

---

〔37〕 Panel Report, China – Measures Affecting the Protection and Enforcement of Intellectual Property Rights, WT/DS362/R, paras. 7.292 – 7.299.

〔38〕 Id., paras. 7.299 – 7.306.

卖”,似乎满足 TRIPS 协定第 46 条后半段的规定。但在专家组审理过程中,当专家组询问对于冒牌的货物来说,何谓“消除侵权特征”? 中国明确承认“消除侵权特征就是指去除货物上的非法加贴的商标”。[39] 因此,专家组得出结论,依据中国的法律法规,对于冒牌货物而言,所谓“消除侵权特征”就是“除去非法加贴的商标”,不符合 TRIPS 协定第 46 条的规定。

五、关于知识产权的刑事程序争端问题

TRIPS 协定不仅对 WTO 各成员方知识产权保护的实体权利规定了“最低保护标准”,而且对知识产权保护的民事程序、行政程序、海关程序、刑事程序等进行了一体化的规定。其中,TRIPS 协定第 61 条要求各成员方建立打击盗版、假冒商标的刑事程序,中国作为 WTO 成员方,在加入 WTO 前后,就已经运用刑罚打击侵犯知识产权的盗版。[40] 针对中国规定的打击盗版、假冒商标的“刑事门槛”,美国认为,尽管中国降低了惩治盗版“刑事门槛”,比如对盗版的刑事处罚起点由非法复制 1000 张(份)降低到 500 张(份),非法经营数额由 2004 年前的 10 万降低到 5 万元,但这还不足以从根本上解决在中国的严重盗版问题,因为盗版者将以该刑罚门槛作为“避风港”,只要不超过该门槛,就可以放心复制、销售盗版。美国认为,该“刑事门槛”之下的盗版行为,仍然构成 TRIPS 协定第 61 条规定应予刑罚惩治的“商业规模”的盗版行为。据此,美国指控中国没有履行 TRIPS 协定第 41.4 条和第 61 条项下的义务。[41]

TRIPS 协定第 61 条明确规定:“成员方至少应当对具有商业规模的故意假冒商标或盗版,提供刑事程序与刑罚予以惩处。可采取的刑事处罚应包括监禁和/或罚金,足以起到威慑作用,并保持与之相似罪行所处刑罚一致。”换言之,只有达到“商业规模”(commercial scale)的盗版和假冒行为才构成犯罪,才予以刑事处罚,这里的“商业规模”就是惩治盗版、假冒行为的“刑事门槛”。中美两国争议的焦点

---

〔39〕 Id. ,paras. 7.368 – 369.

〔40〕 中国 1997 年《刑法》第 217 条规定了侵犯著作权犯罪的“刑事门槛”,即“以营利为目的,违法所得数额较大或者有其他严重情节的,处三年以下有期徒刑或者拘役,并处或者单处罚金。”由于该条对“刑事门槛”标准规定的模糊性,2004 年 11 月最高人民法院和最高人民检察院发布《关于办理侵犯知识产权刑事案件具体应用法律若干问题的解释》,对“刑事门槛”标准进行具体量化:所谓“违法所得数额较大”,系指违法所得数额在 3 万元以上;所谓“有其他严重情节”,系指非法经营数额在 5 万元以上,或者,未经著作权人许可复制发行其文字作品、音乐、电影、电视、录像作品、计算机软件及其他作品,复制品数量合计在 1 千张(份)以上的。2007 年 4 月,最高人民法院和最高人民检察院联合发布《关于办理侵犯知识产权刑事案件具体应用法律若干问题的解释(二)》,进一步降低惩治盗版的“刑事门槛”:以营利为目的,未经著作权人许可,复制发行其文字作品、音乐、电影、电视、录像作品、计算机软件及其他作品,复制品数量合计在 500 张(份)以上的,属于刑法第 217 条规定的“有其他严重情节”。

〔41〕 China-Measures Affecting the Protection and Enforcement o f Intellectual Property Rights, Request for Consultation by the United States, WT/DS362/1, 16 April, 2007.

在于盗版、假冒达到怎样的程度就构成“商业规模”？

专家组认为，“具有商业规模”(on a commercial scale)既要考虑行为的是否具有商业性质，还要考虑数量方面的限制。美国、加拿大和欧共体对商业规模的解释相当于“商业目的”(commercial purpose)，显然只是注重了“商业”，而忽视了其中所包含的数量型要求“规模”。commercial 与 scale 这两个单词应该放在一起理解和解释，这样才不会割裂他们的真正含义。中国主张将“具有商业规模”解释为“较大规模的侵权活动”(a significant magnitude of infringement activity)，类似于“工业规模活动”(industrial scale activity)。专家组认为这种解释也不够贴切。专家组最后对商业规模的认定是：商业规模是典型的或通常的商业活动的幅度和范围，一个特定市场中某件特定商品典型、通常的商业活动幅度和范围就是评断 61 条义务范围的重要基准。因此，专家组认为“具有商业规模”的标准是一个相对的、在不同适用情形下会有所变化的标准。[42] 根据 TRIPS 协定第 1.1 条的规定，各成员方应在各自的法律体系及惯例范围内自由确定实施本协定各条款的适当方法。TRIPS 协定并没有对成员方设定采取特定立法形式的义务。只要成员方实际上对具有商业规模的故意的商标假冒和盗版案件规定刑事程序和惩罚，就履行了其在 TRIPS 协定第 61 条下的知识产权刑事保护义务。

专家组进一步认为，“具有商业规模”的标准随商品和市场的不同而不同。判断中国立法中的商业规模是否符合 TRIPS 协定的标准，必须结合中国市场的实际情况。问题的关键是判断中国刑事门槛将一部分故意商标假冒和盗版案件排除刑事处罚的做法是否违反其条约义务。专家组认为，中国的刑事门槛规定的确将一部分行为排除刑事处罚，但仅从表面看无法区分是否具有商业规模的行为。中国的门槛包括货币标准、侵权产品数量标准(500 份)等标准和因素。[43] 美国认为，虽然商业规模对于具体的商品和市场有不同的具体解释，但是中国的刑事门槛没有能够包含某些市场情形下的商业规模。专家组认为美国就这一问题提供的证据信息太少、太随意，不足以证明中国产品的商业规模构成中存在问题，而美国完全有机会和能力获得充分的证据，因此美国明显没有承担其控诉方的举证责任。美国举证不足，达不到“表面上证据确凿”案件的标准，专家组认定美国的主张不能支持。[44]

---

〔42〕 Panel Report, China-Measures Affecting the Protection and Enforcement of Intellectual Property Rights, WT/DS362/R, paras 7.546 – 7.548, 7.566, 7.577 – 7.579.

〔43〕 Id., paras 7.60 – 7.612.

〔44〕 Id., paras7.631 – 7.632.

第五节 TRIPS 协定的新发展

2001 年 11 月,WTO 第 4 次部长级会议通过的《多哈部长级会议宣言》第 17 至 19 段列举多哈回合拟谈判或讨论的与知识产权有关的三个问题:(1) TRIPS 协定与公共健康的关系问题;(2)建立葡萄酒和烈性酒的地理标志的通报与注册的多边制度以及扩大地理标志保护范围的问题;(3) TRIPS 协定与《生物多样性公约》、传统知识、民间文学保护及其他新领域之间的关系问题。其中,进展比较顺利、成果较为突出的是有关 TRIPS 协定与公共健康关系问题的谈判。

一、地理标志保护问题的谈判

(一)关于建立葡萄酒和烈性酒的地理标志的通报与注册的多边制度的问题

TRIPS 协定第 23.4 条规定:"为便利葡萄酒地理标志的保护,应在 TRIPS 理事会内谈判建立关于葡萄酒地理标志的通报与注册的多边制度,使之能在参加该多边制度的成员中获得保护。"根据该条规定,有关通报与注册的多边制度谈判早在 1997 年就开始了,于 2001 年纳入多哈回合谈判。虽然 TRIPS 理事会建立的特别会议就此议题进行展开了多次谈判,但进展较为缓慢,成员方之间存在较大分歧:

以欧共体和部分发展中成员主张建立一个对参加方具有约束力的通报与注册的多边制度,一旦地理标志被注册,则该地理标志在其他 WTO 成员方需予以保护,除非作为地理标志的术语(term)不符合地理标志的定义或已经普遍化;要求对 TRIPS 协定第 23.4 条进行修订。[45]

以美国、澳大利亚、阿根廷、日本、加拿大、韩国等为代表的成员则反对建立强制性的多边通报与注册制度,强调该多边注册制度应当是自愿的、非约束性的,相当于建立一个地理标志的数据库;对于通报与注册的地理标志如何保护,主要考虑成员方国内法律制度,多边注册制度仅起参考作用;反对将通报与注册的多边制度作为对 TRIPS 协定第 23.4 条的修订。[46]

中国香港则提出折中建议,登记的地理标志效力比欧共体提出的要低,仅仅在参加多边制度的成员方有效。[47]

2010 年 12 月,关于建立葡萄酒和烈性酒通报与注册的多边制度的谈判加紧进行,特别会议主席希望能够在 2011 年第一季度末就登记注册程序的六个问题形

---

〔45〕 TN/IP/W/11.

〔46〕 TN/IP/W/10/Rev. 2.

〔47〕 TN/IP/W/8.

成首份谈判草案。这六个问题分别是:(1)通报,例如地理标志的术语如何通报,哪个成员负责;(2)注册,例如该多边制度如何运行以及 WTO 秘书处的作用;(3)注册的法律后果;(4)登记的费用;(5)对发展中成员的特殊待遇;(6)参与该多边制度是否要自愿?该多边制度是否对所有 WTO 成员方都有潜在影响?[48]

(二)关于扩大地理标志保护范围的谈判

根据 TRIPS 协定第22条,对除葡萄酒和烈性酒以外产品的地理标志保护的前提是,不对该地理标志进行不当使用或误导消费者;根据第23条,葡萄酒和烈性酒的地理标志无须误导消费者也可获得保护,该条保护水平高于第22条。对此,欧共体、瑞士等发达成员主张通过修订 TRIPS 协定的方式将第23条的保护水平扩展到所有产品。印度、肯尼亚、马达加斯加、毛里求斯、巴基斯坦、罗马尼亚、斯里兰卡、泰国和土耳其等发展中成员在农产品和手工艺品等方面拥有一批知名地理标志,支持欧共体扩大地理标志的保护范围。而以美国、澳大利亚、新西兰、阿根廷、智利、加拿大、菲律宾、危地马拉等移民国家在地理标志名称和文化传统方面与欧洲国家多有重合、交叉,为避免因地理标志保护而减损其部门产品在国际贸易中的利益,这些成员认为现有地理标志保护水平是适当的,反对进行修改。[49]

二、TRIPS 协定与 CBD 关系的谈判

1992 年签署于里约热内卢的《生物多样性公约》(UN Convention on Biological Diversity,CBD)确立了生物资源国家主权、知情同意权和利益分享权三原则,主张对传统知识进行保护。CBD 的目的是防止跨国公司等对生物资源未经许可的无偿使用,确保生物多样性和人类可持续发展。TRIPS 协定对此内容缺乏相应规定,仅在其第27.3条要求就动植物品种方法的专利问题进行审议。多哈部长级会议宣言明确要求就 TRIPS 协定与《生物多样性公约》、传统知识、民间文学保护及其他新领域之间的关系问题进行谈判。

在此问题上,以巴西、印度为代表的发展中成员(包括泰国、玻利维亚、哥伦比亚、古巴、秘鲁、非洲地区的国家等)主张修改 TRIPS 协定,要求专利申请者强制披露其专利申请中所使用的生物资源和传统知识的来源国、提供来源国知情同意的证据以及与来源国利益分享的证据。瑞士提出通过 WIPO 而不是 WTO 规定专利信息披露问题,即通过修改 WIPO《专利合作条约》要求成员通过国内专利法要求专利申请者披露生物资源和传统知识的信息,否则不授予专利。欧共体则提出建议认为,可以要求所有专利申请者披露生物资源信息,未予披露需承担一定的法律

---

〔48〕 Geographical indications in general, http://www.wto.org/english/tratop_e/trips_e/gi_background_e.htm#wines_spirits.(访问日期:2011 年 4 月 21 日)

〔49〕 Geographical indications in general, http://www.wto.org/english/tratop_e/trips_e/gi_background_e.htm#wines_spirits.(访问日期:2011 年 4 月 22 日)

后果，但不是通过专利法来做出这样的要求。美国则认为，CDB 所规定生物资源的获得、利益分享原则是通过国家立法和在此立法上的合同机制来实现的；因此，美国主张通过合同机制的安排实现有关生物资源和传统知识使用的信息披露和利益分享。[50]

三、TRIPS 协定与公共健康关系问题的谈判

目前人类主要的致死性传染疾病是艾滋病、呼吸道传染病、疟疾和结核病。而用于治疗包括艾滋病在内的传染性疾病有关药品的专利，只掌握在少数发达国家跨国制药公司手中，严格的药品专利保护带来垄断，从而造成药价高昂。高昂的药价使发展中国家成员方对艾滋病等重大传染病疫情进行预防和控制付出了沉重代价。尽管 TRIPS 协定对协调公共健康安全与药品专利保护之间的冲突规定了相应条款，如第 27 条、第 30 条、第 31 条和第 65、66 条，然而在实践中发展中成员发现这些条款均存在法律缺陷，难以协调公共健康与专利保护的冲突。鉴于 TRIPS 协定条款不能很好地平衡药品专利权与公共健康权的冲突，面对每年大量人群死于传染性疾病的严峻现实，WTO 合法性越来越受到挑战：是维持 TRIPS 协定对药品专利的高标准保护而漠视人们的生命权，还是与时俱进发展 TRIPS 协定中关于强制许可的规定为维护公共健康提供法律便利？WTO 明智选择后者，分别于 2001 年和 2003 年以部长级会议通过的《TRIPS 协定与公共健康多哈宣言》（以下简称《多哈宣言》）和总理事会通过《关于实施多哈宣言第 6 条款的总理事会决议》（以下简称《总理事会决议》）对 TRIPS 协定进行了最新发展。2005 年 12 月 6 日，WTO 总理事会通过了《修改 TRIPS 协定议定书》，将 2003 年总理事会决议中有关“强制许可豁免”直接作为对 TRIIPS 协定第 31 条专利强制许可的修正，修正案在 2011 年 12 月 31 日前或部长级会议决定的更晚期限内由各成员方批准，将在获得 WTO 的 2/3 成员批准后生效。[51]

（一）《多哈宣言》的主要内容

1. 明确公共健康权利优先于知识产权的法律原则

《多哈宣言》第 4 条明确规定，“TRIPS 协定不能够也不应该妨碍各成员采取措施以维护公共健康。因此，在重申对 TRIPS 协定承诺时，确认该协定能够也应该在解释和执行方面支持 WTO 成员方维护公共健康的权利。基于此，部长们再次确认 WTO 成员方充分使用 TRIPS 协定中为此目的提供灵活性条款的权利”。

---

〔50〕 http://www.wto.org/english/tratop_e/trips_e/art27_3b_background_e.htm.（访问日期：2011 年 4 月 22 日）

〔51〕 截至 2010 年 9 月 30 日，批准的成员方有：美国、瑞士、萨尔瓦多、韩国、挪威、印度、菲律宾、以色列、日本、澳大利亚、新加坡、中国香港、中国澳门、中华人民共和国、欧共体、毛里求斯、埃及、墨西哥、约旦、巴西、摩洛哥、阿尔巴尼亚、加拿大、巴林、哥伦比亚、赞比亚、尼加拉瓜、巴基斯坦、乌干达、蒙古和原南斯拉夫马其顿共和国。

TRIPS 协定第 8 条虽然允许“各成员方可在其国内法律及条例的制定或修改中,采取必要措施以保护公众健康与发展,以增加对其社会经济与技术发展至关紧要之领域中的公共利益”,但其条件是这些维护公共健康与发展的措施“要与本协议的规定一致”,换言之,能否采取与 TRIPS 协定条款不一致的维护公共健康与发展的措施,有争议。而《多哈宣言》则明确规定,TRIPS 协定各条款不能够也不应该妨碍各成员采取措施以维护公共健康,易言之,当 TRIPS 协定中的有关条款妨碍成员方采取措施维护公共健康时,公共健康权利优先。

2. 明确了 TRIPS 协定中可用于维护公共健康、限制专利权人权利的具体条款

(1)《多哈宣言》规定,对 TRIPS 协定每项条款的解释,应按其目标和原则中所表述的宗旨和目的来解释。TRIPS 协定在其第 7 条目标条款中强调“知识产权的保护与权利行使,目的应在于促进技术的革新、技术的转让与技术的传播,以有利于社会及经济福利的方式去促进技术知识的生产者与使用者互利,并促进权利与义务的平衡。”TRIPS 协定第 8 条原则条款进一步规定“各成员方可在其国内法律及条例的制定或修改中,采取必要措施以保护居民的健康与发展,以增加对其社会经济与技术发展至关紧要之领域中的公共利益,只要该措施与本协议的规定一致”。由此可见,知识产权保护不是目的,而只是手段,知识产权保护的目的在于促进技术革新、转让和传播,并促进社会及经济福利的增加。

(2)《多哈宣言》明确面临公共健康威胁时可视为“国家紧急状态”。根据 TRIPS 协定第 31 条(b)款规定,对于一般专利强制许可的申请,申请人必须证明其已经努力向权利人要求依合理的商业条款及条件获取许可,但在合理期限内未获成功,但国家紧急状态除外。对于公共健康危机是否构成国家紧急状态,TRIPS 协定没有明确规定。《多哈宣言》第 5 条明确规定,WTO 成员方在面临艾滋病、结核病、疟疾或其他流行病威胁时有自由决定国家处于紧急状态的权利,从而无须与专利权人磋商可以自行颁布强制许可生产仿制药品。

(3)《多哈宣言》确认了平行进口[52]行为符合 TRIPS 协定的规定。《多哈宣言》明确规定 TRIPS 协定中与“知识产权权利用尽”的有关条款应允许成员方在不违背国民待遇和最惠国待遇的前提下自由建立自己的权利用尽体制而不受质疑。根据《多哈宣言》规定,发展中国家可以在相关的专利立法中明确规定平行进口的权利,其最大好处在于发展中国家可以平行进口药品,从而提高市场的竞争力以降低药价。这是因为同一专利药品在世界各国的价格不尽相同,权利用尽的国际性可以使发展中国家选择进口相对低价的药品。

---

〔52〕 平行进口:是指某一专利人在进口商本国和其他国家就相同专利拥有专利权,进口商未经其许可将该专利权人在另一国许可制造的产品进口至本国的行为。

3. 延长了最不发达成员的过渡期

《多哈宣言》第7条将最不发达成员在医药产品方面履行TRIPS协定有关义务的过渡期延长至2016年。有关义务指的是根据TRIPS协定第二部分第5节(专利保护)和第7节(未披露信息的保护)中所规定的义务。这一规定为最不发达国家推迟药品专利保护及生产仿制药品提供了法律依据。

《多哈宣言》的积极意义在于第一次在WTO体制内确认公共健康权优于知识产权,并且明确了WTO成员方可以依据TRIPS协定中的弹性条款(第7条、第8条、第6条、第31条)维护公共健康安全的权利,发达国家承诺不得使用单边贸易制裁或法律诉讼相威胁。然而,《多哈宣言》并未从根本上解决TRIPS协定与公共健康之间的冲突问题,其中一个突出问题就是没有彻底解决TRIPS协定第31条(f)款问题,该款核心问题是实施强制许可而生产的药品不能出口,这就意味着许多缺乏药品生产能力的发展中国家实际上不能获得廉价的仿制药品。《多哈宣言》第6条规定:"部长们认识到在制药领域生产能力不足或缺乏生产能力的WTO成员方在有效实施TRIPS协定项下的强制许可方面可能面临困难,我们指示TRIPS理事会在2002年年底前找出这一问题的迅捷解决办法,并向WTO总理事会报告"。这一款规定就构成了著名的《多哈宣言》"第6条款问题",即如何在WTO框架下提高药品生产能力不足的成员方应付公共健康危机的能力,以更好地增强WTO的合法性。

(二)《总理事会决议》的主要内容

2002年春,TRIPS理事会收到了WTO成员方提交关于解决《多哈宣言》第6条款问题的初步法律建议,包括(1)通过解释TRIPS协定第30条方式解决;[53](2)通过解释或修改TRIPS协定第31条方式解决;[54](3)通过WTO争端解决机制延缓审查涉及TRIPS协定第31条(f)款项案件的方式解决;[55](4)通过增加TRIPS协定第31条(f)款义务例外条款的方式解决。[56] 这四种法律建议核心问题可以归纳为是以TRIPS协定第30条还是第31条为基础解决《多哈宣言》第6条款问题。针对这一核心法律问题,美国、欧共体、发展中国家从不同的角度提出了不同的法律见解,并展开了激烈争论。经过长期的法律争论,为给WTO第五次部长级会议创造良好氛围,2003年8月30日WTO总理事会终于通过了《关于实施多哈宣言第6条的总理事会决议》(《总理事会决议》)。根据该《总理事会决议》,对于缺乏药品生产能力或药品生产能力不足的贫穷国家,可以进口其他成员方通

---

〔53〕 IP/C/W/355, para. 8.

〔54〕 IP/C/W/340.

〔55〕 IP/C/W/358. para. 29.

〔56〕 C IP/C/W/352. para. 4.

过强制许可而生产的廉价仿制药品。这一规定实际上豁免了出口方实施强制许可主要满足国内市场需要的义务，有利于贫穷国家在必要时更容易进口用于治疗艾滋病等重大传染性疾病的廉价仿制药品，从而为发展中国家维护公共健康安全进口仿制药品提供了法律依据。根据《总理事会决议》，进出口廉价的仿制药品应遵循如下法律条件：

1. 关于豁免义务的内容

根据《总理事会决定》，凡是生产符合本决定及《多哈宣言》规定的药品，可以豁免 TRIPS 协定第 31 条(f)款和(h)款项下的义务。即实施强制许可所生产的药品在符合《总理事会决议》规定的条件下免除禁止出口的义务，合格进口方实施强制许可时免除向专利持有人支付适当费用的义务。

2. 关于享受豁免的资格问题

豁免资格涉及药品资格、合格进口方和合格出口方的资格问题。药品资格指治疗什么病的药品可以被强制许可生产并出口，合格进口方指可以进口廉价的仿制药品的成员资格，而合格的出口方指可以强制许可生产并出口仿制药品的成员方资格。

(1)关于合格药品。以美国为首的发达成员，一直坚持对疾病适用范围进行严格限制，并提出 20 余种传染病清单，不肯再做退让；欧共体提出的疾病范围包括像艾滋病、肝炎、瘟疫、肺结核、麻疹、血吸虫病等 24 种疾病。[57] 发展中国家成员则提出不能对疾病范围进行限制。最后《总理事会决议》规定，符合第 6 条款规定的药品主要指受专利保护的、为解决《多哈宣言》第 1 条规定的公共健康问题的药品。换言之，指能治疗艾滋病、肺结核、疟疾 和“其他流行病”的药品。由此可见，合格药品不是一个封闭式清单，不仅仅指治疗艾滋病、肺结核、疟疾的药品，而且成员方有权自行决定何种药品，这是因为一些流行性疾病具有不可预见性，比如美国的炭疽热，中国、新加坡、加拿大 2003 年爆发的 SARS 等疾病。

(2)关于合格进口方。根据《总理事会决议》规定，合格进口方包括两大类成员：一类是最不发达成员方，这类成员被当然视为符合《多哈宣言》规定的“制药领域生产能力不足或不具备生产能力”的成员；一类是被评估为在制药领域生产能力不足或不具备生产能力且通知了 TRIPS 理事会的任何成员方。这就意味着，即使具备药品生产能力的成员方，如果剔除被专利权人控制或所有的药品生产能力外，其药品生产能力不足的成员仍是合格的进口成员方。当然有的成员方明确表示其不打算作为《总理事会决议》规定的进口方，这主要是 WTO 中的 23 个发达成员方。还有的成员方表示只有在国家或地区处于紧急状态时才愿意成为合格的进

---

〔57〕 Naomi Bass, Implications of the TRIPS Agreement for the Developing Countries: Pharmaceutical Patent Laws in Brazil and South Africa in the 21st Century, 34 Geo. Wash. Int'l L. Rev. 191, 2002.

口方,这些成员是:中国香港、以色列、韩国、科威特、中国澳门、墨西哥、卡塔尔、新加坡、中国台北、土耳其和阿拉伯联合酋长国。

(3)关于合格出口方。指符合《总理事会决议》规定实施强制许可生产仿制药品并出口至合格进口方的成员方,合格出口方必须符合以下具体条件:

第一,合格进口方已经向 TRIPS 理事会通知了下列内容:所需药品名称和数量;除最不发达成员方外,符合《总理事会决议》规定的不具备药品生产能力或生产能力不足的考核条件;确认其根据 TRIPS 协定第 31 条也实施了强制许可或有意向实施强制许可。

第二,出口方实施的强制许可符合以下条件:药品生产数量与合格进口方向 TRIPS 理事会申报的数量相吻合且所有产品必须出口至合格进口方;使用标注或标签方式将所生产药品清楚地区分开来;供应商需使用特殊包装和/或药品的特殊颜色/形状将药品区别开来;发运前,被许可方在相关网站上披露出口到各合格进口方的药品数量和药品区分标志的信息;出口当局必须向 TRIPS 理事会通知授予强制许可的信息,包括被许可人的名称、地址、被许可生产的药品名称、数量、出口国家、许可期限等。

第三,在考虑对进口方的经济价值的基础上,出口方应根据第 31 条(h)项规定向专利持有人支付适当的费用。

3. 关于扩大 TRIPS 协定第 31 条(f)款中"国内市场"的定义范围

根据《总理事会决议》第 4 条规定,合格进口方应采取与其行政管理能力相符的合理措施防止已进口仿制药品的贸易转移风险和转出口。但是《总理事会决议》第 6 条规定了例外,即当发展中成员或最不发达国家成员是符合GATT 1994第 24 条规定的区域性贸易协定的缔约方且又符合 1979 年 11 月 28 日"给予发展中国家以差别及更互惠的待遇、互惠和更全面参与的决定"的,在实施药品强制许可时,或进口强制许可的药品时,允许它们相互之间进出口经强制实施的仿制药品以解决共同面临的公共健康问题,从而免除第 31 条(f)款下和《总理事会决议》中规定的仿制药品禁止转出口和贸易转移的义务。

《总理事会决议》通过后,卢旺达于 2007 年 7 月 17 日正式通知 WTO,由于其不具备药品生产能力从而依据《总理事会决议》需要从其他实施强制许可国家进口仿制药品。2007 年 10 月,加拿大通知 WTO 其将强制实施专利许可,生产防治艾滋病的仿制药品出口到卢旺达。这样,卢旺达和加拿大成为第一个依据《总理事会决议》向 WTO 通知的合格进口方和合格出口方。

(三)关于对 TRIPS 协定与公共健康关系协调的评价

《多哈宣言》与《总理事会决议》的通过意味着自 1995 年 WTO 成立以来国际知识产权特别是药品专利权高水平的保护与公共健康安全之间的法律冲突暂时划上了一个句号,特别是一旦《修改 TRIPS 协定议定书》生效,则会使药品专利与公共健康安全的协调成为TRIPS协定的一部分，具有正式、完整的法律效力，这为国际知识产权保护的发展提供了有益的启示。

1. 国际知识产权保护在一定程度上向“人本主义”的价值目标回归

人本主义法律精神在TRIPS协定中实际上已有体现。TRIPS协定在明确承认知识产权为私权的同时，也确认了知识产权保护的目的应是促进技术的转让和传播，促进社会福利，促进知识产权的创造者与使用者之间的利益平衡；明确承认各成员方有权采取措施维护公共健康与发展。应该说，其目标与原则体现了知识产权法律制度的“应然性”，即设立知识产权保护制度的目的不在于为保护而保护，而在于通过保护知识产权来促进社会进步和科技创新，增进全人类的福利。这种法律的终极关怀体现于TRIPS协定第6条、第7条、第8条、第30条、第31条、第65条和第66条。可惜的是，这些关于法律精神价值取向的重要条款被TRIPS协定具体条款所架空。《总理事会决议》实质上是对TRIPS协定中已经体现的但又被架空的“人本主义”的法律精神得到重新确认和确保。如果说《多哈宣言》的政治意义远远大于其法律含义，而《总理事会决议》则更多地从法律操作层面上界定了最不发达国家和发展中国进口仿制药品维护公共健康安全的权利。从《总理事会决议》的内容我们可以看出，发展中国家成员的一些主要法律观点得到了肯定。比如说对疾病范围的确定问题、合格进口方的界定标准、TRIPS协定第31条(f)款义务的豁免等，《总理事会决议》基本上采用发展中成员方的法律建议。正如前WTO总干事素帕猜指出，这是一项历史性协议，它将使贫穷国家在WTO知识产权规则范围内，充分发挥弹性，处理肆虐本国的重大流行性疾病。肯尼亚驻WTO的代表称，这项协议对非洲，尤其是那些迫切需要得到药品治疗的人们来说是个好消息。[58]

2. 21世纪国际知识产权保护将更加注重以“差别保护”模式协调利益冲突

在人类走向知识经济的时代，知识产权保护问题将比20世纪显得更为突出。信息技术、生物工程技术、新材料技术等领域产生的新的知识产权问题必将在WTO平台内讨论。所以，21世纪国际知识产权保护只会越来越强，内容越来越多；而且可以预见未来知识产权保护涉及的利益冲突更加复杂、更加尖锐，国际知识产权保护制度的功能应能对各种相互冲突的利益进行调整。而TRIPS协定对专利的保护恰恰缺乏一种利益协调的模式。例如，TRIPS协定第27条第1款规定：“对一切技术领域中的任何发明……其获得专利及享有专利权，不得因发明地点不同、技术领域不同及产品之系进口或系本地制造之不同而给予歧视。”这就意味着，对于专利，不分是一般商业用途的专利还是与健康安全有关的药品专利，不存在任何差别，一体保护；而TRIPS协定的目的和原则条款显然希望对一些涉及

〔58〕“世贸组织通过解决‘公众健康’问题最后文件”，载《国际商报》2003年8月30日。

公共利益领域的专利实行差别待遇。《多哈宣言》和《总理事会决议》实际上就是争取对某些重要领域的专利以“差别保护”。随着21世纪面临的技术问题更广泛地涉及公共利益，如通过转基因技术制造的动植物、药品等，不仅仅关系到经济发展，甚至关系到人类和动植物多样性与环境安全等重大公共利益问题，对于这些知识产权的国际保护，就必须坚持《多哈宣言》和《总理事会决议》采用的模式，用“差别保护”原则合理平衡专利权保护与公共利益、社会发展之间的冲突。

第五篇　WTO 与中国

第十章　中国与 WTO 的法律关系

中国从 1986 年开始复关（恢复关贸总协定原始缔约方地位）到入世（加入世界贸易组织）谈判，于 2001 年 12 月 11 日正式成为 WTO 成员方，历时 14 余年。谈判时间之长、谈判议题之多，在国际上实属罕见。加入 WTO 是中国政府面对经济全球化和科学技术突飞猛进的国际经济形势，从国内进一步改革开放的需要出发，高瞻远瞩，审时度势，做出的重大战略决策。入世后，中国认真履行了入世承诺：平均关税从 15.3% 下降至 9.8%，对世界开放了 100 多个服务贸易部门，经历了历史上最大规模的法律法规清理工作，涉及 2300 多件法律、法规和部门规章，树立了负责任大国的国际形象。与此同时，中国积极参与 WTO 各项活动，在 WTO 决策体系中从“新成员”成长为成熟的成员并跻身核心决策圈；特别是积极参与 WTO 争端解决机制，为妥善处理国际贸易摩擦积累了经验。

第一节　中国“复关”与“入世”谈判涉及的法律问题

一、中国与 GATT 法律关系的历史背景

要完整了解中国与世贸组织法律关系，必须首先了解中国与关贸总协定法律关系的历史背景。

中国是关贸总协定 23 个创始缔约方之一。1947 年 4 月至 10 月，当时的中华民国政府代表中国参加了世界贸易和就业会议第二次筹备委员会会议。与会期间，中国与美国、英国、法国、荷兰、比利时、卢森堡等 18 个国家进行了关税减让谈判，达成了关税减让双边协议，并参与了拟订关贸总协定的工作。同年 10 月 30 日，包括中国在内的 23 个国家在日内瓦签署了关贸总协定，还签署了附有 123 个双边关税减让协议的议定书。1948 年 3 月 24 日，中国又签署了在哈瓦那召开的联合国世界贸易和就业会议的最后文件，成为国际贸易组织临时委员会执行委员会成员；4 月 21 日，中国政府签署了《关贸总协定临时适用议定书》，5 月 21 日，即文件签署 30 天后，中国成为关贸总协定创始缔约方之一。

1949 年，中华人民共和国中央人民政府成立。1950 年 3 月 6 日，台湾当局通

过其“常驻联合国代表”以“中华民国”的名义照会联合国秘书长,决定退出关贸总协定。次日,联合国秘书长致函关贸总协定执行秘书(1965年改为总干事),他已答复同意台湾“外交部长”退出,并于1950年5月5日起退出生效,并用电报向关贸总协定其他缔约方分别作了通报。当时捷克等一些国家的代表对台湾当局退出声明的法律效力提出了质疑。从国际法上看,1949年中华人民共和国中央人民政府的成立,只是代表中国政府的变更,并没有改变中国作为国际法主体的地位;被推翻的国民党政府自1949年10月1日起已无权代表中国。因此,台湾当局宣布中国退出GATT是非法和无效的。根据公认的国际法原则,自1949年10月1日以后,台湾当局以中国的名义的任何行为,在国际法上均无效力。

1971年10月,联合国恢复中华人民共和国的合法席位后,关贸总协定按照在政治上服从联合国决议的原则,于1971年11月取消了台湾当局于1965年非法窃取的“观察员”席位。不久,中国于1972年5月成为联合国贸发会议和关贸总协定下属机构国际贸易中心的成员。应该说,70年代初期,我国本可抓住当时的有利时机,着手恢复在关贸总协定的缔约方地位。但是由于当时中国对关贸总协定及其作用缺乏应有的了解,加之一些缔约方在台湾当局非法退出后取消了对中国的关税减让,中国又逐步建立了中央计划经济体制的外贸和关税制度,因此中国没有及时直接与关贸总协定接触。

20世纪80年代初期,随着我国改革开放的发展,中国开始与关贸总协定进行联络。1982年,中国第一次派代表团以观察员身份列席了关贸总协定第38届缔约方大会。1983年11月15日,中国政府正式签署了第三个国际纺织品贸易协议,成为关贸总协定下的纺织品委员会的正式成员。1984年4月中国观察员地位扩展到关贸总协定理事会及其附属机构的会议。

1986年1月,关贸总协定总干事邓克尔访问中国,中国领导人正式表示要求恢复中国在总协定的缔约方地位。同年7月10日,中国驻日内瓦常驻代表正式向GATT总干事提交了中国政府关于申请恢复在总协定的缔约方地位的照会。同年9月,中国政府应邀出席了乌拉圭回合的开幕式,并全面取得参加这一新回合谈判的资格。1987年2月13日,中国政府向总协定正式递交了《中国对外贸易管理备忘录》(The Memorandum on China's Foreign Trade Regime);1987年6月,关贸总协定成立“中国的缔约方地位工作组(以下简称中国工作组)”,由瑞士大使吉拉德担任主席。工作组的职责为:审议中国的外贸制度,起草关于中国恢复关贸总协定地位的议定书,提供进行关税减让谈判的场合。从此,正式开始了中国恢复关贸总协定原始缔约方席位的谈判(简称复关谈判)。

二、中国复关的曲折谈判

中国复关谈判从1986年7月10日开始,一直到1995年11月,中国复关问题仍没有解决。从复关谈判的内容、进展和所处的国内外不同政治经济形势来看,10

年的复关谈判大致可以分为三个阶段：

1. 第一阶段(1986年7月～1989年5月)

第一阶段是从中国政府正式提出复关申请到1989年5月中美第五轮关贸总协定双边磋商达成谅解。中国正式提出了复关的三项基本原则，即(1)采取恢复方式；(2)力争以关税减让作为承诺条件；(3)坚持以发展中国家的地位进行谈判，并承担与我国经济贸易水平相适应的义务。中国这一原则立场得到了GATT缔约方的谅解，而欧美对中国复关谈判的关心和要价主要集中在贸易政策的透明度与统一实施、关税与非关税措施的减让、价格改革时间表和选择性保障条款等5个中心问题上。在此期间，中国与主要缔约方进行了十几次磋商，并就中国复关的一些核心问题基本上达成了谅解，而且中国工作组连续召开7次会议，也基本上结束了对中国外贸制度的答疑和综合评估工作，此时中国复关议定书框架已跃然纸上，1989年底结束谈判无论是在多边谈判还是在双边磋商中都已基本上形成共识。

2. 第二阶段(1989年6月～1992年2月)

第二阶段是从1989年6月到1992年2月第10次中国工作组会议召开。由于众所周知的原因，这一阶段以美国为首的西方国家对华实行经济制裁，把暂不让中国复关作为经济制裁的一项主要内容。再者，乌拉圭回合因美欧农产品补贴问题而陷入僵局，关贸总协定和有关各方此时无心关注中国的复关谈判。此外，中美之间双边贸易纠纷，如劳改产品问题、知识产权保护问题、纺织品非法转口问题、贸易不平衡问题以及市场准入问题等成为解决中国复关的障碍，美国把双边贸易问题是否妥善解决同中国复关谈判挂钩。加之中国国内为配合治理整顿而重新启用一系列行政管理措施，这使得不少缔约方和关贸总协定误以为中国改革开放倒退。因此，在这一阶段，复关谈判涉及的双边磋商和以日内瓦中国工作组会议形式进行的多边谈判事实上均陷入停顿状态，这期间召开的第8和第9次中国工作组会议，均为象征性例会，没有任何结果。

3. 第三阶段(1992年2月～1994年12月)

这一阶段复关谈判重新启动并进入权利与义务谈判的最后攻坚阶段。在这期间，1992年初邓小平南方谈话而引发的深化改革和“全方位”对外开放为中国经济高速发展注入了新的推动力；十四大的召开为中国经济体制改革确立了建立市场经济和现代企业制度的目标并相应地作出了一系列深化改革的重大步骤。从1992年12月中国工作组第12次会议到1994年6月中国工作组第16次会议，中国方面答复了由各缔约方提出的12大类6000余个问题。中国工作组从单纯审议外贸制度进入到谈判起草加入议定书和双边关税减让谈判双轨进行的阶段。1994年4月15日，中国政府与乌拉圭回合谈判的全部参加方一起签署了乌拉圭回合最后文件，成为新的世贸组织的实际创始者。随后，中国呈交了包含改进的关税、农产品和服务贸易三个内容的一揽子减让表，作为最后出价。

本来中国政府这一系列改革开放的新举措应为及早结束中国复关谈判提供契机,但是由于冷战结束后出现的新国际形势和乌拉圭回合形成的 WTO 协定的生效,主要西方国家对于中国经济贸易迅猛发展而对中国复关后对其自身和多边贸易体制上的影响这一问题的重新认识,使得一些主要缔约方对中国复关谈判采取了“滚动式要价”,甚至无视中国现阶段经济发展水平,要求中国提前从发展中国家队列中“毕业”,承担发达国家在关贸总协定中承担的义务。例如美国对中国复关所提出的要价是:(1)中国原则上作为发达国家;(2)乌拉圭回合在农业领域达成的削减国内支持与出口补贴的发展中国家成员待遇不适用于中国;(3)在知识产权保护方面,实施 TRIPS 协定义务的过渡期限,中国不能适用发展中国家成员 5 年过渡期,要与发达国家成员一样,适用 1 年的过渡期;(4)国际收支保障措施等方面适用发达国家成员的标准。这些要求显然过于苛刻,为了增加有关各方的责任感与紧迫感,中国政府于 1994 年 11 月 28 日作出了“1994 年底结束中国复关实质性谈判最后期限”的重大决定,但是直到 1994 年 12 月 20 日在日内瓦举行的关贸总协定中国工作组第 19 次会议,仍未能达成中国复关的协议,中国进行复关谈判的努力没有取得成功。

三、复杂的入世谈判

自 1994 年复关谈判受挫后,在中国工作组主席吉拉德的多次促动下,1995 年 5 月和 7 月的两次非正式磋商重新启动。1995 年 12 月,应中国政府要求,中国复关谈判工作组更名为中国入世工作组,中国从复关谈判转变成入世谈判。面对以美国为首的谈判阵营对中国入世不切实际的要价,中国政府在复关谈判三原则的基础上,提出了入世谈判新三项原则:(1)坚持权利与义务对等原则;(2)坚持以发展中国家的身份加入原则;(3)以乌拉圭回合达成的多边协定为基础,承担与中国经济发展水平相适应的义务。

美国反对中国以发展中国家而要求中国以发达国家的身份加入,这主要涉及发展中国家的过渡期安排以及各种优惠待遇和中国的综合国力的问题。中国之所以坚持以发展中国家身份加入世贸组织,因为它涉及发展中成员的特殊与差别待遇问题。至于提出权利义务对等原则,而不再提关税减让的义务,这是因为随着世贸组织管辖的范围日益拓展,市场准入不仅仅是一个关税减让的问题,而是一个市场条件问题。无疑关税减让打开了市场开放的大门,但是各种非关税壁垒、服务贸易市场开放问题就不仅仅是关税下降就可以解决的。中国政府本着务实和负责的态度,及时调整谈判原则。

1996 年 3 月 20—31 日,以外经贸部部长助理为团长的中国加入 WTO 谈判代表团赴日内瓦出席了中国入世工作组第一次会议。这次工作组会议是 GATT 与 WTO 并存一年后,WTO 举行的首次中国工作组会议,表明了中国加入 WTO 的立场未变、参与世贸组织的进程的决心未变,具有特殊的意义。在非正式磋商和双边市场准入谈判中,就关税、非关税、关税配额、外贸经营权等问题进行了实质性谈判,但是由于某些贸易大国代表的阻挠,此次会议未取得实质性进展。

1997年是中国加入世贸组织的谈判进程明显加快的一年,在这一年,世贸组织的中国工作组举行了4次会议,就中国加入WTO议定书的部分条款达成了一致,主要包括非歧视条款、司法审议条款和贸易权条款等,并讨论了议定书的7个附件,取得了进展。特别是1997年12月在世贸组织中国工作组第六次会议上,中国提出了在服务贸易领域的最新建议,得到了中国工作组主席吉拉德,美国、日本、澳大利亚、挪威、新西兰、阿根廷等国代表的欢迎。建议主要涉及以下几个主要领域:分销服务(包括零售、批发和特许专营等)、法律服务、会计服务、金融服务、增值电信、航空服务、建筑业以及房地产、交通运输、教育等。

1998年4月在世贸组织中国工作组第七次会议上,中国代表向世贸组织秘书处提交了新的一揽子降税方案,即中国将在2005年把工业品平均关税降低到10%。到1998年5月,在30多个与中国进行双边谈判的成员中,已经有新西兰、匈牙利、捷克、斯洛伐克、巴基斯坦、土耳其、印度尼西亚、韩国和新加坡等9个国家与中国结束了谈判,而且,中国与当时的最大贸易伙伴日本之间也就货物贸易达成了协议。1998年6月美国前总统克林顿访华,中美之间本来打算就中国加入世贸组织达成协议,但是由于种种原因,双方没有就此问题达成协议。1999年4月10日,随着朱镕基总理访美期间与克林顿总统就中国加入WTO问题发表联合声明,以及世贸组织原总干事鲁杰罗关于期待中国年内加入WTO的表示,意味着长达13年之久的中国加入世贸组织的谈判有望接近尾声,中国很可能在1999年11月成为WTO的正式成员。然而,随着1999年5月美国对中国驻南联盟大使馆的轰炸,中美关于中国加入WTO的双边谈判中止。直到1999年下半年双方才正式恢复谈判,到1999年11月中美终于达成关于中国加入WTO的双边协定,这意味着中国入世道路上的最大困难被克服。

随着中国与30多个主要谈判方双边谈判的结束,2001年11月10日,在卡塔尔首都多哈举行的WTO第四次部长级会议上,审议通过了《关于中华人民共和国加入的决定》和《中华人民共和国加入议定书》。11日晚,原外经贸部部长代表中国政府签署了《中华人民共和国加入议定书》,并向WTO秘书处递交了中华人民共和国主席签署的批准书,完成中国加入WTO的所有法律程序。2001年12月11日,中国正式成为WTO成员。

第二节 中国入世法律文件的主要内容

中国加入 WTO 的法律文件主要包括:《关于中华人民共和国加入的决定》、《中华人民共和国加入议定书》(简称《议定书》)及其附件、《中国加入 WTO 工作组报告》(简称《工作组报告》)。这些文件与《WTO 协定》及其附件构成了中国入世后在国际经济贸易领域应遵循的法律规则,本节从权利与义务方面分析中国入世法律文件的主要内容。

一、中国加入 WTO 所享有的主要权利

(一)享有多边贸易体制确立的非歧视待遇的权利

加入 WTO 后,我国将充分享受多边无条件最惠国待遇和国民待遇,即非歧视待遇。原有(或现行)双边贸易中受到的一些不公正待遇会被取消或逐步取消。主要表现在以下几个方面:

1. 享受稳定的最惠国待遇。加入 WTO 前,我国和一些国家在双边的基础上签订若干相互享有最惠国待遇的贸易条约和协定,但其中有些最惠国待遇还是不稳定的和有期限的。例如,美国虽与我国签订了最惠国待遇的双边协议,但根据其国内的《1974 年贸易法》第 402 节,美国政府需每年审查非市场经济国家的移民政策,决定是否对该国中止或延长最惠国待遇(现改名为"正常贸易关系")。1989年以后,美国国会每年将是否延长中国最惠国待遇问题同人权、宗教、贸易逆差、知识产权保护等问题挂钩。中美达成中国入世双边协定后,美国国会 2001 年通过对华永久正常贸易(PNTR)法案,结束对华正常贸易关系(最惠国待遇关系)的年度复审。

2. 限期取消与 WTO 规定不符的措施。根据《议定书》附件 7 的规定,欧共体、阿根廷、匈牙利、墨西哥、波兰、斯洛伐克、土耳其等成员对中国出口产品实施的与 WTO 规则不相符的数量限制、反倾销措施、保障措施等将在中国加入 WTO 后 5~6年内取消。

3. 享受纺织品一体化成果。根据 WTO 的《纺织品与服装协定》规定,WTO 成员应在 2005 年之前分阶段逐步削减进口配额限制,我国充分享受 WTO 纺织品一体化的成果。在入世前,由于我国不是 WTO 的成员,我国是纺织品和服装出口受限国别最多、受限产品范围最广、受限程度最严重的国家。入世后,中国从 2002 年起开始分享世界纺织品和服装一体化的成果。

(二)享有全面参与多边贸易体制的权利

当今的世界贸易组织,与国际货币基金组织和世界银行三足鼎立,成为协调当

今世界经济的支柱。世贸组织153个成员方间的贸易额已占到世界贸易总额的95%以上,我国与世贸组织成员之间的贸易额同样已占我国外贸总额的95%左右。在如此重大的贸易关系中,世贸组织成为其成员的保护伞,他们对关乎世界经济发展的重大问题有着充分的发言权,而作为世界出口第一、进口第二的贸易大国的中国如果不加入WTO就会在世贸组织制定全球经济贸易规则时没有发言权。如果说中国1971年重返联合国大会是在政治上加入了联合国;那么中国加入世贸组织,则可以说是在经济上加入了联合国,无疑会进一步提高我国的国际地位。21世纪是经济全球化的世纪,经济全球化的趋势势不可当。经济全球化一方面是通过跨国公司推动生产的一体化,另一方面以WTO为代表的国际经济组织推动着贸易和投资的一体化。WTO从推动关税削减到非关税措施的拆除,从商品领域到服务领域以及知识产权领域,从传统的农业领域到高新技术产品和电子商务领域,WTO在推动全球贸易自由化方面起着十分重要的作用。同时,WTO正试图向投资以及协调各国国内微观政策方面拓展,以期制定21世纪的多边规则。我国必须参与这些多边规则的制定,而不能仅仅是规则的接受者。加入WTO前,我国作为观察员参与多边贸易体制,所能发挥的作用受到诸多限制,加入WTO后,我国将充分享受正式成员的权利:

1. 全面参与WTO部长级会议、总理事会和各委员会的所有正式和非正式会议,维护我国的经济利益。加入WTO后,我国积极参与了各个层次的部长级和高官级的谈判和磋商,参加了G20、G33等一些重要的谈判协调组,认真行使成员权利,全面参与WTO各项活动和谈判,与其他成员一道共同推动建立公平、公正、非歧视的多边贸易体制。

2. 全面参与贸易政策评审机制,对美、欧、日、加等重要贸易伙伴的贸易政策进行咨询和监督,敦促其他WTO成员履行多边义务。2002年4月15日至16日WTO对墨西哥的贸易政策进行评审,中国第一次派出代表团参加了会议。到目前为止,中国已派代表团参加了墨西哥、印度、欧共体、澳大利亚、日本、美国等成员的贸易政策评审。在贸易政策评审期间,中国曾分别就墨西哥、印度对我的反倾销措施,欧共体对我的纺织品配额,澳大利亚对我维持的纺织品、服装、鞋类的高关税,日本对我农产品出口设置技术壁垒等一系列问题分别提出意见,督促维持上述措施的成员尽早解决这些问题。

3. 利用WTO争端解决机制解决双边贸易争端,避免某些双边贸易机制对我国的不利影响。世贸组织的争端解决机制在国际贸易争端中发挥着十分积极的作用,成立近16年来共受理了400多件贸易纠纷。虽然过去中国在国际贸易中明显遭受不公平待遇,但是由于中国不是世贸组织的成员,无法诉诸世贸组织的争端解决机制。加入WTO后,中国则可以通过WTO争端解决机制解决贸易争端,例如美国2002年对我国实施的钢铁保障措施,我国与欧共体等共同起诉并获胜,最后美国取消了不公平的贸易措施;2010 年,针对美国对我实施的"反倾销"和"反补贴"的"双反"措施,我国诉诸 DSB,经上诉机构的裁决,在一些重要法律问题上支持了我国的立场。

4. 全面参与 WTO 成立后新一轮贸易谈判,参与制定多边贸易规则,维护我国的经济利益。应该说,发展中国家依靠集体的力量,使得新的国际经济规则能尽可能关注其利益是有一定的现实基础的。随着经济全球化趋势的深入,国家之间的关系变得越来越不是"零和"性的,而是"双赢"性的,国际关系从你得即我失、我得即你失的"零和"状态开始转化为一荣俱荣、一损俱损的相互依存关系,国家之间你中有我、我中有你,那种着眼于斗争与对抗的观念必将让位于以合作和协商为主的新思维。[1] 中国在多哈回合谈判中发挥了积极作用,在谈判各个议题上先后提出了 100 多个议案;2005 年主办了 WTO 大连小型部长级会议,同年 12 月为 WTO 香港部长级会议取得成功做出了重要贡献。在 2008 年 7 月 WTO 小型部长级会议上,中国首次参加了"七方(G7)会议",进入了 WTO 规则制定的核心层。

5. 与新申请加入方进行谈判。对于现在或将来与我国有重大贸易关系的申请加入方,将要求与其进行双边谈判,并通过这种谈判解决一些双边贸易中问题,包括促其取消对我国产品实施的不符合 WTO 规则的贸易限制措施、扩大我国出口产品和服务贸易市场的准入机会和创造更优惠的投资环境等。例如,针对俄罗斯入世申请,我国向俄罗斯提交了服务贸易要价单,并与其进行了 WTO 双边服务贸易市场准入谈判。谈判在会计服务、建筑设计服务、城市规划服务和园林建筑服务、计算机服务、医疗服务、教育服务等领域取得了进展。[2]

(三)享有经济管理与产业扶持方面的权利

1. 享有对国内产业提供必要补贴支持的权利。经过谈判,我国逐步取消了与《补贴与反补贴措施协定》不符的补贴措施,如以出口实绩为基础优先获得贷款和外汇的权利。与此同时,我国保留了对国内产业进行必要补贴权利,并在《议定书》附件 5 中列明。此外,对于农产品的国内支持措施,我国获得对农业提供占农业生产总值 8.5%"黄箱补贴"的权利。

2. 享有对进出口贸易调控的权利。经过谈判,我国保留对粮食(小麦、大米、玉米)、植物油(豆油、菜籽油、棕榈油)、糖、棉花、化肥、原油、成品油、烟草等 8 大类关系国计民生的重要产品进行国营贸易管理的权利。对茶、大米、玉米、大豆、钨矿砂、煤炭、原油、成品油、丝、未漂白丝、棉花、棉纱线、棉织物等实行国营贸易的出口管理。对于鳗鱼苗、铅、锌、锡、锑、锰铁、铜、镍、铝等共 84 个税号资源型产品征

---

〔1〕 曹建明、贺小勇:"经济全球化与法律监管",载《华东政法学院学报》1998 年创刊号,第 48 页。

〔2〕 何宁:"恪守承诺,享受权利",载《国际商报》2002 年 12 月 10 日。

收出口税的权利。

3. 维持国家定价和政府指导价的权利。经过谈判，我国保留了对重要产品和服务实施国家定价和政府指导价的权利。这些权利包括：保留对烟草、食盐、天然气、部分药品等产品；民用煤气、自来水、电力、热力、灌溉用水等公用事业；以及邮电、旅游景点门票、教育等服务保留政府定价的权利。对粮食、植物油、成品油、化肥、蚕茧、棉花等产品和运输、专业服务、服务代理、银行结算、清算和传输、住宅销售和租用、医疗服务等服务保留实行政府指导价的权利。

(四)获得开放市场与法规修改的适当过渡期

在《议定书》中，中国争取到实施承诺的过渡期，过渡期包括如下内容：

1. 关税减让实施期最长到2008年，即关税总体水平降低到10%的年限可以最长到2008年。

2. 对农产品和化肥的关税配额实施期分别到2004年或2007年。

3. 逐步取消400多项WTO成员方不再保留的非关税措施，非关税措施取消可在加入WTO后1~3年内实施。

4. 对于与国民待遇相悖的一些措施，包括涉及药品、酒类和化学品等将保留1年的过渡期，以修改或废除相关法律法规；对于进口烟草实施单独许可证方面，将有2年过渡期修改相关法规以实施国民待遇。

5. 在放开外贸经营权方面，即外贸经营权由审批制过渡到登记制的期限为加入WTO后3年。

(五)享有服务贸易市场逐步开放的权利

根据《议定书》附件9，我国在谈判中保留了对服务贸易领域进行有条件、分步骤、自主开放的权利，特别是对核心服务部门的控制权，在维护国家经济安全的前提下，依法进行管理和审批。这些权利主要体现在如下方面：

1. 关于电信业。只允许合资形式，外方不得控股；开放时间和开放地域上享有一定的过渡期；所有国际长途业务必须通过中方电信管理当局控制的国际出入关口进行，以保持对信息流的管理和控制。

2. 关于银行业。在加入WTO后5年允许外资银行向中国企业和个人提供人民币业务，这5年过渡期有利于中资银行做出必要的调整。

3. 关于保险业。对于寿险公司，只允许设立合资公司，且外资在合资公司中的股权比例不得超过50%。

4. 关于证券业。只能设立中外合资证券公司，外资比例不得超过33%，且不得从事A股交易。合资基金管理公司外资比例不得超过49%。

5. 关于音像服务。不允许外资公司在中国境内从事任何音像制品的生产，只允许成立中外合作企业销售经我国主管机构审查批准的音像制品，以保障我国政府对文化市场的管理权。

6.关于分销服务。对一些敏感的重要产品保留了实施限制的权利。如烟草、食盐不允许外商经营;对于汽车(5年之后放开)、书报杂志、药品、农药、农膜、成品油、化肥等产品,超过30家分店且这些分店销售来自不同供应商的不同种类和品牌上述产品的连锁店,则不允许外资控股。

7.虽然对外商投资服务贸易领域承诺市场准入和国民待遇,但是国家依然保留了对外资从事相关业务的审批权。

二、中国加入WTO应履行的主要义务

(一)关于遵守WTO基本原则的义务

WTO基本原则包括国民待遇原则、最惠国待遇原则和透明度原则等。中国承诺这方面的义务有:

1.保证贸易政策的统一实施。中国加入WTO法律文件适用于整个中国关税领土,包括边境贸易地区、民族自治区、沿海开放城市、经济技术开发区等特殊经济区。中央及地方政府应以统一、公正和合理的方式,适用和实施有关货物贸易、服务贸易、与贸易有关的知识产权以及外汇管制的所有法律、法规及其他措施。

2.遵守透明度原则。公布所有涉外经贸法律、法规和部门规章,未经公布的不得执行。与WTO相关协定有关的法律、法规应向WTO进行通知。加入WTO后,在外经贸主管部门设立"WTO咨询点"在涉及对外经贸法律、法规及其他措施实施前,提供草案,并在合理时间内允许提出评论意见。对有关成员、个人和企业咨询的答复应在受到咨询的30天至45天内做出。

3.遵守非歧视原则。加入WTO后,我国将在进口货物的关税、国内税等方面,给予外国产品不低于给予国产同类产品的待遇。在下列领域给予外国个人、企业和外商投资企业的待遇不得低于国内个人和企业的待遇:(1)在生产所需投入物、货物和服务的采购及其货物在国内市场或供出口而生产、销售的条件;(2)国家和地方各级主管机构以及国有企业在包括运输、能源、基础电信、其他生产设施和要素等领域所供应的货物和服务的价格与可用性方面。

4.关于司法审查。应有公正、独立的司法机构审查关于货物贸易、服务贸易和与贸易有关的知识产权的普遍适用的法律、法规、司法决定和行政决定的实施有关的行政行为。受到有关行政行为影响的个人、企业应有权上诉,如最初上诉需向行政机构提出,则所有情况下应有权向司法机构对行政上诉决定提出上诉的权利。

(二)关于货物贸易领域承诺的义务

1.关于贸易权

贸易权是指货物贸易方面进口和出口的权利,但不包括在国内市场的分销权。中国承诺在加入WTO后3年内取消贸易权的审批。

2.关于关税与非关税措施

我国承诺的关税减让反映在《议定书》附件8——货物贸易减让表中。根据该减让表，关税总体水平将由入世前的14%降到2005年的约10%（最长实施期到2008年）。根据《议定书》附件3规定，我国最迟于2005年1月1日取消入世时的400多个税则号的非关税措施，包括配额、许可证和特定招标等措施。

3. 关于农产品最低市场准入机会

WTO《农业协定》规定，成员方必须为农产品提供最低市场准入机会，即实行关税配额管理。关税配额仅是一种市场准入机会，而不是进口义务，进口多少取决于进口国的实际需求。加入WTO后，我国将对包括小麦、玉米、大米、棉花、食糖、豆油、棕榈油、菜子油、羊毛等农产品和化肥、毛条等工业品设施关税配额管理，以1995年至1997年作为基期计算农产品关税配额量。关税配额量、配额内外税率、非国营贸易比例和实施期等具体承诺列入《议定书》附件8。

4. 关于特定产品过渡性保障机制

WTO《保障措施协定》规定，保障措施应针对产品而不能针对其来源地，而一些WTO成员特别担心中国入世后出口产品激增，因而要求针对中国产品出口设定特定产品过渡性保障机制。根据该机制，如果中国的出口产品激增（in such increased quantities），对有关WTO成员方的国内市场造成市场扰乱或重大贸易转移，那么双方应举行磋商加以解决。如果通过磋商，双方一致认为中国的出口造成了此种情况，并有必要采取行动，那么中国应自行采取补救措施；如果磋商不能解决问题，那么WTO成员可以在补救市场扰乱所必需的范围内对有关产品撤销减让或限制进口。中国加入WTO后12年内完全取消对我国出口产品实施的特定产品过渡性保障机制。

5. 关于反倾销中"非市场经济国家"地位问题

《议定书》第15条规定，在反倾销调查中，如果被调查的中国生产商不能明确证明生产同类产品的产业在制造、生产和销售该产品方面具有市场经济条件，那么，进口方成员可以不使用中国国内价格或成本确定中国产品的正常价值；当然，如果中国生产商能明确证明该行业具备市场经济条件的，就得以该产品国内价格或成本来确定正常价值。这就是人们通常所说的"非市场经济国家"地位问题，一旦中国根据某WTO进口成员方的国内法证实其是一个市场经济体，则该进口成员方不得视中国为"非市场经济国家"；无论如何，第15条关于"非市场经济国家"的规定必须在中国入世后15年终止。

（三）关于服务贸易领域承诺的义务

根据中国加入WTO《工作组报告》中的有关规定，自加入时起，我国将在官方刊物上公布所有与服务贸易有关的许可程序和条件，并将保证中国的许可程序和条件不构成市场准入壁垒，且对贸易的限制作用不超过必要的限度。对于具体承诺表中的服务部门，除快递和铁路运输服务外，政府管理机关将独立于其所管理的服务提供者。外国服务提供者可以自由选择中国合资伙伴，合资企业应在与国内企业相同的基础上,满足审慎性要求和具体部门要求。对于我国具体服务贸易领域中的市场准入和国民待遇问题,《议定书》附件9——服务贸易承诺表中进行了详细规定。中国承诺开放的服务贸易领域包括专业服务、银行、保险、证券、分销与零售、旅游、电信、医疗、教育等100个贸易领域。

(四)关于与贸易有关的知识产权保护

实际上自20世纪90年代开始我国就已经大力加强了对知识产权的保护,有关知识产权的立法基本上符合TRIPS协定。因此,我国在加入WTO谈判中,承诺自加入之日起,全面实施WTO的TRIPS协定。

(五)关于与贸易有关的投资措施

加入WTO后,我国承诺实施TRIMS协定,取消贸易平衡要求、外汇平衡要求、当地含量要求等与贸易有关的投资措施。

第三节 中国入世后涉外经贸法律制度的改革

2001年12月11日中国正式成为WTO成员方,中国加入WTO的重要意义不仅仅是使中国经济深深融入全球化,而且使中国的法制建设特别是对外贸易法律制度的建设得到了一次良性的发展机会。中央政府于2001年9月专门下发通知,要求各地方按照法制统一、非歧视和公开透明三项原则对有关或者影响贸易的地方性法规、地方政府规章和其他政策措施进行清理,截至2010年底,中国对2300多个法律、法规和部门规章按照WTO规则和入世承诺进行了清理和修改,范围涉及货物贸易、服务贸易、知识产权、投资等方面。

一、关于中国对外贸易的法律原则

1994年5月八届全国人大常委会第七次会议通过我国第一部《对外贸易法》(以下简称原《外贸法》);2004年4月6日,十届全国人大常委会第八次会议通过了修订后的新《中华人民共和国对外贸易法》(以下简称新《外贸法》),新《外贸法》根据WTO规则全面确立了我国对外贸易的基本原则:

1. 贸易制度统一实施的原则。新《外贸法》第4条规定,国家实行统一对外贸易制度。这意味着,各地方、各部门不得自行制定有关对外贸易的政策,确保外贸政策的统一性,从而防止部门之间、地方之间各行其是、相互竞争、相互矛盾的现象,并与入世承诺相衔接。

2. 贸易自由化原则。新《外贸法》规定,国家鼓励对外贸易,维护公平、自由的对外贸易秩序;从事货物或技术进出口的对外贸易经营者实行登记制。值得指出的是,对于国际服务贸易,WTO要求的是逐步自由化。所谓逐步自由化是指成员方在其具体承诺表中,可以就哪些服务贸易部门开放、市场准入和国民待遇的条件和限制进行规定。然后,将这些条件、限制转化为有关的国内服务贸易的法律、法规。因此,国际服务贸易自由化程度取决于成员经过谈判达成的服务贸易承诺表,在国内法体系中,体现于具体的法律和行政法规。故新《外贸法》第10条和第24条专门规定了国际服务贸易的自由化原则,即中国根据所缔结或参加的国际条约、协定中所作的承诺,给予其他缔约方、参加方市场准入和国民待遇;从事国际服务贸易,应当遵守外贸法、其他有关法律、行政法规的规定。

3. 非歧视待遇原则。新《外贸法》明确规定,在对外贸易方面根据所缔结或者参加的国际条约给予其他缔约方、参加方最惠国待遇和国民待遇。

4. 积极参加区域一体化原则。当前经济全球化和区域经济一体化趋势并存。20世纪末以来世界经济的一个明显特征就是全球经济一体化与区域经济一体化呈现并行不悖的互动发展趋势。近年来,中国在区域经济一体化方面,采取了许多重大举措。新《外贸法》第5条对区域经济一体化的法律地位进行了明确规定:根据平等互利的原则,促进和发展同其他国家和地区的贸易关系,缔结或参加关税同盟协定、自由贸易区协定等区域经济贸易协定,参加区域经济组织。

二、关于对外货物贸易管理体制的新发展

根据新《外贸法》、WTO协定和我国加入WTO的承诺,在总结我国管理货物进出口的实践经验的基础上,国务院修订和颁布了《货物进出口管理条例》、《进出口关税条例》、《技术进出口条例》、《反倾销条例》、《反补贴条例》和《保障措施条例》等。为配合这些条例的实施,原外经贸部(商务部)及相关部委颁布了一系列规章。(1)为配合《货物进出口管理条例》和《技术进出口管理条例》的实施,原外经贸部(现为商务部)通过和修订了多个配套部门规章,包括《禁止进口限制进口技术管理办法》、《禁止出口限制出口技术管理办法》、《技术进出口合同登记办法》、《对外贸易经营者备案登记办法》、《货物进口许可证管理办法》、《货物自动进口许可管理办法》、《出口许可证管理规定》、《出口商品配额招标办法》。(2)为配合《反倾销条例》、《反补贴条例》和《保障措施条例》的实施,原外经贸部(商务部)出台了相应的部门规章,包括《反倾销调查听证会暂行规则》、《反补贴调查听证会暂行规则》、《保障措施调查听证会暂行规则》、《反倾销调查立案暂行规则》、《反补贴调查立案暂行规则》、《保障措施调查立案暂行规则》等。根据这些法律法规和规则,货物贸易管理体制改革表现在以下几个方面:

(一)关于外贸经营主体的资格

根据原《外贸法》第8条规定,中国的自然人不能够从事对外贸易经营活动。根据《议定书》第5.2条和《工作组报告》第84段(a)中的承诺,在贸易权方面,应给予所有外国个人和企业不低于在中国的企业的待遇。如果外国的自然人能在中国做外贸,而中国的自然人却不能从事外贸经营活动,很显然形成了"对内歧视",

而且这种歧视没有任何合理性。因此,新《外贸法》关于对外贸易经营者的规定中加入自然人是理所当然的,切合实际的。

（二）关于外贸经营权的取得

原《外贸法》第9.1条的规定,从事货物进出口与技术进出口的对外贸易经营,必须具备相应条件,并经国务院对外贸易主管部门许可。此规定不符合《议定书》第5.1条和《工作组报告》第84段(a)中的承诺:即在加入世贸组织后3年内取消对外贸易权的审批,放开货物贸易和技术贸易的外贸经营权。因此,新《外贸法》规定外贸经营权由“审批制”过渡到“登记制”,即“对外贸易经营者经依法登记可以从事货物进出口和技术进出口”。

根据《议定书》第5条中的承诺,外贸经营权的登记制规定不适用于实行国营贸易管理的货物;此外,经过谈判,我国保留了对粮食、棉花、植物油、食糖、原油、成品油、化肥和烟草等八大类关系国计民生的大宗商品的进口实行国营贸易管理的权利。[3] 据此,新《外贸法》增加规定“国务院商务主管部门会同国务院有关部门可以授予对外贸易经营者在特定领域从事国营贸易的专营权或者特许权”;第11条规定,国家可以对部分货物的进出口实行国营贸易管理;实行国营贸易管理货物的进出口业务只能由经过授权的企业经营。对国营贸易管理可以视为外贸经营权登记制的例外。

（三）关于关税的降低

WTO的基本要求之一就是关税减让。乌拉圭回合多边贸易谈判的成果之一,就是大幅度增加了约束关税比例。约束关税构成了关税税率的上限,一国改变约束税率,必须与其贸易伙伴谈判,并对贸易的损失做出补偿。根据中国加入WTO的承诺,到2005年平均关税将下降到10%。中国目前平均关税为9.8%。

（四）关于进出口行政管理措施

1986年,中国全部进口贸易的80%的税目商品受到各种形式非关税措施的控制,包括国家进口计划指标、进口数量限制、进口许可证要求、机电产品进口审查等。为进一步适应市场经济体制和加入WTO需要,我国大幅度减少或限制进出口商品的配额许可证管理。1999年初中美达成中国加入WTO双边协定前,实行进口许可证管理的商品减为35种、376个税目,发证商品的进口额占国家进口额的比重下降为7.83%。[4] 根据入世承诺,中国进一步减少进口许可证管理的措施。2006年进口许可证管理商品降至3种,2011年则减少为2种,即重点旧机电产品和消耗臭氧层物质的进口。进口商品管理更加公开、透明,进一步规范化、制

---

〔3〕 石广生:《中国加入世界贸易组织知识读本:中国加入世界贸易组织法律文件导读》(三),人民出版社2001年版,第16页。

〔4〕 数据引自2001年2月25日《国际商报》。

度化。国家关于进口商品管理办法、目录、实施细则都是以命令、公告形式公开向社会各界发布,中国的进口商和国外的供应商都可以随时查阅。

与此同时,我国出口商品管理制度和出口经营管理体制同样进行了大范围的改革和调整,大幅度减少实行出口许可证管理商品的品种和范围,根据商务部和海关总署公布的《2011年出口许可证管理货物目录》,目前实行出口配额许可证、出口配额招标和出口许可证管理的产品为49种。

(五)关于运用WTO例外规则维护国家经济安全

WTO的例外规则包括一般例外(GATT第20条)、安全例外(第21条)、国际收支平衡例外(第12条)、幼稚产业保护(第18条)等,一旦出现上述例外情势,WTO成员方可以背离WTO规则特别是市场准入、关税减让方面的承诺,采取贸易限制措施,包括提高关税、实施关税或数量配额或者贸易禁止。这种例外措施不仅适用于货物贸易领域,而且也适用于服务贸易领域。原《外贸法》第16条、第17条、第24和25条规定了限制和禁止进口的项目内容,但与GATT 1994上述条款相比,不完整,不利于充分维护我国的经济安全和国家利益。鉴于此,在借鉴世贸组织例外规则的情况下,新《外贸法》对限制和禁止进口的情形进行了补充和明确规定。

一是明确规定货物与技术进出口限制或禁止的例外措施。新《外贸法》第16条规定,在下列情况下可以限制或禁止有关货物或技术的进出口:(1)为维护国家安全、社会公共利益或维护公共道德;(2)为了保护人的健康或者安全、保护动植物生命或者健康,保护环境;(3)为实施与黄金或白银进出口有关的措施;(4)国内供应短缺或为有效保护可用竭的自然资源;(5)输往国家或地区的市场容量有限,需要限制出口的;(6)出口经营秩序出现严重混乱,需要限制出口的;(7)为建立或者加快建立国内特定产业;(8)对任何形式的农业、牧业、渔业产品的必要进口限制措施;(9)为保障国家国际金融地位和国际收支平衡的需要;(10)依照法律、行政法规的规定需要限制进出口的;(11)履行我国参加或缔结的国际条约、协定的义务需要限制进出口的。

二是规定关于国家安全的例外。新《外贸法》第17条比照GATT第21条,对涉及国家安全的货物贸易、技术贸易的禁止或限制例外进行规定,包括与裂变、聚变物质或者衍生此类物质的物质有关的货物、技术;以及与武器、弹药或者其他军用物资有关的进出口,可以采取任何必要的措施维护国家安全。此外,在战时或者为维护国际和平与安全,国家对货物、技术进出口可以采取任何必要的措施。

对照新《外贸法》与WTO的相关规定,我国规定的贸易自由化例外措施不仅吸收了WTO规则中规定的例外措施,而且还根据中国国情以及中国《议定书》中特殊情况做了具有中国特色的规定。这主要体现在外贸出口的限制上。在大幅度放宽对外贸易经营权和外贸经营主体多元化的情况下,如何避免和减少在对外贸易中已然存在的竞相压低价格、降低商品质量的无序竞争行为是新《外贸法》制定时讨论的热点问题。这是因为,出口商品间的无序竞争必然导致厂家竞相压低价格,从而导致质量下降,直接破坏中国商品的信誉,这种形象一旦破坏很难恢复,将长久地损害中国外贸的整体利益。为此,国家主管部门在外贸出口秩序严重混乱、出口市场严重饱和的情况下,主动实施必要的出口限制是减少贸易摩擦、维护国家整体利益的必要措施。

(六)关于对外贸易调查

贸易调查已经成为各主要贸易国家保护国内产业和维持市场秩序的重要法律手段。为了防范 WTO 其他成员方对我国滥用贸易救济手段和最大限度地保护国内产业利益,新《外贸法》增加了“对外贸易调查”一章。

根据新《外贸法》第 37 条规定:商务部可以自行或会同国务院有关部门依照法律、行政法规的规定就下列事项进行调查,做出处理:(1)货物进出口、技术进出口、国际服务贸易对国内产业及其竞争力的影响;(2)有关国家或地区的贸易壁垒;(3)为确定是否应当依法采取反倾销、反补贴或者保障措施等对外贸易救济措施时,需要调查的事项;(4)规避对外贸易救济措施的行为;(4)对外贸易中有关国家安全利益的事项;(5)进口货物违反知识产权并危害对外贸易秩序、知识产权人滥用知识产权、垄断或不正当竞争并违反对外贸易秩序的行为;(6)其他国家未按条约或协定给予中国应有的待遇或知识产权保护而需要调查的事项;(7)任何其他影响对外贸易秩序,需要调查的事项。根据外贸调查的结果,国家可以采取适当的贸易救济措施。

(七)关于对外贸易救济措施

所谓对外贸易救济措施是指,在市场开放中,由于受到不公平的贸易而导致损害,或者因为未曾预见到的原因导致国内相关产业遭受严重损害时采取的防御功能或开拓国外市场的措施。增强外贸法的主动防御功能,是当今各国外贸法的立法趋势。发达国家外贸法的一个突出特点就是具有对外进行市场开拓、对内进行保护国内产业的功能。根据 WTO《反倾销协定》、《保障措施协定》、《补贴与反补贴措施协定》和《服务贸易总协定》,原《外贸法》规定了反倾销、反补贴和保障措施,根据原外贸法,国务院相应颁布了《反倾销条例》、《保障措施条例》和《反补贴条例》。新《外贸法》在原《外贸法》规定的反倾销、反补贴和保障措施的基础上对外贸救济措施进行了如下的补充和完善:

第一,关于第三国的倾销。原《外贸法》仅仅规定了进口产品在我国境内倾销的救济措施,而在第三国倾销并损害我国相应利益的情形没有规定。新《外贸法》第 42 条规定,他国产品以低于正常价值出口至第三国市场,对已建立的国内产业造成实质性损害或产生实质损害威胁,或者对建立国内产业造成实质阻碍的,应国内产业的申请,商务部可以与第三国政府进行磋商。

第二,关于保障措施。新《外贸法》第44条规定,进口对国内产业造成严重损害或者严重损害威胁时,国家不仅可以采取必要的保障措施,而且可以对该产业提供必要的支持。

第三,关于服务贸易的紧急保障措施。《服务贸易总协定》第10条规定,WTO成员方应就紧急保障措施在WTO协定生效3年内达成协定,但是,这一任务没有按时完成。因此,各成员方能否在服务贸易领域实施紧急保障措施以及如何实施紧急保障措施,成为一个悬而未决的问题。新《外贸法》对此进行了较为原则的规定:因境外服务提供者对我国境内提供的服务的增加,对国内提供同类或者与其直接竞争服务的产业造成损害或者产生损害威胁的,国家可以采取必要的救济措施,减轻或消除这种损害或者损害的威胁。

第四,关于义务的中止。根据新《外贸法》第47条规定,有关国家和地区违反贸易协定时,中国政府有权要求其采取补救措施并可以根据有关条约、协定中止或终止履行相关义务。值得注意的是,如果涉及WTO协定中的多边贸易协定的违反,那么,我国政府必须首先经过WTO多边争端解决程序并经WTO争端解决机制授权,方可中止履行相关义务。当然,国内贸易救济的调查程序可以与WTO争端解决程序同时进行,一旦WTO争端解决机构裁决有关国家或地区违反相关协定的规定,且该国或地区不愿意采取适当的补救措施,则可马上申请WTO争端解决机构授权中止减让。

第五,关于反规避措施。新《外贸法》第50条规定,国家对规避本法规定的贸易救济措施的行为,采取必要的反规避措施。比如说通过组装的方式规避本应增收的反倾销税,则可以通过完善产品原产地规则的方式正确认定组装产品的原产地,从而采取"反规避措施"。

三、关于服务贸易领域立法的新发展

20世纪90年代以来,随着全球经济的发展,世界经济一体化的加强和国际经济结构的逐步调整,服务贸易发展十分迅速。特别是,世界贸易组织(WTO)《服务贸易总协定》(GATS)的签订和国际服务贸易市场开放各项谈判的进展,标志着服务贸易的发展无论是广度上还是在深度上,都已达到一个新的阶段。随着服务贸易在世界贸易中的地位和比重不断增加,中国和其他各国一样,十分重视服务贸易立法和服务贸易市场开放,努力促进国际服务贸易的逐步发展。加入WTO后,根据中国入世在服务贸易方面的承诺,中国加快了服务贸易领域的立法,择其要者介绍如下:

1. 商业服务

2004年商务部颁布的《外商投资商业领域管理办法》规定,外商投资商业企业可从事以下经营活动:(1)佣金代理:货物的销售代理商、经纪人或拍卖人或其他批发商通过收取费用在合同基础上对他人货物进行的销售及相关附属服务;

(2)批发:对零售商和工业、商业、机构等用户或其他批发商的货物销售及相关附属服务;(3)零售:在固定地点或通过电视、电话、邮购、互联网络、自动售货机,对于供个人或团体消费使用的货物的销售及相关附属服务;(4)特许经营:为获取报酬或特许经营费通过签订合同授予他人使用其商标、商号、经营模式等;(5)同一外国投资者在境内累计开设店铺超过30家以上的,如经营商品包括图书、报纸、杂志、药品、农药、农膜、化肥、成品油、粮食、植物油、食糖、棉花等商品,且上述商品属于不同品牌,来自不同供应商的,外国投资者出资比例不得超过49%。

2. 银行业服务

随着我国改革开放的不断深入和加入WTO形势的发展,1994年制定的《外资金融机构管理条例》的一些规定与我国加入世贸组织承诺、扩大金融对外开放的要求不相适应,因此国务院于2001年12月10日修订颁布了新的《外资金融机构管理条例》,中国人民银行于2002年1月颁布了相应的《实施细则》(2004年银监会修订)。条例和实施细则与WTO规则接轨的内容主要有:(1)取消原《外资金融机构管理条例》"设立外资金融机构的地区,由国务院确定"的规定,外资金融机构在满足审慎性监管前提下,可以在中国境内任一个城市申请设立营业性机构。(2)在中国入世后外资金融机构在华提供外汇服务,没有服务对象限制。(3)取消人民币业务市场准入对外资金融机构设定的业务规模数量指标,仅仅规定申请经营人民币业务的外资金融机构须满足三个基本条件:在华开业3年、连续2年盈利和银监会规定的审慎性条件。(4)增加外资银行经营人民币业务的地域范围和服务对象范围由银监会根据具体情况审核确定的新条件,授权银监会随着我国入世承诺的进程,逐步扩大开放人民币业务的地域和客户对象范围。

根据入世承诺,2006年以后我国将取消所有对外资银行的所有权、经营权的设立形式要求,允许外资银行向中国客户提供人民币业务服务,给予外资行国民待遇。为此,国务院于2006年颁布了《外资银行管理条例》、银监会公布了《外资银行管理条例实施细则》取代《外资金融机构管理条例》及其实施细则,取消原条例及实施细则中有关外资银行设立地域、经营范围逐步扩大的规定,进一步落实入世承诺,就设立、业务范围、监管等方面作出详细规定,特别是对审慎性监管措施进行了细化。

3. 保险服务

为履行保险领域开放的承诺和有效地监管外资保险公司,国务院制定了《外资保险公司管理条例》自2002年2月1日起实施。《条例》共7章40条,规定了外资保险公司的设立形式、设立条件和审批程序,外资保险公司的业务范围,外资保险公司的监督管理,外资保险公司的终止与市场退出,外资保险公司违法行为的法律责任。保监会于2004年颁布了《外资保险公司管理条例实施细则》。根据条例与实施细则的规定,外资保险公司在中国的设立形式包括三种:中外合资保险公司、外商独资保险公司和外国保险公司在中国设立的分公司。申请设立外资保险公司的外国保险公司,应当具备以下条件:经营保险业务30年以上;在中国境内设立代表机构2年以上;提出设立申请前一年年末总资产不少于50亿美元;所在国家或地区有完善的保险监管制度,并且该外国保险公司已经受到该地区主管当局的有效监管;符合所在国家或地区偿付能力标准;所在国家和地区有关主管当局同意其申请;中国保监会规定的其他审慎条件。外国保险公司与中国的公司、企业合资在中国境内设立经营人身保险业务的合资保险公司,其中外资比例不得超过公司总股本的50%。

4. 证券服务

根据2002年4月1日起实施的经国务院批准《外商投资产业目录》及附件的规定,不迟于2004年12月11日允许外商可以投资设立中外合资证券公司,外资比例不超过1/3;允许外商可以投资设立中外合资证券基金管理公司。

2002年7月实施的《外资参股基金管理公司设立规则》规定:外资参股基金管理公司包括境外股东受让、认购境内基金管理公司股权而变更的基金管理公司,或者境外股东与境内股东共同出资设立的基金管理公司。外资参股基金管理公司的境外股东,应当具备下列条件:(1)必须是依其所在国家法律设立,并合法存续的金融机构,近三年未受到证券监管机构和司法机关的重大处罚;(2)所在国家具有完善的证券法律和监管制度,其证券监管机构已与中国证监会签定证券监管合作谅解备忘录,并保持着有效的监管合作关系;(3)实收资本不少于三亿元人民币的等值自由兑换货币;(4)中国证监会规定的其他审慎性条件。外资持股比例或者在外资参股的基金管理公司中拥有的权益比例,累计(包括直接持有和间接持有)不超过33%,在我国加入WTO后三年内,该比例不超过49%。

5. 法律服务

国务院2001年11月颁布的《外国律师事务所驻华代表机构管理条例》于2002年1月1日开始实施。条例规定的主要内容包括:外国律师事务所在华设立代表机构、派驻代表,应当经国务院司法行政部门许可;外国律师事务所、外国其他组织或个人不得以咨询公司或其他名义在中国境内从事法律服务活动。外国律师事务所驻华代表机构及其代表只能从事下列五类法律业务:(1)就该律师事务所律师允许从事律师业务的国家(地区)的法律及国际公约和惯例向客户提供咨询;(2)应客户或中国法律事务所的委托,处理该律师事务所允许从事律师业务的国家(地区)的法律事务;(3)代表外国客户,委托中国律师事务所处理中国法律事务;(4)订立合同,以保持与中国律师事务所有关法律事务的长期委托关系;(5)提供有关中国法律环境影响的信息。

6. 旅行社服务

根据中国入世在旅行社服务市场方面做出的承诺,2001年国务院修改了《旅行社管理条例》,2009年修订为《旅行社条例》。条例新增加了一章“外商投资旅行社”的特别规定。条例规定外商投资旅行社服务的主要内容包括:(1)外商投资旅行社,包括中外合资经营旅行社、中外合作经营旅行社和外资旅行社。(2)外商投资旅行社设立条件实行国民待遇,即有固定的经营场所、有必要的营业设施和有不少于30万元的注册资本。(3)外商投资旅行社不得经营中国内地居民出国旅游业务以及赴香港特别行政区、澳门特别行政区和台湾地区旅游的业务,但是国务院决定或者我国签署的自由贸易协定和内地与香港、澳门关于建立更紧密经贸关系的安排另有规定的除外。

7. 电信业务

根据中国在增值电信和基础电信方面的承诺,2011年国务院制定了《外商投资电信企业管理规定》(2008年进行了修订)。《管理规定》共23条,主要内容包括:(1)外商投资电信企业是指外国投资者同中国投资者在中国境内依法以中外合资经营形式,共同投资设立的经营电信业务的企业。(2)外商投资电信企业可以经营基础电信业务、增值电信业务。经营基础电信业务(无线电寻呼业务除外)的外商投资电信企业中外方投资者在企业中的出资比例,最高不得超过49%;经营增值电信业务(包括基础电信业务中的无线寻呼业务)的外商投资电信企业的外方投资者在企业中的出资比例,最高不得超过50%。(3)经营基础电信业务的外商投资电信企业的外方主要投资者应符合以下条件:具有企业法人资格、在注册国家或地区取得基础电信业务经营许可证;有与从事经营活动相适应的资金和专业人员;有从事基础电信业务的良好业绩和运营经验。经营增值电信业务的外商投资电信企业的外方主要投资者应当具有经营增值电信业务的良好业绩和运营经验。(4)外商投资电信企业经营全国的或者跨省、自治区、直辖市范围的基础电信业务的,注册资本最低限额为10亿元人民币;经营增值电信业务的,其注册资本最低限额为1000万元人民币;经营省、自治区、直辖市范围内的基础电信业务的,注册资本最低限额为1亿元人民币;经营增值电信业务的,其注册资本最低限额为100万元人民币。

8. 医疗服务

卫生部和原外经贸部联合发布了《中外合资、合作医疗机构管理暂行办法》,于2000年7月1日实施。《暂行办法》对我国医疗服务的市场准入做了如下规定:(1)外国医疗机构、公司、企业和其他经济组织可以在中国境内与中国的医疗机构、公司、企业和其他经济组织以合资或合作形式设立医疗机构。(2)申请设立人需符合以下条件:中外双方应是能够独立承担民事责任的法人;中外双方应当具有直接或间接从事医疗卫生投资与管理的经验,并符合下列条件之一:能够提供国际先进的医疗机构管理经验、管理模式和服务模式,能够提供具有国际领先水平医学技术和设备,或者可以补充或改善当地在医疗服务能力、医疗技术、资金和医疗设施方面的不足。(3)外商投资医疗机构必须是法人;投资总额不得低于2000万人民币;中方在中外合资、合作医疗机构中所占的股权比例或权益不得低于30%;合资、合作期限不得超过20年;符合省级以上卫生行政部门规定的其他条件。

此外,服务贸易领域中的行政法规和部门规章还包括《出版管理条例》、《音像制品管理条例》、《电影管理条例》、《国际海运条例》、《外商独资船务公司审批暂行规定》、《外商投资铁路货物运输业审批与管理暂行办法》等。

四、关于外商投资法的新发展

改革开放以来,中国吸收外资取得了前所未有的进展。1980年我国批准第一批3家外商投资企业,而2010年我国非金融领域新批设立外商投资企业高达27406家;实际使用外资金额1057亿美元,创历史最高水平。自1993年起,我国连续成为吸收外资最多的发展中国家。

与此相适应,中国外资立法取得了前所未有的进展,对吸引外资发挥了积极的作用。在我国的外商投资法律体系中,关于外商投资企业的基本法律有三部,即《中外合资经营企业法》、《中外合作经营企业法》和《外资企业法》。这三部法律的制定和实施,对贯彻我国对外开放方针,促进外商投资,扩大对外经济合作和技术交流,发挥了重要作用。为使我国外商投资法律体制与国际惯例接轨,适应我国加入世贸组织的进程,2000年10月31日,第九届全国人民代表大会常务委员会第十八次会议审议通过了对《中外合作经营企业法》和《外资企业法》的修正案。2001年3月15日第九届全国人民代表大会第四次会议通过了对《中外合资经营企业法》的修改,随后国务院对上述三资企业法的实施细则进行了修订。三部外商投资企业法的修改主要包括以下几个方面:(1)删除企业生产计划备案条款;(2)删除外汇平衡要求;(3)删除当地成分要求;(4)修改了强制许可的出口实绩要求等。

必须指出的是,上述的修改主要是适应我国加入世贸组织的需要,促使我国的外商投资企业法律基本符合世贸组织的规定和我国对外做出的承诺而进行的,而其他条款没有做大的修改。为了适应经济全球化趋势的发展,提高利用外资的质量,国家进一步完善了外商投资的法规体系:

第一,加强对外商投资方向的引导,完善外商投资结构。为适应国民经济结构战略调整和加入WTO的需要,2002年国务院及时颁布了新修订的《指导外商投资方向规定》,国家有关部门颁布了《外商投资产业指导目录》。该目录将外商投资分为鼓励、允许、限制和禁止四类,371个条目。新目录明显加大了对外商投资的开放程度。一是鼓励类由186条增加到262条,限制类由112条减少到75条。二是放宽外商投资比例的限制,如取消港口码头的中方控股要求。三是开放新的投资领域,将原禁止外商投资的电信和燃气、热力、供排水等城市管网首次列为对外开放领域。四是按照加入WTO承诺的地域、数量、经营范围、股权比例要求和时间表,进一步开放银行、保险、商业、外贸、旅游、电信、运输、会计、审计、法律等服务贸易领域。五是鼓励外商投资西部地区,放宽外商投资西部地区的股权比例和行业限制。六是发挥市场竞争机制,将一般工业品列入允许类,通过竞争促进产业、产品结构调整。

入世过渡期结束后,2007 年国务院又颁布了新的《外商投资产业指导目录(2007 年修订)》,以坚持扩大对外开放、促进产业结构升级为指导思想。涉及的主要内容包括:制造业领域,进一步鼓励外商投资中国高新技术产业、装备制造业、新材料制造等产业。服务业领域,该目录在全面落实中国加入世贸组织承诺的同时,积极稳妥扩大开放,增加"承接服务外包""现代物流"等鼓励类内容,并减少原限制类和禁止类条目。同时,对一些国内已经掌握成熟技术、具备较强生产能力的传统制造业不再鼓励外商投资,明确《产业结构调整指导目录》限制类条目适用于外商投资项目。对中国稀缺或不可再生的重要矿产资源不再鼓励外商投资。一些不可再生的重要矿产资源不再允许外商投资勘查开采,限制或禁止高物耗、高能耗、高污染外资项目准入。不再继续实施单纯鼓励出口的导向政策。维护国家经济安全,对部分涉及国家经济安全的战略性和敏感性行业,持谨慎开放的态度

第二,引进外商投资新方式,拓宽外商投资企业服务功能。2001 年原外经贸部、科技部和国家工商总局共同颁布了《关于设立外商投资创业投资企业的暂行规定》,借鉴和参考各国风险投资机制及国际通行做法,对外商设立创业投资企业,向未上市高新技术企业进行股权投资和为其提供创业管理服务进行了规范。证监会、原外经贸部共同颁布了《关于上市公司涉及外商投资有关问题的若干意见》,明确了外商投资企业在境内 A 股市场、B 股市场上市的条件、程序,允许外商投资企业按照《外商投资企业境内投资的暂行规定》收购境内上市公司非流通股,允许含有 B 股的外商投资股份有限公司的非上市外资股在 B 股市场上流通。原外经贸部、财政部、中国人民银行共同颁布了《金融管理公司吸收外资参与资产重组与处置的暂行规定》,允许外资参与金融资产管理公司资产的重组和处置,并对向外商转让金融资产的范围、价值的评估和转让程序做了相应的法律规范。〔5〕2004 年商务部颁布《关于外商投资举办投资性公司的规定》,允许外国投资者在中国设立从事直接投资的公司。近年来,一些城市开展外商投资股权投资企业的试点工作,允许外国投资者设立以对非上市企业进行股权投资为主业务的外商投资企业。

第三,为规范外资并购行为,2003 年原外经贸部、国家税务总局、国家工商总局和国家外汇管理局联合发布了《外国投资者并购境内企业暂行规定》。在暂行

---

〔5〕 孙鹏:"适应加入 WTO 新形势,全面提高利用外资质量和水平",载《国际商报》2002 年 4 月 15 日。

规定的基础上,2006年商务部、国资委、国家税务总局、国家工商总局、中国证监会和国家外汇管理局联合发布《关于外国投资者并购境内企业的规定》,该规定成为审批外资并购的主要操作依据。外资并购领域要遵循《外商投资产业指导目录》的规定。外资并购涉及的反垄断问题,则由《反垄断法》及其配套规章规制。为引导外国投资者并购境内企业有序发展,维护国家安全,国务院办公厅2011年颁布了《关于外资并购境内企业安全审查制度的通知》。至此,有关外资并购的产业领域审查机制、反垄断审查机制和国家安全审查机制正式建立。

五、关于与贸易有关知识产权立法的新发展

80年代以来,中国知识产权保护水平迅速提高,取得很多国家几十年甚至上百年才取得的成绩。保护著作权方面的法律与参加的条约主要有:1990年颁布了《著作权法》,1991年5月颁布了《著作权法实施条例》;1991年6月国务院颁布了《计算机软件保护条例》;1992年全国人大决定中国加入《伯尔尼公约》、《世界版权公约》和《日内瓦公约》;1992年9月国务院颁布了《实施国际著作权条约的规定》。保护商标权方面的法律与参加的国际条约有:1982年8月《商标法》颁布成为我国知识产权保护领域的第一部大法,1983年颁布了《商标法实施细则》;在商标权的国际保护方面,中国早在1980年就加入了《保护工业产权巴黎公约》。保护专利权方面的法律与参加的国际条约有:1984年《专利法》颁布,1992年颁布《专利法实施细则》;早在1980年中国加入了《保护工业产权巴黎公约》;在商业秘密保护方面,我国1993年颁布的《反不正当竞争法》第10条规定对商业秘密的保护。在知识产权的执法方面,《民事诉讼法》(1991年)、《民法通则》(1986年)、《刑法》(1997年)、《知识产权海关保护条例》(1995年)等法律法规为知识产权保护提供民事程序救济、刑事程序救济和行政程序救济等。由此可见,到20世纪90年代,中国已经建立了比较完整的知识产权保护体系,知识产权保护的立法水平已基本接近TRIPS协定规定。为进一步促进科技自主创新,为中国入世创造良好的法律环境,2000年8月全国人大常委会对《专利法》进行了修改;2001年10月对《著作权法》和《商标法》进行了修改;2002年1月1日国务院新修订的《计算机软件保护条例》正式实施。为在司法实践中有效落实上述颁布的识产权法律法规和与国际知识产权保护要求接轨,自2000年起,最高人民法院先后制定了《关于对诉前停止侵犯专利权行为适用法律问题的若干规定》(2001)、《关于审理专利纠纷案件适用法律问题的若干规定》(2001)、《审理侵犯专利权纠纷案件应用法律若干问题的解释》(2009)、《关于审理著作权民事纠纷案件适用法律若干问题的解释》(2002)、《关于审理涉及计算机网络著作权纠纷案件适用法律若干问题的解释》(2003)、《关于诉前停止侵犯注册商标专用权行为和保全证据适用法律问题的解释》(2002)、《关于审理商标民事纠纷案件适用法律若干问题的解释》(2002)、《关于审理涉及驰名商标保护的民事纠纷案件应用法律若干问题的解释》(2009)、《关于审理商标授权确权行政案件若干问题的意见》(2010)等司法解释。从这些法律法规修改内容和司法解释内容,我们可以明显看出中国知识产权保护充分吸收了TRIPS协定的规定,进一步完善了我国知识产权保护的法律法规体系。

(一)增加了诉前临时措施

新《专利法》(2008)第66条、新《著作权法》(2010)第50条和新《商标法》(2001)第57条增加了诉前临时措施。根据规定,权利人(专利权人、著作权人和商标权利人或者利害关系人)有证据证明它人正在实施或者即将实施侵犯其专利权的行为,如不及时制止将会使其合法权益受到难以弥补的损害的,可以在起诉前向人民法院申请采取责令停止有关行为和财产保全的措施。诉前财产保全在《民事诉讼法》中已有规定,但是诉前"责令停止有关行为"的规定在我国法律中是首次出现,是立法上的一个进步。这种措施实际上是借鉴TRIPS协定第50条"临时措施"的规定,采取这一措施有利于及时有效保护权利人利益。否则,在很多情况下,即发侵权会在短时间内发展为现实的侵权,使损失扩大。

(二)增加了法定赔偿的规定

原专利法对损失赔偿额的计算方式规定不够明确,仅有赔偿损失原则性规定。新《专利法》第65条规定:"侵犯专利权的赔偿数额,按照权利人因被侵权所受到的损失或者侵权人因侵权所获得的利益确定;被侵权人的损失或者侵权人获得的利益难以确定的,参照该专利许可使用费的倍数合理确定。赔偿数额还应当包括权利人为制止侵权行为所支付的合理开支。"与原法相比,新法明确了赔偿数额的计算方式,且明确包括合理开支。

关于法定赔偿额的规定,对于权利人实际损失或侵权人违法所得不能确定时,如果确定侵权人的赔偿义务?新《著作权法》第49条规定,判决给予50万元以下的赔偿;新《商标法》第56条规定,判决给予50万元以下的赔偿;新《专利法》第65条亦规定,法院可以根据专利权的类型、侵权行为的性质和情节等因素,确定给予1万元以上100万元以下的赔偿

(三)增加了司法审查条款

TRIPS协定第32条明确规定:"对任何撤销或宣告专利无效的决定均应提供司法审查的机会。"但是由于历史条件的限制,我国1984年专利法规定,对实用新型和外观设计专利申请的确权和宣告无效,复审委员会的决定是终局决定。为充分保护当事人的合法权益,并与TRIPS协定精神一致,此次修改后的专利法明确规定,对实用新型和外观设计专利申请的确权和宣告无效均由人民法院终审。根据新《专利法》规定,专利复审委员会针对所有三类专利(发明、实用新型和外观设计)所做出的有关授权、宣告无效的决定,当事人不服的,可以自收到通知之日起三个月内向人民法院提起行政诉讼。

原《商标法》规定,对驳回商标申请、维持或撤销注册商标等都由行政机构,即

商标评审委员会做出终局决定,利害关系人不得向法院起诉。新《商标法》明确规定,有关获得和维持商标权或撤销商标权的程序中做出的行政决定,在30天内可以向人民法院提起诉讼。

(四)强化了海关知识产权保护内容

2004年3月1日新修订的《知识产权海关保护条例》(2010年再次修订)开始正式实施。新条例加大了海关知识产权保护力度和对权利人保护的内容。条例规定,权利人要求海关扣留侵权嫌疑货物的,可以不需要事先向海关总署办理知识产权保护备案,并放宽了对担保的要求,权利人提供担保的方式不再局限于担保金,允许扩大到银行保函等其他担保方式;知识产权权利人经海关同意可以查看有关货物,海关应当将侵犯知识产权货物的情况书面通知知识产权权利人,从而保证了知识产权权利人的知情权。

(五)增加了相关知识产权权利人的权利

1. 关于专利权人的权利

(1)完善了授予专利强制许可的条件

关于强制许可,经过1992年修改,我国专利法的有关规定已经与TRIPS协定基本一致。我国有合理条件强制许可、公共利益强制许可、公共健康强制许可和依存专利强制许可。对于要求依存专利强制许可的条件,原《专利法》第53条规定为"后一发明或实用新型比前一发明或实用新型先进",而TRIPS协定第31条规定的是"后一专利中要求的发明比前一专利中要求的发明具有显著经济效益的重大技术进步。"鉴于TRIPS协定的规定更便于操作与保护权利人,修改后的新专利法与TRIPS协定的规定相一致。

(2)增加规定了使用者、销售者的无过错责任

原专利法规定:使用或销售不知道是未经专利权人许可而制造并售出的专利产品的不视为侵权。2000年修订的《专利法》第63条(2008年修改后的第70条)修改为"为生产经营目的使用、许诺销售或者销售不知道是未经专利权人许可而制造并售出的专利侵权产品,能证明该产品合法来源的,不承担赔偿责任"。这一修改是我国立法理论上的一个进步,符合多数国家知识产权立法的通例,也符合TRIPS协定第45条规定的精神。新专利法对使用和销售侵权由过错责任改为无过错责任,但对其承担民事责任的方式加以限制。换言之,首先确认不知而使用、销售专利产品者,构成侵权;其次,该种形式的侵权至少应当承担停止侵权的民事责任;最后,如果能证明其产品的合法来源的,不承担赔偿责任。

2. 增加著作权人受保护权利的种类

2001年修改的《著作权法》第10条规定了著作权人享有的人身权和财产权利,其中财产权新增加了3项权利,包括出租权、放映权、信息网络传播权。第37条和第38条明确了表演者许可他人从现场直播和公开传送其现场表演,并获得报

酬的权利;增加了许可他人复制发行录有其表演的录音录像制品、通过信息网络向大众传播其表演,并获得报酬的权利。此外,第41条增加了录音录像制作者许可他人出租和通过信息网络传播其录音录像制品的权利;第44条规定,广播电台、电视台有权禁止未经过许可将其播放的广播、电视进行转播和录制以及复制其音像载体。

3. 关于增加商标权利的规定

(1)增加了关于地理标志保护的规定

原《商标法》对地理标志没有规定,为同TRIPS协定中的规定相符合,新《商标法》第16条规定,地理标志,是指说明某种商品来源于某地区,而该商品的特定质量、信誉或其他特征,主要是由该地区的自然因素或者人为因素所决定的标志。商标中含有地理标志,而该商品并不是来源于该标志所标示的地区,误导公众的,不予注册并禁止使用。

(2)扩大了可作为商标保护的客体范围

新《商标法》规定,任何能够将自然人、法人或其他组织的商品与他人商品区别开来的可视性标志,包括文字、图形、字母、数字、颜色的组合,以及上述要素的任何组合,均可以作为商标申请注册。

(3)增加了对驰名商标的保护

中国1996年发布的《驰名商标认定和管理暂行规定》规定了对驰名商标的保护,但原商标法中对此未作规定。新《商标法》修改后增加了关于驰名商标的规定,受保护的驰名商标包括在中国注册的和未在中国注册的商标。

(六)新《外贸法》增加"与贸易有关的知识产权"的规定

与贸易有关的知识产权是WTO三大支柱之一,越来越多地成为各主要贸易国家维护国家利益的重要手段。根据世贸组织规则,借鉴美国、欧共体、日本等国立法,新《外贸法》增加了"与对外贸易有关的知识产权保护"一章,通过实施贸易措施,防止侵权产品进口和知识产权权利人滥用权利,并促进我国知识产权在国外的保护。新《外贸法》第29条规定,进口货物涉嫌侵犯知识产权的,且危害对外贸易秩序和社会利益的,国务院商务主管部门可以采取在一定期限内禁止侵权人生产、销售的有关货物等措施。

根据TRIPS协定第40条规定,各成员方可以在与本协定其他规定相一致的条件下,采取适当的措施以防止或者控制知识产权人滥用其专有权。为此,新《外贸法》增加规定,知识产权权利人滥用专有权或者优势地位的行为对贸易产生不利影响并妨碍技术的转让和传播的,商务部可以进行调查、采取措施责令停止违法行为、禁止进出口等措施消除其危害或影响。其中,新《外贸法》第30条明确界定了滥用知识产权的行为:(1)阻止被许可人对许可合同中的知识产权的有效性提出质疑;(2)进行强制性一揽子许可;(3)在许可合同中规定排他性返授条件。

总之,加入 WTO 前后,中国通过空前地清理和修改法律法规,变被动应对到主动应对,将 WTO 规则转化为国内法,并将 WTO 所倡导的统一性、非歧视性和透明度等基本原则全面反映在经贸法律的核心理念上,进一步理顺政府在对外贸易管理中的职责,推动了市场经济体制的不断完善与成熟,构建了符合国际多边贸易规则并适应具体国情的贸易管理体制。

第四节　中国参与 WTO 争端解决机制的实践

2001 年 12 月中国正式成为 WTO 成员,是中国深入融入经济全球化的一个重要标志,对中国外贸增长和经济发展起到了十分积极的作用。2001 年中国进出口贸易总额约为 5097 亿美元;2010 年则达到 29,727 亿美元。中国已成为世界第一出口大国和第二进口大国。

随着国际贸易额的迅速增加,中国进入贸易摩擦高发期。近年来,我国比较积极地参与了 WTO 争端解决机制的实践活动,包括作为申诉方或被诉方直接参与争端解决具体案件、向 WTO 争端解决机构(DSB)推荐专家、参与 DSU 规则修改的谈判等,这对于我国了解 WTO 争端解决机制的具体运用、维护我国在 WTO 中的合法权益起到了积极作用。本节以中国作为申诉方、被诉方或第三方直接参与 DSB 为例进行分析。

一、中国作为申诉方参与 DSB 的案例

(一)关于中国诉美国钢铁保障措施案(DS252)

2002 年 3 月 5 日,美国总统布什宣布启动"201 条款"对美国的钢铁业予以保护,对进口到美国的钢材、长板等主要钢铁产品实施为期三年的保障措施,即实施关税配额或加征 8% 到 30% 的关税。美国实施的钢材保障措施遭到欧共体、韩国、日本、中国等 WTO 成员方的一致反对,纷纷诉诸 WTO 争端解决机构。3 月 26 日,中国正式向 DSB 提出要求与美国就钢铁保障措施问题进行磋商。由于磋商未果,中国请求设立的专家组于 6 月 24 日成立。包括中国在内的 WTO 成员方认为美国采取的保障措施在以下几个方面违反了《保障措施协定》: 美国依据对同类或直接竞争产品的武断定义,打击了范围广泛的所有钢铁产品;美国采取保障措施时没有提供突然的、最近的、急剧的和重大的进口增长的证据,事实上,美国保障措施所涵盖的大多数产品的进口自 1998 年起就已下降;美国不能保证其他因素所造成的损害不被归因于进口产品;美国的措施是不成比例的,超出了为补救由于进口产品而造成的损害所必需的程度;美国以不符合 WTO 有关规定的方式,将加拿大、墨西哥这些 WTO 成员的进口产品排除在其实施的保障措施之外,但在衡量产业损害

时又将这些国家的产品进口包括在内;在将发展中成员方排除在保障措施之外时,美国未能遵守给予所有发展中成员平等待遇的义务。2003 年 7 月 11 日,专家组向全体成员方散发裁决报告,认定美国保障措施不符合 WTO 规则,建议美国使其保障措施符合 WTO 规则。2003 年 8 月 11 日,美国提出上诉。2003 年 11 月 10 日,上诉机构散发其裁决报告,维持了专家组认为所有措施均不符合《保障措施协定》相关规定和GATT 1994第 19 条的结论(对专家组个别认定进行了修订)。2003 年 12 月 10 日,DSB 通过了上诉机构报告和经过上诉机构报告修订的专家组报告。2003 年 12 月 4 日,也就是报告通过的 6 天前,美国总统宣布撤销涉及争议的所有保障措施。

中美钢铁保障措施案是中国作为申诉方在 WTO 争端解决机构中提起的第一个案件,通过该案的审理,中国完整地参与了整个审理程序,比较直观地感受到专家组审理案件的实践。当时参加专家组第一次实质会议(听证会)人员详细记载了专家组听证会的感受,这些感受实际上是非常重要的经验总结:

第一,WTO 专家组对待各方的书面意见态度十分严肃认真。美国钢铁保障措施案涉及的参与方众多,材料复杂,各方提交的书面意见加起来长达 2500 余页。专家组成员不仅仔细地阅读了各方提交的材料,并且详细地阅读了各方材料中引证的材料。在全面考虑各方当事人意见的基础上,专家组以书面的方式提出了 136 个问题,。

第二,专家组很重视庭审前的准备工作,并且把庭审的程序协商工作下放给各方当事方,让当事方的律师相互沟通,协商争辩的要点,充分地交换证据。约定好开庭发言和辩论的内容、需要展示的证据,以及发言所需要的时间和发言的顺序。各方和专家组的问题,也要一并在庭审之前交换。这样在一个约定的范围之内,大家相互发言、争辩、展示证据、交换观点,只要不超过约定的范围,都是允许的。这样就会使双方当事人有充分展示自己观点、事实的机会。

第三,专家组作风民主。只要当事方之间就庭审程序所做的安排符合 WTO 的规定,专家组便不予以干预,在庭审中,仅仅是发挥组织者和服务者的平台作用而没有任何专断性,更不会打断任何一方正在进行的发言。

第四,律师关于法律的意见的争辩占很大的成分。律师的功夫不仅体现在对证据的展示、对证据的运用、对程序的掌握,很多方面体现在对法律的理解、对法律的研究、案例的熟悉。比如围绕"unforeseen development"的解释,八个申诉方有共同的理解,美方有美方的理解。大家不仅争议法律,也侧重争议过去的案例。〔6〕

〔6〕 李静冰:"中国在 WTO 第一案:美国 201 钢铁保障措施案首次听证会散记",载《中国律师》2003 年第 4 期,第 30—31 页。

（二）中国诉美国反倾销与反补贴初步裁定案（DS368）

2006年10月，美国新页（New Page）纸业集团（以下简称新页纸业）向美国商务部提出申诉，请求对原产于中国的铜版纸进行反倾销和反补贴调查。2006年11月20日，美国商务部宣布对原产于中国的铜版纸发起反倾销和反补贴合并调查。2006年12月15日，美国国际贸易委员会初步裁定，有合理的证据表明原产于中国的铜版纸对美国国内相关产业造成了实质性损害或可预见性威胁。2007年3月30日，商务部作出对原产于中国的铜版纸征收反补贴税的初步裁定。2007年9月14日，中国针对美国商务部对中国铜版纸反倾销与反补贴初步裁决向DSB提起申诉，要求与美国进行磋商。中国这一举动引起了广泛关注：

1. 这是中国第一次单独作为申诉方在WTO多边贸易争端解决机制中起诉美国的案件。中国诉美国钢铁保障措施案尽管取得诉讼胜利，但毕竟是"集体诉讼"；而此次申诉则是中国单独行动。

2. 美国在反倾销调查中，一直视中国为非市场经济国家。长期以来，对于美国视为非市场经济的国家，美国商务部认为不适用反补贴调查，因为在非市场经济国家不存在比较补贴数量及程度的市场基准。美国商务部在1986年的Georgetown Steel Corp. v. United States中明确表示美国反补贴法不适用于非市场经济国家。此后，美国商务部一直以非市场经济为由拒绝对包括中国在内的国家实施反补贴调查。此次，美国商务部在不承认中国市场经济地位情况下首次启动反补贴调查，发出不平常信号，很可能成为美国对中国发动反补贴的榜样。

3. 美国对中国铜版纸实施反补贴调查，涉及的法律问题诸多，包括补贴认定、专向性认定、贷款利率基准认定、税收政策、国家产业政策等，这些问题涉及中国经济发展策略与重大利益。此外，对中国铜版纸实施反倾销与反补贴措施极易造成双重救济的不公平问题。

2007年10月12日，中美在日内瓦进行磋商。如同此前在双边渠道的交涉一样，美国除了重申观点以外没有作出任何让步，因而磋商无果而终。10月18日，美国商务部作出最终裁决，对中国指出的问题未予认真解决，继续认定中国铜版纸出口存在倾销和补贴。正当中国考虑如何采取下一步骤时，11月20日，美国国际贸易委员会裁定来自中国的铜版纸对美国产业未造成"实质性损害"或"损害威胁"，这一裁决意味着美国商务部的最终裁定不具有实施效力，美国不会对中国铜版纸采取反倾销和反补贴措施。在这种情况下，中国就没有必要在WTO继续推动此案法律程序，案件"无果而终"。

（三）中国诉美国反倾销和反补贴最终措施案（DS379）

2006年11月，美国商务部对源自中国的铜版纸发起反补贴调查，这标志着美国一改其长期奉行的不对其认定的"非市场经济国家"适用反补贴法的做法，中美之间的贸易争端形式开始由反倾销争端为主转为反倾销反补贴并行。2008年美国在1个月内针对中国4种产品(环状碳质钢管、非公路用轮胎产品、特定矩形管件产品和复合编织袋产品)连续发起的4起“双反”(反倾销、反补贴)调查,并在2008年6月至9月间陆续对上述4起案件作出了征收反倾销税和反补贴税的决定。2008年9月,中国就美国的上述“双反”措施提交WTO争端解决机构(DSB)。本争端涉及以“非市场经济国家”(NME)方法发达反倾销与反补贴调查问题,引起广泛关注。

1. 关于国有企业的性质问题

在反补贴调查中,美国商务部认为被调查的三家中国国有企业构成SCM协定第1.1(a)(1)条规定的补贴的“公共机构”,理由是这些国有企业大部分股权由政府所有。专家组同意美国的观点。对此,中国提出上诉。上诉机构认为:判断一个企业是否是公共机构,关键看是否有证据证明该企业被授予实施政府的职责。仅仅凭政府拥有企业的所有权这一证据不足以认定国有企业就是公共机构。一般而言,要从政府所有权、政府在董事会中的地位、政府对公司行为的控制、公司对政府政策或利益的追求、公司是否依据法令所创建等方面综合考察。鉴于此,上诉机构推翻了专家组的认定。〔7〕

2. 关于土地使用权出让优惠政策问题

近年来,中国各地方设立了包括工业园、创新园、保税区、经济技术开发区、高新技术产业开发区在内的各类开发区并出台了各种优惠政策。这些开发区作为增强区域经济实力的主要动力,为推动各地区的经济发展做出了重要贡献。但美国在近几年的对华反补贴调查中经常将这些开发区内的土地使用权视为补贴。本案即涉及地方政府向一家生产复合编织袋产品的生产企业出让位于新世纪工业园内的土地使用权,美国商务部在反补贴调查中将该土地使用权视为补贴,并认定该土地使用权符合地区专向性。

SCM协定第2.2条对专向性问题作了规定:“限于授予机关管辖范围内指定地理区域的某些企业的补贴属专向性补贴。各方理解,就本协定而言,不得将有资格的各级政府所采取的确定或改变普遍适用的税率的行动被视为专向性补贴。”根据对第2.2条的理解,对于中央政府来说,如果补贴是其提供给特定区域的企业的,则不论是提供给该特定区域的部分企业还是全部企业,补贴都具有专向性;对于地方政府来说,其向特定区域的部分企业提供的补贴具有专向性,向特定区域的全部企业提供的补贴并不具有专向性。

专家组认为美国商务部在认定专向性时存在问题。美国的裁决表明,美国之所以认定政府给予该企业的土地使用权存在专向性,是因为该土地位于授权机关

〔7〕 Appellate Body Report, United States—Definitive Anti-Dumping and Countervailing duties on certain products from China, WT/DS379/AB/R, paras. 343 -347.

管辖范围内的指定地理区域(即新世纪工业园)。鉴于土地本身必然是一个地点,美国的分析实际上是循环论证;依照美国的逻辑,任何从政府处获得土地使用权的企业都在接受财政资助,这显然是不合理的。要符合专向性,美国必须证明园区内外的政策是不一致的,县政府的该优惠政策专门针对园区内企业。而事实在本案中,美国反补贴报告显示针对新世纪工业园区内外的土地使用权的有关政策并无区别:从性质上看都是土地使用权,出让主体都是县政府,而且出让条件、价格在园区内部都一致。该工业园并没有构成一个政府提供财政资助的明显区域,因此专家组裁决美国的认定违反了SCM协定第2条的规定。[8]

专家组在裁决中着重强调,专家组的对于美国违反SCM协定第2.2条的认定是基于报告中的特定事实作出的,这并不意味着土地使用权的地理属性可以自然排除地区专向性的适用;如果美国进行足够的调查,并提供工业园内外提供的土地使用权的区别,专家组可能会作出相反的认定。[9]

3.上游补贴的利益传递的认定问题

一般情况下,企业直接从政府给予该企业的财政资助中获得利益。但是在特殊情况下,政府可能对上游企业生产某项原材料提供了资金、货物等,而下游企业进而通过合法渠道获得该原材料。补贴的接受者和实际受益者不一致,可能发生补贴利益的传递。这就涉及对下游企业是否获得补贴的认定,即对"上游补贴"和"补贴利益传递"的认定问题。

本案对于利益传递的争议主要集中于美国对于补贴利益转移的认定方法上。本案实际涉及三个环节:其一,国有企业从政府处获得补贴,生产投入物;其二,贸易公司作为中间商与国有企业进行交易,获得投入物;其三,受调查企业向贸易公司购买投入物,用以自身产品即受调查产品的生产(具体环节见下图)。美国在计算受调查企业所获得的利益时,只考虑了环节三中受调查企业向贸易公司支付的价款与可适用的市场基准之间的价格差,而没有同时考虑第二个环节。中国认为,美国商务部应当先证明贸易公司从国有企业购买投入物进而获得可抵消利益,进而证明贸易公司将这些利益转移给了被调查产品的生产商。而本案中,美国商务部并未证明前者,就直接认定被调查产品的生产商获得了"间接"补贴。[10] 美国则认为自己对两者都作了考察;而且,无论两次交易(国有企业和私营贸易公司直接的交易和贸易公司与被调查生产商之间的贸易)之间是否存在价格差,美国商

[8] Panel Report, United States—Definitive Anti-Dumping and Countervailing Duties On Certain Products From China, WT/DS379/R, paras. 9.158 – 9.161.

[9] Id., para. 9.162.

[10] Panel Report, United States—Definitive Anti-Dumping and Countervailing Duties On Certain Products From China, WT/DS379/R, para. 12.43.

务部在计算利益时都恰当地计算了授予最终买方即被调查生产商的利益。例如，假设贸易公司在向国有企业购买投入物时获得了10个单位的利益(基于市场基准利率)，而在向下游生产商出售该产品时获得了4个单位的利益补偿，则将两者相比较可以得出下游生产商获得了6个单位的利益。[11]

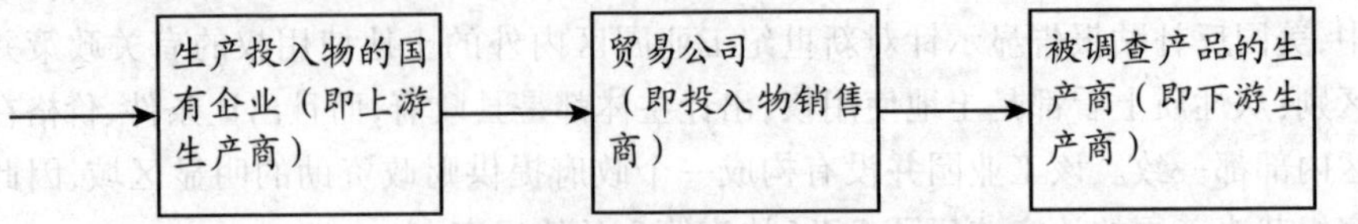

（箭头表示利益走向）

专家组主要针对非公路用轮胎反补贴调查作了回答。专家组认为美国的这种“一步走”的利益计算方法仅能适用于第二个环节和第三个环节可以同时进行的情形，即被调查产品的生产商名义上向贸易公司购买产品，再由贸易公司向上游产品的生产商发出订单。而实际上，贸易公司可能是经销商或批发商，先大批量购买上游产品后再逐批出售，这样一来，上游产品的价格自贸易公司购买时到出售时可能发生波动，贸易公司购买上游产品时的市场基准价格就不同于出售时的市场基准价格。本案中，美国商务部并未对贸易公司经营方式进行调查，所以其“一步走”方法可能导致高估利益的结果，不符合SCM协定第1.1条和第14条项下的要求。[12]

4. 关于“双反措施”引发的双重救济的问题

《反倾销协定》和SCM协定中分别规定了反倾销措施和反补贴措施，对于是否可以同时实施反倾销与反补贴措施，GATT 1994第6.5条有明确规定，即“在任何缔约方领土的产品进口至任何其他缔约方领土时，不得同时征收反倾销税和反补贴税以补偿倾销或出口补贴所造成的相同情况”。根据第6.5条的表述，WTO明确禁止在出口补贴的情况下适用“双反”措施的情形，并强调可能造成的“双重救济”的后果。所谓“双重救济”(double remedies)是指对进口产品同时征收反倾销税和反补贴税，且存在就同一补贴重复计算两次的情形。该条款其仅适用于“出口补贴”的情形。因为根据倾销幅度＝正常价值——出口价格的计算方法，对于受补贴的企业而言，出口价格会因享受补贴而降低，倾销幅度从而增加，进而导致反倾销税增加，反倾销税已经抵销出口补贴利益，此时再征收反补贴税，则产生明显的“双重救济”。

那么，对于国内补贴适用“双反”措施是否会导致“双重救济”？在对中国企业进行反倾销调查时，美国适用NME方法计算倾销幅度，将不包含政府补贴的替代

---

〔11〕 Id., para. 12.54.

〔12〕 Id., paras. 12.54 - 12.58.

国正常价值与因享受补贴而降低出口价格进行比较得出倾销幅度，必然造成倾销幅度包含有补贴的因素，这样，计算出的反倾销税实际包含了补贴的因素；而同时，美国还对中国企业获得的补贴又采取反补贴措施，必然导致"双重救济"。

本案中专家组仅从WTO规则字面上讨论是否存在双重救济的规定，而不论美国计算方法的合理性。一方面，专家组首先承认了在采用NME方法的情况下适用"双反"措施可能造成双重救济的后果，并且指出美国也没有完全否认这种可能性的存在；另一方面，专家组又从WTO协定文本方面排除了美国"双反"措施违反GATT 1994和SCM协定的可能性。正如专家组在裁决中所指出的，专家组认为SCM协定中并未含有任何有关"双重救济"的条款，GATT 1994中唯一与"双重救济"有关的条款是第6.5条，而第6.5条又仅规定了出口补贴的情形。[13] 这样的解释，似乎将WTO体制下的反倾销和反补贴制度置于非常尴尬的境地，即在本案中即使美国在采用NME方法的情况下适用"双反"措施肯定造成了双重救济，通过GATT 1994和SCM协定也无法解决这一问题。这种解释必然难以令人信服。

中国对此不服提出上诉，上诉机构认为，在利用非市场经济方法计算倾销幅度的情况下实施"双反措施"的做法可能引起双重救济，美国商务部有义务证明其采取的"双反措施"不存在双重救济，而本案中美国商务部未能证明这一点，违反了SCM协定第19.3条所规定的证明反补贴税金额是"适当"的义务。[14]

本起争端是中国单独作为申诉方第一次完整走完了磋商程序、专家组程序和上诉程序，上诉机构的裁决是中国在DSB中取得的重大胜利：在中国商业化运作的国有企业的性质认定、土地使用权优惠专向性、国有企业提供原材料是否构成补贴、实施"双反"措施是否构成"双重救济"等重大法律问题上，上诉机构支持了中国的主张，为日后反对其他贸易伙伴发动"双反措施"提供了有力的法律支持。

(四)中国诉美国禽肉进口限制措施案(DS392)

中美禽肉贸易争端源于2004年。当时，中美两国同时暴发了禽流感，双方均停止进口对方禽肉产品(事实上此前美国也并未对中国放开禽肉市场)。2004年4月，中美商谈后同意同时解除各自的禁令，约定在履行相关程序后，美方向中国出口冷冻禽肉产品，中方则可于2006年春对美出口熟制禽肉产品。但在中方对美国禽肉产品开放市场后，美方开始千方百计地阻止中国禽肉产品出口到美国。2009年3月11日美国总统奥巴马签署了《美国2009年综合拨款法案》，其中第727节规定，"根据本法所提供的任何拨款，不得用于制定或执行任何允许美国进口中国禽肉产品的规则"。这一条款意味着，美国农业部不得利用财政拨款来进

---

〔13〕 Id., paras. 14.116 - 14.120.

〔14〕 Appellate Body Report, United States—Definitive Anti-Dumping and Countervailing duties on certain products from China, WT/DS379/AB/R, paras. 582 - 583.

行对中国禽肉产品的检验检疫工作,甚至禁止购买到中国检验的机票。这实际上就是全面禁止了美国政府从事任何有关恢复中国禽肉进口的工作,美国国会以立法的形式从禁止了中国禽肉进入美国市场的可能,把贸易保护主义推到了极致。

中国于2009年4月向WTO提出申诉,要求与美国就《2009年综合拨款法案》中的第727节进行磋商。磋商无果后,应中国要求,WTO于2009年7月31日正式决定设立专家组审理此案。经过长达一年的审理,2010年9月29日专家组发布裁决报告。专家组裁决认为:(1)第727节属于SPS协定所规定的卫生与动植物检疫措施(SPS措施),因为该措施旨在为保护美国居民生命或健康免受中国污染禽肉进口所产生的风险,且该措施严重阻碍禽肉国际贸易;(2)由于没有进行风险评估、缺乏科学依据、构成武断和不正当歧视以及不适当延误等,美国第727条款违反了SPS协定中的义务;(3)由于第727节只针对中国出口的禽肉产品,明显违反了GATT 1994第1条"最惠国待遇原则";(4)由于第727节实际上构成对从中国进口禽肉的禁止,违反了GATT 1994第11条"一般取消数量限制原则";(5)美国歧视性措施不属于GATT 1994第20条(b)项"为保护人类、动植物的生命或健康安全所必需的措施",因此,不构成一般例外。2010年10月25日DSB通过专家组裁决报告。[15]

(五)中国诉欧共体紧固件反倾销措施案(DS397)

2007年11月9日,欧共体委员会决定对从中国进口的钢铁紧固件发起反倾销调查,并于2009年初决定对中国紧固件征收最高87%的反倾销税,为期五年。2009年7月31日,中国向DSB提出申诉,2010年12月3日,专家组发布裁决报告。本起争端焦点法律问题是欧共体反倾销基本条例(No. 384/96,后修改为1225/2009,以下简称"基本条例")第9.5条有关"单独税率"的规定。

根据"基本条例"第9.5条"单独税率"的规定,对来自非市场经济国家的企业发动反倾销调查时,这些企业必须符合该条款设定的标准,才能被允许用企业单独的出口价格,计算单独倾销幅度;否则将被征收较高的统一税率,即对抽样企业的出口价格,进行加权平均,得到一个加权平均出口价格,再与替代正常价值比较,得出统一适用的倾销幅度。如果调查合作程度低,抽样企业的出口量相对全国出口量的比重太小,样本企业的加权平均出口价格因此也不具备代表性,欧共体的反倾销调查机构将采用"已知事实",通常使用欧共体海关数据,确定出口价格。这是因为欧共体认为,一旦企业来自非市场经济国家,所有的出口商出口均由政府控制,视为一体,因此只能有一个统一的反倾销税率。在紧固件的裁决中,中国企业就被统一征收高达87%的反倾销税。

---

〔15〕 Summary of the dispute DS 392. http://www.wto.org/english/tratop_e/dispu_e/cases_e/ds392_e.htm.(访问日期:2011年7月16日)

如果要获得单独认定的资格,中国公司必须在符合下述标准的基础上证明其出口行为独立于国家干预:(1) 如果是外国全资或部分拥有的公司或合资企业,出口商可以自由汇回资金和利润。(2) 可自由决定出口价格、数量、销售条件条款等。(3) 大部分股份由私人拥有。董事会或者占据主要管理职位的政府官员应当属于少数,或充分证据表明该公司完全不受国家干预。(4) 货币汇兑采用市场汇率。(5)若某一公司取得单独税率,国家不至于能利用该公司,使其他企业规避反倾销措施。[16]

中国认为,欧共体"基本条例"中的"单独税率"条款,违反《反倾销协定》。《反倾销协定》要求反倾销当局对所有的合作调查企业,单独计算其倾销幅度。企业是否来自市场经济地位国家,只影响正常价值的计算,不影响使用单独的出口价格的计算,即不影响其获得单独税率的权利。中国没有在《议定书》中同意这一特别计税方式。《议定书》第15条只是同意欧共体采用在对中国采取反倾销时,中国企业不能证明市场经济地位的,以替代国的市场价格计算正常价值。

专家组同意中国对欧共体"单独税率"条款的看法,认为这构成对非市场经济地位成员的歧视性待遇。因此,专家组裁定认为"基本条例"第9.5条违背《反倾销协定》第6.10条、第9.2条和第18.4条对倾销幅度计算的相关规定,同时也构成对GATT 1994第1.1条最惠国待遇原则的违反,且与《WTO协定》第16.4条要求成员方国内相关立法应不违背WTO相应条款的要求不符。[17]

2011年3月25日,欧共体通知DSB提出上诉,3月30日,中国亦就专家组报告中其他法律问题提出上诉。2011年7月15日,上诉机构散发裁决报告,维持了专家组对欧共体"单独税率"条款违反《反倾销协定》。

(六)中国诉美国对中国车用和轻卡车用轮胎特别保障措施案(DS399)

2009年4月20日,美国"钢铁、造纸和林业、橡胶、制造业、能源、联合工业和服务工作者国际联盟"根据1974年贸易法案(the Trade Act of 1974)第421节请求国际贸易委员会(ITC)发起针对中国输美的所有乘用车和轻型卡车轮胎发起特保措施调查。ITC于4月24日启动调查程序。6月18日,ITC认定中国轮胎进口产品的"快速增加"造成或威胁造成美国国内轮胎行业的市场扰乱。美国总统奥巴马于2009年9月11日批准了对中国进口的所有小轿车和轻型卡车轮胎实施惩罚性关税,即在4%的原有关税基础上,在此后3年分别加征35%、30%和25%的附加关税,该项措施于2009年9月26日生效。中国认为该项措施违反了WTO的相关规定,于2009年9月14日诉诸DSB。专家组于2010年12月13日向成员散发

〔16〕 Panel Report, European Communities—Definitive Anti-Dumping Measures on Certain iron or Steel Fasteners from China, WT/DS397/R, para. 7.32.

〔17〕 Id., para. 7.137.

了本案的专家组报告,没有支持中国的申诉。

1. 关于调查期和进口快速增长的问题

中国宣称尽管输美轮胎绝对数量是增加的,但在 2008 年即美国特别保障措施调查期的最后一年增长率呈下降趋势,这意味着进口不符合《议定书》第 16.4 条项下的"快速增长"条件。中国进一步认为,《议定书》第 16.4 条使用了现进行时(are increasing rapidly)表示进口"正在"增加。这表明 WTO 成员方进口增加调查期间的选择必须有一定的近期性。因此,在本案中,调查当局应该将调查日期限定在 2008 年。对此,专家组认为由于《议定书》对调查期间没有非常明确的规定,所以美国国际贸易委员会(ITC)所采的调查期间——调查开始 4 个月前的 5 年——是"最近"的,符合《议定书》的标准;ITC 没有不合理地评估《议定书》第 16.4 条项下的"快速增长"。

2. 关于美国特保措施相关立法的相符性问题

《议定书》第 16.4 条规定:"市场扰乱应在下列存在:一项产品的进口快速增长,无论是绝对还是相对增长,从而构成对生产同类产品或直接竞的国内产业造成实质损害或实质损害威胁的一重要原因(a significant cause)。"中国认为美国 1974 年贸易法案(the Trade Act of 1974)第 421 节与此不符,因为根据该节,"对国内产业的实质损害起到重要作用的但无需与其他原因一样或者更加重要。"对此,专家组认为,WTO 成员方有权利选择遵守 WTO 规则的方式和方法。在美国充分论证了"起了重要的作用"和《议定书》中的"重要原因"的含义一样后,中国如认为美国 1974 年贸易法案第 421 节的因果关系标准与《议定书》规定不符,中国必须明确因果关系的标准到底是什么。

3. 关于进口增加与实质损害之间的因果关系问题

中国认为 ITC 没有成功地表明它所认定的进口增加是造成市场扰乱的一个重要原因,这违反了《议定书》第 16.1 条和第 16.4 条。对此,中国提出三点理由:(1)ITC没有指出进口轮胎和国内轮胎之间的竞争关系;(2)ITC 没有证明快速增长的进口和对国内产业的实质损害之间存的任何关联性;(3)ITC 没有指明造成国内产业实质损害的其他原因,也就是说 ITC 没有确定损害不是由其他因素造成的。专家组裁决没有支持中国提出的理由与观点。

4. 关于特别保障措施的必需性问题

《议定书》第 16.3 条指出保障措施必须"在防止或补救此种市场扰乱所必需的限度内"。依此,中国认为,"美国在本案中所采取的救济措施与第 16.3 条不符,因为该救济超出了中国进口增加导致的市场扰乱程度"。此外,美国特别保障措施实施期为 3 年,超过其必要的保护限度。专家组审查认为,中国没有提供初步证明,证实美国的特别保障措施与《议定书》第 16.3 条规定的"所必需的限度"不符。

专家组最后裁定,美国对中国轮胎采取的为期3年的特别保障措施符合WTO规则。[18]

虽然本案是中国入世后美国第一次正式对中国产品采取特别保障措施的争端,也是进入DSB专家组程序的第一个特别保障措施案例,但中国败诉并不特别令人意外。这是因为:第一,《议定书》第16条中有关特别保障措施的规定相关术语模糊;第二,《议定书》包括WTO规则的官方语言没有中文,因此,从文本解释角度看,中国的相关理解与解释就处于不利地位;第三,中国在争端中还存在举证不力的问题。不管怎样,提交DSB,毕竟表明了中国反对特别保障措施的态度,这是值得赞赏的。2011年5月24日,中国通知DSB对专家组裁决报告提出上诉。

(七)中国诉欧共体皮鞋反倾销措施案(DS405)

2010年2月4日,中国就欧盟对中国皮鞋反倾销措施向DSB申诉,要求与欧盟磋商。中国指控欧盟以非市场经济为由对中国实施"统一税率"而不是"单独税率"违反了《反倾销》协定。磋商未果后,中国申请设立专家组,2010年5月8日,DSB设立专家组。目前该案处于专家组程序阶段。该案涉及的法律问题与中国诉欧盟紧固件反倾销措施案(DS397)类似。

(八)中国诉美国暖水虾反倾销措施案(DS422)

2011年2月28日,中国将美国对暖水虾采取的反倾销措施诉诸DSB。中国指控美国在此案中采取了历次被DSB裁决违反《反倾销协定》的"归零法",不当征收了高额反倾销税。

二、中国作为被诉方参与DSB的争端

(一)中国作为被诉方参与DSB的争端概览

以DS编号统计,中国在DSB中被诉案件21件。其中有些案件的申诉涉及同一事项(matter),仅申诉方不同,因此,实际上中国被诉的贸易措施并不如DS案号那样多。从争端解决程序阶段来看,这些贸易争端可以分为以下情形:

1. 在磋商阶段就解决,解决的方式或是双方达成满意解决方案或是中国撤销了相关争议措施。在进入专家组程序前就已解决的争端有:DS309(中国集成电路增值税案),DS358和DS359(中国某些退减免税措施案),DS372、DS373和DS378(中国影响金融信息服务提供措施案)、DS419(中国对风电设备补贴措施案)。

2. 尚处于磋商阶段:DS387、DS389和DS390(中国出口名牌补贴案),美国、墨西哥和危地马拉于2008年12月9日提出磋商请求;DS407(中国对欧共体某些钢材及紧固件临时反倾销措施案),2010年5月7日欧共体就中国临时反倾销措施和《反倾销条例》第56条规定是否与《反倾销协定》相符问题要求与中国磋商。

---

〔18〕 Summary of the dispute DS 399. http://www.wto.org/english/tratop_e/dispu_e/cases_e/ds399_e.htm.(访问日期:2011年7月16日)

3. 磋商阶段已经结束，专家组已设立：DS413（中国有关电子支付服务限制措施案），美国2010年9月15日提出磋商，磋商未果后，2011年5月11日设立专家组。DS414（中国对美国取向性硅电钢〈Grain Oriented Flat-rolled Electrical Steel〉反倾销与反补贴措施案），美国2010年9月15日提出磋商，磋商未果后，2011年3月25日设立专家组，5月13日专家组组成。

4. 专家组审理程序结束、裁决报告已散发：DS394、DS395和DS 398（中国原材料出口限制案），2009年6月23日和8月21日，美国、欧共体和墨西哥向中国提出磋商请求，磋商未果，2009年12月21日，DSB设立专家组，2010年3月29日，WTO总干事指定专家组成员组成专家组。2011年7月，专家组散发裁决报告。

5. 争端已审理终结，中国通知DSB裁决报告已执行：

（1）DS339、DS340和DS342（中国汽车零部件进口限制案），2006年3月20日美欧提出磋商，2007年1月29日WTO总干事指定专家组成员组成专家组，2008年7月18日专家组散发报告；9月15日中国提出上诉，12月15日上诉机构散发裁决报告，认定中国对汽车零部件进口限制措施违反国民待遇原则；2009年2月11日中国通知DSB其愿意履行裁决；经中国与美欧加协商，中国执行裁决的最后期限为2009年9月1日，8月31日中国通知DSB取消了裁决认定与WTO规则不符的进口汽车零部件限制措施。[19]

（2）DS362（中国影响知识产权实施案），2007年4月10日美国提出磋商，12月13日WTO总干事指定专家组成员组成专家组，2009年1月26日专家组散发裁决报告，认为中国《著作权法》第4条以及海关对没收侵权产品的处置措施不符合TRIPS协定，但不支持美国提出的中国知识产权刑事保护程序违反TRIPS协定的观点。2009年3月20日，DSB通过专家组裁决报告；4月15日中国通知DSB其愿意履行DSB的裁决与建议；6月29日，中美通知DSB双方协商确定中国履行裁决的合理期限为12个月，即到2010年5月20日。2010年3月19日，中国通知DSB，其全国人大常委会已修改《著作权法》第4条，国务院已通过修改《海关知识产权保护条例》。由此，已履行了DSB通过的裁决与建议。2010年4月8日，中美双方通知DSB，就中国执行问题所引发的DSU第21条和第22条程序问题已达成协议。[20]

（3）DS363（中国影响某些出版物和音像娱乐制品的贸易权及批发服务措施案）。2007年4月10日美国提出磋商，2008年3月17日WTO总干事指定专家组

---

〔19〕 Summary of the dispute DS 339. http://www.wto.org/english/tratop_e/dispu_e/cases_e/ds339_e.htm.（访问日期：2011年7月16日）

〔20〕 Summary of the dispute DS 362. http://www.wto.org/english/tratop_e/dispu_e/cases_e/ds362_e.htm.（访问日期：2011年7月16日）

成员组成专家组,2009年8月12日专家组散发裁决报告;9月22日中国提出上诉,12月21日上诉机构散发裁决报告;2010年1月19日,DSB通过上诉机构报告以及经上诉机构修改的专家组报告;2月18日,中国通知DSB其愿意履行DSB的裁决与建议;7月12日,中美通知DSB双方协商确定中国履行裁决的合理期限为14个月,即到2011年3月19日。4月13日,中美双方通知DSB,就中国执行问题所引发的DSU第21条和第22条程序问题已达成协议。[21]

(二)中国影响知识产权实施案(DS362)

中美知识产权争端虽由来已久,但一直限于中美双边框架内谈判与磋商。2007年4月美国就中国知识产权实施问题提交WTO争端解决机构(DSB)请求磋商;磋商未果后于8月21日提请设立专家组;2007年12月13日WTO总干事指定专家组成专家组进行审理。美国提出的投诉主要包括三项:(1)中国现行法律关于故意假冒商标和盗版案件的"刑事门槛"太高,违反了TRIPS协定第41.1条和第61条;(2)中国海关对查获的侵犯知识产权物品的处置措施,违反了TRIPS协定第46条和第59条;(3)《中华人民共和国著作权法》第4条,违反了TRIPS协定第9.1条、第14条、第41.1条。前两项争端内容详见第九章第四节,本节着重论述有关《著作权法》第4条的争议问题。

中国1991年颁布、2001年修订的《著作权法》第4条规定:"依法禁止出版、传播的作品,不受本法保护。"《著作权法》第9条所规定受本法保护的著作权(经济方面)包括:复制、发行、出租、展览、表演、放映、广播、信息传播、摄制、改编、汇编、翻译、应当由权利人享有的权利。根据第4条和第9条,凡依法禁止出版的作品,不享有第9条规定的13项著作权。美国认为,中国著作权法的规定违反了被TRIPS协定纳入的《伯尔尼公约》对外国作品的著作权保护的义务。

对于外国作品的著作权保护问题,《伯尔尼公约》有明确规定,其第5.1条规定:"凡受本公约保护之作品,其作者除了在来源国之外,可在其他成员国享受各该国法律目前或今后可能授予其国民的权利,以及本公约特别授予的权利。"第5.2条进一步规定,享有和行使这些权利不需要履行任何手续。TRIPS协定将《伯尔尼公约》这些规定纳入其中,作为各成员方应当履行的义务。WTO成员方对其他成员方国民作品著作权保护包括两方面内容:一是国民待遇,二是《伯尔尼公约》特别授予的权利,该权利自作品产生之时即获得,不需要履行任何手续。美国认为,中国对其作品的审查行为首先剥夺了其国民应享有的《伯尔尼公约》所特别赋予的权利(实际上包括著作权人的主要经济权利),因为在中国享有这些权利需要履行审查手续,特别是中国《著作权法》第4条规定:"依法禁止出版、传播的作品,

---

〔21〕 Summary of the dispute DS 363. http://www.wto.org/english/tratop_e/dispu_e/cases_e/ds363_e.htm.(访问日期:2011年7月16日)

不受本法保护。”据此，美国进一步认为，凡是未通过审查的外国作品，在中国可能就得不到保护。

对美国的指控，必须全面分析《伯尔尼公约》的有关规定。公约所规定的著作权人（包括邻接权人）所享有的复制、发行、传播、改编、整理等权利，实际上构成了WTO成员方必须赋予其他成员方著作权人的“最低权利标准”，不管这些权利是否属于该成员方本国国民。公约第5.2条进一步规定，这些权利的享有不需要履行任何手续。这是否意味着，任何作者作品一经产生，就享有绝对的权利呢？是否意味着充满淫秽、暴力、宣传战争等为全人类所共同抵制的作品从其产生之时就当然享有出版、发行、传播等公约规定的“特有权利”？显然不能。《伯尔尼公约》第17条明确规定了“公共利益”条款，该条款明确规定“若本联盟任何成员的主管当局认为有必要对任何作品或制品的发行、表演或展览予以批准、控制或禁止，本公约的条款不能以任何方式妨碍本联盟成员国政府的这种权利”。该条实际上是授权各成员政府根据公共利益控制相关作品进行审查，并在必要的情况下对有关作品的出版或传播实施控制。

专家组认为，《伯尔尼公约》第17条尽管对作品的著作权有所限制，但该条只是拒绝有限的著作权保护，即不给违法作品以公开与流通的权利；然而，《伯尔尼公约》第17条并未全面剥夺作者禁止第三人利用其作品的权利。中国《著作权法》第4条全面剥夺违法作品作者著作权不符合《伯尔尼公约》第17条规定之例外。[22]

专家组裁决报告通过后，中国决定执行DSB的裁决。2010年2月26日，中国公布《中华人民共和国著作权法（2010修订）》。新修订的《著作权法》将原第4条“依法禁止出版、传播的作品，不受本法保护。著作权人行使著作权，不得违反宪法和法律，不得损害公共利益……”修改为“著作权人行使著作权，不得违反宪法和法律，不得损害公共利益。国家对作品的出版、传播依法进行监督管理”，即删除了“依法禁止出版、传播的作品，不受本法保护”的内容。

（三）中国影响某些出版物和音像娱乐产品的贸易权及批发服务措施案（DS363）

1. 中国影响某些出版物和音像娱乐制品市场准入措施的争端

美国提出，根据中国《议定书》第5条有关贸易权的规定，特殊情况除外，[23]中国在加入WTO后3年，不仅应当允许所有中国企业享有货物进出口贸易的权利，

---

〔22〕 Panel Report, China-Measures Affecting the Protection and Enforcement of Intellectual Property Rights, para. 7.133.

〔23〕 特殊情况是指国营贸易产品和指定经营的产品，这些产品包括：粮食、植物油、食糖、烟草、原油、成品油、化肥、棉花、天然橡胶、木材、胶合板、羊毛、腈纶、钢材等。

而且对于所有外国个人和企业(不管是否在中国注册)在贸易权方面应当给予不低于其给予中国企业的待遇。[24] 但美国认为,中国通过一系列法规、行政规章[25] 为一些政府指定的企业或者国有企业保留了进口有关出版物、音像制品、电影等文化作品方面权利,而限制中国其他企业以及外国企业和个人将文化作品进口至中国境内。由此,在文化作品贸易权方面,外国企业和个人,包括那些未在中国投资和注册的企业,所享有的待遇比中国企业低。因此,中国相关规定显然与中国的《议定书》第5.1条、第5.2条以及《中国加入WTO工作组报告》第83段和第84段项下的义务相冲突。[26]

关于出版物的贸易权问题,专家组认为《出版管理条例》有关设立进口出版物单位的第42条所规定的八项中的三项要求(第2、4项和第8项要求)[27] 与第41条联系一起,违反了《议定书》第5.1条以及《工作组报告》第83(d)段和第84(a)段。[28] 关于视听作品与影片的贸易权问题,专家组认为,中国《音像制品管理条例》第5条和第27条、《音像制品进口管理办法》第7条和第8条规定违反了《工作

---

〔24〕《议定书》第5.1条和第5.2条规定:"第5条(贸易权):1.不损害中国以与符合《WTO协定》的方式管理贸易的权利的情况下,中国应逐步放宽贸易权的获得及其范围,以便在加入后3年内,使所有在中国的企业均有权在中国的全部关税领土内从事所有货物的贸易,但附件2A所列依照本议定书继续实行国营贸易的货物除外。此种贸易权应为进口或出口货物的权利。中国应在过渡期内完成执行这些规定所必需的立法程序。2.除本议定书另有规定外,对于所有外国个人和企业,包括未在中国投资或注册的外国个人和企业,在贸易权方面应给予其不低于给予在中国的企业的待遇。"

〔25〕这些行政法规、行政规章主要包括:《出版管理条例》、《出版物市场管理规定》、《设立出版物进口经营单位审批办法》、《电子出版物管理规定》、《音像制品管理条例》、《音像制品进口管理办法》、《电影管理条例》、《外商投资产业指导目录》、《指导外商投资方向规定》、《关于文化领域引进外资的若干意见》等。

〔26〕该两段主要内容如下:83段:中国代表确认,在3年过渡期内,中国将逐步放开贸易权的范围和可获性。(a)中国代表确认,自加入时起,将取消中国企业和外商投资企业作为获得或维持进出口权的标准的任何出口实绩、贸易平衡和以往经验要求,如在进出口方面的经验。(b)中国将在过渡期结束后即2004年12月13日后取消贸易权的审批制。(c)在过渡期内,中国确认逐步放开外商投资企业贸易权的范围和可获性。(d)在加入后3年,所有在中国的企业将被给予贸易权。外商投资企业从事进出口不需建立特定形式的实体。84段:(a)入世3年后,中国将允许所有在中国的企业及外国企业和个人,在中国全部关税领土内进口所有货物。但此种权利不允许进口商在中国国内分销货物。(b)中国代表确认,对外国企业和个人给予贸易权的问题,将以非歧视和非任意性的方式给予。

〔27〕《出版管理条例》第42条对"出版物进口经营单位"的设立条件进行了规定:设立出版物进口经营单位,应当具备下列条件:(1)有出版物进口经营单位的名称、章程;(2)是国有独资企业并有符合国务院出版行政部门认定的主办单位及其主管机关;(3)有确定的业务范围;(4)有与出版物进口业务相适应的组织机构和符合国家规定的资格条件的专业人员;(5)有与出版物进口业务相适应的资金;(6)有固定的经营场所;(7)法律、行政法规和国家规定的其他条件;(8)应当符合国家关于出版物进口经营单位总量、结构和布局的规划。

〔28〕Panel Report, China – Measures Affecting Trading Rights and Distribution Services for Certain Publications and Audiovisual Entertainment Products, WT/DS363/R, para. 7.411.

组报告》第84(b)段有关外贸经营权的"不以任意性方式给予"的承诺。《中外合作音像制品分销企业管理办法》第21条违反了《议定书》第5.1条以及《工作组报告》第83(d)段和第84(a)段。[29] 在供影院放映的电影进口方面,专家组最终裁定,《电影管理条例》第30条[30]、《电影企业经营资格准入暂行规定》第16条,[31]与《议定书》第5.1条义务不符,同时违反了《工作组报告》第83(d)段、第84(a)段和(b)段。[32]

在本起争端中,中方提出由政府指定的企业以及国有企业保留进口出版物和视听娱乐制品贸易权乃是维护公共道德所必需的措施,属于GATT第20条(a)项所规定的例外,因为对进口出版物和视听娱乐制品内容的审查只有国有企业能够承担。原因在于:(1)内容审查需要相当大的成本,私有企业或外资企业无法承担相应成本,而政府可以要求国有企业承担内容审查成本。(2)内容审查需要相应的组织机构和专业人员,只有国有企业才能胜任。因此,让私有企业或外资企业承担进口文化作品内容审查的职责不是合理的替代措施。但是,当专家组让中国提供审查成本以判断私有企业或外资企业是否有能力实施审查时,中国没有提供,只是指出审查成本包括:(1)人力资源成本;(2)设备、场所等成本;(3)审查错误导致的赔偿成本等。这些项目具体数额是多少、是否大到私有企业不能承受,中国都未提供相应的数据。最后专家组和上诉机构没有支持中国的观点。[33]

2. 中国影响某些出版物和音像娱乐制品分销措施的争端

企业贸易权是指企业享有进出口货物的权利,属GATT管辖,WTO要求国家尽可能减少或取消对贸易权的干预;分销权则是指企业对产品享有的批发、零售等再销售产品的权利,属于服务贸易,属GATS管辖。在WTO框架下分销权的开放与否或开放度,取决于各成员方的具体承诺。美国对中国出版物、家庭娱乐影像制品、录音制品、电子读物(电子出版物和电子录音制品)分销权的法律质疑主要表现为以下几点:[34]

---

〔29〕 Id., para. 8.1.

〔30〕《电影管理条例》第30条:电影进口业务由国务院广播电影电视行政部门指定电影进口经营单位经营;未经指定,任何单位或者个人不得经营电影进口业务。

〔31〕 第16条:电影进口经营业务由广电总局批准的电影进口经营企业专营;进口影片全国发行业务由广电总局批准的具有进口影片全国发行权的发行公司发行。

〔32〕 Panel Report, China – Measures Affecting Trading Rights and Distribution Services for Certain Publications and Audiovisual Entertainment Products, WT/DS363/R, para. 8.1.

〔33〕 Appellate Body Report, China – Measures Affecting Trading Rights and Distribution Services for Certain Publications and Audiovisual Entertainment Products, WT/DS363/AB/R, para. 263.

〔34〕 China – Measures Affecting Trading Rights and Distribution Services for Certain Publications and Audiovisual Entertainment Products, Request for Consultations by the United States, WT/DS363/1, April 16, 2007.

(1)关于出版物(包括电子出版物)的分销服务

在《中国服务贸易承诺表》第4A—4E段,中国承诺以商业存在的方式允许外国服务提供者从事图书、报纸和杂志的分销服务。但是中国的相关法律却禁止外国服务提供商从事"总发行"业务,并禁止外商从事电子出版物的批发业务。

(2)关于音像制品的分销服务。在《中国服务贸易承诺表》第2D段,中国承诺以商业存在的方式允许外国服务提供者从事家庭娱乐视听制品的分销服务。但是中国的相关法律禁止外国服务提供商从事总发行业务,构成对GATS第16条和第17条的违背。

(3)关于音像制品的电子发行问题。美国认为,中国《互联网文化管理暂行规定》等法规禁止外商经营"互联网文化活动",以至于外商不能经营包括以数字形式表现的音像制品在内的"互联网文化产品"的数字分销。然而中国在服务承诺表第2D段,承诺以商业存在和跨境交付的方式允许外国服务提供者从事音像制品的分销服务,也未在市场准入或国民待遇上有过任何的条款、限制、条件或者资质的要求。

专家组和上诉机构基本上支持了美国的观点。

3. 中国影响某些出版物和音像娱乐产品的贸易权及批发服务措施案的执行情况

专家组和上诉机构的裁决报告被DSB通过后,2010年2月18日,中国通知争端解决机构愿意执行裁决。2010年7月12日,美国和中国通知争端解决机构协定的合理执行期间,执行日期于2011年3月19日到期。中国于2011年3月19日,发布了《音像制品管理条例(2011年修订)》和《出版管理条例(2011年修订)》,对涉案不符合WTO规则的条文进行修订。

(1)针对音像制品进口的问题。《音像制品管理条例》(2011年修订)将原音像制品进口经营主体由以前的指定变为批准,即符合条件的企业经批准都可以拥有进口音像制品的权利。具体来看,原《音像制品管理条例》第27条为"音像制品成品进口业务由国务院文化行政部门指定音像制品成品进口经营单位经营;未经指定,任何单位或者个人不得经营音像制品成品进口业务",《音像制品管理条例》(2011年修订)将原第27条修改为:"音像制品成品进口业务由国务院出版行政主管部门批准的音像制品成品进口经营单位经营;未经批准,任何单位或者个人不得经营音像制品成品进口业务。"

(2)针对出版物进口的问题。《出版管理条例》(2011年修订)将原《出版管理条例》第41条、第42条进行了修改。第一,原第41条为,"出版物进口业务,由依照本条例设立的出版物进口经营单位经营;其中经营报纸、期刊进口业务的,须由国务院出版行政部门指定。未经批准,任何单位和个人不得从事出版物进口业务;未经指定,任何单位和个人不得从事报纸、期刊进口业务。"新修订的第41条为,

"出版物进口业务,由依照本条例设立的出版物进口经营单位经营;其他单位和个人不得从事出版物进口业务。",删除了"指定"的规定;第二,原第42条对设立出版物进口经营单位设定了八项条件,修改后的第42条变为七项条件:其中将原第2项条件中规定"是国有独资企业并有符合国务院出版行政部门认定的主办单位及其主管机关"中"国有独资企业"的要求删除,取消了对外商投资企业进口经营权的限制;将原第4项要求"有与出版物进口业务相适应的组织机构和符合国家规定的资格条件的专业人员"修改为"具有进口出版物内容审查能力";删除原第8项要求。

(3)关于音像制品电子发行方式的问题,DSB裁决音像制品的电子分销属于中国服务贸易承诺之列,因此《文化部关于实施〈互联网文化管理暂行规定〉有关问题的通知》第2条、《关于文化领域引进外资的若干意见》第4条以及《外商投资产业目录》的相关规定与GATS项下国民待遇义务不符。《音像制品管理条例》(2011年修订)将原第49条修改为:"除本条例第35条外,电子出版物的出版、制作、复制、进口、批发、零售等活动适用本条例。"将"电子出版物的出版、制作、复制、进口、批发、零售"纳入《音像制品管理条例》(2011年修订)的管理范围。《出版管理条例》(2011年修订)将第39条修改为"国家允许设立从事图书、报纸、期刊、电子出版物发行业务的中外合资经营企业、中外合作经营企业、外资企业。"将第67条改为第73条,"行政法规对音像制品和电子出版物的出版、复制、进口、发行另有规定的,适用其规定。接受境外机构或者个人赠送出版物的管理办法、订户订购境外出版物的管理办法、网络出版审批和管理办法,由国务院出版行政主管部门根据本条例的原则另行制定",拟通过将来制定相关办法的方式予以细化。

(四)中国原材料出口限制案(DS394)

2009年6月23日,美国与欧共体向WTO争端解决机构提起申诉,要求与中国就中国对稀缺资源出口的限制进行磋商。欧美指控中国对稀缺资源的出口实施了三类违反WTO规则及入世承诺的限制措施:(1)对铝土矿(bauxite)、焦炭(coke)、氟石(fluorspar)、碳化硅(silicon carbide)和锌(zinc)实施的出口数量配额限制。例如根据《2009年度碳化硅出口配额第一次公开招标公告》,碳化硅出口招标数量为10.8万吨。(2)对铝土矿(bauxite)、焦炭(coke)、氟石(fluorspar)、锌(zinc)、黄磷(yellow phosphorus)、金属硅(silicon metal)、镁(magnesium)和锰(manganese)的出口征收关税。例如黄磷出口税为50%,焦炭出口税为40%。(3)采用对原材料的最低出口价格体系,并要求对出口合同和出口价格的检查和审批(其实中国已很早取消了)。稀缺资源出口限制争端的背后,实质上是金融危机背景下各国争夺稀缺资源的利益冲突。对中国而言,限制这些高耗能、高污染产品出口的初衷是为了保护环境和稀缺资源。中国意识到,用稀缺资源去换取随时可以印刷的美元纸币、用牺牲环境去追求外贸出口的发展战略必须转型。而这种转型，恰恰深刻触动了相关国家的利益。尽管美欧与中国稀缺资源出口限制之争实质反映了各国(地区)产业部门对于稀缺资源的争夺，但一旦提交给WTO争端解决机构，则表现为一个典型的法律问题，即中国的稀缺资源出口限制是否符合WTO规则及中国入世的相关承诺的规定？

1. 关于与GATT 1994第20条(g)项的相符性问题

GATT 1994第11.1条规定，“任何成员方不得对任何其他成员方领土产品的进口或向任何其他成员方领土出口的产品设立或维持除关税、国内税或其他费用外的禁止或限制，无论此类禁止或限制是通过配额、进出口许可证或其他措施实施”。根据该条款规定，成员方应取消数量限制措施，无论是对产品的进口还是对产品的出口的数量限制。鉴于政府还要追求一些比贸易自由化更为重要的政策目标，因此GATT 1994第20条规定了政府为实现其他重要政策目标时的“一般例外”措施，即“在遵守关于此类措施的实施不在条件相同的成员之间构成武断或不正当歧视或构成对国际贸易的变相限制的前提下，本协定(指GATT)的任何规定不得解释为阻止成员方实施以下措施……”其中(g)款规定，GATT 1994不得妨碍成员方实施“与保护可用竭的资源有关的措施，且与限制国内生产或消费措施同时生效”。该款即属于禁止出口数量限制措施的例外之一，它意味着WTO成员方在符合一定条件时可对国内资源的出口采取数量限制措施。中国要证明出口配额的合法性，实际上就必须证明该措施符合GATT 1994第20(g)项的规定。

中国要证明实施的原材料出口数量限制符合GATT 1994第20条(g)项，需提供以下证据：(1)实施出口数量限制的这些原材料属于可用竭的自然资源；(2)出口数量限制与保护这些可用竭的自然资源有关；(3)与国内限制生产或消费同时实施；(4)符合GATT第20条序言的规定，即不构成“武断、不正当的歧视或对国际贸易造成变相的限制”。一般而言，将铝土矿、焦炭、氟石、锌、黄磷、金属硅、镁和锰等储藏量有限的原材料认定为“可用竭的自然资源”，人们基本没有异议。[35]这里的核心问题是中国应当证明目前采取的出口限制措施“与限制国内生产或消费措施同时实施”，这一点被证明了，第二与第四个问题也就能够顺带证明。

DSB争端解决历史上，美国汽油案和美国海虾案都对GATT 1994第20条(g)项中“与限制国内生产或消费措施同时实施”的条件进行过讨论。值得指出的是，中国原材料出口限制措施与美国汽油案和美国海虾案不完全相同，后者是为了保护一种资源(保护清洁空气或海龟)而限制另一种产品(汽油或虾)的进口限制，而前者是为了保护资源而对该原材料实施的出口限制。从WTO的法律理念上而言，WTO重点在于防止货物贸易谈判中关税减让或非关税壁垒措施取消带来的有

---

〔35〕 Appellate Body Report, United States - Import Prohibition of Certain Shrimp and Shrimp Products, WT/DS58/AB/R, paras. 128 - 129.

利于进口产品竞争的优势被进口国采取的各种例外措施所削弱,因此 WTO 关注更多的是进口限制措施;由于出口限制措施并不必然削弱外国产品进入本国市场的竞争力,因此,对于出口限制措施理应比进口限制措施的条件更宽松。[36] 此外,根据美国汽油案和美国海虾案的分析,对因保护资源而实施的进口限制措施,GATT 1994第 20 条(g)项既不要求国内限制措施与进口限制措施形式同一,也不要求效果等同,[37]可见国内限制措施比进口限制措施较为宽松;更何况中国对原材料实施的是出口限制措施呢?如果要求一国对原材料实施出口限制时,国内也应实施形式相同、效果同一的限制,岂不意味着一国自然资源要么供全世界使用;要么不供别人使用,自己也不得使用?这样推理显然不符合实践,也不符合国际经济体系中有关国家对自然资源主权原则。

但无论如何,中国应当举证证明在国内生产或消费中实施了相应限制,例如:(1)中国已经对实施出口数量限制的资源产品如铝土矿、焦炭、氟石、碳化硅和锌在国内实施了生产限制或消费限制;(2)提供生产限制或消费限制的相关数据;(3)相关限制数据与出口限制数据之间存在着合理的联系。可以考虑从几个方面举证我国限制相关原材料的生产:如是否取缔相关生产企业、是否清理在建项目、是否停止原材料的新开采项目审批等;可以从原材料下游产业的限制来证明对这些原材料的消费也实施了限制。

2. 关于对稀缺资源出口征收关税的举证问题

从 WTO 规则看,其明确予以禁止的是数量限制,但允许成员方利用关税手段调节国际贸易。从各成员方关税减让谈判来看,一般都是围绕进口关税的减让而展开。对于出口产品征收关税的问题,从 WTO 各涵盖协定来看,规定得并不明确。但是,中国《议定书》对中国对出口产品征收关税有明确的限制。《议定书》第 11.3 条明确规定:“中国取消适用于出口产品的全部税费,但本议定书附件六中明确规定的除外。”附件六规定中国有权对 84 种产品的出口征收关税,并明确规定:“中国确认本附件中所含关税水平为最高水平,不得超过。”

根据《2009 年关税实施方案》的规定,中国对稀缺资源出口征收的关税分别为:对黄磷征收 70%,对铝土征收 15%,对焦炭征收 40%,对氟石征收 15%,对镁征收 10%,对锰征收 15%—20%(依产品而定),对金属硅征收 15%,对锌征收 25%—35%(依产品而定)。根据《议定书》附件六,中国可以对 84 种商品出口征税。现在的问题是,中国对这些稀缺资源的征税是否属于这 84 种商品的范围,以

[36] Robert J. Girouard, Water Export Restrictions: A Case Study of WTO Dispute Settlement Strategies and Outcome, 15 Geo. Int'l Envtl. L. Rev. 247, 2003, p. 270.

[37] Appellate Body Report, United States – Standards for Reformulated and Conventional Gasoline, WT/DS2/AB/R, p. 21.

及出口税率是否在附件六规定的幅度之内。对照附件六可知,除锌、黄磷、锰、金属硅四种稀缺资源的出口可征关税外,其他如铝土矿、焦炭、氟石、镁四种稀缺资源征收出口关税则超出了附件六的产品范围;对于黄磷和锌,征收的关税幅度高出了附件六所允许的上限。在这种情况下,中国要证明其措施为WTO规则所许可,必须满足附件六注释所规定的条件,即"中国确认将不提高现行实施税率,但例外情况除外。如出现此类情况,中国将在提高实施税率前,与受影响的成员方进行磋商,以期找到双方均可接受的解决方法。"要满足附件六注释所规定的条件并非易事:一是要满足"例外情况",从WTO争端解决实践来看,举证"例外情况"获得支持的较少;二是程序上要与受影响的成员进行磋商,并寻求找到双方均接受的解决方法。

专家组于2011年7月5日散发裁决报告,认为中国对某些原材料出口限制措施与GATT 1994第20条(g)项不符,因为中国没有举证对国内的生产与消费实施限制;中国对某些原材料征收出口税不符合中国《议定书》附件六的规定,且无权引用GATT 1994第20条作为征收出口税的抗辩。[38]

不管我们从情感上如何认为中国限制原材料的出口措施理直气壮、合情合理,但一旦将此争端置于WTO争端解决机构,法律门槛的逾越需要证据说话。我国限制某些原材料的出口是为保护环境和自然资源,在环保观念日益深入人心的今天,可谓名正言顺。可是,就是这样一种合乎时代发展潮流的稀缺资源保护措施,却受到了欧美在WTO框架下的法律挑战。其原因并不在于WTO规则反对各成员方采取稀缺资源保护措施,而是在于WTO规则对各成员方采取的稀缺资源出口限制措施设置了前提条件。对中国而言,《议定书》与《工作组报告》更是对稀缺资源的出口限制、出口征税等措施有明确和细致的规定。中国理应尊重和遵守自己所做的国际承诺。遵守这些承诺,不仅不会损害中国保护稀缺资源的国家主权,反而更能实现稀缺资源保护的目标。这是因为,要保护环境和稀缺资源,国内政策远比出口政策更加重要。因为出口泛滥,往往是内部保护乏力的结果。如果我们遵照WTO规则,建立内外同时保护的资源保障体系,不仅不会受到其他成员方的法律挑战,而且能够更好地保护资源。建立稀缺资源的内外同时保护体系,可以从以下几个方面着手:一是对一些稀缺资源的地方开采权适当集中,形成一个统一的利益协调机制,统一监管,以获取国家利益最大化。二是尽快征收与完善资源税,根据稀缺资源稀缺程度或使用程度不同,征收不同的开采税率,通过税收杠杆提高稀缺资源的国内国际价格,使得其他国家再也难以使用廉价的中国稀缺资源,迫使其稀缺资源来源多元化。三是通过立法,对一些稀缺资源进行限产甚至禁止开采。

---

〔38〕 http://www.wto.org/english/tratop_e/dispu_e/cases_e/ds394_e.htm.(访问日期:2011年7月16日)

三、中国作为第三方参与争端解决的实践

WTO争端解决中所指的"第三方"既不是申诉方也不是被诉方,而是指对案件涉及的措施具有贸易利益因而参加到案件审理过程中的案件参与方。第三方可以对案件发表意见,意见可以独立,也可以倾向于申诉方或者被诉方。在WTO争端解决案件中,几乎每个案件都有成员方作为第三方参加。从国别上看,欧共体、日本、美国作为第三方参与了绝大部分争端解决案件的审理。作为WTO的新成员,我国从2002年起开始作为第三方参与争端解决工作,截至2010年7月已经在78个案件中作为了第三方。中国之所以广泛作为第三方参与争端案件的解决,主要出于以下原因:

第一,中国作为贸易大国有广泛的贸易利益。入世后我国国际贸易额大幅度增长,进出口贸易总额从2001年的5097亿美元增加至2010年的29,727亿美元,已成为世界出口第一大国和进口第二大国。因此,涉及中国贸易伙伴贸易制度的争端,对我国都有实质性贸易利益,从维护中国贸易利益的角度,我国应当作为第三方广泛参与WTO案件的审理。

第二,参与第三方可以获取大量的国际贸易信息。作为第三方参与贸易争端,一般可以收到当事双方的第一次书面陈述,出席专家组专门为第三方召开的听证会。这样就可以了解到大量的有关各国贸易管理制度的信息和各国的贸易体制,包括其法律规定和实际运作情况。这些信息对中国未来对这些国家的贸易,以及参照制定中国自己的贸易管理体制,都具有很重要的价值。此外,在作为第三方参与争端解决过程中,参与争端解决的部门与政府有关部门、进出口商会、行业协会、大型企业保持密切合作,共同研究确定中国参与这些案件的立场,同时也有利于有关产业部门跟踪了解国际贸易体制的最新发展情况。

第三,作为第三方可以参与WTO规则的制订和发展。WTO的争端解决机制专家组和上诉机构在审理案件过程中,会对WTO规则进行创造性的解释和发展,从而丰富、完善WTO的规则体系。我国在这些案件中,通过提交书面文件和参加听证会,阐述中国对WTO规则的理解,从而对WTO的制定和发展实施了影响。

第四,锻炼参与争端解决的队伍。由于WTO争端解决机制是一项高度技巧化的法律工作,不仅要求对WTO规则的深入了解,还要求具有高超的诉讼技巧。只有大量参与WTO争端的审理工作,才能不断提高我们队伍的专业水平,更好地维护中国的经济利益。

四、中国参与DSB争端解决实践的评价

首先,从中国参加DSB争端解决实践来看,WTO争端解决机制为成员方解决贸易争端提供了比较有预见性和公正性的程序,不管你是财大气粗的美国,还是一般的小国,DSB都是一视同仁,按照WTO规则进行审理,比起双边解决贸易争端的方式,受政治影响较小。例如,中国诉美国反倾销和反补贴最终措施案(DS379)

和中国诉欧共体紧固件反倾销措施案(DS397)都涉及对中国采取不公平贸易措施的重大法律问题,如反补贴与反倾销“双反措施”的合法性问题、单一税率的合法性问题,在这些问题上,DSB支持了中国的观点和立场,意义重大。

其次,截至2011年6月底,以DS编号计,中国在DSB中被诉的案件总量达21件,超过印度自1995年WTO成立以来被诉的总和(印度被诉20件),在所有发展中成员方中位居第一,也超过了发达成员方如日本(15件)、加拿大(16件)。中国成为仅次于美国(113件)和欧共体(70件)的第三位被诉案件最多的WTO成员方。对此被诉案件高企的现象,宜以平常心对待。中国出口第一大国、进口第二大国,被诉位居第三位较为正常。从申诉案件的角度看,中国申诉案件总量为8件,与危地马拉相当,低于美国(97件)、欧共体(83件)、加拿大(33件)、巴西(25件)、墨西哥(21件)、印度(19件)、阿根廷(15件)和日本(14件)。[39] 申诉数量少,从一定程度上说明中国运用WTO争端解决机制维护权益空间还可进一步提高。

再次,WTO争端解决机制由于其自身存在某些程序上的缺陷,可能被成员方利用。根据WTO争端解决机制的规定,即便成员方向DSB提出诉讼,需先经过磋商、专家组程序、上诉程序,这个审理过程大约15个月。即使被裁决败诉,败诉方一般可以申请15个月左右的合理执行期。从审理到最后执行,要2—3年左右时间,而WTO救济措施所主张的是“既往不咎,展望未来”,因此,最终被裁决违反WTO规则的被诉方实际上有3年左右的“免费”政策调整期。从这个意义上讲,在WTO争端解决机制中被诉,有时还可能被利用为维护国家利益的一种手段或程序上的权利。美国钢铁保障措施案就是典型的例证:2002年4月美国对进口的钢材采取保障措施,尽管美国这种做法明显违反了WTO的《保障措施协定》,但是在磋商阶段,美国拒不让步,让包括欧共体、中国等WTO成员方向争端解决机构申诉。最后经过专家组程序、上诉程序,历时1年8个月,最后裁决美国败诉。上诉机构裁决作出后,美国立即于2003年12月宣布取消钢材保障措施。表面上看,美国是败诉了;然而,美国通过长达2年左右的争端解决程序,赢得了采取保障措施的宝贵时间,政策目的已经达到。

最后,从宏观层面与实践来看,应该说2001年加入WTO是中国改革开放的一个重要里程碑。中国这10年完成了从WTO的新成员到多边贸易规则的参与者、并逐渐成为推动者的重大转变。通过加入WTO,中国走出了一条以开放促改革、促发展的道路。入世10年来,中国经济快速发展,出口规模增长4.9倍,成为世界第一大出口国。国内生产总值增长3倍多,经济总量跃居世界第二。当前,西

---

〔39〕 根据WTO网站提供的数据进行整理, http://www.wto.org/english/tratop_e/dispu_e/dispu_by_country_e.htm(访问日期:2011年7月16日)

方媒体炒作中国是多边贸易体制的最大受益者，借此要求中国承担与发达国家同样的责任，这是不合理的。我们要清醒意识到，虽然中国从多边贸易体制中受益，但这是在付出巨大代价之后换来的，中国谈不上是最大的受益者，真正的最大受益者一直是美国和欧洲发达国家。这是因为，以 WTO 规则为代表的多边经贸体系，都是由美国和欧洲发达国家主导制定的，主要是体现了发达成员方的经济利益与政治诉求，尽管近年来 WTO 不断增加对发展中成员方的关注。WTO 中的一些规则，是符合发达成员发展到一定阶段的产物，对包括中国在内的发展中成员而言，这些规则可能不适应其经济发展阶段的需要，这些规则需要加以改革。

结束语：WTO多哈回合谈判及其面临的挑战

从1948年1月关贸总协定临时适用到现在的世贸组织成立与运作，多边贸易体制已经运行了63年。人们普遍认为，多边贸易体制对战后世界经济的恢复与增长，提高人民的生活水平，促进经济全球化，维护世界和平与发展等方面发挥了巨大推动作用。回顾关贸总协定和世贸组织的发展历史，多边贸易体制从建立到不断完善，已成为世界经济的重要支柱和经济全球化的重要推动力量。人们对世贸组织充满希望，希望以世贸组织为基础的多边贸易体制更加完善，在建立公正、公平、合理的国际经济新秩序方面、在促进各国特别是发展中国家经济发展方面起到积极的作用；人们普遍希望，WTO成立后的首次多边贸易谈判——多哈发展议程能够取得圆满成功，WTO能够团结广大成员方应对经济全球化的挑战、反对和遏制以各种形式体现的贸易保护主义的政策倾向。

一、WTO成立以来所取得的主要成就

WTO自1995年成立16年来，在完善和实施乌拉圭回合协定、建立健全的多边贸易体制构架、推动贸易自由化进程以及加强有效解决贸易争端等方面发挥了积极作用，并在很大程度上树立了该组织在国际经贸关系中的权威，为继续强化国际贸易体制和进一步制定与完善国际贸易纪律奠定了基础。总的来看，WTO成立以来的成就主要集中在以下几个方面：

1. 健全了组织机构

为确保组织机构的顺利建立，WTO通过了有关其主要机构及其附属机构的规则和程序，采取了一系列重大措施，其中最重要的就是建立受理上诉的常设上诉机构（Standing Appellate Body），为WTO协定全面运行提供了争端解决的机制保障。

2. 悬而未决领域的谈判取得成功

WTO成立以后，一直为推动乌拉圭回合谈判尚未达成协定的领域取得成果而努力，并取得了较大成功。1997年2月15日，历经三年坎坷的基础电信服务谈判终于成功结束，达成了《全球基础电信协定》；1997年3月26日，40个国家和地区又就开放信息技术产品贸易达成了《信息技术协定》；1997年12月13日，70个参加方达成了开放银行、保险、证券的《全球金融服务贸易协定》。其中《全球基础电信协定》和《全球金融服务贸易协定》是乌拉圭回合服务贸易谈判中悬而未决的议题。一年之内达成三项重要的协定，这在世界多边贸易体制历史上是罕见的。正

如世贸组织前总干事鲁杰罗所说,1997 年是世贸组织的“黄金年”,“丰收年”。他认为,1997 年进行的各项谈判都是为 21 世纪贸易的发展确立法律基础的极其重要的谈判。

3. WTO 的成员方日益增多,使得世贸组织已有“经济联合国”之称

从GATT 1947临时适用一直到 1961 年狄龙回合以前的多边贸易谈判,GATT 只有 33 个主要国家;而肯尼迪回合有 54 个国家,东京回合有 100 多个国家,乌拉圭回合则达到 124 个参加方。目前 WTO 成员有 153 个,此外,俄罗斯、越南等 10 多个国家和地区正在申请加入 WTO。20 世纪 90 年代冷战结束,东西方之间原有的壁垒倒塌,一些原来实行中央计划经济的国家或地区逐渐采取或过渡到市场经济模式;发展中国家逐步放弃进口替代战略转而支持更为开放的贸易和自由市场。事实上,世界上最大发展中国家、世界第二大经济体的中国加入 WTO 本身更是增加了 WTO 体制的全球性。由于 WTO 成员方以及申请加入方如此众多,其管辖的贸易总额在全球经济贸易中的比重之大,人们将其比喻为“经济联合国”。

4. WTO 争端解决机制的加强,促进了国际贸易环境的稳定

乌拉圭回合中增强了争端解决机制的司法特征,减少了各方阻碍专家组成立和 DSB 通过裁决的可能性,并设立了上诉机构。这些新的安排加强了各成员对这一体制的信心。截至 2011 年 4 月,成员方向 WTO 的争端解决机构提起申诉的案件总数为 424 件,而从 1948 年到 1994 年整个GATT 1947发展过程中才有 278 件案例。WTO 争端解决机构裁决了一系列典型争端:如裁决委内瑞拉状告美国单方面限制汽油进口案的美国败诉;裁决美国外国公司销售免税法案违反 WTO 规则;裁决美国《1916 年法》违反《反倾销协定》;裁决美国《持续倾销与补贴抵消法》违反《反倾销协定》;裁决美国和欧共体反倾销调查中的“归零法”违反《反倾销协定》;裁决美国限制安提瓜跨境提供赌博服务措施违反 GATS;裁决美国对中国的反倾销反补贴“双反”措施违反 WTO 规则;裁决了美国与欧美长期争论的香蕉进口限制措施争端、荷尔蒙牛肉进口限制争端、飞机补贴贸易争端、转基因农产品进口限制争端等。这些贸易争端的裁决表明,WTO 的争端解决机制被普遍认为较能有效、公正地解决成员方之间贸易纠纷,有利于抑制大国在双边谈判解决贸易纠纷时恃强凌弱、采取单方面制裁威胁的行为。

5. 举行高层会议,帮助最不发达成员解决贸易发展问题

1997 年 10 月,WTO、联合国贸易与发展会议、国际货币基金组织、联合国开发计划署和世界银行就最不发达国家的贸易发展举行高层会议、探讨帮助解决最不发达国家的市场准入、与贸易有关的技术援助、训练和能力建设等问题。9 个 WTO 成员主动宣布改进从最不发达国家进口的市场准入措施,如削减产品进口限制、拓展已有的关税减让表,重点放在纺织品和农产品领域。WTO 其他成员也表示要采取相应的行动。

2001年WTO第四次部长级会议发表的多哈宣言,明确提出将提升贸易对促进经济发展和解除贫困进程中所取到的作用、处理最不发达国家成员方在经济全球化进程中出现的边缘化问题作为谈判目标之一。对将开始的新一轮多边贸易谈判,当时的总干事穆尔提出即将开始的多边谈判称为“多哈发展议程”(Doha Development Agenda, DDA)。“多哈发展议程”的名称实际上反映出人们希望WTO首轮贸易谈判在促进发展中国家的经济发展问题上发挥更大的作用。[1]

二、WTO多哈回合谈判

(一)2001年WTO第四次部长级会议

1999年12月在美国西雅图召开的WTO第三次部长级会议无果而终后,各成员方深深意识到WTO需要一次成功的部长级会议以防止多边贸易体制越来越被区域一体化协定所替代。经过近两年的酝酿和准备,于2001年11月9日—14日在多哈成功举行了WTO第四次部长级会议。

WTO成员方部长们在多哈会议上做出了一系列重要的决定:(1)发表了《多哈部长级会议宣言》(以下简称多哈宣言),一致同意自2002年1月31日开始启动WTO首轮多边贸易谈判,并拟在2005年1月1日前结束所有议题的谈判。(2)通过了《TRIPS协定与公共健康多哈宣言》。(3)表决通过了中华人民共和国和中国台北(台湾)地区加入WTO的决定。(4)豁免了欧盟在洛美协定中给予非加太地区国家和地区的优惠措施,从而解决了长期悬而未决的欧盟关于执行香蕉案的裁决问题。(5)做出了关于执行WTO规则的《与实施有关和与关注有关的问题》的决定。

多哈回合之所以能够成功启动,主要是基于以下原因:

第一,世界经济发展缓慢,贸易保护主义增强,需要举行新的多边贸易谈判,加强贸易自由化的共识,增强抑制贸易保护主义的能力和纪律。

第二,WTO现有体制面临新挑战。WTO成立以来,世界经济贸易中出现了许多新事物和新现象,如电子商务的兴起,环境贸易措施的增多,贸易环节是否便利,成员方境内的贸易与投资关系的进一步协调,贸易与技术转让之间的关系等,这些新问题对世界贸易的发展影响加大,需要通过多边贸易谈判确立新的规则。否则,将会影响WTO作用的发挥。

第三,纠正WTO原有协定实施上的失衡。由于发展不平衡和竞争力的强弱差距等原因,WTO成员在实施原有的贸易协定中出现了不平衡,有的协定执行得较好,有的较差。如发达成员对自己自由化的承诺,如纺织品与服装协定中义务的履行,一再拖延。众多措施依然扭曲农产品贸易的自由化,如出口补贴措施、国内

---

〔1〕 John H. Jackson, Legal Problems of International Economic Relations: Cases, Materials and Text, Forth Edition, U.S.A., West Group, 2002, p.1222.

支持措施、关税高峰等。发展中成员在 WTO 中的权利未能充分享有，一部分发展中成员出现了被边缘化的趋势。这些影响了 WTO 作用和存在的合法性。

第四，修复 WTO 的形象。自 1999 年 WTO 第三次部长级会议无果而终以来，WTO 的形象受到很大伤害，甚至成为反全球化的口实。WTO 前总干事穆尔进行了艰苦的游说工作，一再呼吁 WTO 成员从大局出发，WTO 再不能承受西雅图发动新回合谈判失败的代价。

第五，WTO 成员方的相互妥协。发达国家成员方认识到，西雅图新贸易回合发动失败的主要原因在于其在谈判议题上不妥协的立场。发展中国家成员也意识到需要做出妥协，从世界贸易大局出发，着眼于共同利益，才能发起新的多边贸易谈判，解决贸易与经济发展中遇到的问题。从多哈回合确定的谈判议题上来看，既考虑到发达成员方的要求，也考虑到发展中成员方的需要，基本上体现了利益兼顾的原则。〔2〕

（二）2003 年 WTO 第五次部长级会议

2003 年 9 月 9 日至 14 日 WTO 第五次部长级会议在墨西哥著名旅游城市坎昆召开，来自 140 多个成员方部长们为推动 WTO 多哈回合的顺利进行做出努力。

坎昆会议作为多哈回合谈判的中期评审会议，意义十分重要。WTO 总理事会在坎昆会议前准备了一份《坎昆部长级会议宣言》草案，准备了在坎昆会议上讨论的议题：（1）批准《关于实施 TRIPS 协定与公共健康多哈宣言第六条款的总理事会决议》；（2）批准柬埔寨和尼泊尔加入 WTO；（3）农业谈判；（4）非农产品谈判；（5）服务贸易谈判；（6）WTO 有关规则谈判；（7）知识产权谈判中关于建立葡萄酒与烈性酒地理标志的多边登记程序、知识产权非违反之诉等问题；（8）贸易与环境谈判；（9）发展中成员方的特殊与差别待遇条款；（10）有关 WTO 协定实施情况的谈判；（11）小型经济体；（12）讨论最不发达国家成员贸易问题；（13）讨论是否启动新加坡议题。〔3〕 除上述议题外，坎昆会议也将继续讨论电子商务，贸易、债务和财政问题，贸易与技术转让，技术合作与能力建设问题等。

由此可见，坎昆会议上要讨论的议题非常多，但是由于各方在农业、新加坡议题等问题上相持不下，坎昆会议无果而终，草案中提及的议题除了批准柬埔寨、尼

---

〔2〕 薛荣久："WTO 多哈回合的内容与前景"，载《国际商报》2002 年 11 月 14 日。

〔3〕 "新加坡议题"是 1996 年 12 月在新加坡举行的 WTO 第一次部长级会议上提出的，主要涉及投资、竞争政策、贸易便利化以及政府采购透明度的谈判议题。WTO 成员方部长们在多哈启动多哈发展议程谈判时，他们没有能就是否讨论新加坡议题达成一致，为避免会议破裂，决定将此议题推迟到坎昆会议上再做出决定。在坎昆会议上，对于是否将新加坡议题列入新一轮贸易谈判，发达成员方与发展中成员方分歧巨大，成为坎昆会议争论的主要焦点之一。坎昆会议破裂后，曾经十分积极推动此项议题谈判的欧盟已经修订了立场，同意只进行贸易便利化议题的谈判，其他三个议题即投资、竞争政策、政府采购透明度继续放入 WTO 工作计划，但不列入多哈回合的谈判议程。

泊尔加入WTO外,其他议题基本上没有达成成果,原来准备的宣言草案不得不作废。随着墨西哥外长宣布谈判破裂,WTO遭遇成立八年多来的第二次无果而终的部长级会议。西雅图会议之后不到4年,坎昆会议再次在混乱中无果而终,不能不令人感到非常遗憾,世界各国特别是发展中国家对坎昆会议寄予厚望,因为世界各国普遍将这次会议看作是多哈会议确定的发展议程是否真正成功进行的一块试金石;坎昆会议的失败使得多边贸易体制面临区域性贸易体制更加严峻的挑战。

(三)2005年WTO第六次部长级会议

自2003年9月坎昆会议破裂以来,多哈回合谈判便陷入了停滞。正当人们普遍对多哈回合谈判进程失望之际,美国、欧盟、WTO本身以及包括中国在内的发展中国家在2004年上半年展开了一系列的推动多哈回合谈判的努力,这些努力为谈判的顺利进行扫清了一些障碍,使人们看到了重启谈判进程的希望。

2004年8月1日WTO147个成员方终于在日内瓦就多哈回合主要议题以总理事会决议的方式达成框架协定。框架协定内容涉及农业、棉花、非农产品市场准入、服务贸易、贸易便利化、发展、其他谈判议题如争端解决机制、TRIPS协定和贸易与环境等领域。在谈判的核心领域——农业的框架协定中,发达国家承诺在限定的年限取消出口补贴以及具有出口补贴作用的出口信贷、国营贸易等措施;大幅度削减国内支持;实质性改进市场准入条件;同时允许发达成员方在谈判基础上确定保护“敏感产品”的清单;框架协定否定了有关发展中成员提出的将棉花议题作为特殊议题对待的要求,但在农业框架协定中给予棉花以特殊重要关注。非农产品贸易的进一步自由化在此次框架协定中也被明确提出,虽然各方没有就具体的减税公式达成协议,但是原则上同意大幅度降低关税。对于服务贸易,框架协定明确要求各成员方尽快提出服务贸易市场开放的实质出价以及进行服务贸易开放出价的评估,以便进行汇总和谈判。对于新加坡议题,框架性协定明确了多哈回合仅仅谈判贸易便利化问题,对于投资、政府采购透明度和贸易与竞争政策问题不再列入多哈回合。[4]

框架协定的达成为2005年在香港举行的WTO第六次部长级会议奠定了良好基础。香港部长级会议宣言取得了积极成果,例如:2013年取消农产品出口补贴;2006年取消棉花的出口补贴;承诺到2008年对最不发达成员至少97%产品实施零关税和免配额市场准入;要求到2006年4月30日前就农产品和非农产品市场准入模式达成协议。[5] 然而,香港部长级会议设定的结束多哈回合谈判的日期一再延后,由于谈判方在农业补贴、农产品关税和工业品关税三大问题上分歧太大,2006年7月28日WTO总干事建议总理事会无期限搁置多哈回合谈判。

---

〔4〕 Doha Work Programme Draft General Council Decision, WT/GC/W/535, 31 July 2004.

〔5〕 Ministerial Declaration, Adopted on 18 December 2005, WT/MIN(05)/DEC, paras. 6, 11.

(四)2008 年 WTO 为多哈回合谈判所作的努力

2007 年 1 月 WTO 主要成员方贸易代表齐聚达沃斯世界经济论坛,表达了重启多哈谈判的愿望;2 月 WTO 总干事宣布恢复多哈回合谈判。2008 年,多哈回合谈判曙光重现,2008 年 2 月、5 月、7 月 WTO 连续公布了多哈回合谈判农业和非农市场准入的草案案文。这些系列案文是农业谈判组主席和非农市场准入(NAMA)谈判组主席根据此前的谈判情况对可能达成的"模式"协议进行的最新评估,将谈判方已达成的共识和分歧进行列举。2008 年 7 月 21 日,美国、欧盟、日本、澳大利亚、中国、印度和巴西七国在日内瓦举行小范围部长级磋商,旨在全球金融危机爆发、贸易保护主义抬头之际使多哈回合谈判取得实质进展。谈判中,出乎意料的是,印度与美国在农产品特殊保障机制(Special Safeguard Mechanism, SSM)问题上出现僵局。SSM 允许发展中成员在进口农产品数量激增或价格锐减的情况下,可提高进口关税。印度坚持进口增加 15% 即可触发 SSM,美国则坚持只有在进口增加 40% 方可触发 SSM。双方都持强硬立场,导致包括农业谈判在内的多哈谈判再次搁浅。[6] 2009 年以来,随着美国金融危机波及全球,各国忙于应付危机,多哈回合谈判事实中止。

(五)2011 年 WTO 为多哈回合谈判所作的努力

全球经济从金融危机中缓慢复苏为继续多哈回合谈判创造了条件,2011 年 1 月 WTO 部分成员方代表在达沃斯举行小型部长级会议,建议在 2011 年内完成多哈回合谈判。部长们建议 WTO 成员方应在 2011 年 4 月完成所有谈判领域的谈判文本,7 月达成一揽子框架协议,年内形成最终的法律文件,从而为多哈回合谈判画上句号。2011 年 4 月 21 日,WTO 总干事拉米和谈判组主席发布了关于多哈回合启动 10 年来各议题的现有谈判文本。拉米在文本报告中指出,由于成员方在非农产品减让问题上的严重分歧,2011 年结束谈判已无可能。鉴于此,在 2011 年 5 月底日内瓦谈判委员会会议上,WTO 总干事拉米提出推动多哈回合谈判的"三速法"(three-speed search for Doha outcome)。

拉米的"三速法"指的是将多哈谈判的议题进行分类:第一,与最不发达成员相关的议题是最优先领域,如对最不发达成员产品实行零关税及免配额市场准入;最不发达成员产品的原产地规则;最不发达成员服务部门开放的豁免机制和棉花贸易问题;将这些议题纳入快速通道予以解决。第二,其他比较成熟、有望近期达成协议的议题纳入中速通道。第三,非农产品的市场准入、农业和服务贸易、贸易救济和知识产权等议题纳入慢速通道,这些议题在 2011 年难以取得圆满成功,将在 WTO 第八次部长级会议后根据 2011 年 12 月的最新进展来制定关于这些领域

〔6〕 WTO, Days 9: Talks Collapse despite progress on a list of issues, July 29, 2008, http://www.wto.org/english/news_e/news08_e/meet08_summary_29july_e.htm.(访问日期:2011 年 7 月 16 日)

的谈判计划[7]。

"三速法"核心是,既然暂时不能达到多哈宣言设定一揽子协定目标,那么,见好就收,成熟的议题或领域先落实,有胜于无,谁都不希望10多年的谈判最后颗粒无收,因此,"三速法"是目前推动多哈谈判比较现实的作法。目前,谈判方虽都普遍表示赞同"三速法",但对于哪些议题作为快速通道并没有形成一致意见,如果在最不发达成员最为关注的议题上都无法实行早期收获,"三速法"也拯救不了多哈回合。

三、WTO多边贸易体制面临的挑战

人们普遍认为,WTO在促进贸易自由化进程、遏制贸易主义、推进全球贸易政策透明度和可预见性、解决贸易争端等方面取得了很大成就;但是,多哈回合谈判10年,成员方之间分歧反而更加尖锐,多哈回合谈判久拖不决本身就表明WTO多边贸易体制面临严峻挑战:

(一)对经济全球化理念的反思

人们曾普遍认为,经济全球化被视为世界繁荣的重要因素,但2008年美国"次贷危机"进而引发的全球金融危和经济危机引起了人们对经济全球化负面影响的重视和思考。人们曾普遍认为自由市场可以自我调节,推崇贸易自由化、金融自由化、金融放松管制等,这种观念造成人们对必要的经济和金融监管缺乏足够的重视。过度自由化、过度放松监管甚至不要监管理念与实践最终导致一些强势的利益集团受益、其他消费者受损;那些不完全遵守规则且拥较强影响力的国家受益、其他国家利益受损的情形。

尽管经济全球化提高了数亿人的经济福祉,但由于经济的不平等程度空前严峻,还有数十亿人的生活尚未得到改善。根据联合国发布的"多维贫困指数",全球目前仍有17.5亿贫困人口,他们的健康、教育和生活状况及其恶劣。这种经济的不平等不具有可持续性,WTO应当使人们相信,它所倡导的商品和服务的自由发展、自由流动对最贫困的人群是有帮助的,而不会损害他们的利益。

经济全球化所带来的环境与健康问题、贫富不均加剧、金融危机和经济危机加速扩散、人们幸福指数下降等,迫使人们对传统的经济增长和全球竞争观念进行反思。经济全球化的目的是什么?是否具有可持续性?环境付出了多大代价?经济全球化的收益如何分配?家庭、社会乃至生物多样性发生了什么样的变化?人们觉得有必要用一种全新的思维和视角审视经济全球化的发展。

正因为人们开始重新思考经济全球化,所以我们不难理解,WTO召开部长级会议或小型部长级会议期间,不管是在发达成员还是发展中成员境内召开,都会引

〔7〕 Members support Lamy's proposed three-speed search for Doha outcome in December, http://www.wto.org/english/news_e/news11_e/tnc_infstat_31may11_e.htm.(访问日期:2011年7月16日)

发反 WTO 的游行示威。多哈回合从一开始将其定位为多哈发展议程，主张更多关注对最不发达成员和发展中成员的发展与贸易需要，旨在通过自由贸易促进发展中成员特别是贫困国家的发展。但是，由于发达国家的坚持，多哈回合谈判不断偏离其预定之宗旨，强调对非农产品贸易的谈判。正如印度所指出的：目前多哈回合谈判已由发展回合转为市场准入回合谈判，这是谈判陷入僵局的主要症结。[8]

（二）如何有效协调发达成员方与发展中成员方的矛盾是 WTO 面临的迫切问题

在国际经济贸易格局的变化与国际经贸规则的制定过程中，南北矛盾不是一个新问题。以往这个问题之所以不是很迫切，原因在于过去的谈判格局长期以来是由世界最富有国家主要是美欧日主导。但 WTO 第五次部长级会议（坎昆会议）上，包括中国、印度和巴西等发展中国家团体的崛起对发达国家而言是一个警醒，过去发达国家总是关起门来制定规则，不大关注世界其他地区的声音，但当它们在坎昆会议上再次故伎重演时却遭到了广大发展中国家的强烈拒绝。以 21 个发展中成员组成的 21 国代表认为本次会议应本着公平竞争的原则，充分考虑发展中国家成员方农业发展的实际需要，给予发展中成员方以特殊和差别待遇，同时发达成员方应大幅减少或取消农业的国内支持，增加发展中国家成员方的市场准入机会。以美国、欧盟、日本为代表的发达国家则主张立即启动新加坡议题的谈判。由于各方立场差异较大，争论非常激烈，最后导致坎昆会议破裂。坎昆会议虽然失败了，但这却标志着一个强有力的发展中国家集体谈判力量的诞生。

2008 年多哈回合小型部长级会议功亏一篑的原因在于美国与印度在农产品特别保障机制上的分歧。实际上，WTO 所确定的新一轮贸易谈判一拖再拖，迄今为止仅仅在与贸易有关的知识产权领域达成了有限的共识，即放宽贫穷国家面临艾滋病等流行病威胁时强制实施专利许可与平行进口的条件。其他的所有议题，包括服务贸易、农产品贸易、非农产品的市场准入问题，不管是对发展中国家有利的议题还是对发达国家有利的议题，没有达成一项成果。可以说，多哈回合若无果而终，没有赢家，大家“数输”。在 WTO 体制中，这两大集团——发达国家集团与发展中国家集团如果不能适度妥协，如果发达国家仍然希望像以往那样将谈判议题简单地强加于发展中国家，如果发展中国家坚持凡是于我不利的议题就利用 WTO 决策机制简单地加以反对，长此以往，南北矛盾将很可能导致 WTO 体制的崩溃，最终可能对发展中国家特别是最不发达国家成员的经济发展带来消极影响。WTO 的多哈发展议程的谈判被认为是关注贫穷国家利益的谈判，得到了广大发展中国家的积极支持。坎昆会议失败，意味着多哈发展议程的进程被打破，多哈会议

---

〔8〕 万怡挺：“拯救多哈回合：B 计划下台，早期收获登台”，载《国际商报》2011 年 5 月 17 日，第三版。

所确定的目标的不确定性大为增加。在这种情形下,着力于协调矛盾而不是激化矛盾可能是WTO决策机制应关注的主要问题。

(三)发达成员借助WTO构筑21世纪国际经济秩序的战略正受到发展中成员的挑战

目前,当发展中成员正在强调对乌拉圭回合达成的协定的有效执行,尤其是加大对有利于发展中国家特别是最不发达国家协定的执行力度时,发达国家则在谋求在新一轮多边贸易谈判中的主导权。1998年5月,在庆祝多边贸易体制50周年大会和WTO第二次部长会议上,美国前总统克林顿发表了旨在奠定新一轮谈判框架和21世纪多边贸易体制发展方向的演讲。美国强调开展新一轮多边贸易谈判,不仅涉及固定议程的内容,而且要包括许多"新议题",如贸易与劳工标准、贸易与环境、贸易与竞争政策等。[9] 这表明,发达国家凭借其经济实力和先进的科学技术,企图把世贸组织的发展方向纳入它们的全球战略;而且,发达国家构筑的国际经济秩序的基础和领域是它们拥有绝对优势的领域,如信息技术产品、基础电信、金融服务、投资与竞争政策等,并通过贸易与劳工标准对发展中国家和经济转型国家施加压力。[10] 目前正在进行的多哈发展议程,根据多哈宣言列出的19个议题,目前除暂不列入谈判议程的贸易与竞争政策、投资、政府采购的透明度外,其他议题都有可能进行谈判,发达国家成员方在这些议题中,如农产品贸易、非农产品市场准入、贸易与环境、服务贸易市场进一步开放领域占主导谈判地位,试图制定21世纪国际经贸规则。

然而,在全球经济危机的冲击下,以中国、俄罗斯、印度、巴西和南非为代表的新兴经济体保持了经济的稳定发展,并在世界经济复苏中发挥了重要作用。新兴经济体对全球经济结构的诸多弊端有切肤之痛,建立公平、公正、包容、有序的国际经济金融新秩序成为新兴经济体共同而迫切的诉求。没有发展国家特别是新兴经济体的参与和认同,发达国家借助WTO多哈谈判构筑21世纪国际经济秩序比较困难。尽管欧美是启动多哈回合谈判的主要推动者,但随着来自新兴经济体不断增强的挑战严重影响了美国的信心,美国推动多哈回合谈判的政治意愿不强,试图将谈判不成功的责任推卸发展中国家。例如,美国贸易代表日前宣称:"全球贸易谈判成败取决于中国、印度和巴西是否愿意达成协议,对外国商品及服务进一步开放其国内市场。"[11]

(四)WTO民主决策面临日益复杂利益格局的挑战

WTO不仅拥有153个成员方,管辖着从商品到服务贸易、知识产权和与贸易

---

〔9〕 刘光溪:"多边贸易体制风雨50年启示录",载《国际商报》1998年7月1日。

〔10〕 薛荣久:"开辟新篇章 任重而道远——评世界贸易组织新加坡首届部长级会议",载《世界经济》1997年第3期。

〔11〕 李妍:"多哈回合:机会之窗难开启",载《国际商报》2011年4月29日,第三版。

相关的投资措施等众多领域，而且内部构成十分复杂，既有经济发展水平相当高的发达成员方，也有大批经济发展水平还比较落后的发展中成员和处于经济转型的成员。WTO这种管辖范围的广阔性与内部构成的复杂性，对该组织的有效管理提出了挑战。从理论上讲，WTO实行“一员一票”的决策机制，与世界银行与国际货币基金组织类似公司制的决策方式相比，具有较大的民主性。

随着WTO成员方的迅速扩大，发展中国家成员在WTO中的分量日益上升，现在WTO成员方为153个，其中发展中国家成员约占成员方总数的4/5。在1994年乌拉圭回合谈判中，发展中国家成员基本上是听任发达国家提出谈判议题。自1999年WTO第二次部长级会议（西雅图会议）后，发展中国家成员方开始坚持在WTO会议中发挥它们的作用。在西雅图会议上，发展中国家成功抵制了发达国家提出的劳工标准与贸易挂钩问题，发展中国家由此找到了自信。它们看到，在WTO决策机制中，协商一致意味着任何一个成员方明示反对某个议题，WTO部长级会议就不可能取得成功；而投票表决，发展中国家控制了约80%投票权，占压倒性优势。协商一致以及一成员方一张投票权的原则本身对增强WTO的合法性，使其决策能得到更广泛的支持起到了十分积极的作用；同时，这种决策机制也体现了在国际经济事务中不分大国小国一律平等的主权平等原则。然而，凡是都有两面性，这种决策机制稍微偏向一点，则会使WTO很难形成决议，从而沦为一个议而不决的机制。现实的问题是，WTO有153个成员方，将来还会更多，要使WTO所有成员方对某项议题协商一致，的确十分困难。特别是，多哈回合谈判的议题已经远远超过了一般的贸易领域，这些议题一方面增强了WTO在经济全球化趋势下的合法性（如关注环境保护与贸易的关系、电子商务等），但另一方面，随着讨论议题的增加，WTO各成员方之间的利益协调日趋复杂化。因此，国际社会对如何有效、公平地维持世贸组织的运作、如何真正解决民主决策与复杂利益格局的问题颇为关注。WTO前总干事鲁杰罗曾提议由主要贸易国组成15国理事会，以加强对该组织的有效管理。WTO决策机制应遵循更能体现利益兼顾的原则进行改革：既要体现主权平等原则，又要考虑到贸易大国的世界贸易份额；既要考虑到整体经济利益，也要考虑对某项产品或服务具有重大利益的成员方的利益；既要体现发展中国家的利益，又要体现发达国家的利益；既要考虑到各方利益的平衡，也要兼顾决策的效率。

（五）如何正确处理好区域一体化化与多边贸易体制之间的关系问题

在多边贸易体制发展的同时，区域一体化化进入一个新阶段。区域一体化始于20世纪50年代，发展于80年代，到90年代已经形成了一个大气候，几乎所有国家和地区都不同程度地参与其中。欧盟、北美自由贸易区发展最快，影响最大，而且最具有活力。多哈回合的久拖不决，可能更加刺激一些国家谋求通过双边贸易谈判替代多边贸易谈判。

目前区域一体化的本质就是在一个地区率先实现贸易投资自由化,然后以此推动全球的贸易投资自由化,例如欧盟在贸易投资自由化的很多领域已经走在世贸组织前面。可以认为,区域一体化化与多边贸易体制之间是一种互补关系。但是,人们也有理由表示如下的忧虑:一些国家是否把本该应在多边贸易体制中的贸易谈判变成区域经贸集团内部的谈判?新成立的区域一体化集团更多考虑是在一个不断竞争、争夺市场、投资和技术的世界里,如何获得区域优势,甚至保持本地区的势力范围,长期以往,是否会削弱多边贸易体制的基本原则?此外,从现实看,以发达国家为首的区域一体化的成功远远高于发展中国家组建的区域集团,其结果可能会使多边贸易体制中的国家和地区不平衡加剧,使世贸组织提高发展中国家成员的贸易比重的目标有落空危险。

应该清晰认识到,经济全球化在带来诸多机遇的同时,也会带来新的不确定性和风险。中国加入WTO标志着中国深入参与经济全球化进程,如何在参与经济全球化进程中趋利避害,掌握主动权,是我们面临的重大课题。当前,中国和平发展面临日趋复杂的外部经贸环境:发达国家和地区经济复苏曲折,随着中国出口结构的调整,中国与发达国家竞争性趋强;资源富集地区政局动荡加剧全球资源性产品市场波动,加上主要国家货币的贬值,使得中国保障资源能源安全压力增大;气候变化问题的争论日益激烈,使得中国经济发展面临新的挑战;随着中国国际贸易额的迅速增长和国内经济政策的调整,贸易摩擦不断增加。面对中国入世后经济的快速发展,国际社会中"中国责任论"、"中国威胁论"等论调颇有市场。在挑战面前,我们研究包括WTO规则在内的国际经济法,必须站在维护国家利益的立场上,运用包括WTO规则在内的国际经济法,妥善处理好中国面临的国际贸易摩擦,为中国的发展创建和谐的外部经贸环境。

参考书目

中文部分：

1. 姚贤镐、漆长华：《国际贸易学说》，中国对外经济贸易出版社 1990 年版。
2. [英]斯密：《国民财富的性质和原因的研究》（下卷），商务印书馆 1974 年版。
3. 汪道涵：《世界贸易组织知识读本》，中国对外经济贸易出版社 1999 年版。
4. 石广生：《中国加入世界贸易组织知识读本》（一）（二）（三），人民出版社 2002 年版。
5. 汪尧田总编审：《GATT & WTO 乌拉圭回合多边贸易谈判成果》，复旦大学出版社 1995 年版。
6. 汪尧田等：《世界贸易组织知识问答》，上海辞书出版社 1999 年版。
7. 汪尧田等：《国际规则　发展契机——加入 WTO 后的中国》，上海财经大学出版社 2002 年版。
8. 王贵国：《世界贸易组织法》，法律出版社 2003 年版。
9. 左海聪：《国际经济法的理论与实践》，武汉大学出版社 2002 年版。
10. 臧立：《世界贸易组织法》，法律出版社 2003 年版。世界贸易组织秘书处：《电子商务与 WTO 的作用贸易、金融和金融危机 金融服务自由化和〈服务贸易总协定〉》，法律出版社 2002 年版。
11. 世界贸易组织秘书处：《贸易走向未来》，法律出版社 1999 年版。
12. 张幼文等：《多哈发展议程：议题与对策》，上海人民出版社 2004 年版。
13. 宣增益：《世界贸易组织法律教程》，中信出版社 2003 年版。
14. [美]约翰·H. 杰克逊著：《世界贸易体制——国际经济关系的法律与政策》，张乃根译，复旦大学出版社 2001 年版。
15. 龙永图等：《知识产权贸易争端案例》，经济日报出版社 2003 年版。
16. 刘光溪：《多哈会议与 WTO 首轮谈判》，上海人民出版社 2002 年版。
17. 司法部教育司：《WTO 争端解决机制——规则、程序与实践》，法律出版社 2002 年版。
18. 余敏友等：《WTO 争端解决机制概论》，上海人民出版社 2001 年版。
19. 张向晨：《发展中国家与 WTO 的政治经济关系》，法律出版社 2000 年版。
20. 杨国华：《中国加入 WTO 法律问题专论》，法律出版社 2002 年版。
21. 陈静：《案释 WTO 反倾销协议》，对外经济贸易大学出版社 2002 年版。
22. 陈卫东：《WTO 例外条款解读》，对外经济贸易大学出版社 2002 年版。
23. 慕亚平：《WTO 中的"一国四席"》，法律出版社 2004 年版。
24. 徐淑平：《贸易与环境的法律问题研究》，武汉大学出版社 2002 年版。

25. 曹建明等:《国际经济法专论》(六卷本),法律出版社2000年版。
26. [英]伯纳德·霍克曼著:《世界贸易体制的政治经济学——从关贸总协定到世界贸易组织》,刘平等译,法律出版社1999年版。
27. 顾经仪:《WTO法律规则与中国服务贸易》,上海财经大学出版社2000年版。
28. 朱榄叶:《关税与贸易总协定国际贸易纠纷案例汇编》,法律出版社1995年版。
29. 朱榄叶:《世界贸易组织国际贸易纠纷案例评析》(上、下),法律出版社2004年版。
30. 韩立余:《WTO案例及评析》,中国人民大学出版社2001年版。
31. [英]詹宁斯 瓦茨修订:《奥本海国际法》(第一卷第一分册),中国大百科全书出版社1995年版。
32. 陈安主编:《国际经济法论丛》,法律出版社1998年版。
33. [瑞士]奥列弗·隆:《关贸总协定多边贸易体制的法律及其局限》, 中国社会科学院出版社1989年版。
34. 国务院研究室财金贸易局组织编写:《恢复我国关贸总协定地位的影响和对策》,中共中央党校出版社1992年版。
35. 朱庆祚主编:《入关与对策——关贸总协定与中国》,中国大百科全书出版社上海分社1993年版。
36. 曾令良:《世界贸易组织法》,武汉大学出版社1996年版。
37. 尤先迅:《世界贸易组织法》,立信会计出版社1997年版。
38. 汪尧田、周汉民主编:《世界贸易组织总论》,上海远东出版社1995年版。
39. 赵维田:《最惠国待遇与多边贸易体制》,中国社会科学出版社1996年版。
40. 刘光溪:《中国与"经济联合国"》,中国对外经济贸易出版社1998年版。
41. 曹建明主编:《关税与贸易总协定》,法律出版社1994年版。
42. 刘光溪:《互补性竞争论——区域集团与多边贸易体制》,经济日报出版社1996年版。
43. 对外经济贸易合作部国际经贸关系司、海关总署关税司编译:《乌拉圭回合协议商用指南》,法律出版社1996年版。
44. 江林、王玉平:《关贸总协定法律体系运用指南》,华东师范大学出版社1993年版。
45. 奥利维尔·朗著:《关税与贸易总协定概论》,张杰、陆跃平译,中国对外经济贸易出版社1992年版。
46. 刘秀山、陈永民主编:《世界贸易组织与中国外贸新体制100题》,人民法院出版社1995年版。
47. 王玉洁、侯放编著:《关税与贸易总协定知识入门》,上海社会科学院出版社1992年版。
48. 张玉卿编著:《国际反倾销法律与实务》,中国对外经济贸易出版社1993年版。
49. 王承斌主编:《西方国家反倾销法与实务》,中国对外经济贸易出版社1996年版。
50. 盛建明:《反倾销国际惯例》,贵州人民出版社1994年版。
51. 汪尧田、李力主编:《国际服务贸易总论》,上海交通大学出版社1997年版。
52. 隆国强等编著:《中国服务贸易》,中信出版社1995年版。
53. 王新奎等:《世界贸易组织与发展中国家》,上海远东出版社1998年版。

54. 郑成思:《世界贸易组织与贸易有关的知识产权》,中国人民大学出版社 1996 年版。
55. 纪敏等编译:《实用知识产权法律守则》,法律出版社 1994 年版。
56. 陈昌柏编著:《国际知识产权贸易》,东南大学出版社 1994 年版。
57. 吴焕宁等:《重要的国际经济条约》,贵州人民出版社 1995 年版。
58. 陆穗峰编:《环境保护与对外经贸》,中国对外经济贸易出版社 1997 年版。
59. 夏友富:《国际环保法规与中国对外开放》,中国青年出版社 1996 年版。
60. 杨国华:《美国贸易法"301 条款"研究》,法律出版社 1998 年版。
61. [日]鹫见一夫:《世贸组织评析——为谁"自由贸易"》,明窗出版社 1996 年版。
62. 冯予蜀:《国际贸易体制下的关贸总协定与中国》,中国对外经济贸易出版社 1992 年版。
63. 薛荣久:《世贸组织与中国大经贸发展》,对外经济贸易大学出版社 1997 年版。
64. 纪文华、蒋丽勇:《WTO 争端解决规则与中国的实践》,北京大学出版社 2005 年版。
65. 黄志雄:《WTO 体制内的发展问题与国际发展法研究》,武汉大学出版社 2005 年版。
66. 石静霞:《WTO 服务贸易法专论》,法律出版社 2006 年版。
67. 孙立文:《WTO〈反倾销协定〉改革——政策和法律分析》,武汉大学出版社 2006 年版。
68. 房东:《WTO〈服务贸易总协定〉法律约束力研究》,北京大学出版社 2006 年版。
69. 杨向东:《WTO 体制下的国民待遇原则研究》,中国政法大学出版社 2006 年版。
70. 朱榄叶、贺小勇:《WTO 争端解决机制研究》,上海人民出版社 2007 年版。
71. 龚柏华主编:《WTO 案例集》,上海人民出版社 2008 年版。
72. 龚柏华主编:《WTO 争端解决与中国》(第一卷),上海人民出版社 2009 年版。
73. 龚柏华主编:《WTO 争端解决与中国》(第二卷),上海人民出版社 2010 年版。
74. 李晓玲:《WTO 框架下的农业补贴纪律》,法律出版社 2008 年版。
75. 李娟:《WTO 框架下的特别保障措施制度比较研究:以针对中国产品之特保机制为中心》,北京大学出版社 2008 年版。
76. 韩立余:《既往不咎:WTO 争端解决机制研究》,北京大学出版社 2009 年版。
77. 单一:《WTO 框架下补贴与反补贴法律制度与实务》,法律出版社 2009 年版。
78. 杨松:《WTO 与中国经济法制度的发展》,法律出版社 2009 年版。
79. 朱榄叶译:《WTO 争端解决案件概要:1995—2007》,法律出版社 2009 年版。
80. 傅星国:《WTO 决策机制的法律与实践》,上海人民出版社 2009 年版。
81 陈欣:《WTO 争端解决中的法律解释:司法克制主义 vs. 司法能动主义》,北京大学出版社 2010 年版。
82. 宋利芳:《WTO 框架下的国际反倾销政策与实践》,对外经济贸易大学出版社 2010 年版。
83. 王玉婷:《WTO 宪政理论研究》,法律出版社 2010 年版。

英文部分:

1. Adam Smith, The Wealth of Nations, 1776, Book IV, Ch. 2, Repr. Modern Library edn., 1937.

2. Arye Hillman, The Political Economy of Protectionism, New York: Harwood, 1989.
3. A. Krueger, The WTO as an International Organization, Chicago: University of Chicago Press, 1998.
4. David Palmeter, Dispute Settlement in the World Trade Organization: Practice and Procedure, The Hague: Kluwer Law International, 1999.
5. I. M. Destler, American Trade Politics, third edition, Washington DC: Institute for International Economics, 1996.
6. John H. Jackson, The World Trading System: Law and Policy in International Relations, Cambridge: MIT Press, 1997.
7. John H. Jackson, Legal Problems of International Economic Relations: Cases, Materials and Text, U. S. A: West Group, 2002.
8. John Croome, Reshaping the World Trading System, Leiden: Kluwer, 1999.
9. Jeffrey Schott, The Uruguay Round: An Assessment, Washington DC: Institute for International Economics, 1994.
10. Patricck Low, Trading Free: The GATT and US Trade Policy, New York: Twentieth Century Fund, 1993.
11. Robert Howse, The Regulation of International Trade, London: Routledge, 1998.
12. Will Martin, The Uruguay Round and the Developing Countries, Cambridge: Cambridge University Press, 1996.
13. Alan Deardorff, Measurement of Nontariff Barriers, Ann Arbor: University of Michigan, 1998.
14. Paul Waer, Rules of Origin in International Trade: A Comparative Study, Ann Arbor: University of Michigan Press, 1994.
15. Jeffrey Schott, The WTO After Seattle, Washington DC: Institute for International Economics, 2000.
16. Bernard M. Hoekman, Developing Countries and the WTO, Oxford: Basil Blackwell, 2001.
17. Bernard M. Hoekman, The Political Economy of the World Trading System: the WTO and Beyond, Oxford University Press, 2001.
18. Hudec, R. Enforcing International Trade Law: The Evolution of the Modern GATT Legal System, New York: Butterworth, 1993.
19. Andreas F. Lowenfeld, International Economic Law, New York: Oxford University Press, 2002.
20. Theodore Moran, Foreign Direct Investment and Development, Washing DC: Institute for International Economics, 1998.
21. Michel Kostechi, State Trading in International Markets, London: Macmillan, 1982.
22. Tim Josling, Agriculture in the GATT, London: Macmillan, 1996.

23. Carl Hamilton, Textiles Trade and the Developing Countries: Eliminating the Multifibre Arrangement in the 1990s, Washington DC: The World Bank, 1990.
24. Michel Kostechi, Marketing Strategies for Services, Oxford: Pergamon Press, 1994.
25. UNCTAD and the World Bank, Liberalizing International Transactions in Services: A Handbook, Geneva: United Nation, 1994.
26. Gary Hufbauer, Unfinished Business: Telecommunications After the Uruguay Round, Washington DC: Institute for International Economics, 1997.
27. Rober Stern, GATS 2000: New Directions in Services Trade Liberalization, Washington DC: Brookings Institution, 2000.
28. Keith Maskus, Intellectual Property Rights in the Global Economy, Washington DC: Institute for International Economics, 2000.
29. Jayashree Watal, Intellectual Property Rights in the World Trade Organization: the Way Forward for Developing Countries, New Delhi: Oxford University Press, 2000.
30. J. Michael Finger, Antidumping: How it Works and Who Gets Hurt, Ann Arbor: University of Michigan Press, 1993.
31. World Bank, Trade Blocs, Washington DC: The World Bank, 2000.
32. Anthony Venables, Market Integration, Regionalism and the Global Economy, London, Centre for Economic Policy Research, 1998.
33. T. N. Srinivasn, Developing Countries and the Multilateral Trading System: From GATT to the Uruguay Round and the Future, New York: Harper-Collins, 1998.
34. Jagdish Bhagwati, Harmonization and Fair Trade: Prerequisite for Free Trade? Cambridge: MIT Press, 1996.
35. Daniel Esty, Greening the GATT: Trade, Environment and the Future, Washington DC: Institute for International Economics, 1994.
36. Ronald Ehrenberg, Labor Markets and Integrating National Economics, Washington DC: Brooking Institution, 1994.
37. Pietro Nivola, Comparative Disadvantages? Social Regulations and the Global Economy, Washington DC: Brookings, 1997.
38. Bhagirath Lal Das, The World Trade Organization: A Guide to the Framework for International Trade, London and New York: Zed Book Ltd. 1999.
39. GATT Secretariat, Market Access for Goods and Services: Overview of the Results of Multilateral Trade Negotiation, Geneva, Nov. 1994.
40. UNCTAD, The Outcome of The Uruguay Round: an Initial Assessment, New York, 1994
41. Rudiger Wolfrum,Peter Tobias Stoll, WTO Trade Remedies, Martinus Nijhoff Publishers, 2008.
42. Trudi Hartzenberg,WTO dispute settlement:an African perspective,Cameron May,2008.
43. Rudiger Wolfrum, Peter-Tobias Stoll, WTO—trade in services, Martinus Nijhoff Publish-

ers,2008.

44. Henrik Horn, Petros C. Mavroidis,The WTO case law of 2004 – 2005: legal and economic analysis,Camberidge University Press,2008.
45. Joanne Scott. ,The WTO agreement on sanitary and phytosanitary measures,Oxford University Press, 2009.
46. Peter-Tobias Stoll, Jan Busche,WTO-Trade-Related Aspects of Intellectual Property Rights. Martinus Nijhoff Publishers, 2009.

图书在版编目(CIP)数据

世界贸易组织/曹建明,贺小勇著. --3版. --北京:法律出版社,2011.8(2018.6重印)
ISBN 978-7-5118-2439-4

Ⅰ.①世… Ⅱ.①曹…②贺… Ⅲ.①世界贸易组织-高等学校-教材 Ⅳ.①F743

中国版本图书馆CIP数据核字(2011)第169480号

世界贸易组织(第三版)
SHIJIE MAOYI ZUZHI
(DI-SAN BAN)

曹建明
贺小勇 著

责任编辑 张立明
装帧设计 乔智炜

编辑统筹 法律教育出版分社
出版 法律出版社
开本 720毫米×960毫米 1/16
总发行 中国法律图书有限公司
印张 26
经销 新华书店
字数 479千
印刷 天津嘉恒印务有限公司
版本 2011年8月第3版
责任印制 沙 磊
印次 2018年6月第6次印刷

法律出版社/北京市丰台区莲花池西里7号(100073)
网址/www.lawpress.com.cn
投稿邮箱/info@lawpress.com.cn
销售热线/010-63939792
举报维权邮箱/jbwq@lawpress.com.cn
咨询电话/010-63939796

中国法律图书有限公司/北京市丰台区莲花池西里7号(100073)
全国各地中法图分、子公司销售电话:
统一销售客服/400-660-6393
第一法律书店/010-63939781/9782 西安分公司/029-85330678 重庆分公司/023-67453036
上海分公司/021-62071639/1636 深圳分公司/0755-83072995

书号:ISBN 978-7-5118-2439-4
定价:48.00元
(如有缺页或倒装,中国法律图书有限公司负责退换)